EUROPA-FACHBUCHREIHE
für wirtschaftliche Bildung

Wirtschaftliches Handeln
Grundlagen

Ökonomie · Verbraucherrecht · Betriebliche Leistungsprozesse · Buchführung

von
Ulrich Bayer, Theo Feist, Viktor Lüpertz

5. Auflage

VERLAG EUROPA-LEHRMITTEL · Nourney, Vollmer GmbH & Co. KG
Düsselberger Straße 23 · 42781 Haan-Gruiten

Europa-Nr.: 94101

Verfasser:

Ulrich Bayer Studiendirektor, Dipl.-Hdl.
Theo Feist Prof., Dipl.-Kfm.
Viktor Lüpertz Prof. Dr., Dipl.-Volksw.

Lektorat:

Prof. Dr. Viktor Lüpertz

Verwendete Symbole:

Kap. 1.1	Querverweis am Seitenrand der Sachdarstellung auf vorausgehende oder nachfolgende Kapitel, in denen sich weitere Informationen zum entsprechenden Sachverhalt befinden.
Aufg.1.1.1 S. 21	Verweis am Seitenrand der Sachdarstellung auf die Nummer einer thematisch zugehörigen Aufgabe am Ende des jeweiligen Kapitels
BGB § 1	Hinweis am Seitenrand auf gesetzliche Grundlagen. Alle angeführten Paragrafen sind in der Textsammlung „Wirtschaftsgesetze", Verlag Europa Lehrmittel (Best. Nr. 94810) enthalten.
PDF	Hinweis an Seitenrand bei einzelnen Aufgaben. Für diese Aufgaben enthält die Begleit-CD zum Lehrerhandbuch Dateien mit Kopiervorlagen für Arbeitsblätter zur Aufgabenlösung.
EXCEL	Hinweis am Seitenrand bei einzelnen Aufgaben. Für die Lösung dieser Aufgaben stehen entweder entsprechende Excel-Tabellen auf der Begleit-CD zum Lehrerhandbuch zur Verfügung oder die Aufgabe kann von den Schülern/Schülerinnen mittels eines Tabellenkalkulationsprogramms gelöst werden.
	Hinweis am Seitenrand bei einzelnen Aufgaben. Für die Lösung dieser Aufgaben bietet sich eine Gruppenarbeit an.
www	Hinweis am Seitenrand bei einzelnen Aufgaben. Für die Lösung dieser Aufgaben ist eine Internetrecherche nötig.
	Hinweis am Seitenrand bei einzelnen Aufgaben. Diese Aufgaben eignen sich für Referate und/oder Präsentationen. Sie können als Übung für die in den Jahrgangsstufen 1 und 2 vorgesehenen Leistungsnachweise im Rahmen der „Gleichwertigen Feststellung von Schülerleistungen" (GFS) genutzt werden.

Das vorliegende Buch wurde auf **Grundlage der aktuellen amtlichen Rechtschreibregeln** erstellt.

Stand der Gesetzgebung: 1. Juni 2012

5. Auflage 2012

Druck 5 4 3 2 1

Alle Drucke derselben Auflage sind parallel einsetzbar, da bis auf die Behebung von Druckfehlern untereinander unverändert.

ISBN 978-3-8085-9429-2

Umschlag: Michael Maria Kappenstein, 60594 Frankfurt a. M.
Satz: Punkt für Punkt GmbH · Mediendesign, 40549 Düsseldorf
Druck: M. P. Media-Print Informationstechnologie GmbH, 33100 Paderborn

Vorwort zur 5. Auflage

Neu in der 5. Auflage
Diesem Lehr- und Aufgabenbuch **mit neuem Layout** liegt der ab dem Schuljahr 2011/2012 gültige Lehrplan für die Eingangsklasse (Klasse 11) des Wirtschaftsgymnasiums in Baden-Württemberg zugrunde. Alle Vorgaben des Lehrplans wurden exakt umgesetzt. Das verwendete Zahlenmaterial befindet sich auf dem neuesten Stand. Auch auf die im Lehrplan vorgesehene Wettbewerbssimulation in Form des Unternehmensplanspiels TOPSIM DELTA wird in vielfältiger Weise Bezug genommen und vorbereitet.

Gliederung des Buches

Entsprechend den Lehrplanvorgaben ist das Buch in vier Abschnitte eingeteilt, die farblich voneinander abgehoben sind. Innerhalb dieser Abschnitte sind die Kapitel wie folgt gegliedert:

▪ Worum geht es in diesem Kapitel?

Mindmaps mit erkenntnisleitenden Fragestellungen geben für die meisten Kapitel einen ersten inhaltlichen Überblick und zeigen die Zusammenhänge zwischen den einzelnen Unterkapiteln auf.

▪ Sachdarstellung

Die Sachdarstellung wird durch zahlreiche Grafiken, Schaubilder, Übersichten und Tabellen ergänzt und veranschaulicht. Wichtige Definitionen und Merksätze sind fett gedruckt und farbig unterlegt. Alle verwendeten Formeln sind zusätzlich in der Formelsammlung auf den beiden letzten Seiten des Buches systematisch dargestellt.

▪ Zusammenfassende Übersichten

Die Übersichten am Ende eines jeden Kapitels dienen der Veranschaulichung der Strukturzusammenhänge und können am Anfang, während und am Ende der Unterrichtseinheit eingesetzt werden. Alle diese Übersichten sind auch als PDF-Dateien auf der Begleit-CD zum Lehrerhandbuch enthalten (siehe unten).

▪ Fragen zur Kontrolle des Grundwissens

Zu jedem Kapitel gehört ein umfangreicher Fragenkatalog zur Kontrolle des Grundwissens. Die Beantwortung der Fragen ergibt sich unmittelbar aus der jeweils vorangehenden Sachdarstellung.

▪ Aufgaben und Probleme zur Erarbeitung und Anwendung von Wissen

Die zahlreichen realitätsbezogenen Problemstellungen decken unterschiedliche Schwierigkeitsgrade und Anforderungsbereiche ab. Neben der Anwendung und Erschließung von thematischem Wissen ermöglichen sie auch die Einübung unterschiedlicher Arbeitstechniken und Lösungsverfahren sowie die Förderung von Sozial- und Methodenkompetenz.

Lehrerhandbuch

Ergänzend zu diesem Lehr- und Aufgabenbuch liegt ein **Lehrerhandbuch** (Best. Nr. 9425X) vor mit ausführlichen Lösungen zu den Aufgaben und Problemen, Hintergrund- und Zusatzinformationen. Dem ist eine Begleit-CD beigefügt (u. a. mit Kopiervorlagen für Arbeitsblätter zur Aufgabenlösung, Aufgaben für eine handlungsorientierte Themenbearbeitung und für Lernkontrollen, Materialien zum Planspiel TOPSIM DELTA sowie PDF-Dateien mit zahlreichen Beispielaufgaben, Abbildungen und Übersichten aus dem Buch zur Anfertigung von Folien oder zur Projektion mittels Beamer). Außerdem enthält die CD **Planspiele** zur Lagerwirtschaft, zur Produktionsplanung und zur betrieblichen Preispolitik.

Verfasser und Verlag sind für Verbesserungsvorschläge dankbar.

Freiburg, Sommer 2012

Die Verfasser
E-Mail: luepertz@t-online.de

A Ökonomische Rahmenbedingungen und menschliches Verhalten

A Ökonomische Rahmenbedingungen und menschliches Verhalten

1 Grundlagen ökonomischen Denkens und Handelns

Überblick und Zusammenhänge

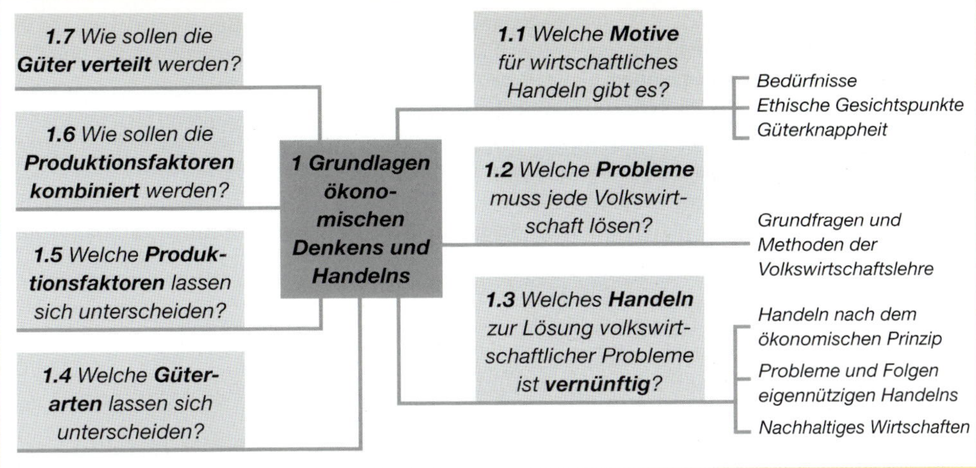

1.1 Motive für wirtschaftliches Handeln

1.1.1 Bedürfnisse und Güter

Grundbegriffe

Jeder Mensch hat vielfältige Wünsche, die er erfüllt sehen möchte. In solchen Wünschen kommt das Gefühl eines Mangels zum Ausdruck. Mangelgefühle, die mit dem Bestreben einhergehen, den empfundenen Mangel zu beseitigen, werden als **Bedürfnisse** bezeichnet.

Verschiedene Bedürfnisse

Bedürfnisse beziehen sich auf so unterschiedliche Lebensbereiche wie z. B.
- Nahrung, Wohnung, Kleidung,
- Schlaf, Sexualität, Gesundheit,
- Sicherung von Arbeitsplatz und Einkommen,
- Freizeit, Geselligkeit, Unterhaltung, soziale Kontakte,
- Freundschaft, Liebe, Zuneigung,
- Anerkennung, Bestätigung, Selbstverwirklichung.

Bedürfnisse sind Mangelgefühle, die mit dem Wunsch verbunden sind, den Mangel zu beseitigen.

Die Wirtschaftswissenschaft befasst sich nur mit solchen Bedürfnissen, für deren Befriedigung **wirtschaftliches Handeln** nötig ist (z. B. Befriedigung von Bedürfnissen wie Hunger, Bildung, Information). Dabei wird davon ausgegangen, dass solche Bedürfnisse in unbeschränktem Umfang vorhanden sind oder neu entstehen können. Die **Befriedigung von Bedürfnissen** erfolgt durch **Güter** (z. B. Brot, Kleidung, Kinobesuch).

Güter sind Mittel, die direkt oder indirekt zur Befriedigung von Bedürfnissen dienen.

Kap. A 1.4

Güter stiften einen **Nutzen**: Je stärker die bei der Verwendung eines Gutes entstehende Bedürfnisbefriedigung ist, desto größer ist sein Nutzen.

Der Nutzen gibt das Ausmaß der Bedürfnisbefriedigung an, welche eine Person durch die Verwendung eines Gutes empfindet.

Die Vorlieben, die eine Person in einer bestimmten Situation für solche Güter entwickelt, die ihr einen höheren Nutzen stiften als andere Güter, werden als Präferenzen[1] bezeichnet. Sie beruhen auf individuellen Wertschätzungen.

Aufg. 1.1 S. 22

Präferenzen

Eine Flasche Wasser stiftet einem durstigen Wanderer einen höheren Nutzen als ein Handy. Der Wanderer bevorzugt daher in dieser Situation Wasser gegenüber einem Handy. Er hat eine Präferenz für Wasser.

Arten von Bedürfnissen

Aus wirtschaftlicher Sicht sind folgende Einteilungsmöglichkeiten der Bedürfnisse von Bedeutung:

Einteilung der Bedürfnisse			
Bedürfnisebenen (Bedürfnispyramide nach A. H. Maslow[2])	**Dringlichkeit der Bedürfnisse**	**Art der Bedürfnisbefriedigung**	**Bewusstsein der Mangelempfindung**
Selbstverwirklichung **Ich-Bedürfnisse** Bsp.: Anerkennung, Status, Prestige, Achtung **Soziale Bedürfnisse** Bsp.: Zugehörigkeit, Liebe, Zuneigung, Interaktion **Sicherheitsbedürfnisse** Bsp.: Daseinssicherung, Sicherung des Arbeitsplatzes **Grundbedürfnisse** Bsp.: Nahrung, Wohnung	**Luxusbedürfnisse/ Prestigebedürfnisse** Bsp.: teurer Schmuck  **Kulturbedürfnisse** Bsp.: Information, Unterhaltung  **Grundbedürfnisse** Bsp.: Nahrung, Kleidung, Wohnung 	**Individualbedürfnisse[3]** Bsp.: Nahrung, Kleidung, Auto  **Kollektivbedürfnisse[4]** Bsp.: Rechtssicherheit, Landesverteidigung 	**Offene Bedürfnisse** Die einzelne Person weiß, welche Bedürfnisse sie hat. Die Bedürfnisse sind ihr bewusst. **Verdeckte Bedürfnisse** (latente Bedürfnisse) Die Bedürfnisse sind unbewusst. Sie können z. B. durch das Konsumverhalten anderer Menschen und durch **Werbung** geweckt, vergrößert und gelenkt werden. 

1 Präferenzen (*lat.*): Bevorzugung
2 A. H. Maslow (amerikanischer Psychologe), Motivation und Persönlichkeit, Freiburg 1977
3 Individuum (*lat.*): der einzelne Mensch
4 Kollektiv (*lat.*): Gruppe, Gemeinschaft

Bedürfnisse, Bedarf, Nachfrage

In einer Marktwirtschaft erfolgt die Befriedigung individueller Bedürfnisse dadurch, dass solche **Güter** am Markt nachgefragt und gekauft werden, an denen **Bedarf** besteht.

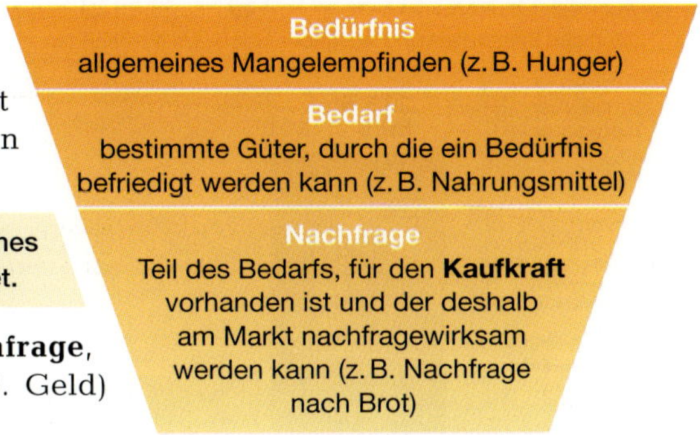

Als Bedarf werden die zur Befriedigung eines Bedürfnisses geeigneten Güter bezeichnet.

Der Bedarf wird erst dann zur **Nachfrage**, wenn die notwendige Kaufkraft (z. B. Geld) vorhanden ist.

Nachfrage ist der Teil des Bedarfs, für den Kaufkraft vorhanden ist und der am Markt wirksam wird.

Künstliche Bedarfsweckung durch Werbung

Aufg. 1.1.2 S. 22
1.1.3 S. 24
1.1.4 S. 25

Die **Werbung** erfüllt nicht nur eine Informationsfunktion im Hinblick auf die beworbenen Produkte. Vielmehr spielt sie auch bei der Entstehung von Bedürfnissen und Bedarf eine wichtige Rolle.

Die künstlich durch Werbung geschaffenen „Moden" und „Trends" erzeugen einen sozialen Druck, dem sich modebewusste Käufer (insbesondere Jungendliche) nicht entziehen können. Kinder und Jugendliche sind daher die perfekte Zielgruppe für Werbeexperten: Sie legen Wert auf „Coolness" und Gruppenzugehörigkeit, definieren sich über die „richtigen" Klamotten und das aktuellste Styling und behaupten dieses Markenbewusstsein auch gegenüber ihren Eltern (z. B. Rucksack statt Schultasche, Sportschuhe statt Straßenschuhe aus Leder, Handy, Markenkleidung). Dabei wird auch die Unerfahrenheit und Leichtgläubigkeit von Kindern und Jugendlichen in unverantwortlicher Weise genutzt (z. B. angeblich gesundheitsfördernde Süßigkeiten). „Unmodische Produkte" gelten aufgrund der Werbung als unbrauchbar, obwohl sie noch funktionsfähig sind. Werbung erzeugt dadurch eine Wegwerfmentalität und eine zunehmende Umweltbelastung.

Werbe-Invasion im Kinderzimmer

Die Wirtschaft ködert junge Käufer nach Ansicht der Verbraucherschützer immer häufiger mit irreführender Werbung. Die Kaufkraft von Kindern und Jugendlichen ist in den vergangenen Jahren weiter gestiegen. Stolze 20,5 Milliarden Euro stehen den elf Millionen Mädchen und Jungen im Alter von 6 bis 19 Jahren jährlich zur Verfügung. Allein mit dem Taschengeld haben sie monatlich durchschnittlich 73 Euro zur Verfügung, die Jungs etwas mehr als die Mädchen. Hinzu kommt, dass Kinder ihre Eltern beim Kauf wesentlich beeinflussen. Das gilt nicht nur für Lebensmittel, sondern sogar beim Autokauf. Insofern überrascht es kaum, dass sich Werbung unmittelbar an die unerfahrene Kundschaft wendet. Durch den verstärkten Zugang zu modernen Medien können diese quasi permanent umworben werden, über E-Mail, SMS, Internet und vor allem über das Fernsehen. Kinder und Jugendliche sehen im Durchschnitt mehr als 30 TV-Werbespots pro Tag (in den USA über 55). Diese Entwicklung wird dadurch begünstigt, dass heute jedes fünfte Kind einen Fernseher besitzt. Damit wird ein enormer Werbedruck erzeugt, dem Neugier und Leichtgläubigkeit der Kinder gegenüberstehen. Umso unverantwortlicher ist die Art und Weise, wie gerade für schädliche oder ungesunde Produkte geworben wird. So ist es kein Zufall, dass die Sechs- bis Zwölfjährigen ihr Taschengeld in erster Linie für Süßes ausgeben und gleichzeitig jedes fünfte Kind und jeder dritte Jugendliche übergewichtig ist.

Quelle: Pressemitteilung der Verbraucherzentrale Bundesverband (vzbv), Angaben für 2005

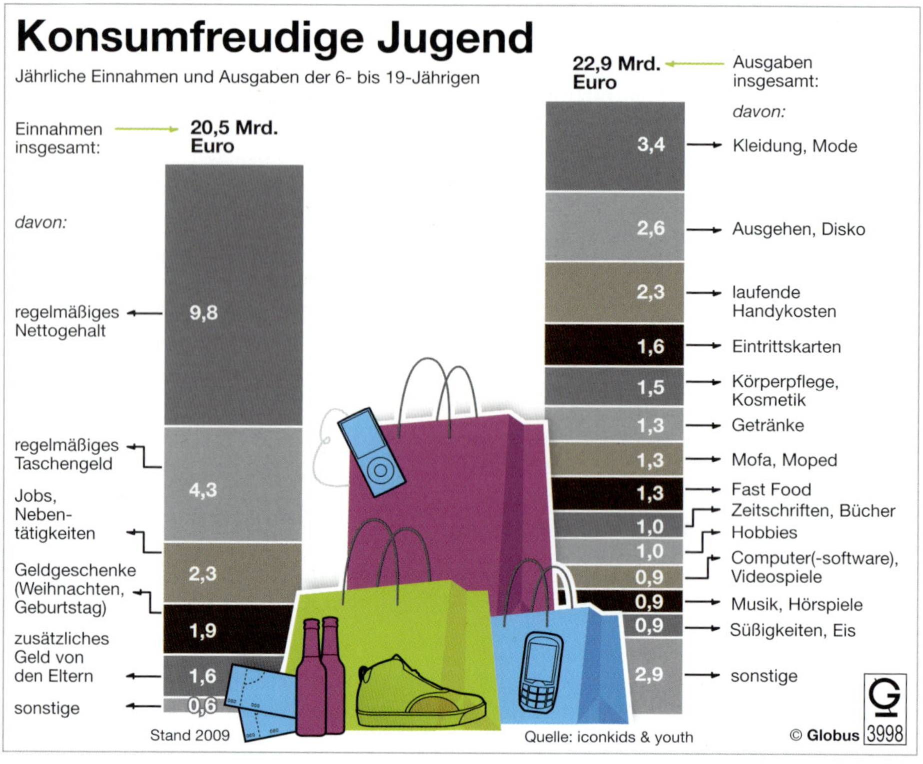

1.1.2 Güterknappheit als wirtschaftliches Grundproblem

Knappe Güter und Bedürfnisvielfalt

Die meisten Güter sind nicht von Natur aus im Überfluss und in nutzbarer Form vorhanden. Bei Gütern,

- die nur **begrenzt** zur Verfügung stehen,
- deren Herstellung **Kosten** verursacht und
- die deswegen einen **Preis** haben

handelt es sich um **wirtschaftliche** Güter.

Aufg. 1.1.5 S. 25

Wirtschaftliche Güter sind im **Verhältnis zu den Bedürfnissen knapp**. Bei einigen Gütern lassen sich zwar Sättigungserscheinungen und Überproduktionen beobachten (z. B. landwirtschaftliche Produkte in der Europäischen Union). Dadurch wird die Aussage über die Knappheit der Güter aber nicht widerlegt. Knappheit bedeutet vielmehr: **Bezogen auf die Gesamtheit der Bedürfnisse aller Menschen** stehen nicht alle Güter in ausreichendem Maße zur Verfügung, um sämtliche Bedürfnisse zu befriedigen.

> Knappheit liegt vor, wenn die Bedürfnisse größer sind als die Gütermenge, die zu ihrer Befriedigung zur Verfügung steht.

Demgegenüber stehen **freie Güter** unbegrenzt zur Verfügung (z. B. Meerwasser). Da für ihre Bereitstellung keinerlei Anstrengungen erforderlich sind, fallen auch **keine Kosten** an. Diese Güter haben daher auch **keinen Preis**. Die zunehmende Umweltverschmutzung zeigt aber beispielsweise, dass mit Gütern, die keinen Preis haben, nicht sorgsam umgegangen wird. So kann es dazu kommen, dass ursprünglich freie Güter (z. B. frische Luft) im Laufe der Zeit zu knappen Gütern werden.

Freie Güter

Luft ist im Allgemeinen ein freies Gut. Im Untertagebergbau ist Luft dagegen ein knappes Gut. Es müssen Anstrengungen unternommen werden, um Frischluft mithilfe von Belüftungsanlagen in die Stollen zu pumpen. Das verursacht Kosten. Auch über Tage ist Frischluft heute zu bestimmten Zeiten und an bestimmten Orten kein freies Gut mehr. Luftverschmutzung (z. B. zu hoher Ozongehalt) kann aber durch Kosten verursachende Maßnahmen (z. B. Einbau von Katalysatoren in Kfz) zumindest teilweise vermieden werden.

Aus dem Missverhältnis zwischen Bedürfnisvielfalt und verfügbaren Gütern ergibt sich das zentrale Problem der Wirtschaftswissenschaft.

Die Knappheit der Güter im Verhältnis zur Unbegrenztheit der menschlichen Bedürfnisse stellt das Grundproblem der Wirtschaftswissenschaft dar.

Unterscheidung der Güter nach der Knappheit	
Freie Güter	**Wirtschaftliche Güter**
▪ stehen unbegrenzt zur Verfügung, ▪ verursachen durch ihre Bereitstellung keine Kosten, ▪ haben keinen Preis, ▪ sind nicht Gegenstand des Wirtschaftens.	▪ stehen nur begrenzt zur Verfügung (knappe Güter), ▪ verursachen für ihre Herstellung Kosten, ▪ haben einen Preis, ▪ sind Gegenstand des Wirtschaftens.

Knappe Güter: Ursache des Wirtschaftens

Freie und knappe Güter

Meerwasser, Luft, Sand und Sonne sind freie Güter. Strandkörbe hingegen sind – ebenso wie die Freizeit, die nötig ist, um die Körbe nutzen zu können – knappe Güter.

Das **Spannungsverhältnis** zwischen den als unbegrenzt angenommenen **Bedürfnissen** und den knappen **Gütern** ist die Antriebskraft allen wirtschaftlichen Handelns und damit die Ursache für die Produktion von Gütern.

Wirtschaften bedeutet, planvolle Entscheidungen über die Herstellung und Verwendung knapper Güter zum Zweck der Bedürfnisbefriedigung zu treffen.

Wirtschaftliche Güter als Ergebnis eines Produktionsvorgangs sind deswegen knapp, weil auch die für die Produktion notwendigen Hilfsmittel **(Ressourcen)**[1] knapp sind.

Ressourcen sind Hilfsmittel zur Produktion. Sie umfassen neben Geldmitteln und Gütern für Produktionszwecke auch die Arbeitsfähigkeit eines Menschen, sein Wissen und die Zeit.

1 Ressource (*franz.*): Hilfsmittel

Alternativkosten (Opportunitätskosten)

Die **Knappheit der Ressourcen** bewirkt, dass die Menschen eine Auswahl treffen und sich für die Produktion bestimmter Güter **entscheiden** müssen. Diese Entscheidung bedeutet gleichzeitig immer, dass auf andere Güter, die möglicherweise statt der ausgewählten Güter hätten hergestellt werden können, verzichtet werden muss. Der durch diesen **Verzicht** entstehende **Nutzenentgang** wird in der Volkswirtschaftslehre als eine besondere Art von Kosten aufgefasst. Diese Kosten werden als **Alternativkosten** (Opportunitätskosten)[1] bezeichnet.

Unter Alternativkosten (Opportunitätskosten) ist der entgangene Nutzen zu verstehen, der bei anderer Verwendung der knappen Ressourcen hätte erzielt werden können.

Alternativkosten (Opportunitätskosten)

Schülerin Eva steht am Nachmittag eines warmen Sommertags vor der Entscheidung, ins Freibad zu gehen oder sich auf die am nächsten Tag anstehende Klassenarbeit vorzubereiten. Die Ressource Zeit reicht nicht aus, um **beide** Alternativen wahrzunehmen. (Dabei ist unterstellt, dass man sich auf der Liegewiese eines Freibads nicht wirklich angemessen auf eine Klassenarbeit vorbereiten kann.) Entscheidet sie sich für den Freibadbesuch, entstehen ihr Alternativkosten in Höhe des entgangenen Nutzens einer besseren Klassenarbeitsnote, die sie andernfalls möglicherweise erreicht hätte. Für Schüler Jan, der in seiner Freizeit ins Fußballstadion statt ins Theater geht, reichen die Ressourcen (Zeit und möglicherweise auch Geld) nicht für beide Alternativen aus. Die Alternativkosten des Stadionbesuchs bestehen in dem entgangenen Nutzen des Theaterbesuchs.

Absolute Knappheit der nicht erneuerbaren Ressourcen

Bei bestimmten Gütern liegt nicht nur eine **relative** (= auf den Umfang der Bedürfnisse bezogene) **Güterknappheit**, sondern eine **absolute Knappheit** (= Seltenheit) vor. Das ist bei den nicht erneuerbaren Rohstoffen (z. B. Bodenschätze) der Fall. Deren Vorräte sind nicht vermehrbar und für alle Zeiten nur in begrenzter Menge vorhanden.

Absolut knappe Güter

Alle Bodenschätze stehen nur in einem nicht vermehrbaren Umfang zur Verfügung. Sie sind daher absolut knapp und werden auch als nicht erneuerbare natürliche Ressourcen bezeichnet. Schätzungen über die Reichweite der vorhandenen Vorräte sind abhängig von den geologischen Kenntnissen über die Lagerstätten und von den technischen und wirtschaftlichen Möglichkeiten, die bekannten Vorräte abzubauen. Unter Berücksichtigung des voraussichtlichen Weltenergiebedarfs und der bisher bekannten und verfügbaren Vorräte, ergeben sich für die Reichweite der wichtigsten nicht erneuerbaren Energieträger nebenstehende Schätzungen (Stand 2005):

Erdöl	43 Jahre
Erdgas	64 Jahre
Steinkohle	207 Jahre
Braunkohle	198 Jahre

Quelle: Bundesanstalt für Geowissenschaften und Rohstoffe (BGR)

1 Opportunität (*lat.*): Zweckmäßigkeit

Von den mehr als 190 Ländern der Welt hat annähernd die Hälfte keinerlei Reserven an nicht erneuerbaren Rohstoffen. Die bedeutendsten dieser Rohstoffvorkommen konzentrieren sich auf etwa 30 Länder. Zwar ist es in manchen Fällen gelungen aufgrund von Erfindungen bestimmte natürliche Rohstoffe durch Kunststoffe zu ersetzen. Angesichts einer ständig wachsenden Weltbevölkerung nimmt aber die Knappheit natürlicher Ressourcen insbesondere bei fruchtbarem Land, nicht erneuerbaren Energieträgern und Wasser weiter zu. Angesichts der höchst ungleichen Verteilung dieser Ressourcen auf die verschiedenen Regionen der Erde ergeben sich daraus in zunehmendem Maße Ursachen für gewaltsame Konflikte.

Grenzen des Wachstums

Bereits 1972 wurde in einem weltweit Aufsehen erregenden Bericht unter dem Titel „Die Grenzen des Wachstums"[1] auf die Auswirkungen des begrenzten Vorrats an natürlichen Rohstoffen hingewiesen. Unter der Annahme, dass sich das Umweltbewusstsein und das Verhalten der Bevölkerung nicht ändern und der weltweite Industrialisierungsprozess in der bisherigen Art weiter fortschreitet, prophezeiten Wissenschaftler aufgrund von Computersimulationen:

1. Erschöpfung der wichtigsten Rohstoffe und Energiequellen innerhalb einer Generation
2. Zerstörung der Umwelt, große Hungerkatastrophen und eine überbevölkerte Welt.

American way of life und Energieverbrauch

Der ehemalige US-Präsident Bush ließ anlässlich einer Klimaschutzkonferenz 2001 seine Ablehnung weltweiter Maßnahmen zum Umwelt- und Klimaschutz wie folgt begründen: „The President believes that high energy consumption is an American way of life, and that it should be the goal of policymakers to protect the American way of life."

Ari Fleischer, Sprecher des ehemaligen US-Präsidenten, nach Newsweek vom 21.05.2001

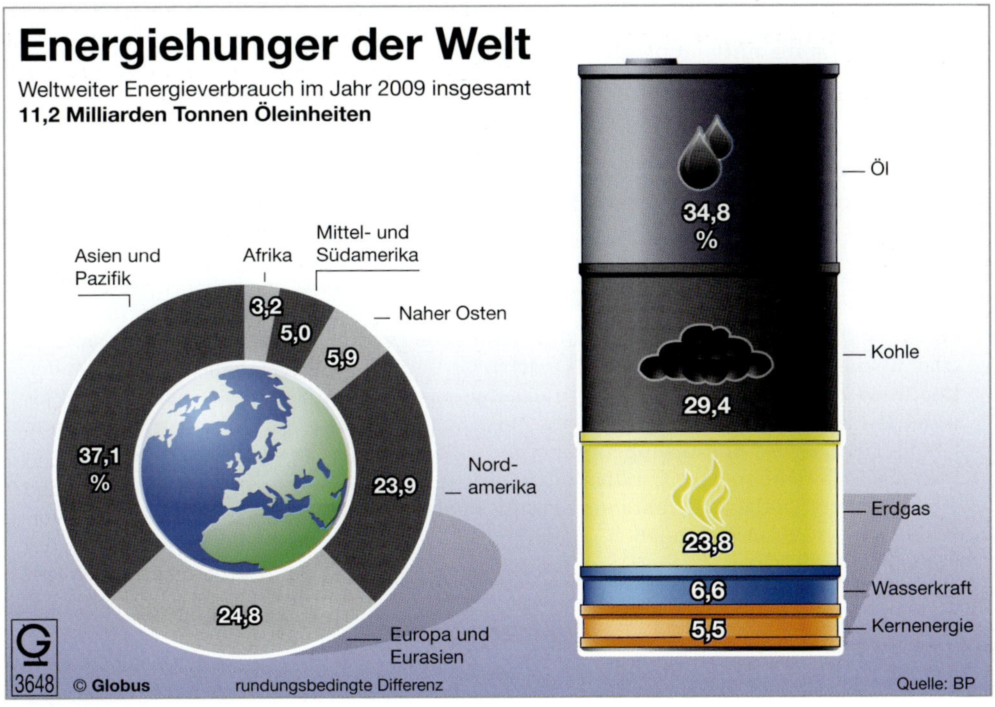

1 D. Meadows u. a., Die Grenzen des Wachstums, Reinbeck bei Hamburg (rororo) 1973 bzw. D. Meadows u. a., Die neuen Grenzen des Wachstums, Stuttgart (DVA) 1992

1.1.3 Bedürfnisvielfalt und Güterknappheit als ethisches Problem

Die **Ethik** ist ein Teilbereich der Philosophie. Sie versucht zu klären, worin gutes oder böses Handeln besteht und wie der Mensch handeln soll. Die Verwendung und Verteilung knapper Güter hat erhebliche **wirtschaftsethische** Bedeutung.

Die Wirtschaftsethik ist ein Teilbereich der Wirtschaftswissenschaften und setzt sich mit der Frage auseinander, wie sich wirtschaftliches Handeln mit ethischen Grundsätzen vereinbaren lässt.

Goldene Regel der Ethik

Eine der wichtigsten ethischen Grundregeln zur Beurteilung des richtigen Verhaltens lautet: „Alles, was du möchtest, das dir die Menschen tun, das solltest auch du ihnen tun."[1] Bei der Übertragung auf die Befriedigung von Kultur- und Luxusbedürfnissen stößt diese „Goldene Regel" allerdings an Grenzen. Solche Bedürfnisse sind geprägt von den jeweiligen kulturellen, gesellschaftlichen und wirtschaftlichen Bedingungen unter denen die Menschen leben. Daher kann es sein, dass das, was man sich selbst wünscht, für andere Menschen nicht als erstrebenswert gilt. Beispielsweise gelten der westliche Lebensstil und die damit einhergehenden negativen Begleiterscheinungen bei Menschen in anderen Erd- und Kulturkreisen nicht unbedingt als nachahmenswert.

Energieverbrauch als ethisches Problem

Der Verbrauch von nicht erneuerbaren Energieträgern wie Erdöl, Erdgas und Kohle bedeutet, dass andere Menschen in Gegenwart und Zukunft von den Nutzungsmöglichkeiten dieser Güter zur Befriedigung ihrer (Grund-)Bedürfnisse ausgeschlossen werden. Gleichzeitig ist das Kohlendioxid (CO_2), das bei der Verbrennung dieser Stoffe in die Atmosphäre entweicht, die Hauptursache für die weltweiten Klimaveränderungen. Die ethische Frage in diesem Zusammenhang könnte lauten: „Hat die Bevölkerung in den Industrieländern das Recht, zur Aufrechterhaltung ihres Lebensstandards den größten Teil dieser nicht erneuerbaren Energieträger zu verbrauchen und dabei gleichzeitig unermessliche Umweltschäden anzurichten, unter denen insbesondere wieder die ständig wachsende Bevölkerung in den Entwicklungsländern zu leiden hat?"

Reich, dick, nicht glücklich

WASHINGTON (dpa). Die weltweite Ausbreitung des westlichen Lebensstils bedroht nach einer Studie des Worldwatch-Instituts Ökosysteme und Entwicklungschancen armer Länder. Der Trend zu größeren Autos, größeren Kühlschränken und größeren Häusern ist mehr als unser Planet ertragen kann. ... Gleichzeitig leben 1,2 Milliarden Menschen in extremer Armut. Der maßlose Konsumappetit untergräbt die Natur und macht es für die Armen der Welt noch schwieriger, ihre Grundbedürfnisse zu befriedigen. Glücklicher mache der zunehmende und zu Übergewicht führende Konsum auch nicht: Wie schon 1957 würden heute nur ein Drittel der US-Bürger angeben, „sehr glücklich" zu sein, obwohl der Wohlstand damals nur halb so groß war. ...

BZ, 09.01.04, S. 10

1 Diese Regel wird in der Ethik auch als „Goldene Regel" bezeichnet. Sie ist in vielfältigen Variationen Grundbestandteil der ethischen Vorstellungen fast aller großen Religionen. In negativer Formulierung ist sie auch als Sprichwort „Was du nicht willst, das man dir tut, das füg auch keinem anderen zu." geläufig.

Problem des Bevölkerungswachstums

Durch das **Wachstum der Weltbevölkerung** steigt der Bedarf an Gütern zur **Befriedigung der Grundbedürfnisse** ständig an. Gleichzeitig nehmen aber durch Raubbau an der Natur und Umweltschäden wichtige Ressourcen zur Befriedigung dieser Bedürfnisse ab. Daraus ergibt sich ein weltweites Verteilungsproblem, das nach den Grundregeln der Ethik nicht durch wirtschaftliche und militärische Macht, sondern durch den verantwortungsbewussten Umgang mit knappen Gütern gelöst werden muss. Das ist ein zentrales Aufgabengebiet der Volkswirtschaftslehre, die sich – wie im nächsten Kapitel näher erläutert wird – vorrangig mit dem Einsatz und der Verteilung knapper Güter zur Bedürfnisbefriedigung beschäftigt.

Kap. A 1.7

Wie die untenstehende Abbildung zeigt, wird die Weltbevölkerung schätzungsweise bis zum Jahr 2030 auf 8,5 Milliarden anwachsen. Das Bevölkerungswachstum findet fast ausschließlich in den Entwicklungsländern statt. Dort wird die Bevölkerung bis 2030 auf 6 Milliarden Menschen steigen (= ca. 80 % Weltbevölkerung). Die Bevölkerungszahl in den meisten Industrieländern stagniert oder sinkt dagegen. Auf die Bewohner der Industrieländer (= ca. 20 % der Weltbevölkerung) wird aber 2030 immer noch mehr als die Hälfte des weltweiten Energieverbrauchs entfallen.

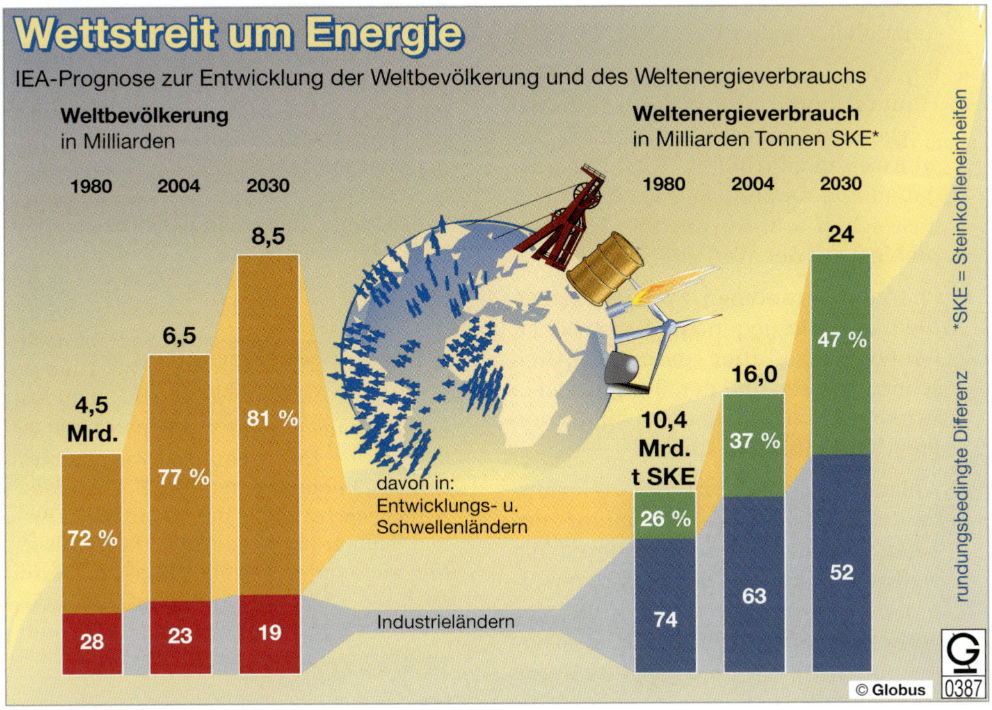

Wirtschaftsethische Fragen im Zusammenhang mit Bedürfnissen und Gütern

Aufg. 1.5.6 S. 25

Ist es zu verantworten, dass ...

- die Werbung mit psychologischen Tricks insbesondere auch die Unerfahrenheit und Leichtgläubigkeit von Kindern und Jugendlichen ausnutzt und deren Bedürfnisse manipuliert, um sie zum Kauf von (gesundheits-) schädlichen, überflüssigen und überteuerten Produkten (z. B. Zigaretten, Süßigkeiten, Markenklamotten) zu veranlassen?
- die Menschen in den Industrieländern ihr hohes Bedürfnisniveau durch die rücksichtslose Ausbeutung natürlicher Ressourcen (z. B. Vernichtung von täglich 55 000 ha Tropenwald) befriedigen?
- sich die gegenwärtige Generation in den Industrieländern einen Lebensstandard schafft, der z. B. durch den sog. Treibhauseffekt zu Klimaveränderungen führt, die das Leben auf dieser Erde für künftige Generationen unmöglich machen?
- täglich weltweit ca. 30 000 Kinder an Hunger und Infektionskrankheiten sterben, während ein Bruchteil der weltweiten jährlichen Rüstungsausgaben von derzeit ca. 950 Mrd. US-$ ausreichen würde, um das Hungerproblem auf der Welt zu lösen?
- Pharmaunternehmen zwar wirksame Medikamente gegen AIDS entwickelt haben, diese aber patentrechtlich schützen lassen und den Betroffenen in Afrika nicht zu einem erschwinglichen Preis zur Verfügung stellen?
- Anlageberater den Aktionären empfehlen, ihr Geld bei solchen multinationalen Unternehmen zu investieren, die weltweit im Bereich der Wasserversorgung tätig sind, weil aufgrund der vorhersehbaren weltweiten Wasserknappheit zu erwarten ist, dass deren Unternehmensgewinne erheblich steigen werden?

Zahl der Länder mit Wasserknappheit verdreifacht sich

Immer mehr Menschen werden in den nächsten zwei Jahrzehnten in Ländern leben, in denen Wasser chronisch oder zeitweise knapp ist. Im Jahr 2000 waren 15 Länder von Wasserknappheit betroffen. Im Jahr 2025 werden es voraussichtlich 44 Länder sein, in denen Wasser Mangelware ist. Nach der mittleren Projektion der Vereinten Nationen werden dann rund 2,9 Milliarden Menschen in Ländern mit Wasserknappheit leben.

Mangel an Ackerland begünstigt Ernährungskrisen

Ähnlich dramatisch ist der Verlust von verfügbarem Ackerland, das für die Erwirtschaftung von Nahrungsmitteln notwendig ist. Innerhalb der nächsten 20 Jahre wird die Zahl der Länder, in denen das Minimum an Ackerland, das für die Ernährung der Bevölkerung notwendig ist, unterschritten wird, von heute 20 auf 29 Länder zunehmen.

Entwaldung setzt sich fort zu Lasten der Armen

In vielen der ärmsten Länder ist Holz oft die einzige Energiequelle. Vor allem in den Regionen, in denen die Bevölkerung schnell wächst, steigt der Bedarf an Brenn- und Bauholz für die täglichen Bedürfnisse. Mit steigender Bevölkerungszahl wird auch die Zahl der Länder, in denen die Waldfläche pro Kopf abnimmt, in Zukunft weiter zunehmen.

Quelle: Deutsche Stiftung Weltbevölkerung, 2004

Zusammenfassende Übersicht zu Kap. 1.1: Motive für wirtschaftliches Handeln

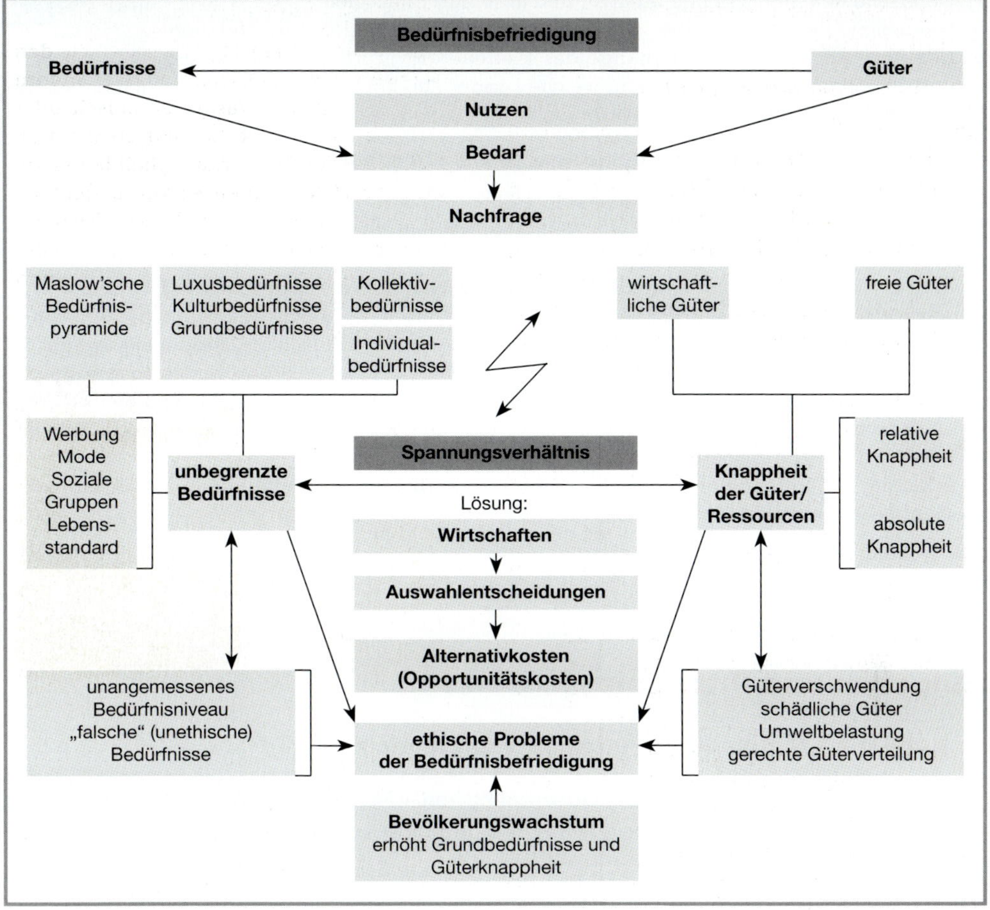

Fragen zur Wiederholung

zu Kapitel 1.1 Motive für wirtschaftliches Handeln

1.1.1 Bedürfnisse und Güter

1. Was ist in der Wirtschaftslehre unter Bedürfnissen zu verstehen?
2. Welche Arten von Bedürfnissen lassen sich aus wirtschaftlicher Sicht unterscheiden?
3. Was sind Güter?
4. Was ist in der Wirtschaftslehre unter Nutzen zu verstehen?
5. Unterscheiden Sie zwischen Bedürfnis, Bedarf und Nachfrage.
6. Welche Probleme können bei der Einteilung und Abgrenzung von Bedürfnissen auftreten?
7. Welche Funktion kann die Werbung im Zusammenhang mit Bedürfnissen haben und welche Folgen ergeben sich daraus?

1.1.2 Güterknappheit als wirtschaftliches Problem

1. Unterscheiden Sie zwischen freien und wirtschaftlichen (knappen) Gütern.
2. Zeigen Sie an einem Beispiel, dass freie Güter auch zu knappen Gütern werden können.
3. Worin besteht das Grundproblem der Wirtschaftswissenschaft?
4. Was bedeutet „Wirtschaften"?
5. Was ist in der Wirtschaftslehre unter Ressourcen zu verstehen?

6. Was sind Alternativkosten (Opportunitätskosten) und wie entstehen sie?
7. Unterscheiden Sie zwischen relativer und absoluter Knappheit.
8. Nennen Sie Beispiele für absolut knappe Güter und die Folgen ihrer Nutzung.
9. Erläutern Sie die Zusammenhänge des Weltenergieverbrauchs anhand der Abb. auf S. 17 und 19, indem Sie u.a. feststellen, welche Länder den höchsten Energieverbrauch haben und welche Anteile des Weltenergieverbrauchs auf fossile Energieträger entfallen.

1.1.3 Bedürfnisvielfalt und Güterknappheit als ethisches Problem

1. Was ist unter Wirtschaftsethik zu verstehen?
2. Formulieren sie die „Goldene Regel" ethischen Verhaltens.
3. Wie wäre es anhand der „Goldenen Regel" ethisch zu beurteilen, wenn in China die Ausstattung der Bevölkerung mit Autos auf das gleiche Niveau steigen würde wie in Deutschland?
4. Aus welchen Gründen wird in bestimmten Kulturkreisen der westliche Lebensstil abgelehnt?
5. Nennen Sie Beispiele für wirtschaftsethische Fragestellung, die sich im Zusammenhang mit der Verwendung und Verteilung knapper Güter ergeben.
6. Erläutern Sie anhand der Abb. auf S. 19 die Entwicklungen des weltweiten Bevölkerungswachstums und des Weltenergieverbrauchs. Welche Folgen ergeben sich aus dieser Entwicklung für die Bedürfnisbefriedigung?
7. Erläutern Sie anhand der Textauszüge auf S. 20 Probleme für die Befriedigung der Grundbedüfnisse in vielen Entwicklungsländern.

Aufgaben und Probleme

zu Kapitel 1.1 Motive für wirtschaftliches Handeln

1.1.1 NASA-Spiel: Bedürfnisse – Güterknappheit – Nutzen – Präferenzen – individuelle und kollektive Entscheidungsfindung

Führen Sie in Ihrer Klasse das „NASA-Spiel" oder das „Seenot-Spiel" durch. Mit diesen Kooperationsspielen werden einerseits Teamfähigkeit und gemeinsame Entscheidungsfindung eingeübt. Die Vorteile der Gruppen- gegenüber der Einzelarbeit werden dabei deutlich. Andererseits können dabei auch die Zusammenhänge zwischen Bedürfnissen, Güterknappheit, Nutzen und Präferenzen erfahrbar gemacht werden.

Spielanleitung und Spielunterlagen zu beiden Spielen befinden sich auf der Begleit-CD.

1.1.2 Bedürfnisse – Werbung – Konsum

Bearbeiten Sie die beiden folgenden Texte unter folgenden Fragestellungen:

1. Welche Arten von Bedürfnissen nach der Maslow'schen Bedürfnispyramide (vgl. S. 12) werden in den Texten angesprochen?
2. Wodurch entstehen die in den Texten beschriebenen Bedürfnisse und wie werden sie befriedigt?

Kauflust

Sobald der lebensnotwendige Bedarf an Gütern gestillt ist, hört der Konsum ja nicht auf. ... Nach innen verschafft der Konsum, der über das Lebensnotwendige hinausgeht, Stabilität – der Gebrauch von Gütern dient der Selbstverwirklichung. ... Das coole Outfit, ... Computerspiele, ... das Handy – mit einem Mal braucht man das alles: Mit der richtigen Hose zeigen Kinder und Jugendliche dasselbe wie Erwachsene mit dem richtigen Auto ... Der Statusgewinn über bestimmte Konsumgüter allein entscheidet ... – und schon kauft man Dinge, die man im Grund gar nicht braucht, mit dem Geld, das man nicht hat, um jemandem zu imponieren, den man überhaupt nicht leiden kann. ... Kaufen macht Spaß – und davon gibt es ja gemeinhin im Alltag zu wenig. Man gönnt sich ja sonst nichts, behauptet die Werbung eilfertig und schon haben wir einen guten Grund. Also kaufen wir, ums uns zu erfreuen und zu belohnen, um einen Ausgleich zu schaffen, ...

Quelle: G. Unverzagt, K. Hurrelmann, Konsum-Kinder. Was fehlt, wenn es an gar nichts fehlt, Freiburg 2001, S. 35–37

Markenklamotten

Cool, lässig, attraktiv, sportlich, begehrenswert, selbstbewusst – dieses Lebensgefühl vermitteln bestimmte Klamotten- und Handymarken. Auch der Gruppendruck spielt eine Rolle. Es gibt keine Alternative zur angesagten Marke. Diese Form der Orientierung an Marken entsteht nicht durch die Werbung, sondern durch das soziale Umfeld – in der Familie, in der Schule, im Kreis der Freunde. Gestärkt wird dadurch auch die Bereitschaft, Schülerinnen und Schüler auszugrenzen, weil sie den „falschen" Rucksack, das „falsche" Handy oder nur eins ohne Vertrag besitzen. Marken sind eine Art „Kurzzeit-Religion". Doch die Niederlagen des Lebens wie eine Fünf in Mathe verhindert auch ein noch so cooles T-Shirt nicht. Und damit ist die nächste Kaufrunde eingeläutet. Ich konsumiere, also geht es mir gut. Die Gesellschaft begünstigt den Kurzschluss zwischen Selbstwert und Konsum. Und viele Eltern leisten dem durch ihr Verhalten Vorschub.

Bearbeitet nach: C. Thiel, Wer liebt, der kauft, in Badische Zeitung v. 03.06.02, S. 31

3. In der folgenden Tabelle sind 15 verschiedene Güter wiedergegeben.
   - Ordnen Sie die Güter entsprechend der Höhe der Ausgaben, die Sie persönlich monatlich für diese Güter tätigen.
   - Ordnen Sie die einzelnen Güter unterschiedlichen Bedürfnisebenen entsprechend der Maslow'schen Bedürfnispyramide zu.

Schulsachen	Sportartikel	Körper-/Haarpflege	Kleidung	Getränke
Handy	Kino, Konzerte	Fast Food	Geschenke	Zeitschriften
Computer	Videos, Bücher	Süßigkeiten, Eis	Musik-CDs	Schuhe

   - Berechnen Sie anhand der Abb. auf S. 14 den prozentualen Anteil der einzelnen Güter an den Gesamtausgaben von Jugendlichen. Vergleichen Sie das Ergebnis mit ihrem eigenen Konsumverhalten.

4. Bilden Sie sich eine Meinung zu folgender Fragestellung: Sollten bei schädlichen Produkten (z. B. Zigaretten) Konsum und Werbung verboten werden?
   Weitere Informationen zum Verbot von Tabakwerbung finden sich unter: http://tabakkontrolle.de und auf der Begleit-CD.

5. Stellen Sie anhand eines Vernetzungsdiagramms nach folgendem Muster fest, welche Einflüsse, Zusammenhänge und Abhängigkeiten zwischen den Faktoren, die auf den Tabakkonsum bei Jugendlichen einwirken, bestehen. Verbinden Sie dazu die Elemente, die sich direkt beeinflussen mit einem Pfeil. Kennzeichnen Sie die gleichgerichtete Wirkung (je mehr – desto mehr) mit einem Pluszeichen und entgegengesetzte Wirkungen (je mehr – desto weniger) mit einem Minuszeichen. Erläutern Sie alle durch Pfeile dargestellten Abhängigkeiten.

PDF

Es können beispielsweise folgende Elemente berücksichtigt werden: Tabakkonsum bei Jugendlichen, Bedürfnis nach Anerkennung („Rauchen ist cool“), Raucherkrankheiten, Kosten des Gesundheitswesens und Belastung der Solidargemeinschaft der gesetzlichen Krankenversicherung, Werbeverbot für Tabak, Werbung für Tabak, Werbeeinnahmen, Arbeitsplätze, künftige Belastung der Rentenversicherung, Zigarettenproduktion, Einnahmen aus der Umsatz- und Tabaksteuer, ...

Berücksichtigen Sie dabei auch den folgenden Text „Teurer Qualm“.

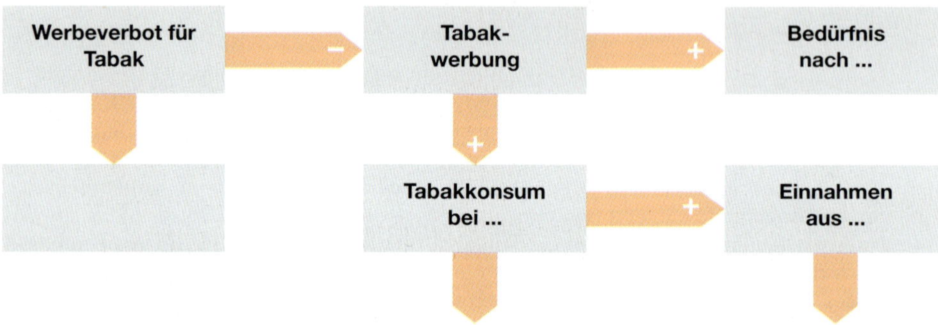

Teurer Qualm

Der Preis des Rauchens ist möglicherweise höher als bisher angenommen. Würden Zigarettenraucher alle Kosten zusammenrechnen, die ihnen durch das Qualmen entstehen, müssten sie für den Kauf einer Schachtel rund 34 EUR kalkulieren. Dies ist das Ergebnis einer wissenschaftlichen Arbeit am Fachbereich Wirtschaft der Universität Hamburg, die – angelehnt an eine amerikanische Studie – für Deutschland die Langzeitkosten des Tabakkonsums zu errechnen versucht. Danach summieren sich die Gesamtkosten für einen heute 24-jährigen deutschen Raucher im Laufe seines Lebens auf durchschnittlich 144 318 EUR. Viel mehr als das Geld für die Zigaretten schlagen dabei die Kosten und Einbußen durch, die für die Behandlung typischer Raucherkrankheiten, für körperliche Behinderungen und einen vorzeitigen Tod anfallen. Bezogen auf den derzeitigen Anteil von Rauchern an der Bevölkerung gibt die Untersuchung die Kosten des Qualmens pro Geburtsjahrgang mit 55 Milliarden Euro an. In diese Gesamtrechnung fließt auch ein, dass der Staat auf der Habenseite Tabaksteuern kassiert und außerdem Ausgaben von umgerechnet 1,11 Euro pro Schachtel spart, weil Raucher früher sterben und darum nicht so lange Rente beziehen wie Nichtraucher.

Quelle: Der Spiegel 3/2007, S. 18

1.1.3 Ungesunde Ernährung als volkswirtschaftliches Problem

Bearbeiten Sie den Artikel „Dickes Problem“ unter folgender Fragestellung: Welche Ursachen, Folgen und Lösungsmöglichkeiten einer ungesunden Ernährung werden aufgezeigt?

Der Artikel befindet sich auf der Begleit-CD.

1.1.4 Erkundung im Supermarkt: Verführung zum Kaufen

Die Mehrzahl der Produkte, die wir nach einem Einkauf nach Hause schleppen, haben wir spontan gekauft. Im Supermarkt sind wir dazu verführt worden, sie zu kaufen. Mit sieben einfachen Regeln gelingt es den Verkäufern die Kunden zu beeinflussen, damit sie möglichst viel kaufen.

Die sieben Regeln und der Erkundungsauftrag befinden sich auf der Begleit-CD

1.1.5 Bedürfnisvielfalt und Güterknappheit

Bearbeiten Sie den folgenden Textauszug anhand folgender Fragen:

1. Welche Ursachen für das Entstehen von Bedürfnissen werden im Text genannt?
2. In dem Text werden Überproduktions- und Sättigungserscheinungen angesprochen. Widerlegen diese Erscheinungen die These von der Güterknappheit? Begründen Sie Ihre Antwort.
3. Erläutern Sie anhand des Textes den Unterschied zwischen relativer und absoluter Güterknappheit.
4. Im Text ist u. a. auch von schädlichen Gütern die Rede. Lassen sich Ihrer Meinung nach daraus volkswirtschaftliche Aussagen über schädliche oder verwerfliche Bedürfnisse ableiten? Begründen Sie Ihre Meinung.

„Seit jenem Fiasko im Garten Eden (Sündenfall) müssen wir uns die meisten Güter mit Schweiß und Mühen erarbeiten. Zwei Bösewichter – die Natur und andere Leute – hindern uns daran, alles zu haben, was wir wollen. Die Natur ist knauserig. Sie hat endliche Vorräte und stellt weniger Ressourcen (z. B. Energiequellen, Bodenschätze) zur Verfügung als wir brauchen könnten und vieles von dem, was zur Verfügung steht, wird erst brauchbar durch schwere Arbeit. Zudem: Was andere Leute betrifft, so hat das Problem nichts mit Böswilligkeit zu tun. Ihre und unsere Wünsche zusammen übersteigen einfach die verfügbaren Mittel und Güter. Die Wünsche und Bedürfnisse vieler Leute gerade auch in der Wohlstandsgesellschaft sind ohne erkennbare Grenzen. Es gibt zwar in diesen Gesellschaften relativen Reichtum und materiellen Wohlstand. Doch haben die Menschen vielfach weitere Wünsche. Sobald sie mehr von den Gütern haben, wollen sie noch mehr von diesen und anderen Gütern. Des Weiteren: Die Zeit, die zur Verfügung steht, ist wegen ihrer Endlichkeit generell ein knappes Gut. Da die Verwendung und Produktion von Gütern jeweils Zeit erfordert, ergibt sich aus der zeitlichen Knappheit auch eine allgemeine Knappheit an Gütern. Auch die Wohlstandsgesellschaften leben daher im Zustand einer allgemeinen Knappheit. ... Andererseits wird behauptet: Wir haben doch zu viele Sprays, Kosmetika und Arzneimittel. Wir haben zu viele Autos und trinken zu viel Alkohol, wir haben zu viele Luxusgüter, Vernichtungswaffen und schädliche Produkte ...
Vielfach ist Überfluss vorhanden, während die endlichen Vorräte der Natur ausgebeutet werden. Viele plädieren daher für eine bessere Umwelt statt für ein größere Wachstum der Produktion materieller Güter."

Quelle: Sinngemäße Übersetzung aus dem Englischen nach A.A. Alchian, W.R. Allen, University Economics, Belmont (Calif.), 1972, S. 3ff.

1.1.6 Ethisch bedenkliche Güter im Sortiment eines Lebensmittel-Discounters

1. Lesen Sie aufmerksam den unter ethischen Gesichtspunkten aufbereiteten Verkaufsprospekt eines Lebensmitteldiscounters.
   Hinweis: Der Verkaufsprospekt befindet sich auf der Begleit-CD. Die dort erhobenen Vorwürfe wurden nicht widerlegt.
2. Erstellen Sie eine Liste mit drei Artikeln aus dem Prospekt, deren Kauf aus Ihrer Sicht ethisch besonders bedenklich ist. Begründen Sie Ihre Auswahl.
3. Versuchen Sie die Ursache für die in dem Verkaufsprospekt aufgezeigten Missstände zu finden.

1.2 Grundfragen und Methoden der Volkswirtschaftslehre

Robinsonwirtschaft – ein naturalwirtschaftliches Modell

Der Romanheld „ROBINSON CRUSOE"[1] hat sich als einziger Überlebender eines Schiffbruchs auf eine einsame Insel retten können. Völlig auf sich allein gestellt muss er im täglichen Kampf mit der Natur für sein Überleben sorgen. Er muss Güter, die in einer arbeitsteiligen Wirtschaftsgesellschaft selbstverständlich sind, mühsam selbst herstellen. Das zwingt ihn zu Arbeitsfleiß, technischem Erfindungsgeist und sparsamem Umgang mit knappen Ressourcen. Als die Insel von wilden Bewohnern benachbarter Inseln aufgesucht wird, rettet ROBINSON an einem Freitag einem von ihnen das Leben. Er gibt seinem jungen Gefährten den Namen FREITAG. Ab diesem Zeitpunkt bilden ROBINSON und FREITAG eine Wirtschaftsgesellschaft. Im Vergleich zur vorherigen Situation, in der ROBINSON für sich alleine wirtschaftete, werden dadurch zusätzliche wirtschaftliche Entscheidungen nötig.

Bei der Geschichte von ROBINSON CRUSOE handelt es sich aus der Sicht der Volkswirtschaftslehre um ein **naturalwirtschaftliches Modell,** das auch als **Robinsonwirtschaft** bezeichnet wird. In dieser Naturalwirtschaft spielt Geld keine Rolle. Daher eignen sich solche Modelle besonders gut, um die **grundlegenden** Probleme wirtschaftender Menschen deutlich zu machen.

http://www.klassiker-der-weltliteratur.de/robinson_crusoe.htm

Wesentliches Kennzeichen moderner Volkswirtschaften ist die Arbeitsteilung. In Zehntausenden von Betrieben werden Güter zur Bedürfnisbefriedigung von vielen Millionen Haushalten produziert. Angesichts der unzähligen Bedürfnisse und der begrenzten Produktionsmöglichkeiten ergeben sich **Abstimmungsprobleme**. In jeder Volkswirtschaft müssen daher die folgenden vier Frage beantwortet werden:

Entscheidungen in einer Robinsonwirtschaft

Auch der schiffsbrüchige ROBINSON CRUSOE muss auf seiner einsamen Insel folgende Entscheidungen treffen:

1. Was und wie viel soll produziert werden?
Sollen nur Kokosnüsse gesammelt oder auch Fische vom Ufer aus gefangen werden? Wie viel Zeit soll für das Sammeln von Beeren verwendet werden?

2. Wie bzw. mit welchen Methoden soll produziert werden?
Soll ein Boot gebaut werden, um zum Fischfang aufs Meer hinauszufahren, oder soll die für den Bootsbau nötige Zeit eingespart und nur mit einer Angel vom Ufer aus gefischt werden? Sollen ROBINSON und sein Gefährte FREITAG jeder für sich alleine wirtschaften oder sollen sie eine „Wirtschaftsgesellschaft" bilden, bei der sie **arbeitsteilig** produzieren? Soll FREITAG, weil er jünger und beim Klettern wendiger ist, sich auf das Sammeln von Kokosnüsse spezialisieren? Soll ROBINSON sich, weil er beim Fischen viel Erfahrung hat, auf den Fischfang konzentrieren?

1. Welche Güter sollen in welcher Menge produziert werden?

Kap. A 1.4

Angesichts der unbegrenzten Bedürfnisse und der begrenzten Produktionsmöglichkeiten muss eine Entscheidung über Art und Umfang der zu produzierenden Güter getroffen werden.

2. Wie sollen die Güter produziert werden?

Kap. A 1.5

Die Produktion der Güter kann möglicherweise auf unterschiedliche Art und Weise mit verschiedenen Verfahren, Methoden und Techniken erfolgen.

1 „Robinson Crusoe" ist der Titel eines 1719 erschienenen Romans von Daniel Defoe (1659–1731)

3. Für wen sollen die Güter produziert werden?

Kap. A 1.7

In jeder arbeitsteiligen Wirtschaft findet ein Güteraustausch statt. Es müssen Entscheidungen über die Verteilung der Güter getroffen werden.

4. Von wem und wie werden die Entscheidungen getroffen?

Kap. A 2.2

Die ersten drei grundlegenden Fragen sind **allen Wirtschaftsgesellschaften** gemeinsam. Allerdings können diese Probleme in unterschiedlicher Weise gelöst werden. Anhand der Frage, **wer** (d. h. welche Instanz) darüber bestimmt, was, wie und für wen produziert wird, lassen sich verschiedene **Wirtschaftsordnungen** unterscheiden.

3. Für wen soll produziert werden bzw. welchen Anteil soll jeder an den produzierten Gütern erhalten?
ROBINSON und FREITAG teilen sich entsprechend ihrer unterschiedlichen Fähigkeiten die Arbeit. Dadurch ist eine zuvor nicht notwendige Entscheidung zusätzlich zu treffen: Soll jeder den gleichen Anteil am Produktionsergebnis erhalten? Steht FREITAG, der jünger und dadurch leistungsfähiger ist, ein größerer Anteil zu, weil er ein größeres Sammelergebnis erzielt als ROBINSON? Soll ROBINSON, weil er zuvor einige Hilfsmittel (Angel, Boot) hergestellt hat, einen größeren Anteil erhalten?

4. Wer entscheidet darüber, was, wie und für wen produziert werden soll?
Soll ROBINSON auch für FREITAG bestimmen, ob er Kokosnüsse und/oder Fische beschaffen und konsumieren darf? Soll jeder für sich alleine entsprechend seinen Bedürfnissen und Vorlieben bestimmen, welche Güter er beschaffen möchte? Soll die Möglichkeit zum Tauschhandel bestehen und der „Markt" darüber entscheiden, was, wie, für wen produziert wird?

Aufgaben der Volkswirtschaftslehre

Mit diesen vier Grundfragen jeder Wirtschaftsgesellschaft ist gleichzeitig auch ein wesentliches Aufgaben- und Arbeitsgebiet der Volkswirtschaftslehre umschrieben.

Die Volkswirtschaftslehre befasst sich im Wesentlichen mit den Entscheidungen, die einzelne Personengruppen, Institutionen oder die Gesellschaft im Zusammenhang mit Einsatz und Verteilung knapper Güter für Produktion und Konsum treffen.

Volkswirtschaftliche Modelle

Wegen des vielschichtigen und unübersichtlichen Beziehungsgeflechts zwischen den am Wirtschaftsprozess Beteiligten, können die volkswirtschaftlichen Untersuchungen aber nicht unmittelbar an der Wirklichkeit ansetzen. Vielmehr muss versucht werden, die vielfältigen Wirtschaftsbeziehungen in vereinfachter Form darzustellen. Dazu dienen **Modelle**, wie sie beispielsweise auch in Technik, Naturwissenschaften und Mathematik üblich sind. Das Denken in Modellen ist typisch für die Volkswirtschaftslehre. Volkswirtschaftliche Denkmodelle dienen dazu, die ökonomische Wirklichkeit auf vereinfachten Grundlagen zu analysieren. Dabei bleiben Einflussfaktoren, die für den jeweiligen Untersuchungszweck als weniger wichtig angesehen werden, zunächst unberücksichtigt **(= Abstraktion)**. Für die Modellbildung müssen somit vereinfachende Annahmen **(Prämissen)** getroffen werden. Durch schrittweise Einführung von wirklichkeitsnäheren Annahmen kann versucht werden, den Abstraktionsgrad der Modelle zu verringern **(Prinzip der abnehmenden Abstraktion)**.

Modellbildung als Hilfsmittel zur Analyse der Wirklichkeit auf vereinfachter Grundlagen

Wirklichkeit
↓ *Vereinfachte Abbildung der Wirklichkeit (Abstraktion)*
Modell ← Veränderung der Modellannahmen (Prämissen) durch zunehmende Anpassung an die Realität
↓
empirische Überprüfung der abgeleiteten Vermutungen (Hypothesen)

Modell des Homo oeconomicus[1]

Das Menschenbild als Homo oeconomicus

Die am Wirtschaftsprozess beteiligten Personen und Gruppen **(Wirtschaftssubjekte)** treffen im Alltag häufig irrationale, durch Gefühle, Gewohnheiten, Bequemlichkeit, Werbung, Mode, gesellschaftlichen Druck und andere Faktoren beeinflusste Entscheidungen. Die Wirtschaftstheorie geht bei ihren Untersuchungen aber häufig vom **Modell** eines ausschließlich wirtschaftlich denkenden Menschen ***(Homo[1] oeconomicus)*** aus, der sich uneingeschränkt rational verhält und dabei seinen eigenen Nutzen bzw. seinen Gewinn zu maximieren versucht. Bei dieser Beschränkung auf rein wirtschaftliche Handlungsmotive werden alle anderen Einflussfaktoren außer Acht gelassen **(= Abstraktion)**.

Als *Homo oeconomicus* wird das Modell eines in Wirklichkeit nicht existierenden Menschen bezeichnet, der ausschließlich wirtschaftlich handelt und das Ziel verfolgt, seinen eigenen materiellen Nutzen zu maximieren.

Das Menschenbild des *Homo oeconomicus* wird in der Wirstchaftstheorie dazu benutzt, um modellhaft menschliches Verhalten bei wirtschaftlichen Entscheidungen (z. B. Kaufentscheidungen) zu erklären.

Im folgenden Kapitel werden die dem *Homo oeconomicus* unterstellten modellmäßigen Verhaltensweisen mit dem tatsächlichen Verhalten von Menschen bei wirtschaftlichen Entscheidungen verglichen.

Zusammenfassende Übersicht zu Kap. 1.2: Grundfragen und Methoden der Volkswirtschaftslehre

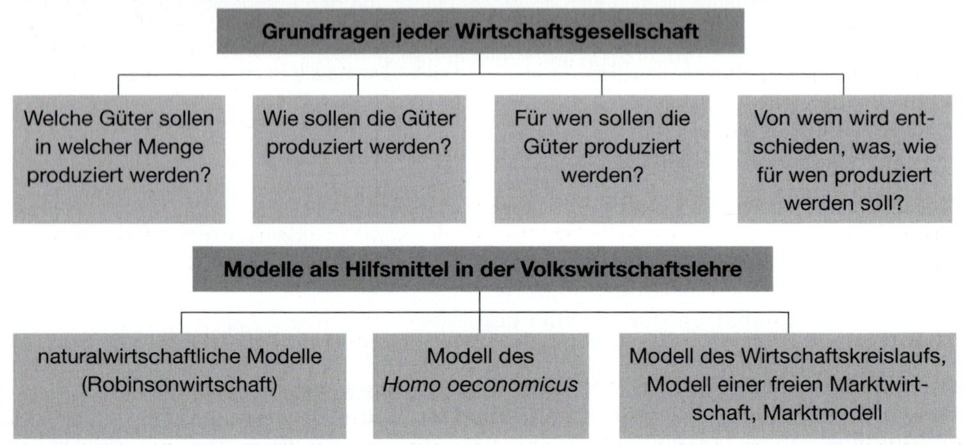

Fragen zur Wiederholung

zu Kapitel 1.2 Grundfragen und Methoden der Volkswirtschaftslehre

1. Welche vier Grundfragen müssen in jeder Wirtschaftsgesellschaft gelöst werden?
2. Erläutern Sie diese vier Grundfragen am Beispiel eines naturalwirtschaftlichen Modells.
3. Welchem Zweck dienen Modelle in der Volkswirtschaftslehre?
4. Was ist unter dem Modell des *Homo oeconomicus* zu verstehen?

1 Homo (*lat.*): Mensch; *Homo oeconomicus*: In der Volkswirtschaftslehre angewandtes Gedankenmodell, in dem ein idealtypischer Mensch sein Handeln ausschließlich an wirtschaftlicher Zweckmäßigkeit ausrichtet.

1.3 Wirtschaften als vernünftiges menschliches Handeln

1.3.1 Ökonomisches Prinzip

Minimalprinzip – Maximalprinzip

Aufg. 1.3.1 S. 36

Ursache und Motor allen wirtschaftlichen Handelns ist das **Spannungsverhältnis** zwischen den als unbegrenzt angenommenen **Bedürfnissen** und den knappen **Gütern**. Um dieses Spannungsverhältnis so weit wie möglich zu entschärfen und ein höchstmögliches Maß an Bedürfnisbefriedigung zu erreichen, ist ein effizienter[1] Einsatz der knappen Güter nötig. Es muss **gewirtschaftet** werden.

Wirtschaften bedeutet, planvolle Entscheidungen über die Herstellung und Verwendung knapper Güter zum Zweck der Bedürfnisbefriedigung zu treffen. Dabei müssen die Kosten der Gütererstellung und der Nutzen, den diese Güter stiften, in einem vernünftigen Verhältnis zueinander stehen.

Bei vernünftigem Handeln erfolgt der Einsatz der knappen Güter nach dem **ökonomischen Prinzip** (Wirtschaftlichkeitsprinzip, Rationalprinzip). Das ökonomische Prinzip tritt in zwei Formen auf:

Maximalprinzip	Minimalprinzip
Mit gegebenen Mitteln soll ein höchstmöglicher Nutzen (Erfolg) erreicht werden.	**Ein bestimmter Nutzen (Erfolg) soll mit geringstmöglichem Mitteleinsatz erreicht werden**
Produzenten (Unternehmen) setzen die vorhandenen Produktionsmittel so ein, dass ein höchstmöglicher Gewinn erzielt wird **(Gewinnmaximierung)**. Konsumenten (Haushalte) versuchen, mit gegebenem Einkommen, einen höchstmöglichen Nutzen zu erzielen **(Nutzenmaximierung)**.	Produzenten (Unternehmen) versuchen, ein bestimmtes Produktionsergebnis mit geringstmöglichen Kosten zu erzielen **(Kostenminimierung)**. Konsumenten (Haushalte) versuchen, durch Preis- und Qualitätsvergleiche für die benötigten Güter den geringstmöglichen Geldbetrag auszugeben **(Ausgabenminimierung)**.

Das ökonomische Prinzip kommt in zwei Ausprägungen vor:
(1) „Handle so, dass bei gegebenem Mitteleinsatz der Nutzen maximiert wird!" (Maximalprinzip)
(2) „Handle so, dass bei vorgegebenem Nutzen der Mitteleinsatz minimiert wird!" (Minimalprinzip).

Ökonomisches Prinzip: Allgemeiner Grundsatz vernünftigen Handelns

Das ökonomische Prinzip gilt in **jeder Wirtschafts- und Gesellschaftsordnung**. Andernfalls würde es zu einer **Verschwendung knapper Mittel** kommen. Wichtig ist aber die Erkenntnis, dass das ökonomische Prinzip als allgemeingültiges Rationalprinzip nicht nur im wirtschaftlichen Bereich, sondern in nahezu **allen menschlichen Lebensbereichen** zur Anwendung kommt. Es ist ein allgemein anerkannter und unbestrittener Grundsatz jeden vernünftigen menschlichen Handelns.

1 Effizienz: (*lat.*): Wirksamkeit; optimales Verhältnis zwischen einem bestimmten Ziel (Nutzen) und dem Aufwand, der zu dessen Erreichung nötig ist.

Anwendung des ökonomischen Prinzips im täglichen Leben

Schüler Daniel will bei der Vorbereitung auf eine Klassenarbeit mit einer bestimmten Vorbereitungszeit die bestmögliche Note oder eine bestimmte Note mit einer minimalen Vorbereitungszeit erzielen. Unsinnig, weil logisch nicht erfüllbar, wäre dagegen die Forderung, mit geringstmöglichem Zeitaufwand (= Vorbereitungszeit null) das bestmögliche Ergebnis (= volle Punktzahl) zu erreichen.

Das ökonomische Prinzip (= Rationalprinzip) ist ein allgemeiner Grundsatz jeden vernünftigen menschlichen Handelns. Seine Anwendung ist nicht auf wirtschaftliche Entscheidungssituationen beschränkt, sondern erstreckt sich auf alle Lebensbereiche.

Trotzdem wird das ökonomische Prinzip häufig als Forderung nach selbstsüchtigem und eigennützigem Handeln missverstanden. Diese Interpretation ist unzutreffend. In Wirklichkeit bezieht sich das ökonomische Prinzip weder auf Ziele (**was** soll erreicht werden?) noch auf Motive (**warum** soll etwas erreicht werden?). Vielmehr beinhaltet das ökonomische Prinzip **ausschließlich** eine Forderung, **wie** (d. h. auf welche Weise und mit welchen Mitteln) ein bestimmtes Ziel erreicht werden soll. Der Mitteleinsatz soll demnach **effizient** (d. h. sparsam und zugleich wirksam) sein.

Das ökonomische Prinzip sagt nichts darüber aus, was erreicht werden soll (Ziel) und warum dies erreicht werden soll (Motiv). Es beinhaltet lediglich die Forderung, wie (auf welche Weise und mit welchen Mitteln) etwas erreicht werden soll.

Unterscheidung zwischen ökonomischem Prinzip und Homo oeconomicus

Keinesfalls dürfen ökonomisches Prinzip und Verhalten des *Homo oeconomicus* gleichgesetzt werden. Zwar wendet der Homo oeconomicus zur Erreichung seiner Ziele (z. B. Gewinnmaximierung) aus eigennützigen Motiven das ökonomische Prinzip an. Umgekehrt entspricht aber nicht jede Anwendung des ökonomischen Prinzips gleichzeitig dem egoistischen Verhalten des *Homo oeconomicus*.

Das ökonomische Prinzip ist – wie das folgende Beispiel der Rettung eines Ertrinkenden zeigt – nicht mit Egoismus gleich zu setzen und ethisch nicht verwerflich.

Ökonomisches Prinzip und Altruismus[1]

„Wenn man z. B. jemand aus dem Wasser zieht, so ist das im Allgemeinen sicher altruistisch gehandelt. Und doch lassen sich auf den Vorgang gewisse wirtschaftliche Grundsätze anwenden: Man schwimmt auf dem kürzesten Weg auf den Betreffenden zu, erfasst ihn in der zweckmäßigsten Weise und versucht ihn so schnell wie möglich, mit dem geringsten Kraftaufwand als möglich, wieder an Land zu bringen."[2]

Ein Handeln nach dem ökonomischen Prinzip ist nicht gleichbedeutend mit dem Verhalten des Homo oeconomicus. Die Befolgung des ökonomischen Prinzips ist nicht gleichzusetzen mit egoistischem Streben.

Berücksichtigung von Alternativkosten

Ein Käufer, der vernünftig handelt und das ökonomische Prinzip befolgt, würde normalerweise alle Produktinformationen nutzen (z. B. Werbung, Verbraucherberatung,

1 Altruismus (*lat.*): Selbstlosigkeit, Uneigennützigkeit (Gegensatz zu Egoismus)
2 J.A. Schumpeter, Wesen und Hauptinhalt der theoretischen Nationalökonomie, Berlin 1970 (2. Aufl., unveränderter Nachdruck der 1908 erschienenen 1. Aufl.)

Testberichte der Stiftung Warentest[1]), Preise und Qualität vergleichen und nach der günstigsten Einkaufsmöglichkeit suchen. Allerdings kann auch ein Verbraucherverhalten, das für einen außenstehenden Beobachter scheinbar unvernünftig ist, in Wirklichkeit höchst vernünftig sein. Ein Verbraucher, der auf die Beschaffung von Produktinformationen und Preisvergleiche verzichtet, spart nämlich neben den Kosten für die Informationsbeschaffung auch Zeit. Diese Kosten- und Zeitersparnis ist ihm möglicherweise wichtiger als die Gewissheit, nach langem Suchen die günstigste Einkaufsmöglichkeit gefunden zu haben.

Hätte der Verbraucher seine Zeit mit der Informationsbeschaffung und dem Vergleichen von Preisen verbracht, hätte er auf den Nutzen, den er jetzt durch die Zeitersparnis erzielt hat, verzichten müssen. Ein solcher Nutzenverzicht wird als **Alternativkosten** (Opportunitätskosten) bezeichnet.

Kap. A 1.1.2

Vernünftig handelnde Menschen versuchen, die für die Erreichung eines bestimmten Ziels anfallenden Kosten möglichst gering zu halten. Dies schließt auch die Berücksichtigung von Alternativkosten mit ein.

1.3.2 Probleme und Folgen eigennützigen Handelns

Wirtschaftliches Handeln und Egoismus

Am Menschenbild des *Homo oeconomicus*, das in wirtschaftstheoretischen Modellen als erstrebenswertes Ideal gilt, wird häufig kritisiert, dass es zum Egoismus erziehe. Soziales Verhalten wie Mitmenschlichkeit und Verantwortung für andere gingen dabei ebenso verloren wie z. B. Rücksichtnahme auf die Umwelt.

Um der Frage nachgehen zu können, wie sich eigennütziges wirtschaftliches Verhalten auswirkt, muss zwischen dem, was einzelwirtschaftlich vernünftig ist **(= individuelle Rationalität)** und dem, was gesamtwirtschaftlich vernünftig ist **(= kollektive Rationalität)**, unterschieden werden. Folgende Fälle sind in diesem Zusammenhang von besonderem Interesse:

Folgen eigennützigen Handelns		
Ein Einzelner nützt durch sein eigennütziges Verhalten sich selbst und anderen. **(Win-Win-Situation)**	Ein Einzelner nützt durch sein eigennütziges Verhalten sich selbst und schadet gleichzeitig anderen. **(Win-Lose-Situation)**	Ein Einzelner schadet durch sein eigennütziges Verhalten nicht nur sich selbst, sondern auch anderen. **(Lose-Lose-Situation)**

Eigennutz = Gemeinnutz?

Der schottische Philosoph und Volkswirt ADAM SMITH (1723–1790) gilt als Begründer der modernen Volkswirtschaftslehre. Er hat gezeigt, dass in einer Marktwirtschaft das am eigenen Nutzen orientierte wirtschaftliche Verhalten gleichzeitig auch für die Gesamtgesellschaft von Vorteil sein kann. Diesen Zusammenhang zwischen Eigennutz und Gemeinnutz hat er an einem berühmt gewordenen Beispiel erläutert.

Kap. A 2.2.2

1 Die Stiftung Warentest ist eine gemeinnützige Organisation mit dem Ziel, Waren und Dienstleistungen zu testen. Sie ist unabhängig und ihre monatlichen Testzeitschriften (test und FINANZtest)sind frei von Werbung. Eine persönliche Verbraucherberatung bieten die Verbraucherzentralen an.

Adam Smith: Eigennutz = Gemeinnutz

„Nicht vom Wohlwollen des Metzgers, Brauers und Bäckers erwarten wir das, was wir für eine Mahlzeit brauchen, sondern davon, dass sie ihre eigenen Interessen wahrnehmen. Wir wenden uns nicht an ihre **Menschenliebe**, sondern an ihre **Eigenliebe**. Wir erwähnen ihnen gegenüber nicht **unsere eigenen Bedürfnisse**, sondern sprechen nur von **ihrem Vorteil**."[1]
Das Gewinstreben des Bäckers (und nicht seine Wohltätigkeit) führt demnach dazu, dass seine Kunden mit den von ihnen gewünschten Brötchen versorgt werden. Wenn der Bäcker nämlich in Konkurrenz zu anderen Bäckern steht und auf Dauer einen Gewinn erzielen will, muss er möglichst schmackhafte Brötchen backen und freundlich zu seinen Kunden sein. Außerdem darf er keine überhöhten Preise verlangen, weil seine Kunden sonst zur Konkurrenz abwandern oder auf Brötchen verzichten würden. Wenn alle Bäcker sich so verhalten, kommt es in einer Volkswirtschaft zu einer optimalen Versorgung der Bevölkerung mit Brötchen.

Andererseits gibt es aber auch im wirtschaftlichen Bereich zahlreiche Beispiele dafür, dass ein aus Sicht eines Einzelnen vernünftiges Verhalten ins Gegenteil umschlägt, wenn alle anderen sich auch so verhalten.

Rationalitätenfalle

Aufg. 1.3.2 S. 36

Für einen einzelnen Geschäftsinhaber kann es sinnvoll sein, die Öffnungszeiten seines Ladengeschäfts auszudehnen. Dadurch werden möglicherweise zusätzliche Kunden angelockt und die Verkaufszahlen erhöht. Was geschieht aber, wenn alle Geschäfte länger geöffnet sind? Da die Konsumenten durch die Verlängerung der Ladenöffnungszeiten nicht mehr Geld für Konsumzwecke zur Verfügung haben, bleiben die Verkaufszahlen insgesamt unverändert. Allerdings steigen für die Einzelhändler aufgrund der längeren Öffnungszeiten die Kosten (z. B. für Personal, Strom, Heizung) mit der Folge, dass ihre Gewinne niedriger sind als vor der Verlängerung der Öffnungszeiten.

In manchen Fällen verkehrt sich ein Verhalten, das aus der Sicht eines Einzelnen vernünftig erscheint, ins Gegenteil, wenn sich alle so verhalten (Rationalitätenfalle).

Dilemmasituationen

Viele wirtschaftliche Entscheidungs- und Konfliktfälle lassen sich als sog. **Dilemmasituationen**[2] darstellen. Dabei zeigt sich, dass der Versuch Einzelner, ihre eigennützigen Ziele zulasten anderer zu verfolgen, häufig zu einem für **alle** Beteiligten schlechteren Ergebnis führt als ein gemeinsames Vorgehen (= Kooperation)[3]. Die Grundzusammenhänge des auf vielfältige reale Situationen übertragbaren „Gefangenendilemmas" lassen sich an folgendem Beispiel aufzeigen:

Aufg. 1.3.3 S. 37

Dilemmasituation

Ein Käufer möchte Diamanten erwerben. Mit dem einzigen ihm bekannten Diamantenhändler wird ein für beide Seiten zufrieden stellender Preis ausgehandelt. Aus irgendeinem Grund muss das Geschäft aber geheim stattfinden. Außerdem ist klar, dass sich die beiden Partner nie wieder begegnen und keine weiteren Geschäfte mehr miteinander abschließen werden. Es wird folgende Vereinbarung getroffen: Beide Partner deponieren ihr Paket mit den Tauschgütern (Geld bzw. Diamanten) an verschiedenen Orten im Wald und holen zu einem späteren

1 A. Smith, An Inquiry into the Nature and Causes of the Wealth of Nations, erste Auflage 1776; deutsche Übersetzung auf der Basis der 5. Aufl. von 1789 von H.C. Recktenwald, Der Wohlstand der Nationen, Eine Untersuchung seiner Natur und seiner Ursachen, 7. Aufl., München 1996, S. 17
2 Dilemma (*gr.*): Schwierige Wahl zwischen zwei (scheinbar) gleich großen Übeln
3 Kooperation (*lat.*): Zusammenarbeit

Zeitpunkt das für sie bestimmte Paket des Tauschpartners aus dem Versteck ab. Was wird geschehen? Zwar wären beide Partner zufrieden gestellt, wenn sie an den Verstecken Pakete mit dem vereinbarten Inhalt vorfinden würden. Jeder von beiden wäre aber noch besser gestellt, wenn er die vereinbarte Gegenleistung erhalten würde, ohne selbst eine Leistung erbringen zu müssen. Die Versuchung ein leeres Paket zu hinterlassen ist daher groß. Die (scheinbar) schlüssige Argumentation lautet: Wenn mein Partner ein volles Paket bringt, ich aber ein leeres abgestellt habe, kriege ich das, was ich wollte, ohne Gegenleistung. Wenn mein Partner auch ein leeres Paket hinterlässt, war es für mich allemal besser ebenfalls ein leeres Paket zu deponieren. Dann habe ich zwar nichts bekommen, aber auch nichts verloren – und bin nicht übers Ohr gehauen worden. Also: Für mich ist es in jedem Fall günstiger ein leeres Paket zu deponieren, egal wie sich mein Partner verhält. Da der Partner mit der gleichen Logik argumentiert, verstecken beide ein leeres Paket und erhalten nichts – obwohl beide die vereinbarten Leistungen hätten bekommen können, wenn sie sich nicht egoistisch, sondern kooperativ verhalten hätten[1].

In bestimmten Situationen führt das Streben Einzelner nach Eigennutz nicht zur Erhöhung des Gemeinwohls. Es geht dann vielmehr allen Beteiligten schlechter, als wenn sie den Eigennutz zurückstellen und gemeinsam (durch Kooperation) die Steigerung des Gemeinwohls verfolgen würden. Solche Fälle werden als Dilemmasituation bezeichnet.

1.3.3 Konsumentenverhalten in der Realität

Wirtschaftlich unvernünftiges Verhalten

Der Konsumtheorie als Teil der Volkswirtschaftslehre liegt das Menschenbild des vernünftig (rational) handelnden *Homo oeconomicus* zugrunde. Damit wird unterstellt, dass die Konsumenten unbeeinflusst von äußeren Einflüssen (z. B. Mitmenschen, Werbung) ihre Vorlieben (= Präferenzen) für bestimmte Produkte entwickeln. Beim Kauf wählen sie rational und freiwillig die ihren Bedürfnissen am besten entsprechenden Güter aus. Solche mündigen und unabhängigen (souveränen) Verbraucher lassen sich von der Werbung nicht verführen, sondern nur informieren.

Unvernünftige Kaufentscheidungen

Lässt sich die Schülerin Ina in einer Boutique zu ungeplanten Impulskäufen verleiten, indem sie aufgrund von Werbung oder weil ihre Freundinnen ihr dazu raten, einen nicht benötigten oder überteuerten Pullover kauft, handelt sie nicht wie ein *Homo oeconomicus*, da sie mit den gegebenen Mitteln (Taschengeld) nicht den höchstmöglichen Nutzen erzielt. Sie handelt im Sinne der ökonomischen Theorie unvernünftig (irrational) bzw. unwirtschaftlich.

Kap. A 1.2

Das tatsächliche Verbraucherverhalten ist dagegen großenteils durch Gewohnheiten, Nachahmung, Bequemlichkeit, Modetrends, soziales Ansehen u. Ä. bestimmt. Zudem kann es noch durch Einflüsse der Werbung manipuliert sein. Im Sinne der Wirtschaftslehre handelt es sich dabei nicht um vernünftige (rationale) Kaufmotive. Ein solches Verbraucherverhalten, das maßgeblich durch soziale Einflussfaktoren bestimmt wird (z. B. bei Modeerscheinungen), zeigt ebenso wie das impulsive Verhalten bei Spontankäufen oder das zufällige Verhalten bei Bagatellkäufen, dass bei Konsumentenentscheidungen nicht nur wirtschaftliche, sondern auch soziologische und psychologische Faktoren eine bedeutende Rolle spielen.

1 Kooperatives Verhalten in Dilemmasituationen ist nicht gleichbedeutend mit ethisch gutem Verhalten. Kooperation gibt es auch unter Verbrechern.

Fairness und Kooperation statt egoistischer Rücksichtslosigkeit

Aufg. 1.3.4 S. 37

Untersuchungen und psychologische Experimente – wie z. B. das Ultimatum-Spiel – zeigen, dass das tatsächliche Verhalten vieler Menschen auch in wirtschaftlichen Entscheidungssituationen häufig nicht in egoistischer Weise an der kurzfristigen Maximierung des eigenen materiellen Nutzens orientiert ist. Vielmehr wird in der Regel auch berücksichtigt, wie andere Menschen voraussichtlich auf das eigene Verhalten reagieren und welche allgemein anerkannten Regeln menschlichen Zusammenlebens (soziale Normen und Werte wie z. B. Fairness und Mitgefühl) zu beachten sind. Nicht-egoistisches Verhalten ist durchaus mit dem Ziel der Nutzenmaximierung vereinbar, da Mildtätigkeit, Mitgefühl, Gewissensberuhigung usw. auch einen individuellen Nutzen stiften, weil man das Gefühl hat, etwas Gutes getan zu haben (warm glow Effekt). Kundenbefragungen zeigen beispielsweise, dass zahlreiche Konsumenten die Produkte von sozial engagierten Unternehmen bevorzugen (insbesondere dann, wenn sie den Konkurrenzprodukten hinsichtlich Preis und Qualität nicht unterlegen sind). Das soziale Engagement von Unternehmen und deren freiwillige Selbstverpflichtung zur Einhaltung bestimmter Regeln **(Verhaltenskodizes[1])** ist daher meistens mit dem wirtschaftlichen Interesse an einer Absatzsteigerung verbunden.

Die „guten Taten" eines Unternehmens (z. B. Foto in der Tageszeitung von der Übergabe eines Schecks an die Leiterin eines Kindergartens in der Weihnachtszeit) sollen entsprechend dem Grundsatz „Das Unternehmensimage von heute ist der Umsatz von morgen" das Ansehen in der Öffentlichkeit fördern. Tatsächlich zeigt die Erfahrung, dass sich ethisch verantwortliches Handeln auch in höheren Gewinnen niederschlagen kann.

So viel Prozent der Konsumenten würden Produkte eines Herstellers zumindest manchmal bevorzugen, wenn er ...

... auf Kinderarbeit verzichtet.	53 %
... umweltfreundliche Produkte herstellt.	39 %
... mit Energie und Rohstoffen sparsam umgeht.	39 %
... sich nicht in Ländern betätigt, in denen elementare Menschrechte verletzt werden.	37 %
... keine Rüstungsgüter produziert bzw. nicht damit handelt.	32 %

Quelle: Institut für Markt-Umwelt-Gesellschaft (imug)

Siehe dazu auch die Informationskampagne zum Fairen Handel unter http://www.fair-feels-good.de

Nutzenmaximierung ist nicht identisch mit Egoismus. Untersuchungen über menschliches Verhalten zeigen, dass auch bei wirtschaftlichen Entscheidungen häufig statt Egoismus die Berücksichtigung sozialer Normen wie Fairness und Kooperation zur Nutzenmaximierung beiträgt.

1 Kodex (*lat.*): Gesetzbuch, hier: freiwillige Selbstverpflichtung zur Einhaltung bestimmter Regeln und Verhaltensweisen

Zusammenfassende Übersicht zu Kap. 1.3: Wirtschaften als vernünftiges menschliches Handeln

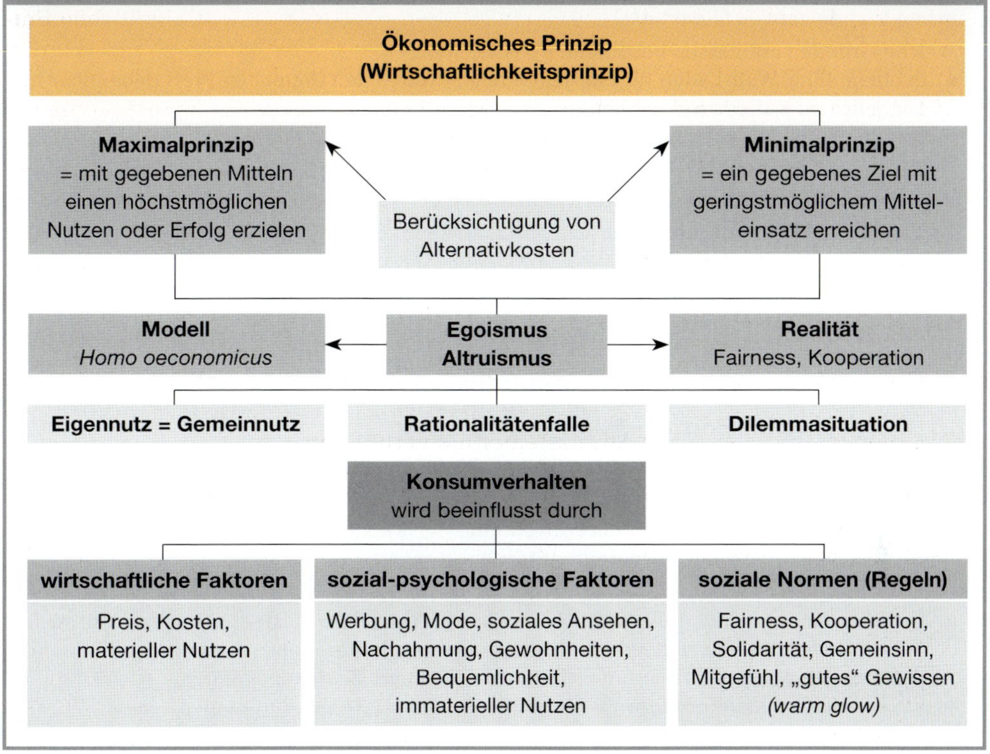

Fragen zur Wiederholung

zu Kapitel 1.3 Wirtschaften als vernünftiges menschliches Handeln

1.3.1 Ökonomisches Prinzip

1. Was bedeutet „Wirtschaften"?
2. Formulieren Sie das ökonomische Prinzip als Maximal- und Minimalprinzip.
3. Nennen Sie Beispiele für vernünftige und unvernünftige Kaufentscheidungen.
4. Welche Rolle spielen Alternativkosten (Opportunitätskosten) bei der Anwendung des ökonomischen Prinzips?

1.3.2 Probleme und Folgen eigennützigen Handelns

1. Warum ist die Anwendung des ökonomischen Prinzips nicht mit egoistischem Handeln gleichzusetzen?
2. Zeigen Sie an einem Beispiel, dass eigennütziges Handeln eines Einzelnen auch der Allgemeinheit nutzen kann.
3. Zeigen Sie an einem Beispiel, dass in manchen Fällen eigennütziges Handeln eines Einzelnen nicht zu dem gewünschten Ergebnis führt, wenn sich viele Menschen ähnlich verhalten.
4. Schildern Sie mit eigenen Worten die Ursachen für die im Bsp. auf S. 32 beschriebene Dilemmasituation. Welches wäre für den Diamantenkäufer die beste, welches die zweitbeste und welches die schlechteste Lösung? Würde sich an dem Ergebnis etwas ändern, wenn sich Käufer und Verkäufer kennen würden und klar wäre, dass sie künftig häufiger Geschäfte miteinander machen wollen?

1.3.3 Konsumverhalten in der Realität

1. Wodurch unterscheidet sich das modellhafte Verhalten eines *Homo oeconomicus* vom menschlichen Verhalten in der Realität?
2. Welche Gründe veranlassen bestimmte Konsumenten,
   - in einem Eine-Welt-Laden für fair gehandelten Kaffee den doppelten Preis gegenüber herkömmlichem Kaffee zu bezahlen,
   - in einem Bioladen Lebensmittel erheblich teurer einzukaufen?

   Handeln diese Konsumenten rational?
3. Was sind Verhaltenskodizes und wozu dienen sie?
4. Unterscheiden Sie zwischen egoistischem und nutzenmaximierendem Verhalten.

Aufgaben und Probleme

zu Kapitel 1.3 Wirtschaften als vernünftiges menschliches Handeln

1.3.1 Ökonomisches Prinzip – *Homo oeconomicus*

1. Unterscheiden Sie das Maximal- und das Minimalprinzip am Beispiel des Zusammenhangs zwischen der Höhe des Benzinverbrauchs eines Autos und der Länge der zurückgelegten Strecke.
2. Zeigen Sie an je einem Beispiel die Anwendung des Maximal- und des Minimalprinzips aus Ihrem persönlichen Erfahrungsbereich auf.
3. Begründen Sie, ob das folgende Verhalten dem ökonomischen Prinzip entspricht:
   a) Ein Konsument kauft grundsätzlich nur fair gehandelten Kaffee. Dafür bezahlt er fast doppelt so viel wie für herkömmlichen Kaffee. Der erhöhte Preis garantiert den Kaffee produzierenden Kleinbauern in Entwicklungsländern eine Kostendeckung.
   b) Ein Konsument kauft grundsätzlich nur Bio-Gemüse und zahlt dafür einen höheren Preis als für herkömmliches Gemüse.
   c) Ein reicher Mann verschenkt sein Vermögen an Bedürftige, um die seiner Meinung nach undankbaren Erben zu ärgern und ihnen keine Erbschaft zu hinterlassen.
4. Es wird behauptet: „Der *Homo oeconomicus* handelt nach dem ökonomische Prinzip, aber nicht jeder, der das ökonomische Prinzip befolgt, handelt entsprechend dem Modell des *Homo oeconomicus.*"

   Erläutern Sie diese Aussage an folgendem Beispiel: Ein Unternehmer erzielt durch seine Geschäftstätigkeit einen erheblichen Gewinn. Einen Teil davon verwendet er dafür, einer Behindertenwerkstatt einen Lieferwagen zu spenden.
5. Eine Papierfabrik wird durch Gesetz verpflichtet, eine Kläranlage zur Reinigung der Abwässer zu bauen. Die Geschäftsleitung behauptet, dass ihr durch diese zusätzlichen Kosten ein Handeln nach dem ökonomischen Prinzip nicht mehr möglich sei. Nehmen Sie zu dieser Behauptung Stellung.

1.3.2 Eigennütziges Verhalten und Rationalitätenfalle

In bestimmten Fällen kann ein Verhalten, das aus der Sicht eines Einzelnen vernünftig erscheint, ins Gegenteil umschlagen, wenn viele andere Menschen sich auch so verhalten. In diesem Fall wird von einer „Rationalitätenfalle" gesprochen.

Zeigen Sie anhand des Beispiels auf S. 32 (Mitte) für die folgenden Fälle auf, welche Folgen sich ergeben, wenn viele andere Menschen dem Beispiel eines Einzelnen folgen.

1. Angenommen, Sie erhalten für ein Fußballbundesligaspiel eine Karte für einen Sitzplatz mit schlechter Sicht. Aus Eigeninteresse würde es nahe liegen, während des Fußballspiels aufzustehen, um besser sehen zu können. Was würde geschehen, wenn sich alle Stadionbesucher mit Sitzplatzkarten so verhalten würden?
2. Ein Konsument geht davon aus, dass in nächster Zeit die Preise für Lebensmittel erheblich steigen. Er möchte dieser Preissteigerung durch „Hamsterkäufe" zuvor kommen und sich einen großen Vorrat haltbarer Lebensmittel anlegen. Was würde geschehen, wenn sich viele Konsumenten so verhalten würden?

3. Ein Arbeiter einer Automobilfabrik hatte geplant, für sich und seine Familie ein neues Auto zu kaufen. Da sich aber in letzter Zeit die allgemeine Lage auf dem Automobilmarkt verschlechtert hat und Entlassungen in dieser Branche drohen, beschließt er, den geplanten Kauf auf später zu verschieben. Das dafür vorgesehene Geld möchte er lieber sparen, um für den Fall, dass er arbeitslos wird, vorzusorgen. Was würde geschehen, wenn sich viele Autokäufer so verhalten würden?
4. Ein Unternehmen der Computerbranche gewährt aufgrund der guten Ertragslage seinen Mitarbeitern höhere Löhne. Was würde geschehen, wenn viele Unternehmen diesem Beispiel folgen würden?
5. Ein Unternehmen der Textilindustrie senkt wegen einer unbefriedigenden Ertragslage die Löhne seiner Mitarbeiter, um auf diesem Wege die Produktionskosten zu verringern. Was würde passieren, wenn viele Unternehmen diesem Beispiel folgen würden?

1.3.3 Dilemmasituationen – Erklärung für ökonomisches und ethisches Verhalten

Auf der Begleit-CD befinden sich zahlreiche Aufgaben und Problemstellungen zur wirtschaftlichen und ethischen Entscheidungsfindung mithilfe von Dilemmasituationen.

1.3.4 Rationalverhalten – Ökonomisches Prinzip – (Im)materielle Bedürfnisse

1. Führen Sie in Ihrer Klasse folgendes Experiment durch („Ultimatum-Spiel"):
   Zwei Schüler treten vor die Klasse. Der erste Schüler hat 100 EUR zur Verfügung, die er mit dem zweiten Schüler teilen muss. Der erste Schüler kann einen beliebigen Vorschlag machen, wie er die 100 EUR aufteilen möchte. Falls der zweite Schüler den Vorschlag akzeptiert, erhalten beide den anteiligen Betrag entsprechend dem Vorschlag. Lehnt der zweite Schüler den Vorschlag jedoch ab, erhalten beide nichts.
   Vergleichen Sie das Ergebnis dieses Experiments mit dem Verhalten eines „*Homo oeconomicus*". Worauf sind die Abweichungen zurückzuführen?
2. Führen Sie in Ihrer Klasse folgende Umfrage durch:
   Sie haben die Wahl zwischen folgenden beiden Alternativen:
   a) Erzielung eines Jahreseinkommens von 50 000 EUR. Alle anderen Mitbürger verdienen in diesem Fall nicht mehr als 25 000 EUR.
   b) Erzielung eines Jahreseinkommens von 100 000 EUR. Alle anderen Mitbürger verdienen in diesem Fall mindestens 200 000 EUR.

   Hinweis: Die Kaufkraft des Geldes, d. h. wie viel Sie sich für das erzielte Einkommen kaufen können, spielt bei der Entscheidung keine Rolle. In allen Fällen reicht das Einkommen für einen angemessenen Lebensstandard aus.
   Für welche Alternative entscheiden Sie sich? Begründen Sie Ihre Antwort.
3. Weitere Beispiele und Experimente befinden sich auf der Begleit-CD.

1.4 Erste Grundfrage: Was soll produziert werden? Arten von Gütern

Beschaffenheit, Verwendungszweck und Nutzungsdauer von Gütern

Wirtschaftliche Güter lassen sich nach ihrer **Beschaffenheit** in **materielle** und **immaterielle Güter** unterteilen. **Waren (Sachgüter)** sind materielle Güter. **Dienstleistungen** sind dagegen immaterielle Güter.

Aufg. 1.4.1 S. 41

Nach ihrem **Verwendungszweck** lassen sich **Konsumgüter** und **Produktionsgüter** (Kapitalgüter) unterscheiden. Konsumgüter können die Bedürfnisse von Verbrauchern unmittelbar befriedigen. Sie werden von **privaten Haushalten** verwendet. Produktionsgüter dienen zur Herstellung anderer Güter. Sie werden von **Unternehmen** verwendet.

Nach der Dauer bzw. der Wiederholbarkeit der Nutzung lassen sich **Verbrauchsgüter** und **Gebrauchsgüter** unterscheiden. Verbrauchsgüter verwandeln oder verzehren sich bei ihrer Verwendung. Gebrauchsgüter können über einen längeren Zeitraum genutzt werden und unterliegen der **Abnutzung**.

Wirtschaftliche Güter nach Beschaffenheit, Verwendungszweck und Nutzungsdauer

Materielle Güter (Waren, Sachgüter)				Immaterielle Güter (Dienstleistungen)	
Konsumgüter		Produktionsgüter (Kapitalgüter)		Konsumgüter	Produktionsgüter
Gebrauchsgüter	Verbrauchsgüter	Gebrauchsgüter (Investitionsgüter)	Verbrauchsgüter		
Radiogerät in einem privaten Haushalt	Butter, Benzin für Urlaubsreise mit privatem Pkw	Büromöbel, Maschinen	Dieselkraftstoff für den Lkw einer Spedition	Konsumentenkredit, Schwimmbadbesuch	Reparatur eines Geschäftswagens

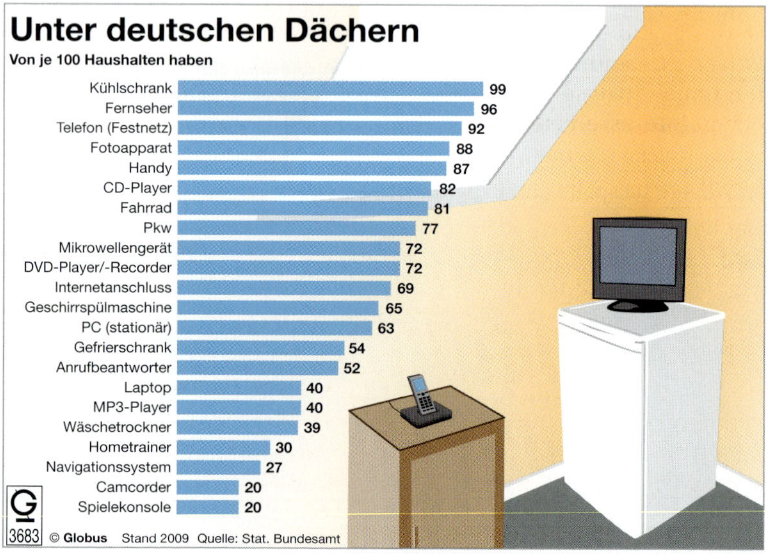

Ob ein Gut ein Konsumgut oder ein Produktionsgut ist, wird nicht durch bestimmte Eigenschaften des Gutes, sondern ausschließlich durch die Art seiner Verwendung bestimmt. Ein und dasselbe Gut kann je nach seiner Verwendung sowohl Konsumgut als auch Produktionsgut sein. Ein für eine Urlaubsfahrt benutztes Auto ist beispielsweise ein Konsumgut. Wird das Auto dagegen von einem Handelsvertreter für seine Kundenbesuche benutzt, handelt es sich um ein Produktionsgut.

Private Güter

Je nachdem, wer die Güter bereitstellt, kann zwischen **privaten Gütern** (Individualgüter) und **öffentlichen Gütern** (Kollektivgüter) unterschieden werden.

Private Güter werden von privaten Unternehmen angeboten (z. B. Nahrungsmittel, Autos). Die Nutzung dieser Güter durch andere Personen kann davon abhängig gemacht werden, dass eine Gegenleistung (z. B. Kaufpreis, Miete) erbracht wird. Alle Interessenten, die die geforderte Gegenleistung nicht erbringen, können – notfalls mit gerichtlicher Hilfe – von der Nutzung der Güter ausgeschlossen werden **(Ausschlussprinzip)**.

BGB § 903 [Befugnisse des Eigentümers]

Der Eigentümer einer Sache kann, soweit nicht das Gesetz oder Rechte Dritter entgegenstehen, mit der Sache nach Belieben verfahren und andere von jeder Einwirkung ausschließen.

Kap. B 1.9

Bei privaten Gütern bestehen Eigentumsrechte, aufgrund derer andere Personen von der Nutzung dieser Güter ausgeschlossen werden können. Es gilt das Ausschlussprinzip.

Die Nutzung privater Güter durch eine bestimmte Person bedeutet in den meisten Fällen gleichzeitig, dass andere Menschen dieses Gut nicht (in gleichem Umfang) nutzen können.

Eigenschaft privater Güter: Konsumrivalität

Beispielsweise kann ein Schokoriegel, den die Schülerin Ina kauft und verzehrt, niemand anderem einen Nutzen stiften. Wenn Schüler Marco die letzte Eintrittskarte für ein Rockkonzert erwirbt, hindert er damit gleichzeitig einen anderen Fan am Besuch des Konzerts. Ein weiteres Merkmal privater Güter besteht somit darin, dass sie nicht gleichzeitig von einer Vielzahl von Personen genutzt werden können, ohne dass der Nutzen des Einzelnen dadurch beeinträchtigt wird (z. B. Überfüllungsproblem bei Auto und Wohnung). Diese Eigenschaft wird als **Konsumrivalität** bezeichnet.

Dadurch ergeben sich als Folge der Knappheit ungestillte Bedürfnisse bei anderen Personen, die dieses Gut ebenfalls hätten nutzen wollen. Bei privaten Gütern informieren üblicherweise deren **Preise** über die Knappheit. Die Abstimmung der unterschiedlichen Interessen erfolgt bei privaten Gütern über den **Markt**.

Kap. A 2.2.5

Öffentliche Güter

Bei bestimmten Bedürfnissen erfolgt die Befriedigung aber zweckmäßigerweise nicht individuell, sondern gemeinschaftlich (z. B. innere und äußere Sicherheit eines Landes). Bei den dazu dienenden Gütern (z. B. Polizeiwesen, Landesverteidigung), die üblicherweise vom Staat bereitgestellt werden, handelt es sich um **öffentliche Güter** (Kollektivgüter).

Kap. A 1.1.1
Aufg. 1.4.2 S. 41

Anders als bei privaten Gütern ist die Möglichkeit zur Nutzung öffentlicher Güter nicht von einer **direkten Gegenleistung** abhängig. Das Ausschlussprinzip kommt bei öffentlichen Gütern nicht zur Anwendung. Das bedeutet aber nicht unbedingt, dass ein Ausschluss in allen Fällen unmöglich ist. Häufig verzichtet der Staat vielmehr auf die Anwendung des Ausschlussprinzips, weil die Durchsetzung zu hohe Kosten verursacht (z. B. Straßenbenutzungsgebühr) oder aus sozial- und verteilungspolitischen Gründen unerwünscht ist (z. B. Schulgeld, Studiengebühren).

Bei öffentlichen Gütern kommt das Ausschlussprinzip nicht zur Anwendung. Ihre Nutzung ist nicht von der Erbringung einer direkten Gegenleistung abhängig.

Öffentliche Güter können auch durch zusätzliche Personen genutzt werden, ohne dass dadurch der Nutzen anderer beeinträchtigt wird (z. B. Leuchtturm, Deiche, Straßenbeleuchtung). In diesem Fall besteht **keine Konsumrivalität**.

Bei öffentlichen Gütern versagt die Bereitstellung über den Markt, weil sich viele Personen als **Trittbrettfahrer** verhalten. Diese Personen wollen die öffentlichen Güter zwar nutzen, sind aber nicht bereit, dafür eine Gegenleistung zu erbringen, weil sie wissen, dass sie nicht von der kostenlosen Nutzung dieser Güter ausgeschlossen werden können.

Aufg. 1.4.3 S. 42

Trittbrettfahrerproblem bei öffentlichen Gütern

Ein Unternehmer, das einzelnen Bewohnern einer Reihenhaussiedlung die Installation einer Straßenbeleuchtung verkaufen will, wird vermutlich auf geringes Interesse stoßen. Die Bewohner wissen, dass sie von den Vorteilen der Straßenbeleuchtung nicht ausgeschlossen werden können, wenn ihre Nachbarn entsprechende Laternen auf ihre Kosten installieren lassen. Sie werden daher darauf hoffen, dass ihre Nachbarn die Beleuchtung anschaffen, damit sie selbst als Trittbrettfahrer kostenlos in den Genuss der beleuchteten Straße kommen. Da aber alle Bewohner ebenso denken, wird keiner auf eigene Kosten eine Laterne installieren lassen.

Das **Marktversagen** bei öffentlichen Gütern macht staatliche Eingriffe nötig.

Öffentliche Güter werden meistens von staatlichen Institutionen bereitgestellt. Sie sind nicht für einen Handel auf Märkten geeignet (Marktversagen).

Kap. A 1.5.2

Auch **freie Güter**, die u. a. solche Naturerscheinungen wie Luft, Wasser, Sonne und Wind umfassen und zu den natürlichen Ressourcen (Umweltgüter) gehören, weisen wesentliche Eigenschaften öffentlicher Güter auf. Daher versagt der Markt auch bei der verantwortlichen Nutzung der Umwelt, so dass staatliche Maßnahmen zum **Umweltschutz** und zur **Umweltsanierung** nötig werden.

Zusammenfassende Übersicht zu Kap. 1.4: Arten von Gütern

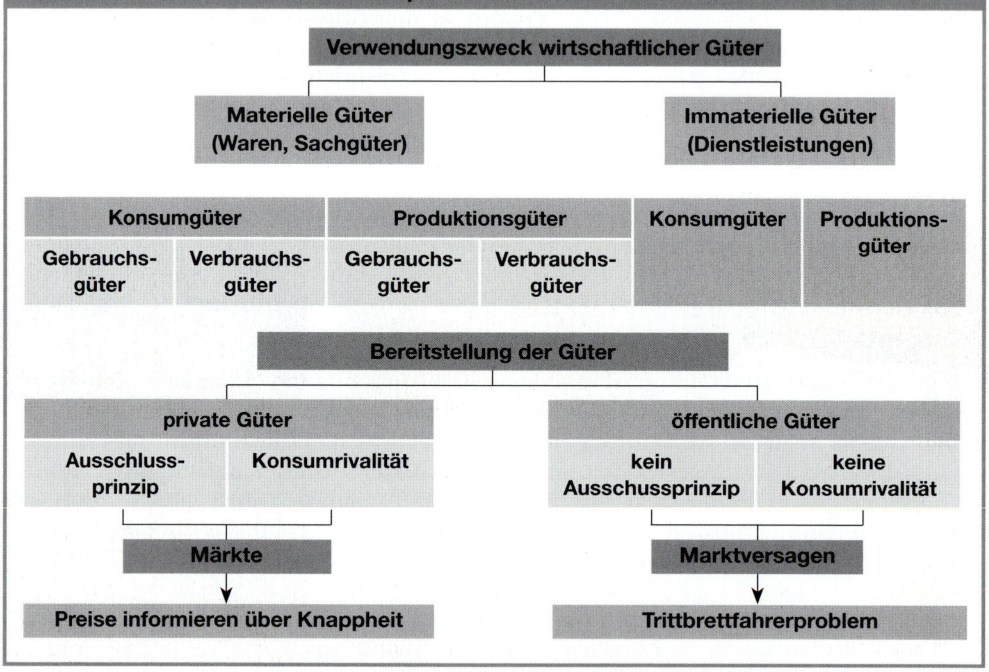

Fragen zur Wiederholung

zu Kapitel 1.4 Erste Grundfrage: Was soll produziert werden? Arten von Gütern

1. Wie lassen sich die verschiedenen Güterarten einteilen?
2. Bei welchen der in der Abb. auf S. 38 zur Güterversorgung von privaten Haushalten in Deutschland erwähnten Güter kann es sich gleichzeitig um ein Konsum- und ein Produktionsgut handeln? Begründen Sie Ihre Aussagen anhand von Beispielen.
3. Welche Merkmale haben private Güter?
4. Welche Besonderheiten weisen öffentliche Güter auf?
5. Was ist unter dem Trittbrettfahrerproblem zu verstehen?
6. Warum werden öffentliche Güter nicht auf Märkten von privaten Unternehmen angeboten?
7. Was ist unter Konsumrivalität zu verstehen?

Aufgaben und Probleme

zu Kapitel 1.4 Erste Grundfrage: Was soll produziert werden? Arten von Gütern

1.4.1 Güterarten

Ordnen Sie die unter (1) bis (6) genannten Güter der folgenden Übersicht zu:

Materielle Güter (Waren, Sachgüter)				Immaterielle Güter (Dienstleistungen)	
Konsumgüter		Produktionsgüter (Kapitalgüter)		Konsumgüter	Produktionsgüter
Gebrauchsgüter	Verbrauchsgüter	Gebrauchsgüter (Investitionsgüter)	Verbrauchsgüter		

(1) Kinobesuch
(2) Staubsauger eines privaten Haushalts
(3) Holz in einer Schreinerei
(4) Strom für den Betrieb des Staubsaugers
(5) Hobelmaschine in einer Schreinerei
(6) Beratung eines Steuerberaters für eine Schreinerei

1.4.2 Private Güter – öffentliche Güter

Geben Sie an, ob es sich bei den folgenden Gütern um private oder öffentliche Güter handelt. Begründen Sie ihre Aussagen.

① Gartenbank

② Parkbank

③ Leuchtturm

④ Rasenmäher

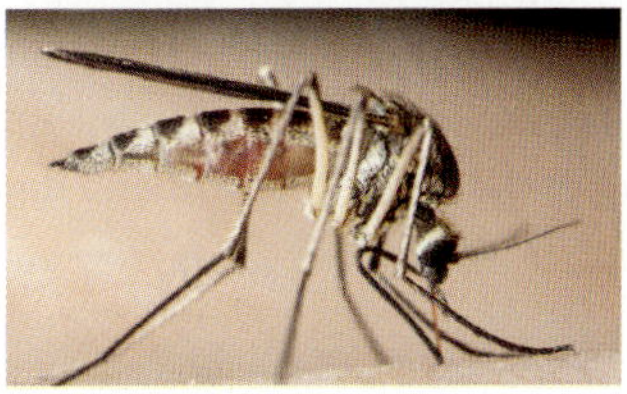
⑤ Mückenbekämpfung

⑥ Schulgebäude

1.4.3 Private Güter – öffentliche Güter – Trittbrettfahrer-Problem

Die beiden Nachbarn Abel und Bauer überlegen sich, vor ihren Grundstücken eine Straßenlaterne aufzustellen, die ihnen beiden gehören soll. Die Laterne würde beiden einen Nutzen bringen. Die Anschaffungskosten betragen 1000 EUR. Herr Abel wäre bereit, 800 EUR auszugeben. Herr Bauer möchte dagegen nur 600 EUR ausgeben. Herr Abel schätzt also den Nutzen, den ihm die Straßenlaterne stiftet, auf 800 EUR, Herr Bauer dagegen nur auf 600 EUR. Abel und Bauer vereinbaren, dass jeder die Hälfte der Anschaffungskosten – also 500 EUR – trägt, sofern beide der Anschaffung der Straßenlaterne zustimmen. Wenn beide Nachbarn gegen die Anschaffung sind, wird die Laterne natürlich nicht aufgestellt. Ist jedoch nur einer dafür, der andere dagegen, muss derjenige die vollen Anschaffungskosten tragen, der für die Anschaffung ist.

Jeder der beiden Nachbarn Abel und Bauer hat zwei Strategien zur Auswahl:

Strategie 1 (S_1): Zustimmung
Das hat zur Folge, dass er die Anschaffungskosten ganz (1 000 EUR) oder zur Hälfte (500 EUR) tragen muss.

Strategie 2 (S_2): Ablehnung
Es wird darauf gehofft, dass der andere Nachbar die Anschaffungskosten vollständig trägt (1 000 EUR).

Somit ergeben sich vier mögliche Strategiekombinationen, die – im Vergleich zur Ausgangssituation – teilweise unterschiedliche Vor- und Nachteile für die beiden Nachbarn mit sich bringen. Die Vor-/Nachteile des Nachbarn Abel werden jeweils in die linke untere Ecke, die Vor-/Nachteile des Nachbarn Bauer jeweils in die rechte obere Ecke der vier Felder eingetragen.

Beispiel:
Strategiekombination (S_{A1}/S_{B1}): Abel und Bauer stimmen zu.

Jeder Nachbar muss in diesem Fall die Hälfte der Anschaffungskosten, nämlich 500 EUR zahlen.

Netto-Vorteil des Abel = Nutzenzuwachs (800 EUR) – Kosten (500 EUR) = 300 EUR
Netto-Vorteil des Bauer = Nutzenzuwachs (600 EUR) – Kosten (500 EUR) = 100 EUR

		Nachbar **B**auer	
		Zustimmung (S_{B1})	Ablehnung (S_{B2})
Nachbar **A**bel	Zustimmung (S_{A1})	100 300	–200
	Ablehnung (S_{A2})		

1. Ermitteln Sie für die übrigen Strategiekombinationen die Vor-/Nachteile für die beiden Nachbarn nach obigem Muster.
2. Erläutern Sie die Strategiekombination, die aus Sicht des Nachbarn Abel am günstigsten ist.
3. Erläutern Sie die Strategiekombination, die aus Sicht der Nachbarn Bauer am günstigsten ist.
4. Zu welcher Strategiekombination wird das Verhalten der beiden Nachbarn vermutlich führen, wenn sich die beiden Nachbarn nicht untereinander absprechen, sondern jeder für sich eine möglichst günstige Lösung verfolgt? Begründen Sie dieses Verhalten und erläutern Sie das Ergebnis.
5. Das zu erwartende Verhalten der Nachbarn wird auch als Trittbrettfahrer-Problem (free-rider-Problem) bezeichnet. Erläutern Sie diesen Begriff anhand des vorliegenden Beispiels.
6. Welche Konsequenzen ergeben sich aus den Ergebnissen für die Bereitstellung solcher Güter?

1.5 Zweite Grundfrage: Wie soll produziert werden? Volkswirtschaftliche Produktionsfaktoren

1.5.1 Einteilung der Produktionsfaktoren

Nur wenige Güter sind von Natur aus direkt als Konsumgüter verwendbar (z.B. Wildfrüchte). In den meisten Fällen durchlaufen Güter einen langwierigen Produktionsprozess mit mehreren Produktionsstufen, bevor sie geeignet sind, einem Konsumenten unmittelbar zur Bedürfnisbefriedigung zu dienen. Wird von einem solchen Konsumgut (z.B. Brot) ausgegangen und der Produktionsprozess über die verschiedenen Produktionsstufen bis zum Ursprung zurückverfolgt, dann wird deutlich, dass am Anfang dieses Produktionsprozesses **Natur** und **Arbeit** stehen, die als Produktionsfaktoren eingesetzt werden.

Produktionsfaktoren sind Hilfsmittel (Ressourcen), die für die Herstellung wirtschaftlicher Güter benötigt werden.

Aufg. 1.5.1 S. 61

Natur und Arbeit sind ursprüngliche (originäre) Produktionsfaktoren, weil sie zur Produktion benötigt werden, selbst aber nicht produziert werden müssen.

Heutzutage ist kaum noch ein Produktionsprozess denkbar, bei dem neben Natur und Arbeit nicht auch Produktionsgüter (z.B. Werkzeuge, Maschinen) als dritter Produktionsfaktor eingesetzt werden. Solche Produktionsgüter sind zuvor mithilfe anderer Produktionsfaktoren hergestellt worden. Es handelt sich also um produzierte Produktionsmittel, die auch als **Sachkapital (Realkapital)** bezeichnet werden.

Unter dem Produktionsfaktor Kapital werden in der Volkswirtschaftslehre produzierte Produktionsmittel (= Sachkapital, Realkapital) verstanden. Kapital ist ein abgeleiteter (derivativer) Produktionsfaktor, weil er nur durch Einsatz der ursprünglichen Produktionsfaktoren Natur und Arbeit hergestellt werden kann.

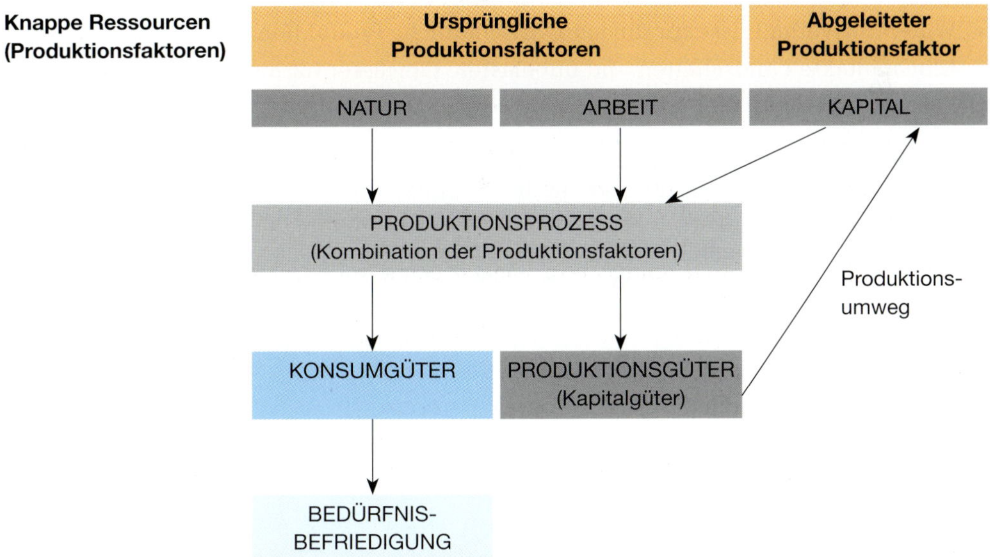

Kap. 1.5.5

Maßnahmen zur Verbesserung der Qualität landwirtschaftlicher Nutzflächen (z. B. durch Kunstdünger, künstliche Be- und Entwässerung) sowie Bildungsmaßnahmen zur Qualifikation von Arbeitskräften führen dazu, dass die Produktionsfaktoren Natur und Arbeit in der heute genutzten Form großenteils nicht mehr als ursprüngliche, sondern als abgeleitete Produktionsfaktoren angesehen werden können. Wegen ihrer besonderen Bedeutung für wirtschaftliche und technische Neuerungen (Innovationen) im Produktionsprozess werden zuweilen **Bildung** und **technischer Fortschritt** als zusätzliche Produktionsfaktoren neben Natur, Arbeit und Kapital genannt. In jüngster Zeit gibt es auch Vorschläge, einen eigenständigen Produktionsfaktor **Information** zu berücksichtigen.

1.5.2 Natur als Produktionsfaktor

Nutzungsmöglichkeiten

In der traditionellen Volkswirtschaftslehre wird üblicherweise vom Produktionsfaktor **Boden** statt vom Produktionsfaktor **Natur** gesprochen. Folgende Nutzungsmöglichkeiten des Bodens lassen sich unterscheiden:

Nutzungsmöglichkeiten des Produktionsfaktors Boden			
Anbaufläche	**Abbau**	**Standort**	**Lagerstätte**
für Land- und Forstwirtschaft	von Bodenschätzen und Energiequellen (z. B. Erdgas)	für Produktionsstätten und Infrastruktur (z. B. Straßen, Telefonleitungen)	für Abfälle aus Produktion und Konsum (z. B. Abfalldeponien)

Neben dem Boden werden aber auch andere Teilbereiche der Natur als Produktionsfaktoren genutzt. Dazu gehören beispielsweise

- Wasser, Wind und Sonne zur Energiegewinnung,
- Witterungsverhältnisse für die landwirtschaftliche Produktion,
- Klima, intakte Landschaften und unbelastete Gewässer für die Tourismusbranche,
- Luft und Wasser für die Aufnahme von Abgasen und Schadstoffen (= Deponiefunktion).

Während diese Faktoren lange als unerschöpfbar und unveränderlich angesehen wurden, deuten heute viele Anzeichen auf die begrenzte Belastbarkeit der Natur hin (z. B. Klimaveränderungen, Luft- und Wasserverschmutzungen). Die Natur ist somit inzwischen über den Faktor Boden hinaus großenteils als knappes Gut anzusehen. Daher wird zunehmend vom Produktionsfaktor **Natur** oder (ökologische) **Umwelt** gesprochen. Dazu gehören neben solchen Naturerscheinungen wie Sonne, Wind, Luft und Wasser sowohl die nicht erneuerbaren Rohstoffe (z. B. Bodenschätze) als auch die erneuerbaren Rohstoffe (z. B. Wald- und Fischbestände)[1].

1 Erneuerbare (regenerierbare) natürliche Ressourcen sind durch natürliche Wachstumsprozesse vergrößerbar. Dennoch sind viele erneuerbare natürliche Ressourcen gleichzeitig auch erschöpfbar (z. B. durch Ausrottung von Tier- und Pflanzenarten).

Probleme bei der Nutzung des Produktionsfaktors Natur

Bestimmte Nutzungsformen des Bodens führen zur Schädigung anderer zum Produktionsfaktor Natur gehörender Elemente. Daraus können sich Rückwirkungen auf das gesamte Ökosystem ergeben.

Aufg. 1.5.2 S. 62

Der Produktionsfaktor Natur (ökologische Umwelt) umfasst alle Teilbereiche der belebten und unbelebten Natur, wie Boden, Sonnenlicht, Lufthülle der Erde, Klima, Wasser, Pflanzen und Tiere.

Mit der vermehrten Nutzung des Bodens als **Siedlungs- und Verkehrsfläche** gehen beispielsweise folgende ökologischen Probleme einher:

- Flächenversiegelung durch Bebauung und Asphaltierung mit der Folge, dass die Versickerung von Regenwasser und die Erneuerung der Grundwasservorräte verhindert sowie der Lebensraum der Tier- und Pflanzenwelt eingeschränkt wird,
- Zerschneidung der Landschaft durch Verkehrswege mit der Folge, dass empfindliche Tier- und Pflanzenarten sich aufgrund dieser unüberwindbaren Hindernisse zurückziehen oder aussterben,
- Zunahme des Individualverkehrs mit der Folge zusätzlicher Luftbelastung durch Abgase, die wiederum Gesundheitsschäden, Pflanzenschäden (Waldsterben) und Klimaveränderungen (Treibhauseffekt) verursachen.

Die vermehrte **Abholzung von Waldbeständen** – insbesondere in den Entwicklungsländern – führt beispielsweise dazu, dass

- jedes Jahr ca. 50 000 Tier- und Pflanzenarten unwiederbringlich ausgerottet werden,
- das beim Verbrennen von Holz entstehende Kohlendioxid (CO_2) zum Treibhauseffekt und damit zu weltweiten Klimaveränderungen beiträgt,
- sich das durch die Regenwälder beeinflusste regionale Klima verändert und zu Dürrekatastrophen und Ausdehnung von Wüstenregionen beiträgt.

Die **Überdüngung** durch übermäßigen Einsatz von Pflanzenschutz- und Düngemitteln (z. B. durch die bei der Massentierhaltung anfallende Gülle) führt zu einer Vergiftung der Böden und einer Belastung des Grundwassers (z. B. Nitrat).

Aufg. 1.5.3, S. 62

Umweltgüter (natürliche Ressourcen) als öffentliche Güter

Kap. A 1.4

Wesentliches Merkmal **öffentlicher Güter** ist es, dass niemand davon ausgeschlossen werden kann, diese Güter zu nutzen (z.B. Polizeiwesen, Landesverteidigung, Infrastruktur wie Verkehrswege, Dämme, Straßenbeleuchtung u.ä.). Auch wichtige Teilbereiche der **Natur** (z.B. Luft) weisen dieses für öffentliche Güter kennzeichnende Merkmal **(Nichtanwendbarkeit des Ausschlussprinzips)** auf. Wegen der fehlenden privaten Eigentumsrechte an Luft und anderen natürlichen Ressourcen kann niemand von deren Nutzung ausgeschlossen werden. Deshalb muss für die Inanspruchnahme dieser Güter auch keine direkte Gegenleistung (z.B. Kaufpreis, Miete) erbracht werden.

Bei Gütern, für deren Nutzung nichts bezahlt werden muss, gibt es keinen wirtschaftlichen Anreiz, sparsam mit ihnen umzugehen. Sie werden daher häufig überbeansprucht.

Aufg. 1.5.4, S. 63

Das gilt z.B. auch für Fischbestände in Gewässern mit freiem Zugang. Jeder einzelne Fischer handelt rational, wenn er möglichst viele Fische fängt. Wenn sich aber alle Fischer so verhalten, kommt es zu einer Überfischung, so dass sich die Fische nicht mehr vermehren können und allen Fischern die Existenzgrundlage entzogen wird *(vgl. Aufg. 1.5.4 „Fischerspiel")*.

Eine Überbeanspruchung liegt auch vor, wenn die Natur von Unternehmen unentgeltlich als Produktionsfaktor genutzt wird, indem sie beispielsweise als Auffangbecken für Emissionen (Gase, Ruß, Abwässer usw.) dient **(= Deponiefunktion der Umwelt)**. Infolge dessen ergeben sich Umweltbelastung und Umweltverschmutzung.

Gesamtwirtschaftlich verursachen die Luftverschmutzung durch Abgase, die Gewässerverunreinigung durch Schadstoffe, die Bodenbelastung durch Giftmüll usw. aber sehr wohl **erhebliche Kosten**. So geht beispielsweise der Fischbestand in belasteten Gewässern zurück, aufgrund von Luftverschmutzung treten Atemwegserkrankungen auf und bei verseuchten Böden sind die Nutzungsmöglichkeiten als Bau- oder Ackerland eingeschränkt.

Soziale (externe) Kosten des Verkehrs

Schlechte Luft erzeugt Atemwegserkrankungen, Lärm kann zu Schlafstörungen führen, verschmutzte Böden und Gewässer müssen gereinigt werden – viele wirtschaftliche Aktivitäten verursachen Kosten für Umwelt und Gesundheit, für die häufig nicht der Verursacher, sondern die Allgemeinheit aufkommt. Solche Kosten der Umweltverschmtzung – externe Kosten genannt – reichen bis hin zu Klimafolgeschäden, die erst in ferner Zukunft eintreten. Die externen Kosten des Verkehrs in Deutschland summierten sich im Jahr 2005 auf etwa 80 Milliarden Euro. Laut einer Analyse des Zürcher Forschungsinstituts Infras entfallen 96 Prozent dieser Kosten auf den Straßenverkehr. Mindestens 40 Prozent dieser externen Kosten sind reine Umweltfolgeschäden, zu denen die Schäden durch Luftverschmutzung und Lärm, Klimafolgeschäden sowie Schäden an Natur und Landschaft zählen.

Aufg. 1.5.5, 1.5.6 S. 63

Bei Fahrten mit dem Pkw entstehen nach Berechnungen des Umweltbundesamtes knapp 3 Cent pro Kilometer allein an Umweltkosten. Beim Lkw liegen die Kosten im Schnitt sogar bei mehr als 17 Cent.

Kap. A 1.6.3

Kosten, die nicht von demjenigen getragen werden, der sie verursacht hat, werden als soziale oder externe Kosten bezeichnet.

Soziale Kosten belasten in Form von Beeinträchtigungen, Schäden oder finanziellen Aufwendungen zur Schadensbeseitigung die Allgemeinheit bzw. solche Personen, die nicht für die Entstehung dieser Kosten verantwortlich sind.

Nachhaltiges Wirtschaften[1]

Zu den Grundproblemen jeder Wirtschaftsgesellschaft gehören u. a. die Fragen: **Was und wie viel soll wie produziert werden?** Je nachdem wie diese Fragen gelöst werden, hat das erhebliche Auswirkungen auf die **Umwelt**. Vor diesem Hintergrund ist 1992 auf einer Konferenz der Vereinten Nationen in Rio de Janeiro die **nachhaltige Entwicklung** *(sustainable development)* als ein verbindliches Ziel internationaler Politik formuliert worden.[2]

Die Zukunftsorientierung eines an diesem Leitbild ausgerichteten wirtschaftlichen Handelns kommt in dem indianischen Sprichwort zum Ausdruck:

„Wir haben die Erde nicht von unseren Eltern geerbt, sondern nur von unseren Kindern geliehen."

Der Begriff **Nachhaltigkeit** setzt sich in der Bedeutung, in der er heute meistens benutzt wird, aus folgenden Teilbereichen zusammen:

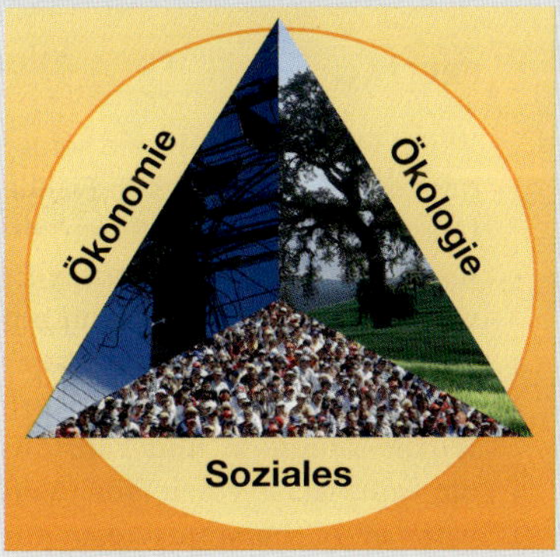

Ökologie: Natur und Umwelt sollen geschützt und für nachfolgende Generationen erhalten werden. Dies bezieht sich neben dem grundsätzlich schonenden Umgang mit natürlichen Ressourcen insbesondere auf den Erhalt der Artenvielfalt und den Klimaschutz. Nicht nachwachsende Ressourcen sollen höchstens so lange eingesetzt werden, bis Alternativen gefunden sind (z. B. Ersatz fossiler Energieträger wie Kohle und Erdöl durch Wasser-, Wind- und Sonnenenergie sowie Biomasse).

Ökonomie: Eine Gesellschaft sollte so organisiert sein, dass sie **dauerhaft** eine tragfähige Grundlage für wirtschaftlichen Wohlstand auch nachfolgender Generationen bietet. Das bedeutet u. a., dass die gegenwärtige Generation nicht über ihre Verhältnisse leben soll, was zwangsläufig zu Einbußen der nachkommenden Generationen führen würde (z. B. ressourcenschonende Wirtschaftsweise, keine Erzeugung von Atommüll ohne sichere Endlagerstätten, ...).

Soziales: Eine Gesellschaft sollte so organisiert sein, dass alle Mitglieder an der Entwicklung teilhaben können, soziale Spannungen sich in Grenzen halten und Konflikte friedlich ausgetragen werden können. Auf diesem Wege soll ein auf Dauer zukunftsfähiges und lebenswertes Zusammenleben der Menschen erreicht werden (z. B. Abbau ungleicher Verteilung von Einkommen, Vermögen, Macht und Einfluss auf nationaler und internationaler Ebene).

Nachhaltige Entwicklung ist ein ethisches Leitbild, das auf eine umweltverträgliche und sozial ausgewogene wirtschaftliche Entwicklung abzielt. Dadurch sollen sowohl alle derzeit auf der Welt lebenden Menschen als auch die künftigen Generationen gleiche Lebenschancen erhalten (intragenerative bzw. intergenerative Verteilungsgerechtigkeit).

1 In der Forstwirtschaft besagt das Nachhaltigkeitsprinzip, dass nicht mehr Holz geschlagen werden soll, als seit dem letzten Mal nachgewachsen ist.

2 Der sog. Rio-Erklärung über Umwelt und Entwicklung von 1992 sind 170 Staaten, darunter auch Deutschland, beigetreten.

1.5.3 Arbeit und Arbeitsteilung

Begriff der Arbeitsteilung

Arbeit im volkswirtschaftlichen Sinne ist jede körperliche und geistige Tätigkeit des Menschen, die auf die Produktion von Gütern gerichtet ist.

Die meisten am Produktionsprozess beteiligten Arbeitskräfte stellen heutzutage Güter her, die nicht für sie selbst, sondern für andere Menschen bestimmt sind. Diese Produktion für den Fremd- statt für den Eigenbedarf bedeutet gleichzeitig eine **Arbeitsteilung**, die den **Austausch von Gütern** notwendig macht. Arbeitsteilung kann nicht nur zwischen verschiedenen Personen, sondern auch zwischen Betrieben, Regionen und Ländern bestehen.

Arbeitsteilung ist die Auflösung einer Arbeitsleistung in Teilverrichtungen, die von verschiedenen Personen, Betrieben, Regionen oder Ländern ausgeführt werden.

Verbesserung der Güterversorgung durch Arbeitsteilung

Aufg. 1.5.7 S. 63

Die theoretischen Grundlagen für die Vorteilhaftigkeit der Arbeitsteilung lassen sich anhand des naturalwirtschaftlichen Modells der ROBINSONwirtschaft aufzeigen.

Arbeitsteilung im naturalwirtschaftlichen Modell: Das Beispiel ROBINSON CRUSOE

Angenommen, der schiffsbrüchige ROBINSON und sein später zu ihm gestoßener Gefährte FREITAG müssen sich auf ihrer einsamen Insel von Kokosnüssen und Fischen ernähren. Jeder von beiden kann durch Nüssesammeln und Fischefangen bei vollem Arbeitseinsatz höchstens die folgenden Mengenkombinationen pro Woche erzielen:

ROBINSON

Fische	Nüsse
32	0
28	2
24	4
20	6
16	8
12	10
8	12
4	14
0	16

Wenn ROBINSON während seiner ganzen Arbeitszeit nur Fische fängt, erzielt er ein Fangergebnis von 32 Stück pro Woche. Er verzichtet dann vollständig auf Nüsse. Stattdessen kann er aber auch maximal 16 Nüsse pro Woche sammeln und vollständig auf Fische verzichten. Verwendet er beispielsweise für jedes der beiden Güter die Hälfte der Arbeitszeit, kann er höchstens 16 Fische fangen sammeln und 8 Nüsse sammeln.

FREITAG

Fische	Nüsse
40	0
36	4
32	8
28	12
24	16
20	20
16	24
12	28
8	32
4	36
0	40

Wenn FREITAG während seiner ganzen Arbeitszeit nur Fische fängt, erzielt er ein Fangergebnis von 40 Stück pro Woche. Er verzichtet dann vollständig auf Nüsse. Stattdessen kann er aber auch maximal 40 Nüsse pro Woche sammeln und vollständig auf Fische verzichten. Verwendet er beispielsweise für jedes der beiden Güter die Hälfte der Arbeitszeit, kann er höchstens 20 Fische fangen und 20 Nüsse sammeln.

Die von einer Arbeitskraft bei gegebener Arbeitszeit maximal produzierbaren Mengenkombinationen zweier Güter lassen sich grafisch darstellen. Daraus ergibt sich eine – im vorliegenden Fall linear verlaufende – Kurve, die als **Produktionsmöglichkeitenkurve** bezeichnet wird.

Die Produktionsmöglichkeitenkurve einer Arbeitskraft gibt an, wie viele Mengeneinheiten zweier Güter diese Person bei vollem Arbeitseinsatz in einer bestimmten Zeit maximal herstellen kann.

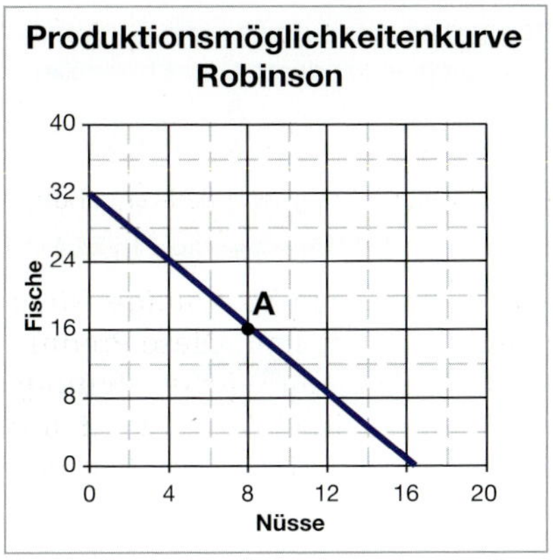

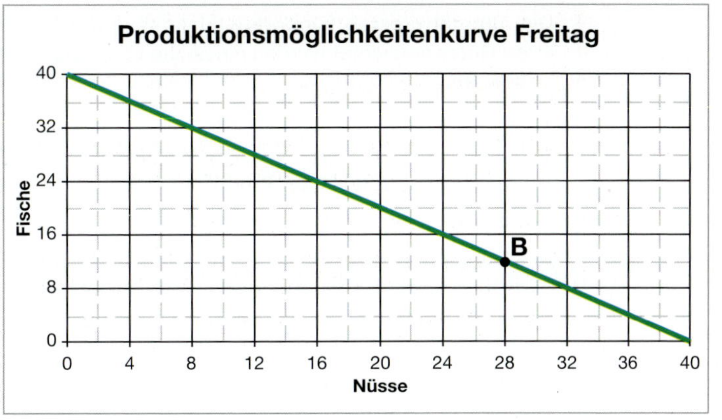

Aus dem Vergleich der beiden Produktionsmöglichkeitenkurven wird deutlich, dass FREITAG sich pro Woche sowohl mehr Nüsse als auch mehr Fische als ROBINSON verschaffen kann. Dass kann daran liegen, dass FREITAG jünger, geschickter und im Umgang mit der Natur erfahrener als ROBINSON ist. FREITAG hat somit **bei beiden Gütern** einen **Kostenvorteil** gegenüber ROBINSON. Er muss im Vergleich zu ROBINSON bei beiden Gütern für die gleiche Gütermenge weniger Arbeitszeit aufwenden oder umgekehrt: Er kann bei gleicher Arbeitszeit von beiden Gütern mehr beschaffen.

Es wird zunächst davon ausgegangen, dass ROBINSON und FREITAG völlig unabhängig voneinander für sich alleine wirtschaften. Jeder von ihnen kann dann höchstens die auf seiner jeweiligen Produktionsmöglichkeitenkurve liegenden Güterkombinationen produzieren und konsumieren. Welche Güterkombination die beiden jeweils wählen, hängt von ihren **Präferenzen**[1] ab. Wer eine Vorliebe für Fisch hat, wird eine Kombination mit mehr Fischanteil zulasten von Nüssen wählen und umgekehrt. Eine Kombination, die nicht auf der Produktionsmöglichkeitenkurve, sondern links davon liegt, bedeutet, dass nicht die gesamte verfügbare Zeit für die Güterproduktion eingesetzt wird. Der Verzicht auf die mögliche Produktion zusätzlicher Güter bewirkt gleichzeitig eine Erhöhung der Freizeit. Der zusätzlichen Freizeit wird in diesem Fall ein höherer Nutzen beigemessen als den zusätzlichen Produktions- und Konsummöglichkeiten. Es wird angenommen, dass ROBINSON und FREITAG die neben stehenden Güterkombinationen auf ihrer jeweiligen Produktionsmöglichkeitenkurve wählen würden (Punkt A bzw. Punkt B).

Problem: Könnte die Güterversorgung von ROBINSON und FREITAG gegenüber der Ausgangssituation verbessert werden, wenn nicht jeder von ihnen **beide Güt**er herstellen, sondern sich auf die Produktion **eines der beiden Güter** spezialisieren würde? **Oder:**

Ausgangssituation			
ROBINSON		FREITAG	
Fische	Nüsse	Fische	Nüsse
16	8	12	28

Kann durch Arbeitsteilung die Güterversorgung verbessert werden?

Den entscheidenden Hinweis zur Beantwortung dieser Frage lieferte der englische Volkswirt DAVID RICARDO (1772–1823)[2] mit seiner Theorie der **komparativen**[3] **Kostenvorteile**. Demnach soll sich jeder auf die Produktion des Gutes spezialisieren, welches er **relativ** am kostengünstigsten herstellen kann. Um herauszufinden, wer bei welchem Gut einen komparativen (relativen) Kostenvorteil hat, müssen die **Alternativkosten (Opportunitätskosten)** der Produktion ermittelt werden.

1 Präferenz (*lat.*): Vorliebe bezüglich des Nutzens wirtschaftlicher Güter
2 Vgl. D. Ricardo, On the Principles of Political Economy and Taxation; deutsch: Über die Grundsätze der politischen Ökonomie und der Besteuerung, Berlin (Ost), 1979, (7. Kapitel)
3 komparativ (*lat.*): vergleichsweise

Die Alternativkosten (Opportunitätskosten) der Produktion geben an, auf wie viele Einheiten eines Gutes verzichtet werden muss, um stattdessen eine Einheit eines anderen Gutes herstellen zu können.

Aus den Produktionstabellen und den Produktionsmöglichkeitenkurven von **ROBINSON** und **FREITAG** lassen sich folgende Zusammenhänge ermitteln:

Alternativkosten (Opportunitätskosten) der Güterproduktion von ROBINSON und FREITAG		
Person / Kosten der Güter	**ROBINSON**	**FREITAG**
Kosten für 1 zusätzlichen Fisch ausgedrückt in Nüssen, auf die verzichtet werden muss	$\frac{\text{Verzicht auf Nüsse}}{\text{Mehrprod. Fische}} = \frac{16}{32} =$ 0,5 Nüsse je Fisch	$\frac{\text{Verzicht auf Nüsse}}{\text{Mehrprod. Fische}} = \frac{40}{40} =$ 1 Nuss je Fisch
Kosten für 1 zusätzliche Nuss ausgedrückt in Fischen, auf die verzichtet werden muss	$\frac{\text{Verzicht auf Fische}}{\text{Mehrprod. Nüsse}} = \frac{32}{16} =$ 2 Fische je Nuss	$\frac{\text{Verzicht auf Fische}}{\text{Mehrprod. Nüsse}} = \frac{40}{40} =$ 1 Fisch je Nuss

Ergebnisse:

1. **FREITAG** hat sowohl beim Fischfang als auch beim Nüssesammeln einen **absoluten Kostenvorteil.** Er kann bei gleichem Arbeitseinsatz wie ROBINSON sowohl mehr Fische fangen (40 gegenüber 32) als auch mehr Nüsse sammeln (40 gegenüber 16) als ROBINSON (vgl. Tab. S. 48).
2. **ROBINSON** hat gegenüber FREITAG beim **Fangen von Fischen** einen **relativen Kostenvorteil**, da er für einen zusätzlichen Fisch nur auf eine halbe Nuss verzichten muss. FREITAG muss dagegen für einen zusätzlichen Fisch auf eine ganze Nuss verzichten.
3. **FREITAG** hat gegenüber ROBINSON beim **Sammeln von Nüssen** einen **relativen Kostenvorteil,** da er für eine zusätzliche Nuss nur auf einen Fisch verzichten muss. ROBINSON muss dagegen für eine zusätzliche Nuss auf zwei Fische verzichten.

Die Empfehlung nach der **Theorie der komparativen Kosten** lautet: Um die Güterversorgung gegenüber der Ausgangssituation, bei der keine Arbeitsteilung vorlag, zu verbessern, soll

- ROBINSON möglichst viele Fische fangen und nach Möglichkeit auf Nüssesammeln verzichten
- FREITAG möglichst viele Nüsse sammeln und nach Möglichkeit auf Fischfang verzichten.

Gesamtproduktion vor der Arbeitsteilung

Vor der Spezialisierung ergeben sich aufgrund der Annahmen für ROBINSON und FREITAG bei vollem Einsatz ihrer Arbeitskraft folgende Produktionsmengen:

Person / Gut	**ROBINSON**	**FREITAG**	Gesamtproduktion
Nüsse	8 Stück	28 Stück	36 Stück
Fische	16 Stück	12 Stück	28 Stück

Gesamtproduktion nach der Arbeitsteilung

Wenn sich ROBINSON und FREITAG auf die Produktion des Gutes spezialisieren, bei dem sie jeweils einen relativen Kostenvorteil haben, ergeben sich folgende Produktionsmengen:

Person / Gut	**ROBINSON**	**FREITAG**	Gesamtproduktion
Nüsse	0 Stück	40 Stück	40 Stück
Fische	32 Stück	0 Stück	32 Stück

Im vorliegenden Beispiel ist die Gesamtproduktion durch die Arbeitsteilung sowohl bei Nüssen als auch bei Fischen um jeweils vier Stück gestiegen.

Entscheidend ist: Wie wird das Produktionsergebnis verteilt?

Ob und in welchen Umfang sich sowohl für ROBINSON als auch für FREITAG aus dieser Arbeitsteilung Vorteile ergeben, hängt davon ab, in welchem Verhältnis die arbeitsteilig produzierten Güter getauscht werden. Für **Freitag** ist der Gütertausch nur dann vorteilhaft, wenn er für 1 ME der von ihm gepflückten Nüsse mehr als 1 ME der von Robinson gefangenen Fische erhält. Er könnte nämlich durch den Verzicht auf 1 ME Nüsse selbst 1 ME Fische fangen.

Bedingung für Vorteilhaftigkeit des Gütertauschs für Freitag:
Mit 1 ME Nüsse kann er mehr als 1 ME Fische erwerben bzw.
für den Erwerb von 1 ME Fische muss er auf weniger als 1 ME Nüsse verzichten.

Für Robinson ist der Gütertausch nur dann vorteilhaft, wenn er für 1 ME der von ihm gefangenen Fische mehr als 0,5 ME der von Freitag gepflückten Nüsse erhält. Er könnte nämlich durch den Verzicht auf 1 ME Fische selbst 0,5 ME Nüsse pflücken.

Bedingung für Vorteilhaftigkeit des Gütertauschs für Robinson:
Mit 1 ME Fische kann er mehr als 0,5 ME Nüsse erwerben bzw.
für den Erwerb von 1 ME Nüsse muss er auf weniger als 2 ME Fische verzichten.

Daraus folgt: Der Gütertausch ist nur dann für keinen der Beteiligten von Nachteil, wenn folgende Austauschverhältnisse vorliegen:

1 ME Nüsse wird gegen eine Menge zwischen 1 ME und 2 ME Fische getauscht
bzw. 1 ME Fische wird gegen eine Menge zwischen 0,5 ME und 1 ME Nüsse getauscht.

Austausch-verhältnisse	Fall	1	2	3	4	5	6	7
Nüsse : Fische	Nüsse ME	1	1	1	1	1	1	1
	Fische ME	0,5	0,67	1	1,5	2	3	4
bzw.	oder							
Fische : Nüsse	Fische ME	1	1	1	1	1	1	1
	Nüsse ME	2	1,5	1	0,67	0,5	0,33	0,25
Situation für Freitag (Nüssepflücker)		← **Nachteil für Freitag** er erhält für 1 ME Nüsse weniger als 1 ME Fisch		weder Vor- noch Nachteil für Freitag (= Alternativkosten Freitag)	**Vorteil für Freitag und Robinson**	→ **Vorteil für Freitag** er erhält für 1 ME Nüsse mehr als 1 ME Fisch		
Situation für Robinson (Fischfänger)		← **Vorteil für Robinson** er erhält für 1 ME Fisch mehr als 0,5 ME Nüsse				weder Vor- noch Nachteil für Robinson (= Alternativkosten Robinson)	→ **Nachteil für Robinson** er erhält für 1 ME Fisch weniger als 0,5 ME Nüsse	

Wenn sich jeder auf die Produktion der Güter spezialisiert, bei denen er komparative (relative) Kostenvorteile hat, kann durch Arbeitsteilung die Gesamtproduktion erhöht werden. Ob die Arbeitsteilung für alle Beteiligten vorteilhaft ist, hängt davon ab, welches Austauschverhältnis beim Tausch der Güter angewandt wird.

Nur wenn das Austauschverhältnis zwischen den Alternativkosten der beiden Handelspartner liegt bringt der Güterhandel für beide Beteiligten Vorteile.

Erhöhung der Wirksamkeit der Arbeitsleistung (Arbeitsproduktivität)

Im Jahre 1776 veröffentlichte der schottische Philosoph und Volkswirt ADAM SMITH (1723–1790) sein berühmt gewordenes Buch „Der Wohlstand der Nationen"[1], in dem er sich u. a. mit der Frage beschäftigt, wie die Güterproduktion schneller, besser und kostengünstiger erfolgen kann. Am Beispiel der Stecknadelproduktion beschreibt er die Vorteile der **innerbetrieblichen Arbeitsteilung**, wie sie sich inzwischen weltweit durchgesetzt hat.

Herstellung von Stecknadeln

„Ein Arbeiter, der noch niemals Stecknadeln gemacht hat und auch nicht dazu angelernt ist, so dass er auch mit den dazu eingesetzten Maschinen nicht vertraut ist, könnte, selbst wenn er sehr fleißig ist, täglich höchstens eine, sicherlich aber keine zwanzig Nadeln herstellen. Um eine Stecknadel anzufertigen, sind etwa 18 verschiedene Arbeitsgänge notwendig. Ich selbst habe eine kleine Manufaktur gesehen, in der nur 10 Leute beschäftigt waren, so dass einige von ihnen zwei oder drei solcher Arbeiten übernehmen mussten. So waren die 10 Arbeiter imstande, täglich etwa 48 000 Nadeln herzustellen, ... Hätten Sie indes alle einzeln und unabhängig voneinander gearbeitet, noch dazu ohne besondere Ausbildung, so hätte der Einzelne gewiss nicht einmal 20, vielleicht sogar keine einzige Nadel am Tag zustande gebracht."
„Jemand, der tagtäglich nur wenige einfache Handgriffe ausführt, die zudem immer das gleiche oder ein ähnliches Ergebnis haben, hat keinerlei Gelegenheit, seinen Verstand zu üben ... so ist es ganz natürlich, dass er stumpfsinnig und einfältig wird ..."

Adam Smith, *Der Wohlstand der Nationen, S. 9 f.*

Mithilfe von Produktivitätskennzahlen lässt sich das Ergebnis wirtschaftlichen Handelns messen. Die **Produktivität**[2] gibt das Verhältnis zwischen dem mengenmäßigen Produktionsergebnis (Output) und der Faktoreinsatzmenge (Input) an.

$$\text{Produktivität} = \frac{\text{Produktionsergebnis } \textit{(Output)}}{\text{Faktoreinsatzmenge } \textit{(Input)}}$$

Die Wirkung der Arbeitsteilung kann durch die Berechnung der **Arbeitsproduktivität** (Ergiebigkeit der Arbeitsleistung) nachgewiesen werden. Dabei wird das Produktionsergebnis nur auf den Faktor Arbeit bezogen, ohne den Einsatz anderer Produktionsfaktoren zu berücksichtigen.

$$\text{Arbeitsproduktivität} = \frac{\text{Produktionsergebnis } \textit{(Output)}}{\text{Arbeitseinsatz}}$$

Vor der Arbeitsteilung:

Jeder Arbeiter produziert 20 Stecknadeln täglich.

$$\text{Arbeitsproduktivität} = \frac{20}{1} = 20$$

Nach der Arbeitsteilung:

10 Arbeiter produzieren 48 000 Stecknadeln täglich.

$$\text{Arbeitsproduktivität} = \frac{48\,000}{10} = 4\,800$$

Die Arbeitsproduktivität ist um 23 900 % gestiegen.

Heutzutage fertigt eine Nadelfabrik mit 10 bis 12 Mitarbeitern zwischen 5 und 8 Mio. Steck- und andere Nadeln pro Tag. *http://www.nadel.de.*

1 A. Smith, An Inquiry into the Nature and Causes of the Wealth of Nations, erste Auflage 1776; deutsche Übersetzung nach der 5. Aufl., London 1789, von H.C. Recktenwald, Der Wohlstand der Nationen, Eine Untersuchung seiner Natur und seiner Ursachen, 7. Aufl., München 1996

2 Produktivität *(lat.)*: Wirksamkeit, Ergiebigkeit

Durch Arbeitsteilung kann die Arbeitsproduktivität gesteigert werden.

Die Erhöhung der Arbeitsproduktivität durch die Arbeitsteilung kann verschiedene Ursachen haben:

- Besondere Fähigkeiten und Eignungen der Arbeitskräfte werden durch Arbeitsteilung besser berücksichtigt.
- Die Geschicklichkeit der Arbeitskräfte steigt durch die Spezialisierung auf wenige Tätigkeiten.
- Bei der internationalen Arbeitsteilung können Vorteile daraus entstehen, dass bestimmte Güter in bestimmten Ländern günstiger produziert werden können als anderswo.

Arten der Arbeitsteilung – Notwendigkeit einer Wirtschaftsordnung

Die Arbeitsteilung bedingt eine starke Spezialisierung der Arbeit. Dadurch sind die Menschen in erheblichem Maße voneinander abhängig geworden, weil kaum jemand mehr alle Güter, die er zum Leben braucht, selbst herstellen kann. Die Spezialisierung auf einen bestimmten Beruf ist aber nur dann sinnvoll, wenn sicher ist, dass gegen das bei der Berufsausübung verdiente Geld andere benötigte Güter getauscht werden können. Die Arbeitsteilung macht somit ein **Koordinationssystem (Wirtschaftsordnung)** erforderlich. Da die Arbeitsleistung mit Geld oder Gütern entlohnt wird, muss der **Austausch** von Gütern und Leistungen geregelt werden. Das **Geld** erleichtert in seiner Eigenschaft als **allgemeines Zahlungs- und Tauschmittel** diesen Güteraustausch. Wirtschaftsgeschichtlich ist daher die Entwicklung der **Arbeitsteilung** untrennbar mit der Entwicklung der **Geldwirtschaft** verbunden.

Kap. A 2.1.1
A 2.2

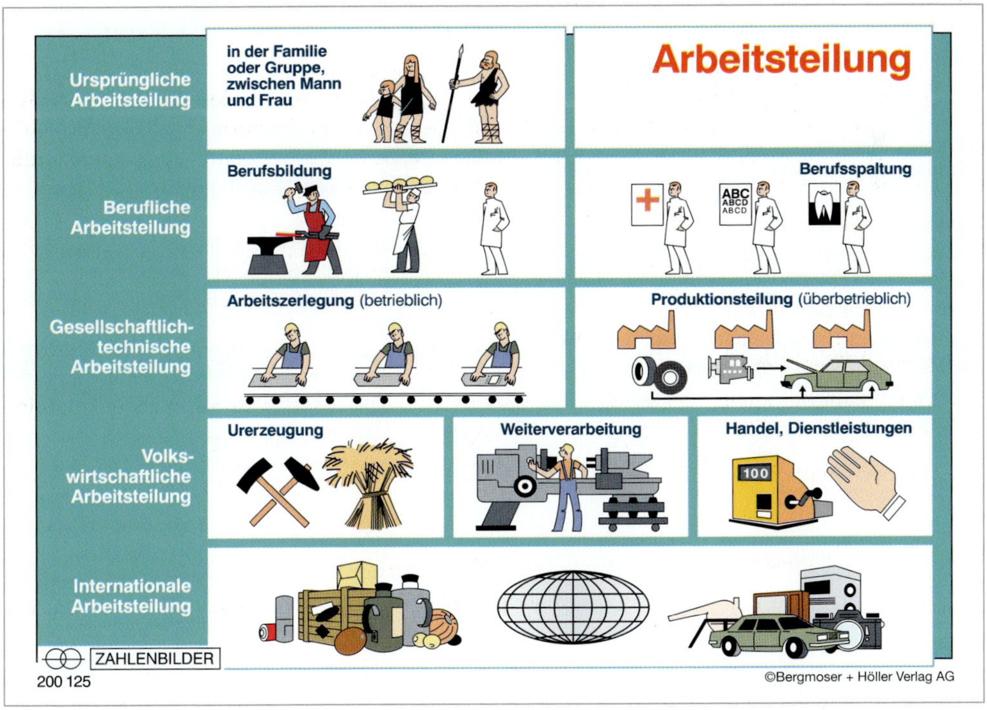

Das Ausmaß der **beruflichen Arbeitsteilung** zeigt sich für Deutschland u. a. darin, dass es fast 400 verschiedene staatlich anerkannte Ausbildungsberufe im dualen System[1] gibt. Die Zahl der Betriebe und der Erwerbstätigen in den einzelnen Wirtschaftssektoren gibt Auskunft über die **überbetriebliche** und die **volkswirtschaftliche Arbeitsteilung**.

Das Ausmaß der **internationalen Arbeitsteilung** zeigt sich darin, dass Deutschland mit nahezu allen Ländern der Erde Handel treibt.

Erhöhung des Transportaufkommens

Kap. A 1.5.2

Die Arbeitsteilung zwischen verschiedenen Betrieben **(überbetriebliche Arbeitsteilung)**, Wirtschaftssektoren **(volkswirtschaftliche Arbeitsteilung)** und Ländern **(internationale Arbeitsteilung)** ist Ursache für vielfältige **Warentransporte**. Der sich bei diesen Formen der Arbeitsteilung ergebende Kostenvorteil beruht teilweise darauf, dass die Unternehmen in ihrer Kalkulation nicht alle durch den Warentransport tatsächlich verursachten Kosten erfassen. Mit der Erhöhung des Verkehrsaufkommens sind nämlich auch **soziale** (externe) **Kosten** verbunden (z. B. Abnutzung von öffentlichen Verkehrswegen, Unfälle, Umweltbelastung, Lärmschäden). Diese Kosten gehen nicht in die Kostenrechnung der Unternehmen und damit in die Verbraucherpreise ein. Sie werden vielmehr der Allgemeinheit angelastet. Da die Preise in diesem Fall nicht die tatsächlichen Kosten widerspiegeln, erscheint der mit der Arbeitsteilung einhergehende Kostenvorteil größer als er in Wirklichkeit ist.

Der unglaubliche Weg eines Fruchtjoghurts
Transportwege für Zutaten und Verpackung eines in Stuttgart hergestellten Joghurts

Grundstoffe	
Erdbeeren: Polen – Aachen	800 km
Fruchtmasse: Aachen – Stuttgart	446 km
Joghurtkulturen: Niebüll – Stuttgart	917 km
Milch: Bereich Stuttgart/Heilbronn	36 km
Zuckerrüben:aus dem Raum Heilbronn zur Raffinerie nach Offenau	35 km
Zucker: Offenau (Raffinerie) – Stuttgart	72 km
Joghurtverpackung	
Glasrohstoffe aus Solingen, Düsseldorf, Essen zur Verarbeitung nach Neuburg (Bayern)	546 km
Joghurtglas: Neuburg – Stuttgart	260 km
Aluminium für Deckel von Grevenbroich nach Weiden (Bayern)	560 km
Aludeckel: Weiden – Stuttgart	304 km
Papier für Etiketten: Uetersen-Kulmbach	634 km
Etiketten: Kulmbach – Stuttgart	314 km
Leim für Etiketten: aus Holland/Belgien (Mais- und Weizenpulver) nach Düsseldorf und von dort nach Stuttgart	639 km
Transportverpackung	
Grundmaterial für Pappkisten aus Österreich, Aalen, Köln nach Bad Rappenau	1042 km
Grundstoff für Leim: Hamburg – Lüneburg	75 km
Leim: Lüneburg – Bad Rappenau	659 km
Pappkisten: Bad Rappenau – Stuttgart	55 km
Pappzwischenlage: Varel – Stuttgart	647 km
Folie (Kunststoffgranulat) aus Frankreich	406 km
	8 447 km

nach: R. Hoppe, Ein Joghurt kommt in Fahrt, in: ZEITmagazin vom 29.1.1993, S. 14 ff.

1 Duales System: Ausbildungsbetriebe und Berufsschulen führen arbeitsteilig und einander ergänzend die berufliche Bildung durch.

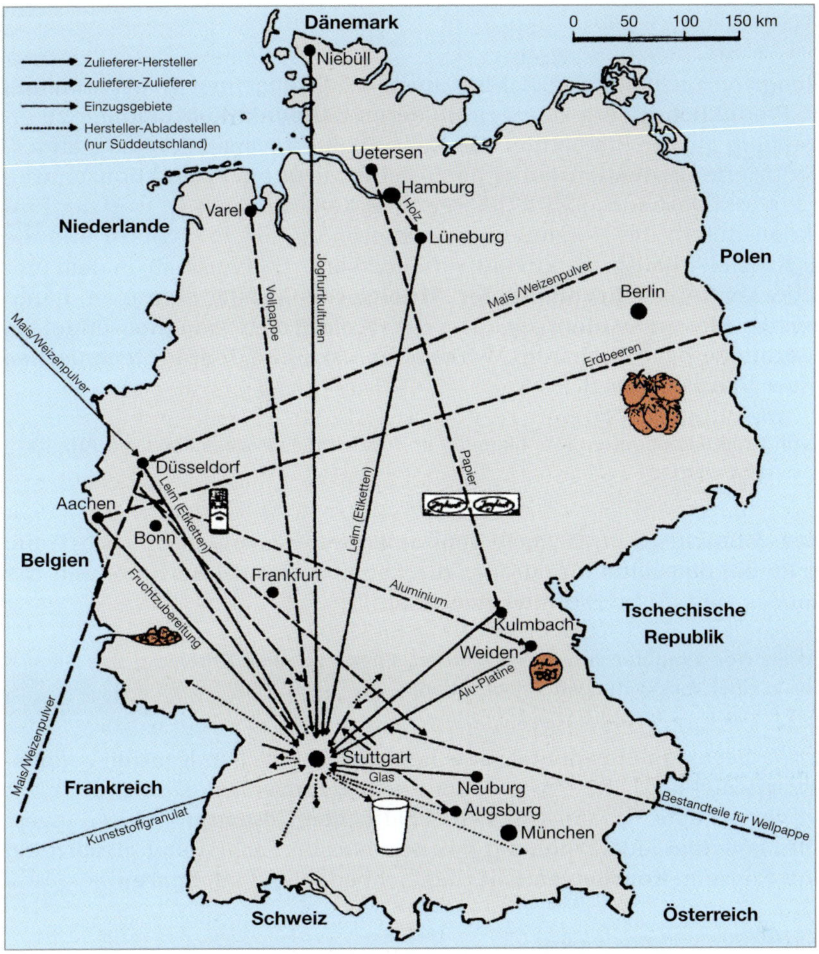

Verkehrserzeuger Joghurt

1.5.4 Kapitalbildung und Investition

Kapitalbegriff und Kapitalarten

Mit dem Begriff Kapital als volkswirtschaftlicher Produktionsfaktor ist immer Sachkapital (Realkapital) gemeint. Es handelt sich dabei um produzierte Produktionsmittel.

Das **Sachkapital** besteht aus Produktionsgütern (Kapitalgütern). Diese Güter stehen nicht für den Konsum zur Verfügung, sondern dienen der Produktion neuer Produktions- oder Konsumgüter. Zu den Produktionsgütern (Kapitalgütern) gehören im Einzelnen

- Produktionsmittel, die für eine dauerhafte Nutzung zur Verfügung stehen (Investitionsgüter wie z. B. Gebäude, Maschinen, Werkzeuge, Transportmittel),
- andere Produktionsmittel, die im Produktionsprozess verbraucht oder umgewandelt werden (z. B. geförderte oder bearbeitete Rohstoffe, Schmierstoffe),
- Lagerbestände an produzierten Gütern (unfertige Erzeugnisse, Fertigerzeugnisse).

Geldkapital bezeichnet demgegenüber die finanziellen Mittel, die für die Bildung von Sachkapital zur Verfügung stehen.

Kapitalbildung

Ziel der Herstellung von Sachkapital (z.B. Maschinen, Werkzeuge und Transportmittel) ist es, mit diesen Produktionsgütern zu einem **späteren Zeitpunkt** Konsumgüter zu erzeugen. Wird vorläufig auf die Produktion von Konsumgütern verzichtet, um stattdessen zunächst produzierte Produktionsmittel herzustellen, liegt ein **Produktionsumweg** vor. Ein solcher Produktionsumweg wird deswegen in Kauf genommen, weil der Einsatz von Produktionsgütern die Herstellung von Konsumgütern erleichtern und die Wirksamkeit der Arbeit (Arbeitsproduktivität) erhöhen kann. Das Ausmaß, in dem produzierte Produktionsmittel zur **Erhöhung der Arbeitsproduktivität** beitragen, hängt aber nicht nur von der Menge, sondern auch von der Qualität der Produktionsmittel ab. Qualitätsverbesserungen bei Maschinen, Werkstoffen usw. sind Teil des **technischen Fortschritts** in einer Volkswirtschaft.

Durch Einsatz von Produktionsgütern (Sachkapital) im Produktionsprozess kann die Arbeitsproduktivität gesteigert werden.

Alle Güter in einer Volkswirtschaft, die nicht konsumiert werden, erhöhen zwangsläufig den Bestand an Produktionsmitteln und/oder die Lagervorräte. Diese Erhöhung des Sachkapitalbestandes wird als **Investition** bezeichnet.

Güter, die nicht als Konsumgüter verwendet werden, führen zu einer Erhöhung des Sachkapitalbestandes in einer Volkswirtschaft (= Investition).

Die Herstellung von Sachkapital bedeutet, dass heute auf möglichen Konsum zugunsten der Zukunft verzichtet wird. Statt zu konsumieren wird investiert. Da nur der nicht als Konsumgüter verwendete Teil der volkswirtschaftlichen Gesamtproduktion investiert werden kann, bedeutet jede Erhöhung des Bestands an Sachkapital gleichzeitig einen Verzicht auf Konsum. **Konsumverzicht** ist gleichbedeutend mit **Sparen**.

Kapitalbildung im naturalwirtschaftlichen Modell: Das Beispiel ROBINSON CRUSOE

ROBINSON CRUSOE lebt, nachdem er Schiffbruch erlitten hat, auf einer unbewohnten Insel. Um seinen Hunger zu stillen, fängt er zunächst Fische mit der Hand. Dann kommt er auf die Idee, ein Netz zu knüpfen. Um während dieser Zeit trotzdem seinen Hunger stillen zu können, bieten sich ihm folgende Möglichkeiten:

1. Er verwendet nur noch einen Teil der ihm täglich zur Verfügung stehenden Zeit für den Fischfang und knüpft in der übrigen Zeit an dem geplanten Netz (Sachkapital). Dadurch verringert sich die ihm täglich zur Verfügung stehende Menge an Fisch **(= Konsumverzicht)**.
2. Er verwendet zunächst weiterhin die ganze ihm täglich zur Verfügung stehende Zeit für den Fischfang. Statt aber alle gefangenen Fische zu verzehren, legt er einen Vorrat an Dörrfisch an (= Vorratsinvestition durch Konsumverzicht). Wenn der Vorrat groß genug ist, stellte er das Fischen ganz ein und beginnt mit dem Knüpfen des Netzes (Sachkapital). In dieser Zeit lebt er vom Dörrfisch **(= Abbau der Vorratsinvestition)**.

In beiden Fällen muss ROBINSON zeitweise Konsumverzicht üben, um das Netz herstellen zu können. Die Herstellung des Netzes stellt einen Produktionsumweg dar, da zunächst anstelle von Konsumgütern Sachkapital hergestellt wird, das nach seiner Fertigstellung für die Herstellung von zusätzlichen Konsumgütern eingesetzt werden kann. Durch den Einsatz des Netzes kann ROBINSON das Fangergebnis bei gleicher Arbeitszeit erheblich steigern. Seine Arbeitsproduktivität erhöht sich. Diese Investition, d.h. die Sachkapitalbildung in Form des Netzes ist aber nur möglich, wenn er zunächst für eine Zeit lang nicht seine volle Arbeitskraft dem Fischfang widmet und daher auf den möglichen Konsum zusätzlicher Fische verzichtet. ROBINSON muss also Konsumverzicht üben (= sparen), um Sachkapital bilden (= investieren) zu können.

Kapitalbildung ist nur möglich, wenn auf einen gegenwärtig möglichen Konsum verzichtet wird. Konsumverzicht wird auch als Sparen bezeichnet.

Arten der Investitionen

Der volkswirtschaftliche Investitionsbegriff beinhaltet sowohl die **Veränderung** der Ausstattung einer Volkswirtschaft mit dauerhaften Produktionsmitteln als auch die Lagerbestands**veränderungen** der Betriebe während eines bestimmten **Zeitraums** (z. B. Kalenderjahr). Dementsprechend werden die Investitionen in Anlage- und Vorratsinvestitionen unterteilt.

Anlageinvestition ist die Erhöhung des Bestandes an dauerhaften Produktionsmitteln (Gebäude, Maschinen, Werkzeuge), die im Produktionsprozess eingesetzt werden.

Vorratsinvestition (Lagerinvestition) ist die Erhöhung der Lagerbestände an nicht dauerhaften Produktionsmitteln (Roh-, Hilfs- und Betriebsstoffe) sowie an halbfertigen und fertigen Erzeugnissen.

Die dauerhaften Produktionsmittel unterliegen einer ständigen Abnutzung. Die dadurch ausgelöste Wertminderung der Produktionsmittel wird als **Abschreibung** bezeichnet. Soweit Investitionen die an den dauerhaften Produktionsmitteln eingetretenen Wertminderungen wieder ausgleichen, handelt es sich um **Ersatzinvestitionen**. Die **Bruttoinvestitionen** sind die gesamte Erhöhung an Anlagen und Vorräten. Wird von den Bruttoinvestitionen die durch Abnutzung entstehende Wertminderung in Höhe der **Abschreibungen** abgezogen, ergeben sich die **Nettoinvestitionen**.

Zusammenhang zwischen verschiedenen Investitionen

Aufg. 1.5.8 S. 64

Bundesrepublik Deutschland 2011

	Bruttoanlageinvestitionen	467,69 Mrd. €
±	Vorratsveränderungen	– 5,65 Mrd. €
=	Bruttoinvestitionen	462,04 Mrd. €
–	Abschreibung (= Ersatzinvestition)	383,72 Mrd. €
=	Nettoinvestitionen	78,32 Mrd. €

Quelle: *Stat. Bundesamt, VGR, März 2012*

Nettoinvestition = Bruttoinvestition – Abschreibung

<table>
<tr><th colspan="3">Einteilung der Investitionen
(Angaben für Deutschland 2011)</th></tr>
<tr><td colspan="3">Bruttoinvestitionen 462,04 EUR</td></tr>
<tr><td colspan="2">Bruttoanlageninvestitionen 467,69 EUR</td><td>Vorratsveränderungen</td></tr>
<tr><td rowspan="2">Abschreibung
(entspricht den Ersatzinvestitionen)
383,72 EUR</td><td>Nettoanlageninvestitionen
83,97 EUR</td><td>(+ Lagerbestandserhöhungen
– Lagerbestandsminderungen)
– 5,65 Mrd. EUR</td></tr>
<tr><td colspan="2">Nettoinvestitionen 78,32 Mrd. EUR</td></tr>
<tr><td colspan="3">Bruttoinvestition 462,04 EUR</td></tr>
</table>

Anlageinvestitionen (z. B. Maschinen, betrieblich genutzte Gebäude) erhöhen den **Kapitalstock** einer Volkswirtschaft. In der amtlichen Statistik wird diese Größe als das jahresdurchschnittliche **Bruttoanlagevermögen** ausgewiesen.

1.5.5 Bildung (Humankapital)[1]

Aufg. 1.5.9 S. 64

Humankapital (Arbeitsvermögen) umfasst die wirtschaftlich verwertbaren Kenntnisse, Fähigkeiten und Verhaltensweisen, die Arbeitskräfte durch Ausbildung und Berufserfahrung erwerben.

Investition in Humankapital

Ein **Auszubildender** kostet bei Einrechnung aller Aufwendungen 16 435 Euro pro Jahr, **erwirtschaftet** aber **7 730 Euro**. Wird er weiterbeschäftigt, erspart er weitere Kosten.

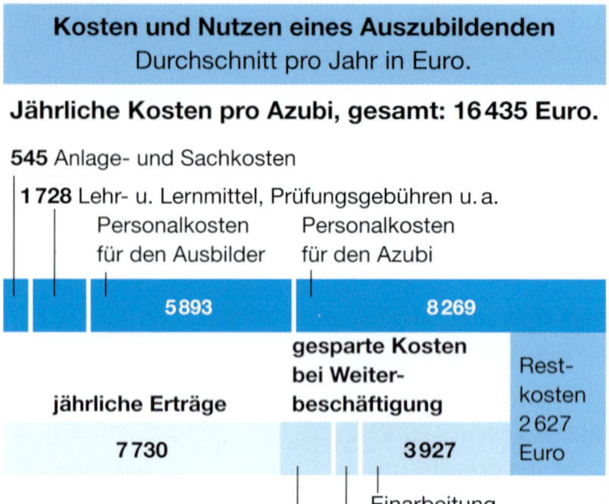

Quelle: *Bundesinstitut für Berufsbildung*

Ausgaben für Erziehung, Ausbildung und Gesundheit stellen **immaterielle Investitionen** dar, die das Humankapital erhöhen. Dadurch verbessern sich – ebenso wie durch das Sachkapital – die Produktionsmöglichkeiten eines Landes. Ähnlich wie beim Sachkapital ist auch bei der Bildung von Humankapital (z. B. in Form von Schulbildung, Ausbildung, Studium) ein Produktionsumweg mit vorübergehender Konsumeinschränkung nötig.

Die Qualifikationsstruktur der Arbeitskräfte hat sich in Deutschland in den letzten Jahrzehnten deutlich verändert. Es werden immer weniger unqualifizierte und dafür mehr qualifizierte Arbeitskräfte benötigt **(Humankapitalintensivierung)**. Die Arbeitslosigkeit in Deutschland ist daher in erster Linie ein Problem der gering Qualifizierten.

Zusammenfassende Übersicht zu Kap. 1.5: Volkswirtschaftliche Produktionsfaktoren

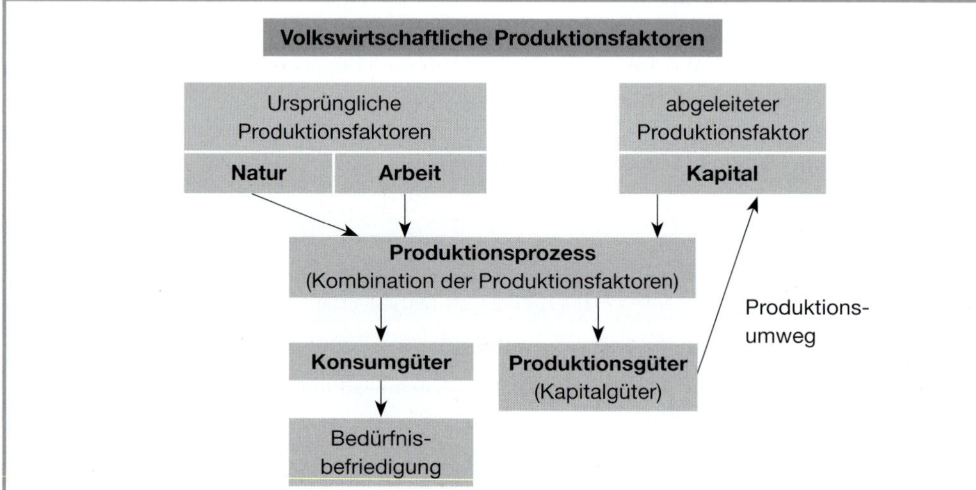

---

1 Der Begriff „Humankapital" wurde im Jahr 2004 von Sprachwissenschaftlern zum Unwort des Jahres gewählt. Dies wurde damit begründet, dass mit dieser Bezeichnung Arbeitskräfte herabgewürdigt und Menschen zu nur noch ökonomisch interessanten Größen gemacht würden. In der Volkswirtschaftslehre wird diese Bezeichnung (engl.: *human capital*) allerdings schon seit langem als Fachausdruck in dem Sinne verwendet, dass Lernen die Arbeitsproduktivität erhöht und Bildung daher als eine das Produktionsergebnis erhöhende Investition zu verstehen ist.

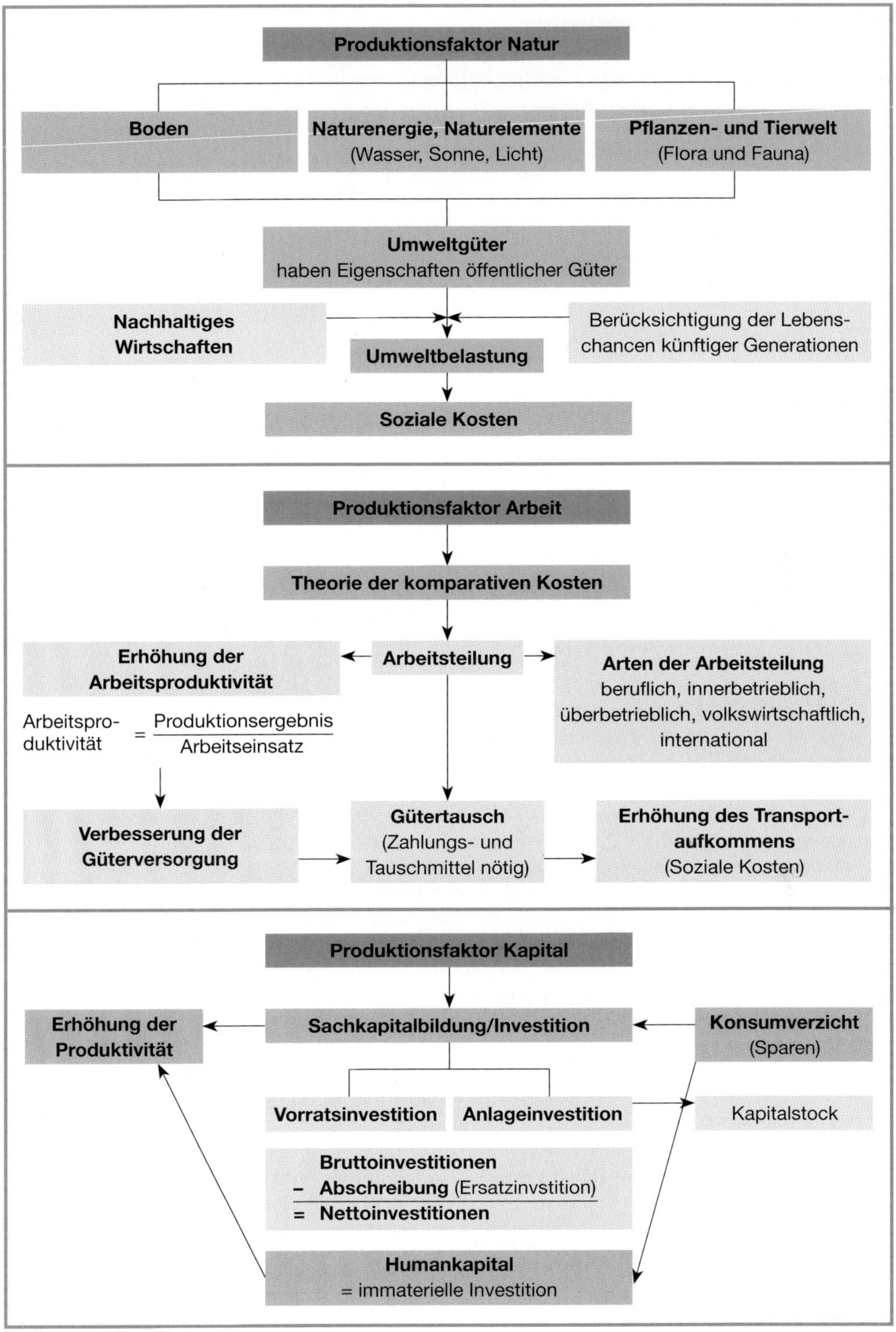

Produktionsfaktor Natur
Boden
Naturenergie, Naturelemente (Wasser, Sonne, Licht)
Pflanzen- und Tierwelt (Flora und Fauna)
Umweltgüter
haben Eigenschaften öffentlicher Güter
Nachhaltiges Wirtschaften
Berücksichtigung der Lebenschancen künftiger Generationen
Umweltbelastung
Soziale Kosten
Produktionsfaktor Arbeit
Theorie der komparativen Kosten
Erhöhung der Arbeitsproduktivität
Arbeitsteilung
Arten der Arbeitsteilung
beruflich, innerbetrieblich, überbetrieblich, volkswirtschaftlich, international
Arbeitsproduktivität = Produktionsergebnis / Arbeitseinsatz
Verbesserung der Güterversorgung
Gütertausch (Zahlungs- und Tauschmittel nötig)
Erhöhung des Transportaufkommens (Soziale Kosten)
Produktionsfaktor Kapital
Erhöhung der Produktivität
Sachkapitalbildung/Investition
Konsumverzicht (Sparen)
Vorratsinvestition
Anlageinvestition
Kapitalstock
Bruttoinvestitionen
– Abschreibung (Ersatzinvstition)
= Nettoinvestitionen
Humankapital
= immaterielle Investition

Fragen zur Wiederholung

zu Kapitel 1.5 Zweite Grundfrage: Wie soll produziert werden? Volkswirtschaftliche Produktionsfaktoren

1.5.1 Einteilung der Produktionsfaktoren

1. Welche volkswirtschaftlichen Produktionsfaktoren lassen sich unterscheiden?
2. Was wird in der Volkswirtschaftslehre unter dem Produktionsfaktor Kapital verstanden?
3. Worin besteht der Unterschied zwischen ursprünglichen und abgeleiteten Produktionsfaktoren?
4. Was ist im Zusammenhang mit der Kapitalbildung unter einem „Produktionsumweg" zu verstehen?

1.5.2 Natur als Produktionsfaktor

1. In welcher Weise kann die Natur als Produktionsfaktor genutzt werden?
2. Zeigen Sie Probleme bei der Nutzung des Produktionsfaktors Natur anhand der Abb. auf S. 45 auf.
3. Was ist unter der Deponiefunktion der Umwelt zu verstehen?
4. Welche Besonderheit öffentlicher Güter weisen Umweltgüter auf und welche Folgen ergeben sich daraus?
5. Was sind soziale (externe) Kosten? Zeigen Sie Beispiele für solche Kosten auf.
6. Was ist unter nachhaltiger Entwicklung zu verstehen?
7. Nennen Sie die drei Bereiche, auf die sich nachhaltige Entwicklung beziehen soll.

1.5.3 Arbeit und Arbeitsteilung

1. Was sagt die Produktionsmöglichkeitenkurve einer Arbeitskraft aus?
2. Erläutern Sie anhand einer Produktionsmöglichkeitenkurve die bei der Güterproduktion anfallenden Alternativkosten (Opportunitätskosten).
3. Unterscheiden Sie beim Vergleich der Leistungsfähigkeit zweier Arbeitskräfte zwischen absolutem und relativem Kostenvorteil.
4. Wie soll entsprechend der Theorie der komparativen Kosten von DAVID RICARDO die Arbeitsteilung zwischen zwei Personen, Betrieben oder Ländern vorgenommen werden?
5. Wovon hängt es ab, ob die Arbeitsteilung für alle Beteiligten vorteilhaft ist?
6. Was ist unter der Arbeitsproduktivität zu verstehen?
7. Warum kann Arbeitsteilung zu einer Produktivitätssteigerung führen?
8. Welche negativen Folgen betrieblicher Arbeitsteilung werden im Text von ADAM SMITH auf S. 52 erwähnt?
9. Erläutern Sie anhand der Abb. auf S. 53 die verschiedenen Formen der Arbeitsteilung.
10. Welche Folgen zieht der mit der Arbeitsteilung einhergehende Güteraustausch nach sich?
11. Zeigen Sie anhand der Darstellung auf S. 54 und 55 den Zusammenhang zwischen Arbeitsteilung und sozialen Kosten auf.

1.5.4 Kapitalbildung und Investition

1. Unterscheiden Sie zwischen Sach- und Geldkapital.
2. Was ist im volkswirtschaftlichen Sinne unter einer Investition zu verstehen?
3. Beschreiben Sie den Prozess der Kapitalbildung am Beispiel einer Robinsonwirtschaft.
4. Erläutern Sie die Aussage: „Sparen ist Voraussetzung für die Kapitalbildung."
5. Wie unterscheiden sich Brutto-, Netto- und Ersatzinvestitionen?
6. Wodurch unterscheiden sich Anlage- und Vorratsinvestitionen?
7. Was ist der Kapitalstock einer Volkswirtschaft?

1.5.5 Bildung (Humankapital)

1. Was ist unter Humankapital zu verstehen?
2. Erläutern Sie anhand der Abb. auf S. 58, inwiefern es sich bei der Humankapitalbildung um eine Investition handelt.
3. Warum ist die Bildung von Humankapital in der Bundesrepublik Deutschland besonders wichtig?

Aufgaben und Probleme

zu Kapitel 1.5 Zweite Grundfrage: Wie soll produziert werden? Volkswirtschaftliche Produktionsfaktoren

1.5.1 Grundfragen des Wirtschaftens – Produktionsfaktoren – Kapitalbildung – Arbeitsproduktivität

PDF

Zwölf Überlebende eines auf hoher See gesunkenen Schiffes können sich auf eine einsame, unbewohnte Insel retten. Zwei von ihnen sind schwer verletzt. Vor dem endgültigen Untergang des Schiffes gelang es den Seefahrern noch, neben einigen Grundnahrungsmitteln und Süßwasservorräten auch eine Kiste mit Werkzeugen (Axt, Säge, Schleifstein) sowie eine Schatulle mit Silbermünzen vom Schiff zu holen und auf die Insel zu bringen.
Auf der Insel wachsen Früchte und Beeren. Außerdem gibt es in der Mitte der Insel eine Süßwasserquelle. Für den Fall eines längeren unfreiwilligen Aufenthalts auf der Insel erscheint es auch möglich, ein Stück Land zu roden und dort Knollenfrüchte oder Getreide anzubauen. Außerdem ist das Meer an dieser Stelle sehr fischreich.

1. Zeigen Sie am Beispiel der Gruppe von Schiffbrüchigen auf, dass auch in dieser Situation die Grundfragen jeder Wirtschaftsgesellschaft gelöst werden müssen.
2. Erläutern Sie die Bedeutung der Schatulle mit Silbermünzen für die Schiffbrüchigen.
3. Die zehn unverletzten Überlebenden sammeln in den ersten Tagen Früchte und Beeren. Pro Tag kommen insgesamt ca. 35 kg zusammen. Prüfen Sie, welcher Nährstoffbedarf (in Kilojoule) jeder der Überlebenden decken kann, wenn der Nährwert von 1 kg der gesammelten Früchte und Beeren durchschnittlich 2400 kJ beträgt.
4. Die Schiffbrüchigen beschließen Flöße zu bauen und aus Baumfasern Netze zu knüpfen. Für diese Arbeit werden fünf Tage veranschlagt. Fünf von ihnen sollen während dieser Zeit weiterhin Früchte und Beeren sammeln, um den Lebensunterhalt der gesamten Gruppe zu sichern.
   a) Auf wie viel Kilojoule sinkt die Deckung des Nährstoffbedarfs jedes Einzelnen der zwölf Schiffbrüchigen während dieser fünf Tage?
   b) Nach Fertigstellung der Flöße und der Netze sollen fünf Personen täglich Fische fangen und die übrigen fünf weiterhin Früchte und Beeren sammeln.
   Wie viel kg Fisch müssten künftig täglich gefangen werden, wenn für alle zwölf Schiffbrüchigen der durchschnittliche Nährstoffbedarf eines Erwachsenen von 10000 kJ pro Tag gedeckt werden soll? Der essbare Anteil der Fische in diesen Gewässern beträgt ca. 2/3 des Gesamtgewichts und weist je 1 kg einen Nährwert von ca. 3900 kJ auf.
5. Bei der mit einem Zeitbedarf von fünf Tagen geplanten Herstellung der Flöße und der Netze, zeichnet sich schon bald eine Verzögerung ab. Zwei Floßbauer arbeiten während der ersten beiden Tage jeder für sich allein und können so beide zusammen an einem Tag nur insgesamt sieben laufende Meter Baumstämme fällen und bearbeiten. Am dritten Tag arbeiten sie jeweils gemeinsam an einem Stamm und können an diesem Tag zehn laufende Meter bearbeiten. Ähnlich geht es den drei Netzknüpfern. Während der ersten beiden Tage arbeitet jeder von ihnen an einem Netz und verrichtete alle anfallenden Arbeiten allein. So kann jeder von ihnen nur 1 m^2 pro Tag fertig stellen. Am nächsten Tag teilen Sie die Tätigkeiten (Fasern im Wald besorgen, Fasern vorbereiten und zuschneiden, Netz knüpfen) unter sich auf. Auf diese Weise gelingt es ihnen an einem Tag zusammen 4,5 m^2 Netz fertig zu stellen.
   a) Um wie viel Prozent hat sich die Arbeitsproduktivität am dritten Tag jeweils erhöht?
   b) Worauf ist diese Veränderung zurückzuführen?
6. Nach fünf Tagen sind die Flöße und Netze fertig gestellt. Es gelingt den fünf Fischern, täglich so viele Fische zu fangen, dass ca. 15 kg essbarer Fischanteil anfällt.
   a) Um wie viel % hat sich die Arbeitsproduktivität (Produktionsergebnis in kJ/Arbeitseinsatz) im Vergleich zur Zeit vor dem Fischen erhöht?
   b) Worauf ist diese Veränderung zurückzuführen?
   c) Weisen Sie nach, dass sich der Produktionsumweg und der dadurch bedingte vorübergehende Konsumverzicht gelohnt haben.
   d) Nach wie viel Tagen kann der vorübergehende Konsumverzicht durch den Einsatz von Flößen und Netzen und die sich daraus ergebende höhere Deckung des Nährwertbedarfs wieder ausgeglichen werden?

1.5.2 Produktionsfaktor Natur – Umweltzerstörung – Ursache und/oder Folge der Unterentwicklung

Mit einem Vernetzungsdiagramm können die Zusammenhänge und Abhängigkeiten zwischen den Elementen des Ökosystems veranschaulicht werden. Am Beispiel der Umweltzerstörung in einem afrikanischen Wüstengebiet lässt sich auf diese Weise zeigen, dass das Anlegen von Tiefwasserbrunnen zur Bewässerung zu erheblichen ökologischen Schäden führen, die bereits bestehende Dürreperioden verstärken und zur weiteren Wüstenbildung beitragen kann.

Entsprechende Materialien und Hinweise zur Erstellung eines solchen Vernetzungsdiagramms finden sich auf der Begleit-CD.

1.5.3 Umweltgüter als öffentliche Güter – Trittbrettfahrer-Problem

Ein neu errichtetes Industrieunternehmen leitet seine Abwässer ungeklärt in einen Fluss. Durch die geminderte Qualität des Flusswassers wird der Umsatz der beiden Ausflugslokale Abel und Bauer beeinträchtigt, die jeweils auf der rechten und linken Seite am unteren Flusslauf Badestrände mit Bootsvermietung betreiben und bisher frischen Fisch für ihre schmackhaften Fischgerichte aus dem Fluss gefangen haben. Der Industriebetrieb ist zum Bau einer Kläranlage bereit, wenn er zur Finanzierung der Investitionskosten einen Zuschuss von insgesamt 5 000 Geldeinheiten (GE) erhält.
Der Bau der Kläranlage würde für jedes der beiden Ausflugslokale zu einer Nutzensteigerung in Höhe von 4 000 GE (z. B. in Form von Mehreinnahmen und Steigerungen des Grundstückswerts) führen.

Jedes der beiden Ausflugslokale Abel und Bauer hat zwei Strategien zur Auswahl:
Strategie 1 (S_1): Bereitschaft zur Zahlung
Das hat zur Folge, dass der Zuschuss ganz (5 000 GE) oder zur Hälfte (2 500 GE) gezahlt werden muss.
Strategie 2 (S_2): Keine Zahlung:
Es wird vielmehr darauf gehofft, dass das andere Ausflugslokal den erforderlichen Zuschuss vollständig zahlt (5 000 GE).

Somit ergeben sich vier mögliche Strategiekombinationen, die – im Vergleich zur Ausgangssituation – teilweise unterschiedliche Vor- oder Nachteile für die beiden Ausflugslokale Abel und Bauer bewirken. Die Vor-/Nachteile des Ausflugslokals Abel werden in der linken unteren Ecke, die Vor-/Nachteile des Ausflugslokals Bauer in der rechten oberen Ecke der vier Felder eingetragen.

1. Ermitteln Sie in Anlehnung an die Aufgabe 1.4.3 für die vier Strategiekombinationen die Vor-/Nachteile für die beiden Ausflugslokale nach nebenstehendem Muster.

		Ausfluglokal Bauer	
		Zahlen (S_{B1})	Nicht zahlen (S_{B2})
Ausflugslokal Abel	Zahlen (S_{A1})		
	Nicht zahlen (S_{A2})		

2. Zu welcher Strategiekombination wird das Verhalten von Abel und Bauer führen, wenn beide die für sie jeweils günstigste Lösung verfolgen? Begründen Sie dieses Verhalten und erläutern Sie das Ergebnis.
3. Prüfen Sie, ob das Trittbrettfahrer-Problem auch in folgenden Fällen eine Rolle spielt:
   a) Die Regierung und Umweltschutzverbände fordern die Autofahrer auf, zur Verringerung des Schadstoffausstoßes freiwillig Rußfilter einbauen zu lassen.
   b) Die Regierung fordert Unternehmen mit Schadstoffemissionen auf, zur Reinhaltung der Luft freiwillig Filter einzubauen.
4. Welche Konsequenzen ergeben sich aus den Ergebnissen von Aufgabe 3 für die staatliche Umweltpolitik?

1.5.4 Fischerspiel

Führen Sie in Ihrer Klasse das „Fischerspiel" durch. Mit diesem Spiel wird das Problem, dass die Natur wesentliche Merkmale öffentlicher Güter aufweist und deshalb Regelungen zur Nutzung der Umweltgüter nötig sind, erfahrbar.

Spielbeschreibung und Spielunterlagen für eine einfache und eine anspruchsvollere Variante des Fischerspiels finden sich auf der Begleit-CD.

1.5.5 Umweltbelastung durch Flugreisen

Familie Schneider aus Stuttgart möchte in den Pfingstferien auf der griechischen Insel Kreta Urlaub machen. Für die 4-köpfige Familie kostet der Flug von Stuttgart-Echterdingen nach Heraklion und zurück bei einer besonders günstigen Fluggesellschaft nur 275,00 EUR pro Person. Familie Schneider weiß allerdings, dass der Flugverkehr knapp zehn Prozent aller klimaschädlichen Gase (vor allem Kohlendioxyd CO_2 und Stickoxyde NO_x) erzeugt. Sie informiert sich daher unter http://www.atmosfair.de *Auswahl: Emissionsrechner* darüber, welche Umweltbelastung durch diesen Flug verursacht wird und was sie dagegen tun kann.

www

1. Wie hoch ist der auf eine Person entfallende CO_2-Ausstoß bei diesem Flug? Vergleichen Sie das Ergebnis mit dem Jahresausstoß eines Autos (Mittelklassewagen).
2. Wie viel Prozent des klimaunschädlichen CO_2-Jahresausstoßes eines Menschen entspricht dieses Ergebnis?
3. Welche Vorschläge zur Milderung der Umweltbelastung durch Flugreisen werden auf der genannten Internetseite unterbreitet?
4. Überlegen Sie woran es liegen könnte, dass die Preise für Flugreisen häufig wesentlich geringer als entsprechende Fahrten mit der Bahn sind.

1.5.6 Mobilität und Umwelt

Bearbeiten Sie das Arbeitsblatt zum Thema „Mobilität und Umwelt".
Das Arbeitsblatt befindet sich als PDF-Datei auf der Begleit-CD. Quelle: *Bundeszentrale für politische Bildung, Themenblätter im Unterricht, Best. Nr. 5964,* http://www.bpb.de/publikationen

1.5.7 Arbeitsteilung – Alternativkosten – komparativer Kostenvorteil

In einem Holz verarbeitenden Betrieb sind neben dem Meister noch die beiden Mitarbeiter Hug und Schwär beschäftigt. Der Meister hat festgestellt, dass die beiden Mitarbeiter jeder für sich in einer Woche höchstens bestimmte Mengenkombinationen an Stühlen und/oder Tischen, wie sie sich aus der folgenden Tabelle ergeben, herstellen können. Aus technischen und persönlichen Gründen ist es nicht möglich, dass Tische und Stühle von den beiden Mitarbeitern gemeinsam hergestellt werden. Es liegt ein Auftrag für die Lieferung von 33 Tischen und 48 Stühlen innerhalb einer Woche vor.

PDF

Hug		Schwär	
Tische	Stühle	Tische	Stühle
36	0	30	0
18	30	15	15
0	60	0	30

1. Prüfen Sie, ob der Auftrag ausgeführt werden kann, wenn jeder der beiden Mitarbeiter während der ganzen Woche nur eines der beiden Produkte herstellt.
2. Prüfen Sie, ob der Auftrag unter folgenden Voraussetzungen ausgeführt werden kann: Herr Hug stellt in der ersten Wochenhälfte nur Tische und danach nur Stühle her.
   Herr Schwär stellt in der ersten Wochenhälfte nur Stühle und danach nur Tische her.
3. Zeichnen Sie je eine lineare Produktionsmöglichkeitenkurve für die beiden Mitarbeiter Hug und Schwär (Y-Achse: Tische; X-Achse: Stühle)
4. Wie hoch sind die Alternativkosten (Opportunitätskosten) der beiden Mitarbeiter, wenn
   a) ein zusätzlicher Tisch b) ein zusätzlicher Stuhl
   hergestellt werden sollen?
5. Im vorliegenden Fall hat der Mitarbeiter Hug absolute Kostenvorteile gegenüber dem Mitarbeiter Schwär, da er in einer Woche sowohl mehr Tische als auch mehr Stühle als sein Kollege herstellen kann. Nach dem *Prinzip der komparativen Kostenvorteile* kann aber durch Arbeitsteilung trotzdem die Gesamtproduktion erhöht werden, wenn sich jeder auf die Herstellung des Gutes spezialisiert, das er relativ am billigsten herstellen kann.
   a) Welcher Mitarbeiter hat bei welchem Gut einen relativen Kostenvorteil?
   b) Angenommen, jeder der beiden Mitarbeiter konzentriert sich zunächst auf die Herstellung des Produkts, bei dem er einen relativen Kostenvorteil hat. Dabei wird einer der beiden Mitarbeiter mit der Auftragsmenge eines der beiden Produkte bereits vor Ablauf der Woche fertig. Prüfen Sie, ob die diesem Mitarbeiter verbleibende Zeit ausreicht, um auch die noch fehlende Produktionsmenge des anderen Produkts innerhalb einer Woche herzustellen und damit den gesamten Auftrag (33 Tische und 48 Stühle) auszuführen.

1.5.8 Investitionen

1. Erläutern Sie anhand des Robinsonmodells
   a) die Voraussetzungen für Investitionen b) den Zweck von Investitionen
2. Das Statistische Bundesamt einer Volkswirtschaft hat für das vergangene Jahr folgende Wert ermittelt:
   (1) Neubauten (z. B. Büros, Produktionsstätten, Straßen, 250 Mrd. EUR
   (2) Neue Maschinen und andere Produktionsmittel 170 Mrd. EUR
   (3) Erhöhung der Lagervorräte (Rohstoffe, halbfertige Erzeugnisse, ...) 11 Mrd. EUR
   (4) Ersatz für in diesem Jahr verschlissene Produktionsmittel 350 Mrd. EUR
   a) Erläutern Sie, um welche Art von Investition es sich in den Fällen (1) bis (4) jeweils handelt.
   b) Ermitteln Sie die Höhe der Brutto- und Nettoinvestitionen.

1.5.9 Humankapital – Qualifikation der Arbeitskräfte

1. Es wird behauptet, dass der Produktionsfaktor Arbeit heute weitestgehend nicht mehr ein ursprünglicher, sondern ein abgeleiteter Produktionsfaktor sei.
   Erläutern Sie diese Aussage anhand des folgenden Stellenangebots.
2. Zeigen Sie anhand der folgenden Stellenanzeige und der Abb. auf S. 58, dass für die Bildung von Humankapital ähnliche Voraussetzungen gelten wie für die Bildung von Sachkapital.

Ausbildung ist das Kapital der Zukunft!
Wir stellen Auszubildende mit Realschulabschluss oder Abitur
für folgende Ausbildungsberufe ein:
- **Industriekaufmann/-frau**
- **Bürokaufmann/-frau**
- **IT-Kaufmann/-frau**

Bewerbungen mit den üblichen Unterlagen an:
Maschinenfabrik Oehler GmbH, Durlacher Allee 15, 76136 Karlsruhe
Tel. 0721 800 85 10 (Frau Hansen)

3. Im Jahr 2007 hat der Staat für die Bildung und Ausbildung von Schülern an öffentlichen Schulen durchschnittlich folgende Beträge je Schüler aufgewendet:

Allgemeinbildende Schulen				Berufliche Schulen (einschl. Berufsschulen mit Teilzeitunterricht)
Hauptschulen	Realschulen	Gymnasien	Gesamtschulen und Änliche	
6 000 EUR	4 600 EUR	5 600 EUR	5 800 EUR	3 600 EUR

Quelle: Statistisches Jahrbuch 2010, Tab. 6.11

Welche Ausgaben sind Ihrer Meinung nach in diesen Beträgen enthalten und wie werden sie finanziert?

4. Überlegen Sie, ob der Allgemeinheit neben den oben genannten Beträgen noch weitere Ausgaben und Nachteile während der Zeit entstehen, in der erwerbsfähige Jugendliche noch keine Berufstätigkeit ausüben, sondern die Schule besuchen. Unter welchen Voraussetzungen lohnt sich dieser „Umweg" für den Einzelnen und die Allgemeinheit?

5. Von den Ausbildungsbetrieben werden immer wieder nicht nur erhebliche Wissenslücken bei Schülern beklagt. Wie aus der untenstehenden Abb. hervorgeht, stellen die Unternehmen insbesondere auch Mängel bei den als „Schlüsselqualifikationen" bzw. „Personal- und Sozialkompetenzen" bezeichneten Fähigkeiten der Schüler fest. Wie schätzen Sie Ihre eigenen Stärken und Schwächen im Hinblick auf die geforderten Fähigkeiten ein? Welche Möglichkeiten zur Förderung dieser Qualifikationen sehen Sie?

6. Wie ist es zu erklären, dass bei der Beurteilung der Fähigkeiten von Arbeitskräften die sog. Schlüsselqualifikationen eine immer größere Bedeutung im Vergleich zum Fachwissen gewinnen?

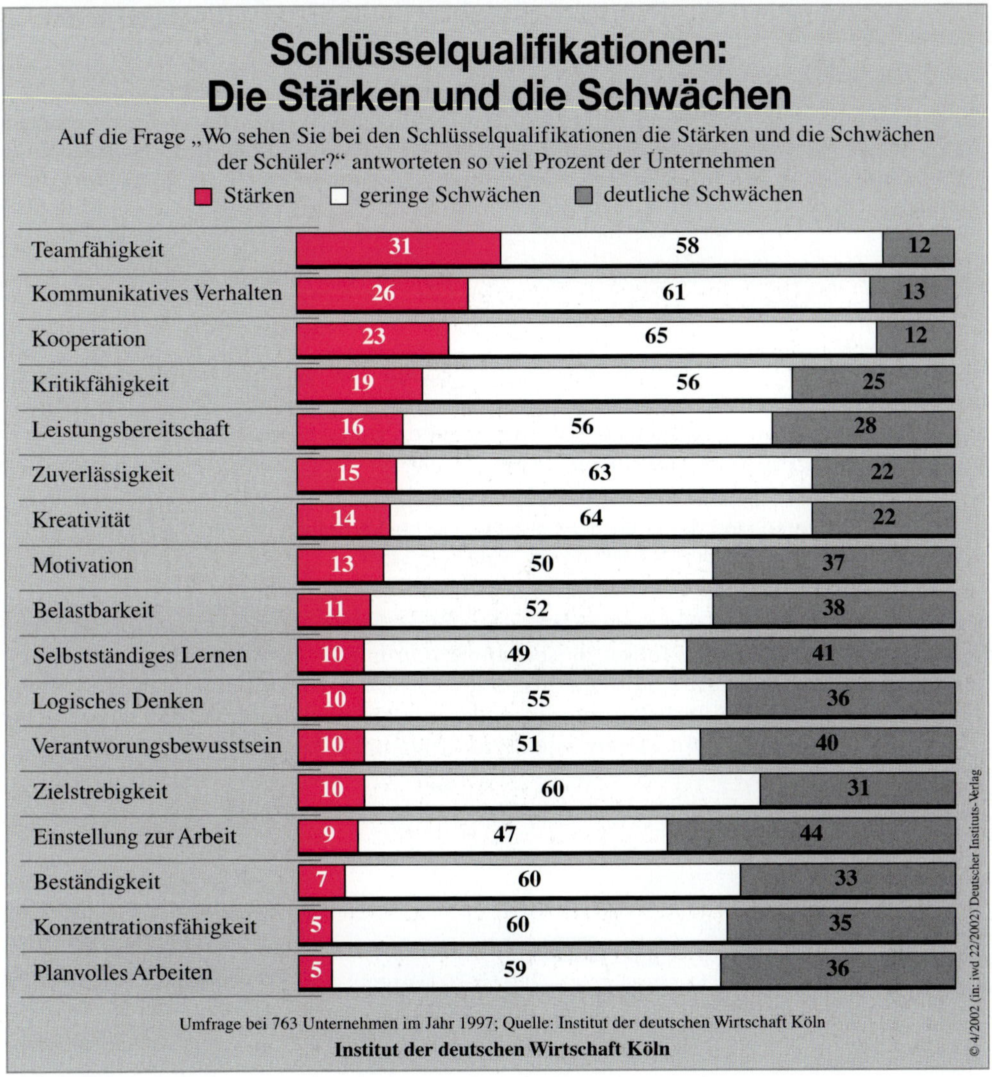
Schlüsselqualifikationen:
Die Stärken und die Schwächen
Auf die Frage „Wo sehen Sie bei den Schlüsselqualifikationen die Stärken und die Schwächen der Schüler?“ antworteten so viel Prozent der Unternehmen
Stärken
geringe Schwächen
deutliche Schwächen
Teamfähigkeit 31 58 12
Kommunikatives Verhalten 26 61 13
Kooperation 23 65 12
Kritikfähigkeit 19 56 25
Leistungsbereitschaft 16 56 28
Zuverlässigkeit 15 63 22
Kreativität 14 64 22
Motivation 13 50 37
Belastbarkeit 11 52 38
Selbstständiges Lernen 10 49 41
Logisches Denken 10 55 36
Verantworungsbewusstsein 10 51 40
Zielstrebigkeit 10 60 31
Einstellung zur Arbeit 9 47 44
Beständigkeit 7 60 33
Konzentrationsfähigkeit 5 60 35
Planvolles Arbeiten 5 59 36
Umfrage bei 763 Unternehmen im Jahr 1997; Quelle: Institut der deutschen Wirtschaft Köln
Institut der deutschen Wirtschaft Köln
© 4/2002 (in: iwd 22/2002) Deutscher Instituts-Verlag

1.6 Kombination der Produktionsfaktoren im Produktionsprozess

1.6.1 Produktionsfunktion

Die Herstellung von Gütern setzt den Verbrauch und die Umwandlung anderer Güter voraus. Bei diesen Einsatzgütern handelt es sich um Produktionsfaktoren, die z. B. in Form von Energieverbrauch, Arbeitsleistung und Maschinenverschleiß in andere Güter eingehen.

Produktion ist die Kombination und das Zusammenwirken von Produktionsfaktoren zur Herstellung von Gütern.

Ein Produktionsprozess führt also einerseits zu neuen oder veränderten Produkten und bringt andererseits auch gleichzeitig Verbrauch und Wertminderung von Produktionsfaktoren mit sich. Aus der Sicht des produzierenden Betriebes entstehen durch diesen **Verbrauch von Produktionsfaktoren Kosten**.

Betriebliche Kosten sind der in Geldeinheiten bewertete Verbrauch von Produktionsfaktoren, der in einem Betrieb bei der Herstellung von Gütern entsteht.

Mathematisch lässt sich der Zusammenhang zwischen dem Einsatz der Produktionsfaktoren *(Input)* und dem Produktionsergebnis *(Output)* als **Produktionsfunktion** beschreiben. Wird die Gütermenge, die durch den Einsatz der Produktionsfaktoren Natur (N), Arbeit (A) und Kapital (K) erzeugt wird, mit X bezeichnet, so hat eine solche Produktionsfunktion in ihrer allgemeinen Form folgendes Aussehen:

$$X = f(N, A, K)$$

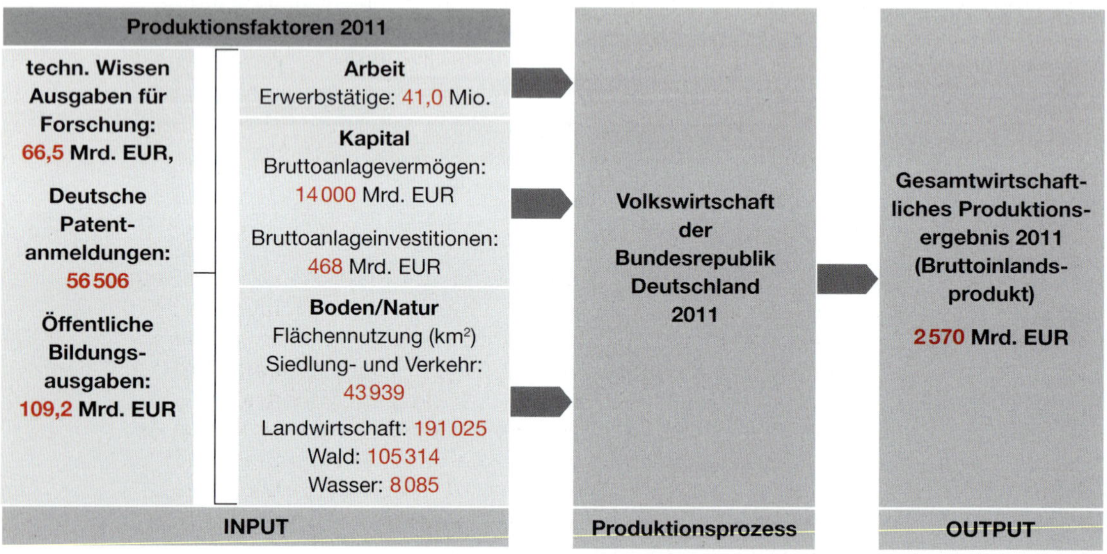

Quelle: *Statistisches Jahrbuch 2011*

Die gesamtwirtschaftliche Produktionsfunktion beschreibt die Abhängigkeit zwischen der Menge der produzierten Güter (Output) einer Volkswirtschaft und dem Einsatz der volkswirtschaftlichen Produktionsfaktoren (Input).

1.6.2 Ökonomisches Prinzip als Maximalprinzip: Optimale Allokation[1] der Produktionsfaktoren

Produktionsmöglichkeitenkurve

Nicht nur die Leistungsfähigkeit einzelner Arbeitskräfte, sondern auch die Leistungsfähigkeit einer (Modell-)Volkswirtschaft lässt sich für den Fall von zwei Gütern durch eine **Produktionsmöglichkeitenkurve** darstellen.

Kap. A 1.5.3

Die Produktionsmöglichkeitenkurve einer Volkswirtschaft zeigt alle Mengenkombinationen zweier Güterarten, die in dieser Volkswirtschaft bei voller Auslastung der verfügbaren Produktionsfaktoren höchstens erzeugt werden können.

Aufg. 1.6.1 S. 73

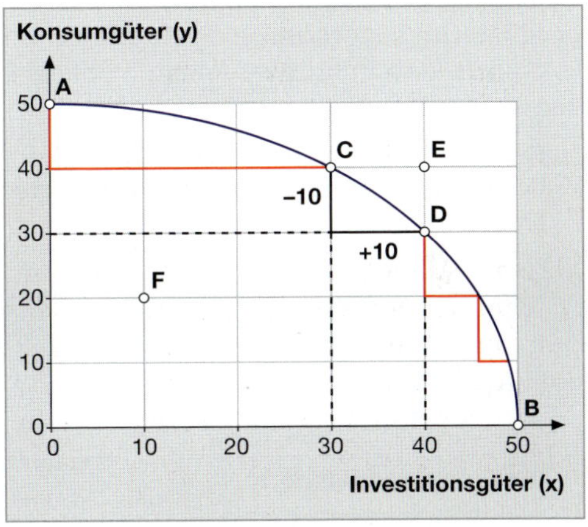

Anders als die am Beispiel von ROBINSON und FREITAG dargestellte Produktionsmöglichkeitenkurve einer einzelnen Arbeitskraft hat die Produktionsmöglichkeitenkurve einer ganzen Volkswirtschaft im vorliegenden Fall einen nach außen gekrümmten Verlauf. Aufgrund dieses Verlaufs bleiben die Alternativkosten nicht – wie bei linearem Verlauf – konstant. Sollen beispielsweise Konsumgüter durch Investitionsgüter ersetzt werden, so wird der Zuwachs an Investitionsgütern bei Verzicht auf jeweils 10 Einheiten Konsumgüter immer kleiner. Anders ausgedrückt: Bei Ausdehnung der Investitionsgüterproduktion zulasten der Konsumgüterproduktion muss auf immer mehr Konsumgüter verzichtet werden, um eine zusätzliche Einheit an Investitionsgütern herstellen zu können. Die Alternativkosten ergeben sich im vorliegenden Fall wie folgt:

$$\text{Alternativkosten} = \frac{\text{Verzicht auf Konsumgüter (Menge)}}{\text{Mehrproduktion Investitionsgüter (Menge)}}$$

Zunahme der Alternativkosten

Die Zunahme der Alternativkosten bei Mehrproduktion von Investitionsgütern, lässt sich wie folgt begründen: Die Mehrproduktion eines Gutes (z. B. Maschinen) bedingt, dass zusätzliche Produktionsfaktoren eingesetzt werden müssen, die bisher in anderen Bereichen (z. B. Landwirtschaft) verwendet wurden. Die dazu notwendigen Umschulungen und Einarbeitungszeiten für die Arbeitskräfte bedeuten zumindest für einen Übergangszeitraum einen Effizienzverlust und ein Sinken der Arbeitsproduktivität. Bei stetiger Ausweitung der Maschinenproduktion steigt der dafür notwendige Bedarf an Produktionsfaktoren **überproportional** an. Dies bedingt in den Bereichen, in denen diese Produktionsfaktoren bisher eingesetzt waren, einen Produktionsrückgang, der höher ist als der Produktionszuwachs im Maschinenbausektor.

1 Allokation (*lat.*): Zuordnung, Verteilung

Effiziente Güterkombinationen

Alle Güterkombinationen, die außerhalb der Produktionsmöglichkeitenkurve liegen (z.B. Punkt E mit der Kombination 40 Einheiten Konsumgüter und 40 Einheiten Investitionsgüter), können aufgrund der zu geringen Produktionsmöglichkeiten dieser Volkswirtschaft nicht hergestellt werden. Güterkombinationen, die innerhalb des durch die Produktionsmöglichkeitskurve begrenzten Bereichs liegen (z.B. Punkt F mit der Kombination 20 Einheiten Konsumgüter und 10 Einheiten Investitionsgüter), spiegeln dagegen eine Situation wieder, bei der die Produktionsmöglichkeiten der Volkswirtschaft nicht vollständig genutzt werden (Auslastungsgrad < 100%). Demzufolge liegt in diesen Fällen Unterbeschäftigung (= Ineffizienz) vor.

Produktionspotenzial

Wenn es gelingt, die Faktorallokation zu optimieren, liegt die in der Volkswirtschaft produzierte Güterkombination **auf der Produktionsmöglichkeitenkurve** (= Effizienz). In diesem Fall nutzt die Volkswirtschaft ihr **Produktionspotenzial** vollständig aus. Mit den vorhandenen Produktionsfaktoren wird eine maximale Gütermenge erzeugt.

Aufg. 1.6.2 S. 74

Das Produktionspotenzial einer Volkswirtschaft ist das gesamtwirtschaftliche Produktionsergebnis, das bei vollständiger Auslastung und optimalem Einsatz aller Produktionsfaktoren erzeugt werden kann.

Der Auslastungsgrad gibt an, zu wie viel Prozent das Produktionspotenzial tatsächlich genutzt wird.

$$\text{Auslastungsgrad in \%} = \frac{\text{tatsächliches Produktionsergebnis}}{\text{mögliches Produktionsergebnis (Produktionspotenzial)}} \cdot 100$$

Kap. A 1.5.4

Das Produktionspotenzial einer Volkswirtschaft steigt durch die Erhöhung der Menge und/oder die Verbesserung der Qualität der Produktionsfaktoren. Die **Veränderung des Produktionspotenzials** wird insbesondere durch **Investitionen** (technischer Fortschritt, Humankapital) beeinflusst. Durch **Erweiterungsinvestitionen** erhöht sich das Produktionspotenzial. Werden dagegen **Ersatzinvestitionen** unterlassen, verringert sich das Produktionspotenzial.

Produktionspotenzial und reales BIP[1] in Deutschland

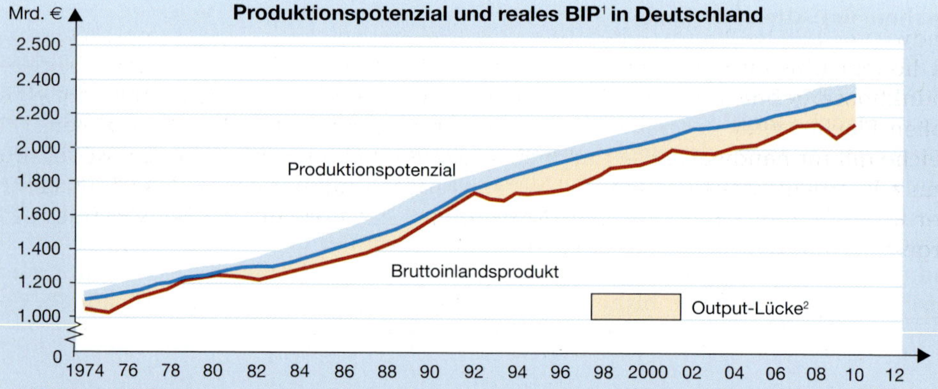

[1] in Preisen von 1995
[2] Unterschied zwischen (theoretisch) möglicher und tatsächlicher Produktion
Quelle: SVR-Jahresgutachten 2003/2004 bis 2009/2010

Wenn vom Kapazitätseffekt einer Investition gesprochen wird, ist damit die Veränderung des Produktionspotenzials gemeint, die durch die Investition ausgelöst wird.

Neben diesem Kapazitätseffekt haben Investitionen auch einen **Einkommenseffekt**. Die bei der Erhöhung der Investitionsgüterproduktion zusätzlich beschäftigten Arbeitskräfte erzielen Einkommen, das sie u.a. für den Kauf zusätzlicher Konsumgüter verwenden. Dadurch erhöhen sich die gesamtwirtschaftliche Produktion und der Auslastungsgrad des Produktionspotenzials.

Einsatz der Produktionsfaktoren nach dem Maximalprinzip

Aufg. 1.6.3 S. 75

Für das Produktionsergebnis kommt es nicht nur auf Menge und Qualität der eingesetzten Produktionsfaktoren an, sondern auch auf die Art und Weise, wie die Produktionsfaktoren miteinander kombiniert werden. Die knappen Produktionsfaktoren müssen möglichst effizient genutzt und optimal auf die verschiedenen Einsatzmöglichkeiten verteilt werden, um ein Maximum an Gütern erzeugen zu können. Dabei wird das ökonomische Prinzip in der Form des **Maximalprinzips** auf die gesamte Volkswirtschaft angewandt. Die Zuordnung der Produktionsfaktoren zu den verschiedenen Einsatzmöglichkeiten wird als **Faktorallokation** bezeichnet.

Kap. A 1.3.1

Die Allokation der Produktionsfaktoren ist dann optimal, wenn unter den gegebenen wirtschaftlichen Verhältnissen keine Möglichkeit besteht, durch einen anderen Einsatz der Produktionsfaktoren ein Produktionsergebnis zu erzielen, bei dem mindestens eine Person besser gestellt wird, ohne dass gleichzeitig jemand anderes schlechter gestellt wird als bisher.

1.6.3 Ökonomisches Prinzip als Minimalprinzip: Kostengünstigste Kombination der Produktionsfaktoren

Austauschbare (substitutionale[1]) Produktionsfaktoren

Aufg. 1.6.4 S. 75

Kann bei der Herstellung von Gütern ein Produktionsfaktor ganz oder teilweise durch einen anderen ersetzt (substituiert) werden, ohne dass dadurch die Produktionsmenge beeinflusst wird, handelt es sich um **substitutionale Produktionsfaktoren**.[2]

Die Ersetzung eines Produktionsfaktors durch einen anderen wird als Substitution bezeichnet.

Landwirtschaftliche Produktion ist beispielsweise auf einer relativ kleinen Anbaufläche mit hohem Einsatz von Düngemitteln und Maschinen möglich. Ein gleich hohes Produktionsergebnis lässt sich aber möglicherweise auch durch den Anbau auf einer großen Fläche unter geringem Einsatz des Produktionsfaktors Kapital erzielen. Das Gleiche gilt für handwerkliche und industrielle Produktionsverfahren. Ein Möbelstück kann z.B. arbeitsintensiv in einer Schreinerwerkstatt mit geringem Maschineneinsatz oder aber kapitalintensiv in einer Möbelfabrik mit geringem Arbeitskräfteeinsatz hergestellt werden.

Aufg. 1.6.5 S. 76

1 substituieren *(lat.)*: ersetzen
2 Kann bei der Herstellung von Gütern ein Produktionsfaktor nicht durch einen anderen ersetzt werden, handelt es sich um limitationale Produktionsfaktoren (z.B. Maschine, für deren Bedienung genau eine Arbeitskraft nötig ist).

Kombination der Produktionsfaktoren

In einem Holz verarbeitenden Betrieb werden täglich 60 Bücherregale hergestellt. Diese Ausbringungsmenge lässt sich durch verschiedene Kombinationen der Produktionsfaktoren erzeugen.

Kombination	Faktoreinsatz in Stunden		Ausbringungsmenge in ME
	Arbeitszeit	Maschinenstunden	
A	50	10	60
B	30	20	60
C	20	30	60
D	10	60	60

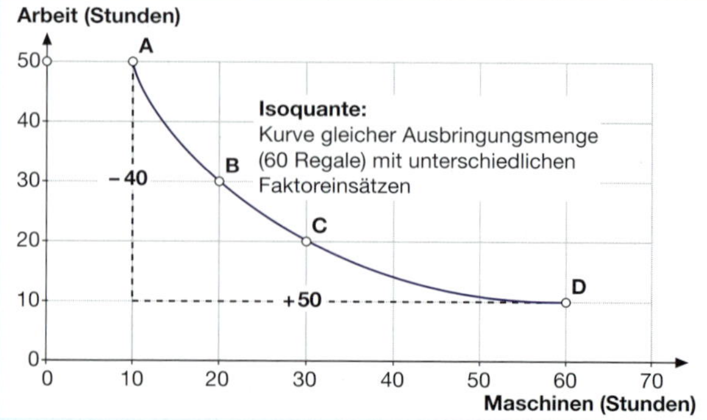

Bei **arbeitsintensiver Produktion** würden 50 Stunden Arbeit und 10 Stunden Kapital, bei **kapitalintensiver Produktion** dagegen 60 Stunden Maschinen (Kapital) und 10 Stunden Arbeit eingesetzt.

Werden in einem Koordinatensystem alle Punkte, die eine gleiche Ausbringungsmenge, aber unterschiedliche Faktoreinsatzverhältnisse aufweisen, miteinander verbunden, entsteht eine Kurve, die als **Isoquante**[1] bezeichnet wird.

Im vorliegenden Fall wird der Unternehmer seine Entscheidung, ob er die arbeitsintensive Faktorkombination (50 Stunden Arbeit und 10 Maschinenstunden) oder die kapitalintensive Faktorkombination (10 Stunden Arbeit und 60 Maschinenstunden) wählt, von den Kosten der Produktionsfaktoren abhängig machen. Wenn eine Stunde Arbeit 10 Geldeinheiten und eine Maschinenstunde 30 Geldeinheiten kostet, ergeben sich für eine Ausbringungsmenge von 60 Bücherregalen folgende Gesamtkosten:

Kosten der arbeitsintensiven Faktorkombination: $50 \cdot 10 + 10 \cdot 30 = 800$ Geldeinheiten
Kosten der kapitalintensiven Faktorkombination: $10 \cdot 10 + 60 \cdot 30 = 1\,900$ Geldeinheiten

Bei diesen Preisen der Produktionsfaktoren ist die arbeitsintensive Faktorkombination um 1 100 GE kostengünstiger. Ändern sich aber beispielsweise die Faktorkosten, so dass eine Stunde Arbeit 40 Geldeinheiten und eine Maschinenstunde 10 Geldeinheiten kosten, ist die kapitalintensive Faktorkombination um 100 Geldeinheiten billiger. In diesem Fall würden 40 Stunden Arbeit durch 50 Maschinenstunden ersetzt (Kombination D statt A).

Minimalkostenkombination

Die **Anwendung des ökonomischen Prinzips** besteht im vorliegenden Fall darin, diejenige Kombination der substitutionalen Produktionsfaktoren zu wählen, die dem Betrieb die geringsten Kosten verursacht **(Minimalkostenkombination)**. Da die Preise der Produktionsfaktoren für den Betrieb Kosten darstellen, führt die Entscheidung zugunsten der Minimalkostenkombination gleichzeitig dazu, dass vornehmlich die Produktionsfaktoren, die weniger knapp und daher billig sind, zum Einsatz kommen. Die besonders knappen und daher sehr teuren Produktionsfaktoren werden dagegen geschont.

Diejenige Kombination der Produktionsfaktoren, die bei der Herstellung einer bestimmten Produktionsmenge die geringsten Kosten verursacht, wird als Minimalkostenkombination bezeichnet.

Ändern sich die Preise der Produktionsfaktoren, so verändert sich auch die Minimalkostenkombination. Teurer gewordene Produktionsfaktoren werden – soweit dies technisch möglich ist – durch billigere ersetzt. Dadurch kann kostengünstiger produziert

1 iso ... *(gr.)*: gleich ...; Quantum *(lat.)*: Menge

werden. Diese dem ökonomischen Prinzip entsprechende Maßnahme zur Kostensenkung wird als **Rationalisierung** bezeichnet. Möglicherweise hat dieses Vorgehen aber negative **soziale Folgen**, da u. U. Arbeitnehmer **arbeitslos** werden, wenn die Löhne im Verhältnis zu den Kapitalkosten dauerhaft gestiegen sind.

Welche Kosten werden bei der Minimalkostenkombination berücksichtigt?

Bei der Suche nach der kostenminimalen Kombination der Produktionsfaktoren werden allerdings **nur betriebliche Kosten** berücksichtigt. Daneben können im Zusammenhang mit der Produktion bestimmter Güter aber noch weitere Kosten entstehen. Aufg. 1.6.6 S. 76

Betriebliche Kosten	Soziale Kosten (Externe Kosten)	Alternativkosten (Opportunitätskosten)
In Geldeinheiten bewerteter Verbrauch/Verschleiß von Produktionsfaktoren bei der Herstellung von Gütern entsprechend dem Betriebszweck.	Kosten, die nicht von demjenigen getragen werden, der sie verursacht hat.	Entgangener Nutzen, der bei anderer Verwendung von Produktionsfaktoren oder Gütern hätte erzielt werden können.
▪ Material- und Stromverbrauch bei der Herstellung von Bücherregalen in einem Holz verarbeitenden Betrieb ▪ Abnutzung einer Hobelmaschine in einer Möbelfabrik ▪ Entlohnung von Arbeitskräften für die erbrachte Arbeitsleistung in einer Schreinerei	▪ Durch den hohen Lärmpegel in einer Betriebshalle erleiden Mitarbeiter Höhrschädigungen und müssen sich behandeln lassen. ▪ Giftige Abgase durch das Verbrennen von Chemikalien führen zu Gesundheitsschäden bei Anwohnern in der Nähe eines Betriebes.	▪ Die Produktion von Bücherregalen bedeutet einen Nutzenverzicht auf den Gewinn/Nutzen, der durch die Produktion von Möbeln hätte erzielt werden können. ▪ Die Entlassung von Arbeitskräften, die danach arbeitslos sind, bedeutet einen Nutzenverzicht auf die zusätzliche Produktionsmenge, die andernfalls hätte hergestellt werden können.

Zusammenfassende Übersicht zu Kap. 1.6:
Kombination der Produktionsfaktoren im Produktionsprozess

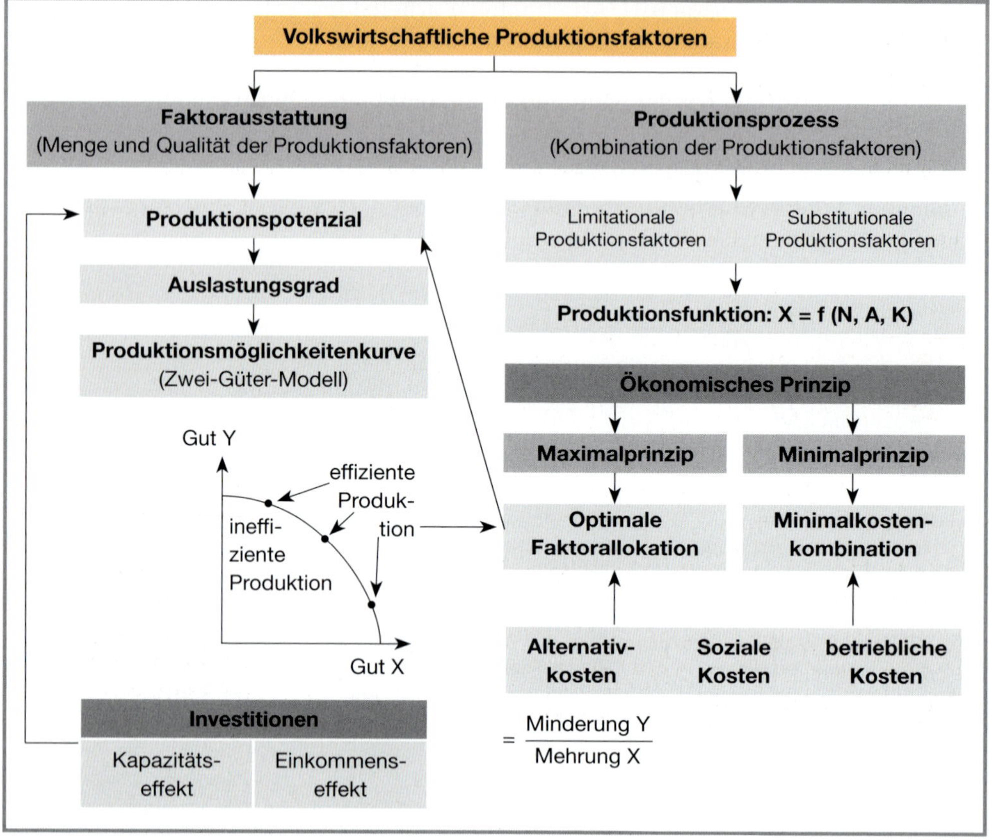

Fragen zur Wiederholung

zu Kapitel 1.6 Kombination der Produktionsfaktoren im Produktionsprozess

1.6.1 Produktionsfunktion

1. Was ist unter Produktion zu verstehen?
2. Was ist unter betrieblichen Kosten zu verstehen?
3. Erläutern Sie anhand der Abb. auf S. 66, was eine Produktionsfunktion ist.

1.6.2 Ökonomisches Prinzip als Maximalprinzip: Optimale Allokation Produktionsfaktoren

1. Erläutern Sie die Produktionsmöglichkeitenkurve anhand des Zwei-Güter-Modells.
2. Wie lässt sich begründen, dass in einem Zwei-Güter-Modell einer Volkswirtschaft die Alternativkosten zunehmen, wenn die Produktion eines Gutes zulasten der Produktion eines anderen Gutes ausgedehnt wird?
3. Was ist das Produktionspotenzial einer Volkswirtschaft?
4. Was ist unter dem Kapazitätseffekt von Investitionen zu verstehen ?
5. Was ist unter dem Einkommenseffekt von Investitionen zu verstehen?
6. Was ist unter der optimalen Allokation der Produktionsfaktoren zu verstehen?

1.6.3 Ökonomisches Prinzip als Minimalprinzip: Kostengünstige Kombination der Produktionsfaktoren

1. Was ist unter der Substitution der Produktionsfaktoren zu verstehen?
2. Was ist eine Isoquante?
3. Was ist unter der Minimalkostenkombination der Produktionsfaktoren zu verstehen?
4. Warum kann die Anwendung des ökonomischen Prinzips negative soziale Folgen haben?
5. Unterscheiden Sie zwischen betrieblichen Kosten, sozialen Kosten und Alternativkosten. Nennen Sie Beispiele für die unterschiedlichen Kostenarten.

Aufgaben und Probleme

zu Kapitel 1.6 Kombination der Produktionsfaktoren im Produktionsprozess

1.6.1 Produktionsmöglichkeitenkurve – Alternativkosten (Opportunitätskosten) – Modellbildung

PDF

Bei vollständiger Auslastung aller Produktionsfaktoren können in einer Volkswirtschaft in einer bestimmten Periode die in der folgenden Tabelle angegebenen Gütermengen hergestellt werden.

Alternative Produktionsmengen		
Alternative	Konsumgüter (Mengeneinheiten)	Investitionsgüter (Mengeneinheiten)
A	30	0
B	28	4
C	24	10
D	16	16
E	10	18
F	0	20

1. Zeichnen Sie die Produktionsmöglichkeitskurve (1 cm = 2 ME; y-Achse: Konsumgüter, x-Achse: Investitionsgüter).
2. Wie hoch sind die Opportunitätskosten, wenn statt bisher 4 Einheiten jetzt 10 Einheiten Investitionsgüter produziert werden sollen?
3. Wie hoch sind die Opportunitätskosten, wenn statt bisher 10 Einheiten jetzt 16 Einheiten Investitionsgüter erzeugt werden sollen?
4. Wie verändern sich Opportunitätskosten im vorliegenden Fall (steigen, sinken, gleich bleiben), wenn zunehmend Konsumgüter durch Investitionsgüter ersetzt werden?
5. Wie wäre Frage 4) zu beantworten, wenn die Produktionsmöglichkeitskurve linear verlaufen würde?
6. Wie lässt sich im vorliegenden Fall der nach außen gewölbte Verlauf der Produktionsmöglichkeitskurve begründen?
7. In dieser Volkswirtschaft beträgt die Produktionsmenge der Konsumgüter derzeit 16 Einheiten und die der Investitionsgüter 8 Einheiten. Prüfen Sie, ob in diesem Fall eine Produktionssteigerung bei Investitionsgütern einen Verzicht auf Konsumgüter nötig macht.

8. Was könnte eine Volkswirtschaft, die auf der Produktionsmöglichkeitskurve produziert (z. B. Punkt C), veranlassen, die Konsumgüterproduktion zugunsten der Investitionsgüterproduktion einschränken?
9. Prüfen Sie, ob sich durch die Entscheidung bei Aufgabe 8 die künftige Lage der Produktionsmöglichkeitskurve verändert.
10. Welche Gründe kann es dafür geben, wenn sich die Produktionsmöglichkeitskurve nach rechts verschiebt?
11. Erläutern Sie, warum es sich bei der Produktionsmöglichkeitskurve um ein volkswirtschaftliches Modell handelt.

1.6.2 Bundesrepublik Deutschland: Produktionspotenzial – Produktionsergebnis – Produktionsfaktoren

In der Bundesrepublik Deutschland haben sich das **Produktionspotenzial** (d. h. das bei vollständiger Auslastung aller vorhandenen **Produktionsfaktoren** erzielbare Produktionsergebnis), das tatsächliche **Produktionsergebnis** und die **Investitionen** wie folgt entwickelt,

Jahr	2006	2007	2008	2009	2010
Produktionspotenzial (in Mrd. EUR in Preisen von 1995)	2206	2242	2278	2296	2326
Veränderung des Produktionspotenzials gegenüber dem jeweiligen Vorjahr (in %)	+ 1,4	+ 1,6	+ 1,6	+ 0,8	+ 1,3
Produktionsergebnis (reales Bruttoinlandsprodukt in Mrd. EUR in Preisen von 2000	2094	2151	2172	2070	2145
Veränderung des Produktionsergebnisses (reales Bruttoinlands-produkt) gegenüber dem jeweiligen Vorjahr (in %)	+ 3,4	+ 2,7	+ 1,0	– 4,7	+ 3,6
Auslastungsgrad des Produktionspotenzials (in %)	94,9	95,9	95,4	90,2	92,2
Veränderung der realen Bruttoanlageinvestitionen[1] (in %)	+ 8,0	+ 4,7	+ 2,5	– 10,0	+ 6,0

1 Ausrüstungsinvestitionen (Maschinen, Fahrzeuge, Produktionsanlagen), Bauinvestitionen und immaterielle Investitionen (EDV-Software, Urheberrechte)

Quelle: Jahresgutachten des Sachverständigenrates 2010/2011 und Stat. Bundesamt, VGR 2010.

1. Wie ist es zu erklären, dass die volkswirtschaftliche Gesamtproduktion (= Bruttoinlandsprodukt) in den Jahren 2006, 2007 und 2010 stärker gestiegen ist als das Produktionspotenzial?
2. Welche Aussagen lassen sich anhand der Entwicklung von Produktionspotenzial und Auslastungsgrad über den wirtschaftlichen Zustand (Konjunkturlage) einer Volkswirtschaft machen? Berücksichtigen sie dabei auch die Abb. auf S. 68.
3. Wie würden sich zusätzliche Investitionen auf das Produktionspotenzial und das Produktionsergebnis (Bruttoinlandsprodukt) auswirken? Wie würde sich dadurch der Verlauf der beiden Kurven in der Abb. auf S. 68 ändern? Erläutern Sie in diesem Zusammenhang auch den Einkommens- und den Kapazitätseffekt von Investitionen.
4. Welche Faktoren haben in Deutschland, welche in einem Entwicklungsland den größten Einfluss auf das Produktionspotenzial?
5. Angenommen, beim Vergleich zwischen den Volkswirtschaften A und B stellt sich heraus, dass das Produktionspotenzial der Volkswirtschaft A um 30 % größer als das der Volkswirtschaft B ist. Lässt sich daraus schließen, dass auch der Wohlstand in der Volkswirtschaft A größer als in der Volkswirtschaft B ist? Begründen Sie Ihre Meinung.

1.6.3 Produktionsfunktion – Optimale Faktorallokation

Zur Produktion von Konsumgütern X_C und Investitionsgütern X_I stehen 600 Einheiten des Produktionsfaktors Arbeit (A) und 400 Einheiten des Produktionsfaktors Kapital (K) zur Verfügung. Für die Herstellung der beiden Güter gelten folgende Produktionsfunktionen:

$X_C = A^{0,9} \cdot K^{0,3}$ $X_I = A^{0,8} \cdot K^{0,4}$

Für die Herstellung der Güter X_C und X_I bestehen hinsichtlich der Aufteilung der Produktionsfaktoren (= Faktorallokation) folgende drei Alternativen:

	Allokations-alternative 1		Allokations-alternative 2		Allokations-alternative 3	
	Einheiten des Faktors A	Einheiten des Faktors K	Einheiten des Faktors A	Einheiten des Faktors K	Einheiten des Faktors A	Einheiten des Faktors K
Gut X_C	520	60	360	200	240	360
Gut X_I	80	340	240	200	360	40
Summe der Faktoreinheiten	600	400	600	400	600	400

1. Ermitteln Sie, welche der drei Allokationsmöglichkeiten die günstigste ist.
2. Erläutern Sie am vorliegenden Beispiel das ökonomische Prinzip:

1.6.4 Minimalkostenkombination

Ein landwirtschaftlicher Betrieb baut Weizen an. Die nebenstehende Produktionsmatrix zeigt die voraussichtlichen Ernteergebnisse, die bei unterschiedlichen Kombinationen der Produktionsfaktoren Arbeit und Kapital erzielt werden können. Die Anbaufläche bleibt in allen Fällen gleich.

Einheiten Arbeit	Voraussichtliche Weizenernte in Tonnen						
0	0	0	0	0	0	0	
1	0	10	21	34	50	62	
2	0	21	34	50	62	72	
3	0	34	50	62	72	81	
4	0	50	62	72	81	90	
5	0	62	72	81	90	98	
	0	1	2	3	4	5	Einheiten Kapital

1. Es sollen 50 t Weizen produziert werden. Mit welchen Kombinationen der Produktionsfaktoren Arbeit und Kapital ist das möglich?
2. Der Lohn für eine Arbeitseinheit beträgt 50 Euro, während sich die Kosten für die Nutzung landwirtschaftlicher Maschinen auf 60 Euro je Einheit belaufen.
   Mit welcher Faktorkombination sollen die 50 t Weizen produziert werden?
3. Die Löhne steigen zunächst auf 60 Euro je Arbeitseinheit und danach auf 70 Euro, während die Kapitalkosten unverändert bleiben. Wie wird der Landwirt reagieren?
4. Erläutern Sie am vorliegenden Beispiel das ökonomische Prinzip.

1.6.5 Isoquante – Faktorsubstitution – Minimalkostenkombination

PDF

Ein Landwirt kann jeweils 600 kg eines landwirtschaftlichen Produkts mit folgenden Kombinationen der Faktoren Arbeit und Kunstdünger erzeugen:

Kunstdünger in kg	100	50	33	25	20	17	14	13	11	10
Arbeitszeit in Stunden	1	2	3	4	5	6	7	8	9	10
Produktionsergebnis in kg	600	600	600	600	600	600	600	600	600	600

1. Tragen Sie die entsprechende Isoquante in ein Koordinatensystem ein (X-Achse: Arbeitsstunden, 1 cm = 1 Stunde; Y-Achse: Dünger in kg, 1 cm = 10 kg).
2. Ermitteln Sie die kostengünstigste Faktorkombination, wenn der Arbeitslohn 20 EUR je Stunde beträgt und für 1 kg Kunstdünger 5,00 EUR bezahlt werden müssen. Kennzeichnen Sie die Kombination auf der unter 1. erstellten Isoquante.
3. Welche Auswirkungen ergeben sich für die Faktorkombination, wenn sich der Kunstdüngerpreis um 2,50 EUR je kg auf 7,50 je kg verteuert? Kennzeichnen Sie die neue Kombination auf der unter 1. erstellten Isoquante.
4. Wie müsste sich der Arbeitslohn verändern, damit nach der Erhöhung des Kunstdüngerpreises trotzdem dieselben Gesamtkosten und derselbe Faktoreinsatz wie bei der unter 2. ermittelten Minimalkostenkombination erreicht werden?

1.6.6 Betriebliche Kosten – Soziale Kosten – Alternativkosten

1. Das Finanzamt einer Großstadt sendet den Einkommensteuerpflichtigen aus Kostengründen die Formulare zur Abgabe der Einkommensteuererklärung nicht mehr jedes Jahr per Post zu. Vielmehr müssen die Steuerpflichtigen neuerdings die Formulare beim Finanzamt abholen (lassen).
   a) Nennen Sie Kostenarten, die das Finanzamt durch diese Maßnahme einsparen möchte.
   b) Nennen Sie soziale Kosten, die durch die Maßnahme des Finanzamtes entstehen.
   c) Nennen Sie Alternativkosten, die durch die Maßnahme des Finanzamtes entstehen.
   d) Beurteilen Sie die Maßnahme des Finanzamtes unter Berücksichtigung betriebs- und volkswirtschaftlicher Kosten.
2. Eine von der Bundesregierung in Auftrag gegebene Rheinbrücke stürzt noch vor ihrer Fertigstellung ein und muss von dem dafür haftenden Brückenbauunternehmen auf eigene Kosten wieder aufgebaut werden. Auf die Frage eines Journalisten, ob durch den Brückeneinsturz ein volkswirtschaftlicher Schaden entstanden sei, antwortet ein Politiker: „Auf den Bund kommen durch den Einsturz und den dadurch notwendig gewordenen Neubau keine zusätzlichen Ausgaben zu. Der Volkswirtschaft ist also kein Schaden entstanden. Zudem erhält das Brückenbauunternehmen wahrscheinlich den größten Teil der ihm zusätzlich entstandenen Kosten von einer Versicherung ersetzt, da der Einsturz nachweislich auf Hochwasser zurückzuführen ist. Gegen Hochwasserschäden war das Unternehmen aber versichert."

   Prüfen Sie die Behauptung des Politikers, dass der Volkswirtschaft kein Schaden entstanden sei.
3. Informieren Sie sich darüber, wie die Höhe der sozialen Umweltkosten ermittelt wird und erstellen Sie dazu ein Referat.

   Materialien befinden sich auf der Begleit-CD.

1.7 Dritte Grundfrage: Für wen soll produziert werden? Güterverteilung

1.7.1 Verteilungsprinzipien: Welche Verteilung ist gerecht?

Aufg. 1.7.1 S. 81

In jeder arbeitsteiligen Wirtschaft muss eine Regelung getroffen werden, wie die produzierten Güter an die Bevölkerung verteilt werden sollen. Während öffentliche Güter (z. B. innere und äußere Sicherheit eines Landes) allen Bürgern gleichermaßen kostenlos zugute kommen, sind Nutzung und Verbrauch privater Güter in der Regel von einer in Geld zu erbringenden Gegenleistung abhängig. Die Geldsumme, die einer Person in Form von Einkommen oder Vermögen zur Verfügung steht und die über die Verteilung der privaten Güter entscheidet, ist die **Kaufkraft**. Ziel des Verteilungsverfahrens in einer Volkswirtschaft ist es daher, eine Verteilung von Einkommen und Vermögen herbeizuführen, die von der Gesellschaft als gerecht empfundenen wird. Dabei sollen beispielsweise auch die Nichterwerbstätigen (z. B. Kinder, Kranke, Alte) am Produktionsergebnis teilhaben können.

Verteilungsprobleme im naturalwirtschaftlichen Modell: Das Beispiel ROBINSON CRUSOE

Solange ROBINSON alleine auf der einsamen Insel wirtschaftete, waren die von ihm beschafften Güter ausschließlich für seinen Eigenbedarf bestimmt. Erst durch die arbeitsteilige Produktion mit seinem Gefährten FREITAG stellt sich die Frage nach der Verteilung des Produktionsergebnisses. Soll jeder den gleichen Anteil an den gesammelten Nüssen und gefangenen Fischen erhalten? Steht FREITAG, der jünger und dadurch leistungsfähiger ist, ein größerer Anteil an den gesammelten Nüssen zu, weil er ein größeres Sammelergebnis erzielt als ROBINSON? Soll ROBINSON, weil er zuvor einige Hilfsmittel (z. B. Angel, Boot Netz) hergestellt hat, die den Fischfang ergiebiger machen, einen größeren Anteil am Fangergebnis erhalten? Was geschieht, wenn einer der beiden krank wird und nichts zum Produktionsergebnis beitragen kann? Soll das Verteilungsproblem durch Verhandlungen im Rahmen eines Tauschhandels gelöst werden, bei dem jeder von beiden die von ihm beschafften Güter anbietet und die ihm fehlenden Güter nachfragt?

Kap. A 1.2

Leistungsprinzip (Leistungsgerechtigkeit)

Nach dem **Leistungsprinzip** soll jeder Bürger einen Anteil am volkswirtschaftlichen Produktionsergebnis (Inlandsprodukt) erhalten, der so groß ist wie der Beitrag, den er zum Inlandsprodukt geleistet hat.

> **Nach dem Leistungsprinzip ist die Einkommensverteilung dann gerecht, wenn jeder – unabhängig von seiner individuellen Bedarfssitutation – nach dem Beitrag entlohnt wird, den er zum Inlandsprodukt geleistet hat.**

Das Leistungsprinzip führt nach Auffassung der Vertreter, die eine Wirtschaftspolitik mit möglichst geringen staatlichen Eingriffen befürworten **(Wirtschaftsliberalismus)**, zu einer gerechten Einkommensverteilung. In der Praxis wirft die Anwendung dieses Prinzips aber folgende Probleme auf:

Da in einer arbeitsteiligen Wirtschaft an der Erstellung des Gesamtprodukts immer mehrere Personen beteiligt sind, kann der Beitrag des einzelnen zu diesem gemeinsamen Produktionsergebnis kaum eindeutig festgestellt werden. Da außerdem die Produktion in nahezu allen Fällen auch unter Einsatz der Faktors Kapital erfolgt, muss nicht nur der Beitrag der einzelnen Arbeitskräfte, sondern auch der Beitrag der einzelnen Produktionsfaktoren zum Gesamtergebnis genau festgestellt werden. Diese Zuordnung ist nicht möglich.

Leistungen sind außerdem nicht ohne weiteres messbar und bewertbar. Beispielsweise tragen sowohl Krankenschwestern als auch Fußballprofis in Form von Dienstleistungen zum Inlandsprodukt bei. Leistet aber eine Krankenschwester während des Nachtdienstes auf einer Intensivstation weniger als ein Fußballprofi während eines Bundesligaspiels? Wird das Gehalt als Messgröße für die Leistung zugrunde gelegt, wäre unter den gegenwärtigen Bedingungen in Deutschland die Leistung, die ein gut bezahlter Fußballprofi in der Ersten Bundesliga erbringt, mehr als 100 mal so groß wie die einer Krankenschwester.

Bedarfsprinzip (Bedarfsgerechtigkeit)

Es gibt keinen wirtschaftlichen Maßstab für eine gerechte Einkommensverteilung. Daher muss nach anderen Verteilungsmaßstäben auf der Basis menschlicher Grundwerte gesucht werden. Die Einkommensverteilung nach dem **Bedarfsprinzip** berücksichtigt dabei soziale Gesichtspunkte an Stelle der Leistung (= bedarfsgerechte Einkommensverteilung).

Nach dem Bedarfsprinzip erfolgt die Verteilung des Einkommens – ohne Berücksichtigung der Leistung – so, dass jeder seinen Bedarf im Rahmen des durchschnittlichen Lebensstandards decken kann.

Da die Bedürfnisse der Menschen immer größer sind als die zu verteilenden Güter, wird auch bei Anwendung des Bedarfsprinzips noch ein Verteilungsmaßstab benötigt. Zunächst muss entschieden werden, ob ein bestimmtes Bedürfnis (z. B. Tabakkonsum) angemessen ist oder nicht. Danach ist u. a. zu klären wie viel Nahrungs- und Genussmittel, Wohnraum usw. beispielsweise eine 4-köpfige Familie beanspruchen darf.

Das Bedarfsprinzip ist als alleiniger Verteilungsmaßstab nicht anwendbar. Es muss aber dann ergänzend zur Anwendung kommen, wenn das Leistungsprinzip versagt, z. B. bei der Rationierung von Gütern in Notzeiten, bei der Versorgung von leistungsunfähigen Personen (z. B. Alte, Kranke) und bei der Unterstützung bedürftiger Personengruppen (z. B. kinderreiche Familien).

Gleichheitsprinzip

Die Forderung nach Gleichheit bei der Einkommensverteilung lässt sich als Sonderfall der Einkommensverteilung nach dem Bedarfsprinzip auffassen. Dabei wird die in bestimmten Gerechtigkeitsvorstellungen zum Ausdruck kommende Auffassung von der Gleichheit aller Menschen vor Gott und dem Gesetz auf den wirtschaftlichen Bereich übertragen. Hinsichtlich ihrer Beteiligung am Wirtschaftsleben unterscheiden sich die Menschen aber nicht nur in ihren angeborenen Fähigkeiten und Veranlagungen, sondern auch in ihrem Leistungswillen. Auch ihre Bedürfnisstrukturen sind sehr unterschiedlich. In der Praxis ist deshalb die Forderung nach völlig gleicher Verteilung des Einkommens in keiner Wirtschafts- und Gesellschaftsordnung verwirklicht.

1.7.2 Verteilungskonflikte

Da es keinen allgemein anerkannten Maßstab für eine gerechte Güterverteilung gibt, entstehen Verteilungskonfklikte zwischen verschiedenen Bevölkerungsgruppen.

In einer Volkswirtschaft wie der Bundesrepublik Deutschland äußert sich das allgemeine Verteilungsproblem zwischen Armen und Reichen auch in Konflikten zwischen bestimmten Bevölkerungsgruppen. Dazu gehören u. a. Verteilungskonflikte zwischen

- Arbeitnehmern und Arbeitgebern über die Höhe des auszuhandelnden Lohns,
- Rentnern und der jüngeren Generation über die Höhe der aus den Beiträgen der Erwerbstätigen zu finanzierenden Renten,
- Familien mit Kindern und Alleinstehenden (bzw. kinderlosen Paaren) über die Höhe des Kindergeldes und anderer Maßnahmen zur finanziellen Entlastung von (kinderreichen) Familien,
- Einwohnern der alten und der neuen Bundesländer über die Höhe der Unterstützungszahlungen für den „Aufbau Ost"
- Erwerbstätigen und Arbeitslosen wegen der knappen Arbeitsplätze,
- ...

In der Bundesrepublik Deutschland werden diese Konflikte teilweise durch staatliche Eingriffe geregelt.

Die Einkommensverteilung in der Bundesrepublik Deutschland beruht auf dem Leistungsprinzip. Diese Verteilung wird durch den Eingriff des Staates nach dem Bedarfsprinzip korrigiert, um leistungsunfähigen und einkommensschwachen Gesellschaftsmitgliedern ein menschenwürdiges Dasein zu ermöglichen.

Kap. A 3.3.4

In einer Marktwirtschaft erfolgt die Befriedigung individueller Bedürfnisse dadurch, dass die Verbraucher solche Güter nachfragen und kaufen, an denen sie Bedarf haben. Das folgende Beispiel zeigt aber, dass u.U. der Bedarf verschiedener Personen und Bevölkerungsgruppen zueinander in Konkurrenz steht und letztlich die **Kaufkraft** darüber entscheidet, wer seinen **Bedarf** stillen kann.

Aufg. 1.7.2 S. 82

Futter für das Vieh der Reichen statt Nahrungsmittel für die Armen
Soja-Anbau und die Abholzung des Urwaldes hinterlassen irreparable Schäden

Der weltweite Fleischkonsum steigt kontinuierlich. Um große Mengen Fleisch zu produzieren, bedarf es noch größerer Mengen Futter für Schweine, Rinder und Hühner. Wichtige Bestandteile des Futters sind eiweißhaltige Zusatzstoffe. Früher wurden Fisch- und Tiermehl verfüttert. Die Produktion von Fischmehl wird aber zunehmend unrentabler, weil die Weltmeere leer gefischt sind. Soja heißt jetzt die neue, billige Eiweiß-Beigabe und die Nachfrage nach der „goldenen Bohne" ist weltweit explosionsartig gestiegen. Einer der größten Soja-Exporteure ist Brasilien. Der Soja-Boom benötigt immer mehr Anbaufläche. Skrupellose Farmer roden – sehr häufig illegal – riesige Gebiete im südamerikanischen Urwald. In den letzten drei Jahren sind so mehr als sieben Millionen Hektar Wald fast ausschließlich für die Agroindustrie verloren gegangen. Alle acht Sekunden geht allein am Amazonas Urwald in der Größe eines Fußballfeldes verloren. Etwa ein Drittel der brasilianischen Bevölkerung ist unter- oder fehlernährt. Würde ein Bruchteil der mit Soja bebauten Flächen für Grundnahrungsmittel für die brasilianische Bevölkerung (z. B. Schwarzbohnen, Mais) verwendet, würde das zur Deckung des Eiweiß- und Kalorienbedarfs der derzeit unter- oder fehlernährten Brasilianer ausreichen. Stattdessen wird Soja angebaut und als Viehfutter u. a. auch in erheblichem Umfang von Landwirten aus EU-Länden nachgefragt und dorthin exportiert.
Diese Bevölkerungsschicht in Brasilien hat zwar enormen **Bedarf** an Grundnahrungsmitteln, verfügt wegen ihrer Armut aber nicht **über Kaufkraft**. Daher werden die Anbauflächen nicht für den Anbau von menschlichen Grundnahrungsmitteln, sondern für Futtermittel genutzt.
Der Soja-Handel ist größtenteils US-amerikanisch kontrolliert. Hier wird der Großteil des Gewinns aus dem Soja-Geschäft erzielt. Aufgrund des mit **Kaufkraft** ausgestatteten **Bedarfs (= Nachfrage)** an Viehfutter in den Industrieländern werden diese Futtermittel dorthin exportiert. Brasilianische Sojaprodukte spielen damit für die

Fleischerzeugung in der EU und für die Deckung unseres Fleischbedarfs eine wichtige Rolle. Die damit einhergehende Zerstörung des Amazonas-Urwalds hat auch Auswirkungen auf das Weltklima. Es sammelt sich kein Regen mehr über den kahlen Gebieten. Der Wald trocknet aus. Dadurch verändert sich das Klima. Die Menschen, Tiere und Pflanzen im Amazonasbecken erlebten im letzten Jahr eine noch nie dagewesene Dürre.

Bearbeitet und ergänzt nach Greenpeace, Wir müssen den Urwald retten, April 2006

Das Beispiel zeigt, dass auch Verteilungskonflikte zwischen verschiedenen Volkswirtschaften (z. B. Industrie- und Entwicklungsländern) aufgrund von internationaler Arbeitsteilung und unterschiedlicher Ressourcenausstattung der einzelnen Länder bestehen. Diese ungleiche Verteilung drückt sich in einer weltweiten Kluft zwischen Armen und Reichen aus.

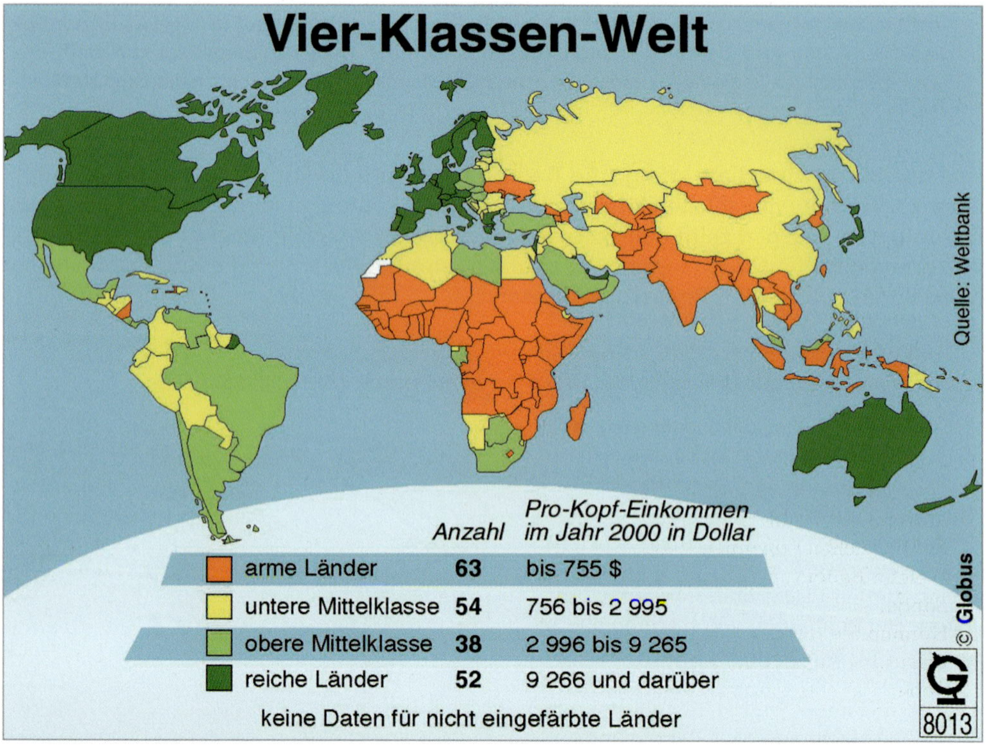

Das weltweite Wohlstandsgefälle zwischen reichen und armen Ländern führt zunehmend zu Wanderungsbewegungen und Flüchtlingsströmen, die sich inzwischen auch über verschiedene Kontinente erstrecken. Diese Armutsmigration[1] wird sich in Zukunft u. a. deswegen noch verstärken, weil

Kap. A 1.1.3

- die Entwicklungsländer unter den Folgen der vornehmlich von den Industrieländern verursachten weltweiten Umweltbelastung (z. B. in Form von Klimaveränderungen mit Dürren und Überschwemmungen) am meisten zu leiden haben,

Aufg. 1.7.3 S. 82

- die Entwicklungsländer besonders von der sich weltweit abzeichnenden weiteren Wasserverknappung betroffen sind. Bereits heute lebt nach Angaben der UNO ein Drittel der Menschheit in wasserknappen Ländern, mehr als eine Milliarde Menschen haben keinen Zugang zu ausreichend sauberem Wasser und täglich sterben 4 000 Kinder an fehlendem oder verschmutztem Trinkwasser.

1 Migration (*lat.*): (Aus-)wanderung

Zusammenfassende Übersicht zu Kap. 1.7: Güterverteilung

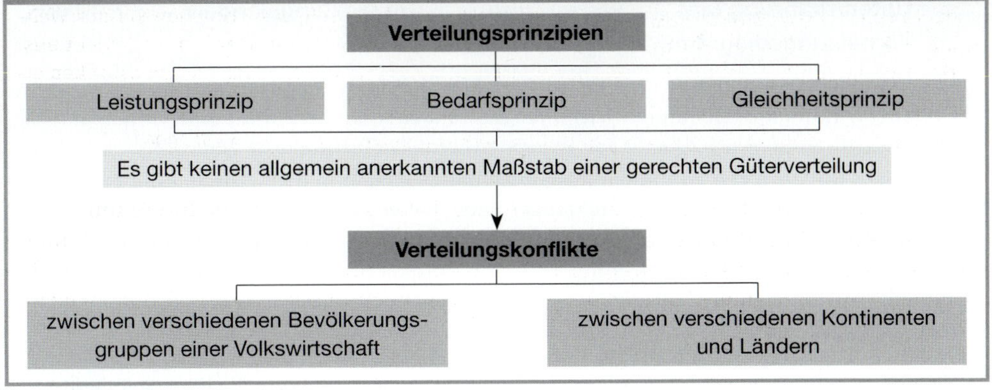

Fragen zur Wiederholung

zu Kapitel 1.7 Dritte Grundfrage: Für wen soll produziert werden? Güterverteilung

1.7.1 Verteilungsprinzipien: Welche Verteilung ist gerecht?

1. Zeigen Sie anhand des Robinson-Beispiels auf, welche Probleme sich bei der Güterverteilung ergeben können.
2. Unterscheiden Sie zwischen Leistungs-, Bedarfs- und Gleichheitsprinzip. Zeigen Sie für jedes der Prinzipien Probleme bei seiner Anwendung auf.

1.7.2 Verteilungskonflikte

1. Aus welchem Grund kommt es zu Verteilungskonflikten?
2. Nennen Sie Verteilungskonflikte zwischen verschiedenen Bevölkerungsgruppen in der Bundesrepublik Deutschland.
3. Nach welchen Prinzipien erfolgt die Einkommensverteilung in der Bundesrepublik Deutschland.
4. Welche Bedeutung hat die Kaufkraft bei der Güterverteilung? Erläutern Sie die Zusammenhänge.
5. Nennen Sie internationale Verteilungskonflikte und deren Folgen.
6. Erläutern Sie anhand der Abb. auf S. 80 die weltweite ungleiche Einkommensverteilung und geben Sie Ursachen für diese Situation an.

Aufgaben und Probleme

zu Kapitel 1.7 Dritte Grundfrage: Für wen soll produziert werden? Güterverteilung

1.7.1 Gruppenarbeit mit Rollenspiel: Grundprobleme einer gerechten Einkommensverteilung

Führen Sie in Ihrer Klasse das Rollenspiel „Gerechte Einkommensverteilung" durch. Das Spiel eignet sich dazu, für konkrete Beispiele die Anwendung unterschiedlicher Verteilungsprinzipien zu begründen und Verteilungskonflikte zu verdeutlichen.

Spielanleitung und Spielunterlagen befinden sich auf der Begleit-CD.

1.7.2 Güterverteilung am Beispiel: Fleischkonsum in Industrieländern – Unterernährung und Umweltzerstörung in Entwicklungsländern – Vernetzungsdiagramm

1. Zeigen Sie den auf S. 79 beschriebenen internationalen Verteilungskonflikt auf, indem Sie die Ursache-Wirkungs-Beziehungen wichtiger Zusammenhänge in Form eines Vernetzungsdiagramms (vgl. Aufg. A 1.1.2 Nr. 5) mit mindestens fünf Einflussfaktoren darstellen.

   Verbinden Sie dazu die von Ihnen ausgewählten Ursachen und Wirkungen mit Pfeilen und versehen Sie die Pfeilspitzen nach folgender Regel mit einem Plus- oder Minuszeichen:

   Pluszeichen: gleichgerichtete (verstärkende) Wirkung (je mehr – desto mehr bzw. je weniger – desto weniger).

   Minuszeichen: entgegengesetzte (abschwächende) Wirkung (je mehr – desto weniger bzw. je weniger – desto mehr).

2. Informieren Sie sich über den Zusammenhang zwischen Soja-Anbau und Abholzung des Regenwalds in Brasilien sowie die sich daraus ergebenden ökologischen Probleme.

   Informationen u.a. auf der Begleit-CD und unter http://www.greenpeace.de

1.7.3 Güterverteilung am Beispiel Wasser – Internationale Verteilungkonflikte

1. Bearbeiten Sie das Themenblatt „Wasser – für alle!?“, Bundeszentrale für politische Bildung, http:www.bpb.de, Best.-Nr. 5969 (siehe Begleit-CD).

2. Zeigen Sie vor dem Hintergrund einer sich abzeichnenden weltweiten Wasserverknappung die aktuellen Konflikte im Zusammenhang mit der Verteilung von Wasser auf (z. B. Liberalisierung und Privatisierung des Wassermarktes, Wanderungsbewegungen wegen fehlenden Wassers, Wasseraktien als Kapitalanlage, ...).

   Bereiten Sie ein Kurzreferat zum Thema. „Wasser – ein Menschenrecht“ vor.

   Informationen u. a. auf der Begleit-CD und im Internet unter Suchbegriff: Menschenrecht Wasser

2 Notwendigkeit und Möglichkeiten zur Koordination menschlichen Handelns im Wirtschaftsprozess

Überblick und Zusammenhänge

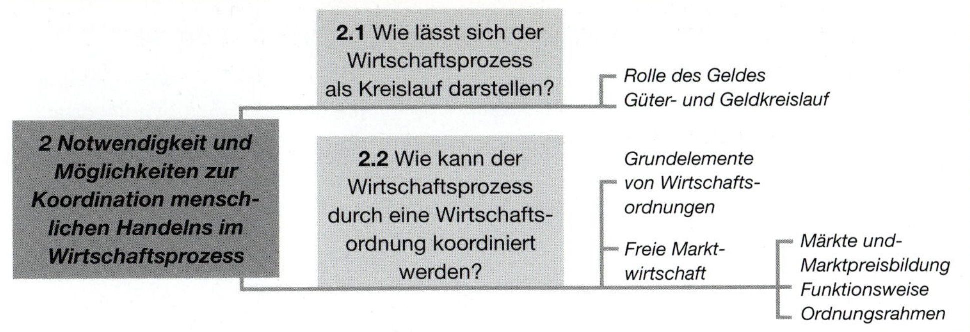

2.1 Wirtschaftsprozess als Kreislauf

2.1.1 Geldwirtschaft als Folge der Arbeitsteilung

Funktionen des Geldes

Die Entwicklung der **Arbeitsteilung** ist untrennbar mit der Entwicklung der **Geldwirtschaft** verbunden. Arbeitsteilung erfordert zwangsläufig den Güteraustausch, da ein Produzent in einer arbeitsteiligen Wirtschaft andere Güter herstellt als er selbst benötigt. Der direkte Tausch „Ware gegen Ware" **(Naturaltausch)** ist aber äußerst umständlich und schwerfällig. Kap. A 1.5.3

Probleme beim Naturaltausch

Aufg. 2.1.1 S. 90

Würde beispielsweise ein Schmied (Werkzeugmacher) versuchen, eine Axt gegen Schuhe zu tauschen, muss er einen Tauschpartner suchen, der gleichzeitig Anbieter von Schuhen und Nachfrager einer Axt ist. Die Zahl der in Frage kommenden Tauschpartner ist entsprechend gering. Außerdem entstehen Bewertungsprobleme: Wie viele und welche Werkzeuge sind so viel wert wie ein Paar Schuhe? Die Information über das zwischen den beiden Partnern ausgehandelte Tauschverhältnis wäre aber für andere Anbieter und Nachfrager völlig wertlos, da beim direkten Tausch der Wert einer Ware (= Preis) nicht in Mengeneinheiten einer allgemein anerkannten Bezugsgröße ausgedrückt wird.

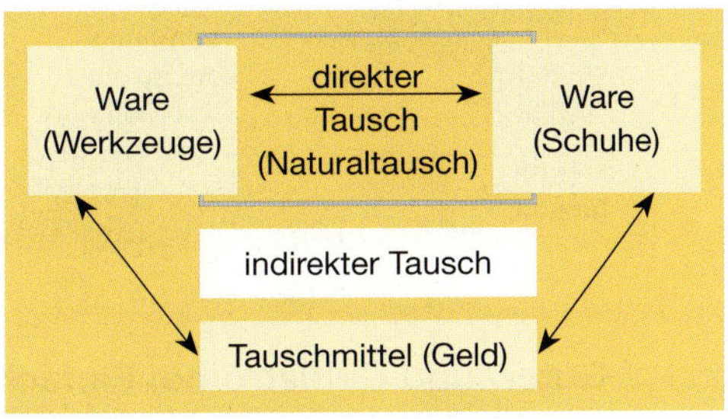

Geld erleichtert in seiner Eigenschaft als allgemeines **Tauschmittel** den Güteraustausch. In einer Geldwirtschaft wird jeder Tausch in zwei unabhängige Kaufvorgänge, nämlich Verkauf (Güter gegen Geld) und Kauf (Geld gegen Güter) zerlegt. Der Verkäufer kann dann aufgrund der **Zahlungsmittelfunktion** des Geldes ohne Tauschumwege direkt solche Güter erwerben, die er braucht. Geld erhöht somit die Tauschflexibilität und verringert die beim Güteraustausch entstehenden Informations- und Transaktionskosten[1] (z.B. Kosten für Wertermittlung, Transport und Lager).

1 Transaktion (*lat.*): Übertragung, Abwicklung

Geld senkt die mit dem Güter- und Leistungsaustausch einhergehenden Informations- und Transaktionskosten

Als Geld gilt alles, was folgende Funktionen erfüllt:

Funktionen des Geldes			
Tauschfunktion	**Zahlungsfunktion** (Wertübertragungsfunktion)	**Wertaufbewahrungs-funktion**	**Rechenfunktion** (Wertmaßstab)
Durch Geld wird der Tausch in zwei Teile zerlegt: Verkauf von Ware gegen Geld und Kauf von Ware gegen Geld (indirekter Tausch).	Geld kann zur Tilgung von Schulden und zur Gewährung von Krediten dienen.	Geld ermöglicht es, die beiden Tauschakte Verkauf von Ware gegen Geld zeitlich zu trennen.	Mit Geld lässt sich der Wert anderer Güter ausdrücken.

Eigenschaften des Geldes

Damit Geld die ihm zugedachten Funktionen erfüllen kann, muss es folgende Eigenschaften besitzen:

Eigenschaften des Geldes				
allgemein anerkannt	leicht teilbar	leicht transportierbar und übertragbar	leicht aufbewahrbar, wertbeständig	knapp und fälschungssicher

Entwicklungsstufen des Geldes – Arten des Geldes

geschlossene Hauswirtschaft	**Naturaltausch**	**Warengeld**	**Metallgeld**	**Münzgeld**	**Papiergeld**	**Buchgeld**	**Elektronisches Geld**
	Ware gegen Ware	z. B. Vieh, Salz, Getreide	Edelmetalle als Barren oder Kurantmünzen	Scheidemünzen: Nennwert > Metallwert	Banknoten	Giralgeld auf Bankkonten	Kartengeld, Netzgeld
				Geldarten in einer modernen Volkswirtschaft			
kein Tausch	**direkter Tausch**	**indirekter Tausch = Geldwirtschaft**					

2.1.2 Güter- und Geldströme: Einfacher Wirtschaftskreislauf

In einer arbeitsteiligen Geldwirtschaft beziehen die **Unternehmen Vorleistungen** (Waren und Dienstleistungen) von anderen Unternehmen. Außerdem nehmen sie die von den privaten **Haushalten** zur Verfügung gestellten **Produktionsfaktoren** (insbesondere den Faktor Arbeit, aber auch Boden und Geldkapital) in Anspruch.

Um die Bedeutung der von den Inhabern der Produktionsfaktoren im Produktionsprozess erzielten Einkommen besser analysieren zu können, wird angenommen, dass die Unternehmen nicht Eigentümer der Produktionsmittel sind. Vielmehr werden ihnen von den Haushalten, die sich in Arbeitnehmer- und Unternehmerhaushalte gliedern lassen, neben der Arbeitsleistung auch die Produktionsfaktoren Boden und Kapital zur Verfügung gestellt.

Für die erbrachte Arbeitsleistung und die Nutzung der anderen zur Verfügung gestellten Produktionsfaktoren erhalten die privaten Haushalte von den Unternehmen Geldeinkommen, das sie wiederum für den Kauf von Waren und Dienstleistungen verwenden.

Tabellarische Darstellung der Beziehungen zwischen Unternehmen und Haushalten

Für eine Modellvolkswirtschaft sollen folgende Annahmen gelten:

Aufg. 2.1.2 S. 91

Unternehmen 1: Land- und forstwirtschaftlicher Betrieb	**Unternehmen 2: Mühlenbetrieb**	**Unternehmen 3: Bäckerei**
Der land- und forstwirtschaftliche Betrieb liefert Getreide an die Mühle und Brennmaterialien an die Bäckerei	Die Mühle liefert Futtermehl an den land- und forstwirtschaftlichen Betrieb und Backmehl an die Bäckerei	Die Bäckerei beliefert alle Haushalte mit Backwaren
Haushalt 1: Familie Bauer	**Haushalt 2: Familie Müller**	**Haushalt 3: Familie Beck**
Herr Bauer ist Inhaber des land- und forstwirtschaftlichen Betriebs. Neben seiner Arbeitskraft stellt er dem Betrieb Wald, Wiesen und Äcker sowie Maschinen und Werkzeuge gegen Entgelt zur Verfügung.	Herr Müller ist Inhaber der Getreidemühle. Neben seiner Arbeitskraft stellt er dem Betrieb auch Gebäude und Maschinen gegen Entgelt zur Verfügung.	Herr Beck ist Inhaber der Bäckerei. Neben seiner Arbeitskraft stellt er dem Betrieb auch die Backstube und das Ladengeschäft gegen Entgelt zur Verfügung.
In allen drei Betrieben arbeiten außerdem noch weitere Haushaltsmitglieder als mithelfende Familienangehörige gegen Entgelt mit.		

Die Verflechtungen zwischen Unternehmen und Haushalten lassen sich in einer **Input-Output-Tabelle** darstellen.

Input der Unternehmen (= Einsatzgüter/-faktoren): Von den Haushalten zur Verfügung gestellte Produktionsfaktoren, Vorleistungen von anderen Unternehmen

Output der Unternehmen (= Produktionsergebnis): Vorleistungen für andere Unternehmen, Konsumgüter für Haushalte

Input der Haushalte: von den Unternehmen bezogene Konsumgüter

Output der Haushalte: den Unternehmen zur Verfügung gestellte Produktionsfaktoren

Input-Output-Tabelle: Güterströme in GE

Liefernde Wirtschaftseinheit (Output) / Empfangende Wirtschaftseinheit (Input)		Unternehmen empfangen Vorleistungen von anderen Unternehmen und Produktionsfaktoren von Haushalten			Haushalte empfangen Konsumgüter von Unternehmen			∑ Output (GE)
		U1: Land-/Forstwirtschaft	**U_2: Mühle**	**U_3: Bäckerei**	**H_1: Bauer**	**H_2: Müller**	**H_3: Beck**	
Unternehmen liefern Vorleistungen an andere Unternehmen und Konsumgüter an Haushalte	**U_1: Land-/Forstwirt**		30	10	–	–	–	**40**
	U_2: Mühle	10		60	–	–	–	**70**
	U_3: Bäckerei	–	–		30	40	50	**120**
Haushalte liefern Produktionsfaktoren an Unternehmen	**H_1: Bauer**	30	–			–	–	**30**
	H_2: Müller	–	40		–		–	**40**
	H_3: Beck	–	–	50	–	–		**50**
∑ Input (GE)		**40**	**70**	**120**	**30**	**40**	**50**	**350**

Grafische Darstellung der Beziehungen zwischen Unternehmen und Haushalten

Die aus der Tabelle hervorgehenden Verflechtungen und Beziehungen lassen sich als Güter- und Geldströme in einem Kreislaufschema darstellen. Den einzelnen Güterströmen fließen jeweils wertmäßig gleich große Geldströme (Kaufpreis für die Vorleistungen, Einkommen für die Zurverfügungstellung der Produktionsfaktoren, Kaufpreis für die Konsumgüter) entgegen.

In einer arbeitsteiligen Geldwirtschaft durchlaufen die Güter in der Regel mehrere Produktionsstufen. Dem Güterstrom fließt ein Geldstrom entgegen.

Güterkreislauf

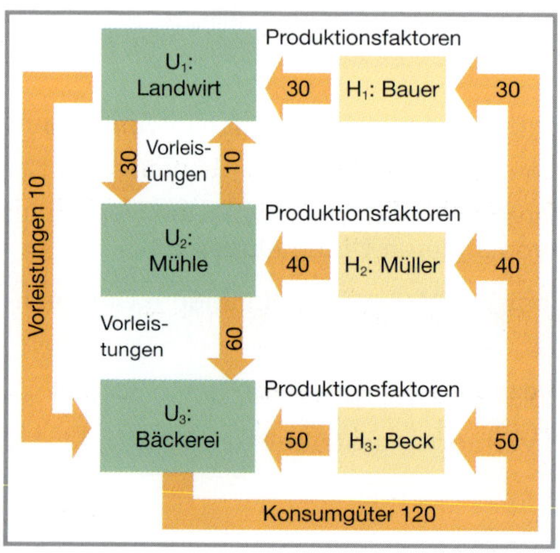

Geldkreislauf

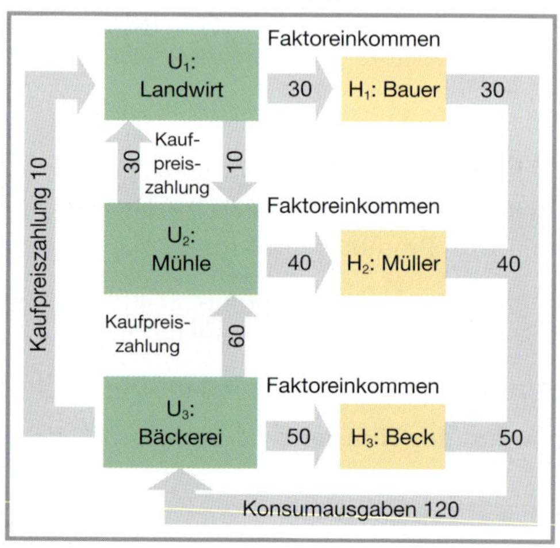

Der Wert, der im Produktionsprozess den Vorleistungen hinzugefügt wird, ist die **Wertschöpfung** eines Unternehmens. Sie ergibt sich als Differenz zwischen den insgesamt von einem Unternehmen erzeugten Gütern **(= Produktionswert)** und den dafür von anderen Unternehmen bezogenen **Vorleistungen**.
Die Wertschöpfung der drei Unternehmen und der gesamten Volkswirtschaft ergibt sich wie folgt:

	U_1: Land-/ Forstwirt	U_2: Mühle	U_3: Bäckerei	Insgesamt
Produktionswert	40 GE	70 GE	120 GE	230 GE
– Vorleistungen	10 GE	30 GE	70 GE	110 GE
= Wertschöpfung	30 GE	40 GE	50 GE	120 GE

In Höhe der Differenz zwischen den Einnahmen aus den Güterverkäufen und den Ausgaben für bezogene Vorleistungen entstehen in jedem Unternehmen Ausgaben für die Entlohnung der Produktionsfaktoren. Diese Ausgaben der Unternehmen führen bei den Haushalten, die den Unternehmen die Produktionsfaktoren zur Verfügung stellen, zu **Faktoreinkommen**. Da es sich bei den Haushalten sowohl um Arbeitnehmer- als auch um Unternehmerhaushalte handeln kann, können die Faktoreinkommen sowohl aus Löhnen und Gehältern als auch aus Zinsen, Pachten und Gewinnen bestehen. Die Summe aller Faktoreinkommen ergibt das **Volkseinkommen**.

	H_1 Bauer von U_1 Landwirt	H_2 Müller von U_2 Mühle	H_3 Beck von U_3 Bäckerei	Insgesamt
Faktoreinkommen	30 GE	40 GE	50 GE	120 GE

Wertschöpfung und Faktoreinkommen

Der Wert, den ein Unternehmen im Rahmen des Produktionsprozesses den Vorleistungen hinzufügt, wird als Wertschöpfung bezeichnet.

Die Summe der Wertschöpfung aller Unternehmen einer Volkswirtschaft in einem bestimmten Zeitraum (z. B. ein Jahr) entspricht dem **Wert aller Güter**, der in dieser Volkswirtschaft während dieses Zeitraums mithilfe der Produktionsfaktoren erzeugt wurde.

Die Summe der Wertschöpfung aller Unternehmen einer Volkswirtschaft ergibt das gesamtwirtschaftliche Produktionsergebnis (Inlandsprodukt).

Sein Wert beträgt im vorliegenden Beispiel 120 GE. In gleicher Höhe fließen den Inhabern der im Produktionsprozess eingesetzten Produktionsfaktoren Faktoreinkommen zu.

Die Summe aller Faktoreinkommen in einer Volkswirtschaft ergibt das Volkseinkommen.

Wertschöpfung und **Faktoreinkommen** stellen – wie zwei Seiten derselben Medaille – Ergebnisse ein und desselben Produktionsprozesses dar. Beide Größen sind wertmäßig gleich groß.

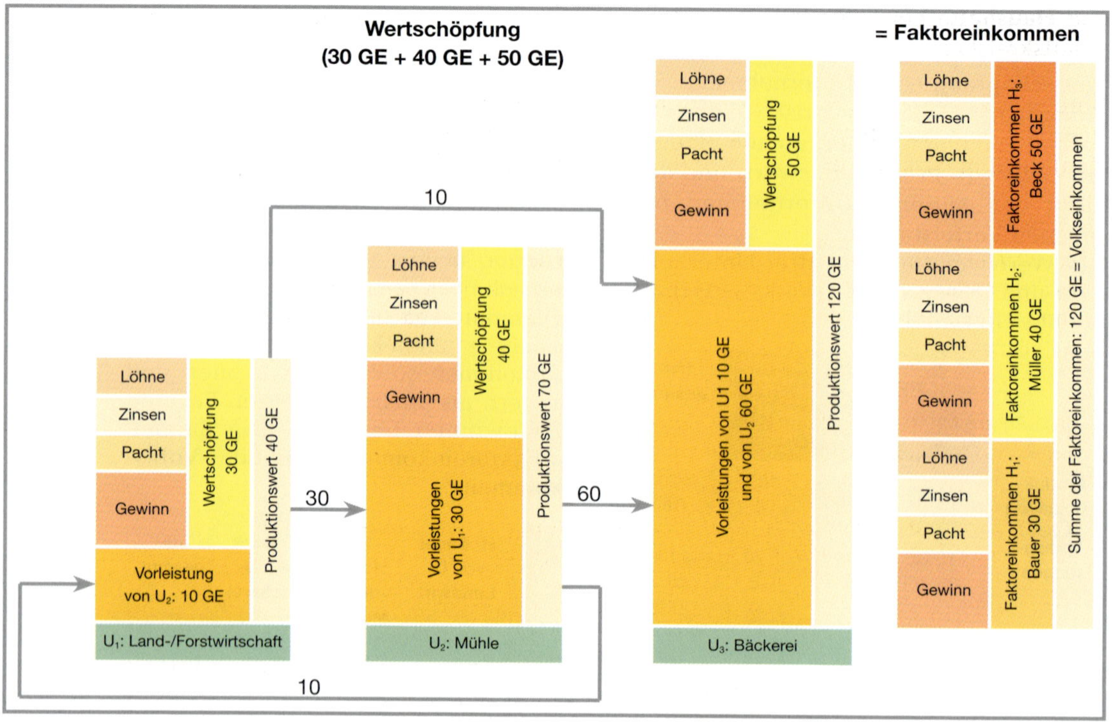

> **Im Produktionsprozess werden Güter erzeugt. Gleichzeitig entstehen Faktoreinkommen. Die Wertschöpfung (= Wert, der den Vorleistungen im Produktionsprozess hinzugefügt wird) ist genauso groß wie die Faktoreinkommen (= Bezahlung für die im Produktionsprozess eingesetzten Produktionsfaktoren).**

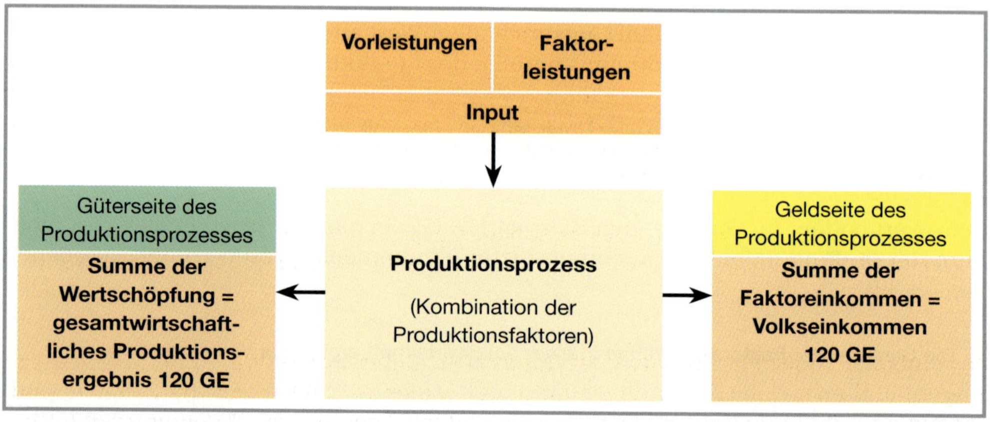

Einfacher Wirtschaftskreislauf: Güter- und Geldströme

Um die verwirrenden Verflechtungen im Wirtschaftsprozess einer Volkswirtschaft übersichtlicher zu machen, werden für volkswirtschaftliche Modellanalysen und statistische Zwecke Wirtschaftseinheiten mit gleichartigen Aktivitäten zu **Sektoren** zusammengefasst **(Aggregation)**. Üblicherweise wird beim **Wirtschaftskreislauf** zwischen den **Sektoren Unternehmen**, **Haushalte**, **Staat und Ausland** unterschieden. Zunächst werden nur die Kreislaufbeziehungen zwischen den beiden Sektoren **Unternehmen** und **Haushalte** betrachtet. Es handelt sich dabei um die einfachste Form des Wirtschaftskreislaufs.

Durch die Zusammenfassung zu Sektoren werden die Ströme **innerhalb** eines Sektors (z. B. Kauf von Investitionsgütern und Vorleistungen innerhalb des Sektors Unternehmen) nicht mehr sichtbar. Es werden nur noch die Ströme **zwischen** den Sektoren berücksichtigt

Zum Sektor Unternehmen gehören alle Wirtschaftseinheiten, die auf Beschaffungsmärkten Produktionsfaktoren nachfragen, in einem Produktionsprozess durch Kombinationen der Produktionsfaktoren Güter (= Waren und Dienstleistungen) herstellen und diese auf Absatzmärkten anbieten.

Zum Sektor Haushalte gehören alle Wirtschaftseinheiten, die als Anbieter von Produktionsfaktoren und Nachfrager von Konsumgütern auftreten.

Geld- und Güterkreislauf zwischen den Sektoren Unternehmen und Haushalte einer Modellvolkswirtschaft (Beispiel von S. 86)

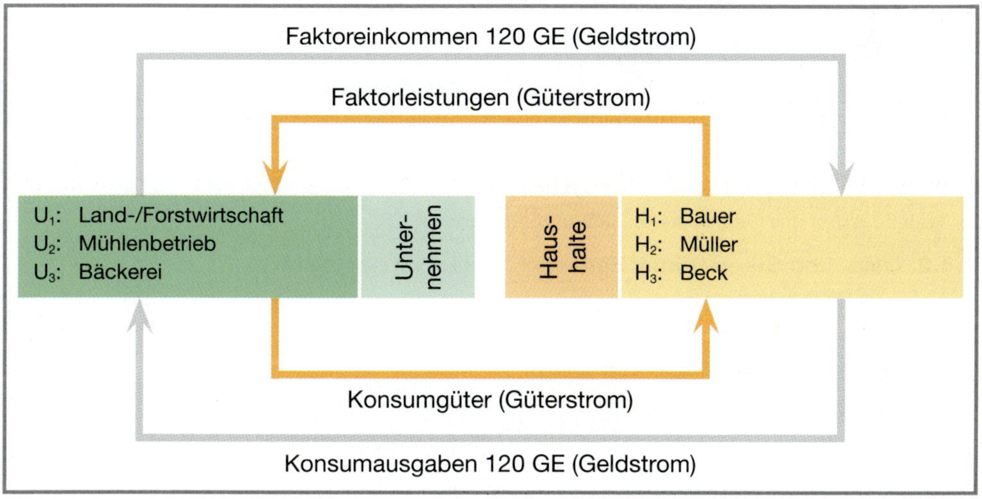

Der einfache Wirtschaftskreislauf ist eine modellhafte Darstellung der zusammengefassten Wirtschaftsbeziehungen zwischen den beiden Sektoren Unternehmen und Haushalte einer Volkswirtschaft.

Der **einfache Wirtschaftskreislauf** ist durch zwei Güterströme (Waren und Faktorleistungen) und zwei den Güterströmen entgegen laufende Geldströme (Einkommen und Konsumausgaben) gekennzeichnet. Da die Güterströme und die ihnen entgegen fließenden Geldströme wertmäßig gleich groß sind, kann zur Vereinfachung auf die Darstellung eines der beiden Ströme verzichtet werden. Üblicherweise wird im Rahmen der Analyse des Wirtschaftskreislaufs nur der Geldstrom betrachtet.

Zusammenfassende Übersicht zu Kap. 2.1: Wirtschaftsprozess als Kreislauf

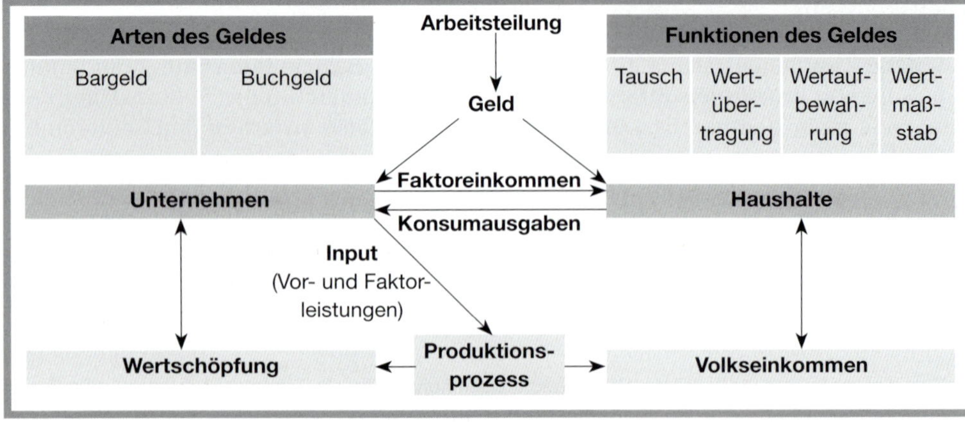

Fragen zur Wiederholung

zu Kapitel 2.1 Wirtschaftsprozess als Kreislauf

2.1.1 Geldwirtschaft als Folge der Arbeitsteilung

1. Welcher Zusammenhang besteht zwischen der Entwicklung der Arbeitsteilung und der Entwicklung von der Natural- zur Geldwirtschaft?
2. Welche Funktionen muss Geld erfüllen können?
3. Welche Eigenschaften muss Geld haben?
4. Welche Arten des Geldes lassen sich unterscheiden?

2.1.2 Geld- und Güterströme: Einfacher Wirtschaftskreislauf

1. Was ist unter Vorleistungen zu verstehen?
2. Was ist unter der Wertschöpfung zu verstehen?
3. Was sind Faktoreinkommen?
4. Was ist das Volkseinkommen?
5. Warum sind Wertschöpfung und Volkseinkommen gleich groß?
6. Welche Zusammenhänge werden im Modell des einfachen Wirtschaftskreislaufs dargestellt?
7. Welche Ströme lassen sich im Modell des einfachen Wirtschaftskreislaufs unterscheiden?

Aufgaben und Probleme

zu Kapitel 2.1 Wirtschaftsprozess als Kreislauf

PDF

2.1.1 Probleme in einer Wirtschaft ohne Geld (Naturaltausch)

1. In einer Naturalwirtschaft werden die Güter Brot, Butter, Milch, Fleisch und Eier getauscht. Wie viele Tauschmöglichkeiten (Austauschverhältnisse) gibt es in diesem Fall?
2. Wie viele Tauschmöglichkeiten gibt es bei 5, 6, 7 usw. Gütern? Welche Gesetzmäßigkeit lässt sich feststellen? Hinweis: *Die Zahl der Tauschmöglichkeiten bei zunehmender Güterzahl entwickelt sich nach einer Formel, die Sie von Ihrem Mathematiklehrer erfahren oder in der Formelsammlung am Ende des Buches nachschlagen können.*
3. Im Laufe der Zeit haben sich in der Naturalwirtschaft die in der folgenden Tabelle dargestellten Austauschverhältnisse für bestimmte Mengeneinheiten der einzelnen Güter herausgebildet. Ermitteln Sie die übrigen Austauschverhältnisse.

	Brot	Butter	Milch	Fleisch	Eier
Brot		1 : 1			
Butter			3 : 1	1 : 2	
Milch	1 : 3				
Fleisch					
Eier	2 : 3	2 : 3		1 : 3	

4. Mittlerweile hat sich aus der Naturaltauschwirtschaft eine Geldwirschaft entwickelt. Eine Mengeneinheit Fleisch kostet 9 Taler.
   Wie viele Taler kosten die anderen Güter, wenn sich die bisherigen Austauschverhältnisse nicht verändert haben?

5. Für drei Produzenten in einer Naturalwirtschaft liegen folgenden Angaben vor:

Landwirt	Bäcker	Schmied
bietet Käse an und fragt Werkzeug nach	bietet Brot an und fragt Käse nach	bietet Werkzeug an und fragt Brot nach

   a) Erläutern Sie, welche und wie viele Tauschakte nötig sind, damit jeder der Produzenten seine Nachfrage befriedigen kann.
   b) Welche Probleme können sich bei dieser Art von Tausch ergeben?
   c) Wie viele Tauschakte und Gütertransporte wären nötig, wenn es in dieser Wirtschaft ein allgemeines Tauschmittel (Geld) gäbe?

2.1.2 Geld- und Güterströme – Einfacher Wirtschaftskreislauf

Die folgende Tabelle zeigt die Lieferbeziehungen (Güterströme) zwischen drei Wirtschaftsbereichen A, B und C einer Modellvolkswirtschaft (in Mio. Geldeinheiten).

empfangender Wirtschaftsbereich / liefernder Wirtschaftsbereich	Verflechtungen zwischen den Wirtschaftsbereichen			Summe der abgegebenen Leistungen
	A	**B**	**C**	
A: Dienstleistungen/Konsumgüter		**0**	**0**	
B: Investitionsgüter	**20**		**30**	
C: Bergbau, Land- und Forstwirtschaft	**10**	**40**		
Summe der empfangenen Leistungen				

1. Stellen Sie anhand der Tabelle fest, in welcher Höhe die Unternehmen jedes der drei Wirtschaftsbereiche insgesamt von den Unternehmen anderer Wirtschaftsbereichen Leistungen empfangen haben und in welcher Höhe sie insgesamt Leistungen an Unternehmen anderer Wirtschaftsbereiche abgegeben haben.
2. Die Unternehmen des Wirtschaftsbereichs A haben auf dem Konsumgütermarkt Güter in Höhe von insgesamt 120 Mio. Geldeinheiten abgesetzt. Die Unternehmen der Wirtschaftsbereiche B und C haben außer den in der Tabelle dargestellten Leistungen keine weiteren Leistungen erbracht.
   Die privaten Haushalte erzielen ihr Einkommen für Arbeitsleistungen (= Faktoreinkommen) in den Unternehmen der Wirtschaftsbereiche A, B und C. Sie geben ihr gesamtes Faktoreinkommen für Konsumgüter beim Unternehmen A aus.

Den auf S. 91 tabellarisch dargestellten Güterströmen fließen Geldströme entgegen.
Stellen Sie die Geldströme in dieser Volkswirtschaft dar, indem Sie eine Grafik nach folgendem Muster erstellen und die Werte (in Mio. Geldeinheiten) bei den Geldströmen eintragen.

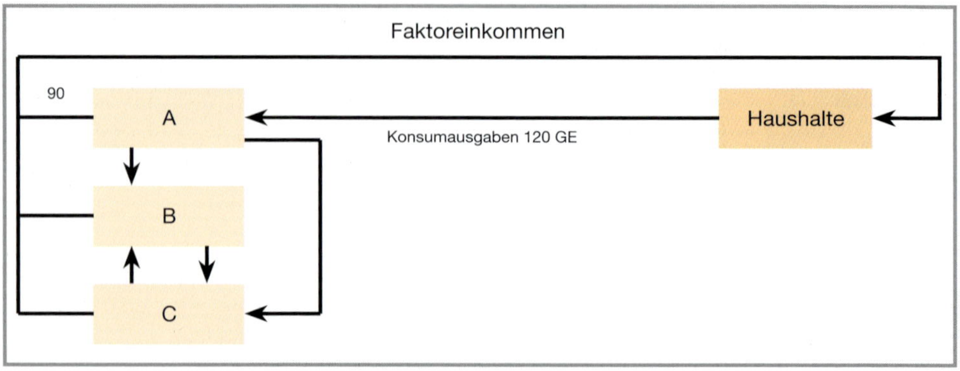

3. Wie hoch sind die Wertschöpfung und das Volkseinkommen (= Summe aller Faktoreinkommen) in dieser Volkswirtschaft?
4. Fassen Sie die Wirtschaftsbereiche A, B und C in einer grafischen Darstellung zu einem Sektor „Unternehmen" zusammen und zeichnen Sie die Geldströme zwischen dem Sektor Unternehmen und dem Sektor Haushalte ein.
5. Welche Informationen gehen durch die Zusammenfassung (= Aggregation) der Unternehmen der drei Wirtschaftsbereiche zum Sektor Unternehmen verloren?

2.2 Wirtschaftsordnung: Koordination wirtschaftlichen Handelns

2.2.1 Grundelemente einer Wirtschaftsordnung

Begriff der Wirtschaftsordnung

In einer arbeitsteiligen Wirtschaft müssen die Regeln für das Zusammenwirken der Wirtschaftssubjekte dauerhaft vereinbart werden. Nur so können die wirtschaftlichen Aktivitäten von Unternehmen, Haushalten und Staat aufeinander abgestimmt und die

Kap. A 1.2 **Grundfragen jeder Volkswirtschaft: Was, wie und für wen wird produziert?**

erfolgreich gelöst werden. Es gehört zu den Aufgaben **staatlicher Wirtschaftspolitik**, ein solches Regelsystem, das aus Grundsätzen, Vereinbarungen und Vorschriften für wirtschaftliches Handeln besteht, festzulegen.

Warum benötigen wir eine Wirtschaftsordnung?

In Deutschland leben rund 80 Mio. Menschen in ca. 39 Mio. Haushalten. Sie wollen essen, trinken, benötigen Kleidung, der eine will eine Jeans, ... Frau Meyer möchte Kinderkleidung, ... Herr Wenger kauft sich eine CD, ... Jenny kauft eine Zeitschrift, um endlich die Reportage über ihre Lieblingsgruppe zu lesen. Eine Unternehmerin besucht eine Messe, um sich dort über die neueste technische Ausstattung für ihren Druckereibetrieb zu informieren. Morgens gehen wir zum Bäcker, um Brötchen, Milch und Brot zu holen. Diese Reihe ließe sich beliebig fortsetzen. Hunderttausende unterschiedlicher Produkte und Dienstleistungen werden von den 80 Millionen Menschen benötigt. Zählt man die vielen Rohstoffe und Betriebsstoffe hinzu, die Unternehmer für ihre Produktion benötigen, sind es noch wesentlich mehr. Diese werden in den zahlreichen Betrieben hergestellt. Allein in Deutschland sind ca. 3 Mio. steuerpflichtige Unternehmen registriert.

Es herrscht Arbeitsteilung: Wer etwas haben will, muss tauschen, z. B. Arbeitskraft gegen Einkommen, Werkzeugmaschinen oder Brötchen gegen Geld.
Woher aber weiß z. B. ein Bäcker, wie viele Leute seine Brötchen kaufen wollen, woher ein Müller, dass der Bäcker ihm Mehl von einer bestimmten Qualität abkaufen wird?
Güter müssen produziert, verkauft, transportiert und immer zur richtigen Zeit am richtigen Ort zu Verfügung stehen, damit Menschen ihre Bedürfnisse befriedigen oder Unternehmen z. B. die benötigten Maschinen kaufen können. Wie ärgerlich jemand sein kann, der das, was er benötigt, nicht findet und darauf warten muss, weiß jeder aus eigener Erfahrung.

In Anlehnung an: *Institut für Ökonomisches Bildung Oldenburg, Unterrichtseinheit „Wirtschaftsordnung", S. 31*

Die Wirtschaftsordnung ist die Gesamtheit aller Rahmenbedingungen (z. B. geschriebene und ungeschriebene Regeln, öffentliche und private Einrichtungen zur Ordnung des Wirtschaftsgeschehens) innerhalb derer die Wirtschaftsbeziehungen und wirtschaftlichen Veränderungen in einer Volkswirtschaft ablaufen.

Gesellschaftspolitisches Leitbild

Die **Wirtschaftsordnung** ist neben der Rechts- und Sozialordnung das wichtigste Element der Gesellschaftsordnung, die alle Bereiche des menschlichen Zusammenlebens umfasst. Das in der jeweiligen **Gesellschaftsordnung** vorherrschende **gesellschaftspolitische Leitbild** hat entscheidenden Einfluss auf die Wirtschaftsordnung. Als zwei extrem unterschiedliche Auffassungen vom Wesen des Menschen stehen sich dabei **Individualismus**[1] und **Kollektivismus**[2] gegenüber.

Der Individualismus sieht den Menschen als Ausgangs- und Mittelpunkt allen gesellschaftlichen Lebens. Sein oberstes Ideal ist die freie Entfaltung aller Anlagen, Kräfte und Interessen des Einzelnen. Diesem Menschenbild entspricht als Staats- und Gesellschaftsauffassung der **Liberalismus**[3]. Der Kollektivismus sieht dagegen den Einzelnen vor allem und zuerst als ein der **Gemeinschaft** (Kollektiv) untergeordnetes und dienendes Wesen. Das beinhaltet die Auffassung, die Gemeinschaft habe eigenständige, übergeordnete Interessen, die möglicherweise von den Interessen des Einzelnen abweichen und gegen dessen Willen durchgesetzt werden müssen. Als politisches System entspricht dem Kollektivprinzip der **Sozialismus** in seinen verschiedenen Ausprägungen, von denen der **Kommunismus** als extremste Form angesehen wird.

Die gesellschaftspolitische Grundentscheidung zwischen **Individualismus** und **Kollektivismus** bestimmt weitgehend auch alle anderen wesentlichen Elemente einer Wirtschaftsordnung.

Vergleichende Übersicht der Merkmale idealtypischer Wirtschaftsordnungen

Als gedankliche **Modelle** lassen sich die beiden idealtypischen Wirtschaftsordnungen **freie Marktwirtschaft** und **Zentralverwaltungswirtschaft** unterscheiden. Es handelt sich dabei nicht um in der Realität tatsächlich vorzufindende Wirtschaftsordnungen (Realtypen).

Die realen Wirtschaftsordnungen lassen sich nach dem Grad der Abweichung von den beiden Idealtypen unterscheiden. Sie liegen zwischen den beiden idealtypischen Extrempolen. In der Realität sind die einzelnen Elemente der Wirtschaftsordnungen in unterschiedlicher Weise und Ausprägung miteinander gemischt.

---

1 Individuum (*lat.*): der einzelne Mensch
2 Kollektiv (*lat.*): Gruppe, Gemeinschaft
3 liberal (*lat.*): freiheitlich

Merkmale der idealtypischen Wirtschaftsordnungen im Vergleich		
Freie Marktwirtschaft	**Merkmale**	**Zentralverwaltungswirtschaft**
Individualismus	**Leitidee hinsichtlich der Stellung des Einzelnen in der Gesellschaft**	Kollektivismus
Liberalismus	**aus der Leitidee entwickelte gesellschaftspolitische Auffassung**	Sozialismus
Privateigentum (private Verfügungsmacht) an den Produktionsmitteln (Kapitalismus)	**Eigentumsordnung**	Gemeineigentum an Produktionsmitteln (sozialisiertes Eigentum)
Einzelwirtschaftliche Planung durch die Unternehmen (Produktionspläne) und Haushalte (Konsumpläne) = dezentrale Planung, Lenkung und Steuerung des Wirtschaftsprozesses zur Abstimmung der Einzelpläne durch den Preismechanismus	**Aufstellung und Koordination der Wirtschaftspläne (Lenkungsprinzip)**	Aufstellung eines zentralen Gesamtplans durch eine zentrale Planungsbehörde, Lenkung und Steuerung des Wirtschaftsprozesses durch die Planungsbehörde
Schutz der Freiheiten der Bürger durch Festsetzung und Überwachung eines Ordnungsrahmens	**Rolle des Staates**	Uneingeschränkte wirtschaftliche und politische Macht des Staates
Demokratie	**Staatsform**	Diktatur

2.2.2 Ideologische[1] Grundlagen einer freien Marktwirtschaft

Die wesentlichen Merkmale einer Marktwirtschaft wurden erstmals von ADAM SMITH (1723–1790) systematisch untersucht und beschrieben.[2] Er gilt als Begründer der klassischen Volkswirtschaftslehre und Vorreiter marktwirtschaftlichen Denkens. Seinen Überlegungen liegt das Leitbild des **Individualismus** zugrunde. Die freie Entfaltung des Menschen ist daher das oberste Ziel. Entsprechend der zugehörigen Staats- und Gesellschaftsauffassung des **Liberalismus** soll der Staat auf alle Eingriffe in das Wirtschaftsgeschehen verzichten und die Wirtschaftsentwicklung dem freien Spiel der Marktkräfte überlassen. Nach der Auffassung von A. SMITH führt das egoistische Erwerbsstreben des Einzelnen, das wie eine „unsichtbare Hand" wirkt, gleichzeitig zur Förderung des Gemeinwohls. Die Selbststeuerung der Wirtschaft wird als das geeignete Mittel angesehen, um den Reichtum einer Nation zu vergrößern und gleichzeitig eine sozial gerechte Güterverteilung herbeizuführen.

Adam Smith: Verhältnis von Eigennutz zu Gemeinnutz

Adam Smith (1723–1790)

„Der Einzelne ist stets darauf bedacht, herauszufinden, wo er sein Kapital, über das er verfügen kann, so vorteilhaft wie nur irgend möglich einsetzen kann. Und tatsächlich hat er dabei den eigenen Vorteil im Auge und nicht etwa den der Volkswirtschaft. Aber gerade das Streben nach seinem eigenen Vorteil ist es, das ihn ganz von selbst oder vielmehr notwendigerweise dazu führt, sein Kapital dort einzusetzen, wo es auch dem ganzen Land den größten Nutzen bringt. ... Und er wird in diesem wie auch in vielen anderen Fällen von einer unsichtbaren Hand geleitet, um einen Zweck zu fördern, den zu erfüllen er in keiner Weise beabsichtigt hat. ...."

1 Ideologie (*gr.*): Weltanschauung, politische Grundeinstellung
2 A. Smith, Der Wohlstand der Nationen, Eine Untersuchung seiner Natur und seiner Ursachen, a. a. O.

Adam Smith: Aufgaben des Staates

„Solange der Einzelne nicht die Gesetze verletzt, lässt man ihm völlige Freiheit, damit er das eigene Interesse auf seine Weise verfolgen kann und seinen Erwerbsfleiß und sein Kapital im Wettbewerb mit jedem anderen oder einem anderen Stand entwickeln oder einsetzen kann. ... Im System der natürlichen Freiheit hat der Souverän[1] lediglich drei Aufgaben zu erfüllen, ...: Erstens die Pflicht, das Land gegen Gewalttätigkeit und Angriffe anderer unabhängiger Staaten zu schützen, zweitens die Aufgabe, jedes Mitglied der Gesellschaft so weit wie möglich vor Ungerechtigkeit oder Unterdrückung durch einen Mitbürger in Schutz zu nehmen oder ein zuverlässiges Justizwesen einzurichten, und drittens die Pflicht, bestimmte öffentliche Anstalten und Einrichtungen zu gründen und zu unterhalten, die ein einzelner oder eine kleine Gruppe aus eigenem Interesse nicht betreiben kann, weil der Gewinn ihre Kosten niemals decken könnte ..." ... Nur unter dem Schutz einer staatlichen Behörde kann der Besitzer eines wertvollen Vermögens ... auch nur eine einzige Nacht ruhig und sicher schlafen ... Wo es jedoch kein Privateigentum ... gibt, ... ist eine Behörde nicht so nötig.

Nach Auffassung der Vertreter des klassischen Wirtschaftsliberalismus wird das Gemeinwohl dann am besten gefördert, wenn sich die Menschen bei ihrem wirtschaftlichen Handeln an ihren eigenen Interessen orientieren und der Staat auf Eingriffe in das Wirtschaftsgeschehen verzichtet.

2.2.3 Ordnungsrahmen einer freien Marktwirtschaft

Voraussetzung für das Funktionieren einer Marktwirtschaft ist ein Ordnungsrahmen, innerhalb dessen der Wirtschaftsprozess abläuft. Diesen Ordnungsrahmen legt der Staat fest. Er greift aber nicht direkt in das Wirtschaftsgeschehen ein.

Merkmale des Ordnungsrahmens einer freien Marktwirtschaft				
Privateigentum an Produktionsmitteln	Vertragsfreiheit	Konsumfreiheit	Gewerbe- und Produktionsfreiheit	freie Berufs- und Arbeitsplatzwahl

- Das **Privateigentum** (bzw. die **private Verfügungsmacht**)[2] **an den Produktionsmitteln** (z. B. Maschinen, Transportmittel, Boden) ist Voraussetzung dafür, dass sich die Unternehmen bei der Aufstellung und Verwirklichung ihrer Produktionspläne frei entscheiden können.
- Die **Vertragsfreiheit** ermöglicht es den Wirtschaftssubjekten, beliebige Verträge abzuschließen und deren Inhalt selbst zu bestimmen (Vertragswirtschaft). Ohne Vertragsfreiheit kann es keinen freien Austausch von Sachgütern und Leistungen am Markt geben. Der Staat muss Rechtssicherheit garantieren, damit die Vertragspartner ihre Ansprüche notfalls mit staatlicher Hilfe (z. B. Gerichte, Polizei) durchsetzen können.
- Die **Konsumfreiheit** ermöglicht es jedem Konsumenten, selbst darüber zu entscheiden, wie er sein Einkommen verwenden und was er in welchem Umfang kaufen will. Entsprechend dem Prinzip der **Konsumentensouveränität** gehen die Impulse für wirtschaftliches Handeln vom Verbraucher aus, indem sich die Anbieter mit ihrer Produktion nach den Konsumentenwünschen richten.
- Die **Produktionsfreiheit** ermöglicht es jedem Produzenten, selbst darüber zu entscheiden, was und wie viel er produzieren will.

1 Souverän (*franz.*): Herrscher, Staat
2 Auch wenn ein Produzent nicht Eigentümer der Produktionsmittel ist, sondern lediglich die Verfügungsmacht darüber ausüben kann, weil er sie bespielsweise gepachtet hat, ist die Voraussetzung erfüllt.

- Die **Gewerbefreiheit** ermöglicht es jedem Produzenten, ein beliebiges Gewerbe zu betreiben und sich am Markt frei zu betätigen. Staatliche Kontrollen und Zulassungsbeschränkungen sind damit nicht zu vereinbaren. Marktzutrittsschranken würden zu einer Verringerung des Wettbewerbs führen und die Entstehung marktbeherrschender Unternehmen fördern. Die Gewerbefreiheit umfasst auch die **freie Wahl von Beruf und Arbeitsplatz**.

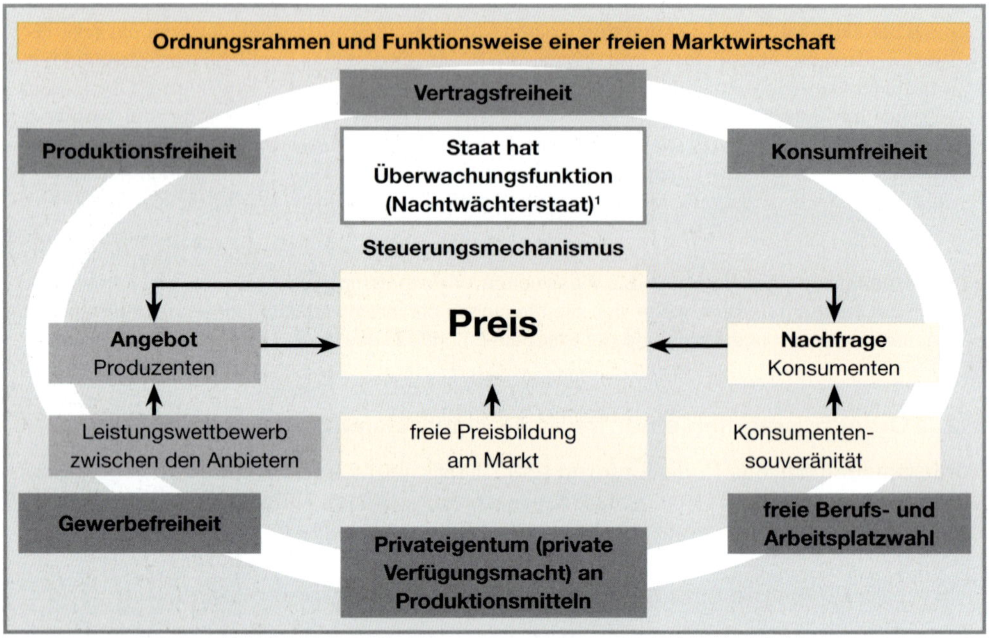

2.2.4 Funktionsweise einer Marktwirtschaft: Preisfunktionen

Aufg. 2.2.1 S. 105

In **jeder Wirtschaftsordnung** müssen die wirtschaftlichen Aktivitäten von Unternehmen und Haushalten geplant, koordiniert und kontrolliert werden. Außerdem sind Anreize nötig, damit die Entscheidungen der am Wirtschaftsleben Beteiligten unter Beachtung des ökonomischen Prinzips getroffen werden.

Aufg. 2.2.2 S. 106

Jede Wirtschaftsordnung benötigt ein Planungs-, Koordinations-, Anreiz- und Kontrollsystem.

In einer Marktwirtschaft stellen die Unternehmer ihre Produktionspläne und die privaten Haushalte ihre Verbrauchspläne selbstständig und unabhängig voneinander unter Berücksichtigung ihrer eigenen Interessen auf. Die Anbieter wollen zu einem Preis verkaufen, bei dem ihr Gewinn möglichst groß ist, während die Nachfrager möglichst billig kaufen und dadurch einen möglichst großen Nutzen erzielen möchten. Die gegenseitige Abstimmung und Anpassung der Pläne von Anbietern und Nachfragern sowie der Ausgleich der gegensätzlichen Interessen erfolgt auf dem **Markt**.

1 Diese polemische Bezeichnung für die Rolle des Staates, sich auf den Schutz des Privateigentums zu beschränken, stammt von Ferdinand Lassalle (1825–1864). F. Lassalle war ein deutscher Politiker. Er gründete 1893 den „Allgemeinen Deutschen Arbeiterverein", die Vorläuferorganisation der SPD.

Der Markt ist der Ort, an dem Angebot und Nachfrage zusammentreffen.

Der Markt hat die Funktion, die Pläne der Anbieter und die Pläne der Nachfrager durch den Preis zum Ausgleich zu bringen. Der Markt ist der Ort der Preisbildung.

In einer Marktwirtschaft werden Planung, Koordination, Anreiz und Kontrolle mithilfe von Märkten, Preisen und Wettbewerb wie folgt gelöst:

Planungssystem	Koordinationssystem	Anreizsystem	Kontrollsystem
Dezentrale Planung durch Haushalte und Unternehmen	Abstimmung der Konsum- und Produktionspläne durch den Markt	Leistungsanreiz durch Einkommenschancen (Gewinn, Lohnerhöhung)	Leistungskontrolle durch Wettbewerb

Planungssystem: Dezentrale Planung

In einer freien Marktwirtschaft werden die Entscheidungen, welche Güter in welchem Umfang produziert und konsumiert werden sollen, von den Produzenten und Konsumenten eigenständig getroffen **(= dezentrale Planung)**. Die Produktions- und Konsumentscheidungen der Wirtschaftseinheiten sind dabei abhängig von den Preisen auf den Güter- und Faktormärkten. Preiserhöhungen signalisieren, dass das Angebot für die vorliegende Nachfrage zu gering ist. Preissenkungen signalisieren, dass das Angebot für die vorliegende Nachfrage zu hoch ist. Der Preis dient als **Knappheitsindikator (= Signal-** oder **Informationsfunktion des Preises)**.

Indem die Produzenten ihre Produktionsmenge an die veränderte Knappheitssituation auf den Gütermärkten anpassen, werden gleichzeitig die Produktionsfaktoren in die Bereiche gelenkt, in denen nach den Preisänderungen die größten Gewinne zu erwarten sind. Dadurch ist gewährleistet, dass die Produktionsfaktoren jeweils in ihrer produktivsten Verwendung eingesetzt werden **(= Lenkungs-** oder **Allokationsfunktion des Preises)**.

Koordinationssystem: Abstimmung der Pläne durch den Preis

Es wäre reiner Zufall, wenn die einzelwirtschaftlichen Pläne der Produzenten und Konsumenten von vornherein so übereinstimmen würden, dass alle Produzenten zu den von ihnen geplanten Preisen ihre gesamte Produktion absetzten könnten und alle Konsumenten zu den von ihnen akzeptierten Preisen die erwartete Gütermenge erhalten würden. In Wirklichkeit müssen Produzenten und Konsumenten ihre Pläne laufend ändern. Möchten beispielsweise die Konsumenten zu einem bestimmten Preis weniger Güter kaufen als die Produzenten auf Grund ihrer Produktionspläne hergestellt haben, werden die Produzenten den Preis senken. Zu diesem niedrigeren Preis sind einige Konsumenten zusätzlich bereit, diese Güter – abweichend von ihrem ursprünglichen Konsumplan – zu kaufen. Eine solche Lenkung des Wirtschaftsprozesses durch die auf den Bedürfnissen der Konsumenten beruhenden Nachfrageentscheidungen wird als **Konsumentensouveränität**[1] bezeichnet.

Die **Wechselwirkungen** zwischen Angebot, Nachfrage und Preis, die eine **Koordination** der Wirtschaftspläne von Produzenten und Konsumenten herbeiführen, werden als **Preismechanismus** bezeichnet und stellen das **Steuerungsinstrument** einer Marktwirtschaft dar. Dieser Anpassungsprozess, der ständige Preis-, Produktions- und Nachfrageänderungen beinhaltet, setzt sich so lange fort, bis die Pläne der Produzenten

1 souverän (*franz.*): selbstständig, unabhängig

und Konsumenten aufeinander abgestimmt sind **(= Planabstimmungs-** oder **Ausgleichsfunktion des Preises, Gleichgewichtspreis)**. Auf der Nachfrageseite teilen die Preise das Angebot den Nachfragern zu, die bereit sind, den Marktpreis zu akzeptieren **(= Zuteilungsfunktion des Preises)**.

Anreizsystem: Leistungsanreiz durch Gewinnstreben

Die Steuerung einer Marktwirtschaft durch einen sich frei am Markt bildenden Preis kann nur funktionieren, wenn die Anbieter miteinander in **Wettbewerb** stehen. Ein funktionierender Wettbewerb schafft bei den Produzenten Anreize zur Leistungsverbesserung und erzwingt Anpassungen an veränderte Konsumentenwünsche, da auf diese Weise die Gewinnerzielungsmöglichkeiten steigen. Für die Produzenten stellen Gewinne einen Leistungsanreiz dar, während Verluste einer Bestrafung für unwirtschaftliches Verhalten gleichkommen.

Produzenten und Konsumenten werden durch den Preis zu wirtschaftlichem Handeln und zur Berücksichtigung der Knappheitsverhältnisse auf den Güter- und Faktormärkten veranlasst **(= Anreizfunktion des Preises)**.

Kontrollsystem: Leistungskontrolle durch Wettbewerb

Die dezentrale Planung der Wirtschaftseinheiten setzt Privateigentum an Konsum- und Produktionsgütern voraus. Mit privaten Eigentumsrechten geht aber die Gefahr einer wirtschaftlichen Machtkonzentration einher. Der Wettbewerb zwischen den Produzenten stellt diesbezüglich ein wirksames System zur Machtkontrolle dar. Bei funktionierendem Wettbewerb ist es ausgeschlossen, dass ein Produzent auf Dauer eine unangemessen hohe Marktmacht innehat, da die Mitbewerber seine Produkte und Produktionsverfahren nachahmen und den von ihm verlangten Preis unterbieten. Da sich in einer **Wettbewerbswirtschaft** Konsumenten und Produzenten bei der Suche nach eigenen Vorteilen ständig gegenseitig beobachten und überwachen, beinhaltet der Wettbewerb nicht nur einen Leistungsanreiz, sondern gleichzeitig auch eine wirksame Leistungskontrolle für wirtschaftliches Verhalten.

Über den Preis erzielen leistungsfähige Marktteilnehmer ein entsprechendes Einkommen und werden belohnt. Nichtleistungsfähige oder nichtleistungswillige Marktteilnehmer werden dagegen über den Preis mit einer Einkommensminderung bis hin zur Verdrängung vom Markt bestraft **(= Auslesefunktion des Preises)**.

Funktionen des Preises im Überblick

Funktionen des Preises in einer freien Marktwirtschaft					
Signal-/ Informationsfunktion	**Lenkungs-/ Allokationsfunktion**	**Ausgleichs-/ Planabstimmungsfunktion**	**Zuteilungsfunktion**	**Anreizfunktion**	**Auslesefunktion**
Der Preis informiert über die Knappheit eines Gutes (Knappheitsindikator).	Der Preis lenkt die Produktionsfaktoren in die Bereiche, in denen sie am produktivsten eingesetzt werden können.	Der Preis stimmt die Angebots- und Nachfragepläne aufeinander ab.	Über den Preis wird das Angebot den Nachfragern zugeteilt.	Der Preis bietet einen Anreiz, mit knappen Gütern sparsam umzugehen.	Der Preis sanktioniert leistungsunfähige Unternehmen und sorgt dafür, dass sie aus dem Markt ausscheiden.

Wettbewerb ist die Voraussetzung für das Wirksamwerden des Preismechanismus und die Erfüllung der Preisfunktionen.

2.2.5 Arten von Märkten

Einteilung von Märkten nach der Zahl der Marktteilnehmer (Marktformenschema)

Von großer Bedeutung für die Verhaltensweisen von Anbietern und Nachfragern ist die Zahl der Marktteilnehmer. Je größer die Zahl der Anbieter, umso stärker ist beispielsweise der zu erwartende Konkurrenzkampf. Ein Anbieter mit vielen Konkurrenten trifft andere Entscheidungen als ein alleiniger Anbieter, der die gesamte Nachfrage auf sich vereinigt. Die Preisbildung vollzieht sich daher anders, je nachdem ob es auf einem Markt viele, wenige oder nur einen Anbieter bzw. Nachfrager gibt. Um die Entscheidungen von Anbietern und Nachfragern auf Märkten, die sich hinsichtlich der Zahl der Marktteilnehmer unterscheiden, analysieren zu können, werden die Märkte üblicherweise nach folgendem **Marktformenschema** gegliedert:[1]

Marktformen			
Anbieter \ Nachfrager	viele	wenige	einer
viele	Zweiseitiges Polypol (vollständige Konkurrenz)	Nachfrageoligopol	Nachfragemonopol
wenige	Angebotsoligopol	Zweiseitiges Oligopol	Beschränktes Nachfragemonopol
einer	Angebotsmonopol	Beschränktes Angebotsmonopol	Zweiseitiges Monopol

Ein Polypol ist durch viele Anbieter (Polypolisten) und viele Nachfrager gekennzeichnet. Der einzelne Marktteilnehmer hat nur einen geringen Anteil am Gesamtangebot bzw. an der Gesamtnachfrage.

Aktien- und Warenbörse, Markt für Backwaren in einer Kleinstadt

Beim Angebotsoligopol treten nur wenige Anbieter auf. Der einzelne Oligopolist hat einen großen Anteil am Gesamtangebot auf dem Markt.

Mineralölmarkt, Energiemarkt, Automobilmarkt

Beim Angebotsmonopol tritt nur ein Anbieter auf. Er verfügt über große Marktmacht. Da er keine Konkurrenten hat, muss er bei seinen Entscheidungen nur die Reaktion der Nachfrager berücksichtigen.

Deutsche Bahn (auf bestimmten Strecken), Briefzustellung durch die Deutsche Post (bis 2007), Microsoft Betriebssystem (Marktbeherrschung, Quasi-Monopol)

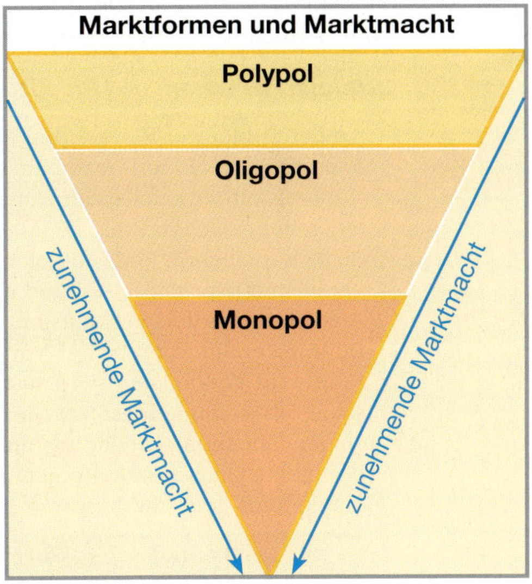

---

1 Diese Art des Marktformenschemas stammt von Heinrich von Stackelberg (1905–1946). Vgl. H. v. Stackelberg, Grundlagen der theoretischen Volkswirtschaftslehre, Tübingen, Zürich 1951, S. 235. Die griechischen Vorsilben poly, oligo und mono haben folgende Bedeutung: poly = viel, oligo = wenig, mono = allein

2.2.6 Ausgleich von Angebot und Nachfrage: Marktpreisbildung am Beispiel der Börse

Gleichgewichtspreis und Gleichgewichtsmenge

Die Funktion von Märkten, die Pläne von Anbietern und Nachfragern aufeinander abzustimmen und zum Ausgleich zu bringen, lässt sich am Beispiel einer **Börse**, besonders gut veranschaulichen. Da an einer Börse viele Anbieter und viele Nachfrager auftreten, handelt es sich dabei um die **Preisbildung beim Polypol**.

STUTTGARTER WAREN- UND PRODUKTENBÖRSE

Börsenbericht vom 06. März 2012

Notierungen für Getreide, Mühlenprodukte, Futtermittel, Raufutter u. a.

Großhandelsabgabepreis je **1000 kg**, ohne Mehrwertsteuer, komplette LKW- bzw. Waggonladungen, prompte Lieferung, sofern nichts anderes vermerkt.

I. GETREIDE UND ÖLSAATEN

Inl. Brotweizen 11,5/220 FZ	**200,00**	–	Inl. Futtergerste 63/64	**196,00**
Inl. Futterweizen	**196,00**	–	Sojaschrot lose 44/7	**325,00**
Inl. Braugerste	**235,00**	–	Inl. Rapssaat	**465,00**

http://www.warenboersen-suedwest.de/

Aufg. 2.2.3 S. 106

Stuttgarter Waren- und Produktenbörse

An der Stuttgarter Waren- und Produktenbörse werden u. a. verschiedene Getreidearten gehandelt. Eine Notierungskommission, die die Rolle eines Maklers übernimmt, sammelt die Verkaufsaufträge der Produzenten und die Kaufaufträge der Großhändler. Die Produzenten teilen mit, welchen Preis sie mindestens erzielen wollen (Mindestpreis) und welche Mengen (in t) sie zu diesem Preis anbieten. Die Händler nennen die Preise, die sie höchstens zu zahlen bereit sind (Höchstpreise), und die Mengen (in t), die sie zu diesem Preis abnehmen wollen. Aus den Kauf- und Verkaufsaufträgen ermittelt die Notierungskommission den **Börsenpreis**. Dabei ist es die Aufgabe der Notierungskommission, den Preis zu finden, bei dem die meisten Kauf- und Verkaufsaufträge ausgeführt werden können **(Meistausführungsprinzip)**. Bei diesem Preis ist die umgesetzte Menge am größten.

Angenommen, an einem bestimmten Börsentag liegen der Notierungskommission für eine bestimmte Getreideart, deren Qualität (z. B. Feuchtigkeitsgehalt) eindeutig festgelegt ist, folgende Kauf- und Verkaufsaufträge vor:

Verkaufsaufträge (Angebot)			Kaufaufträge (Nachfrage)		
Name des Verkäufers	Mindestpreis je t in EUR	angebotene Menge t	Name des Käufers	Höchstpreis je t in EUR	nachgefragte Menge t
A	100	50	F	100	25
B	125	25	G	125	75
C	200	75	H	200	50
D	250	50	I	250	75
E	325	75	J	325	25

Ermittlung des Börsenpreises

Die Notierungkommission ordnet den unterschiedlichen Preisen die jeweils insgesamt angebotene und nachgefragte Menge zu und erstellt folgende Übersicht:

Preis in EUR	angebotene Menge in t						nachgefragte Menge in t					
	A	B	C	D	E	Summe	F	G	H	I	J	Summe
100	50	0	0	0	0	**50**	25	75	50	75	25	**250**
125	50	25	0	0	0	**75**	0	75	50	75	25	**225**
200	50	25	75	0	0	**150**	0	0	50	75	25	**150**
250	50	25	75	50	0	**200**	0	0	0	75	25	**100**
325	50	25	75	50	75	**275**	0	0	0	0	25	**25**

Würde die Notierungskommission einen Preis von 100 EUR je t festlegen, würden zwar 250 t nachgefragt, aber nur 50 t angeboten. Daher könnten nur 50 t zu diesem Preis verkauft werden. Es besteht ein **Nachfrageüberschuss** bzw. eine **Angebotslücke** in Höhe von 200 t. Würde die Notierungskommission dagegen einen Preis von 325 EUR je t festlegen, würden zwar 275 t angeboten, aber nur 25 t nachgefragt. Daher könnten nur 25 t Getreide zu diesem Preis verkauft werden. Es besteht ein **Angebotsüberschuss** bzw. eine **Nachfragelücke** in Höhe von 250 t.

Die tabellarische Darstellung der Angebots- und Nachfragesituation lässt sich auch in grafischer Form in einem Preis-Mengen-Diagramm abbilden. Werden die einzelnen Punkte miteinander verbunden, indem angenommen wird, dass auch zu jedem (nicht ganzzahligen) Zwischenpreis eine Angebots- und Nachfragemenge vorliegt, ergeben sich eine **Angebotskurve** und eine **Nachfragekurve.**

In der Volkswirtschaftslehre werden häufig **Angebots- und Nachfragekurven** *zur Darstellung von Marktprozessen verwendet. Dabei steht – anders als in der Mathematik üblich – an der* **Y-Achse** *der* **Preis** *(z. B. Preis eines Gutes, Aktienkurs, Lohn, Zinssatz, Miete, Wechselkurs), obwohl es sich dabei* **immer** *um die* **un***abhängige Variable handelt. An der* **X-Achse** *steht als* **ab***hängige Variable eine* **Menge** *(z. B.* **Menge** *eines Gutes, Beschäftigte, Devisen). Der Einfachheit halber wird oft unterstellt, dass Angebots- und Nachfragekurven – wie im vorliegenden Fall – linear verlaufen. Dabei hat die Angebotskurve fast immer einen steigenden Verlauf (positive Steigung) und die Nachfragekurve einen fallenden Verlauf (negative Steigung).*

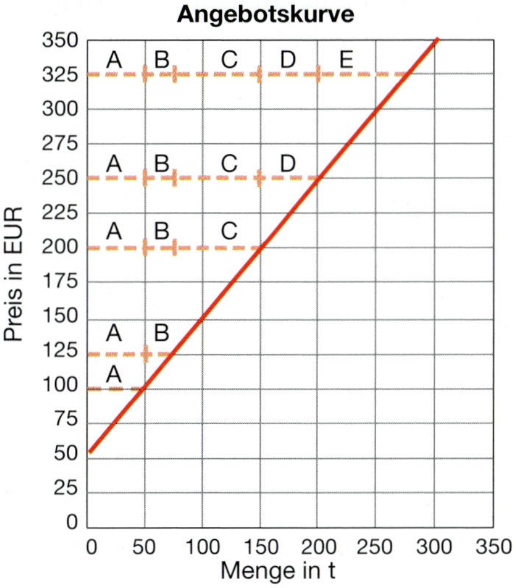

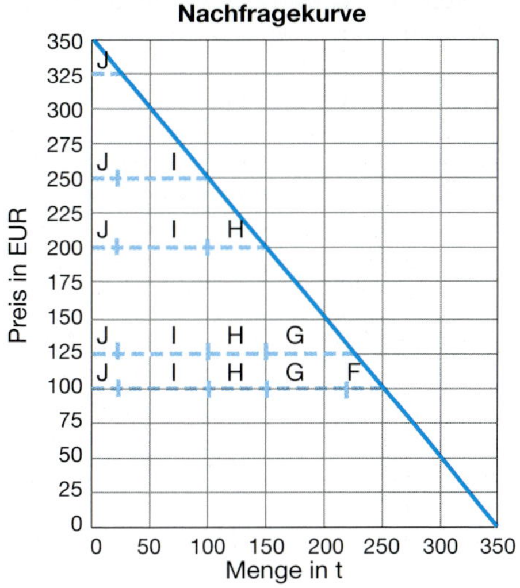

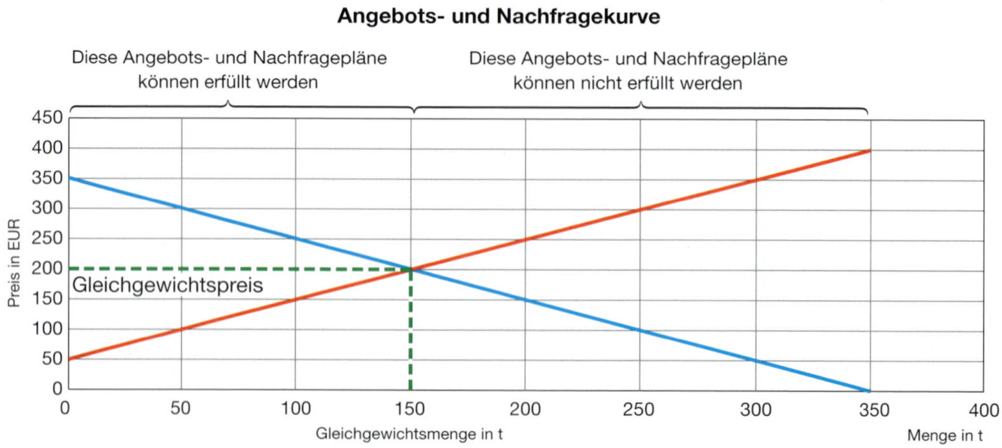

Die Notierungskommission wird an diesem Börsentag den Preis von 200 EUR je t Getreide festlegen. Bei diesem Preis planen die Anbieter 150 t zu verkaufen und die Nachfrager planen 150 t zu kaufen. Es besteht weder ein Angebots- noch ein Nachfrageüberhang. Dieser Preis „räumt den Markt." Bei keinem anderen Preis kann eine größere Menge umgesetzt werden. Die unabhängig voneinander gebildeten Kauf- und Verkaufspläne entsprechen einander. Der Preis von 200 EUR je t ist der Gleichgewichtspreis. Die bei diesem Preis umgesetzte Menge (150 t) ist die Gleichgewichtsmenge.

Aufg. 2.2.4 S. 106

Der Schnittpunkt zwischen Angebots- und Nachfragekurve bestimmt den Gleichgewichtspreis und die Gleichgewichtsmenge.

Beim Gleichgewichtspreis sind die geplanten Angebots- und Nachfragemengen gleich groß.

Alle Anbieter, die bereit sind zum Gleichgewichtspreis zu verkaufen, können die angebotene Menge auch tatsächlich absetzen. Ihre Verkaufspläne werden erfüllt. Alle Nachfrager, die bereit sind, den Gleichgewichtspreis zu bezahlen, können die gewünschte Menge tatsächlich kaufen. Ihre Kaufpläne werden erfüllt. Nur die Anbieter, die einen höheren Preis als den Gleichgewichtspreis verlangen und die Nachfrager, die nur weniger als den Gleichgewichtspreis zu zahlen bereit sind, können ihre Pläne nicht realisieren.

Börse als vollkommener Markt

Die Marktform der **Börse** stellt eine Besonderheit dar. Sie ist die in der Realität anzutreffende Marktform, die dem **Modell eines vollkommenen Marktes** sehr nahe kommt. Ein Markt wird als **vollkommen** bezeichnet, wenn die folgenden **Bedingungen** erfüllt sind:

❶ Homogenität der Güter		Die Güter sind sachlich völlig gleichartig.
		An der Getreidebörse ist diese Bedingung erfüllt. Das gehandelte Getreide mit einer bestimmten Bezeichnung (Gütemerkmal) hat eine einheitliche Qualität.
❷ Keine Präferenzen (Bevorzugungen)	**persönliche Präferenzen**	Persönliche Präferenzen können sich durch langjährige Geschäftsbeziehungen, den guten Ruf eines Unternehmens oder eine besonders freundliche und aufmerksame Bedienung ergeben.
		An der Börse ist diese Bedingung erfüllt. Die Nachfrager sind beispielsweise nicht bereit, einem bestimmten Anbieter zuliebe einen höheren Preis für eine Tonne Getreide zu bezahlen. Andererseits sind die Anbieter nicht bereit, einzelnen Nachfragern zuliebe einen geringeren Preis für eine Tonne Getreide zu akzeptieren.
	räumliche Präferenzen	Räumliche Präferenzen können sich ergeben, wenn für den Käufer wegen uneinheitlicher Entfernungen zu den einzelnen Anbietern ein unterschiedlicher Zeitaufwand oder unterschiedliche Transportkosten entstehen.
		An der Börse ist diese Bedingung erfüllt. Es gibt keine räumlichen Präferenzen einzelner Marktteilnehmer aus Gründen der Zeitersparnis oder der Minderung von Transportkosten.
	zeitliche Präferenzen	Zeitliche Präferenzen können sich durch unterschiedliche Lieferzeiten oder Bevorzugung bei der Abfertigung ergeben.
		An der Börse ist diese Bedingung erfüllt. Alle zur Ausführung kommenden Kauf- und Verkaufsaufträge werden gleichzeitig ausgeführt.
❸ Vollständige Markttransparenz		Alle Marktteilnehmer sind umfassend über die für den Abschluss von Kaufverträgen wesentlichen Daten informiert (z. B. Art und Qualität der Güter, Preise, Lieferfristen, Zahlungsbedingungen, Zahl und Marktmacht der Anbieter und Nachfrager).
		An der Börse ist diese Bedingung durch die Einschaltung eines Maklers (weitestgehend) erfüllt. Der Makler sorgt durch die Zusammenstellung der Kauf- und Verkaufsaufträge für die nötige Markttransparenz.

Ein vollkommener Markt liegt vor, wenn folgende Bedingungen erfüllt sind:
❶ Homogene Güter **❷ Keine Präferenzen** **❸ Vollständige Markttransparenz**

Nur auf einem **vollkommenen Markt** bildet sich **ein einheitlicher Preis (Gleichgewichtspreis)**, zu dem alle Käufe und Verkäufe getätigt werden. **Der vollkommene Markt ist ein Modell**, mit dessen Hilfe das Zustandekommen des Marktpreises durch Angebot und Nachfrage nachvollzogen werden kann. Die **Börse** kann als **Beispiel** für ein **Polypol auf dem vollkommenen Markt** dienen. Bei den anderen Märkten in der **Realität** handelt es sich aber ausschließlich um **unvollkommene Märkte**. Insbesondere wegen fehlender Markttransparenz und/oder bestehender Präferenzen ergeben sich daher in der Realität für gleichartige Güter in der Regel unterschiedliche Preise (z. B. Kauf gleichartiger Schokolade am Bahnhofskiosk und im Supermarkt).

Aufg. 2.2.5 S. 107

Zusammenfassende Übersicht zu Kap. 2.2:
Wirtschaftsordnung: Koordination wirtschaftlichen Handelns

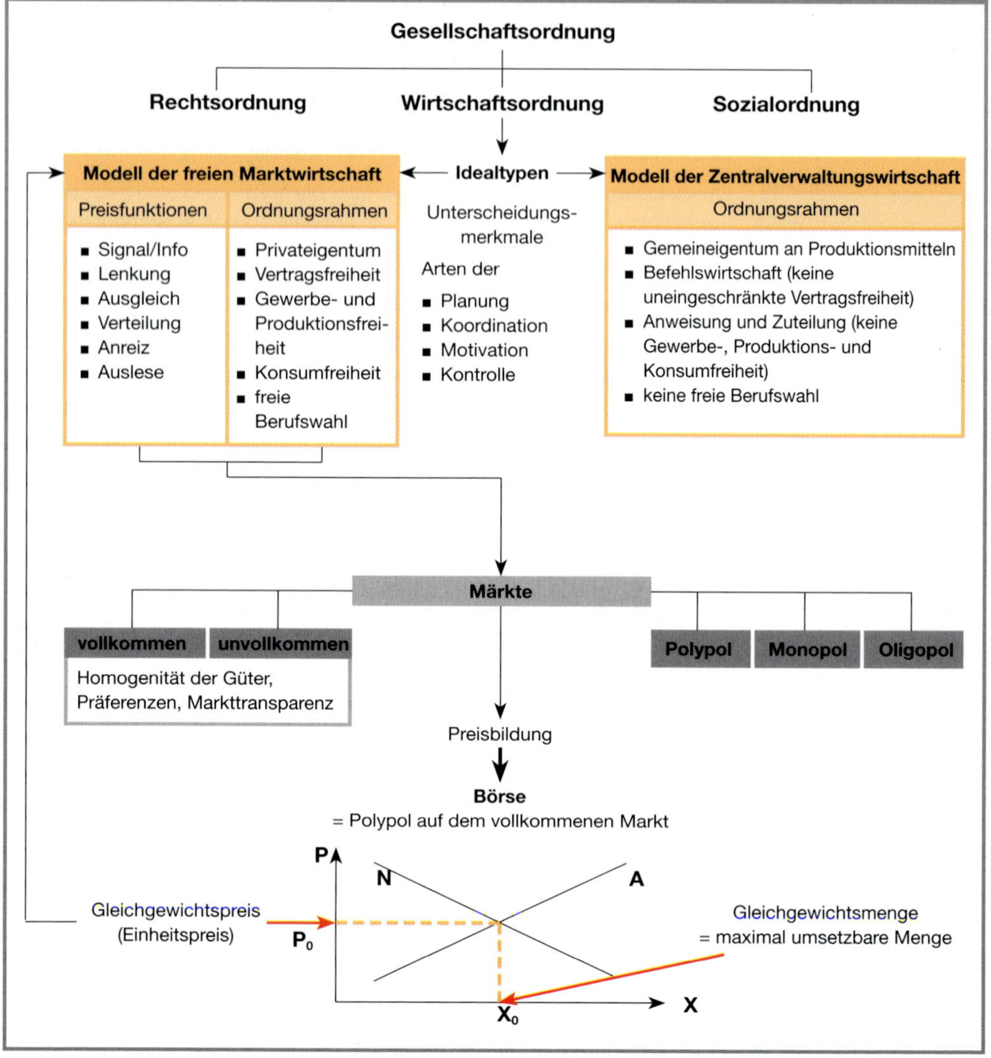

Fragen zur Wiederholung

zu Kapitel 2.2 Wirtschaftsordnung: Koordination wirtschaftlichen Handelns

2.2.1 Grundelemente einer Wirtschaftsordnung

1. Was ist eine Wirtschaftsordnung?
2. Unterscheiden Sie die beiden idealtypischen Wirtschaftsordnungen freie Marktwirtschaft und Zentralverwaltungswirtschaft anhand verschiedener Merkmale.

2.2.2 Ideologische Grundlagen einer freien Marktwirtschaft

1. Erläutern Sie die ideologischen Grundlagen des Modells der freien Marktwirtschaft.
2. Was ist unter der von A. SMITH beschriebenen „unsichtbaren Hand“ zu verstehen?

2.2.3 Ordnungsrahmen einer freien Marktwirtschaft

1. Welche Voraussetzungen müssen für das Funktionieren einer freien Marktwirtschaft erfüllt sein (= Ordnungsrahmen einer freien Marktwirtschaft)?
2. Was ist unter dem Begriff „Nachtwächterstaat" zu verstehen?

2.2.4 Funktionsweise einer freien Marktwirtschaft: Preisfunktionen

1. Wie funktioniert das Planungs-, Koordinations-, Motivations- und Kontrollsystem im Modell einer freien Marktwirtschaft?
2. Nennen Sie die Funktionen des Preises in einer freien Marktwirtschaft.
3. Was ist unter Konsumentensouveränität zu verstehen?

2.2.5 Funktionen und Arten von Märkten

1. Was ist ein Markt?
2. Welche Funktionen hat ein Markt?
3. Nach welchen Kriterien lassen sich Märkte einteilen?
4. Unterscheiden Sie Marktformen nach der Zahl der Marktteilnehmer.

2.2.6 Ausgleich von Angebot und Nachfrage: Marktpreisbildung am Beispiel der Börse

1. Wodurch ist der Gleichgewichtspreis gekennzeichnet?
2. Welche Eigenschaft weist die Gleichgewichtsmenge auf?
3. Welche Bedingungen muss ein vollkommener Markt erfüllen?
4. Warum bildet sich an der Börse ein Gleichgewichtspreis (Einheitspreis)?
5. Warum sind Marktpreise in der Realität meist keine Gleichgewichtspreise?

Aufgaben und Probleme

zu Kapitel 2.2 Wirtschaftsordnung: Koordination wirtschaftlichen Handelns

2.2.1 Lenkungssystem in der Marktwirtschaft

Die Regierungsdelegation einer einsamen Südseeinsel will sich bei Ihnen Rat holen, für welches wirtschaftliche Lenkungssystem sich das Land entscheiden soll. Das Gespräch könnte sich wie folgt entwickeln[1]:

„Unsere Art zu leben war stets stark von der Tradition beeinflusst. Die Männer unseres Volkes gehen auf die Jagd, sie bestellen ihre Felder und tun dies, so wie sie es durch das Beispiel der Alten gelernt haben. Wir wissen natürlich, dass in der Wirtschaft auch durch Befehl etwas erreicht werden kann, und sind daher bereit, wenn notwendig, eine Verordnung zu erlassen, die viele unserer Männer zwangsweise verpflichtet, an nationalen Vorhaben mitzuarbeiten. Bitte, sagen Sie uns, gibt es da noch eine andere Möglichkeit? Wie können wir unsere Gesellschaft organisieren, damit wir erfolgreich bestehen – oder, besser noch, damit wir erfolgreicher bestehen?"
Wir würden wahrscheinlich antworten: „Ja, es gibt noch einen anderen Weg. Organisieren Sie Ihre Gesellschaft als Marktgesellschaft!"
„Nun ja", meinen die Delegierten, „wie teilen wir unseren Leuten ihre verschiedenen Aufgaben zu?"
„Gar nicht, in einer Marktwirtschaft wird niemandem eine bestimmte Aufgabe zugeteilt. Die Spielregel des Marktsystems lautet nämlich: Jeder darf selbst entscheiden, was er tun will."
Die Delegierten scheinen verblüfft. „Sie behaupten also, die Leute werden nicht zugeteilt, nicht dem Bergbau, nicht der Viehzucht? Man wählt nicht aus, diese für das Transportwesen, jene für Webereien? Man überlässt es wirklich den Leuten, sich selbst zu entscheiden? Was geschieht, wenn keiner freiwillig in die Bergwerke geht, wenn keiner Lokomotivführer werden will?" „Seien Sie sicher", antworten wir, „nichts dergleichen wird geschehen! In einer Marktgesellschaft werden alle Posten ausgefüllt, weil es für die Leute vorteilhaft ist sie auszufüllen." Ungläubig nehmen dies unsere Gesprächspartner zur Kenntnis.

1 R. L. Heilbronner, Wege zum Wohlstand, Gütersloh 1962, S. 32

Da meint schließlich einer von ihnen: „Angenommen, wir folgen Ihrem Rat und lassen unsere Leute tun, was ihnen beliebt. Schön. Doch sprechen wir jetzt von etwas Wichtigem, zum Beispiel von der Textilproduktion. Wie bestimmt man in Ihrer so genannten ‚Marktwirtschaft' die richtige Produktionsmenge?"
„Das tut man nicht", entgegnen wir.
„Nicht? Ja, wie wissen wir dann, ob genügend Textilien erzeugt werden?" „Es werden genügend erzeugt, das lenkt der Markt."
„Aber wie wissen wir, dass nicht zuviel erzeugt wird?", fragt er triumphierend.
„Auch das lenkt der Markt!"
„Ja, was ist denn das für ein Markt, der all diese Wunder vollbringt? Wer lenkt denn ihn?" „Oh, niemand lenkt den Markt, der lenkt sich selbst", antworten wir.
„In Wirklichkeit gibt es keinen ‚Markt' im eigentlichen Sinn, es ist nur ein von uns verwendeter Begriff um das Verhalten der Leute auszudrücken."
„Aber ich dachte, die Leute verhalten sich so, wie sie wollen!"
„Das tun sie auch. Haben Sie keine Bedenken: Die Leute werden sich so verhalten, wie Sie es wollen!"
„Ich fürchte, dass wir Zeit vergeuden", sagt der Chef der Delegation. „Wir dachten Sie hätten uns einen ernst zu nehmenden Vorschlag zu machen. Aber was Sie da vorbringen ist verrückt. Das kann kein Mensch verstehen. Auf Wiedersehen!"

Erläutern Sie der Delegation ausführlich den Steuerungsmechanismus einer Marktwirtschaft anhand der folgenden Fragen:

1. Wie wird bestimmt, welche Güter produziert werden und wie viel von jedem Gut?
2. Wie wird die Knappheit der Güter festgestellt?
3. Wie werden Produzenten und Konsumenten veranlasst, mit knappen Gütern sparsam umzugehen?
4. Wie werden Pläne der Produzenten und der Konsumenten, die sich widersprechen, aufeinander abgestimmt?

2.2.2 Faire Güterverteilung durch das Preissystem? Prüfen Sie ihr Gerechtigkeitsempfinden!

Führen Sie in Ihrer Klasse eine Umfrage anhand eines vorbereiteten Fragebogens über Ihr persönliches Gerechtigkeitsempfinden in Bezug auf die Fairness der Güterverteilung durch das Preissystem durch. Diskutieren Sie darüber mit Ihren Mitschülern. Stellen Sie für Ihre Klasse die Prozentanteile der einzelnen Antworten fest und vergleichen Sie diese mit der Durchschnittsbevölkerung.

Die Fragen und die Befragungsergebnisse für die Durchschnittsbevölkerung befinden sich auf der Begleit-CD.

2.2.3 Rollenspiel zur Preisbildung

Führen Sie in Ihrer Klasse ein Rollenspiel, bei dem die Preisbildung an einer Börse simuliert wird, durch.

Die Beschreibung des Rollenspiels und die Materialien befinden sich auf der Begleit-CD.

2.2.4 Preisbildung an der Börse

An einer Rohstoffbörse erhält ein Makler folgende Aufträge:

PDF

Verkaufsaufträge			Kaufaufträge		
Verkäufer	Mindestpreis (Euro)	Menge (t)	Käufer	Höchstpreis (Euro)	Menge (t)
A	180	40	E	60	60
B	120	20	F	100	20
C	100	60	G	120	40
D	60	80	H	180	80

1. Welchen Preis legt der Makler fest?
2. Tragen Sie die Angebots- und Nachfragekurve in ein Koordinatensystem ein (x-Achse: 15 cm, 1 cm = 20 Mengeneinheiten; y-Achse: 10 cm, 1cm = 20 Geldeinheiten)
3. Wodurch zeichnet sich die Gleichgewichtsmenge aus und wie hoch ist sie?
4. Warum ist ein Preis von 180 Euro nicht möglich?
5. Warum ist ein Preis von 60 Euro nicht möglich?
6. In welcher Höhe erzielt der Käufer G durch den Gleichgewichtspreis eine Ausgabenersparnis gegenüber seiner ursprünglichen Kaufabsicht?
7. In welcher Höhe erzielt der Verkäufer D durch den Gleichgewichtspreis Mehreinnahmen gegenüber seiner ursprünglichen Verkaufsabsicht?
8. Nachrichten über eine mögliche weltweite Verknappung des Rohstoffs lösen eine erhöhte Nachfrage aus. Der Makler stellt fest, dass alle Käufer zu den von ihnen gebotenen Höchstpreisen 20 t mehr kaufen wollen. Welchen neuen Preis legt der Makler fest?
9. Stellen Sie die veränderten Nachfrageverhältnisse im Koordinatensystem (vgl. Nr. 2) dar.
10. Erläutern Sie anhand der Ergebnisse von Aufg. 1 und Aufg. 8 die Funktionen des Preises, indem Sie u. a. folgende Fragen beantworten:
    - Welche Informationen können die Marktteilnehmer aus der Preisveränderung ableiten (Informationsfunktion)?
    - Welche Folgen können sich für den Einsatz der Produktionsfaktoren ergeben, wenn die sich abzeichnende Preisentwicklung weiter anhält (Allokationsfunktion)?
    - Zu welchen Ergebnissen führt die Ausgleichsfunktion des Preises in den vorliegenden Fällen?
    - Welche Anbieter sind im vorliegenden Fall von der Auslesefunktion des Preises betroffen?
    - Welche Nachfrager werden im vorliegenden Fall nicht durch die Verteilungsfunktion (Zuteilungsfunktion) des Preises begünstigt?
    - Für welche Marktteilnehmer stellt der Preis im vorliegenden Fall eine Anreizfunktion dar?

2.2.5 Preisbildung beim Polypol auf dem vollkommenen Markt

Für ein landwirtschaftliches Produkt werden an einer Warenbörse zu einem bestimmten Zeitpunkt folgende Gesamtangebots- und Gesamtnachfrageverhältnisse festgestellt:

Preis	20	30	40	50
insgesamt angebotene Menge in t	0	10	20	30
insgesamt nachgefragte Menge in t	30	20	10	0

PDF

1. Ermitteln Sie anhand der Tabelle den Gleichgewichtspreis und die Gleichgewichtsmenge.
2. Zeichnen Sie die Angebots- und Nachfragekurve in ein Koordinatensystem ein.
3. Berechnen Sie für das Marktgleichgewicht die Gesamtausgaben der Nachfrager und den Gesamterlös der Anbieter.
4. In der folgenden Woche verändert sich das Angebots in der Art, dass zu jedem Preis 10 t mehr angeboten werden als in der vorherigen Woche. Die Nachfrage bleibt unverändert. Zeichnen Sie die neue Angebotskurve in das Koordinatensystem ein und ermitteln Sie zeichnerisch den neuen Gleichgewichtspreis.
5. Worauf kann die Veränderung der Angebotsfunktion zurückzuführen sein?

3 Wirtschaftsordnung, Wirtschaftskreislauf und wirtschaftliche Entwicklung in der Bundesrepublik Deutschland

Überblick und Zusammenhänge

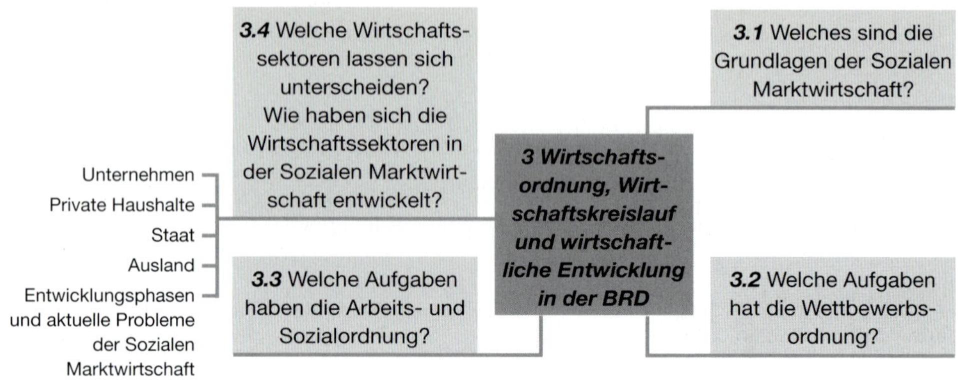

3.1 Grundlagen der Sozialen Marktwirtschaft

3.1.1 Abweichungen zwischen Modell und Realität marktwirtschaftlicher Ordnung

Das Modell der freien Marktwirtschaft beschreibt eine idealtypische Wirtschaftsordnung, die nur unter ganz bestimmten Bedingungen funktionsfähig ist. In der Realität kann eine rein marktwirtschaftliche Lenkung des Wirtschaftsprozesses zwar zu effizienten und kostengünstigen Ergebnissen führen, die aber häufig nach heutigen Gerechtigkeitsvorstellungen unsozial sind.

Alle in der Realität vorzufindenden marktwirtschaftlichen Ordnungen weichen vom Idealtyp der freien Marktwirtschaft mehr oder weniger stark ab. Die freie Marktwirtschaft führt in bestimmten Fällen zu Ergebnissen, die den heutigen Vorstellungen von sozialer Gerechtigkeit widersprechen.

Im 19. Jahrhundert gab es insbesondere in England eine auf den Prinzipien des **Liberalismus** beruhende Wirtschaftsordnung. Die damit einhergehende Wirtschaftspolitik, die auch als **Laissez-faire-Liberalismus**[1] oder **Manchester-Liberalismus**[2] bezeichnet wird, war durch eine äußerst starke Zurückhaltung des Staates gekennzeichnet (Nachtwächterstaat). Eine ausschließlich an den Eigeninteressen der Menschen orientierte Wirtschaftsordnung, die nur durch den Marktmechanismus gelenkt wird, kann aber zu erheblichen Fehlentwicklungen führen. Der von A. SMITH in diesem Zusammenhang behauptete Wohlstand für die gesamte Gesellschaft tritt keineswegs in allen Fällen ein.

Aufg. 3.1.1 S. 116

Insbesondere folgende Mängel machen staatliche Eingriffe in das Wirtschaftsgeschehen einer Marktwirtschaft notwendig:

---

1 laissez faire, laissez passer (deutsch: lasst machen, lasst gehen). Im 17. Jh. in Frankreich als Motto für die Beseitigung hinderlicher Staatseingriffe in den Wirtschaftsablauf entstandene Redewendung.

2 Diese Bezeichnung geht auf die Forderung einiger Industrieller aus der englischen Stadt Manchester zurück, die jegliche Eingriffe des Staates in das Wirtschaftsgeschehen unterbinden wollten.

Fehlentwicklungen einer rein marktwirtschaftlichen Ordnung

Unsoziale Einkommens- und Vermögensverhältnisse	Die Voraussetzungen zur Einkommens- und Vermögenserzielung, nämlich Intelligenz, Leistungs- und Durchsetzungsfähigkeit, ererbtes Vermögen, Eigentum an Produktionsmitteln u. Ä. sind in der Realität ungleich verteilt. Daher ist eine ungleiche Einkommens- und Vermögensverteilung die zwangsläufige Folge einer freien Marktwirtschaft. Es besteht die Tendenz, dass Arme immer ärmer und Reiche immer reicher werden.
Soziale Missstände durch Versagen des Arbeitsmarktes	Befürworter der freien Marktwirtschaft behaupteten, es würde sich automatisch Vollbeschäftigung einstellen. Statt dessen können sich auf einem freien Arbeitsmarkt Marktmacht der Arbeitgeber, starke Abhängigkeit der besitzlosen Arbeitnehmer und ein Lohnniveau unterhalb des Existenzminimums einstellen.
Einschränkung des Leistungswettbewerbs zwischen den Anbietern	Durch die Ungleichheiten bei der Einkommens- und Vermögensverteilung entsteht Marktmacht. Diese kann dazu missbraucht werden, mögliche Konkurrenten vom Markt fern zu halten, vorhandene Konkurrenten zu verdrängen und überhöhte Preise von den Konsumenten zu verlangen. Durch die Ausnutzung der Vertragsfreiheit können Absprachen zwischen Unternehmen zur Ausschaltung des Wettbewerbs getroffen werden. Dadurch entstehen Kartelle und Monopole, die zu einer weiteren Konzentration von wirtschaftlicher und politischer Macht führen. Wettbewerbsbeschränkungen machen den Preismechanismus als das entscheidende Koordinations-, Anreiz- und Kontrollsystem einer Marktwirtschaft funktionsunfähig.
Unterversorgung mit öffentlichen Gütern und Überbeanspruchung von Umweltgütern	Ohne wirtschaftliche Einflussnahme des Staates kommt es in einer Marktwirtschaft zu einer Unterversorgung mit öffentlichen Gütern (z. B. Infrastruktur, Gesundheits- und Bildungswesen), da solche Güter nicht oder nicht im erwünschten Umfang von privaten Anbietern über den Markt bereitgestellt werden. Auch bei der Nutzung von Umweltgütern liegt ein solches Marktversagen vor.
Wirtschaftskrisen	Kritiker der freien Marktwirtschaft behaupten, dass ein rein marktwirtschaftliches System regelmäßig wiederkehrende Wirtschaftskrisen auslöst. Die in der Realität beobachtbaren Konjunkturschwankungen werden als Beleg dafür herangezogen, dass die von der klassischen Arbeitsmarkttheorie behauptete Tendenz zur Vollbeschäftigung ohne staatliche Eingriffe in Wirklichkeit nicht besteht. Von Befürwortern des marktwirtschaftlichen Systems wird dagegen behauptet, dass gerade die staatliche Einflussnahme auf den Wirtschaftsprozess die Wirtschaftsschwankungen erst hervor ruft.

Aufg. 3.1.2
S. 118

Geschichtliche Entwicklung der Wirtschaftsordnung

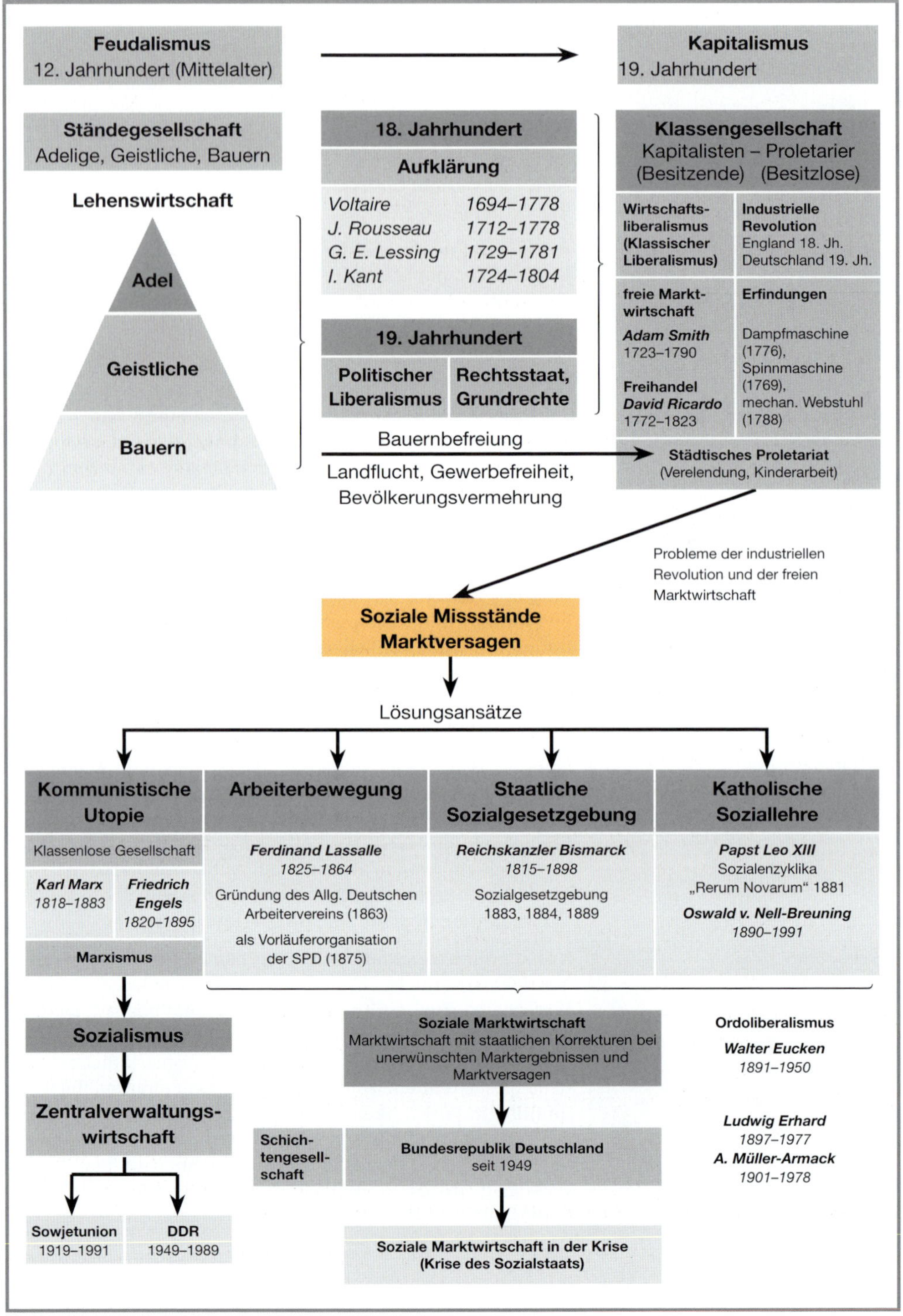

A

Exkurs: Kommunistische Utopie von KARL MARX und FRIEDRICH ENGELS

Als Reaktion auf die im Zusammenhang mit der liberalen Wirtschaftspolitik und der Industrialisierung im 19. Jahrhundert entstandenen sozialen Missstände entwickelten KARL MARX (1818–1883) und sein Freund FRIEDRICH ENGELS (1820–1895) eine **sozialistische Gesellschaftstheorie**[1]. Ihre Kritik richtete sich vor allem gegen die durch Privateigentum an Produktionsmitteln und freies Unternehmertum gekennzeichnete kapitalistische Produktionsweise. Dieses System war ihrer Meinung nach die Ursache für

- die Konzentration (Akkumulation) von immer mehr Produktionsmitteln (Kapital) in der Hand einer kleinen gesellschaftlichen Gruppe (Bourgeoisie, Kapitalisten),
- die Einschränkung der Konkurrenz und die Entwicklung von Monopolen,
- die regelmäßig wiederkehrenden Wirtschaftskrisen und
- die Ausbeutung und Verelendung der Arbeiter (Proletarier).

Nach den Vorstellungen von MARX und ENGELS sollten diese Probleme dadurch gelöst werden, dass das Privateigentum durch gesellschaftliches Eigentum und die Entscheidungsfreiheit des Einzelnen durch eine dem Allgemeinwohl dienende staatliche Planung und Kontrolle ersetzt werden **(Zentralverwaltungswirtschaft)**. Dem liegen die Norm- und Wertvorstellungen des **Kollektivismus** zugrunde, demzufolge nicht der einzelne Mensch, sondern die Gemeinschaft Bezugspunkt allen Handelns sein soll. Die von MARX und ENGELS entwickelte Utopie einer zukünftigen klassenlosen Gesellschaft, in der die Produktionsmittel in Gemeineigentum überführt sind, die soziale Gleichstellung der Menschen verwirklicht ist, „jeder nach seinen Fähigkeiten" leistet und „jedem nach seinen Bedürfnissen" zugeteilt wird, wird als **Kommunismus** bezeichnet.

> *Frage:* „Welcher Art wird diese neue Gesellschaftsordnung sein müssen?"
>
> *Fr. Engels:* „Sie wird vor allen Dingen den Betrieb der Industrie und aller Produktionszweige überhaupt aus den Händen einzelner, einander Konkurrenz machender Individuen nehmen und dafür alle diese Produktionszweige durch die ganze Gesellschaft, das heißt für gemeinschaftliche Rechnung, nach gemeinschaftlichem Plan und unter Beteiligung aller Mitglieder der Gesellschaft betreiben lassen müssen. ... Das Privateigentum wird ... abgeschafft werden müssen und an seine Stelle wird die gemeinsame Benutzung aller Produktionsinstrumente und die Verteilung aller Produkte nach gemeinsamer Übereinkunft oder die so genannte Gütergemeinschaft stehen."
>
> *Friedrich Engels, Grundzüge des Kommunismus, 1847 (Entwurf für das 1848 veröffentliche Kommunistische Manifest), abgedruckt in der Schriftenreihe Demokratie und Sozialismus Heft 4, Offenbach 1947, S. 22*

3.1.2 Ordnungspolitisches Leitbild der Sozialen Marktwirtschaft

Die „Väter" der Sozialen Marktwirtschaft

Die theoretischen Grundlagen der in der Bundesrepublik Deutschland seit ihrer Gründung im Jahr 1949 bestehenden Wirtschaftsordnung gehen auf die als **Ordoliberalismus** bezeichnete Denkrichtung der sog. FREIBURGER SCHULE um WALTER EUCKEN zurück. Ihre konkrete Ausgestaltung in der Realität erfuhr diese Wirtschaftsordnung durch den ersten Wirtschaftsminister der Bundesrepublik Deutschland, LUDWIG ERHARD[2], und seinen Mitarbeiter ALFRED MÜLLER-ARMACK[3]. Grundlage ist die ordnungspolitische Konzeption der **Sozialen Marktwirtschaft**, die das marktwirtschaftliche Prinzip mit dem des sozialen Ausgleichs zu verbinden versucht.

Die Vertreter einer Sozialen Marktwirtschaft sehen das vorrangige Ziel staatlicher Wirtschaftspolitik in der Schaffung und Sicherung einer **Wettbewerbsordnung**.

1 Karl Marx, Friedrich Engels, Werke. Hrsg.: Institut für Marxismus-Leninismus, 39 Bände, Berlin (Ost), 1956 ff.
2 Ludwig Erhard (1897–1977), Professor für Volkswirtschaftslehre; 1949–1963 Bundeswirtschaftsminister; 1963–1966 Bundeskanzler
3 Alfred Müller-Armack (1901–1978), Professor für Volkswirtschaftslehre in Köln; 1958–1963 Staatssekretär im Bundeswirtschaftsministerium

Walter Eucken (1891–1950) gilt als der „geistige Vater“ der Sozialen Marktwirtschaft

Ludwig Erhard (1897–1977) gilt als der „politische Vater“ der Sozialen Marktwirtschaft

Soziale Marktwirtschaft

„Der Begriff der Sozialen Marktwirtschaft kann ... als eine ordnungspolitische Idee definiert werden, deren Ziel es ist, auf der Basis der Wettbewerbswirtschaft die freie Initiative mit einem gerade durch die marktwirtschaftliche Leistung gesicherten sozialen Fortschritt zu verbinden ... *Sinn der Sozialen Marktwirtschaft ist es, das Prinzip der Freiheit auf dem Markte mit dem des sozialen Ausgleichs zu verbinden.*“

A. Müller-Armack, Artikel „Soziale Marktwirtschaft“, in: V. Beckerath u. a. (Hrsg.), Handwörterbuch der Sozialwissenschaften, Bd. 9, Stuttgart 1956, S. 390

Merkmale der Sozialen Marktwirtschaft

Von den Vertretern der Sozialen Marktwirtschaft wird ausdrücklich anerkannt, dass der **Leistungswettbewerb** wegen fehlender Start- und Chancengleichheit zwangsläufig zu einer **ungleichen Einkommens- und Vermögensverteilung** führt. Dadurch sind auch die Möglichkeiten ungleich verteilt, sich selbst gegen bestimmte Lebensrisiken (z. B. Alter, Krankheit, Invalidität, unverschuldete Arbeitslosigkeit) ausreichend abzusichern. Daher wird über die staatlichen Maßnahmen zur Gestaltung der Wettbewerbsordnung hinaus auch eine „Spezielle Sozialpolitik“ zur Schließung dieser „Gerechtigkeitslücke“ als notwendig angesehen.[1] Die Konzeption der Sozialen Marktwirtschaft sieht also **ergänzend** zur staatlich garantierten **Wettbewerbsordnung** eine **Sozialordnung** vor, die auch die **Korrektur der Marktergebnisse** nach sozialen Gerechtigkeitsvorstellung durch spezielle Maßnahmen zur Einkommensumverteilung und sozialen Sicherung umfasst.

In einer am Leitbild der Sozialen Marktwirtschaft orientierten Wirtschaftsordnung erfolgt die Lenkung des Wirtschaftsprozesses durch den freien Markt und Wettbewerb. Wenn das Marktergebnis sozial unerwünscht ist oder als ungerecht angesehen wird, greift der Staat korrigierend ein.

3.1.3 Ordnungsmerkmale der Sozialen Marktwirtschaft

„Die gegenwärtige Wirtschafts- und Sozialordnung ist zwar eine nach dem Grundgesetz mögliche, keineswegs aber die allein mögliche.“

Urteil des BverfG vom 20.07.1954

Die Soziale Marktwirtschaft ist das Leitbild einer Wirtschaftsordnung, die bei ihrer konkreten Ausgestaltung in der Bundesrepublik Deutschland im Laufe der Zeit Wandlungen unterlag und für künftige Gestaltungsaufgaben offen ist. Im **Grundgesetz** der Bundesrepublik ist **keine bestimmte Wirtschaftsordnung** verankert. Vielmehr lässt das Grundgesetz verschieden ausgestaltete reale Wirtschaftsordnungen zu. Allerdings ist das Grundgesetz weder mit einer Zentralverwaltungswirtschaft noch mit einer freien Marktwirtschaft zu vereinbaren.

Mit dem Grundgesetz der Bundesrepublik Deutschland ist weder eine freie Marktwirtschaft noch eine Zentralverwaltungswirtschaft zu vereinbaren. Das Grundgesetz schreibt keine bestimmte Wirtschaftsordnung vor. Es lässt vielmehr verschiedene Ausgestaltungsmöglichkeiten zu.

1 Vgl. W. Eucken, Grundlagen der Wirtschaftspolitik, (1952), 6. Aufl. Stuttgart 1990, S. 318 ff.

Aufg. 3.1.3
S. 118

**Grundgesetz der Bundesrepublik Deutschland
vom 23. Mai 1949**

Mit einer Zentralverwaltungswirtschaft unvereinbare Grundrechte	Mit einer freien Marktwirtschaft unvereinbare Verpflichtungen und Rechte
Art. 2: Entfaltung der Persönlichkeit (1) Jeder hat das Recht auf die freie Entfaltung seiner Persönlichkeit, soweit er nicht die Rechte anderer verletzt und nicht gegen die verfassungsmäßige Ordnung oder das Sittengesetz verstößt. (2) Jeder hat das Recht auf Leben und körperliche Unversehrtheit. Die Freiheit der Person ist unverletzlich. In diese Rechte darf nur auf Grund eines Gesetzes eingegriffen werden.	**Art. 14 (2): Sozialpflichtigkeit des Eigentums** (2) Eigentum verpflichtet. Sein Gebrauch soll zugleich dem Wohle der Allgemeinheit dienen. **Art. 14 (3): Enteignung zugunsten des Allgemeinwohls** (3) Eine Enteignung ist nur zum Wohle der Allgemeinheit zulässig. Sie darf nur durch Gesetz oder auf Grund eines Gesetzes erfolgen, das Art und Ausmaß der Entschädigung regelt. ...
Art. 5: Recht auf freie Meinungsäußerung (1) Jeder hat das Recht, seine Meinung in Wort, Schrift und Bild frei zu äußern und zu verbreiten und sich aus allgemein zugänglichen Quellen ungehindert zu unterrichten. Die Pressefreiheit und die Freiheit der Berichterstattung durch Rundfunk und Film werden gewährleistet. Eine Zensur findet nicht statt.	**Art 15 (1): Recht auf Überführung in Gemeineigentum** (1) Grund und Boden, Naturschätze und Produktionsmittel können zum Zwecke der Vergesellschaftung durch ein Gesetz, das Art und Ausmaß der Entschädigung regelt, in Gemeineigentum oder in andere Formen der Gemeinwirtschaft überführt werden. ...
Art. 9: Vereinigungsfreiheit (1) Alle Deutschen haben das Recht, Vereine und Gesellschaften zu bilden. (3) Das Recht, zur Wahrung und Förderung der Arbeits- und Wirtschaftsbedingungen Vereinigungen zu bilden, ist für jedermann und für alle Berufe gewährleistet. Abreden, die dieses Recht einschränken oder zu behindern suchen, sind nichtig, hierauf gerichtete Maßnahmen sind rechtswidrig	**Art. 20 (1): Sozialer Bundesstaat** (1) Die Bundesrepublik Deutschland ist ein demokratischer und sozialer Bundesstaat. **Art. 20 (a): Umweltschutz** Der Staat schützt auch in Verantwortung für die künftige Generation die natürlichen Lebensgrundlagen und die Tiere im Rahmen der verfassungsmäßigen Ordnung ...
Art. 11: Recht auf Freizügigkeit Alle Deutschen genießen Freizügigkeit im gesamten Bundesgebiet. **Art. 12: Berufsfreiheit** (1) Alle Deutschen haben das Recht, Beruf, Arbeitsplatz und Ausbildungsstätte frei zu wählen. Die Berufsausübung kann durch Gesetz oder auf Grund eines Gesetzes geregelt werden. (2) Niemand darf zu einer bestimmten Arbeit gezungen werden, ...	**Art. 28(1): Sozialer Rechtsstaat** (1) Die verfassungsmäßige Ordnung in den Ländern muss den Grundsätzen des republikanischen, demokratischen und sozialen Rechtsstaates im Sinne dieses Grundgesetzes entsprechen. **Art. 109(2): Berücksichtigung des gesamtwirtschaftlichen Gleichgewichts durch Bund und Länder** (2) Bund und Länder haben bei ihrer Haushaltswirtschaft den Erfordernissen des gesamtwirtschaftlichen Gleichgewichts Rechnung zu tragen.
Art. 14(1): Recht auf Privateigentum (1) Das Eigentum und das Erbrecht werden gewährleistet. Inhalt und Schranken werden durch die Gesetze bestimmt. (2) Eigentum verpflichtet. Sein Gebrauch soll zugleich dem Wohle der Allgemeinheit dienen. (3) Eine Enteignung ist nur zum Wohle der Allgemeinheit zulässig. Sie darf nur durch Gesetz oder auf Grund eines Gesetzes erfolgen, das Art und Ausmaß der Entschädigung regelt. ...	

Aufg. 3.1.4 S. 118 Die folgenden Ausprägungen der **Ordnungsmerkmale** können als systembestimmende Elemente einer Sozialen Marktwirtschaft angesehen werden:

freie Marktwirtschaft	Merkmale	Soziale Marktwirtschaft
keine Eingriffe in das Wirtschaftsgeschehen, nur Schutz- und Ordnungsmaßnahmen („Nachtwächterstaat“)	**Rolle des Staates**	**Eingriffe des Staates in das Wirtschaftsgeschehen** zur ■ Sicherung des Wettbewerbs (Wettbewerbspolitik) ■ Wahrung sozialer Gerechtigkeit (Sozial- und Einkommenspolitik) ■ Erreichung des gesamtwirtschaftlichen Gleichgewichts (Wachstums-, Konjunktur- und Strukturpolitik)
uneingeschränktes Privateigentum an Produktionsmitteln, keine Sozialbindung des Eigentums	**Eigentumsform**	**Einschränkung der Eigentumsgarantie:** Grundsätzlich wird das Privateigentum garantiert. Zugunsten des Allgemeinwohls sind aber Enteignungen zulässig (z. B. Grundstücksenteignung für den Bau von Straßen). Auch Staatseigentum ist möglich (z. B. öffentliche Unternehmen für Verkehr, Energieversorgung usw.). Zweckentfremdungsverbot: Vermieter dürfen Wohnraum nicht ohne Genehmigung anderweitig nutzen (z. B. für Gewerbebetrieb) und können u. U. verpflichtet werden, leer stehenden Wohnraum zu vermieten. Mitbestimmung von Arbeitnehmern im Aufsichtsrat von Kapitalgesellschaften
freie Preisbildung auf allen Märkten, nur der Preismechanismus soll das Wirtschaftsgeschehen steuern („invisible hand“)	**Wettbewerb und Preisbildung**	**Einschränkung des freien Wettbewerbs und der freien Preisbildung:** Wettbewerb und freie Preisbildung sind die Grundprinzipien. Auf Teilmärkten greift der Staat aber in die Preisbildung ein oder tritt selbst als Anbieter auf (z. B. Preisregulierung auf dem Agrarmarkt, staatliche Monopole bei Wasser- und Energieversorgung, Bereitstellung öffentlicher Güter).
weitgehende Vertragsfreiheit (einschließlich Kartellverträgen), Formfreiheit von Verträgen	**Verträge**	**Einschränkung der Vertragsfreiheit:** Verträge zur Bildung von Kartellen und anderen wettbewerbsbeschränkende Vereinbarungen sind nichtig. Das gilt auch für Verträge, bei denen schwächere Vertragspartner übervorteilt werden (z. B. Wucher, Ausnutzung einer Notlage). Schutzgesetze (z. B. Verbraucherschutz, Arbeitsschutz) schränken die Vertragsfreiheit zugunsten des schwächeren Vertragspartners ein.
weitgehende Produktions- und Gewerbefreiheit	**Produktion/ Handel**	**Einschränkung der Produktions- und Gewerbefreiheit:** Betriebe, von denen eine Gefährdung der Gesundheit und/oder der Sicherheit der Bevölkerung ausgehen kann, sind genehmigungspflichtig und unterstehen staatlicher Kontrolle (z. B. Gaststätten, Apotheken, Kernkraftwerke).
Freihandel (freie Im- und Exporte ohne Zölle)	**Außenhandel**	**Einschränkung des Freihandels:** Staatliche Genehmigung für bestimmte Exportgüter (z. B. Waffenexporte); Importzölle für bestimmten Produkte zum Schutz der inländischen Produzenten (z. B. Agrarprodukte, Textilien).
weitgehende Konsumfreiheit	**Konsum**	**Einschränkung der Konsumfreiheit:** Konsumgüter, die Gesundheitsgefährdungen mit sich bringen können, sind nicht frei verkäuflich (z. B. Medikamente, Rauschgift, Waffen).
freie Berufs- und Arbeitsplatzwahl, Freizügigkeit	**Beruf/ Arbeitsplatz**	**Einschränkung der Berufs- und Arbeitsplatzwahl:** Bestimmte Berufsgruppen müssen sich staatlichen Prüfungen unterziehen (z. B. Ärzte, Lehrer, Juristen) und benötigen für ihre Niederlassung eine staatliche Zulassung (z. B. Notare).
freie Lohnbildung am Arbeitsmarkt, keine Gewerkschaften, keine Mindestlöhne	**Arbeitsmarkt**	**Koalitionsfreiheit und Tarifverhandlungen:** Gewerkschaften und Arbeitgeberverbände handeln Löhne und Arbeitsbedingungen aus. Der Staat greift in diese Verhandlungen nicht ein (Tarifautonomie). Staatliche Maßnahmen zur Einkommensumverteilung (z. B. Kindergeld, Wohngeld, progressiver Einkommensteuertarif).

Zusammenfassende Übersicht Kap. 3.1: Grundlagen der Sozialen Marktwirtschaft

Idealtypische Wirtschaftsordnungen

Modell der freien Marktwirtschaft ← **Idealtypen** → **Modell der Zentralverwaltungswirtschaft**

Realtypen

Laissez-faire-Wirtschaft
(klassischer Wirtschaftsliberalismus)
„Nachtwächterstaat"

Probleme

Benachteiligung Leistungsschwächerer	**Ausschaltung des Wettbewerbs durch Absprachen**	**Marktversagen**		
unsoziale Einkommens- und Vermögensverteilung	Kartelle → Unternehmenskonzentration → wirtschaftliche Macht → politische Macht	soziale Missstände durch Versagen des Arbeitsmarktes, Wirtschaftskrisen	fehlende Bereitstellung öffentlicher Güter	Umweltverschmutzung (externe Kosten)

Rechtliche Grundlagen
Grundgesetz der Bundesrepublik Deutschland

Geistige Grundlagen	**Soziale Marktwirtschaft in der Bundesrepublik Deutschland**	Politische Grundlagen
Ordoliberalismus Walter Eucken	Sinn der Sozialen Marktwirtschaft ist es, das Prinzip der Freiheit auf dem Markte mit dem des sozialen Ausgleichs zu verbinden. A. Müller-Armack	**Wirtschaftspolitik** A. Müller-Armack Ludwig Erhard

Wettbewerbsordnung Wettbewerbspolitik des Staates	**Sozialordnung** Sozialpolitik des Staates

Staatliche Eingriffe

Einschränkung der Eigentumsgarantie	Einschränkung der Vertragsfreiheit	Einschränkung der Produktions- und Gewerbefreiheit	Einschränkung der Konsumfreiheit	Einschränkung der Berufs- und Arbeitsplatzwahl

Fragen zur Wiederholung

zu Kapitel 3.1 Grundlagen der Sozialen Marktwirtschaft

3.1.1 Abweichungen zwischen Modell und Realität marktwirtschaftlicher Ordnung

1. Nennen Sie Mängel und Fehlentwicklungen einer freien Marktwirtschaft.
2. Erläutern Sie anhand der Abb. auf S. 110 die geschichtliche Entwicklung zur Wirtschaftsordnung der Sozialen Marktwirtschaft.

3.1.2 Ordnungspolitisches Leitbild der Sozialen Marktwirtschaft

1. Wer war Walter Eucken und welche Bedeutung hatte er für die Soziale Marktwirtschaft?
2. Wer war Ludwig Erhard und welche Bedeutung hatte er für die Soziale Marktwirtschaft?
3. Erläutern Sie das Verhältnis zwischen Wettbewerbs- und Sozialordnung in der Sozialen Marktwirtschaft.

3.1.3 Ordnungsmerkmale der Sozialen Marktwirtschaft

1. Welcher Zusammenhang besteht zwischen dem Grundgesetz und der am Leitbild der Sozialen Marktwirtschaft orientierten Wirtschaftsordnung der Bundesrepublik Deutschland?
2. Unterscheiden Sie die Ordnungsmerkmale einer freien und der Sozialen Marktwirtschaft.
3. Wie greift der Staat in der Sozialen Marktwirtschaft in das Wirtschaftsgeschehen ein?
4. Was ist unter der Tarifautonomie zu verstehen?

Aufgaben und Probleme

zu Kapitel 3.1 Grundlagen der Sozialen Marktwirtschaft

3.1.1 Marktwirtschaft und soziale Missstände: Beispiel Kinderarbeit

Kinderarbeit – damals

Kinderarbeit war in Deutschland bis 1839 gesetzlich nicht beschränkt. Auch eine Schulpflicht stellte kein Hindernis dar, da sie sich noch nicht durchgesetzt hatte. Die Dauer der Arbeitszeit wechselte von Stadt zu Stadt. Für die Zeit um 1825 betrug die übliche Arbeitszeit für Kinder in Dortmund 10 bis 15 Stunden, in Düsseldorf 6 bis 13 Stunden, in Frankfurt 7 bis 16 Stunden und in Berlin 7 bis 12 Stunden.

Frauen und Kinder als Lohndrücker

Durch die Einführung mechanischer Spinnmaschinen und bald auch mechanischer Webstühle nach englischem Vorbild versuchten die deutschen Unternehmer bereits in den 1780er und 1790er Jahren den Anschluss an die englische Textilproduktion zu bekommen. Die Produktion mithilfe von Maschinen erforderte kaum Muskelkraft, sondern weitgehend nur manuelle Geschicklichkeit. Deshalb konnten an diesen Maschinen auch Frauen und Kinder arbeiten. Durch den verstärkten Einsatz von Kinder- und Frauenarbeit in den Fabriken waren für die Fabrikanten die Lohnkosten erheblich niedriger, als dies beim Einsatz männlicher Arbeitskräfte der Fall gewesen wäre. Niedrigere Lohnkosten bedeuteten ein Plus im Konkurrenzkampf mit England, das seinerseits ebenfalls in der Frühindustrialisierungsphase im 18. Jahrhundert die Arbeit an den Maschinen durch Kinder ausführen ließ. Da in den Industriebezirken der Familienvater infolgedessen als Verdiener weitgehend ausfiel, mussten Frau und Kinder diese Funktion übernehmen.

Arno Herzig, das Regulativ vom 9. März 1839. Humanität oder Preußens Gloria?, in: B. Saadi-Varchim, J. Varchim, Kinderarbeit ist verboten, hrsg. von der Bundesanstalt für Arbeitsschutz Dortmund, Gelnhausen 1984, S. 69.

Kinderarbeit – heute

Auf über 200 Millionen schätzt die Internationale Arbeitsorganisation die Zahl der Kinderarbeiter. Tendenz – steigend. Viele dieser Kinder arbeiten unter miserablen Bedingungen, 14 Stunden am Tag, sieben Tage in der Woche, ohne Urlaub und ohne Chance auf eine Schulbildung. Die meisten sind nichts anderes als moderne Sklaven. Die Kosten für die Kinderarbeit sind niedrig. Häufig finden die Kinder in den Bereichen Arbeit, in denen keine Erwachsene arbeiten wollen, weil die Arbeitsbedingungen untragbar sind.

Schuften statt lernen

Zahl der arbeitenden Kinder in ausgewählten Entwicklungsländern in Millionen (Altersgruppe 5–14 Jahre)

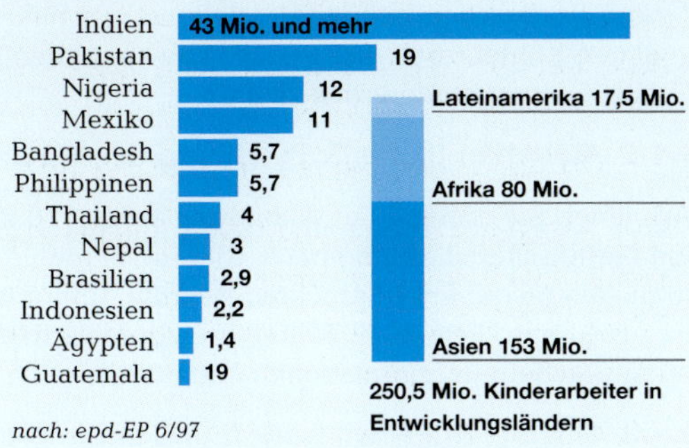

nach: epd-EP 6/97

Kinderblut am Ufer des Ganges

In den verschiedenen Räumen stehen schätzungsweise 100 Knüpfrahmen. Vor jedem kauern, je nach Teppichbreite, bis zu fünf Kinder. Manche sind gerade erst sechs Jahre alt. Von morgens sechs Uhr bis abends acht Uhr schuften die Kleinen – 14 Stunden täglich. Dazwischen eine halbe Stunde Pause – das reicht gerade, um sich einen undefinierbaren Brei zu kochen, zu essen und das Geschirr abzuwaschen. In manchen Räumen hocken über 30 Kinder. Kein Wort fällt. Mit unglaublicher Geschwindigkeit werden die Knoten geknüpft, die Fäden gekappt. Wer die Arbeit unterbricht, riskiert brutale Schläge. Geschlafen wird auf dem Fußboden neben dem Knüpfrahmen. Ins Freie kommen die Kinder praktisch nie.
Zum ersten Mal habe ich mit eigenen Augen gesehen, was mir Menschenrechtler schon oft geschildert haben: Sklavenkinder, aus weit entfernten Regionen hierher verschleppt, jahrelang ohne Kontakt zu irgendwelchen Verwandten, ohne Freunde, ohne Spielen, ohne Schule, sieben Tage in der Woche gequält.

Karl-Albrecht Imme, Asien: Kinderblut am Ufer des Ganges, in: Ein Recht auf Kinderarbeit?, hrsg. von terre des hommes. Osnabrück 1997, S. 6–7.

Bericht über Kinderprostitution in Thailand

Eine der verbreitetesten Formen von Kinderarbeit ist die Prostitution. Allein in Indien werden 400 000 Kinder auf den Strich geschickt, in Brasilien sind es über 300 000, auf den Philippinen 60 000 und in Sri Lanka 30 000. In Thailand arbeiten mindestens 800 000 Mädchen – zum Teil nicht älter als acht Jahre – als Prostituierte.
Noom war neun Jahre alt, als ihn seine Eltern zum Geldverdienen einem Arbeitsvermittler übergaben. Der Junge wurde in das „Sexparadies“ Pattaya verkauft. Im dunklen Hinterzimmer einer Bar musste er nun tagein, tagaus die sexuellen Wünsche erwachsener Männer aus Übersee befriedigen. Mit 15 starb Noom an AIDS.

Brot für die Welt/MISEREOR/terre des hommes (Hrsg.), „Gemeinsam gegen Kinderarbeit“. o. O., o. J.

1. Überlegen Sie, inwieweit die beschriebenen sozialen Missstände mit der Wirtschaftsordnung einer freien Marktwirtschaft zusammenhängen können.
2. Lassen sich Gemeinsamkeiten und Unterschiede zwischen Kinderarbeit in Deutschland um 1800 und in den Entwicklungsländern heute feststellen?
3. Warum gibt es die beschriebenen Missstände in Deutschland heute nicht?

www

4. Bilden Sie in Ihrer Klasse vier Arbeitsgruppen und führen Sie ein **WebQuest**[1] zum Thema „Kinderarbeit heute" mit folgenden Fragestellungen durch: Haben Sie beim Einkauf von (Trend-)Klamotten schon mal über die Herkunft dieser Kleidungstücke und die Bedingungen, unter denen sie angefertigt wurden, nachgedacht?, In welchen Ländern gibt es Kinderarbeit bei der Herstellung von Bekleidung?, Wie alt sind diese Kinder?, Welche Motive und Gründe gibt es für den Einsatz von Kinderarbeit bei der Herstellung von Bekleidung?, Welche Maßnahmen und Kampagnen gegen Kinderarbeit gibt es?, Welche konkreten Möglichkeiten stehen Ihnen zur Verfügung, um etwas gegen Kinderarbeit zu tun?

3.1.2 Geschichtliche Entwicklung der Wirtschaftsordnung

Vollziehen Sie anhand der Abbildung auf S. 110 die geschichtliche Entwicklung der Wirtschafts- und Gesellschaftsordnung nach. Klären Sie mithilfe Ihres Geschichtsbuches und/oder einer Internetrecherche die fett gedruckten Begriffe. Informieren Sie sich über die Rolle und die Bedeutung der erwähnten Personen. Halten Sie vor Ihrer Klasse ein Kurzreferat unter Verwendung der von Ihnen beschafften Informationen und erläutern Sie die in der Abb. dargestellten Zusammenhänge.

3.1.3 Soziale Marktwirtschaft und Grundgesetz

Begründen Sie anhand der Gegenüberstellung auf S. 113, warum die dort aufgeführten Grundgesetzartikel

- nicht mit einer freien Marktwirtschaft
- nicht mit einer Zentralverwaltungswirtschaft

zu vereinbaren sind.

3.1.4 Prioritätenspiel: Was kennzeichnet die Soziale Marktwirtschaft?

Führen Sie in Ihrer Klasse ein Prioritätenspiel zum Thema „Was kennzeichnet die Soziale Marktwirtschaft?" durch.

Bei diesem Spiel muss sich jeder Teilnehmer zunächst darüber Klarheit verschaffen, was er unter einer sozialen Marktwirtschaft versteht und welche Teilaspekte ihm besonders wichtig erscheinen. Auf der Basis der unterschiedlichen Auffassungen soll eine möglichst große Übereinstimmung hinsichtlich der Vorstellungen über die wesentlichen Merkmale einer sozialen Marktwirtschaft hergestellt werden.

Spielbeschreibung und Spielunterlagen befinden sich auf der Begleit-CD.

3.2 Wettbewerbsordnung

3.2.1 Wettbewerbssicherung als staatliche Aufgabe

Wettbewerb ist das Grundelement jeder Marktwirtschaft. Ohne **Wettbewerb** kann der **Preis** seine für die **Steuerung** und **Koordination** des Wirtschaftsprozesses unerlässlichen Funktionen nicht erfüllen. Die geschichtlichen Erfahrungen zeigen aber, dass in einer Marktwirtschaft Tendenzen zur Einschränkung des Wettbewerbs und damit zur Selbstauflösung dieser Wirtschaftsordnung bestehen, wenn der Wettbewerb nicht durch staatliche Maßnahmen gesichert wird. Unternehmen haben nämlich das Bestreben, sich den Zwängen und Kontrollen des Wettbewerbs zu entziehen und sich vor Konkurrenten zu schützen, indem sie z. B.

1 Eine genaue Beschreibung der Vorgehensweise, Arbeitsaufträge für die einzelnen Gruppen, gezielte Internetadressen und Präsentationsvorschläge finden sich auf der Begleit-CD.

- untereinander wettbewerbsbeschränkende Vereinbarungen treffen **(Kartell)**,
- ihre Marktmacht durch Unternehmenszusammenschlüsse erhöhen **(Fusion)**,
- ihre Marktmacht dazu benutzen, andere Wettbewerber vom Markt auszuschließen **(Missbrauch marktbeherrschender Stellung)**.

Unbegrenzte Vertragsfreiheit und weit gehender Verzicht auf Staatseingriffe sind Ursache für eine zunehmende Ausschaltung des Wettbewerbs durch **Kartelle** (= Kollektivmonopole) und eine wachsende **Monopolisierung**.

Ein Kartell ist ein Zusammenschluss von rechtlich selbständig bleibenden Unternehmen der gleichen Wirtschaftsstufe, die durch Vertrag oder Absprache ihre wirtschaftliche Handlungsfreiheit teilweise aufgeben, um den Wettbewerb einzuschränken oder aufzuheben.

Wettbewerbsbeschränkung

„Geschäftsleute des gleichen Gewerbes kommen selten ... zusammen, ohne dass das Gespräch in einer Verschwörung gegen die Öffentlichkeit endet oder irgendein Plan ausgeheckt wird, wie man die Preise erhöhen kann. ... Kaufleute sind immer daran interessiert, ... den Wettbewerb einzuschränken. ... doch muss eine Beschränkung der Konkurrenz ... stets schaden, da diese lediglich dazu dienen kann, dass die Geschäftsleute ihren Gewinn über die natürliche Spanne hinaus erhöhen und gleichsam den Mitbürgern eine absurde Steuer zum eigenen Vorteil auferlegen."

Adam Smith, 1789, a.a.O., S. 112 und 213

Monopolbildung

„Anbieter und Nachfrager suchen stets – wo immer es möglich ist – Konkurrenz zu vermeiden und monopolistische Stellungen zu erwerben oder zu behaupten. Ein tiefer Trieb zur Beseitigung von Konkurrenz und zum Erwerb von Monopolstellungen ist überall und zu allen Zeiten lebendig. ... Warum sollen drei Bäcker in einer Stadt des 13. Jahrhunderts konkurrieren? Sie verabreden sich und bilden ein Monopol, und versuchen darüber hinaus, sich gegen weitere Konkurrenz abzuschirmen. Ähnlich war es vorher, ist es heute und wird es in Zukunft sein. ... Universal besteht der „Hang zur Monopolbildung" – ein Faktum, mit dem alle Wirtschaftspolitik zu rechnen hat. So war es auch in der Zeit liberaler Wirtschaftspolitik."

W. Eucken, Grundsätze der Wirtschaftspolitik, 6. Aufl., Tübingen 1990, S. 31

3.2.2 Wettbewerbspolitik

Rechtliche Grundlage der Wettbewerbspolitik in Deutschland ist das „**Gesetz gegen Wettbewerbsbeschränkungen**" (GWB). Dieses 1958 gegen heftigen Widerstand des Bundesverbandes der Deutschen Industrie (BDI) in Kraft getretene Gesetz wurde vom damalige Wirtschaftsminister Ludwig Erhard als „**Grundgesetz der Marktwirtschaft**" bezeichnet.

Aufg. 3.2.1 S. 122

Die **Wettbewerbspolitik** stützt sich auf folgende Strategien:

Wettbewerbspolitische Strategien		
Wettbewerbsschutz		Wettbewerbsförderung
durch Unterbindung wettbewerbsbeschränkenden Verhaltens	durch Verhinderung wettbewerbsbeschränkender Marktstrukturen	durch Marktöffnung, Privatisierung, Abbau wettbewerbshemmender Vorschriften (Deregulierung)

Zuständig für die im **GWB** vorgesehenen Kontrollen und Maßnahmen ist i.d.R. das **Bundeskartellamt**, das seinen Sitz in Bonn hat. Auf europäischer Ebene werden die Maßnahmen durch die **Wettbewerbspolitik der Europäischen Kommission** ergänzt. Verstöße gegen die gesetzlichen Vorschriften werden mit hohen **Geldbußen** bestraft. Folgende Vorschriften sind besonders bedeutsam:

1. Wettbewerbsbeschränkende Vereinbarungen (§§ 1 bis 13)

Wettbewerbsbeschränkende Vereinbarungen sind grundsätzlich verboten (§ 1 GWB). Ausnahmen von dieser Grundregel sind in den §§ 2 und 3 geregelt.

Verbot wettbewerbsbeschränkender Vereinbarungen § 1	**Vereinbarungen zur Verhinderung, Einschränkung oder Verfälschung des Wettbewerbs**	z.B. Preisabsprachen, Absprachen über Produktionsmengen, Zuweisung von Absatzgebieten, abgestimmte Verhaltensweisen.
Freigestellte Vereinbarungen § 2	**Bestimmte Vereinbarungen sind vom Verbot des § 1 freigestellt.**	„Vereinbarungen zwischen Unternehmen, die unter angemessener Beteiligung der Verbraucher an dem entstehenden Gewinn zur Verbesserung der Warenerzeugung oder -verteilung oder zur Förderung des technischen oder wirtschaftlichen Fortschritts beitragen, ohne dass den Unternehmen Möglichkeiten eröffnet werden, für einen wesentlichen Teil der betreffenden Waren den Wettbewerb auszuschalten." Dazu gehören u.a. Forschungs- und Entwicklungsvereinbarungen, Spezialisierungsvereinbarungen zum Technologietransfer und Vertriebsvereinbarungen.
Mittelstandskartelle § 3	**Rationalisierungskartelle und ähnliche Vereinbarungen können vom Verbot freigestellt werden.**	Vereinbarungen, die der Rationalisierung wirtschaftlicher Vorgänge dienen, die Leistungsfähigkeit der Unternehmen technisch, betriebswirtschaftlich oder organisatorisch wesentlich steigern und dadurch die Nachfrage besser decken.

Nach dem Gesetz gegen Wettbewerbsbeschränkungen (GWB) sind wettbewerbsbeschränkende Vereinbarungen grundsätzlich verboten.

2. Zusammenschlusskontrolle (§§ 35 bis 43)

Zusammenschluss § 37	Ein Zusammenschluss liegt in folgenden Fällen vor: ■ Erwerb des Vermögens eines anderen Unternehmens ganz oder zu einem wesentlichen Teil ■ Erwerb der Kontrolle über andere Unternehmen durch Rechte, Verträge oder andere Mittel ■ Erwerb von Anteilen, wenn sie 50 % oder 25 % des Kapitals oder der Stimmrechte erreichen
Anwendungsbereich der Zusammenschlusskontrolle § 35	Anwendung, wenn im letzten Geschäftsjahr vor dem Zusammenschluss ■ die beteiligten Unternehmen insgesamt weltweit Umsatzerlöse von mehr als 500 Mio. Euro und ■ mindestens ein beteiligtes Unternehmen im Inland Umsatzerlöse von mehr als 25 Mio. Euro erzielt haben.

Beurteilung von Zusammenschlüssen § 36	Ein Zusammenschluss, von dem zu erwarten ist, dass er eine marktbeherrschende Stellung begründet oder verstärkt, ist vom Bundeskartellamt zu versagen, es sei denn, die Unternehmen weisen nach, dass durch den Zusammenschluss auch Verbesserungen der Wettbewerbsbedingungen eintreten und dass diese Verbesserungen die Nachteile der Marktbeherrschung überwiegen.
Anmelde- und Anzeigepflicht § 39	Zusammenschlüsse müssen vorher beim Bundeskartellamt angemeldet werden.

Das Bundeskartellamt kann Zusammenschlüsse von Unternehmen verbieten, wenn zu erwarten ist, dass durch den Zusammenschluss eine marktbeherrschende Stellung entsteht oder verstärkt wird.

3. Verbot des Missbrauchs einer marktbeherrschenden Stellung, Verbot wettbewerbsbeschränkenden Verhaltens (§§ 19 bis 23)

Marktbeherrschung § 19 (1)	**Marktbeherrschung liegt vor, wenn ...**	**Marktbeherrschung wird vermutet, wenn ...**
	▪ ein Unternehmen keinem wesentlichen Wettbewerb ausgesetzt ist oder eine überragende Marktstellung hat oder ▪ zwischen zwei oder mehr Unternehmen kein wesentlicher Wettbewerb besteht und sie eine überragende Marktstellung haben.	▪ ein Unternehmen einen Marktanteil von mindestens $33\,^1/_3$% hat oder ▪ bis zu 3 Unternehmen zusammen einen Marktanteil von mindestens 50 % haben oder ▪ bis zu 5 Unternehmen zusammen einen Marktanteil von mindestens $66\,^2/_3$ % haben.
Verbot des Missbrauchs der Marktbeherrschung § 19 (1) u. (4)	Die missbräuchliche Ausnutzung einer marktbeherrschenden Stellung ist verboten § 19 (1). Ein Missbrauch liegt vor, wenn ein marktbeherrschendes Unternehmen, ▪ die Wettbewerbsmöglichkeiten anderer Unternehmen ohne sachlich gerechtfertigten Grund beeinträchtigt, ▪ Entgelte oder Geschäftsbedingungen fordert, die sich bei wirksamen Wettbewerb wahrscheinlich nicht ergeben würden, ▪ ungünstigere Entgelte oder Geschäftsbedingungen fordert, als es auf vergleichbaren Märkten verlangt, ▪ sich weigert, einem anderen Unternehmen gegen angemessenes Entgelt Zugang zu den eigenen Netzen oder anderen Infrastruktureinrichtungen zu gewähren, wenn es dem anderen Unternehmen sonst nicht möglich ist, auf dem vor- oder nachgelagerten Markt als Wettbewerber des marktbeherrschenden Unternehmens tätig zu werden, ...	
Verbot sonstiger wettbewerbsbeschränkenden Verhaltens §§ 21 bis 23	Diskriminierungsverbot, Verbot unbilliger Behinderung (§ 20) Marktbeherrschende Unternehmen dürfen ▪ andere Unternehmen nicht unbillig behindern oder gegenüber gleichartigen Unternehmen ohne sachlichen Grund unterschiedlich behandeln, ▪ ihre Marktstellung nicht dazu ausnutzen, andere Unternehmen zu veranlassen, ohne sachlichen Grund Vorzugsbedingungen zu gewähren Boykottverbot (§ 21) ▪ Unternehmen dürfen nicht zu Liefer- oder Bezugssperren aufrufen.	

Marktbeherrschenden Unternehmen ist der Missbrauch ihrer Marktstellung verboten. Sie unterliegen der Missbrauchsaufsicht durch das Bundeskartellamt.

Die Wettbewerbspolitik des Bundeskartellamtes wird auf europäischer Ebene durch die **Wettbewerbspolitik der Europäischen Kommission** ergänzt und unterstützt.

Tätigkeitsfelder der Europäischen Wettbewerbspolitik		
Prüfung von Unternehmens-zusammenschlüssen	**Öffnung von Märkten für den Wettbewerb**	**Überwachung staatlicher Beihilfen**
Prüfung von Zusammenschlüssen, die „gemeinschaftsweite" Bedeutung haben (weltweiter Gesamtumsatz der sich zusammenschließenden Unternehmen von mehr als 5 Mrd. EUR und einem Gesamtumsatz in der EU von mehr als 250 Mio. EUR).	Öffnung der Dienstleistungsmärkte (Verkehr, Energie, Post, Telekommunikation) für den Wettbewerb (= Liberalisierung)	Die Förderung von Unternehmen durch EU-Mitgliedsländer (z. B. Förderung der Industrieansiedlung in Ostdeutschland durch Zuschüsse, Zinsvergütungen, Steuerbefreiungen) wird überwacht, um Wettbewerbsverzerrungen zu verhindern.

Zusammenfassende Übersicht zu Kap. 3.2: Wettbewerbsordnung

Aufgaben des Staates in der Sozialen Marktwirtschaft

↓

Sicherung des Wettbewerbs

↓

Wettbewerbspolitik/Verbraucherschutz		
Gesetz gegen Wettbewerbsbeschränkung		
Wettbewerbs-beschränkungsverbot	**Zusammenschluss-kontrolle**	**Missbrauchsaufsicht**
Europäische Wettbewerbspolitik		
Prüfung von Unternehmens-zusammenschlüssen	Öffnung der Märkte für den Wettbewerb	Überwachung staatlicher Beihilfen

Fragen zur Wiederholung

zu Kapitel 3.2 Wettbewerbsordnung

1. Was ist ein Kartell?
2. Welche Regelungen enthält das Gesetz gegen Wettbewerbsbeschränkungen (GWB) hinsichtlich der Kartellbildung, der Unternehmenszusammenschlüsse und der Marktbeherrschung?
3. Nennen und erläutern Sie die Tätigkeitsfelder der Wettbewerbspolitik der Europäischen Kommission.

Aufgaben und Probleme

zu Kapitel 3.2 Wettbewerbsordnung

3.2.1 Kartelle – Unternehmenskonzentration – Wettbewerbspolitik – Gesetz gegen Wettbewerbsbeschränkung

1. Die Chemiekonzerne **BASF**, **Roche** und **Rhone-Poulenc** haben vor einigen Jahren Preisabsprachen für den Verkauf von Vitaminpräparaten getroffen. Die drei Unternehmen beherrschen über 90 % des Weltmarktes für die Vitamine A und E. Die Europäische Kommission verhängte gegen acht am Vitaminkartell beteiligte Unternehmen Geldbußen in Höhe von mehr als 800 Mio. EUR.
   a) Welche Absichten haben die drei Unternehmen mit dieser Maßnahme verfolgt?

b) Legen Sie dar, welche Funktionen des Preises durch eine solche Absprache beeinträchtigt oder außer Kraft gesetzt werden.
c) Warum bleiben Preisabsprachen zwischen Unternehmen langfristig oft erfolglos?
d) Den drei Unternehmen wird auch vorgeworfen, Weiterverarbeitungsbetriebe mit Lieferstopps bedroht sowie Konkurrenten aufgekauft und die Betriebe danach geschlossen zu haben. Welche Absichten wurden mit diesen Maßnahmen verfolgt?
e) Halten Sie eine Bestrafung der beteiligten Unternehmen durch Bußgelder in der angegebenen Höhe für gerechtfertigt?

2. Für die deutsche Lebensmittelbranche liegen folgende Zahlen vor: Auf die zehn größten Handelsketten entfallen 80 % des Lebensmittelumsatzes. Auf die zehn größten Lebensmittelhersteller entfallen 11 % des Umsatzes.
   a) Welche Probleme können sich aus dieser Marktsituation ergeben?
   b) Begründen Sie, ob ein hoher Konzentrationsgrad gleichzeitig bedeutet, dass der Wettbewerb in dieser Branche gering ist.

3. Vierzehn Hersteller von Starkstromkabeln (darunter auch die Siemens AG) haben Lieferaufträge aller Kunden (darunter insbesondere öffentliche Energieversorgungsunternehmen und Stadtwerke) in der Weise gesteuert, dass am Ende einer jeden Periode der Marktanteil jedes beteiligten Herstellers einer vereinbarten Höhe entsprochen hat.
   a) Um welche Art der Wettbewerbsbeschränkung handelt es sich?
   b) Zur Durchsetzung der Vereinbarung sind auch Preis- und Rabattabsprachen erfolgt. Warum?
   c) Die Vereinbarungen hatten jahrzehntelang Bestand. Warum war im vorliegenden Fall nicht mit großem Widerstand der Kunden zu rechnen?

4. Prüfen Sie, ob auf die folgenden Fälle Regelungen des Gesetzes gegen Wettbewerbsbeschränkungen (GWB) anwendbar waren. Mit welchen Maßnahmen des Bundeskartellamtes war ggf. zu rechnen? Begründen Sie ihre Aussagen.
   a) Der **Kaffeeröster Tchibo** wollte 1997 den Konkurrenten **Eduscho** übernehmen. Beide Unternehmen zusammen erreichten einen Marktanteil von ca. 28 %.
   b) Die **Bayerische Vereinsbank** und die **Bayerische Hypotheken und Wechselbank** wollten sich 1998 zusammenschließen (Verschmelzung). Hinsichtlich der Bilanzsumme belegte das neue Unternehmen hinter der Deutschen Bank den zweiten Platz. Sein Marktanteil beim filialgebundenen Geschäft mit Privat- und Firmenkunden (Kontokorrent- sowie kurz- bis mittelfristige Kredite, Sicht-, Spar- und mittelfristige Einlagen) erreichte nur auf einigen regionalen Märkten in Bayern mehr als 20 %.
   c) Die **Lufthansa** verlangte als zeitweiliger Monopolist auf der Strecke Frankfurt – Berlin deutlich höhere Preise als auf anderen vergleichbaren innerdeutschen Strecken, auf denen sie in Wettbewerb mit andern Fluggesellschaften stand. Die hohen Preise wurden mit Verlusten auf anderen innerdeutschen Strecken begründet.
   d) Achtzehn kleine Möbelspeditionen aus Deutschland und Österreich wollten die **„Kooperationsgruppe Euroumzug e.V."** in Wuppertal gründen. Zweck war die Koordinierung der Umzugsleistungen (insbesondere die Vermeidung von Leerfahrten), der gemeinsame Einkauf und die Empfehlung von Preisen.
   e) Die Vertreter bedeutender europäischer Farbenhersteller trafen sich in unregelmäßigen zeitlichen Abständen. Nach einem solchen Treffen erhöhten die betreffenden Unternehmen trotz unterschiedlicher Kostensituation ihre Preise für Teerfarbstoffe in zeitlichem Gleichschritt einheitlich um 8 %. Eine vertragliche Vereinbarung konnte ihnen aber nicht nachgewiesen werden.
   f) Die Nettopreise für Neuwagen sind in Deutschland am höchsten. Vor diesem Hintergrund hat der **VW**-Konzern seine Vertriebspartner in Italien angewiesen, keine VW- oder Audi-Neuwagen an Kunden aus Deutschland oder Österreich zu verkaufen.

5. Informieren Sie sich anhand der Informationsbroschüre des Bundeskartellamtes über aktuelle Praxisfälle in den Bereichen Kartellverbot, Fusionen und Missbrauchsaufsicht. Berichten Sie in Ihrer Klasse über die beteiligten Unternehmen, deren Absichten und die Maßnahmen des Bundeskartellamtes.

   Die Broschüre befindet sich als PDF-Datei auf der Begleit-CD. http://www.bundeskartellamt Auswahl: Publikationen, Informationsbroschüren.

3.3 Arbeits- und Sozialordnung[1]

3.3.1 Grundlagen

Nicht alle Mitglieder der Gesellschaft sind gleichermaßen leistungsfähig, um als Teilnehmer am Wettbewerb auf Arbeits- oder Gütermärkten Leistungseinkommen zu erzielen (z. B. Alte, Kranke, Kinder). Daher wurde bereits von den „Vätern der Sozialen Marktwirtschaft" ausdrücklich betont, dass zum **Wettbewerbsprinzip** zwingend das Prinzip des sozialen Ausgleichs **(Sozialprinzip)** als **gleichrangiges** Kernelement dazugehört. Dieses Sozialprinzip kommt in der Ausgestaltung der **Arbeits- und Sozialordnung** zum Ausdruck.

Wirtschafts-, Arbeits- und Sozialordnung sind Teilordnungen (Subsysteme) der Gesellschaftsordnung. Sie beeinflussen sich in hohem Maße gegenseitig.

Die Arbeits- und Sozialordnung ist die Gesamtheit aller Einrichtungen (z. B. Regeln, Normen, öffentliche und private Institutionen) zur Regelung der sozialen Beziehungen zwischen Mitgliedern einer Gesellschaft soweit diese auf wirtschaftliche Ursachen zurückzuführen sind (z. B. Arbeits-, Einkommens- und Vermögensverhältnisse).

Im Rahmen der **Arbeits- und Sozialordnung** der **Sozialen Marktwirtschaft** steht neben der Schaffung von **Chancengleichheit** die Korrektur der zwangsläufig durch den Marktmechanismus entstehenden ungleichen Einkommens- und Vermögensverteilung im Vordergrund **(Korrektur der Marktergebnisse)**. Darüber hinaus ist für die Fälle, in denen der Markt versagt, eine Absicherung der sozial Schwachen vorgesehen. Dieses Ziel soll aber unter strenger Beachtung des **Subsidiaritätsprinzips** verfolgt werden.

Das Subsidiaritätsprinzip besagt, dass die Leistungen, die der Einzelne und die jeweils kleineren menschlichen Gemeinschaften (Familien, Nachbarschaft) aus eigener Initiative und mit eigenen Kräften erbringen können, nicht der Gesellschaft als Aufgabe zugewiesen werden dürfen (Prinzip der Hilfe zur Selbsthilfe und zur gegenseitigen Hilfe).

Neben dem Subsidiaritätsprinzip ist das **Solidaritätsprinzip** ein weiterer möglicher Grundsatz für die Gestaltung der Sozialordnung.

Nach dem Solidaritätsprinzip ist es ausschließliche Aufgabe von Staat und Gesellschaft, Not leidenden Menschen zu helfen und einen Ausgleich zugunsten der wirtschaftlich und sozial Schwächeren vorzunehmen.

1 Die Inhalte des Kapitels werden ausführlich in der Jahrgangsstufe 2 im Rahmen der Unterrichtseinheiten „Beschäftigungs- und Arbeitsmarktpolitik" sowie „Sozial- und Verteilungspolitik" behandelt. Aktuelle Informationen zur Sozialpolitik finden sich unter: http://www.sozialpolitik-aktuell.de

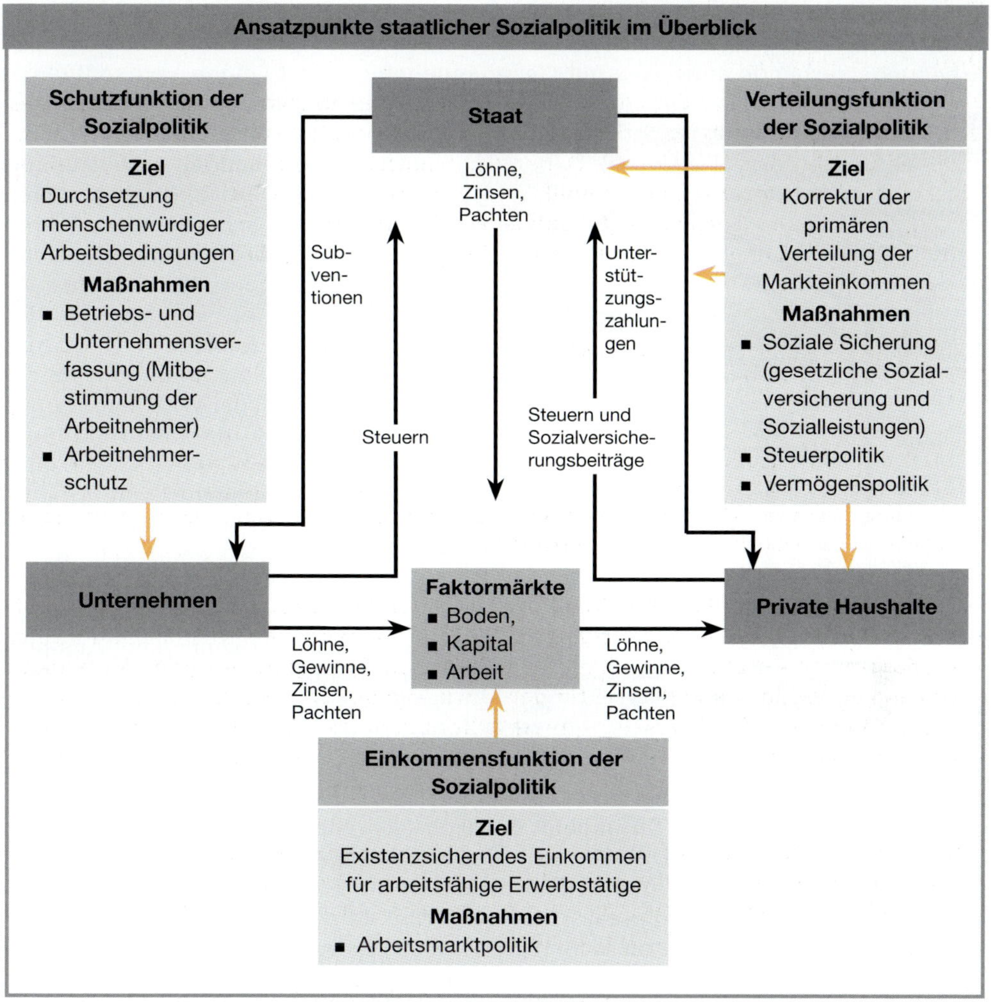

3.3.2 Regelung von Arbeitsbedingungen und Arbeitsmarkt

Tarifautonomie

Art. 9 des Grundgesetztes garantiert die **Koalitionsfreiheit**. Daraus wird die **Tarifautonomie** abgeleitet. Diese besagt, dass nicht der Staat, sondern Gewerkschaften und Arbeitgeberverbände als **Tarifvertragsparteien** die Höhe des Arbeitsentgelts und sonstige Arbeitsbedingungen aushandeln. Der Staat greift in diese Verhandlungen nicht ein.

Aufg. 3.3.1 S. 133

Als Tarifautonomie wird das Recht der Tarifvertragsparteien (Gewerkschaften und Arbeitgeberverbände) bezeichnet, ohne staatliche Einflussnahme die Höhe von Löhnen und Gehältern sowie andere Arbeitsbedingungen in Tarifverträgen zu regeln.

Ablauf der Tarifverhandlungen

Tarifverträge gelten nur für einen vorher vereinbarten Zeitraum. Läuft ein Tarifvertrag aus oder wird der Tarifvertrag von einer der Tarifvertragsparteien gekündigt, sind neue Tarifverhandlungen erforderlich.

Aufg. 3.3.2
S. 134

In der Regel stellen die Gewerkschaften zunächst ihre Forderungen, z. B. nach mehr Lohn- und Gehalt, kürzerer Arbeitszeit oder umfangreicherer Mitbestimmung. Die Arbeitgeberverbände antworten mit Gegenangeboten. In oft langen Verhandlungen muss ein Kompromiss zwischen der Gewerkschafts- und der Arbeitgeberposition ausgehandelt werden. Einigen sich die Tarifvertragsparteien nicht, wird ein Schlichtungsverfahren vor einem Schlichtungsausschuss mit Vertretern beider Tarifvertragsparteien eingeleitet. Vorsitzender des Schlichtungsausschusses ist in der Regel eine unabhängige Persönlichkeit aus Politik oder Wirtschaft.

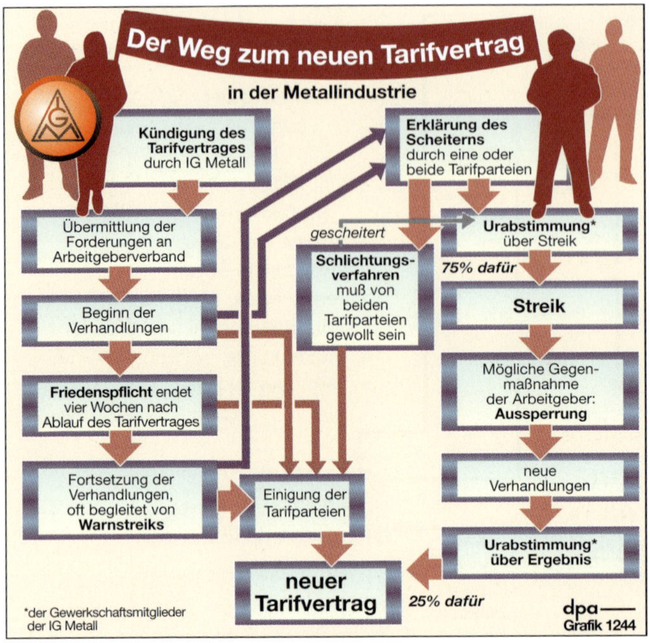

Scheitert auch das **Schlichtungsverfahren**, kann es in einem oder mehreren Unternehmen zum Arbeitskampf (**Streik**) kommen, bei dem mehrere gewerkschaftlich organisierte Arbeitnehmer ihre Arbeit gemeinsam und planmäßig niederlegen. Die Arbeitgeber können mit **Aussperrung** reagieren, d. h. sie verweigern allen Arbeitnehmern des Unternehmens die Möglichkeit zu arbeiten. In diesem Fall erhalten die Arbeitnehmer weder Gehalt noch Gehaltsfortzahlung im Krankheitsfall. Die Gewerkschaften zahlen den gewerkschaftlich organisierten Arbeitnehmern als Ausgleich **Streikgeld**. Die Höhe des Streikgeldes richtet sich nach dem monatlichen Gewerkschaftsbeitrag, der sich wiederum am Arbeitseinkommen eines Arbeitnehmers orientiert. Bis zum Ablauf oder der Kündigung eines Tarifvertrags gilt die **Friedenspflicht**. In diesem Zeitraum dürfen keine Arbeitskampfmaßnahmen ergriffen werden. Dies trägt zur Sicherung des Betriebsfriedens bei und gewährt den Unternehmen eine zuverlässige Planungsgrundlage.

Arbeitsschutz

Aufg. 3.3.3
Aufg. 3.3.4
Aufg. 3.3.5
S. 134 f.

Über die in den Tarifverträgen hinaus vereinbarten Bedingungen übt der **Staat** durch zahlreiche **gesetzliche Regelungen im Arbeits- und Sozialrecht** indirekt erheblichen Einfluss auf die Arbeitsbedingungen und den Arbeitsmarkt aus. Ziel dabei ist es, Arbeitnehmer zu stärken und zu schützen. Zu den wichtigsten Arbeitsschutzbestimmungen *(siehe Übersicht S. 127)* gehören der **Arbeitszeitschutz**, der **Unfallschutz**, die **Lohnfortzahlung im Krankheitsfall** und der **Kündigungsschutz**.

Mitwirkung und Mitbestimmung der Arbeitnehmer durch den Betriebsrat

BetrVG
§ 1

Aufg. 3.3.3
S. 134

In Unternehmen mit in der Regel mindestens fünf Arbeitnehmern, die nach dem **Betriebsverfassungsgesetz** wahlberechtigt und von denen drei wählbar sind, kann ein **Betriebsrat** gebildet werden. Die Zahl der Betriebsratsmitglieder erhöht sich entsprechend der Zahl der beschäftigten Arbeitnehmer. Der Betriebsrat wird alle vier Jahre neu gewählt. Ziel des Betriebsverfassungsgesetzes ist es, die Idee der Partnerschaft durch die Mitwirkungs- und Mitbestimmungsrechte der Mitarbeiter im Betrieb zu verwirklichen. Dabei hat der Betriebsrat über die Einhaltung der zugunsten der Arbeitnehmer geltenden Gesetze, Verordnungen, Unfallverhütungsvorschriften, Tarifverträge und Betriebsvereinbarungen zu wachen.

Wichtige Arbeitsschutzbestimmungen					
	Arbeitszeitschutz	**Arbeits- und Gesundheitsschutz**	**Entgeltschutz**	**Urlaubsschutz**	**Kündigungsschutz**
Allgemeine Schutzbestimmungen für alle Arbeitnehmer	ArbZG § 3 ff. ▪ regelmäßige tägliche Arbeitszeit (auch bei Nachtschicht): 8 Stunden ▪ Ausdehnung auf maximal 10 Stunden möglich ▪ Ruhepausen/ Ruhezeiten	**BGB** § 618 Schutzvorschriften **HGB** § 62 Fürsorgepflicht des Arbeitgebers **ArbSchG** § 3 ff. Von Arbeitsplätzen dürfen keine gesundheitlichen Gefährdungen ausgehen. **ArbStättV** § 3a Nichtraucherschutz	**EntgeltFG** § 3 Anspruch auf Entgeltfortzahlung im Krankheitsfall	**BUrlG** §§ 3 ff. Mindesturlaub 24 Werktage	**BGB** § 622 Regelmäßige Kündigungsfrist: 4 Wochen zum 15. oder zum Ende eines Kalendermonats **KSchG** § 1 Kündigung muss sozial gerechtfertigt sein.
Sonderschutz für langjährig beschäftigte Arbeitnehmer					**BGB** § 622 Verlängerung der Kündigungsfrist bis zu 7 Monaten
Arbeit an Bildschirmarbeitsplätzen		**BildscharbV** Einhaltung von Mindeststandards bei Bildschirmarbeitsplätzen			
Sonderschutz für Frauen	**BGB** § 611a Verbot geschlechtsbezogener Benachteiligung	**AGG** § 3 (4) § 1 ff. Schutz vor sexueller Belästigung am Arbeitsplatz			
Sonderschutz für Mütter (und Väter)	**MuSchG** § 8 Verbot der Mehr-, Sonntags- und Nachtarbeit für werdende und stillende Mütter	**MuSchG** § 4 Verbot schwerer körperlicher Arbeit für werdende Mütter §§ 3, 6 Beschäftigungsverbot 6 Wochen vor und 8 Wochen nach der Entbindung	**BEEG**[1] §§ 1 ff. Anspruch auf Elterngeld bis max. 14 Monate (auch für Väter)	**BEEG** §§ 16 ff. Anspruch auf Elternzeit bis zur Voll. des 3. Lebensjahres eines Kindes (auch für Väter)	**MuSchG** § 9 Kündigungsschutz während der Schwangerschaft und bis 4 Monate nach der Geburt **BEEG** § 18 Kündigungsschutz während der Elternzeit
Sonderschutz für schwerbehinderte Menschen	**SGB IX** § 124 auf Verlangen Freistellung von Mehrarbeit § 81 Besonderer Teilzeitanspruch			**SGB IX** § 125 Anspruch auf Zusatzurlaub	**SGB IX** § 85 Kündigung nur mit Zustimmung des Integrationsamtes
Sonderschutz für Menschen, die nahe Angehörige pflegen	**PflegeZG**[2] § 3 Anspruch auf teilweise Freistellung zur Pflege bis zu 6 Monaten			**PflegeZG** § 2 Anspruch auf Fernbleiben vom Arbeitsplatz bis zu 10 Tagen § 4 Anspruch auf vollständige Freistellung bis zu 6 Monaten	**PflegeZG** § 5 Besonderer Kündigungsschutz in der Pflegezeit
Sonderschutz für Jugendliche	**JArbSchG** ▪ § 8 tägliche Arbeitszeit höchstens 8 Stunden ▪ § 8 wöchentliche Arbeitszeit höchstens 40 Stunden ▪ § 15 Fünftagewoche ▪ § 14, 17 Verbot der Sonntags- und Nachtarbeit	**JArbSchG** ▪ § 5 Verbot der Kinderarbeit (unter 15 Jahren) ▪ §§ 22 f. Beschäftigungsverbot für gefährliche und tempoabhängige Arbeiten (Akkordarbeit) ▪ § 32 Erstuntersuchungspflicht		**JArbSchG** § 19 Erhöhter Urlaubsanspruch: ▪ bis 16 Jahre 30 Werktage ▪ bis 17 Jahre 27 Werktage ▪ bis 18 Jahre 25 Werktage	

1 BEEG: Bundeselterngeld- und Elternzeitgesetz
2 PflegeZG: Pflegezeitgesetz

Mitwirkungs- und Mitbestimmungsrechte der Mitarbeiter im Betrieb zu verwirklichen. Dabei hat der Betriebsrat über die Einhaltung der zugunsten der Arbeitnehmer geltenden Gesetze, Verordnungen, Unfallverhütungsvorschriften, Tarifverträge und Betriebsvereinbarungen zu wachen.

Die abgestuften Betriebsrat-Rechte

Mitbestimmung im engeren Sinne	Der Betriebsrat bestimmt mit:	Arbeitgeber und Betriebsrat haben ein gleichberechtigtes Initiativrecht. Sie können Entscheidungen nur gemeinsam treffen. Bei unüberbrückbaren Meinungsverschiedenheiten entscheidet die Einigungsstelle. Beispiele: Arbeitszeit, Sozialplan, Lohngestaltung
	Der Betriebsrat muss zustimmen:	Der Arbeitgeber darf eine Maßnahme nur mit Einverständnis des Betriebsrats durchführen. Der Betriebsrat hat aber kein Recht zur Durchsetzung eines Alternativvorschlages. Beispiele: Einstellungen, Versetzungen, Ein- und Umgruppierungen
	Der Betriebsrat muss mitberaten:	Arbeitgeber und Betriebsrat erörtern eine Angelegenheit in einem gemeinsamen Gespräch. Beispiele: Gestaltung von Arbeitsplätzen, Arbeitsablauf und Arbeitsumfang
Mitwirkung	Der Betriebsrat muss angehört werden:	Der Arbeitgeber teilt dem Betriebsrat seine Absichten mit und fordert ihn unter Fristsetzung zur Stellungnahme auf. Beispiel: Entlassungen
	Der Betriebsrat muss informiert werden:	Der Arbeitgeber teilt dem Betriebsrat anhand von Unterlagen seine Pläne mit. Beispiel: Personalplanung

In Betriebsvereinbarungen werden für einen bestimmten Betrieb Arbeitsbedingungen (z. B. Arbeitszeit, Überstunden, Urlaub) zwischen dem Betriebsrat und der Unternehmensleitung geregelt.

Mitbestimmung der Arbeitnehmer im Aufsichtsrat von Kapitalgesellschaften

In Unternehmen, die als Kapitalgesellschaften wie z. B. eine Aktiengesellschaft (AG) oder eine Gesellschaft mit beschränkter Haftung (GmbH) geführt werden, besteht bei einer Größenordnung von mehr als 500 Arbeitnehmern, eine zusätzliche Mitbestimmungsmöglichkeit. In solchen Unternehmen können Arbeitnehmervertreter in den **Aufsichtsrat** gewählt werden. Der Aufsichtsrat hat die Aufgabe, die Unternehmensleitung (Vorstand, Geschäftsführer) zu kontrollieren.

Bd Kap. E

Arbeitsmarktpolitik

Für große Teile der Bevölkerung bildet die Erzielung eines Arbeitseinkommens die wirtschaftliche Existenzgrundlage. In der Sozialen Marktwirtschaft sieht der Staat es daher als seine Aufgabe an, durch Eingriffe auf dem Arbeitsmarkt entsprechende Beschäftigungsmöglichkeiten und Beschäftigungsbedingungen zu schaffen und zu sichern, die es den Arbeitskräften ermöglichen, ein ausreichendes Arbeitseinkommen zu erzielen. Eine wichtige gesetzliche Grundlage für die Arbeitsmarktpolitik bildet das Sozialgesetzbuch III (Arbeitsförderung). Darin sind u. a. folgende Maßnahmen, die jeweils von den **Agenturen für Arbeit** getragen werden, vorgesehen: Berufsberatung, Arbeitsvermittlung, Förderung der Berufsausbildung, Förderung der beruflichen Weiterbildung, Zahlung von Arbeitslosen-, Kurzarbeiter- und Insolvenzgeld.[1]

3.3.3 Soziale Sicherung

Leistungen nach dem Versicherungsprinzip: Sozialversicherung

Wesentlicher Bestandteil der **sozialen Sicherung** in Deutschland ist die **gesetzliche Sozialversicherung**. Grundgedanke ist es, solchen Personenkreisen, die nicht in der Lage sind besondere finanzielle Notlagen aus eigener Kraft zu bewältigen, eine Vorsorge durch eine staatliche Pflichtversicherung zu bieten. Diese dient der Abdeckung von

- Lebensrisiken (z. B. Krankheit, Unfall, Alter, Tod eines Familienangehörigen) und
- Beschäftigungsrisiken (z. B. Arbeitslosigkeit, Arbeitsunfall).

1 Insolvenz: Zahlungsunfähigkeit einer Person oder eines Unternehmens

Entstehung des deutschen Sozialversicherungssystems

Das deutsche Sozialversicherungssystem geht in seinen Grundzügen (Krankenversicherung, Unfallversicherung, Invaliden- und Altersversicherung) auf die sozialpolitischen Reformen des deutschen Reichskanzlers Otto von Bismarck (1815–1898) zurück. Bismarck verfolgte mit der Sozialgesetzgebung damals allerdings nicht in erster Linie humanitäre Ziele. Vielmehr wollte er die Arbeiterschaft, die der von ihm geführten Regierung ablehnend gegenüberstand, stärker an den Staat binden.

Zweige der Sozialversicherung

Heute besteht das deutsche Sozialversicherungssystem aus fünf Versicherungszweigen.

Gesetzliche Krankenversicherung (GKV) seit 1883 SGB V	**Soziale Pflegeversicherung (PflV)** seit 1995 SGB XI	**Gesetzliche Unfallversicherung (GUV)** seit 1884 SGB VII	**Gesetzliche Rentenversicherung (GRV)** seit 1889 SGB VI	**Arbeitslosenversicherung (ALV)** seit 1927 SGB III
Wichtige Leistungen				
Förderung der Gesundheit, Verhütung und Früherkennung von Krankheiten, im Krankheitsfall: ärztliche Behandlung, Medikamente, Krankenhausbehandlung, ... Krankengeld	Häusliche Pflege, Pflegegeld für Pflegehilfen, vollstationäre Pflege, ...	Verhütung von Arbeitsunfällen und Berufskrankheiten, im Versicherungsfall: Heilbehandlung, Rehabilitation, Geldleistungen (Verletztengeld, Rente bei geminderter Erwerbsfähigkeit, Hinterbliebenenrente)	Rehabilitation (Erhaltung und Besserung der Erwerbsfähigkeit), Rente wegen Erwerbsminderung, Altersrente, Witwen-/Witwerrente, Waisenrente	Arbeitslosengeld höchstens 12 Monate (für über 55-jährige höchstens 18 Monate und über 58-jährige höchstens 24 Monate) 60% (mit Kind 67%) des Nettolohns (Durchschnitt der letzten 52 versicherungspflichtigen Wochen)

Aufg. 3.3.6, 3.3.7, 3.3.8 S. 135 f.

Im Mittelpunkt der sozialen Sicherung in Deutschland steht das aus Renten-, Arbeitslosen-, Kranken-, Pflege- und Unfallversicherung bestehende Sozialversicherungssystem.

Sozialversicherungsbeiträge

In allen Versicherungszweigen besteht **Versicherungszwang**, von dem nur bestimmte Gruppen (z.B. Selbstständige) ausgenommen sind. Bei der Unfallversicherung erfolgt die Beitragszahlung ausschließlich durch den Arbeitgeber. In den anderen Fällen werden die **Beiträge derzeit noch** größtenteils **je zur Hälfte von Arbeitnehmer und Arbeitgeber** getragen und als **Prozentsatz vom Brutto-Arbeitsverdienst** berechnet.

Seit 2005 wird im Rahmen der Krankenversicherung von den Arbeitnehmern (AN) ein Sonderbeitrag von 0,9 % für Zahnersatz und Krankengeld erhoben. Im Rahmen der Pflegeversicherung zahlen kinderlose Arbeitnehmer, die älter als 22 Jahre sind, einen Zuschlag von 0,25 %. In beiden Fällen entfällt der Arbeitgeberanteil für diesen Zusatzbeitrag.

Aufg. 3.3.9 S. 135

Die Höhe der Sozialversicherungsbeiträge richtete sich somit bisher nach der finanziellen Leistungsfähigkeit des Versicherten. Dessen Risikomerkmale (Alter, Geschlecht, Vorerkrankungen, Gesundheitszustand usw.) sind für die Beitragshöhe unerheblich. Das darin zum Ausdruck kommende **Solidaritätsprinzip** („Einer für alle, alle für einen.") stellt den entscheidenden Unterschied zum **Individualprinzip** („Jeder für sich") einer privaten (Kranken-, Pflege-, Unfall-, Renten-) Versicherung dar.

Berechnung des Nettolohns

Sozialversicherungsbeiträge 01. Jan. 2012

Krankenversicherung:	14,6 % + 0,9 % zusätzlich für AN	**Arbeitslosenversicherung:**	**3,0 %**
Rentenversicherung:	**19,6 %**	**Pflegeversicherung:**	**1,95 %**

Auszüge aus monatlichen Entgeltabrechnungen

Manuela Spicker, 3. Ausbildungsjahr im Ausbildungsberuf Industriekauffrau, 20 Jahre, ledig		Werner Hauser, Abteilungsleiter in einem Kunststoffwerk, 43 Jahre, verheiratet 2 Kinder	
Ausbildungsvergütung brutto	**700,00 EUR**	**Monatsgehalt brutto**	**3 400,00 EUR**
– Lonsteuer	0,00 EUR	– Lonsteuer	323,50 EUR
– Solidaritätszuschlag	0,00 EUR	– Solidaritätszuschlag	0,00 EUR
– Kirchensteuer	0,00 EUR	– Kirchensteuer	4,45 EUR
Zwischensumme (nach Steuern)	700,00 EUR	Zwischensumme (nach Steuern)	3 072,05 EUR
– Krankenvers. 8,2 % (1/2 von 14,6 % + 0,9 %)	57,40 EUR	– Krankenvers. 8,2 % (1/2 von 14,6 % + 0,9 %)	278,80 EUR
– Rentenvers. 9,8 % (1/2 von 19,6 %)	68,60 EUR	– Rentenvers. 9,8 % (1/2 von 19,6 %)	333,20 EUR
– Arbeitslosenvers. 1,65 % (1/2 von 3,0 %)	10,50 EUR	– Arbeitslosenvers. 1,65 % (1/2 von 3,0 %)	51,00 EUR
– Pflegevers. 0,975 % (1/2 von 1,95 %)	6,83 EUR	– Pflegevers. 0,975 % (1/2 von 1,95 %)	33,15 EUR
Nettobezüge	**556,67 EUR**	**Nettobezüge**	**2375,90 EUR**
Der Ausbildungsbetrieb (Arbeitgeber) muss insgesamt **280,36 EUR Gesamtsozialversicherungsbeitrag** (143,33 EUR Arbeitnehmeranteil + 137,03 EUR Arbeitgeberanteil) abführen.		Der Ausbildungsbetrieb (Arbeitgeber) muss insgesamt **1 361,70 EUR Gesamtsozialversicherungsbeitrag** (696,15 EUR Arbeitnehmeranteil + 665,55 EUR Arbeitgeberanteil) abführen.	

Aufgrund seines höheren Einkommens muss Herr Hauser 327,95 EUR mehr Steuern und 552,83 EUR mehr Sozialversicherungsbeiträge zahlen als Frau Spicker. Bei Herrn Hauser betragen die gesamten Abzüge (Lohn- und Kirchensteuer, Arbeitnehmeranteil zur Sozialversicherung) 30,12 % seines Bruttogehalts, bei Frau Spicker dagegen nur 20,48 %. Allerdings genießt Herr Hauser wegen seiner beiden Kinder gegenüber einem Kinderlosen folgende Vorteile: Er zahlt keinen Solidaritätszuschlag sowie eine geringere Kirchensteuer. Außerdem erhält er monatlich 368,00 EUR Kindergeld (184,00 EUR für jedes Kind). Seine Kinder und seine Ehefrau (sofern diese kein eigenes Einkommen erzielt) sind ohne zusätzlichen Beitrag in der gesetzlichen Krankenversicherung mitversichert (Familienversicherung).

Leistungen nach dem Fürsorgeprinzip: Arbeitslosengeld II und Sozialhilfe

Die **Leistungen** aus den fünf Säulen **der Sozialversicherung** werden nach dem **Versicherungsprinzip** gewährt, d. h. die Finanzierung der Leistungen erfolgt aus den Beiträgen der Versicherten. (Allerdings waren in den letzten Jahren erhebliche staatliche Zuschüsse aus Steuermitteln nötig, um die Defizite in der gesetzlichen Renten- und Arbeitslosenversicherung decken können.) Trotz der Leistungen der Sozialversicherung gibt es aber Menschen, die in materielle Not geraten und ihren Lebensunterhalt nicht decken können, weil sie z. B. keinen Anspruch auf Leistung der Sozialversicherung (mehr) haben (z. B. Ablauf der Bezugsdauer des Arbeitslosengeldes) oder die Höhe der Leistung für ihren Bedarf nicht ausreicht (z. B. kinderreiche Familien). Für solche Personen besteht die Möglichkeit, staatliche Leistungen, die **aus dem Staatshaushalt finanziert** werden, zur Deckung des Lebensunterhalts zu beantragen. Zu solchen Leistungen nach dem **Fürsorgeprinzip**, die nur dann gewährt werden, wenn der Empfänger als bedürftig gilt (also kein eigenes Einkommen oder Vermögen in größerem Umfang hat), gehören das **Arbeitslosengeld II** und die **Sozialhilfe**.

Das **Arbeitslosengeld II** ist eine Sozialleistung für **bedürftige erwerbsfähige Personen**. Die Hilfe ist mit einer Unterstützung bei der Arbeitssuche durch die **Agenturen für Arbeit** verbunden und von der Bereitschaft des Hilfeempfängers zur **Arbeitsaufnahme** abhängig. **Sozialhilfe** wird **nicht erwerbsfähigen bedürftigen Personen** (z. B. Kranken) zur Deckung der materiellen Grundbedürfnisse (wie Ernährung, Kleidung und Wohnung) gewährt **(Hilfe zum Lebensunterhalt)**. Daneben kann auch **Hilfe in besonderen Lebenslagen** für Personen, deren Einkommen oder Vermögen nicht ausreicht, um außerordentliche Notsituationen (wie schwere Krankheit oder Behinderung) zu bewältigen, gewährt werden.

3.3.4 Einkommensumverteilung

Kap. A 1.7.1

Durch den Leistungswettbewerb auf Güter- und Faktormärkten wird auch die Verteilung von Löhnen und Gewinnen bestimmt. Diese ausschließlich leistungsabhängige und deswegen als ungerecht empfundene **primäre Einkommensverteilung** kann durch staatliche Umverteilungsmaßnahmen nach bestimmten Gerechtigkeitsvorstellungen korrigiert werden **(= sekundäre Einkommensverteilung)**.

Verteilungsprinzipien und Einkommensumverteilung in der Sozialen Marktwirtschaft

Probleme	Leistungsprinzip		Bedarfsprinzip	Probleme
Was ist Leistung und wie kann sie gemessen werden? Nicht Leistungsfähige bleiben unberücksichtigt.	**Leistungsprinzip** ↓ **Primärverteilung**	**Einkommensumverteilung durch Steuern, Sozialabgaben und Transferzahlungen** →	**Bedarfsprinzip** ↓ **Sekundärverteilung**	Wie wird festgestellt, wer welchen Bedarf hat? Leistungsanreize fehlen.

Instrumente der Einkommensumverteilung in der Bundesrepublik Deutschland

Progressive Einkommensteuer	Einkommensabhängige Sozialversicherungsbeiträge	Sozialleistungen (Transferzahlungen)
Besteuerung nach der Leistungsfähigkeit aufgrund eines Einkommenssteuertarifs, der ab einem unversteuerten Grundfreibetrag bei zunehmender Einkommenshöhe progressiv ansteigt (2012: Eingangssteuersatz 14 %, Spitzensteuersatz 42 % bzw. aufgrund der „Reichensteuer" 45 %). Bei den meisten Steuerexperten ist unbestritten, dass ein progressiver Einkommensteuertarif der Besteuerung nach dem Leistungsfähigkeitsprinzip am ehesten entspricht.[1]	Einkommensabhängige Pflichtbeiträge zur Renten-, Arbeitslosen-, Kranken- und Pflegeversicherung der Arbeitnehmer, die in den meisten Fällen vom Arbeitgeber und Arbeitnehmer je zur Hälfte getragen werden.	Aus Steuern, Sozialversicherungsbeiträgen oder staatlicher Kreditaufnahme finanzierte Zahlungen an private Haushalte (u. a. Alters- und Erwerbsminderungsrenten, Deckung der Krankheitskosten, Krankengeld, Arbeitslosengeld, Sozialhilfe, Kindergeld, Erziehungsgeld, Wohngeld, Ausbildungsförderung, Förderung der Vermögensbildung)

Steuern, Sozialabgaben und Transferzahlungen sind Mittel zur Umverteilung des Volkseinkommens von der Primär- zur Sekundärverteilung.

1 Das gilt auch für die „Väter der Sozialen Marktwirtschaft". Vgl. W. Eucken, Grundsätze der Wirtschaftspolitik, Tübingen, 2. Aufl. 1955, S. 300–304 und A. Müller-Armack, Genealogie der Sozialen Marktwirtschaft, Bern/Stuttgart, 1981, S. 99.

Zusammenfassende Übersicht zu Kap. 3.3: Arbeits- und Sozialordnung

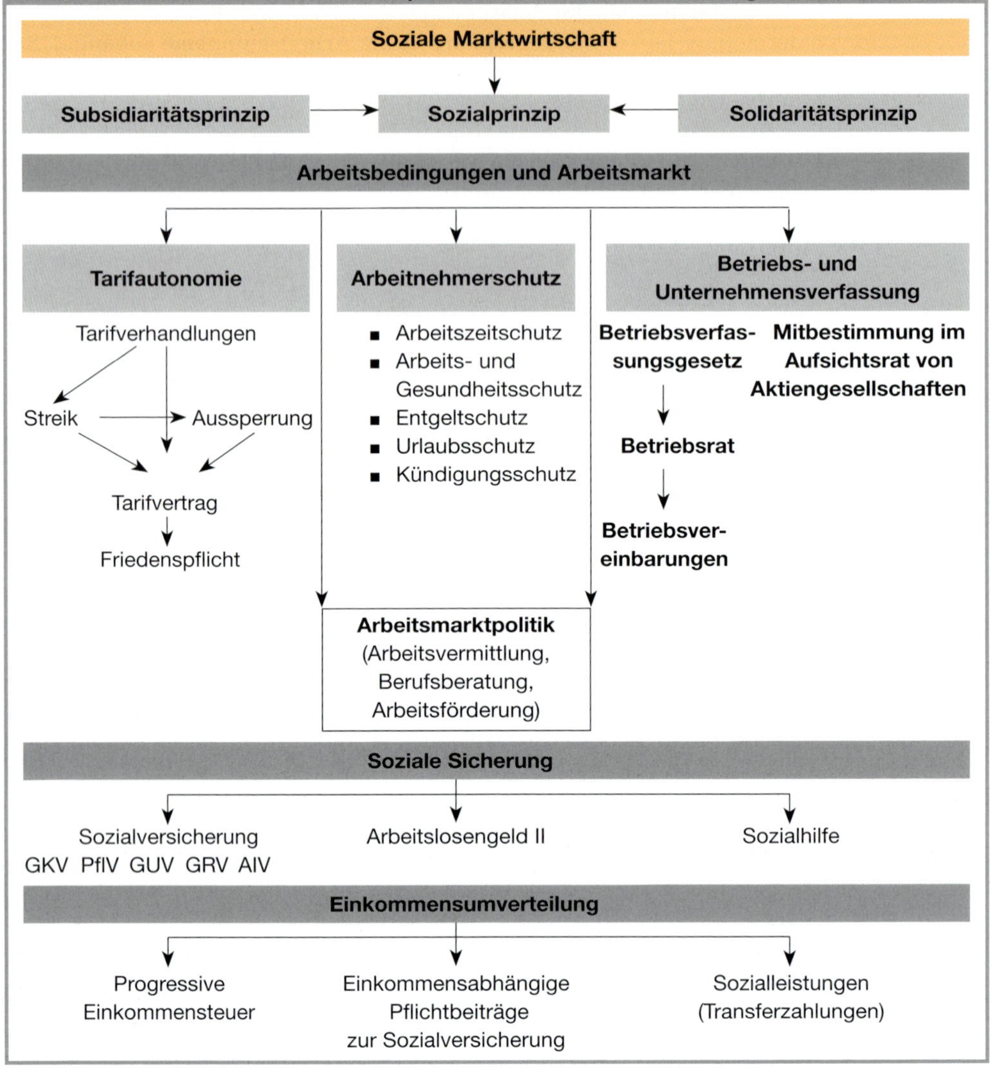

Fragen zur Wiederholung

zu Kapitel 3.3 Arbeits- und Sozialordnung

3.3.1 Grundlagen

1. Was ist eine Arbeits- und Sozialordnung?
2. Was besagt das Subsidiaritätsprinzip?
3. Was besagt das Solidaritätsprinzip?
4. Erläutern Sie anhand der Abb. auf S. 125 Ansatzpunkte staatlicher Sozialpolitik.

3.3.2 Regelung von Arbeitsbedingungen und Arbeitsmarkt

1. Was ist unter Koalitionsfreiheit zu verstehen?
2. Welches sind die Tarifpartner?
3. Was ist unter Tarifautonomie zu verstehen?
4. Schildern Sie den Ablauf von Tarifverhandlungen.

5. Nennen Sie gesetzliche Regelungen zum Arbeitszeitschutz, zum Arbeits- und Gesundheitsschutz, zum Entgeltschutz, zum Urlaubsschutz und zum Kündigungsschutz.
6. Was ist ein Betriebsrat und welche Aufgaben hat er?
7. Was sind Betriebsvereinbarungen?
8. Unterscheiden Sie verschiedene Vorschriften und Anwendungsbereiche zur Mitbestimmung von Arbeitnehmern im Aufsichtsrat von Aktiengesellschaften.
9. Nennen Sie Aufgaben der Agenturen für Arbeit im Rahmen der Arbeitsmarktpolitik.

3.3.3 Soziale Sicherung

1. Aus welchen Teilbereichen setzt sich das deutsche Sozialversicherungssystem zusammen?
2. Wer trägt die Beiträge zur gesetzlichen Sozialversicherung?
3. Wie werden die Beiträge zur gesetzlichen Sozialversicherung berechnet?
4. Nennen Sie Sozialleistungen nach dem Fürsorgeprinzip.
5. Welche Personengruppen haben Anspruch auf solche Leistungen nach dem Fürsorgeprinzip?

3.3.4 Einkommensumverteilung

1. Nennen Sie staatliche Maßnahmen zur Einkommensumverteilung.
2. Welche Transferleistungen kennen Sie?

Aufgaben und Probleme

zu Kapitel 3.3 Arbeits- und Sozialordnung

3.3.1 Koalitionsfreiheit – Tarifvertrag

Reinhard Becker ist geprüfter Küchenmeister. Er wird am 01.04. des Jahres von der Gebr. Häberle OHG, Metalldruckerei, als Chef der Werksküche, die 120 Belegschaftsmitglieder zu verpflegen hat, eingestellt. Beim Einstellungsgespräch wurden ihm ein Bruttogehalt von 3 500 EUR und 28 Tage Urlaub angeboten. Da für ihn ein höheres Gehalt viel mehr Bedeutung habe als ein längerer Urlaub macht er den Vorschlag, das Bruttogehalt zu erhöhen und den Urlaub zu kürzen. Im Arbeitsvertrag wird daraufhin ein Bruttogehalt von 3 700 EUR festgelegt, dafür aber nur 26 Tage Urlaub.

Das Unternehmen ist Mitglied beim Arbeitgeberverband.

1. Vom Betriebsratvorsitzenden, der ihn als Gewerkschaftsmitglied anwerben will, erfährt Becker, dass ihm nach dem gültigen Lohntarifvertrag ein Bruttogehalt von 3 900 EUR zustehen würde. Nach der Urlaubsregelung im Manteltarifvertrag hätte er allerdings nur Anspruch auf 24 Urlaubstage.

   Becker überlegt sich, ob er in die IG Metall eintreten soll. TVG § 3

   a) Kann der Tarifvertrag der IG Metall mit dem Arbeitgeberverband Metall für Becker gültig sein, obwohl er kein Metallfacharbeiter ist?
   b) Haben die Mindestregelungen des Tarifvertrags für Becker auch dann Gültigkeit, wenn er kein Gewerkschaftsmitglied ist?
2. Becker ist in die IG Metall eingetreten. Kann er unter Berufung auf den Tarifvertrag vom Arbeitgeber 3 900 EUR Bruttolohn verlangen, unter Berufung auf den Einzelarbeitsvertrag aber weiterhin 26 Tage Urlaub beanspruchen? § 4 (3)
3. Der Tarifvertrag der IG Metall mit dem Arbeitgeberverband Metall wurde für allgemein verbindlich erklärt. Becker ärgert sich, weil jetzt alle Arbeitnehmer, die nicht Mitglieder in der Gewerkschaft sind, als Trittbrettfahrer in den Genuss der von der Gewerkschaft erstrittenen tarifrechtlichen Mindestregelungen kommen. Er meint, die Gewerkschaft solle bei den nächsten Tarifverhandlungen darauf hinwirken, dass folgende Regelung in den Tarifvertrag aufgenommen wird: GG Art. 9 (3)

   „Die Arbeitnehmer verpflichten sich, die tarifvertraglichen Regelungen nur Gewerkschaftsmitgliedern zugute kommen zu lassen."

   Beurteilen Sie den Vorschlag.

3.3.2 Streik – Friedenspflicht – Schlichtung – Aussperrung

Die IG Metall in Baden-Württemberg ruft die gewerkschaftlich organisierten Arbeitnehmer in ausgesuchten Unternehmen der Metallindustrie zum Streik auf, um höhere Löhne zu erzwingen.

1. Erläutern Sie anhand der Abb. auf S. 126 den Ablauf der Tarifverhandlungen, der diesem Streikaufruf vorangegangen ist.
2. Warum beschränkt die Gewerkschaft ihre Kampfmaßnahmen zunächst auf wenige Betriebe?
3. Auch in der Elektromotorenfabrik EMO AG wird gestreikt. Die gesamte Produktion steht still.
   a) Muss der Arbeitgeber den streikenden Arbeitnehmern den Lohn weiter zahlen?
   b) Der Arbeitnehmer Andres, der nicht Gewerkschaftsmitglied ist, möchte trotz des Streiks arbeiten. Der Arbeitgeber lehnt das mit der Begründung ab, dass er für Andres keine sinnvolle Beschäftigung habe.
   Muss der Arbeitgeber an den arbeitswilligen Andres auch während der Streiktage Lohn zahlen?

   SGB III § 146

   c) Warum verlieren die nichtorganisierten Arbeitnehmer häufig früher die Streikbereitschaft als die Gewerkschaftsmitglieder, obwohl sie den gleichen Nutzen von den erkämpften tarifvertraglichen Regelungen erwarten können?
   d) Hat der Arbeitgeber das Recht, den streikenden Arbeitnehmern wegen Arbeitsverweigerung zu kündigen?
4. Der Streik dauert schon 14 Tage. Zahlreiche Abnehmer der von der Gewerkschaft für den Streik ausgesuchten Betriebe (wie z. B. die EMO AG) müssen ihre Produktion einstellen, weil ihnen zum Einbau benötigte Teile fehlen. Zulieferer (z. B. ein Unternehmen, das Spulen für Elektromotoren an die EMO liefert) müssen ihre Produktion einstellen, weil ihre Produkte von den bestreikten Unternehmen nicht abgenommen werden können.
   a) Würden Sie es richtig finden, wenn in diesem Fall der Staat das Recht hätte, einen angemessenen Lohn festzusetzen und den Streik für beendet zu erklären (Zwangsschlichtung)?
   b) Gibt es in der Bundesrepublik Deutschland die Zwangsschlichtung?
5. Vom Arbeitgeberverband werden zwei Großbetriebe ausgesucht, in denen die Arbeitnehmer von der Arbeit ausgeschlossen werden und denen die Lohnzahlung verweigert wird (Aussperrung).
   Halten Sie die Aussperrung für ein notwendiges und gerechtfertigtes Mittel des Arbeitkampfes?
6. Der Arbeitskampf wird mit dem Abschluss eines Tarifvertrags beendet. Vereinbart wird eine Lohnerhöhung von 4 % bei einer Laufzeit von 14 Monaten. Schon nach 6 Monaten stellt sich heraus, dass der Geldwertverlust mit 6 % weit höher liegt, als dies bei den Tarifverhandlungen angenommen wurde. Die Gewerkschaft fordert den Arbeitgeberverband auf, vorzeitige Tarifverhandlungen aufzunehmen. Dies lehnt der Arbeitgeberverband ab.
   Die Basis der Industriegewerkschaft fordert deshalb von der Gewerkschaftsführung, den Arbeitnehmern zur Erzwingung von Verhandlungen Streik anzudrohen.
   Beurteilen Sie den Vorschlag.

3.3.3 Betriebsrat – Betriebsbedingte Kündigung – Kündigungsschutz – Sozialauswahl

Friedrich Bareis ist seit 20 Jahren in der Werkzeugmaschinenfabrik Hahn und Kohler OHG als angelernte Arbeitskraft am Band beschäftigt. Hahn und Kohler stellen vor allem Holzverarbeitungsmaschinen her. Bareis war 16 Jahre in der Abteilung Großmaschinen beschäftigt, in der Maschinen für den gewerblichen Einsatz in holzverarbeitenden Betrieben hergestellt werden. Seit 4 Jahren ist er in der Abteilung für Kleingeräte beschäftigt, die Maschinen und Geräte für Heimwerker produziert.

Die Abteilung für Großmaschinen ist gut beschäftigt. Gegen die starke Konkurrenz auf dem Heimwerkermarkt kann das Unternehmen aber nicht bestehen und schließt deshalb die Abteilung, die Kleinmaschinen herstellt. Allen Arbeitnehmern dieser Abteilung wird gekündigt. Der Betriebsrat, der ordnungsgemäß angehört wurde, hat keine Stellungnahme abgegeben.

BetrVG §§ 1, 7, 8

1. Stellen Sie fest, welche Voraussetzungen erfüllt sein müssen, um einen Betriebsrat zu gründen.
2. Stellen Sie fest, warum es beispielsweise in vielen Filialen von Lebensmitteldiscountern und anderen Billiganbietern keine Betriebsräte gibt, obwohl die rechtlichen Voraussetzungen dafür vorliegen.

   www

   Suchwort für Internetrecherche: Betriebsrat Aldi, Lidl, H&M o. Ä.

3. Nennen Sie Beispiele für soziale Angelegenheiten in einem Unternehmen, bei denen der Betriebsrat, mitbestimmen kann. BetrVG § 87
4. Welche Bedeutung kommt dem Betriebsrat zu, wenn – wie im vorliegenden Fall – der Arbeitgeber einem Arbeitnehmer kündigt? § 102
5. Bareis ist der Meinung, die Stilegung der Abteilung „Kleingeräte" sei nicht notwendig gewesen. Er will mit dieser Begründung gegen die Kündigung beim Arbeitsgericht Klage erheben. Vorher holt er bei der Gewerkschaft Rechtsberatung ein. KSchG § 1
   Welchen Rat wird er erhalten?
6. Bareis ist 42 Jahre alt, verheiratet und hat drei noch schulpflichtige Kinder. Er ist der Meinung, dass die Kündigung eher dem Arbeitnehmer Dahlmann, der in der Abteilung Großmaschinen ebenfalls am Band arbeitet, hätte ausgesprochen werden müssen. Dieser ist 45 Jahre alt, erst 12 Jahre im Betrieb und hat nur für ein Kind zu sorgen. Die Tätigkeit, die Dahlmann gegenwärtig verrichtet, hat Bareis früher viele Jahre lang selbst ausgeübt. Bareis beantragt beim Arbeitsgericht die Feststellung, dass ihm gegenüber ausgesprochene Kündigung unwirksam ist, weil bei der Auswahl soziale Gesichtspunkte nicht ausreichend berücksichtigt worden seien. §§ 1, 3, 4
   Hat er Recht?

3.3.4 Arbeitsschutz

In Deutschland regelt das Arbeitszeitgesetz die maximale tägliche Arbeitszeit eines Arbeitnehmers.

1. Ein Arbeiter, 22 Jahre alt, möchte in seinem Betrieb täglich möglichst lange arbeiten, um sich bald ein Auto kaufen zu können.
   a) Prüfen Sie anhand des Arbeitzeitgesetzes, ob der Arbeitgeber durch Einzelarbeitsvertrag die Arbeitszeit auf 60 Stunden je Woche verlängern kann. Eine tarifliche Regelung besteht nicht. ArbZG § 3
   b) Halten Sie die gesetzliche Regelung für zwecksmäßig?
2. In einem Betrieb wird samstags nicht gearbeitet.
   Wieviel Stunden regelmäßige werktägliche Arbeitszeit lässt das Arbeitszeitgesetz für einen Arbeiter zu, wenn keine besondere tarifliche Vereinbarung besteht?
3. Der Arbeiter hat in der Mittagsschicht von 14 bis 22 Uhr gearbeitet. § 5
   Wann darf seine nächste Arbeitsschicht frühestens beginnen?
4. Der Arbeitgeber will in den Monaten November und Dezember wegen des Weihnachtsgeschäfts insgesamt 25 Tage 10 Stunden täglich arbeiten lassen. Während des Jahres hat der Betrieb regelmäßig 40 Stunden in der 5-Tage-Woche gearbeitet. § 7
   Erlaubt das Arbeitszeitgesetz diese Beschäftigung?

3.3.5 Jugendarbeitsschutz

In Deutschland verhindert das Jugendarbeitsschutzgesetz die gesundheitsgefährdende Beschäftigung von Jugendlichen.

1. Ein Jugendlicher von 17 Jahren hat bis 20 Uhr gearbeitet.
   Wann darf er am nächsten Morgen frühestens beschäftigt werden? JArbSchG § 13
2. Ein Auszubildender hat an einem Berufschultag 5 Unterrichtsstunden zu je 45 Minuten. § 9
   Muss er nach Ende des Unterrichts noch in den Betrieb?
3. Ein Jugendlicher wird am 14. Juni 18 Jahre alt und tritt am 10. Juni seinen Urlaub an. § 19
   Welchen Urlaubsanspruch hat er?
4. Darf ein 15-Jähriger täglich 8 1/2 Stunden am Fließband beschäftigt sein, wenn im Betrieb samstags arbeitsfrei ist? § 23

3.3.6 Gesetzliche Krankenversicherung

1. Frau Saumer wird als neue Mitarbeitern eingestellt. Ihr Monatsgehalt liegt unter der Versicherungspflichtgrenze zur Krankenversicherung. Versehentlich wurde sie vom Arbeitgeber nicht zur Krankenversicherung angemeldet. Nach 10 Tagen erkrankt Frau Saumer. SGB V §§ 5, 6, 186, 198
   a) Wer muss die Arzt- und Krankenhauskosten bezahlen?
   b) Wie wäre der Fall zu beurteilen, wenn das Gehalt über der Versicherungspflichtgrenze liegen würde?

SGB V § 5

2. Herr Schröder, der bisher als Versicherungsvertreter selbstständig war, wird von einer Versicherungsgesellschaft als Sachbearbeiter eingestellt. Kurz zuvor hatte er einen Herzinfarkt erlitten. Sein Monatsgehalt liegt unter der Versicherungspflichtgrenze der Krankenversicherung.
   a) Darf die Krankenkasse die Aufnahme von Herrn Schröder mit dem Hinweis auf die Vorerkrankung verweigern?
   b) Wie wäre der Fall zu beurteilen, wenn das Gehalt über der Versicherungspflichtgrenze liegt und der Mitarbeiter bei einem privaten Krankenversicherer einen Aufnahmeantrag stellen würde?

§§ 6, 9 (1)

3. Frau Schneider, 50 Jahre alt, erhält als Abteilungsleiterin eine Gehaltserhöhung. Ihr neues Gehalt liegt über der Versicherungspflicht in der Krankenversicherung.
   a) Unter welchen Voraussetzungen hat Frau Schneider das Recht zur freiwilligen Weiterversicherung bei ihrer bisherigen Krankenkasse?
   b) Welche Probleme könnten auf Frau Schneider zukommen, wenn sie als langjähriges pflichtversichertes Mitglied einer Krankenkasse nach Überschreiten der Versicherungspflichtgrenze aus dieser Krankenkasse ausscheiden müsste und nicht die Möglichkeit zur freiwilligen Weiterversicherung hätte?

EntgFG § 3 SGB V §§ 44, 48, 49

4. Herr Kordes ist pflichtversicherter Mitarbeiter in einem Industriebetrieb. Sein Bruttogehalt beträgt ca. 3000 EUR mtl., sein Nettogehalt ca. 2000 EUR mtl. Er erleidet einen Herzinfarkt und kann voraussichtlich während der nächsten 12 Monate seine Tätigkeit nicht wieder aufnehmen. Welche Leistungen kann Herr Kordes während dieser Zeit beanspruchen, um seinen Lebensunterhalt zu finanzieren?

3.3.7 Gesetzliche Unfallversicherung

SGB VII §§ 2, 26, 56

In einem Industriebetrieb wird der technische Direktor, der ein monatliches Gehalt von 7000 EUR erhält, von einem Gabelstapler angefahren und schwer verletzt. Er verliert dabei die rechte Hand. An wen kann der Direktor Ansprüche auf Übernahme der Behandlungskosten und Zahlung einer Rente wegen Erwerbsminderung stellen? Begründen Sie Ihre Aussage.

3.3.8 Arbeitslosenversicherung

Herr Schwab, 45 Jahre, ledig, war seit sechs Jahren ununterbrochen als Industriekaufmann versicherungspflichtig beschäftigt. Sein Nettogehalt betrug in den letzten 24 Monaten durchschnittlich 2000 EUR. Durch Insolvenz seines Betriebes wird er arbeitslos.

SGB III §§ 123, 127, 129 SGB II §§ 7, 9, 19, 20

1. Prüfen Sie, ob und ggf. in welcher Höhe und für welche Dauer Herr Schwab Anspruch auf Arbeitslosengeld hat.
2. Wie wäre der Fall zu beurteilen, wenn es sich um eine Auszubildende nach dem zweiten Ausbildungsjahr handelt, die in den letzten 12 Monaten eine Ausbildungsvergütung von 500 EUR netto erhalten hat?

SGB V § 5 SGB II § 9, 19, 20

3. Herr Schwab erkrankt während der Arbeitslosigkeit. Prüfen Sie, ob er sich selbst um eine Krankenversicherung bei einer privaten Versicherungsgesellschaft hätte kümmern müssen.
4. Nach Ablauf der Bezugsdauer des Arbeitslosengeldes hat Herr Schwab immer noch keine neue Stelle gefunden.
   Prüfen Sie, ob und ggf. unter welchen Voraussetzungen Herr Schwab Anspruch auf weitere Unterstützung hat.

3.3.9 Sozialversicherungspflicht: Beitragsbemessungsgrenzen – Versicherungspflichtgrenzen – Geringfügige Beschäftigung

Textsammlung Wirtschaftsgesetze Nr. 6.21 i

1. Herr Schnell aus Stuttgart erhält zum 01.01.2011 eine Gehaltserhöhung von bisher 3600,00 EUR monatlich auf 4200,00 EUR monatlich.
   a) Welche Auswirkungen ergeben sich daraus für seine Sozialversicherung?
   b) Welche Auswirkungen würden sich ergeben, wenn sein Gehalt von bisher 5400,00 EUR monatlich auf 5700,00 EUR monatlich erhöht würde?

SGB III § 27 (2) SGB V § 249 b

2. Frau Kaiser übt eine geringfügige Beschäftigung als Aushilfe in einem Backwarengeschäft aus. Ihr Verdienst beträgt monatlich 320 EUR.
   Prüfen Sie, ob und ggf. in welcher Höhe Frau Kaiser Sozialversicherungsbeiträge abführen muss.

3.4 Wirtschaftssektoren in der Bundesrepublik Deutschland

3.4.1 Erfassung der gesamtwirtschaftlichen Leistung: Volkswirtschaftliche Gesamtrechnung (VGR)

Die gesamtwirtschaftliche Statistik zur Ermittlung der Wirtschaftsleistung eines Landes wird als der **volkswirtschaftlichen Gesamtrechnung** (VGR) bezeichnet. Die statistischen Zahlen der VGR liefern u a. den Trägern der Wirtschaftspolitik (z. B. Bundes- und Landesregierungen, Zentralbank, Tarifpartner, Wirtschaftsverbände) und den Wirtschaftsforschungsinstituten wichtige Informationen für gesamtwirtschaftliche Analysen und Prognosen. Auf der Grundlage der Ergebnisse der Vorperiode kann rückblickend festgestellt werden, welche Wirkungen die wirtschaftspolitischen Maßnahmen gehabt haben und inwieweit die zahlenmäßig formulierten Ziele tatsächlich erreicht wurden.

Für die statistischen Zwecke der volkswirtschaftlichen Gesamtrechnung wird die Volkwirtschaft in folgende vier Sektoren aufgeteilt:

Unternehmen	private Haushalte	Staat	Ausland

Aufg. 3.4.1 u. 3.4.2 S. 144

Für das Verständnis der Zusammenhänge ist die Veranschaulichung der Beziehungen zwischen den einzelnen Wirtschaftssektoren hilfreich.

3.4.2 Sektor Unternehmen[1]

Private Unternehmen sind Wirtschaftseinheiten, in denen Entscheidungen über die Beschaffung und die Kombination von Produktionsfaktoren sowie über die Produktion und den Verkauf von Gütern getroffen werden. Ihr Ziel besteht in der Erwirtschaftung von Gewinnen (erwerbswirtschaftliches Prinzip).

Kap. C 1.1

Unternehmen im Wirtschaftskreislauf

Zwischen dem Sektor Unternehmen und den übrigen Wirtschaftssektoren bestehen die auf der folgenden Seite dargestellten Beziehungen.

3.4.3 Sektor private Haushalte

Private Haushalte sind Wirtschaftseinheiten, die als Anbieter von Produktionsfaktoren Einkommen erzielen und dieses zum Kauf von Gütern (Konsum) oder zum Sparen (Vermögensbildung) verwenden.

In Deutschland leben ca. 82 Mio. Einwohner in ca. 40,2 Mio. Haushalten.

Volkseinkommen

Entsprechend der Art der erzielten Faktoreinkommen lassen sich Arbeitnehmerhaushalte (Lohn- und Gehaltseinkommen) und Unternehmerhaushalte (Gewinn- und Vermögenseinkommen wie Zinsen und Pachten) unterscheiden. Werden alle Einkommen, die während eines Jahres von Inländern als Entlohnung für die Bereitstellung von Produktionsfaktoren erzielt werden, zusammengezählt, ergibt sich das **Volkseinkommen**.

Das Volkseinkommen ist die Summe der Erwerbs- und Vermögenseinkommen, die Inländern für die Bereitstellung von Produktionsfaktoren zufließt (Faktoreinkommen).

1 Die Begriffe Unternehmung und Betrieb werden häufig gleichbedeutend benutzt.

Wichtige Geldströme des Sektors Unternehmen (Deutschland 2011)

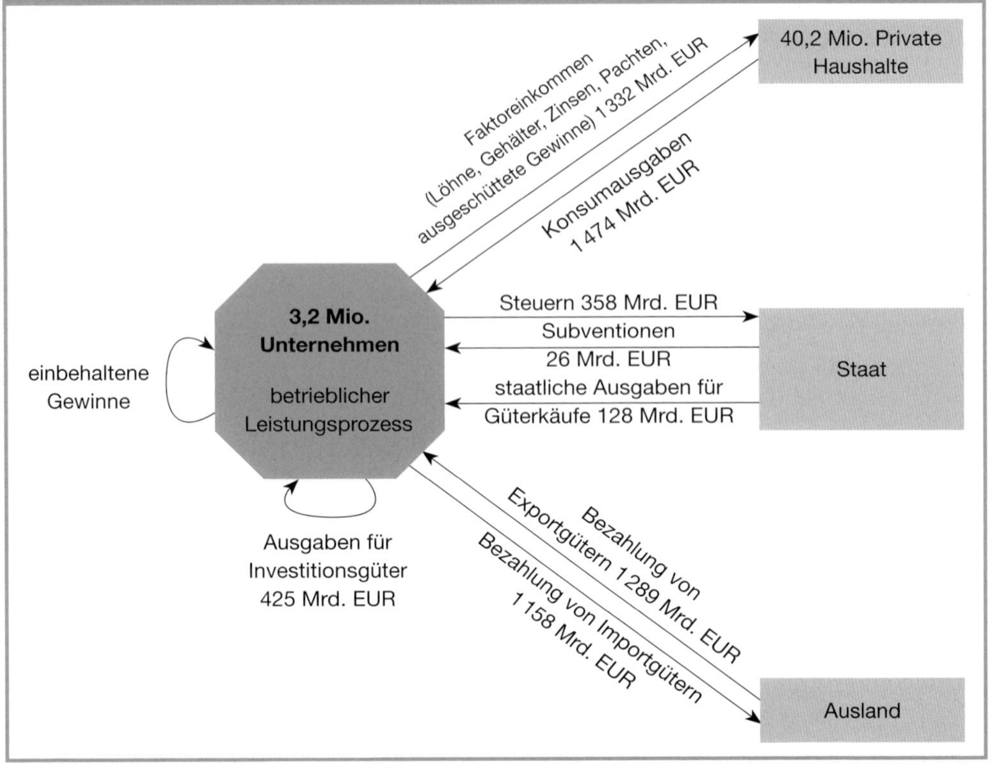

Wichtige Geldströme privater Haushalte (Deutschland 2011)

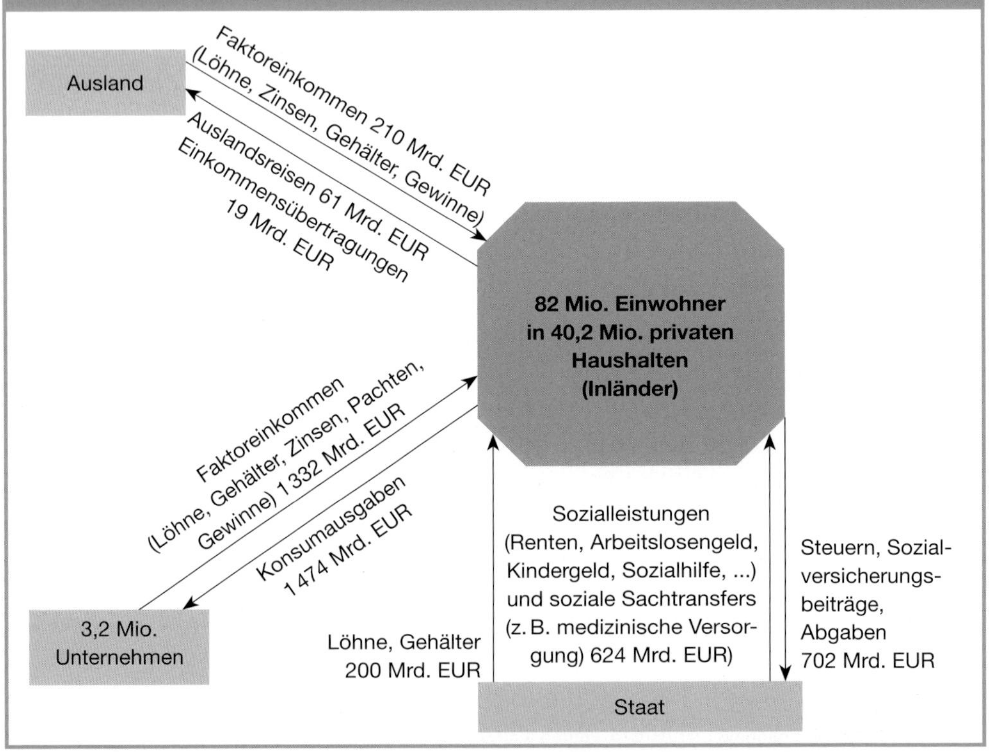

3.4.4 Sektor Ausland

Ausland im Wirtschaftskreislauf

Zwischen dem Sektor Ausland und den übrigen Wirtschaftssektoren bestehen folgende Beziehungen:

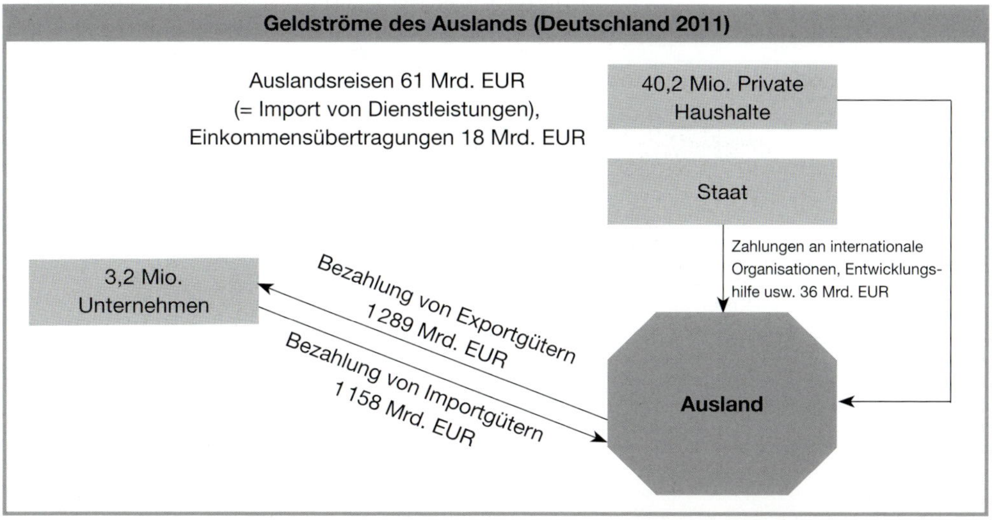

Alle wirtschaftlichen Vorgänge, die während eines bestimmten Zeitraums zwischen Inland und Ausland stattfinden, werden statistisch erfasst und in der Zahlungsbilanz eines Landes ausgewiesen. Die Zahlungsbilanz gibt somit Auskunft über die ökonomische Verflechtung einer Volkswirtschaft mit dem Ausland.

Außenbeitrag

Deutschland gehört neben China, den USA und Japan zu den exportstärksten Volkswirtschaften der Welt. Annähernd jeder vierte Arbeitsplatz in Deutschland ist exportabhängig. Andererseits ist Deutschland als dicht besiedeltes Industrieland mit geringen Rohstoffvorkommen auf die Einfuhr vieler Güter angewiesen.

Die Bedeutung des Außenhandels für die Gesamtwirtschaft lässt sich anhand des Außenbeitrags verdeutlichen.

Der Außenbeitrag ist die Differenz zwischen den Exporten und den Importen von Waren und Dienstleistungen. Er gibt den Beitrag des Außenhandels zum Inlandsprodukt an.

3.4.5 Sektor Staat

Zum Sektor Staat gehören der Bund, die Länder und Gemeinden sowie die Sozialversicherungsträger.

Staat im Wirtschaftskreislauf

Zwischen dem Sektor Staat und den übrigen Wirtschaftssektoren bestehen die auf der folgenden Seite dargestellten Beziehungen.

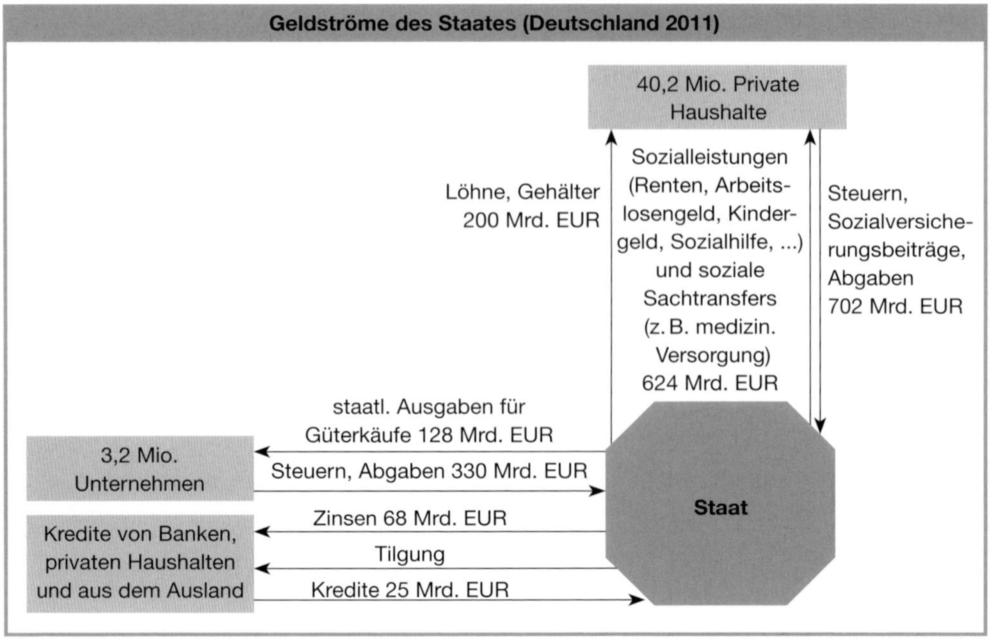

Steuern

Die zum Sektor Staat gehörenden Einrichtungen werden auch als **öffentliche Hand** bezeichnet. Sie finanzieren sich vor allem durch Zwangsabgaben **(Steuern** und **Gebühren)**. Im Zusammenhang mit ihrer Einnahmen-/Ausgabenrechnung wird auch vom **öffentlichen Haushalt** oder **Staatshaushalt** gesprochen. Die Güter, die diese Einrichtungen produzieren, werden den anderen Wirtschaftseinheiten in der Regel ohne direkte Gegenleistung zur Verfügung gestellt **(= öffentliche Güter)**.

Erläuterungen zu einzelnen Steuerarten	
Einkommensteuer	Steuer auf das Einkommen (z. B. Arbeitseinkommen, Gewinne, Zinsen, Mieten) von natürlichen Personen. Dazu gehören auch die Lohn- und Kapitalertragsteuer (s. u.).
Lohnsteuer	Die von Arbeitnehmern vom Arbeitslohn zu zahlende Einkommensteuer wird dadurch erhoben, dass der Arbeitgeber die Steuer vom Gehalt/Lohn einbehält und an das Finanzamt abführt (Quellenabzugsverfahren). Die Lohnsteuer ist demzufolge eine Erhebungsform der Einkommensteuer und keine Steuer eigener Art.
Kapitalertragsteuer	Steuer, mit der Einkünfte aus Kapitalvermögen besteuert werden. Sie ist eine Erhebungsform der Einkommensteuer, da diese Steuer von den Banken oder anderen Vermögensverwaltern einbehalten und direkt an das Finanzamt abgeführt wird (Quellenabzugsverfahren).
Körperschaftsteuer	Einkommensteuer für juristische Personen (z. B. Aktiengesellschaften, Gesellschaften mit beschränkter Haftung)
Gewerbesteuer	In Abhängigkeit vom Gewerbeertrag (≈ Gewinn) von Gewerbebetrieben zu zahlende Steuer. Sie ist neben der Einkommen- bzw. Körperschaftsteuer eine zusätzliche **Gewinnsteuer**.
Solidaritätszuschlag	Zur Finanzierung der Kosten der deutschen Wiedervereinigung wird seit 1995 ein Zuschlag zur Einkommen-, Lohn- und Körperschaftsteuer erhoben.

Erläuterungen zu einzelnen Steuerarten	
Umsatzsteuer	Verbrauchsteuer, mit der die vom Endverbraucher (Konsumenten) gekauften Waren und Dienstleistungen belastet werden. Die Umsatzsteuer muss zwar vom Verkäufer an das Finanzamt abgeführt werden. Da diese Steuer aber im Verkaufspreis enthalten ist, wird dadurch letztlich der Verbraucher belastet. Die Überwälzung der Umsatzsteuer auf den Verbraucher ist vom Gesetzgeber beabsichtigt. Die Umsatzsteuer wird wegen ihres besonderen Erhebungsverfahrens in der Umgangssprache auch als **Mehrwertsteuer** bezeichnet.
Grunderwerbsteuer	Steuer, die beim Kauf von Grundstücken und Gebäuden (als Ersatz für die bei solchen Geschäften nicht anfallende Umsatzsteuer) erhoben wird.
Grundsteuer	Steuer, die von Grundstückseigentümern in Abhängigkeit von Beschaffenheit und Wert eines Grundstücks zu entrichten ist.

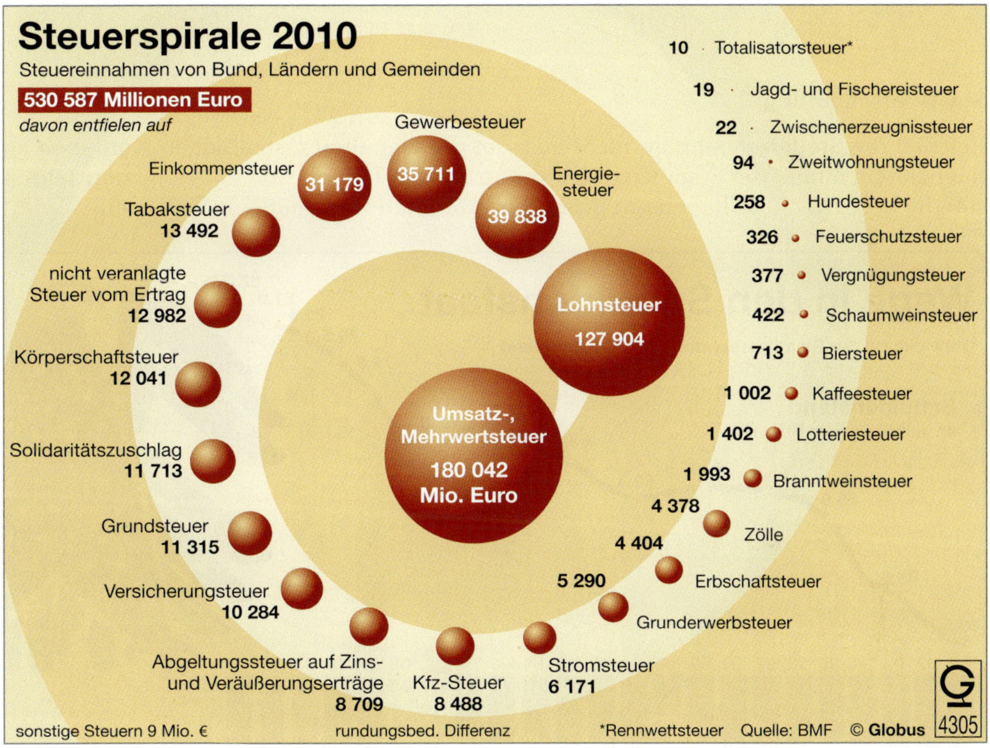

Steuern lassen sich u. a. nach der Überwälzbarkeit in direkte und indirekte Steuern einteilen:

Überwälzbarkeit der Steuern	
direkte Steuern	**indirekte Steuern**
Bei direkten Steuern hat der Steuerschuldner auch die Steuerlast zu tragen **(Steuerschuldner = Steuerträger)**. Die mit der Steuer belastete Person entrichtet die Steuer direkt an das Finanzamt. Direkte Steuern sind z. B. die Einkommensteuer und deren Unterformen wie Lohnsteuer, Kapitalertragsteuer und Körperschaftsteuer.	Indirekte Steuern werden beim Verkauf von Gütern erhoben. Die Unternehmen sind Steuerschuldner und müssen die Steuern an das Finanzamt abführen. Durch entsprechende Preiserhöhungen können sie die Steuern i. d. R. aber auf die Endverbraucher abwälzen. Diese Steuern (z. B. Umsatz-, Mineralöl-, Tabaksteuer) werden somit Bestandteil des vom Käufer zu entrichtenden Bruttopreises. **Steuerschuldner** (Unternehmer) und **Steuerträger** (Konsumenten) sind somit nicht identisch.

Staatsverschuldung

Kap. A 3.6.1

Reichen die Steuereinnahmen nicht aus, um die vielfältigen staatlichen Aufgaben zu finanzieren, nimmt der Staat Kredite auf. Die Staatsschulden sind in den letzten Jahren ständig gestiegen und haben ein Besorgnis erregendes Ausmaß angenommen.

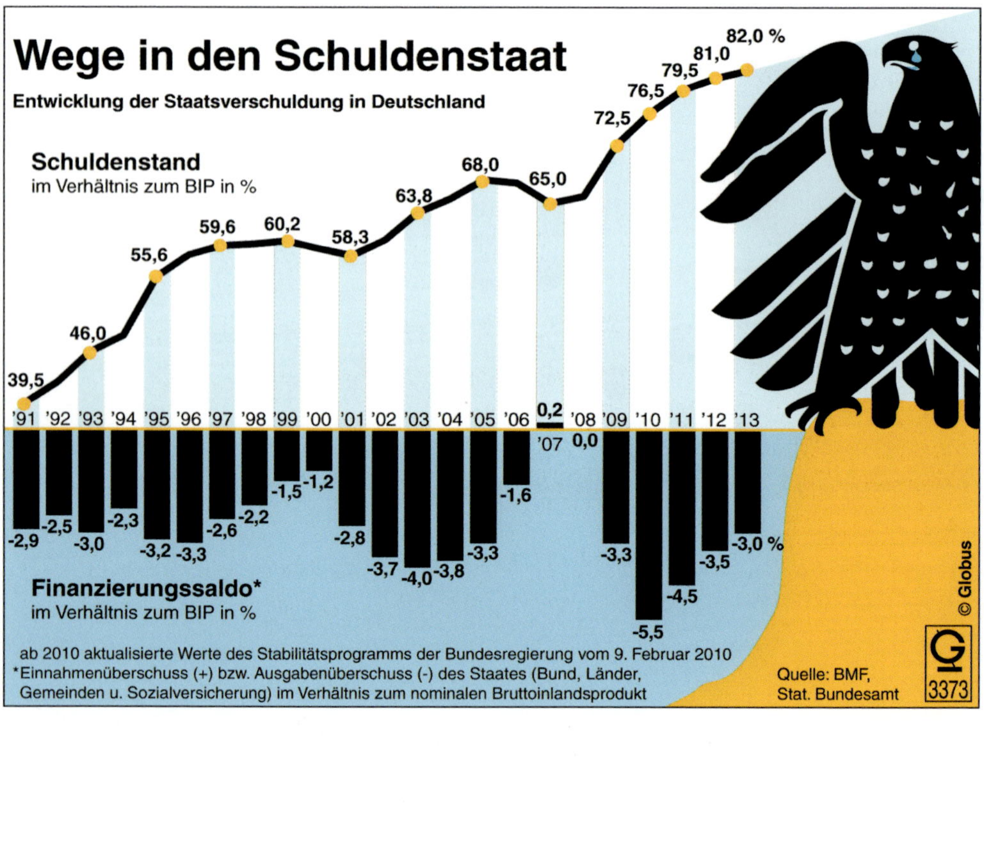

Zusammenfassende Übersicht zu Kap. 3.4:
Wirtschaftssektoren in der Bundesrepublik Deutschland

Geldströme zwischen den Wirtschaftssektoren

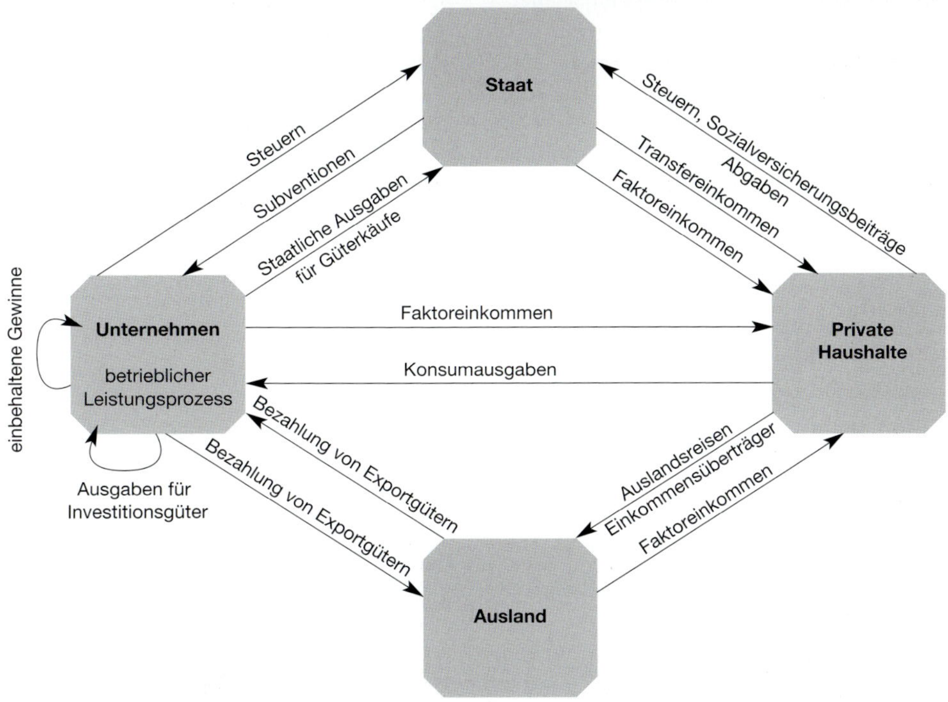

Fragen zur Wiederholung

zu Kapitel 3.4 Wirtschaftssektoren in der Bundesrepublik Deutschland

3.4.1 Erfassung der gesamtwirtschaftlichen Leistung: Volkswirtschaftliche Gesamtrechnung (VG)

1. Welche Aufgaben hat die Volkswirtschaftliche Gesamtrechnung (VGR)?
2. Welche Wirtschaftssektoren werden im Rahmen der VGR unterschieden?

3.4.2 Sektor Unternehmen

1. Erläutern Sie anhand der Abb. auf S. 138, welche Beziehungen zwischen dem Sektor Unternehmen und den übrigen Wirtschaftssektoren bestehen.

3.4.3 Sektor Haushalte

1. Was ist das Volkseinkommen?
2. Erläutern Sie anhand der Abb. auf S. 138, welche Beziehungen zwischen dem Sektor Haushalte und den übrigen Wirtschaftssektoren bestehen.

3.4.4 Sektor Ausland

1. Was gibt der Außenbeitrag an und wie hat sich dieser in den letzten Jahren entwickelt?
2. Erläutern Sie anhand der Abb. auf S. 139, welche Beziehungen zwischen dem Sektor Ausland und den übrigen Wirtschaftssektoren bestehen.

3.4.5 Sektor Staat

1. Welche Einrichtungen werden im Rahmen der volkswirtschaftlichen Gesamtrechnung dem Sektor Staat zugerechnet?
2. Erläutern Sie anhand der Abb. auf S. 140, welche Beziehungen zwischen dem Sektor Staat und den übrigen Wirtschaftssektoren bestehen.
3. Nennen und erläutern Sie anhand der Abb. auf S. 141 wichtige Steuerarten.
4. Unterscheiden Sie zwischen direkten und indirekten Steuern und nennen Sie für jede dieser beiden Steuerarten Beispiele.
5. Erläutern Sie anhand der Abb. auf S. 142 die Entwicklung der Staatsverschuldung in Deutschland. Worauf ist diese Entwicklung zurückzuführen?

Aufgaben und Probleme

zu Kapitel 3.4 Wirtschaftssektoren in der Bundesrepublik Deutschland

3.4.1 Grafische Darstellung des Wirtschaftskreislaufs

PDF

Für eine Modellvolkswirtschaft gelten folgende Daten:

(1) Die Unternehmen produzieren Güter im Wert von 500 GE (= Wertschöpfung).

(2) Als Entgelt für die dabei eingesetzten Produktionsfaktoren sind den Haushalten Einkommen in gleicher Höhe in Form von Löhnen, Gehältern, Zinsen, Mieten und Gewinnen zugeflossen (= Volkseinkommen).

(3) Die Unternehmen führen Produktionsabgaben (z. B. Gewerbesteuern) in Höhe von 75 GE an den Staat ab.

(4) Die Haushalte zahlen aus ihrem Bruttoeinkommen direkte Steuern (Einkommensteuer) in Höhe von 100 GE an den Staat.

(5) Der Staat zahlt an die Haushalte 120 GE (z. B. als Gehälter für Angehörige des öffentlichen Dienstes, Pensionen, Renten und Transfereinkommen wie Kindergeld, Wohngeld, Sozialhilfe).

(6) Die Haushalte verwenden das gesamte verfügbare Einkommen für Konsumausgaben.

(7) Der Staat zahlt Subventionen an die Unternehmen in Höhe von 55 GE.

Stellen Sie für diese Volkswirtschaft die Kreislaufbeziehungen zwischen den Sektoren Unternehmen, private Haushalte und Staat grafisch dar. Benennen Sie die dargestellten Geldströme und geben Sie die zugehörigen Werte an.

3.4.2 Wirtschaftskreislauf der Bundesrepublik Deutschland

PDF

Erstellen Sie anhand der Abbildungen auf S. 138, 139 und 140 einen Wirtschaftskreislauf (Geldströme) der Bundesrepublik Deutschland mit allen vier Sektoren entsprechend dem im Arbeitsblatt dargestellten Gesamtzusammenhang.

3.5 Maßstab der gesamtwirtschaftlichen Leistung: Das Inlandsprodukt

3.5.1 Gesamtwirtschaftliche Wertschöpfung und Inlandsprodukt

Wertschöpfung als Ausgangspunkt

Das Inlandsprodukt ist der Wert aller Waren (Sachgüter) und Dienstleistungen, der in einer bestimmten Periode im Inland produziert wird.

Die Ermittlung des **Inlandsprodukts** kann auf verschiedene Art und Weise erfolgen. Eine Methode besteht darin, die **Wertschöpfung** aller Institutionen (Unternehmen, Staat, private Organisationen), die in einer Volkswirtschaft Waren und Dienstleistungen herstellen, zusammenzufassen.

Kap. A 2.1.2

Die Wertschöpfung ist derjenige Wert, der im Rahmen des Produktionsprozesses den von anderen Unternehmen bezogenen Vorleistungen hinzugefügt wird.

Unternehmen		Staat		Private Haushalte und private Organisationen ohne Erwerbszweck (z. B. Kirchen, Vereine)
Wertschöpfung (Produktionswert – Vorleistungen) der Unternehmen	+	Wert der größtenteils unentgeltlich zur Verfügung gestellten Leistungen des Staates	+	Wertschöpfung (Produktionswert – Vorleistungen) der privaten Haushalte u. Ä.

=

Gesamtwirtschaftliches Produktionsergebnis = Inlandsprodukt

Die Summe der Wertschöpfung aller Unternehmen und anderer Institutionen einer Volkswirtschaft ergibt das Inlandsprodukt (= gesamtwirtschaftliches Produktionsergebnis).

Einzelwirtschaftliches Produktionskonto

Für ein einzelnes Unternehmen lässt sich die Bruttowertschöpfung in einem **Produktionskonto** erfassen. Dabei werden folgende Größen gegenübergestellt:

- die für die Produktion entstehenden Kosten (z. B. Materialkosten, Wertminderung an Produktionsanlagen in Form von Abschreibungen, Löhne, Zinsen) und
- die Ergebnisse des Produktionsprozesses (= Leistungen des Unternehmens in Form von Verkaufserlösen, Lagerbestandserhöhungen an Fertig- und Halbfertigerzeugnissen, selbst erstellten Anlagen)

Als Differenzbetrag (Saldo) ergibt sich der Gewinn oder Verlust.

Der **Produktionswert** ist die Summe der in einer Periode erstellten Leistungen eines Unternehmens. Werden davon die von anderen Unternehmen bezogenen **Vorleistungen** abgezogen, ergibt sich die **Bruttowertschöpfung**. Soll der **tatsächlich** in diesem Unternehmen erzeugte **Wertzuwachs** ermittelt werden, muss von der Bruttowertschöpfung die Abschreibung (= im Produktionsprozess entstandene Wertminderung an Produktionsmitteln) abgezogen werden. Auf diese Weise ergibt sich die **Nettowertschöpfung**.

Produktionskonto eines Unternehmens (Maschinenfabrik)

	Kosten		Leistung		
	Käufe von Vorleistungen (z. B. Kauf von Material, Dienstleistungen)	2,5 Mio. €	**Verkaufserlöse** (Verkäufe von Gütern)	8,0 Mio. €	**Produktionswert** 10 Mio. €
Bruttowertschöpfung 7,5 Mio. €	**Abschreibungen** (Wertminderungen an Produktionsmitteln)	2,0 Mio. €	**Bestandserhöhungen an fertigen und unfertigen Erzeugnissen** (Lagerinvestition)	1,5 Mio. €	
Nettowertschöpfung 5,5 Mio. €	**Löhne und Gehälter**	3,0 Mio. €	**Selbst erstellte Anlagen** (z. B. für den eigenen Bedarf erstellte Maschine einer Maschinenfabrik)	0,5 Mio. €	
	Zinsen, Pachten	1,0 Mio. €			
	Gewinn/Verlust	1,5 Mio. €			
	Summe	**10,0 Mio. €**	**Summe**	**10,0 Mio. €**	

Aufg. 3.5.1 S. 158

Der Wert, den ein Unternehmen im Rahmen des Produktionsprozesses den von anderen Unternehmen bezogenen Vorleistungen hinzufügt, wird als Bruttowertschöpfung bezeichnet.

Bruttowertschöpfung
= Produktionswert – Vorleistungen

	Produktionswert	10,0 Mio. EUR
–	Vorleistungen	2,5 Mio. EUR
=	Bruttowertschöpfung	7,5 Mio. EUR
–	Abschreibungen	2,0 Mio. EUR
=	Nettowertschöpfung	5,5 Mio. EUR
=	Summe der Faktorkosten:	5,5 Mio. EUR
	Löhne + Gehälter + Zinsen + Pachten + Gewinn	

Nettowertschöpfung = Bruttowertschöpfung – Abschreibungen

Gesamtwirtschaftliches Produktionskonto

Das sich durch die Zusammenfassung **(= Konsolidierung[1])** aller Produktionskonten von Unternehmen, Staat und anderen Institutionen ergebende gesamtwirtschaftliche Produktionskonto hat zunächst folgendes Aussehen:

Gesamtwirtschaftliches Produktionskonto Deutschland 2011 (in Mrd. EUR)

Vorleistungen		2714,97	**Produktionswert**	5010,82
Bruttowertschöpfung 2295,85	**Abschreibungen**	383,72		
	Nettowertschöpfung	1912,13		
Summe		**5010,82**	**Summe**	**5010,82**

Um das Inlandsprodukt und dessen Zusammensetzung auszuweisen, kann das gesamtwirtschaftliche Produktionskonto unter Berücksichtigung folgender Zusammenhänge aufbereitet und modifiziert werden:

- Inländische Vorleistungen werden nicht ausgewiesen. Bei der Zusammenfassung der Produktionskonten heben sich nicht nur die **Vorleistungen innerhalb eines Sektors** (Käufe und Verkäufe von Vorleistungen zwischen inländischen Unternehmen), sondern auch die **Vorleistungen zwischen den Sektoren** (z. B. Vorleistungskäufe des Staates von inländischen Unternehmen) gegenseitig auf. Durch die Konsolidierung der Konten neutralisieren sich die inländischen Vorleistungen und können entfallen.

1 Konsoldierung *(lat.)*: Zusammenfassung von Größen aus verschiedenen Sektoren, wobei gleichartige Größen addiert bzw. saldiert werden.

- Die einzelnen Güterarten, aus denen sich das gesamtwirtschaftliche Produktionsergebnis zusammensetzt (Konsum der privaten Haushalte, Konsum des Staates, Investitionen, Exporte), werden getrennt ausgewiesen. Die Investitionen umfassen neben den Verkäufen von Investitionsgütern an inländische Unternehmen und Staat auch die Bestandsveränderungen (Lagerinvestitionen) sowie die importierten und selbst erstellten Anlagen.
- Die Konsumausgaben des Staates entsprechen dem Kollektivkonsum, d.h. dem Wert der Güter, die vom Staat selbst produziert werden (z.B. Straßen und andere Infrastruktureinrichtungen). Außerdem umfassen sie die sozialen Sachtransfers (z.B. Arzt- und Krankenhausleistungen, Medikamente), die den privaten Haushalten vom Staat zur Verfügung gestellt werden.
- Die importierten Vorleistungen werden zusammen mit allen anderen Importen, die in einem besonderen Konto „Ausland" erfasst werden, von den Exporten abgezogen. Der Saldo wird als Außenbeitrag ausgewiesen.
- Es wird davon ausgegangen, dass die Unternehmen nicht nur die pro Einheit zu entrichtenden Steuern (= Gütersteuern wie z. B. Verbrauchssteuern und Zölle), sondern auch alle anderen Produktions- und Importabgaben (z. B. Kfz-Steuer, Grundsteuer) in die Verkaufspreise einkalkulieren. Gleichzeitig werden die Verkaufspreise um die als Steuererstattung anzusehenden Subventionen verringert. Die Verkaufspreise beinhalten somit die Differenz aus Produktions- bzw. Importabgaben und Subventionen (= Nettoproduktionsabgaben).

Aufg. 3.5.2 S. 158

Aufbereitetes gesamtwirtschaftliches Produktionskonto (Inlandsprodukt) für die Bundesrepublik Deutschland 2011 (in Mrd. Euro)

Bruttoinlandsprodukt zu Marktpreisen			Abschreibungen (D)	383,72	Konsumausgaben der privaten Haushalte und der priv. Org. ohne Erwerbszweck (Private Konsumausgaben) (C_H)	1 474,42
	Nettoinlandsprodukt zu Marktpreisen		Produktions- und Importabgaben an den Staat (292,12) abzüglich Subventionen (26,15) (T^{prod}–Z) (Nettoproduktionsabgaben)	265,97	Konsumausgabe des Staates (C_{st})	502,92
		Nettoinlandsprodukt zu Faktorkosten	Löhne, Gehälter, Zinsen, Pachten, Gewinne (Y)	1 921,11	Bruttoinvestition der Untern. des Staates	419,79 462,04 (I^{br}_U) 42,25 (I^{br}_{St})
					Außenbeitrag (Ex-Im)	131,42
			Bruttoinlandsprodukt	2 570,80		2 570,80

Quelle: Stat. Bundesamt, VGR 2011, März 2012

Grundbegriffe der volkswirtschaftlichen Gesamtrechnung

Aus diesem aufbereiteten gesamtwirtschaftlichen Produktionskonto lassen sich wichtige Größen und Zusammenhänge der volkswirtschaftlichen Gesamtrechnung ableiten:

Das Bruttoinlandsprodukt zu Marktpreisen (BIP) entspricht dem Wert aller in einem bestimmten Zeitraum im Inland hergestellten und mit ihren Verkaufspreisen bewerteten Güter nach Abzug der im Produktionsprozess verbrauchten Vorleistungen.

Werden von dieser Größe die Abschreibungen abgezogen, ergibt sich das **Nettoinlandsprodukt** zu Marktpreisen. Dieses beinhaltet gegenüber dem Bruttoinlandsprodukt nicht mehr die Bruttoinvestition, sondern nur noch die Nettoinvestition. Werden vom Nettoinlandsprodukt zu Marktpreisen die Produktions- und Importabgaben abgezogen und die Subventionen hinzugezählt, ergibt sich das **Nettoinlandsprodukt zu Faktorkosten**. In diesem Fall wird die gleiche aus Konsumgütern, Investitionen und Außenbeitrag bestehende Gütermenge nicht mehr zu Marktpreisen bewertet, sondern zu den Kosten, die bei ihrer Herstellung durch den Einsatz der Produktionsfaktoren entstanden sind. Dabei gelten auch die Gewinne als Faktorkosten. Da neben den im Produktionsprozess angefallenen Faktorkosten in gleicher Höhe auch Faktoreinkommen entstanden sind, ist diese Größe identisch mit den im Inland entstandenen **Faktoreinkommen** (Löhne, Gehälter, Zinsen, Pachten, Gewinne).

	Bruttoinlandsprodukt zu Marktpreisen	$BIP_m = C_H + C_{St} + I^{br} + (Ex\text{-}Im)$
–	**Abschreibungen**	$- D$
=	**Nettoinlandsprodukt zu Marktpreisen**	$= NIP_m = C_H + C_{St} + I^{netto} + (Ex\text{-}Im)$
–	**Saldo aus Produktions- und Importabgaben an den Staat und Subventionen**	$- (T^{prod} - Z)$
=	**Nettoinlandsprodukt zu Faktorkosten**	$= NIP_f = C_H + C_{St} + I^{netto} + (Ex\text{-}Im) - (T^{prod} - Z)$

3.5.2 Entstehungs-, Verwendungs- und Verteilungsrechnung

In der volkswirtschaftlichen Gesamtrechnung gibt es drei verschiedene Berechnungsansätze zur Ermittlung des Inlandsprodukts, nämlich die **Entstehungsrechnung**, die **Verwendungsrechnung** und die **Verteilungsrechnung**.

Aufg. 3.5.3
S. 159

Entstehungsrechnung

Die Entstehungsrechnung gibt für eine abgeschlossene Wirtschaftsperiode Auskunft darüber, welche Wirtschaftsbereiche in welchem Umfang zur Entstehung des Bruttoinlandsprodukts beigetragen haben. Dazu werden alle Wirtschaftseinheiten, die Güter produzieren, einem der folgenden Bereiche zugeordnet:

- Land- und Forstwirtschaft, Fischerei **(Primärer Sektor)**
- produzierendes Gewerbe **(Sekundärer Sektor)**
- Dienstleistungen **(Tertiärer Sektor)**
  mit den Bereichen Handel, Gastgewerbe und Verkehr, Finanzierung, Vermietung und Unternehmensdienstleister sowie öffentliche und private Dienstleister.

Jeder dieser Bereiche trägt – abgesehen von bewertungsbedingten Korrekturen – annähernd in Höhe seiner **Bruttowertschöpfung** zum **Bruttoinlandsprodukt** bei. Die Entstehungsrechnung gibt Einblick in die sektorale Produktionsstruktur einer Volkswirtschaft, indem sie die Anteile der einzelnen Wirtschaftsbereiche am Bruttoinlandsprodukt deutlich macht. Durch einen Zeitvergleich lassen sich Veränderungen der Produktionsstruktur (z. B. abnehmende Bedeutung des landwirtschaftlichen und gewerblichen Bereichs bei gleichzeitig stark zunehmender Bedeutung des Dienstleistungssektors) erkennen.

Wie die folgende Abb. zeigt, wird der größte Teil der Bruttowertschöpfung derzeit im Dienstleistungssektor erbracht (ca. 70 %). Seit Gründung der Bundesrepublik Deutschland hat die Bedeutung dieses Sektors laufend zugenommen. Demgegenüber ist der Anteil des Industriesektors (produzierendes Gewerbe) zunächst gestiegen, seit ca. 1970 aber ständig gesunken. Diese in allen industrialisierten Ländern zu beobachtende Entwicklung wird als **Weg in die Dienstleistungsgesellschaft** bezeichnet.

Entstehung des Bruttoinlandsprodukts in Deutschland 2011 (in Mrd. EUR)

	Bruttowertschöpfung der Wirtschaftsbereiche:	
	Land- und Forstwirtschaft, Fischerei	21,87
+	Produzierendes Gewerbe (ohne Bau)	588,22
+	Baugewerbe	100,90
+	Handel, Gastgewerbe und Verkehr	349,77
+	Finanzierung, Vermietung und Unternehmensdienstleister	719,67
+	Öffentliche und private Dienstleister	515,42
=	**Bruttowertschöpfung** aller **Wirtschaftsbereiche** (zu Herstellungspreisen)	2 295,85
+	Statistische Korrekturen und Bereinigungen	258,94
=	**Bruttoinlandsprodukt** (zu Marktpreisen)	2 570,80
–	Wertminderung (Abschreibung)	383,72
=	**Nettoinlandsprodukt** (zu Marktpreisen)	1 912,13

Quelle: Stat. Bundesamt, VGR, März 2012

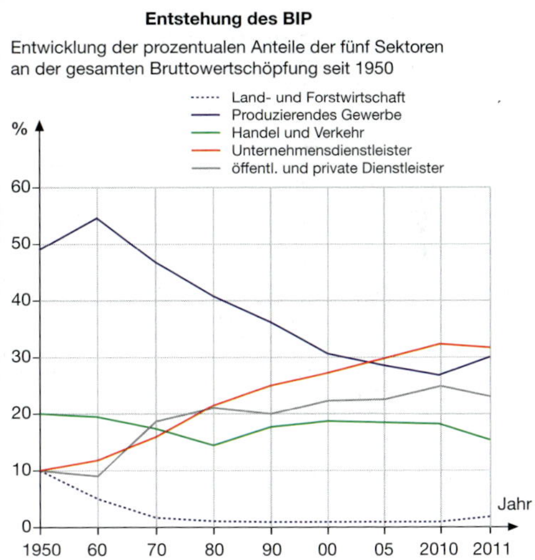

Verwendungsrechnung

Die Verwendungsrechnung zeigt, wofür die Güter, aus denen sich das Bruttoinlandsprodukt zusammensetzt, verwendet werden. Dabei lassen sich folgende Verwendungszwecke unterscheiden:

- **Private Konsumausgaben (C_{pr})**
- **Konsumausgaben des Staates (C_{St})**
  Auch der Staat erbringt Leistungen, die in das BIP eingehen. Diese den anderen Wirtschaftssektoren meist kostenlos zur Verfugung gestellten Sachgüter und Dienstleistungen, werden als **Konsumausgaben des Staates** bezeichnet. Dazu gehören u. a. die vom Staat getragenen Kosten für öffentliche Verwaltung, Straßen und Bildungseinrichtungen sowie die sog. sozialen Sachleistungen (z. B. Arzt- und Krankenhausleistungen, Medikamente).
- **Bruttoinvestitionen (I^{br})**
  Die Bruttoinvestitionen bestehen aus Ausrüstungsinvestitionen (z. B. Maschinen), Bauinvestitionen, sonstige Anlagen (z. B. immaterielle Anlageinvestitionen wie Software) und Vorratsinvestitionen (Lagerbestandsveränderungen).
- **Außenbeitrag (Exporte – Importe)**
  Da die importierten Güter (Waren und Dienstleistungen) Vorleistungen aus dem Ausland darstellen und nicht Teil des gesamtwirtschaftlichen Produktionsergebnisses des Inlandes sind, werden sie von den Exporten abgezogen. Die Differenz aus Exporten und Importen wird als Außenbeitrag bezeichnet.

Verwendungsrechnung: $BIP = C_{pr} + C_{St} + I^{br} + (Ex-Im)$

Verwendung des Bruttoinlandsprodukts in Deutschland 2011 (in Mrd. EUR)

	Konsum	1 977,34
	davon entfallen auf	
	Private Konsumausgaben (C_{pr})	*1 474,42*
	Konsumausgaben des Staates (C_{St})	*502,92*
+	Bruttoinvestition (I^{br})	462,04
	davon entfallen auf	
	Ausrüstungsinvestitionen	*183,54*
	Bauinvestitionen	*255,54*
	Sonst. Anlagen	*28,61*
	Vorratsveränderungen	*– 5,65*
+	Außenbeitrag (Exporte – Importe)	131,42
	davon entfallen auf	
	Exporte	*1 289,16*
	Importe	*1 157,74*
	Bruttoinlandsprodukt	2 570,80
–	Wertminderung (Abschreibung)	383,72
=	**Nettoinlandsprodukt**	1 912,13

Quelle: Stat. Bundesamt, VGR, März 2012

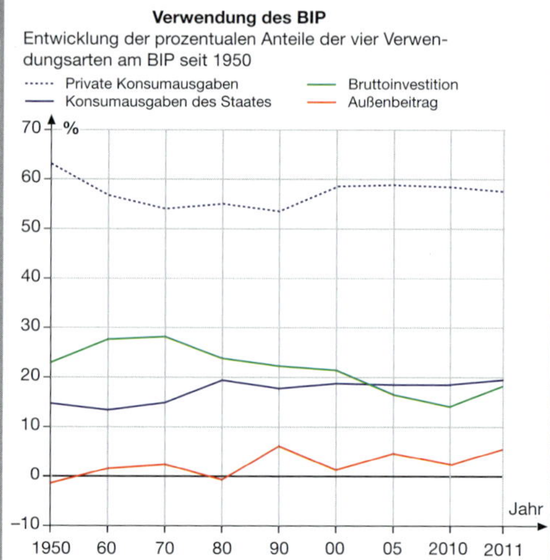

Verteilungsrechnung

Entsprechend der Art der erzielten Faktoreinkommen lassen sich Arbeitnehmerhaushalte (Lohn- und Gehaltseinkommen) und Unternehmerhaushalte (Gewinn- und Vermögenseinkommen wie Zinsen und Pachten) unterscheiden. Werden alle Einkommen, die während eines Jahres von **Inländern** (im In- und Ausland) als Entlohnung für die Bereitstellung von Produktionsfaktoren erzielt werden, zusammengezählt, ergibt sich das **Volkseinkommen**.

Das Volkseinkommen ist die Summe der Erwerbs- und Vermögenseinkommen, die Inländern für die Bereitstellung von Produktionsfaktoren zufließt (Faktoreinkommen).

Die **Verteilungsrechnung** zeigt die Aufteilung des Volkseinkommens auf die beiden Einkommensarten

- Arbeitnehmerentgelt (Bruttolöhne/-gehälter und Sozialbeiträge der Arbeitgeber)
- Unternehmens- und Vermögenseinkommen (Gewinne, Zinsen, Mieten, Pachten)

Der prozentuale Anteil der Arbeitnehmerentgelte am Volkseinkommen wird als Lohnquote bezeichnet.

$$\text{Lohnquote} = \frac{\text{Arbeitnehmerentgelte} \cdot 100}{\text{Volkseinkommen}}$$

Verteilung des Volkseinkommens in Deutschland 2011 (in Mrd. EUR)

	Bruttolöhne und -gehälter	1 074,66
+	Sozialbeiträge der Arbeitgeber	243,66
=	Arbeitnehmerentgelt	1 318,32
+	Unternehmens- und Vermögenseinkommen (brutto)	644,41
	Volkseinkommen	1 962,73
	Lohnquote	67,2 %

Quelle: Stat. Bundesamt, VGR, März 2012

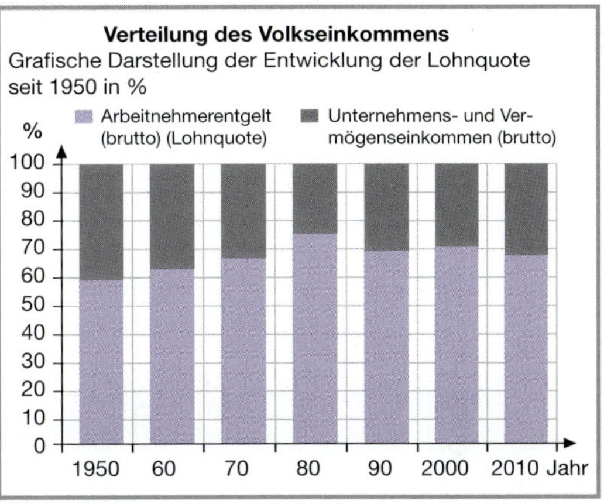

Verfügbares Einkommen, Konsumquote und Sparquote

Verfügbares Einkommen der privaten Haushalte 2011 (in Mrd. EUR)

	Unternehmensgewinne	173,77
+	Arbeitnehmerentgelte	1 318,32
+	Vermögenseinkommen	410,81
=	Primäreinkommen	1 902,90
+	erhaltene Sozialleistungen (Renten, Arbeitslosengeld, Krankengeld, ...)	469,82
+	sonstige Transferleistungen (Kindergeld, Wohngeld, BAFÖG, ...)	72,44
=	Summe der Einkommen	2 445,16
–	Einkommensteuer	225,81
–	Sozialversicherungsbeiträge	521,44
–	sonstige Versicherungsbeiträge u. Ä.	71,24
=	**Verfügbares Einkommen**	1 626,67
–	private Konsumausgaben	1 474,22
+	betriebl. Versorgungsansprüche	29,11
=	**Sparen**	181,36
	Sparquote (Sparen in % des verfügbaren Einkommens):	11,1 %

In der Volkswirtschaftslehre gilt das **verfügbare Einkommen** der privaten Haushalte als wichtige Bestimmungsgröße für die Konsumgüternachfrage. Um diese Größe zu ermitteln, muss das den privaten Haushalten zufließende **Faktoreinkommen** um die erhaltenen **Transfereinkommen** (Renten, Arbeitslosengeld, Kindergeld, Sozialhilfe usw.) erhöht und um die gezahlten **Steuern** und **Sozialversicherungsabgaben** vermindert werden. Werden vom verfügbaren Einkommen die **Konsumausgaben** abgezogen, ergibt sich die Höhe der Ersparnis. Der prozentuale Anteil der **Konsumausgaben** am **verfügbaren Einkommen** wird als **Konsumquote** und der prozentuale Anteil des **Sparens** am verfügbaren **Einkommen** als **Sparquote** bezeichnet.

Quelle: Statistisches Bundesamt, VGR, März 2012, Tab 3.4.4.1

$$\text{Konsumquote der privaten Haushalte} = \frac{\text{Private Konsumangaben} \cdot 100}{\text{Verfügbares Einkommen der privaten Haushalte}}$$

3.5.3 Reales Inlandsprodukt

Aufg. 3.5.4 S. 160

Mit dem Inlandsprodukt zu Marktpreisen sollen eigentlich Gütermengen gemessen werden. Tatsächlich wird aber durch Bewertung der Güter mit ihren Marktpreisen der Geldwert dieser Güter gemessen. Nur durch die Verwendung einer solchen einheitlichen Messgröße (z.B. Währungseinheit Euro) können die verschiedenen Güterarten und -mengen zu einer einzigen Größe wie dem Inlandsprodukt zusammengefasst werden. Es wäre aber irreführend, einfach den in Euro ausgedrückten Geldwert der Produktionsergebnisse zweier Jahre miteinander zu vergleichen und daraus Schlüsse über die Veränderung der verfügbaren Gütermenge zu ziehen. Der in Geldeinheiten ausgedrückte Wert der im Inlandsprodukt enthaltenen Güter kann sich nämlich durch allgemeine Preissteigerungen nominal (= dem Nennwert nach) erhöht haben, ohne dass tatsächlich mehr Güter produziert wurden. Sollen die Produktionsergebnisse mehrerer Jahre miteinander verglichen werden, um Aussagen über die Güterversorgung der Bevölkerung und die wirtschaftliche Leistungsfähigkeit der Volkswirtschaft machen zu können, sind daher nicht nominale, sondern nur reale Veränderungen des Inlandsprodukts von Interesse. Um die reale Entwicklung zu erfassen, muss das nominale Inlandsprodukt um die in diesem Zeitraum eingetretene Preissteigerung korrigiert werden, d.h., das Inlandsprodukt muss zu konstanten Preisen berechnet werden. Nicht das nominale, sondern nur das **reale Inlandsprodukt** kann bei einem Zeitvergleich als Messgröße für die Entwicklung der gesamtwirtschaftlichen Leistung infrage kommen.

Berechnung des Bruttoinlandsprodukts (BIP) zu konstanten Preisen für die Bundesrepublik Deutschland

Jahr	Nominales Bruttoinlandsprodukt (BIP_n) in Mrd. Euro	Preisindex[1] (Deflator)
2005	2224,4	100,00
2011	2570,8	105,37

Berechnung der nominalen Steigerung in Prozent

2224,4 Mrd. Euro = 100 %
2570,8 Mrd. Euro = x %
x = 115,57 %

Das BIP ist nominal um ca. 15,57 % gestiegen.

Berechnung des realen Bruttoinlandsprodukts (BIP_r)[2]

$$BIP_r = \frac{BIP_n}{\text{Preisindex}} \cdot 100 = \frac{2570{,}8}{105{,}37} \cdot 100 = 2439{,}78$$

Im Jahr 2011 betrug das reale BIP (in Preisen von 2005) 2439,8 Mrd. Euro.

Berechnung der realen Steigerung in Prozent

2224,4 Mrd. Euro = 100 %
2439,8 Mrd. Euro = x %
x = 109,68 %

Das BIP ist real um ca. 9,68 % gestiegen.

Entwicklung des nominalen und realen BIP 2005–2011

Jahr	BIP in jeweiligen Preisen		BIP_r in Preisen des Jahres 2005	
	Mrd. EUR	Veränderung in %	Mrd. EUR	Veränderung in %
05	2224,4	1,3	2224,4	0,7
06	2313,9	4,0	2306,7	3,7
07	2428,5	5,0	2382,1	3,3

1 Für die Berechnung des realen BIP wird ein spezieller Preisindex (Preisindex für das Bruttoinlandsprodukt, BIP-Deflator) verwendet, der nicht mit dem Verbraucherpreisindex identisch ist.
2 Seit 2005 weist das Stat. Bundesamt das reale BIP nur noch als Indexzahl und nicht mehr in Euro aus.

Entwicklung des nominalen und realen BIP 2005–2011				
Jahr	BIP in jeweiligen Preisen		BIP_r in Preisen des Jahres 2005	
	Mrd. EUR	Veränderung in %	Mrd. EUR	Veränderung in %
08	2473,8	1,9	2408,1	1,1
09	2374,5	-4,0	2284,5	-5,1
10	2476,8	4,3	2368,8	3,7
11	2570,8	3,8	2439,8	3,0

Quelle: Stat. Bundesamt, VGR 2011, März 2012, Tab 2.3.1, 2.3.2, 2.3.3

$$BIP_r = \frac{BIP_n \cdot 100}{\text{Preisindex (= BIP-Deflator)}}$$

Das nominale Inlandsprodukt beruht auf den Marktpreisen des Berechnungszeitraumes. Das reale Inlandsprodukt ist um die Preisveränderung korrigiert. Es ist ein Maßstab für die wirtschaftliche Entwicklung einer Volkswirtschaft unter Ausschaltung der Preissteigerungen.

Um die Leistungsfähigkeit verschiedener Volkswirtschaften miteinander vergleichen und die Güterversorgung der Bevölkerung beurteilen zu können, ist außerdem die Berechnung des **Inlandsprodukts pro Kopf** nötig. Für den internationalen Vergleich wird üblicherweise das Bruttoinlandsprodukt je Einwohner bzw. das Pro-Kopf-Einkommen als Maßstab benutzt. Trotz einer Steigerung des realen Inlandsprodukts kann das Pro-Kopf-Einkommen sinken, wenn nämlich die Wachstumsrate der Bevölkerung größer ist als die Wachstumsrate des realen Inlandsprodukts. Diese Situation ist für Entwicklungsländer mit starkem Bevölkerungswachstum typisch.

3.5.4 Kritik am Inlandsprodukt als Wohlstandsindikator

Wohlstand, Lebensstandard, Lebensqualität

Aufg. 3.5.5 S. 161

Das Inlandsprodukt pro Kopf wird häufig auch als Indikator für den Wohlstand der Bevölkerung in einer Volkswirtschaft benutzt. Zwar signalisiert ein steigendes Inlandsprodukt pro Kopf eine zunehmende materielle Güterversorgung. Das bedeutet aber nicht ohne weiteres auch eine Steigerung von Lebensstandard und Wohlstand. Obwohl diese beiden Begriffe nicht eindeutig definiert und voneinander abgrenzbar sind, beinhalten sie doch beide den Gesichtspunkt, dass das Wohlergehen der Menschen nicht nur von der Menge der bereitgestellten materiellen Güter abhängt, sondern auch von solchen immateriellen Gütern wie z. B. Freiheit, soziale Sicherheit, Freizeit und Umwelterhaltung. Dies wird auch mit dem Begriff Lebensqualität zum Ausdruck gebracht.

Erfassungs-, Bewertungs- und Zurechnungsprobleme

Ein wesentlicher Kritikpunkt an der Aussagekraft des Inlandsprodukts als Wohlstandsindikator ist die Tatsache, dass bestimmte Vorgänge, die den Wohlstand in einer Volkswirtschaft beeinflussen, nicht in der volkswirtschaftlichen Gesamtrechnung und damit auch nicht im Inlandsprodukt erfasst werden.

Viele Güter werden im Inlandsprodukt nicht erfasst, weil sie nicht auf Märkten gehandelt werden und daher keinen Marktpreis haben.

Mit Ausnahme der vom Staat kostenlos bereitgestellten Güter (Konsumausgaben des Staates) sind nur solche Waren und Dienstleistungen im Inlandsprodukt enthalten, die auf Märkten gehandelt werden. Das bedeutet beispielsweise, dass weder die Eigenleistungen privater Haushalte (z. B. Hausfrauenarbeit, Kindererziehung, Nachbarschaftshilfe, Hobbygärtner) noch die Befriedigung höherer Bedürfnisebenen (z. B. Bedürfnis nach Geborgenheit, Anerkennung, Selbstverwirklichung) im Inlandsprodukt berücksichtigt sind. Auch die Arbeitsbedingungen, unter denen die Güterproduktion erfolgt, kommen nicht in der Höhe des Inlandsprodukts zum Ausdruck.

Die in der offiziellen Wirtschaftsstatistik nicht erfasste Schattenwirtschaft (z. B. Schwarzarbeit) trägt zwar zur gesamtwirtschaftlichen Wertschöpfung bei, geht aber nur als Schätzgröße in die Inlandsproduktberechnung ein.

Es können nur solche Leistungen statistisch erfasst und bei der Ermittlung des Inlandsprodukts berücksichtigt werden, die aus Dokumenten und anderen Unterlagen, die den Behörden vorgelegt werden, ersichtlich sind. Schattenwirtschaftliche Aktivitäten (z. B. Leistungen aus der Beschäftigung ohne formelles Arbeitsverhältnis, Lieferungen und Leistungen ohne Rechnung u. Ä.) gehen daher nur als Schätzgröße in das Inlandsprodukt ein.

In das Inlandsprodukt gehen nur Gütermengen und Güterpreise ein. Die Qualität der Produkte wird nicht gesondert erfasst.

Die Marktpreise, mit denen die Güter in das Inlandsprodukt eingehen, spiegeln häufig nicht die Produktqualität, die sich beispielsweise auch in der Lebensdauer ausdrückt, wider. Die Herstellung vieler herkömmlicher Glühbirnen mit kurzer Lebensdauer erhöht beispielsweise trotz des Preisunterschiedes das Inlandsprodukt mehr als die Produktion langlebiger Energiesparlampen. Obwohl die Produktionstechnologie laufend verbessert wird, nimmt die Gebrauchsdauer vieler Konsumgüter (z. B. Kühlschränke, Autos, Waschmaschinen, Kleider) ständig ab. Der dadurch entstehende Ersatzbedarf steigert zwar Produktion und Inlandsprodukt, beansprucht aber gleichzeitig natürliche Rohstoffe und schafft erhebliche Entsorgungs-, Abfall- und Umweltprobleme.

Die Höhe des Inlandsprodukts sagt nichts über die Einkommensverteilung aus.

Aus einer Veränderung des Inlandsprodukts lässt sich nicht ableiten, ob und ggf. wie sich die Einkommensverteilung verändert hat. Der Wohlstand einer Volkswirtschaft hängt aber nicht nur von der Menge der materiellen Güter ab, sondern auch von der Art und Weise, wie das Gesamteinkommen auf die Bevölkerung verteilt ist.

Das Inlandsprodukt berücksichtigt nicht den Wert der Freizeit.

Das Inlandsprodukt kann beispielsweise deswegen steigen, weil aufgrund einer verlängerten Wochenarbeitszeit mehr gearbeitet und produziert wird. Dabei wird aber nicht berücksichtigt, dass der durch die Steigerung des Inlandsprodukts bedingte Verzicht auf Freizeit eine Wohlstandsminderung darstellt.

Das Inlandsprodukt berücksichtigt nicht die sozialen Kosten.

Kap. A 1.5.2, A 1.6.3

Bei der Güterproduktion entstehen u. a. auch Kosten, die nicht von den verursachenden Unternehmen getragen, sondern auf die Allgemeinheit überwalzt werden (z. B. Schädigung von Umweltgütern in Form von Luftverschmutzung und Gewässerverunreinigung sowie dadurch bedingte Gesundheitsschäden). Dabei handelt es sich um soziale Kosten. Sie werden bei der Inlandsproduktberechnung nicht berücksichtigt.

Die Aufwendungen zur Beseitigung von Umweltschäden erhöhen in Form von Nettoinvestitionen das Nettoinlandsprodukt, obwohl es sich dabei eigentlich um Ersatzinvestitionen handelt.

Aufwendungen für die Entsorgung verseuchter Boden und die Reinigung verschmutzter Gewässer werden als Nettoinvestitionen erfasst und erhöhen demzufolge das Nettoinlandsprodukt. Eigentlich handelt es sich dabei aber um eine Art Ersatzinvestition, um die am Produktionsfaktor Natur eingetretenen Schäden zu beheben. Es liegt keine Wertschöpfung, sondern lediglich eine Werterhaltung vor. Werden die Umweltschäden nicht oder nicht in vollem Umfang behoben, liegt eine Art Desinvestition vor, um die der Wert des Nettoinlandsprodukts verringert werden müsste. Es wird versucht dies im Rahmen einer **Umweltökonomischen Gesamtrechnung (UGR)**[1] und durch die Berechnung des **Ökoinlandsprodukts** zu berücksichtigen.

Wachstum des Inlandsprodukts

„Das Inlandsprodukt wächst, wenn immer mehr Abfälle die Umwelt belasten. Und es wächst noch einmal, wenn wir Mittel einsetzen, um Umweltschäden zu beseitigen. Es wächst, wenn der Lärm in den Städten zunimmt. Und es wächst noch einmal, wenn wir Lärmschutzanlagen anbringen. Es wächst, wenn der Verbrauch von Medikamenten, Drogen und Alkohol zunimmt. Und es wächst noch einmal, wenn die durch Medikamente, Drogen und Alkohol Geschädigten behandelt werden müssen."

Erhard Eppler, Ende oder Wende, Stuttgart 1975, S. 38

Bruttoinlandsprodukt
– Abschreibungen auf Anlagegüter
= Nettoinlandsprodukt
– Wertminderung des Naturvermögens
= Ökoinlandsprodukt

3.5.5 Soziale Indikatoren als Messgrößen für den Wohlstand

Ein weiterer wesentlicher Kritikpunkt bezieht sich darauf, dass das Inlandsprodukt in erster Linie quantitative Aussagen über die materielle Güterversorgung zulässt. Solche Bereiche wie Gesundheits- und Bildungsstand der Bevölkerung bleiben hingegen unberücksichtigt. Deshalb wird vorgeschlagen, das Inlandsprodukt als Messgröße für Wohlstandsveränderungen durch ein System sozialer Indikatoren zu ergänzen. Aber auch mithilfe sozialer Indikatoren wird das Problem, die Entwicklung des Wohlstandes zu messen, nicht zufriedenstellend und ohne Probleme gelöst. Ist es beispielsweise als eine Wohlstandsmehrung anzusehen, wenn die Zahl der Krankenhausbetten steigt, oder ist dies möglicherweise ein Anzeichen für die Verschlechterung des Gesundheitszustands der Bevölkerung? Neben den sonstigen Mess- und Erhebungsfehlern ist eine der Hauptschwierigkeiten dadurch bedingt, dass solche Begriffe wie „Wohlstand" und „Lebensqualität" nicht eindeutig sind.

Human Development Index

Gemessen am *Human development index* (HDI), der vom UNDP (United Nations Development Programme) ermittelt wird und neben dem Pro-Kopf-Einkommen u. a. Daten über die

1 Vgl. Statistisches Bundesamt, Umweltökonomische Gesamtrechnung (UGR), Wiesbaden, Nov. 2010

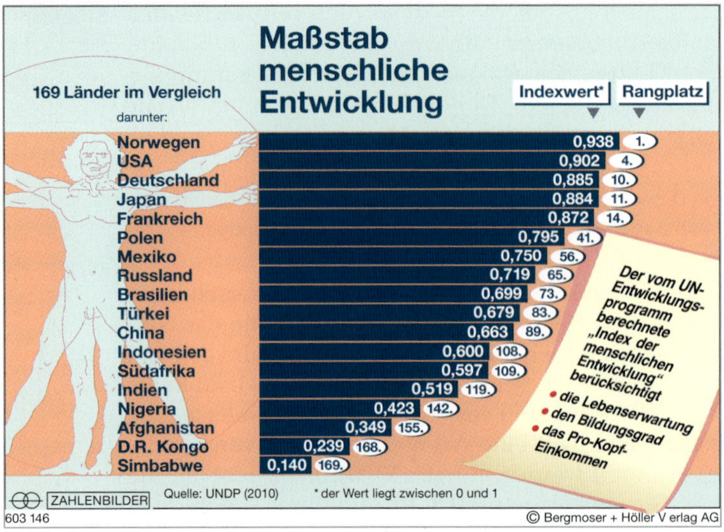

Lebenserwartung, den Bildungsstand und die Ausgaben für Bildung und Erziehung berücksichtigt, belegte Deutschland im Jahr 2010 den zehnten Rang. An der Spitze lagen Norwegen, Australien, Island, Kanada, Neuseeland und die USA. Die letzten Plätze nahmen die afrikanischen Staaten Mosambik, Burundi, Niger, Kongo und Simbabwe ein.

Zusammenfassende Übersicht zu Kap. 3.5: Maßstab der gesamtwirtschaftlichen Leistung: Das Inlandsprodukt

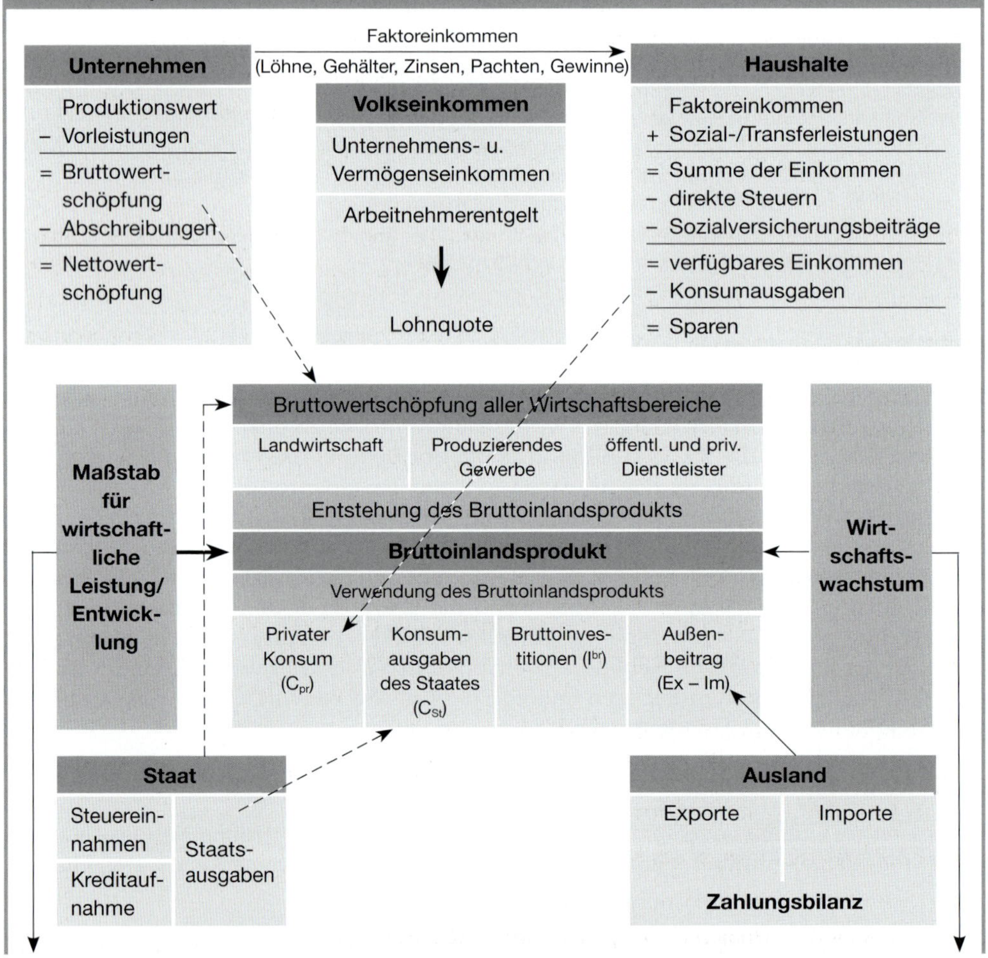

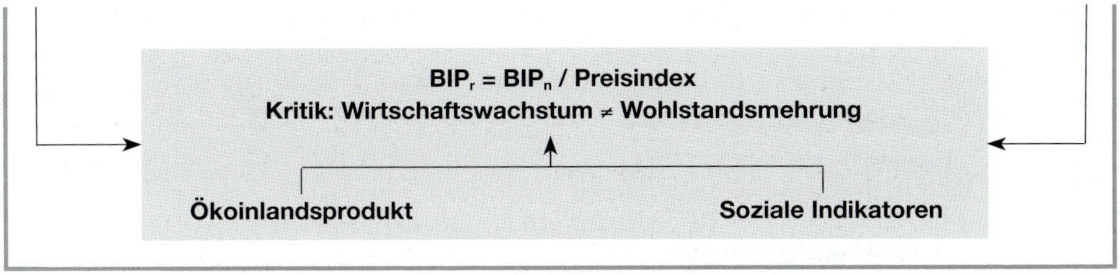

Fragen zur Wiederholung

zu Kapitel 3.5 Maßstab der gesamtwirtschaftlichen Leistung: Das Inlandsprodukt

3.5.1 Gesamtwirtschaftliche Wertschöpfung und Inlandsprodukt

1. Beschreiben Sie Aufbau und Inhalt des Produktionskontos eines Unternehmens.
2. Wie wird der wertmäßige Beitrag eines Unternehmens zum Inlandsprodukt bezeichnet?
3. Wodurch unterscheiden sich Produktionswert und Bruttowertschöpfung?
4. Wodurch unterscheiden sich Bruttowertschöpfung und Nettowertschöpfung?
5. Was ist unter den Konsumausgaben des Staates zu verstehen?
6. Beschreiben Sie Aufbau und Inhalt des gesamtwirtschaftlichen Produktionskontos.

3.5.2 Entstehung und Verwendung des Inlandsprodukts, Verteilung des Volkseinkommens

1. In welche Wirtschaftsbereiche ist die Entstehungsrechnung des Inlandsprodukts gegliedert?
2. Erläutern Sie anhand der Abb. auf S. 149, wie sich der Beitrag der einzelnen Wirtschaftsbereiche zum BIP im Zeitablauf entwickelt hat.
3. Welche Verwendungszwecke werden in der Verwendungsrechnung des Inlandsprodukts ausgewiesen?
4. Erläutern Sie anhand der Abb. auf S. 150, wie sich der Anteil der einzelnen Verwendungsarten am BIP im Zeitablauf entwickelt hat.
5. Aus welchen Positionen besteht die Verwendungsrechnung des Volkseinkommens?
6. Was ist die Lohnquote und wie hat sie sich entwickelt (Abb. S. 151)?
7. Wie wird das verfügbare Einkommen der privaten Haushalte ermittelt?

3.5.3 Reales Inlandsprodukt

1. Worin besteht der Unterschied zwischen dem nominalen und dem realen Inlandsprodukt?
2. Warum ist nur das Inlandsprodukt pro Kopf ein geeigneter Maßstab im internationalen Vergleich?

3.5.4 Kritik am Inlandsprodukt als Wohlstandsindikator

1. Welche Mängel beeinträchtigen die Aussagekraft des Inlandsprodukts als Wohlstandsindikator?
2. Was ist das Ökoinlandsprodukt?

3.5.5 Soziale Indikatoren als Messgröße für den Wohlstand

1. Nennen Sie soziale Indikatoren zur Wohlstandsmessung.
2. Was ist unter dem *Human Development Index* (HDI) zu verstehen?

Aufgaben und Probleme

zu Kapitel 3.5 Maßstab der gesamtwirtschaftlichen Leistung: Das Inlandsprodukt

3.5.1 Beitrag eines Unternehmens zur Wertschöpfung in einer Volkswirtschaft

Eine Maschinenfabrik hat in der vergangenen Abrechnungsperiode Güter im Wert von 400 Mio. Euro hergestellt. Das Unternehmen bezog Vorleistungen von anderen Unternehmen in Höhe von 100 Mio. Euro. Die Abschreibungen beliefen sich auf 200 Mio. Euro.

1. Wie hoch war der Produktionswert der Maschinenfabrik?
2. Wie hoch war die Bruttowertschöpfung der Maschinenfabrik (= Beitrag zum Bruttoinlandsprodukt)?
3. Wie hoch war die Nettowertschöpfung der Maschinenfabrik?
4. In welcher Höhe sind in dieser Maschinenfabrik Faktoreinkommen entstanden?

3.5.2 Ermittlung des Inlandsprodukts

Für eine Volkswirtschaft liegen für das vergangene Jahr (Jahr 01) folgende Daten vor (Wertangaben in Preisen des Jahres 01):

(1)	Verkäufe von Konsumgütern an private Haushalte	1 500 GE
(2)	Vorleistungen von inländischen an inländische Unternehmen	2 500 GE
(3)	Abschreibungen	350 GE
(4)	Bruttoinvestitionen	450 GE
(5)	Staatliche Subventionen an Unternehmen	30 GE
(6)	Produktions- und Importabgaben an den Staat	300 GE
(7)	Vorleistungen aus dem Ausland (Importe)	1 000 GE
(8)	Faktorkosten für den Produktionsfaktor Arbeit (= Arbeitnehmereinkommen: Löhne und Gehälter)	1 300 GE
(9)	Unternehmergewinne	230 GE
(10)	Faktorkosten für die Produktionsfaktoren Kapital und Boden (= Vermögenseinkommen: Zinsen und Pachten)	400 GE
(11)	Wert der unentgeltlich abgegebenen Leistungen des Staates (Konsumausgaben des Staates)	500 GE
(12)	Verkäufe von Gütern an das Ausland (Exporte)	1 100 GE

1. Erstellen Sie das gesamtwirtschaftliche Produktionskonto.
2. Ermitteln Sie die Höhe folgender Größen: Bruttoinlandsprodukt zu Marktpreisen, Nettoinlandsprodukt zu Marktpreisen, Nettoinlandsprodukt zu Faktorkosten.
3. Wie hoch war der Produktionswert, wenn davon ausgegangen wird, dass das Bruttoinlandsprodukt und die Bruttowertschöpfung gleich hoch sind.
4. Drücken Sie die Berechnung des Bruttoinlandsprodukts zu Marktpreisen von der Verwendungsseite in einer allgemeinen Formel aus.
5. Drücken Sie den Zusammenhang zwischen Bruttoinlandsprodukt zu Marktpreisen, Nettoinlandsprodukt zu Marktpreisen und Nettoinlandsprodukt zu Faktorkosten in einer allgemeinen Formel aus.
6. Im Jahr zuvor (Jahr 00) betrug das Bruttoinlandsprodukt 2500 GE (in Preisen des Jahres 00). Lässt sich daraus schließen, dass die Güterversorgung der Bevölkerung im Jahr 01 gegenüber 00 verbessert hat? Begründen Sie Ihre Aussage.

3.5.3 Volkswirtschaftliche Gesamtrechnung der Bundesrepublik Deutschland

Bearbeiten Sie die folgenden Aufgaben unter Zuhilfenahme der nachstehenden Tabelle:

Enstehung und Verwendung des Inlandsprodukts, Verteilung des Volkseinkommen						
	2006	2007	2008	2009	2010	2011
	in jeweiligen Preisen (Mrd. EUR)					
I. Entstehung des Inlandsprodukts						
Land- u. Forstwirtschaft, Fischerei	17,13	18,96	20,87	16,23	18,57	21,87
Produzierendes Gewerbe (ohne Bau)	544,32	575,23	574,87	496,06	548,05	588,22
Baugewerbe	84,54	88,69	93,21	94,83	96,25	100,90
Handel, Gastgewerbe und Verkehr[1]	419,94	436,83	441,20	413,36	42501	438,61
Finanzierung, Vermietung, Unternehmensdienstleiter[2]	566,25	594,34	608,29	600,09	620,53	630,83
Öffentliche und private Dienstleister[3]	454,10	462,94	478,56	496,64	508,40	515,42
Alle Wirtschaftsbereiche (Bruttowertschöpfung)	2 086,28	2 176,99	2 217,00	2 117,21	2 216,81	2 295,85
Nettogütersteuern	227,62	251,51	256,80	257,29	259,99	274,95
Bruttoinlandsprodukt	2 313,90	2 428,50	2 473,80	2 374,50	2 476,80	2 570,80
II. Verwendung des Inlandsprodukts						
Private Konsumausgaben[4]	1 339,54	1356,73	1 387,70	1 387,43	1 423,02	1 474,42
Konsumausgaben des Staates	424,69	434,04	452,61	475,81	488,77	502,92
Bruttoinvestitionen	419,62	467,75	479,32	392,75	429,56	462,04
Ausrüstungen	*178,03*	*195,53*	*201,37*	*155,13*	*170,83*	*183,54*
Bauten	*214,05*	*225,64*	*231,52*	*227,10*	*234,99*	*255,54*
Sonst. Anlagen[5]	*25,74*	*26,71*	*27,85*	*27,03*	*27,76*	*28,61*
Vorratsveränderungen[6]	*1,80*	*19,87*	*18,58*	*– 16,51*	*– 4,02*	*– 5,65*
Inländische Verwendung	2 183,85	2 258,52	2 319,63	2 255,99	2 341,35	2 439,38
Außenbeitrag	130,05	169,98	154,17	118,51	135,45	131,42
Exporte	*1 053,14*	*1 145,41*	*1 189,15*	*995,92*	*1 159,80*	*1 289,16*
Importe	*923,09*	*975,43*	*1 034,98*	*877,41*	*1 024,35*	*1 157,74*
Bruttoinlandsprodukt	2 313,90	2 428,50	2 473,80	2 374,50	2 476,80	2 570,80
reales BIP in Preisen von 2005	2 306,75	2 382,05	2 408,06	2 284,49	2 368,78	2 439,78
Abschreibung	335,83	352,33	366,09	373,49	376,69	383,72
III. Verteilung des Volkseinkommens						
Arbeitnehmerentgelt	1 156,08	1 187,11	1 229,80	1 231,48	1 262,87	1 318,32
Unternehmens- und Vermögenseinkommen	652,64	690,22	664,41	574,67	634,97	644,41
Volkseinkommen	1 808,72	1 877,33	1 894,21	1 806,15	1 897,84	1 962,73
BIP-Preisindex (Deflator) 2005 = 100	100,31	101,95	102,73	103,94	104,56	105,37

Quelle: Stat. Bundesamt, VGR, März 2012

1. Werten Sie die statistischen Daten der Tabelle mithilfe eines Grafikprogramms aus. Stellen Sie dazu u. a. die Zusammensetzung des BIP in den einzelnen Jahren als Tortendiagramm und die Entwicklung der Anteile einzelner Größen am BIP im Zeitablauf als Linien- oder Säulendiagramm dar.

---

1 Einschließl. Nachrichtenübermittlung
2 Kredit- und Versicherungsgewerbe, Grundstückswesen, Vermietung und Unternehmensdienstleister
3 Einschl. Häusliche Dienste
4 Einschl. Private Organisationen ohne Erwerbszweck
5 Immaterielle Anlageinvestitionen (u.m.a. EDV-Software, Urheberrechte) sowie Nutztiere und -pflanzen
6 Einschl. Nettozugang an Wertsachen

2. Wie hoch waren im Jahr 2011 die Brutto- und die Nettoinvestitionen?
3. Wie hoch war in den Jahren 2007 bis 2011 jeweils das reale Wirtschaftswachstum (in %)?
4. Bei welchen Sektoren hat der Beitrag zur Bruttowertschöpfung in den letzten Jahren abgenommen und bei welchen Sektoren hat er am stärksten zugenommen? Worauf kann diese Entwicklung zurückzuführen sein?
5. Wie hat sich der Anteil der privaten Konsumausgaben am BIP von 2006 bis 2011 verändert?
6. Warum weichen die privaten Konsumausgaben von der Summe der den privaten Haushalten zufließenden Faktoreinkommen ab?
7. Wie hoch war der Anteil der Investitionen am BIP in den Jahren 2006 bis 2011?
8. Wie hat sich der Anteil der Konsumausgaben des Staates am BIP von 2006 bis 2011 verändert? Worauf kann diese Entwicklung zurückzuführen sein?
9 Wie hoch waren die Lohnquoten in den Jahren 2006 und 2011? Worauf kann diese Entwicklung zurückzuführen sein?
10. Ergänzen und aktualisieren Sie die Tabelle für die Jahre nach 2011, indem Sie sich auf folgenden Internetseiten Daten beschaffen:

www

http://www.destatis.de Volkswirtschaftliche Gesamtrechnung, Wichtige gesamtwirtschaftliche Größen

http://bundesbank.de Suchbegriff: Monatsbericht

3.5.4 Prozentrechnung am Beispiel der Volkswirtschaftlichen Gesamtrechnung

1. Nach einem Wachstum von 9 % von 2000 bis 2010 betrug das reale BIP 2010 2 248,1 Mrd. EUR. Wie hoch war das reale BIP im Jahr 2000?
2. Nachdem das nominale BIP im Jahr 2009 um 3,4 % gesunken war, betrug es noch 2 397,1 Mrd. EUR. Im Jahr 2010 stieg es um 4,2 %. Das reale BIP stieg dagegen im Jahr 2010 um 3,6 % und betrug Ende 2010 2 248,1 Mrd. EUR. Im Jahr zuvor war es um 4,7 % gesunken.
   a) Wie hoch war das nominale BIP in den Jahren 2008 und 2010?
   b) Wie hoch war das reale BIP im Jahr 2008?
   c) Vergleichen Sie die Wachstumsraten des nominalen und des realen BIP für 2009 miteinander. Worauf ist der Unterschied zurückzuführen?
3. Die Entwicklung des preisbereinigten BIP (= reales BIP) wird vom Statistischen Bundesamt mithilfe eines Index (Messzahl) dargestellt, der auf dem Jahr 2000 basiert (Index im Jahr 2000 = 100). Im Jahr 2000 belief sich das BIP auf 2 062,5 Mrd. EUR. Für ausgewählte Jahre werden folgende Indexzahlen ausgewiesen:

Jahr	2005	2008	2009	2010
Index	103,01	110,39	105,18	109,00

   Ermitteln Sie, um wie viel Prozent und um wie viele Indexpunkte (Prozentpunkte) sich das reale BIP jeweils in den folgenden Zeiträumen verändert hat:
   a) 2000 bis 2010 b) 2008 auf 2009 c) 2009 auf 2010 d) 2008 auf 2010
4. Es sind folgende Zahlen (in Mrd. EUR in jeweiligen Preisen) gegeben.

	2000	**2008**	**2009**	**2010**
BIP	2 062,50	2 481,20	2 397,10	2 498,80
privater Konsum (Cpr)	1 214,16	1 413,22	1 411,06	1 444,71
Außenbeitrag (Ex – Im)	7,25	159,45	118,48	130,21

   a) Berechnen Sie für die einzelnen Jahre den Anteil von Cpr und (Ex – Im) am BIP.
   b) Berechnen Sie für die Jahre 2009 und 2010 die prozentuale Veränderung der Anteile von Cpr und (Ex-Im).

5.

Zahlenangaben für 2009	Deutschland	Schweiz	USA
BIP (nominal)	2 498,8 Mrd. EUR	532,3 Mrd. CHF	14 119,0 Mrd.USD
Bevölkerung	81,9 Mio.	7,8 Mio.	300 Mio.
Ø Wechselkurs	1,3948 EUR je USD	1,0868 CHF je USD	–

a) Berechnen Sie für alle drei Länder das BIP pro Kopf in US-Dollar.

b) Ermitteln Sie den prozentualen Unterschied zwischen den unter a) ermittelten Größen (höchstes BIP pro Kopf = 100 %).

c) Begründen Sie, warum die ermittelten Zahlen über das BIP pro Kopf keinen Wohlstandsvergleich zwischen den drei Ländern zulassen.

6. Im Jahr 2010 betrugen die Arbeitnehmerentgelte 1 259,67 Mrd. EUR und die Lohnquote 66,25 %. Wie hoch waren die Unternehmens- und Vermögenseinkommen sowie das Volkseinkommen?

3.5.5 Kritik am Inlandsprodukt als Wohlstandsindikator

Stellen Sie fest, ob das Inlandsprodukt aufgrund folgender Vorgänge steigt, sinkt oder unverändert bleibt. Begründen Sie Ihre Antworten.

1. Ein Junggeselle stellt eine Haushälterin ein. Es werden ordnungsgemäß Lohnsteuer und Sozialversicherungsbeiträge abgeführt.
2. Der Junggeselle heiratet seine bisherige Haushälterin. Auch nach der Heirat führt sie den Haushalt weiter.
3. Es werden vermehrt langlebige Energiesparlampen statt herkömmlicher Glühbirnen verwendet. Die Mehraufwendungen aufgrund des höheren Preises der Energiesparlampen gegenüber den herkömmlichen Lampen können schon nach kurzer Zeit durch geringeren Energieverbrauch und längere Lebensdauer ausgeglichen werden.
4. Die Regierung ergreift steuerpolitische Maßnahmen zur Einkommensumverteilung, um untere Einkommensschichten zu entlasten und höhere Einkommensschichten zu belasten.
5. Einer der bisherigen gesetzlichen Feiertage wird gestrichen. Die Arbeitnehmer müssen jetzt bei gleichem Monatslohn einen Tag mehr arbeiten.
6. Ein Hobbygärtner versorgt seine Familie regelmäßig mit Obst und frischem Gemüse.
7. Ein kranker Familienvater wird zu Hause von seinen Familienangehörigen gepflegt.
8. Der Kranke (Fall 7.) wird vom Arzt in ein Krankenhaus eingewiesen.
9. Ein Bauherr erstellt einen Teil des Rohbaus durch Eigenleistung und Nachbarschaftshilfe.
10. Ein Malergeselle tapeziert nach Feierabend die Wohnung des Nachbarn gegen Entgelt.
11. Ein Landwirt spezialisiert sich auf biologischen Anbau. Wegen des Verzichts auf Pflanzenschutzmittel gehen die Produktionsmengen in der Umstellungsphase zunächst zurück. Er kann aber seine Produkte wegen der besseren Qualität teurer verkaufen, so dass sein Erlös nicht sinkt.
12. Nach einem Unfall müssen mehrere Personen im Krankenhaus behandelt werden. Eine Person stirbt an den Folgen des Unfalls.
13. Die Außenmauern einer denkmalgeschützten Kirche werden durch Luftschadstoffe beschädigt und müssen restauriert werden.
14. Es werden Solarzellen aus dem benachbarten Ausland importiert.
15. Die Regierung genehmigt den Verkauf von U-Booten an ein Entwicklungsland.
16. An einer Autobahn werden die Anwohner durch die Errichtung von Schallschutzwänden gegen den Verkehrslärm geschützt.
17. Wegen hoher Gefährdung durch den Straßenverkehr bringen Eltern ihre Kinder mit dem Pkw zum Kindergarten, statt sie zu Fuß laufen zu lassen.
18. Durch Überdüngung der Böden mit Gülle aus der Massentierhaltung wird das Grundwasser mit Nitrat belastet.

3.6 Entwicklungsphasen und aktuelle Probleme der Sozialen Marktwirtschaft

3.6.1 Entwicklung der Sozialen Marktwirtschaft in Deutschland von 1949 bis 2012

Aufg. 3.6.1 S. 170

Die wirtschaftliche Entwicklung im Rahmen der Sozialen Marktwirtschaft in Deutschland seit 1949 lässt sich in deutlich voneinander abgrenzbare Phasen einteilen.

Phase I: 1949–1966/67: Wirtschaftswunder

CDU/FDP-Regierung bzw. CDU-Alleinregierung: Wettbewerbsgesteuerte Soziale Marktwirtschaft – Wirtschaftspolitik als Ordnungspolitik (Ordoliberalisimus) – Wirtschaftswunder

1. 1949: Grundgesetz für die Bundesrepublik Deutschland
2. 1949: Tarifvertragsgesetz (Tarifautonomie der Tarifparteien)
3. 1957: Gesetz über die Deutsche Bundesbank
4. 1957: Gesetz gegen Wettbewerbsbeschränkungen („Kartellgesetz")
5. 1957: Rentenreform: Erhöhung und Dynamisierung der Rentenansprüche
6. 1961: Sozialhilfegesetz

Die als **Wirtschaftswunder** bezeichnete Phase zwischen 1950 und 1966 war wirtschaftspolitisch durch den Einfluss der „Väter der Sozialen Marktwirtschaft" (u. a. WALTER EUCKEN, ALFRED MÜLLER-ARMACK, LUDWIG ERHARD) geprägt. Es herrschte die Auffassung vor, der Staat solle sich auf ordnungspolitische Maßnahmen zur Gestaltung der wirtschaftlichen Rahmenbedingungen beschränken und direkte konjunkturpolitische Eingriffe in den Wirtschaftsprozess vermeiden. Neben der Verabschiedung des **Grundgesetzes** (1949) wurden in diesem Zeitraum zahlreiche für die **Wirtschaftsordnung der Sozialen Marktwirtschaft** wesentliche Gesetze erlassen. Die Arbeitslosenquote nahm in dieser Zeit ständig ab und betrug 1966 lediglich 0,7 %. Gleichzeitig nahmen die Preissteigerungsraten auf zuletzt 3,6 % (1966) zu.

Phase II: 1966/67–1980: Ausbau des Sozialstaats

1967–1980 CDU/SPD Regierung bzw. SPD/FDP-Regierung: Wirtschaftspolitische Maßnahmen des Staates zur Steuerung der Sozialen Marktwirtschaft – Ausbau zum „Wohlfahrtsstaat"

1. 1966/67: Erste „große" Wirtschaftskrise
2. 1966: Sturz der CDU-geführten Regierung unter Bundeskanzler Ludwig Erhard; große Koalition CDU/SPD; Wirtschaftsminister Karl Schiller (SPD)
3. 1967: Stabilitätsgesetz
4. 1969: Gesetze zum Ausbau der sozialen Sicherungssysteme (Kündigungsschutzgesetz, Lohnfortzahlungsgesetz, Arbeitsförderungsgesetz)
5. 1972: Betriebsverfassungsgesetz
6. 1973/74: „Erste Ölkrise" (Verdoppelung der Weltmarktpreise für Rohöl)
7. 1974/75: „Neue Geldpolitik" der Bundesbank zur Bekämpfung der Inflation
8. 1976: Mitbestimmungsgesetz

Abkehr von der liberalen Wirtschaftspolitik zugunsten einer Wirtschaftspolitik mit staatlichen Eingriffen zur Konjunktursteuerung (**Globalsteuerung** zur Erreichung der im **Stabilitätsgesetz** von 1967 formulierten **gesamtwirtschaftlichen Ziele**). Dadurch schnelle Überwindung der Wirtschaftskrise von 1966/67. Die staatliche Vollbeschäftigungspolitik veranlasste allerdings die Gewerkschaften, ihre bis dahin geübte Lohnzurückhaltung aufzugeben. Die enormen Lohnerhöhungen (1970 durchschnittlich 13 %, in Einzelfällen sogar 20 %) führten zu Preissteigerungen und zu erneuten Lohnforderungen **(Lohn-Preis-Spirale)**. Diese Entwicklung wurde durch Preissteigerungen aufgrund der **Ölkrise** (1973/74) verstärkt. Die **Inflationsrate** stieg 1974 auf über 6 %. Gleichzeitig nahm die **Arbeitslosigkeit** ständig zu und erreichte 1975 mit einer Arbeitslosenquote von knapp 5 % ihren vorläufigen Höhepunkt. Gegen dieses als **Stagflation** bezeichnete Phänomen (hohe Inflationsraten bei gleichzeitig hoher Arbeitslosigkeit) versagte die bisherige Wirtschaftspolitik. Die seit 1974/75 geänderte **Geldpolitik** der Bundesbank mit strenger Ausrichtung des Geldmengenwachstums am langfristigen Wirtschaftswachstum führte zu sinkenden Inflationsraten, die allerdings mit relativ hohen Arbeitslosenquoten von 4 % bis 5 % erkauft wurden. Der Ausbau der sozialen Sicherungssysteme und anderer **Sozialleistungen** führte zu einer erheblichen Ausweitung der **Staatsquote** (Anteil der Staatsausgaben am BIP 1975: 49,6 %), und der **Staatsverschuldung** (Anteil am BIP 1975: 24,7 %).

Phase III: 1980–1989: Mehr Markt – weniger Staat

1980–1998 CDU/FDP-Regierung: „Mehr Markt und weniger Staat" – Angebotsorientierte Wirtschaftspolitik

1980 1982 1985 1989

1 1982: Sturz der SPD/FDP Regierung unter Bundeskanzler Helmut Schmid (SPD); neue CDU/FDP Regierung unter Bundeskanzler Helmut Kohl

2 1985: Steuerreform: Senkung der Unternehmenssteuern (Körperschaft-, Gewerbe-, Vermögenssteuer)

3 1989: u. a. Teilprivatisierung der Deutschen Bundespost

Wende in der Wirtschaftspolitik. Der CDU-geführten Regierung gelang es zunächst, das Wachstum der **Staatsausgaben** zu verringern. (Staatsquote 1990: 46,1 %). Die Unternehmenssteuern (Körperschafts-, Gewerbe- und Vermögenssteuer) wurden gesenkt und Investitionsanreize geschaffen. Der erhoffte Beschäftigungseffekt stellte sich aber nicht ein. Die Inflationsrate ging zwar zeitweise bis auf unter 0 % zurück (1986), die Arbeitslosenquote bewegte sich aber bis zur **Wiedervereinigung** (1989) bei 7 % bis 8 %.

Phase IV: 1989–1998: Integration der ehemaligen DDR

1989/90 1991 1993 1995 1997 1998

1 1989: Fall der Mauer (09.11.1989). Staatsvertrag über eine **Wirtschafts-, Währungs- und Sozialunion** (18.05.1990). Übertragung von ca. 8 000 DDR-Betrieben an die **Treuhandanstalt** mit den Ziel der Sanierung und Privatisierung
Währungsumstellung (02.07.1990). Beitritt der ehemaligen DDR zur Bundesrepublik Deutschland (Einigungsvertrag trat am 03.10.1990 in Kraft).

2 1991: Verträge von Maastricht über die Europäische Union (EU)

3 1993: Beginn des Europäischen Binnenmarktes mit freiem Warenverkehr innerhalb der EU

4 1995: Pflegeversicherungsgesetz

5 1997: Erfüllung der Konvergenzkriterien (Bedingungen für die Teilnahme an der europäischen Wirtschafts- und Währungsunion)

6 1998: Gründung der Europäischen Zentralbank (EZB) mit Sitz in Frankfurt

Konzeptionslose Wirtschaftspolitik der CDU/FDP-Regierung zur Integration der ehemaligen DDR („muddle through"). Nach anfänglichem „Einigungsboom" wird die Überforderung der westdeutschen Volkswirtschaft immer deutlicher: Trotz massiver West-Ost Transfers (Aufbau Ost, massive Investitionsförderung, Steuererleichterungen, Aufbau der Infrastruktur) nur langsame Verbesserung der wirtschaftlichen Lage in Ostdeutschland. Die **Inflationsrate** stieg im Zuge des sog. „Wiedervereinigungsbooms" 1992/1993 bis auf 5 %, konnte dann aber durch die **Geldpolitik** der Bundesbank gesenkt und seit 1995 in den meisten Jahren unter 2 % gehalten werden. Die **Arbeitslosenquote** stieg dagegen ständig an und erreichte 1997 mit

11,4 % ihren vorläufigen Höhepunkt. Die **hohe Arbeitslosigkeit** war 1998 ein wesentlicher Grund für die Abwahl der zuvor 16 Jahre regierenden CDU-/FDP-Koalition. Die staatlichen Zuschüsse zur Förderung der neuen Bundesländer und zur Deckung der Defizite in der Sozialversicherung führten zu einem enormen Anstieg der **Staatsverschuldung** (Anteil am BIP 1998: 60,9 %). Die für den Beitritt zur **Europäischen Wirtschafts- und Währungsunion** als Bedingung vereinbarte Verschuldungsgrenze (Verschuldung von Bund, Ländern und Gemeinden sollte 1997 nicht mehr als 60 % des Bruttoinlandsprodukts betragen) wurde sogar geringfügig überschritten.

Phase V: 1998–2008: Reformen als Folge zunehmender Globalisierung

1998–2005 SPD/Grüne-Regierung: Herausforderungen im Zuge der zunehmenden Globalisierung – Versuche zur Erneuerung der Sozialen Marktwirtschaft – Umbau des Sozialstaats – Arbeitsmarkt- und Sozialversicherungsreformen

1998 ① — **1999** ② — **2001** ③④⑤ — **2002** ⑥⑦ — **2003** ⑧⑨ — **2005** ⑩ →

① 1998: Regierungswechsel; SPD/Grüne-Regierung unter Bundeskanzler Gerhard Schröder
② 1999: Einführung der Ökosteuer
③ seit 2001: Steuerreform in mehreren Stufen zur Entlastung der privaten Haushalte und der Unternehmen
④ 2001: Rentenreform („Riester-Rente"); Ziel: Förderung der privaten Eigenvorsorge
⑤ 11. Sept. 2001: Terroranschlag auf das World-Trade-Center in New York
Beginn einer weltweiten Stagnationsphase
⑥ 2002: Euro alleiniges gesetzliches Zahlungsmittel
⑦ 2002: Reform des Arbeitsmarktes nach Vorschlägen der „Hartz-Kommission" (Agenda 2010)
⑨ 2003: Reformen im Gesundheitswesens
Ziel: Stärkung der Eigenverantwortung (u. a. Praxisgebühr)
⑩ 2005: Abschaffung der Arbeitslosenhilfe und Ersetzung durch das (niedrigere) Arbeitslosengeld II („Hartz IV")

Die Wirtschaftspolitik der Vorgängerregierung (CDU-/FDP-Koalition) zum **„Umbau des Sozialstaats"** wurde von der SPD-/Grüne-Regierung u. a. mit folgenden Maßnahmen fortgesetzt:

- Steuerreformen zur Entlastung von Unternehmen und privaten Haushalten,
- Stabilisierung der Rentenversicherungsbeiträge und damit der Lohnnebenkosten. Zur Deckung der Defizite in der Rentenversicherung wurden u. a. Mittel aus den Einnahmen der Ökosteuer verwendet.
- Lockerung des Kündigungsschutzes,
- Eigenbeteiligung bei der Altersvorsorge und im Gesundheitswesen,
- Reformen auf dem Arbeitsmarkt.

Nach anfänglich geringfügigem Sinken näherte sich die **Arbeitslosenquote** aber 2003 und 2004 mit 10,5 % wieder dem Rekordniveau von 1997. Dies war u. a. auch durch die zunehmende weltweite Arbeitsteilung im Rahmen der **Globalisierung**[1] bedingt. Aufgrund der zahlreichen gesetzlichen Regelungen zum Schutz der Arbeitnehmer sowie der geringen Spielräume und Anpassungsmöglichkeiten bei den Tarifverhandlungen galt der **Arbeitsmarkt in Deutschland** für den internationalen Wettbewerb als nicht flexibel genug.

Obwohl nach der **Euro-Umstellung** in der Bevölkerung eine wesentlich höhere Inflationsrate vermutet wurde („gefühlte Inflation" von ca. 5 %), lag die tatsächliche Erhöhung des Preisniveaus in Deutschland während der letzten Jahre bei höchstens 2 % jährlich.

---

1 Unter Globalisierung wird in wirtschaftlicher Hinsicht der Prozess der zunehmenden weltweiten Handelsverflechtungen aufgrund der Ausdehnung der Waren-, Dienstleistungs- und Kapitalmärkte verstanden. Damit geht auch eine Ausweitung der internationalen Arbeitsteilung einher.

Ende 2006 belief sich die **Verschuldung** aller öffentlichen Haushalte (Bund, Länder, Gemeinden) auf über 1,57 Billionen Euro. Dies war insbesondere durch die schlechte Konjunkturlage bedingt. Die stufenweise Senkung der Einkommensteuer, die zu erheblichen Einnahmeausfällen des Staates führte, sollte u. a. den privaten Konsum ankurbeln und für eine Konjunkturbelebung sorgen. Dieser erhoffte Effekt einer **Erhöhung der Konsumgüternachfrage** aufgrund der **Einkommensteuersenkungen** blieb aber aus. Einerseits erhöhte sich durch die Steuerentlastungen die Kaufkraft breiter Bevölkerungsschichten kaum, da durch die Steuerreform vornehmlich die höheren Einkommensbezieher begünstigt wurden. Andererseits herrschte in der Bevölkerung eine so große Unsicherheit hinsichtlich der zukünftigen wirtschaftlichen Entwicklung, dass statt der Konsumgüternachfrage die **Ersparnisbildung** laufend zunahm.

2005–2009 große Koalition aus CDU und SPD: Fortsetzung der Reformen.

2005 ❶ — **2006** ❷ — **2007** ❸❹ — **2008** ❺ →

❶ Regierungswechsel; CDU/SPD Regierung unter Bundeskanzlerin Angela Merkel
❷ Erhöhung des Renteneintrittsalters auf 67 Jahre (stufenweise Einführung ab 2012)
❸ Erhöhung der Umsatz- und Versicherungsteuer
❹ Gesundheitsreform (Erste Stufe zum 1. April 2007)
❺ Unternehmenssteuerreform

Die deutsche Wirtschaft ist in den Jahren 2006 und 2007 mit einem Anstieg des realen BIP um 3,0 % bzw. 2,5 % so stark gewachsen wie seit dem Jahr 2000 nicht mehr. Dieser Aufschwung war insbesondere auf den Beitrag des Außenhandels und eine steigende Investitionsgüternachfrage zurückzuführen. Der Rückgang der höchsten seit Bestehen der Bundesrepublik Deutschland gemessenen **Arbeitslosenquote** von 11,7 % (2005: 4,8 Mio. Arbeitslose) auf 9 % (2007: 3,7 Mio. Arbeitslose) war allerdings nicht zufriedenstellend. Im Jahr 2006 konnte Deutschland mit einer Nettoneuverschuldung von 1,7 % des BIP erstmals seit 2001 wieder das von der EU vorgegebene Defizitkriterium von 3 % erfüllen. Trotz Umsatzsteuererhöhungen von 16 % auf 19 % zum Jahreswechsel 2006/07 und der dadurch möglicherweise bedingten geringeren Konsumgüternachfrage wurde das **Wirtschaftswachstum** 2007 mit 2,5 % kaum beeinträchtigt. 2008 ließ das Wachstum mit 1,3 % aber bereits spürbar nach. Die **Arbeitslosenquote** fiel dennoch auf unter 8 %. Die Inflationsrate stieg wegen der zeitweise extrem hohen Öl- und Energiepreise seit Langem wieder über die 2 %-Marke und betrug 2008 2,6 %.

Phase VI: 2008–?: Staatliche Interventionen als Folge der weltweiten Wirtschaftskrise

seit 2009 CDU/FDP-Regierung: Politik zur Bewältigung der Folgen der 2008 ausgebrochenen weltweiten Wirtschaftskrise

2008 ❶-❷-❸ — **2009** ❹-❺-❻ — **2010** ❼ — **2011** ❽ — **2012** ❾ →

❶ Okt. 2008: Finanz- und Bankenkrise mit Börsencrash; Rettungsprogramm für das deutsche Bankensystem (Finanzmarktstabilisierungsgesetz vom 13.10.2008)
❷ Nov. 2008: 1. Konjunkturprogramm (Steuererleichterungen, Infrastrukturinvestitionen)
❸ Leitzinssenkungen der EZB zur Bewältigung der Krise
❹ Gesundheitsreform (Fortsetzung, Gesundheitsfonds)
❺ Jan. 2009: 2. Konjunkturprogramm (u. a. Abwrackprämie für Altautos, Einkommensteuersenkung)
❻ Leitzins der EZB sinkt auf das historische Tief von 1 %. In den USA liegt der Leitzins bei 0 %
❼ Auswirkungen der weltweiten Wirtschaftskrise; Deutschland überwindet diese schwerste Rezession seit Bestehen der Bundesrepublik wider Erwarten gut. EURO-Krise: Wegen hoher Staatsverschuldung benötigen Griechenland, Irland, Portugal und andere EU-Länder internationale Hilfe.
❽ Atomkatastrophe in Japan; Ausstieg aus der Kernenergie in Deutschland
❾ Zuspitzung der Staatsschuldenkrise/EURO-Krise (Griechenland)

Ausgelöst durch die bereits 2007 in den USA beginnende Bankenkrise kam es im Oktober 2008 zu massiven Kurseinbrüchen an den internationalen Börsen. Als Folge dieser Erschütterungen des globalen Finanzsystems bereitete sich weltweit die stärkste **Rezession** seit dem zweiten Weltkrieg aus. In Deutschland führte dies 2009 mit –5,1 % zum drastischsten Wachstumseinbruch seit Bestehen der Bundesrepublik. Wegen des hohen Exportanteils wurde ein besonders starker Wachstums- und Beschäftigungseinbruch in Deutschland befürchtet. Mit den umfangreichsten **Konjunkturprogrammen** in der Geschichte der Bundesrepublik (u. a. staaliche Investitionen, Finanzspritzen für Banken, Kredithilfen für Unternehmen und Maßnahmen zur Ankurbelung des privaten Konsums) versuchte die Regierung der Rezession entgegenzuwirken. Dies führte zu einer enormen zusätzlichen Staatsverschuldung. Deutschland hat aber diese Krise wider Erwarten gut überwunden. Andere EURO-Länder (Griechenland, Irland, Portugal) benötigen aber wegen ihrer hohen Staatsverschuldung internationale Hilfe (EURO-Rettungsschirm).

Indikatoren zur wirtschaftlichen und sozialen Entwicklung: Phasen der Sozialen Marktwirtschaft

Jahr	Bruttoinlandsprodukt		Preisanstieg zum Vorjahr in %[2]	Arbeitslose		Reallohnanstieg zum Vorjahr in %[4]	Lohnquote in %[5]	Staatsquote in %[6]	Abgabenquote in %[7]	Sozialleistungsquote in %[8]	Staatsverschuldung	
	in Mrd. EUR	Änderung zum Vorjahr in % (real)[1]		Quote in %[3]	in 1000						in Mrd. EUR	in % des BIP[9]
Phase I: 1949–1966/67: Wirtschaftswunder												
1950	50,1	–	– 6,1	10,5	1 580		58,2	36,4			10,5	21,0
1955	97,4	+ 12,0	1,9	5,2	200	5,8	59,7	34,9	29,5		20,9	21,5
1960	154,8	+ 8,7	1,4	1,3	271	6,2	60,1	38,0	33,4	21,1	26,9	17,4
1965	234,8	+ 5,4	3,1	0,7	147	6,6	65,3	39,6	34,1	22,5	42,7	18,1
1966	249,6	+ 2,8	3,7	0,7	161	2,5	66,4	39,8	34,6	23,3	47,5	18,7
Phase II: 1966/67–1980: Ausbau des Sozialstaats												
1967	252,8	– 0,3	1,7	2,1	459	1,0	66,1	39,2	35,2	24,9	55,3	21,7
1970	345,3	5,0	3,4	0,7	149	9,1	67,3	39,1	36,6	25,1	64,3	18,6
1974	503,1	0,2	7,0	2,6	582	2,5	72,9	45,6	41,0	28,8	98,3	19,6
1975	524,9	– 1,3	5,9	4,7	1 074	0,5	73,3	49,9	41,0	31,6	131,0	24,7
1977	611,1	2,8	3,8	4,5	1 030	2,0	72,9	48,7	43,3	31,0	167,9	27,5
1978	656,3	3,0	2,7	4,3	993	3,5	72,1	47,5	42,7	30,6	189,5	28,9
1980	752,6	1,0	5,4	3,8	889	– 0,2	75,2	47,9	40,3	30,6	239,5	31,7
Phase III: 1980–1989: Mehr Markt – weniger Staat												
1982	812,0	– 0,9	5,3	7,5	1 833	– 2,2	76,1	51,0	40,1	30,9	314,3	40,5
1985	935,9	2,0	2,2	9,3	2 304	– 0,7	72,3	48,0	40,0	30,0	388,6	41,5

ab 1991 mit neuen Bundesländern

1) Reales (preisbereinigtes) Wirtschaftswachstum, 2) Verbraucherpreisindex, 3) Anteil der Arbeitslosen an der Gesamtzahl der Erwerbspersonen (Erwerbstätige u. Arbeitslose), 4) Nettorealverdienst je Arbeitnehmer in Preisen von 1995 (deflationiert mit dem Verbraucherpreisindex), 5) Anteil der Arbeitnehmerentgelte am Volkseinkommen, 6) Gesamte Staatsausgaben einschl. Sozialversicherung, 7) Steuern und Sozialversicherungsbeiträge 8) Anteil der konsolidierten Sozialleistungen (= Sozialbudget) am BIP, 9) Öffentliche Haushalte (Bund, Länder und Gemeinden) insgesamt; seit 1997 BIP-Anteil gemäß Maastricht-Vertrag

Quellen: Bundesministerium für Wirtschaft, Leistung in Zahlen (verschiedene Jahre); Jahresgutachten des SVR zur Begutachtung der gesamtwirtschaftlichen Entwicklung (verschiedene Jahre), Statistisches Jahrbuch (verschiedene Jahre)

Jahr	Bruttoinlandsprodukt		Preisanstieg zum Vorjahr in %[2]	Arbeitslose		Reallohnanstieg zum Vorjahr in %[4]	Lohnquote in %[5]	Staatsquote in %[6]	Abgabenquote in %[7]	Sozialleistungsquote in %[8]	Staatsverschuldung	
	in Mrd. EUR	Änderung zum Vorjahr in % (real)[1]		Quote in %[3]	in 1000						in Mrd. EUR	in % des BIP[9]
Phase IV: 1989–1998: Integration der ehemaligen DDR												
1990	1240,4	5,7	2,7	7,2	1883	4,7	69,8	46,1	37,3	27,8	538,6	43,4
1991	1534,6	5,0	3,6	6,3	2602	– 0,4	71,8	46,2	38,9	27,7	600,1	40,4
1992	1646,6	2,2	4,0	7,7	2979	3,2	72,8	47,1	39,6	29,2	687,8	42,9
1993	1694,4	– 0,8	3,6	8,9	3419	0,2	72,9	48,1	40,1	29,9	771,6	46,9
1994	1780,8	2,7	2,7	9,6	3698	– 2,5	71,7	48,0	40,5	29,8	849,8	49,3
1995	1848,5	1,7	1,7	9,4	3612	– 1,0	71,4	48,2	40,5	30,3	1020,5	57,0
1996	1875,0	0,8	1,4	10,4	3965	– 1,6	71,0	49,1	41,0	31,3	1088,7	59,8
1997	1912,6	1,7	1,8	11,4	4384	– 3,1	70,3	48,2	41,0	30,8	1117,2	60,6
1998	1959,7	1,9	0,9	11,1	4279	0,2	70,4	48,0	41,3	30,8	1165,8	61,2
Phase V: 1998–2008: Reformen als Folge der Globalisierung												
1999	2000,2	1,9	0,6	10,5	4099	1,3	71,2	48,2	42,3	31,2	1199,9	61,2
2000	2047,5	3,1	1,4	9,7	3889	0,7	72,2	47,6	42,1	31,2	1211,4	60,2
2001	2101,9	1,5	1,9	9,4	3853	1,3	71,8	47,6	40,2	31,3	1223,9	58,8
2002	2132,2	0,0	1,3	9,8	4061	– 0,4	71,6	47,9	39,9	32,0	1277,6	60,3
2003	2147,5	– 0,4	1,0	10,5	4377	– 0,4	70,9	48,5	40,1	32,3	1383,5	63,9
2004	2195,7	1,2	1,6	10,5	4381	0,8	68,0	47,1	39,2	31,6	1453,8	65,8
2005	2224,4	0,7	2,0	11,7	4861	– 1,3	66,4	46,9	39,2	31,4	1526,3	68,6
2006	2313,9	3,7	1,6	10,8	4487	– 1,8	63,9	45,3	39,5	30,2	1574,6	68,0
2007	2428,5	3,3	2,3	9,0	3760	– 1,2	63,2	43,5	39,5	29,2	1582,4	65,2
Phase VI: 2008–?: Staatliche Interventionen als Folge der weltweiten Wirtschaftskrise, Staatsschuldenkrise im EURO-Raum												
2008	2473,8	1,1	2,6	7,8	3258	– 1,3	64,9	44,0	39,7	29,3	1649,3	66,7
2009	2374,5	– 5,1	0,4	8,1	3415	– 0,8	68,2	48,1	40,3	32,4	1766,9	74,4
2010	2476,8	3,7	1,1	7,7	3238	2,4	66,5	47,9	39,1	31,7	2056,7	83,0
2011	2570,8	3,0	2,3	7,1	2976	–	67,2	45,6	39,8	–	2088,5	81,2

3.6.2 Aktuelle Problemfelder der Sozialen Marktwirtschaft

Abnehmendes Vertrauen in die Soziale Marktwirtschaft

Aufg. 3.6.2 S. 171

Die Mehrzahl der Bundesbürger hält die Soziale Marktwirtschaft nicht für sozial. Vielmehr besteht der Eindruck, dass insbesondere in den letzten Jahren die **soziale Gerechtigkeit** in Deutschland erheblich abgenommen hat.[1]

ARD-Umfrage: Deutsche zweifeln an sozialer Marktwirtschaft

... Die Hälfte der Befragten ist mit der Wirtschaftsordnung in Deutschland unzufrieden. Drei Viertel finden, die soziale Marktwirtschaft „macht die Reichen reicher und die Armen ärmer", ergab die aktuelle Befragung des Instituts Infratest dimap. 73 % denken demnach, die soziale Marktwirtschaft „funktioniert nicht mehr so wie früher". 51 % sind der Ansicht, die Wirtschaftsordnung „muss grundlegend verändert werden". Attraktive Alternativen sahen die meisten Befragten aber nicht.
Zwei Drittel der Befragten waren der Ansicht, die soziale Marktwirtschaft sei „maßgeblich für die derzeit gute wirtschaftliche Lage in Deutschland". Dass sie persönlich vom aktuellen Wachstum in Deutschland profitieren, dachten aber nur 25 % der Befragten. 51 % sagten, „ich mache mir Sorgen um meine persönliche wirtschaftliche Zukunft"

ARD-Deutschlandtrend vom 02.02.2012

Moralische Krise

Aus Sicht vieler Unzufriedener drückt sich die mangelnde soziale Gerechtigkeit u.a. in der als maßlos und unethisch empfundener Einkommensentwicklung bei manchen Managern aus. Für den politischen Vater der Sozialen Marktwirtschaft, **Ludwig Erhard**, galt dagegen das **ethisch verantwortliche Handeln** jedes Einzelnen gegenüber dem Gemeinwohl als eine wesentliche Voraussetzung für das Funktionieren der Sozialen Marktwirtschaft.

Soziale Marktwirtschaft: Anspruch und Wirklichkeit

Sittliche Verantwortung	Wirtschaft ohne Moral
„Namentlich die „Soziale Marktwirtschaft", deren tiefer Sinn darin liegt, das Prinzip der Freiheit auf dem Markt mit dem des sozialen Ausgleichs und der sittlichen Verantwortung jedes einzelnen dem Ganzen gegenüber zu verbinden, ist, wenn sie zum Segen aller erfolgreich sein soll, auf die umfassende Ausbildung, Bildung und Erziehung angewiesen."	„Wirtschaft ohne Moral, ohne Rücksicht auf den Zustand und den Zusammenhalt unserer Gesellschaft, Egoismus vor Allgemeinwohl, das sind die Orientierungspunkte eines Denkens und Handelns ohne Maß ... Offenbar sind nicht nur die Märkte in den vergangenen zwei Jahrzehnten dereguliert worden, sondern bei vielen sind darüber gleichzeitig moralische Maßstäbe und ganz konkret das Wertegerüst der sozialen Marktwirtschaft verloren gegangen. Regellosigkeit hat zu Zügellosigkeit geführt, zu Exzessen und Übertreibungen, angefangen bei Gehältern, Aktienpaketen, Alterssicherungen, Boni und Abfindungen. ... Gewinne werden privatisiert, Verluste sozialisiert. Viele Menschen müssen den Eindruck haben, dass genau dieses Kalkül jetzt aufgeht."
Ludwig Erhard: Gedanken aus fünf Jahrzehnten, hrsg. von K. Hohmann, Düsseldorf 1988, S. 515	*P. Steinbrück, ehemaliger Finanzminister, Wirtschaft ohne Moral – Schaden für alle, in: SZ v. 17.09.2009*

1 Vgl. Institut für Demoskopie Allensbach, Einstellungen zur sozialen Marktwirtschaft in Deutschland am Jahresanfang 2010, Bertelsmann Stiftung 2010

Ein solches Verhalten, das nicht am Gemeinsinn, sondern an der persönlichen Bereicherung orientiert ist, wird aber auch von großen Teilen der übrigen Bevölkerung praktiziert.

Volkssport Nummer eins: Den Staat betrügen

Die Reichen sind nicht allein. Ob beim Versicherungsbetrug, dem getürkten Kur-Antrag oder der Schummelei bei den Fahrtkosten fürs Finanzamt – überall wird versucht, aus dem System etwas herauszuholen. Die Folge ist, dass das System immer weniger funktioniert. „Den Staat bescheißen" ist der Volkssport Nummer eins – und die wenigsten Akteure haben dabei ein schlechtes Gewissen. „Der Staat nimmt uns so viel, und immer mehr, da müssen wir uns unseren Teil zurückholen", so lautet die Moral bei Arm und Reich. Ein überaus erfolgreicher Werbespruch lautet „Geiz ist geil" und hat punktgenau den Habgier-Nerv der Menschen getroffen.

M. Beise, Die gierigen Deutschen, Das deutsche Modell Soziale Marktwirtschaft in der Krise, in: SZ v. 30.06.2005, S. 24

Zunehmende Ungleichheit der Einkommens- und Vermögensverteilung

Die Unzufriedenheit der Mehrheit der Bevölkerung mit der gegenwärtigen Wirtschaftsordnung richtet sich insbesondere gegen die ungleiche Einkommens- und Vermögensverteilung. Tatsächlich hat sich in Deutschland die Schere zwischen Arm und Reich in den letzten Jahren ständig weiter geöffnet. Inzwischen ist das Ausmaß der Einkommensungleichheit auf dem höchsten Niveau der letzten Jahrzehnte angelangt.

Arbeitslosigkeit – Niedriglohnsektor – Mindestlohn

Wesentliche Ursache für die zunehmende Einkommensungleichheit ist die Arbeitslosigkeit. Zwar ist die Zahl der Arbeitslosen und damit die Arbeitslosenquote in den letzten Jahren ständig gesunken. Von den Arbeitnehmern sind aber ca. 8 Mio. (2012) im sog. Niedriglohnsektor (u. a. als Leiharbeiter) beschäftigt. Bei einem Teil davon handelt es sich um sog. Aufstocker, d. h. um Arbeitnehmer, deren Erwerbseinkommen trotz Vollzeitbeschäftigung so gering ist, dass es durch ergänzende Inanspruchnahme von Arbeitslosegeld II auf das Existenzminimum aufgestockt werden muss. In diesem Zusammenhang wird in der Politik die Einführung eines Mindestlohns diskutiert, der nach Auffassung des Deutschen Gewerkschaftsbundes bei mindestens 8,50 EUR je Stunde liegen soll.

Finanzierungsprobleme der gesetzlichen Rentenversicherung

Die Finanzierung der gesetzlichen Rentenversicherung erfolgt nach dem **Umlageverfahren**. Das bedeutet: Die Rentenversicherungsbeiträge der derzeit aktiven Arbeitnehmer werden nicht zu deren Gunsten angespart, sondern sofort wieder für die laufenden Rentenzahlungen an die derzeitige Rentnergeneration ausgegeben. Bei der derzeitigen Bevölkerungsentwicklung (immer weniger Junge müssen für immer mehr Alte aufkommen) gerät dieses System in ernsthafte Finanzierungsprobleme.

Hohe Staatsverschuldung

Die Wirtschafts- und Finanzkrise (seit 2007) und die sich daran anschließende Staatsschuldenkrise einiger Euro-Länder (seit 2009) haben zu erheblichen Staatsausgaben geführt (u.a. Konjunkturprogramme zur Ankurbelung der Wirtschaft 2008/2009, Finanzierung verschiedener „Rettungsmaßnahmen" wie Bankenrettungsschirm ab 2009 und Euro-Rettungsschirm ab 2010). Dadurch ist die ohnehin schon hohe Staatsverschuldung weiter gestiegen. Die Begrenzung und der Abbau dieser hohen Staatsverschuldung gelten als wichtige wirtschaftspolitische Aufgabe der nächsten Jahre.

Zusammenfassende Übersicht zu Kap. 3.6: Entwicklungsphasen und aktuelle Problemfelder der Sozialen Marktwirtschaft

Entwicklungsphasen der Sozialen Marktwirtschaft					
1950–1966	**1967–1980**	**1981–1989**	**1989–1998**	**1998–2008**	**2008–?**
Wirtschaftswunder	Ausbau des Sozialstaats	Mehr Markt – weniger Staat	Integration der ehemaligen DDR	Erneuerungen (Reformen)	Weltweite Wirtschaftskrise

Aktuelle Probleme der Sozialen Marktwirtschaft			
Vertrauenskrise			
Niedriglohnsektor	Arbeitslosigkeit	Finanzierung der Sozialversicherung	hohe Staatsverschuldung

Fragen zur Wiederholung

zu Kapitel 3.6 Entwicklungsphasen der Sozialen Marktwirtschaft und aktuelle Problemfelder

3.6.1 Entwicklung der Sozialen Marktwirtschaft von 1949 bis 2012

1. Welche Phasen in der Entwicklungsgeschichte der Sozialen Marktwirtschaft lassen sich unterscheiden?

3.6.2 Aktuelle Problemfelder der Sozialen Marktwirtschaft

1. Nennen Sie aktuelle Probleme der Sozialen Marktwirtschaft und erläutern Sie die Ursachen.

Aufgaben und Probleme

zu Kapitel 3.6 Entwicklungsphasen der Sozialen Marktwirtschaft und aktuelle Problemfelder

3.6.1 Entwicklungsphasen der Sozialen Marktwirtschaft

Die Entwicklung der Sozialen Marktwirtschaft in der Bundesrepublik Deutschland von 1950 bis 2012 lässt sich in sechs Phasen einteilen. Diese sind in Kap. 3.6.1 (S. 162–167) beschrieben. Beantworten Sie anhand dieser Beschreibung und der Tabelle mit statistischen Daten auf S. 166/167 die folgenden Fragen:

1. Stellen Sie auch anhand der statistischen Daten fest, wodurch sich die als „Wirtschaftswunder" bezeichnete Phase von 1950 bis 1966 auszeichnet.
2. 1966/67 begann in der Bundesrepublik Deutschland die erste starke Rezession der Nachkriegszeit. Stellen Sie auch anhand der statistischen Daten fest, an welchen wirtschaftlichen Größen sich dies bemerkbar machte.
3. Prüfen Sie, ob sich anhand der statistischen Daten für spätere Jahre ähnliche Rezessionsphasen feststellen lassen.
4. Seit 1967 kam es zu verstärkten konjunkturpolitischen Aktivitäten des Staates zur Beschäftigungssicherung (Globalsteuerung). Stellen Sie auch anhand der statistischen Daten fest, wodurch sich die Phase von 1966 bis 1980 besonders auszeichnet.

5. Stellen Sie auch anhand der statistischen Daten fest, wodurch sich die Phase von 1980 bis 1998 besonders auszeichnet.
6. In den Jahren 1973/74 und 1979 kam es aufgrund der Preis- und Mengenpolitik des Kartells der Erdöl exportierenden Länder OPEC jeweils zu einer Verdopplung der Erdölpreise auf dem Weltmarkt. Stellen Sie fest, wie sich diese „Ölschocks" auf die wirtschaftliche Entwicklung in der Bundesrepublik Deutschland ausgewirkt haben.
7. Ab 1974 hat die Bundesbank eine grundlegende Änderung ihrer Geldpolitik vorgenommen (Inflationsbekämpfung durch Ausrichtung der Geldpolitik an einem im Voraus festgelegten Geldmengenziel). Prüfen Sie, ob dieses Vorgehen erfolgreich war. Beachten Sie auch mögliche Nebeneffekte.
8. Die Wiedervereinigung Deutschlands hat sich wirtschaftlich kurzfristig in dem sog. „Wiedervereinigungsboom" niedergeschlagen. Stellen Sie fest, anhand welcher statistischer Daten dies nachweisbar ist.
9. Anhand welcher statistischer Daten lassen sich Aussagen über die wirtschaftliche und soziale Lage der Arbeitnehmer machen? Vergleichen Sie die Entwicklungsphasen der Sozialen Marktwirtschaft anhand dieser Daten.
10. Welche Entwicklungen deuten auf den von Kritikern behaupteten Übergang vom Sozialstaat zum Wohlfahrtsstaat hin?
11. Prüfen Sie anhand der statistischen Daten, ob sich Zusammenhänge zwischen der Entwicklung der Größen
    a) Wirtschaftswachstum und Arbeitslosenquote
    b) Reallohnanstieg und Arbeitslosenquote
    c) Arbeitslosenquote, Sozialleistungsquote und Staatsverschuldung

    im Zeitablauf herleiten lassen. Versuchen Sie, die festgestellten Zusammenhänge zu erklären.
12. Welche Probleme der Sozialen Marktwirtschaft lassen sich für den Zeitraum ab 1990 erkennen?
13. Stellen Sie ausgewählte Indikatoren ab 1990 grafisch dar:
    a) BIP-Wachstumsrate und Arbeitslosenquote
    b) Arbeitslosenquote und Preissteigerungsrate
    c) Staatsquote, Abgabenquote, Sozialleistungsquote
    d) Staatsverschuldung in EUR und in % des BIP

    Welche Zusammenhänge sind erkennbar?
14. Welche Indikatoren spiegeln die 2008 beginnende weltweite Wirtschaftskrise und die 2010 beginnende Staatschuldenkrise im EURO-Raum wider?

3.6.2 Textanalyse: Aussagen zur Sozialen Marktwirtschaft – Aktuelle Probleme

1. Bearbeiten Sie die vier Texte mit Aussagen zur Sozialen Marktwirtschaft anhand folgender Fragestellungen:
   (Die Texte und weiteren Materialien befinden sich auf der Begleit-CD.)
   a) Erläutern Sie anhand des Textes von A. Müller-Armack, was nach seiner Auffassung das Soziale in der Sozialen Marktwirtschaft ausmacht.
   b) Welche ergänzenden staatlichen Maßnahmen schlägt Müller-Armack vor? Wie lässt sich die Notwendigkeit dieser Maßnahmen begründen? Nehmen Sie bei der Beantwortung auch auf die Mängel einer freien Marktwirtschaft Bezug.
   c) Erläutern Sie anhand des Textes von H. Tietmeyer, was nach seiner Auffassung das Soziale in der Sozialen Marktwirtschaft ausmacht. Vergleichen Sie diese Auffassung mit derjenigen von A. Müller-Armack.
   d) Woran wird im Text von H. Tietmeyer Kritik geübt und wie wird diese Kritik begründet?
   e) Worin sehen Sie persönlich Ursachen für Fehlentwicklungen in der Sozialen Marktwirtschaft? Gehen Sie dabei auch auf die Aussagen von Ludwig Erhard und den Zeitungsartikel „Die Gierigen Deutschen" ein.
2. Fertigen Sie ein Referat zum Thema: „Worin besteht das Soziale in der Sozialen Marktwirtschaft?" an. *Materialien finden sich auf der Begleit-CD.*

4 Abgrenzung der Aufgabenbereiche von Volks- und Betriebswirtschaftslehre anhand des Wirtschaftskreislaufs

Anhand der Sektoren des Wirtschaftskreislaufs lassen sich – wie auf der folgenden Seite dargestellt – die verschiedenen Aufgabenbereiche der Wirtschaftswissenschaften verdeutlichen.

<table>
<tr><th colspan="3">Wirtschaftswissenschaften</th></tr>
<tr><th>Betriebswirtschaftslehre (BWL)</th><th colspan="2">Volkswirtschaftslehre (VWL)</th></tr>
<tr><td>Befasst sich mit wirtschaftlichem Handeln in Betrieben als Wirtschaftseinheiten einer arbeitsteiligen Volkswirtschaft. Kernfrage ist die Führung eines Betriebes zur Erreichung des Betriebszwecks. Dazu gehören u. a. die Festlegung der Betriebsziele, die Gestaltung und Steuerung des betrieblichen Leistungsprozesses sowie die Entscheidungen für den optimalen Einsatz der betrieblichen Produktionsfaktoren.</td><td colspan="2">Untersucht das Verhalten der Teilnehmer am Wirtschaftsprozess in einer arbeitsteiligen Wirtschaft (Haushalte, Unternehmen, Staat, Ausland). Kernfrage ist der Einsatz und die Verteilung knapper Güter, um eine bestmögliche Befriedigung menschlicher Bedürfnisse zu erreichen.</td></tr>
<tr><th>Allgemeine Betriebswirtschaftslehre</th><th colspan="2">Wirtschaftstheorie</th></tr>
<tr><td rowspan="2">Welche betrieblichen Zusammenhänge bestehen zwischen Kosten – Wertschöpfung – Umsatz – Gewinn?
Welche betrieblichen Fuktionsbereiche lassen sich unterscheiden?
■ Funktionsbereiche, die sich auf das Leistungssystem beziehen: Beschaffung/Logistik (Materialwirtschaft), Produktion (Produktionswirtschaft), Absatz (Absatzwirtschaft, Marketing, einschließlich Werbung, Vertrieb und Marktforschung).
■ Funktionsbereiche, die sich auf die Finanzwirtschaft beziehen: Investition, Finanzierung
■ Funktionsbereiche, die sich auf das Lenkungssystem beziehen: Informationswirtschaft (Controlling, Rechnungswesen), Personalwesen (Personalwirtschaft), Unternehmensführung (Organisation und Führung, Planung und Kontrolle).</td><th>Mikroökonomie</th><th>Makroökonomie</th></tr>
<tr><td>Wie treffen der einzelne Haushalt und das einzelne Unternehmen ihre ökonomischen Entscheidungen angesichts des grundlegenden Problems der Knappheit? Wie funktioniert die Koordination dieser Entscheidungen über den Markt?</td><td>Wie wirken sich die zusammengefassten (aggregierten) Entscheidungen von Unternehmen, Haushalten und Staat auf die Gesamtwirtschaft aus? Wie kommt es zu Veränderungen gesamtwirtschaftlicher Größen (z. B. Wirtschaftswachstum, Volkseinkommen, Arbeitslosigkeit, Preisniveau)?</td></tr>
<tr><th>Spezielle Betriebswirtschaftslehre</th><th colspan="2">Wirtschaftspolitik
z. B. Wettbewerbspolitik, Geldpolitik, Sozialpolitik</th></tr>
<tr><td rowspan="3">Die Kernbereiche der allgemeinen Betriebswirtschaftslehre werden durch spezielle Betriebswirtschaftslehren ergänzt, z. B.:
■ Industriebetriebslehre
■ Handelsbetriebslehre
■ Bankbetriebslehre
■ Versicherungsbetriebslehre
■ Betriebliche Steuerlehre</td><td colspan="2">Welche wirtschaftspolitischen Maßnahmen sollen der Staat und andere Einrichtungen ergreifen, um die Grundprobleme jeder Wirtschaftsgesellschaft „Was, wie und für wen soll produziert werden?“ möglichst gut zu lösen?</td></tr>
<tr><th colspan="2">Finanzwissenschaften
Rolle des Staates in der Volkswirtschaft</th></tr>
<tr><td colspan="2">Wie wirkt sich die staatliche Tätigkeit in einer Volkswirtschaft auf die Einnahmenseite (Steuern, Abgaben) und die Ausgabenseite (öffentliche Güter, Transferzahlungen) aus? Wie sollen die staatlichen Aktivitäten gestaltet werden?</td></tr>
</table>

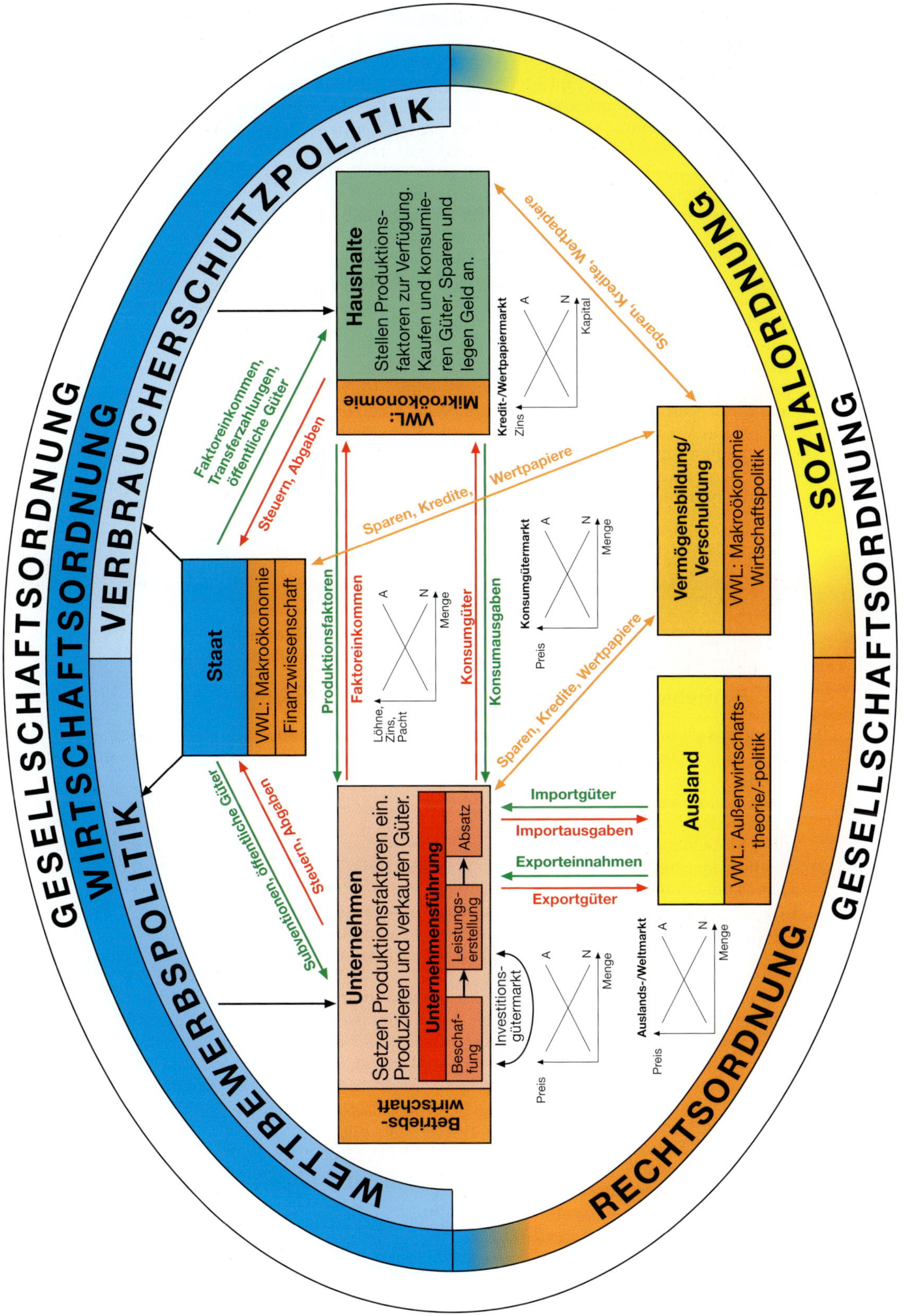

GESELLSCHAFTSORDNUNG
WIRTSCHAFTSORDNUNG
VERBRAUCHERSCHUTZPOLITIK
WETTBEWERBSPOLITIK
SOZIALORDNUNG
RECHTSORDNUNG
Haushalte
Stellen Produktionsfaktoren zur Verfügung. Kaufen und konsumieren Güter. Sparen und legen Geld an.
VWL: Mikroökonomie
Staat
VWL: Makroökonomie
Finanzwissenschaft
Unternehmen
Setzen Produktionsfaktoren ein. Produzieren und verkaufen Güter.
Unternehmensführung
Beschaffung
Leistungserstellung
Absatz
Betriebswirtschaft
Investitionsgütermarkt
Vermögensbildung/Verschuldung
VWL: Makroökonomie Wirtschaftspolitik
Ausland
VWL: Außenwirtschaftstheorie/-politik
Faktoreinkommen, Transferzahlungen, öffentliche Güter
Steuern, Abgaben
Subventionen, öffentliche Güter
Steuern, Abgaben
Produktionsfaktoren
Faktoreinkommen
Konsumgüter
Konsumausgaben
Sparen, Kredite, Wertpapiere
Sparen, Kredite, Wertpapiere
Sparen, Kredite, Wertpapiere
Importgüter
Importausgaben
Exporteinnahmen
Exportgüter
Kredit-/Wertpapiermarkt
Zins
Kapital
Konsumgütermarkt
Preis
Menge
Löhne, Zins, Pacht
Menge
Auslands-/Weltmarkt
Preis
Menge
A
N

Zum Verhältnis von Volks- und Betriebswirten[1]

Ein Mann sitzt im Heißluftballon und hat wegen des starken Windes völlig die Orientierung verloren. Er schwebt in fünf Metern Höhe über einen Acker und sieht eine Frau unter sich. „Entschuldigung, können Sie mir helfen? Ich habe einem Freund versprochen, ihn vor einer Stunde zu treffen und ich weiß nicht, wo ich bin.", ruft er hinunter.
Die Frau auf dem Acker antwortet: „Sie sind in einem roten Heißluftballon ungefähr fünf Meter über der Erdoberfläche. Sie befinden sich zwischen 40 und 41 Grad nördliche Breite und zwischen 59 und 60 Grad westliche Länge."
„Sie müssen Volkswirtin sein", sagt der Ballonfahrer.
„Stimmt.", erwidert die Frau auf dem Acker. „Woher wissen Sie denn das?"
„Ist doch ganz offensichtlich – Ihre Antwort ist zwar technisch korrekt, aber trotzdem für mich völlig wertlos. Tatsache ist, dass ich immer noch nicht weiß, wo ich bin. Ehrlich gesagt, waren Sie mir keine große Hilfe. Sie haben höchstens meine Reise noch weiter verzögert."
Die Frau auf dem Acker antwortet: „Dann müssen Sie Betriebswirt und Top-Manager sein."
„Richtig.", antwortet der Ballonfahrer. „Woher wissen Sie denn das?"
„Das war nicht besonders schwierig.", sagt die Frau. „Von Ihrer Position haben Sie eigentlich einen hervorragenden Ausblick. Sie wissen aber trotzdem weder wo Sie sind noch wo es hingeht. Sie sind aufgrund einer großen Menge heißer Luft in Ihre Position gekommen. Sie haben ein Versprechen gemacht, von dem Sie nicht wissen, wie sie es einhalten sollen. Von den Leuten unter Ihnen erwarten Sie, dass sie Ihre Probleme lösen. Außerdem hat sich an Ihrer Lage nichts geändert, seit wir uns getroffen haben, aber jetzt bin ich irgendwie schuld an Ihrem Problem."

Aufgaben und Probleme

4 Abgrenzung der Aufgabenbereiche von Volks- und Betriebswirtschaftslehre anhand des Wirtschaftskreislaufs

4.1 Betriebswirtschaftslehre – Volkswirtschaftslehre[1]

Handelt es sich in den folgenden Fällen um Fragen der Betriebs- oder der Volkswirtschaftslehre (Mikro- oder Makroökonomie)? Manche Fragestellungen können beiden Bereichen zugeordnet werden.

1. Wie kommt es dazu, dass für 1 Pfund Schweinefleisch so viel bezahlt wird wie für 3 Tuben Zahnpasta?
2. Ein Möbelhaus stellt Überlegungen an, ob es günstiger ist, einen eigenen Fuhrpark zu unterhalten oder fremde Transportunternehmen mit der Zufuhr von Möbeln zu beschäftigen.
3. Ist es gerechtfertigt, wenn ein Lehrer mehr verdient als ein Bauarbeiter?
4. Wird eine bestehende Arbeitslosigkeit in den nächsten Jahren zurückgehen?
5. Sollte man die Einfuhr von Waren aus dem Ausland verbieten, wenn im Ausland mit niedrigeren Lohnkosten gearbeitet wird und die inländische Wirtschaft deshalb nicht konkurrenzfähig ist?
6. Ist es günstiger, einen Lastwagen zu kaufen und sofort zu bezahlen oder ihn zu leasen?
7. Sollten die Leistungen von Hausfrauen, die ohn Entgelt im eigenen Familienhaushalt arbeiten, bei der Berechnung des Inlandsprodukts (= gesamtwirtschaftliche Leistung) berücksichtigt werden?
8. Ist es zweckmäßig, einen Betrieb mit 80 Beschäftigten, der von 3 Brüdern als OHG betrieben wird und als Zulieferer Blechstanzteile an die Großindustrie liefert, in eine GmbH umzuwandeln?
9. In einem Betrieb werden monatlich 180 qm nichtrostenden Stahls verarbeitet. Welche Menge sollte der Betrieb an nichtrostendem Stahl ständig auf Lager halten?
10. Wäre es günstig, wenn eine zentrale Planstelle bestimmen würde, wer zu produzieren hat, wieviel produziert werden soll und wer die produzierten Güter erhalten soll?

1 In Anlehnung an P. Bofinger, Grundzüge der Volkswirtschaftslehre, Eine Einführung in die Wissenschaft von Märkten, München 2003, S. 21

B Rechtliche Grundlagen des Handelns privater Haushalte

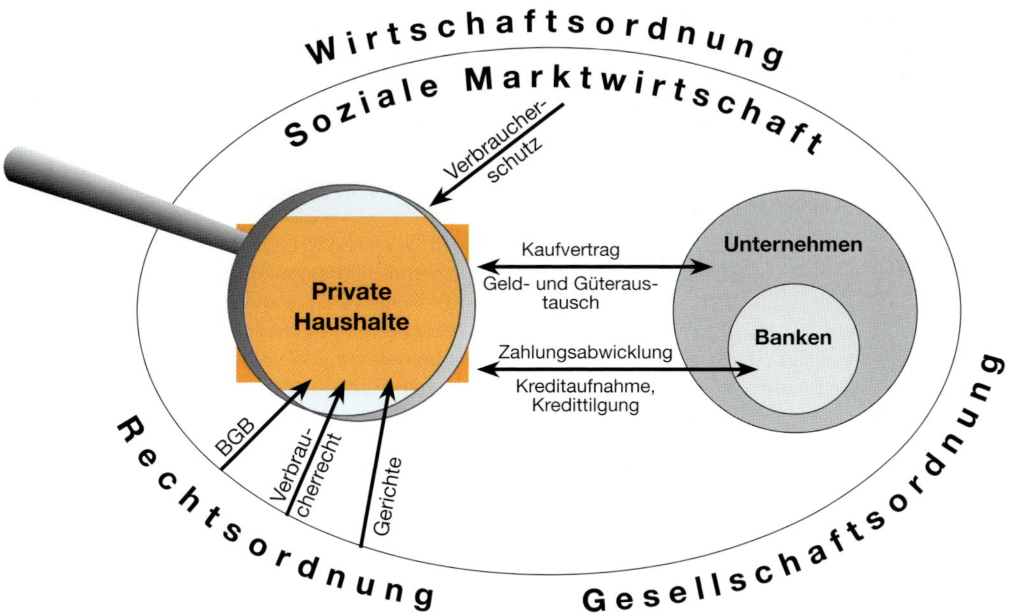

1 Rechtliche Grundlagen

Überblick und Zusammenhänge

1 Rechtliche Grundlagen

***1.1** Wer kann im rechtlichen Sinne Träger von Rechten und Pflichten sein?*

***1.2** Ab welchem Lebensalter können wirksame Rechtsgeschäfte abgeschlossen werden?*

***1.3** Wann liegt eine Willenserklärung im rechtlichen Sinne vor?*

***1.4** Welche Arten von Rechtsgeschäften lassen sich unterscheiden und wie kommen diese zustande?*

***1.5** Welche Inhalte können Gegenstand eines Vertrages sein und welche Pflichten ergeben sich für die Vertragspartner?*

***1.6** Welche Vorschriften zur Form eines Vertrages (z. B. Schriftform) sind zu beachten?*

***1.7** Was ist unter Eigentum und Besitz zu verstehen und wie wird das Eigentum übertragen?*

***1.8** Wann ist ein Rechtsgeschäft von Anfang an ungültig? Wann und wie kann ein Rechtsgeschäft ungültig werden?*

1.1 Rechtsfähigkeit

Rechtsfähigkeit ist die Fähigkeit von Personen, Träger von Rechten und Pflichten zu sein.

Aufg. 1.1.1 bis 1.1.3 S. 177 f.

Wer rechtsfähig ist, kann eigene Rechte wahrnehmen. Er kann unter bestimmten Voraussetzungen Verträge abschließen, erben, klagen und verklagt werden. Er muss aber auch eigene Pflichten erfüllen. **Rechtsfähig** und damit **Rechtsträger** sind natürliche Personen, juristische Personen und rechtsfähige Personengesellschaften:

HGB § 1

Natürliche Personen	Juristische Personen
 Alle Menschen, und zwar unabhängig vom Alter. Die Rechtsfähigkeit natürlicher Personen beginnt mit der Vollendung der Geburt und endet mit dem Eintritt des Todes.	Vereinigung von Personen, die in gleicher Weise wie natürliche Personen Träger von Rechten und Pflichten sein können. Sie können ihre Rechte und Pflichten nur durch ihre Vertreter (z. B. Vorstand eines Vereins, Geschäftsführer einer GmbH) wahrnehmen.

BGB § 1923 (2)

Da ein ungeborenes Kind bereits erbfähig ist, erkennt ihm die Rechtsordnung eine eingeschränkte Rechtsfähigkeit zu.

BGB § 1923 Erbfähigkeit

(1) Erbe kann nur werden, wer zur Zeit des Erbfalls lebt.
(2) Wer zur Zeit des Erbfalls noch nicht lebte, aber bereits gezeugt war, gilt als vor dem Erbfall geboren.

Aufg. 1.1.4 S. 178

Juristische Personen des Privatrechts:

Eingetragene Vereine (z. B. Sportclub Freiburg), Kapitalgesellschaften (z. B. Bosch GmbH, Adam Opel AG), Genossenschaften (z. B. Raiffeisengenossenschaft Kirchzarten)

Juristische Personen des öffentlichen Rechts:

Industrie- und Handelskammern, Stadt- und Kreissparkassen, öffentlich-rechtliche Rundfunkanstalten wie ARD und ZDF, öffentlich-rechtliche Stiftungen (z. B. Stiftung Warentest), Körperschaften (z. B. Land Baden-Württemberg, Universität Freiburg)

HGB § 21

Die Rechtsfähigkeit von juristischen Personen des privaten Rechts beginnt mit der Eintragung ins Vereinsregister (bei Vereinen) bzw. ins Handelsregister (bei Kapitalgesellschaften). Juristische Personen des öffentlichen Rechts erlangen ihre Rechtsfähigkeit durch Gesetz oder staatliche Anordnung.

Bestimmte Personengesellschaften (z. B. Offene Handelsgesellschaften, Kommanditgesellschaften) besitzen eine **Teilrechtsfähigkeit**. Sie können z. B. Grundstücke erwerben, Kredite aufnehmen oder verklagt werden. Zur Wahrnehmung ihrer Rechte und Pflichten sind aber natürliche Personen als Vertreter erforderlich.

BGB § 14 (2) Rechtsfähige Personengesellschaft

Eine rechtsfähige Personengesellschaft ist eine Personengesellschaft, die mit der Fähigkeit ausgestattet ist, Rechte zu erwerben und Verbindlichkeiten einzugehen.

Für die Gläubiger einer Personengesellschaft ist diese Regelung von Vorteil, weil sie die Erfüllung ihrer Forderungen unmittelbar von der Personengesellschaft verlangen können und nicht erst herausfinden müssen, wer Gesellschafter der Personengesellschaft ist.

Zusammenfassende Übersicht zu Kap. 1.1: Rechtsfähigkeit

Rechtsfähigkeit
= Fähigkeit von Personen, Träger von Rechten und Pflichten zu sein.
Diese Eigenschaft haben folgende Rechtssubjekte:

Natürliche Personen

Menschen von der Geburt bis zum Tod § 1 BGB

Sonderfall: ungeborenes Kind

Juristische Personen

Personenvereinigungen, die zu Rechtssubjekten werden durch

staatliche Mitwirkung (z. B. Gesetz) | Eintragung in das Vereins- oder Handelsregister

Öffentliches Recht

- Körperschaft (z. B. Land Baden-Württemberg, Universität Freiburg)
- Öffentlich-rechtliche Rundfunkanstalt (z. B. ARD)
- Öffentlichrechtliche Stiftung (z. B. Stiftung Warentest)

Privatrecht

- eingetragene Vereine § 21 BGB
- Kapitalgesellschaften
- Genossenschaften

Teilrechtsfähige Personengesellschaften

Personengesellschaften, die fähig sind, Rechte zu erwerben und Verbindlichkeiten einzugehen (z. B. OHG, KG) § 14 (2) BGB

Fragen zur Wiederholung

zu Kapitel 1.1 Rechtsfähigkeit

1. Was bedeutet Rechtsfähigkeit?
2. Welche Personen sind rechtsfähig?
3. Nennen Sie jeweils ein Beispiel für eine juristische Person des öffentlichen und des privaten Rechts.
4. Was ist unter einer rechtsfähigen Personengesellschaft zu verstehen?

Aufgaben und Probleme

zu Kapitel 1.1 Rechtsfähigkeit

1.1.1 Rechtsfähigkeit von Personen

1. Als Ellen Beral am 16. Okt. d. J. geboren wurde, bekam sie von Ihrer Großmutter ein auf ihren Namen lautendes Sparbuch mit einem Betrag von 1 000 EUR geschenkt.
   Stellen Sie fest, ob Ellen Beral bereits als neugeborenes Kind Eigentümerin eines Sparbuchs sein kann. BGB § 1
2. Edmund Gruber ist Vorstand des Tailfinger Schäferhundevereins e. V. BGB § 21
   Wer wird als Eigentümer in einem Sparbuch eingetragen, das Hans Diehl dem Tailfinger Schäferhundeverein schenken will?
3. Katja Roll und Simon Berger betreiben gemeinsam den Baumarkt Roll und Berger GmbH. Am Abend des 17. Februar stürzt die vorbeigehende Martha Mieth auf dem eisglatten Gehweg vor dem Baumarkt und bricht sich ein Bein. HGB § 17 (2)
   Prüfen Sie, ob Frau Mieth erfolgreich gegen den Baumarkt Roll und Berger GmbH Klage auf Schmerzensgeld erheben kann.

1.1.2 Rechtsfähigkeit von Personen und Institutionen

Bei welchen der nachstehend aufgeführten Personen oder Institutionen handelt es sich um juristische Personen?

1. Tennisclub Heidelberg e.V.
2. Volkswagenwerk AG
3. Richter am Landgericht Stuttgart
4. Vorstand einer Aktiengesellschaft
5. Industrie- u. Handelskammer (IHK) Albstadt
6. Bundesjustizministerium
7. Universität Konstanz
8. Maurer OHG

www

1.1.3 Rechtsfähigkeit eines ungeborenen Kindes – Internetrecherche

BGB § 1, § 1923 (2)

Recherchieren Sie im Internet, ob folgende Behauptung zutrifft: „Das gezeugte, aber noch ungeborene Kind ist nicht rechtsfähig".
Internetadresse: www.ratgeberrecht.de

1.1.4 Wirksamkeit eines Testaments

Die 81-jährige Rosa Braun hat in ihrem Testament die nachfolgenden Erben vorgesehen:

1. Enkelin Lea, 5 Jahre alt
2. das noch nicht geborene Kind ihrer schwangeren Tochter Maria
3. Heimatstadt Freiburg
4. ihren ehemaligen Arbeitgeber Autohaus Karcher GmbH
5. eine im Tierheim lebende Hündin
6. Greenpeace e.V.

Prüfen Sie, ob das jeweils möglich ist.

1.2 Geschäftsfähigkeit

Willenserklärungen und Geschäftsfähigkeit

Rechtsgeschäfte (z. B. Kaufverträge) kommen durch die Abgabe von Willenserklärungen zustande.

Kap. B 1.3

Eine Willenserklärung ist die Äußerung einer Person mit der Absicht, eine rechtliche Wirkung herbeizuführen.

Willenserklärungen können aber nur von Personen abgegeben werden, die geschäftsfähig sind.

Geschäftsfähigkeit ist die Fähigkeit, Rechte und Pflichten durch Rechtsgeschäfte (z. B. Kaufvertrag) selbstständig erwerben zu können.

Um rechtlich bedeutsame Entscheidungen herbeizuführen, müssen eine oder mehrere Willenserklärungen (= rechtlich bindende Äußerungen von Personen) abgegeben werden.

Geschäftsunfähigkeit	Beschränkte Geschäftsfähigkeit
Geschäftsunfähig sind ■ Personen bis zum vollendeten 7. Lebensjahr ■ dauernd Geistesgestörte	**Beschränkt geschäftsfähig** sind ■ Personen vom vollendeten 7. bis zum vollendeten 18. Lebensjahr.
Ein Geschäftsunfähiger kann nicht rechtswirksam handeln. Eine von ihm abgegebene Willenserklärung, mit der er eine rechtliche Wirkung erreichen will, ist daher **nichtig**. Für Geschäftsunfähige handeln **gesetzliche Vertreter** (Eltern, Vormund, gesetzlicher Betreuer).	Damit Willenserklärungen beschränkt geschäftsfähiger Personen wirksam sind, bedürfen sie grundsätzlich der **Zustimmung** durch den gesetzlichen Vertreter. Dies kann vorher **(Einwilligung)** oder nachher **(Genehmigung)** erfolgen.

Aufg. 1.2.1, 1.2.2 S. 182

BGB §§ 104, 105, 106

Kap. B 1.8

Willenserklärungen geschäftsunfähiger Personen sind nichtig, d.h. von Anfang an ungültig. Auch durch die Zustimmung des gesetzlichen Vertreters können sie nicht wirksam werden.

Ausnahme: Alltagsgeschäfte von volljährigen Geschäftsunfähigen (z. B. geistig Behinderte). BGB § 105a

Botendienste einer geschäftsunfähigen Schülerin

Die 6-jährige Grundschülerin Nele Kupfer legt der Verkäuferin einer nahe gelegenen Bäckerei den von ihrer Mutter geschriebenen Einkaufszettel vor. Sie erhält daraufhin die auf dem Einkaufszettel notierten Waren.
Der Kaufvertrag (Vertragspartner: Bäckerei und Mutter der Schülerin Nele) ist gültig, da die geschäftsunfähige Nele Kupfer als Botin handelt und damit lediglich Überbringerin der Willenserklärung ihrer Mutter ist.

Beschränkte Geschäftsfähigkeit: Wirksame Willenserklärungen durch Zustimmung

Zum Schutz von beschränkt Geschäftsfähigen gelten für diesen Personenkreis folgende Vorschriften: Schließt ein beschränkt Geschäftsfähiger ohne *Einwilligung* des gesetzlichen Vertreters ein Rechtsgeschäft ab, so ist dieses bis zur *Genehmigung* **schwebend unwirksam**, wenn nicht eine der im Folgenden beschriebenen Ausnahmen vorliegt. Sobald die Genehmigung erteilt ist, wird es voll wirksam. Wird die Genehmigung nicht erteilt, ist es endgültig unwirksam.

BGB §§ 107, 108 (1), 183, 184

Willenserklärungen beschränkt geschäftsfähiger Personen sind i. d. R. schwebend unwirksam, wenn der gesetzliche Vertreter die vorherige Zustimmung (= Einwilligung) nicht erteilt hat. Sie können dann nur durch dessen nachträgliche Zustimmung (= Genehmigung) wirksam werden.

Zustimmung

vorher = **Einwilligung** — nachher = **Genehmigung**

BGB §§ 182, 183, 184

Rechtsgeschäfte beschränkt Geschäftsfähiger

Rechtsgeschäft mit Einwilligung des gesetzlichen Vertreters: Der 14-jährige Helmut Rietsche kauft drei CDs zum Preis von 34,00 EUR. Seine Eltern haben dem Kauf vorher zugestimmt. Damit ist der Kaufvertrag rechtswirksam.
Rechtsgeschäft ohne Einwilligung des gesetzlichen Vertreters: In Abwesenheit ihrer Eltern kauft die 14-jährige Ute Klein von einem vorbeikommenden Landwirt (Straßenverkauf) eine Kiste frisches Obst zum Preis von 14,00 EUR. Der Kaufvertrag ist zunächst schwebend unwirksam. Er wird rechtswirksam, wenn die Eltern nachträglich zustimmen (= genehmigen). Verweigern die Eltern dies und fordern die Erstattung des Geldes, so muss der Verkäufer dieser Forderung entsprechen. Noch vorhandenes Obst erhält er zurück.

Beschränkte Geschäftsfähigkeit: Wirksame Willenserklärungen ohne Zustimmung

Eine **Zustimmung** des gesetzlichen Vertreters für die Wirksamkeit von Willenserklärungen beschränkt Geschäftsfähiger ist in folgenden Fällen **nicht erforderlich**:

Aufg. 1.2.3 bis 1.2.6 S. 182 f.

BGB §§ 107, 110, 112, 113

Ausschließlich rechtlicher Vorteil § 107 BGB	Mittel zur freien Verfügung (z. B. Taschengeld) § 110 BGB	Teilgeschäftsfähigkeit	
		Dienst- oder Arbeitsverhältnis § 113 BGB	Selbstständiger Betrieb eines Erwerbsgeschäfts § 112 BGB
Das abgeschlossene Rechtsgeschäft bringt dem beschränkt Geschäftsfähigen einen ausschließlich **rechtlichen Vorteil**. Dies ist dann der Fall, wenn für den beschränkt Geschäftsfähigen keinerlei Verpflichtungen aus dem Rechtsgeschäft entstehen.	Der beschränkt Geschäftsfähige **erfüllt** einen Vertrag mit **Mitteln, die ihm zu diesem Zweck oder zur freien Verfügung** vom gesetzlichen Vertreter selbst bzw. mit Zustimmung des gesetzlichen Vertreters von einem Dritten (z. B. Onkel) überlassen wurden (Taschengeld).	Der gesetzliche Vertreter erlaubt einem beschränkt Geschäftsfähigen, ein **Dienst- oder Arbeitsverhältnis einzugehen**. Er ist dann im Rahmen dieses Vertragsverhältnisses unbeschränkt geschäftsfähig (= **Arbeitsmündigkeit**).	Ist ein beschränkt Geschäftsfähiger mit Genehmigung des Familiengerichts zum **selbstständigen Betrieb eines Erwerbsgeschäfts** ermächtigt, so ist er für solche Rechtsgeschäfte unbeschränkt geschäftsfähig, welche der Geschäftsbetrieb mit sich bringt (= **Handelsmündigkeit**).
Der 10-jährige Finn bekommt von seiner Großtante eine Briefmarkensammlung geschenkt.	Die 7-jährige Lina kauft sich von ihrem Taschengeld ein Eis.	Der 17-jährige Schüler David nimmt mit der Erlaubnis seiner Eltern einen Ferienjob in einem Freizeitpark auf. Er darf dieses Arbeitsverhältnis ohne Zustimmung der Eltern kündigen.	Seit dem Tod seines Vaters betreibt der 17-jährige Karsten Jung mit Genehmigung des Familiengerichts eine Bauschlosserei. Er darf Mitarbeiter einstellen und entlassen.

BGB § 90a

Die Schenkung von Tieren an Minderjährige stellt einen Sonderfall dar. Tiere sind nach den Vorschriften des BGB keine Sachen und werden durch besondere Gesetze (z. B. das Tierschutzgesetz) geschützt. Das Tierschutzgesetz verbietet die Abgabe eines Wirbeltieres an Personen unter 16 Jahren. Bei der Weitergabe von Tieren an den genannten Personenkreis liegt eine **Ordnungswidrigkeit** vor. Das Vorliegen einer Ordnungswidrigkeit hat aber keinen Einfluss auf die Gültigkeit des Schenkungsvertrages.

Kap. B 5

BGB § 113

Wenn eine beschränkt geschäftsfähige Person mit Zustimmung des gesetzlichen Vertreters ein **Dienst- oder Arbeitsverhältnis** eingeht, erlangt sie unbeschränkte Geschäftsfähigkeit für solche Rechtsgeschäfte, die mit dem **Dienst- oder Arbeitsverhältnis** zusammenhängen (z. B. Kontoeröffnung, Kauf von Arbeitskleidung, Kündigung). Das Arbeitsentgelt steht einer beschränkt geschäftsfähigen Person aber – anders als beim Taschengeld – **nicht automatisch zur freien Verfügung**. Für ein **Ausbildungsverhältnis** gelten die Regelungen des § 113 BGB nicht, da ein Ausbildungsverhältnis nicht als Arbeitsverhältnis gilt.

Beschränkte Geschäftsfähigkeit: Kreditaufnahme und Ratenzahlung

BGB §§ 1643 (1), 1822 Nr. 8

Eine Besonderheit gilt für die Aufnahme von **Geldkrediten** (Kreditverträge, die mit einer Bank oder einer Privatperson abgeschlossen werden). Solche Verträge können nur **mit Zustimmung des gesetzlichen Vertreters und Genehmigung des Familiengerichts** abgeschlossen werden. Da es sich aber bei einem Kauf auf Raten **(Ratenzah-**

lungskauf) nicht um die Überlassung von Geld handelt (= kein Geldkreditvertrag), ist in diesem Fall die **Zustimmung des Familiengerichts nicht** erforderlich. Ein beschränkt Geschäftsfähiger kann aber auch mit seinem Taschengeld oder mit seinem Lohn aus einem Arbeitsverhältnis **keinen** Ratenzahlungskauf **ohne Zustimmung des gesetzlichen Vertreters** abschließen. Fehlt beim Abschluss eines solchen Vertrags die Einwilligung des gesetzlichen Vertreters, so ist der Vertrag zunächst **schwebend unwirksam**.

Aufg. 1.2.7 S. 183

BGB § 108 (1)

Unbeschränkte Geschäftsfähigkeit

Unbeschränkt geschäftsfähig ist, wer ohne Einschränkung selbstständig rechtswirksame Willenserklärungen abgeben kann. Das ist bei Personen der Fall, die das 18. Lebensjahr vollendet haben (Ausnahme: dauernd Geistesgestörte).

Zusammenfassende Übersicht zu Kap. 1.2: Geschäftsfähigkeit

Geschäftsfähigkeit

Fähigkeit, Rechte und Pflichten durch Rechtsgeschäfte selbstständig erwerben zu können.
Rechtsgeschäfte kommen durch Willenserklärungen zustande.
Rechtswirksame Willenserklärungen können nur von Geschäftsfähigen abgegeben werden.

Geschäftsunfähig (§ 104 BGB):
Kinder unter 7 Jahre, dauernd Geisteskranke

Einteilung der Geschäftsfähigkeit nach dem Lebensalter

Minderjährigkeit		Volljährigkeit
Geburt – vollendetes 7. Lebensjahr	vollendetes 7. Lebensjahr – vollendetes 18. Lebensjahr	vollendetes 18. Lebensjahr – Tod
Geschäftsunfähigkeit § 104 BGB	beschränkte Geschäftsfähigkeit § 106 BGB	unbeschränkte Geschäftsfähigkeit
Willenserklärung ist nichtig	Willenserklärung bedarf i. d. R. der Zustimmung (Einwilligung oder Genehmigung) → fehlende Einwilligung: Willenserklärung ist bis zur Genehmigung oder Ablehnung schwebend unwirksam.	Willenserklärung ist voll wirksam.

Wirksame Rechtsgeschäfte eines beschränkt Geschäftsfähigen trotz fehlender Zustimmung des gesetzlichen Vertreters

- rechtlicher Vorteil § 107 BGB
- Mittel zur freien Verfügung, z. B. Taschengeld § 110 BGB
- Dienst- oder Arbeitsverhältnis § 113 BGB
- Selbstständiger Betrieb eines Erwerbsgeschäfts § 112 BGB

Fragen zur Wiederholung

zu Kapitel 1.2 Geschäftsfähigkeit

1. Wer ist geschäftsfähig?
2. Welche Personen sind geschäftsunfähig?
3. Was bedeutet es, wenn jemand „beschränkt geschäftsfähig" ist?
4. Welche rechtliche Bedeutung haben jeweils die Willenserklärungen geschäftsunfähiger und beschränkt geschäftsfähiger Personen?
5. In welchen Fällen ist die Zustimmung des gesetzlichen Vertreters keine Voraussetzung für die Rechtswirksamkeit einer Willenserklärung, die eine beschränkt geschäftsfähige Person abgegeben hat?

Aufgaben und Probleme

zu Kapitel 1.2 Geschäftsfähigkeit

1.2.1 Verträge mit geschäftsunfähigen und beschränkt geschäftsfähigen Personen

BGB § 104, § 107

Drei Brüder erhalten von ihrer Großmutter jeweils 20,00 EUR geschenkt. Alle drei gehen zusammen in ein Kaufhaus.

Peter – 5 Jahre – kauft sich ein Spiel für 8,00 EUR.
Paul – 14 Jahre – kauft sich eine CD für 16,00 EUR.
Bernd – 19 Jahre – kauft sich eine Flasche Whisky für 20,00 EUR.

1. Prüfen Sie, ob die drei Schenkungen rechtswirksam sind, wenn die Eltern der Großmutter bereits mehrfach untersagt haben, den Kindern Geldgeschenke zu machen.
2. Prüfen Sie, ob im Kaufhaus rechtswirksame Kaufverträge zustande gekommen sind, wenn die Eltern in allen drei Fällen strikt dagegen sind.

1.2.2 Schenkung an eine beschränkt geschäftsfähige Person

BGB § 106, § 108 (1), § 107

Der 10-jährige Phillip bekommt von seiner Tante den Siamkater „Birdie" geschenkt. Die Eltern von Phillip sind zurzeit verreist. Als die Eltern von der Reise zurückkommen verlangen sie, dass das Tier zurückgegeben wird. Ist die Schenkung wirksam?

1.2.3 Kaufvertrag mit einem Auszubildenden

Der sechzehnjährige Auszubildende Kurt Wintermantel kauft eine Stereo-Anlage zum Preis von 980 EUR. Im Kaufvertrag ist vereinbart, dass der Kaufpreis in zwölf Monatsraten beglichen werden soll.

1. Kann der Vater von Kurt Wintermantel verlangen, dass der Verkäufer gegen Erstattung des Geldes das Gerät wieder zurücknimmt?
2. Wie wäre die Rechtslage, wenn Wintermantel den Kaufpreis aus seiner angesparten Ausbildungsvergütung sofort in einer Summe bezahlt und ihm sein Vater die Ausbildungsvergütung zur freien Verfügung gelassen hätte? (BGB § 110)

1.2.4 Arbeitsvertrag mit einem Schüler

Der Wirtschaftsgymnasiast Kurt Klein (17 Jahre alt) liest in der Zeitung, dass die Lahrer Lackiererei GmbH verschiedene Ferienjobs zu vergeben hat. Ohne Rücksprache mit seinen Eltern geht er gleich nach dem Unterricht am 16.05. d. J. bei der Lackiererei vorbei und schließt per Handschlag einen Arbeitsvertrag. Mündlich werden ein Stundenlohn von 10,00 EUR sowie eine tägliche Arbeitszeit von 8 Stunden in der Lackierwerkstatt vereinbart. Der Personalchef erklärt ausdrücklich, dass der vereinbarte Stundenlohn nur deshalb bezahlt wird, weil der Vater von Kurt Klein ebenfalls seit 25 Jahren in diesem Unternehmen beschäftigt ist. Alle anderen Schülerjobs werden lediglich mit 7,50 EUR/Stunde vergütet.

1. Wegen des schlechten Halbjahreszeugnisses sind die Eltern nicht damit einverstanden, dass Kurt Klein während der Sommerferien arbeitet. Außerdem – so der Vater – sei er körperlich zu

schwach, um den Anforderungen des Betriebes gewachsen zu sein. Am Mittagstisch erklärt Kurt seinen Eltern, dass deren Zustimmung überhaupt nicht erforderlich sei, weil er bei einem Stundenlohn von 10,00 EUR den andern Schülern gegenüber einen rechtlichen Vorteil in Höhe von 2,50 EUR hat. Der Vertrag sei daher nach Auffassung von Kurt Klein gem. § 107 BGB gültig. Beurteilen Sie die Rechtslage.

2. Die Eltern sind nach weiteren Diskussionen mit ihrem Sohn damit einverstanden, dass Kurt nur drei Wochen arbeitet – jedoch nicht in der Werkstatt, sondern in der Betriebsverwaltung. Kurt geht erneut zum Personalchef und trägt diesem sein Anliegen vor. Beide sind mit der neuen Regelung einverstanden und schließen einen Arbeitsvertrag. Kurt bittet jedoch den Personalchef, Vater Klein sofort zu informieren, damit der Vertrag auf jeden Fall Gültigkeit besitzt. Beurteilen Sie, ob im vorliegenden Fall zur Gültigkeit des Vertrages Vater Klein als gesetzlicher Vertreter gehört werden muss.
3. Nach Aufnahme der Arbeit am ersten Tag bittet der Lohnbuchhalter Kurt Klein um Angabe seiner Bankverbindung, weil Lohn- und Gehaltszahlungen auch bei nur kurzer Beschäftigung nur bargeldlos abgewickelt werden. Da Kurt Klein bislang noch über kein Bankkonto verfügt, möchte er bei der Volksbank ohne Zustimmung des gesetzlichen Vertreters einen entsprechenden Vertrag abschließen. Begründen Sie, ob dieser Vertrag unter den gegebenen Voraussetzungen zustande kommen kann. BGB § 113 (1)

1.2.5 Rechtsgeschäfte eines 5-jährigen Kindes

Der 5-jährige Lennox Broßmer wird von seinem Vater beauftragt, in der unmittelbar um die Ecke liegenden Drogerie Rasierwasser einer bestimmten Marke zu kaufen. Lennox legt der Verkäuferin den Einkaufszettel vor, die ihm daraufhin das gewünschte Rasierwasser aushändigt. Zusätzlich – ohne Zustimmung der Eltern – „kauft" Lennox noch einen Müsli-Riegel für 1,00 EUR und übergibt der Kassiererin den Gesamtbetrag von 14,50 EUR. Herr Broßmer ist darüber verärgert, dass die Verkäuferin neben dem auf dem Einkaufszettel stehenden Rasierwasser dem 5-jährigen Kind auch noch einen Müsli-Riegel verkauft hat. Er verlangt deshalb die Erstattung des gesamten Betrags in Höhe von 14,50 EUR gegen Rückgabe der Ware. Als Begründung gibt er an, dass ein 5-jähriges Kind geschäftsunfähig ist und demnach überhaupt keine Verträge abschließen kann.
Beurteilen Sie die Rechtslage.

1.2.6 Rechtsgeschäfte mit Taschengeld und Losgewinn

Der 16-jährige Florian Bachmann erhält zum Geburtstag von seinen Eltern ein Geldgeschenk in Höhe von 50,00 EUR. Mit diesem Betrag erfüllt er sich einen Wunsch und kauft einen MP3-Player für 45,00 EUR.

1. Stellen Sie fest, ob der Vertrag über den Kauf des MP3-Players gültig ist. BGB § 110
2. Florian Bachmann hat zwischenzeitlich ein besseres Modell gefunden (MP4-Player für 60,00 EUR) und will deshalb seinen MP3-Player an einen Mitschüler für 30,00 EUR verkaufen. Stellen Sie fest, ob Florian Bachmann seinen MP3-Player an seinen Mitschüler rechtswirksam verkaufen kann, wenn die Eltern nicht einverstanden sind.
3. Anlässlich des Oktoberfestes auf dem Cannstatter Wasen erhält Florian Bachmann von seinen Eltern 5,00 EUR zum Kauf eines Loses und gewinnt damit den Betrag von 100,00 EUR. Gegen den Willen der Eltern will er sich mit dem Gewinn ein paar Boxhandschuhe kaufen.
   Kann Florian Bachmann auch ohne Zustimmung der Eltern mit dem Losgewinn einen rechtswirksamen Kaufvertrag schließen?

1.2.7 Vertragsschluss ohne Einwilligung

Jörg Kleinschmidt wurde am 16. Sept. d.J. 17 Jahre alt. Er bestellte am 20. Sept. d.J. auf Raten eine HiFi Anlage. Noch am gleichen Tag fordert der Verkäufer die Eltern auf, den Vertrag zu genehmigen. Die Eltern überlegen aber einige Zeit und antworten erst einen Monat später, dass der Vertrag gültig sein soll.

1. Entscheiden Sie, ob im vorliegenden Fall ein Ratenkaufvertrag zustande gekommen ist. BGB § 108 (2)
2. Wie ist Fall 1 zu entscheiden, wenn Jörg Kleinschmidt die HiFi Anlage eine Woche vor seinem 18. Geburtstag bestellt hätte? BGB § 108 (3)

1.3 Willenserklärungen

Wer rechtswirksame Entscheidungen treffen will, muss seinen Willen erklären. Wann genau eine **Willenserklärung** vorliegt, ist im BGB nicht geregelt.

Eine Willenserklärung ist eine Äußerung einer Person, mit der willentlich eine Rechtsfolge herbeigeführt werden soll.

Eine Willenserklärung kann abgegeben werden durch:

Mündliche Erklärung	Schriftliche Erklärung	Schlüssiges (konkludentes) Handeln
Heinz Brumme will seiner Freundin Kathrin Käfer seinen CD-Player für 15,00 EUR verkaufen. Deswegen äußert er: „Ich verkaufe Dir diesen CD-Player für 15 EUR."	Philipp Kranich lässt seinem Arbeitgeber ein Kündigungsschreiben folgenden Inhalts zugehen: „Hiermit kündige ich mein Arbeitsverhältnis mit Wirkung zum 30. Juni d. J.".	Walter Blum entnimmt am Bahnhofskiosk das Nachrichten-Magazin „DER SPIEGEL" und legt wortlos den entsprechenden Geldbetrag auf den Kassentisch.
Heinz Brumme beabsichtigt, mit Kathrin Käfer einen Kaufvertrag zu schließen.	Philipp Kranich beabsichtigt, das mit seinem Arbeitgeber bestehende Arbeitsverhältnis aufzulösen.	Walter Blum will durch sein schlüssiges Handeln den Abschluss eines Kaufvertrages herbeiführen.

BGB § 455 S. 2 HGB § 362

Bloßes Schweigen ist grundsätzlich **keine Willenserklärung**. Wer schweigt, erklärt auch nichts.
Nur **ausnahmsweise** gilt Schweigen als **Billigung**. Unter Kaufleuten bedeutet Schweigen aber unter bestimmten Voraussetzungen, dass ein Antrag als angenommen gilt.

Absichtserklärung – keine Willenserklärung

Aufg. 1.3.1 S. 186

Von einer **Willenserklärung** ist die **Absichtserklärung** zu unterscheiden. Bei ihr handelt es sich um die Äußerung einer Person, mit der willentlich **keine Rechtsfolge** herbeigeführt werden soll. Eine **Willenserklärung** ist **rechtlich bindend**, die **Absichtserklärung** hingegen ist **unverbindlich**.

Unverbindliche Absichtserklärung

Christine Fuchs sagt ihrer Freundin zu, sie am kommenden Samstag mit ihrem Auto zu einem Fußballspiel des VfB Stuttgart abzuholen. Christine Fuchs will sich mit ihrer Erklärung nicht rechtlich binden **(keine Bindungsabsicht)** und gegebenenfalls keinen Schadenersatz an ihre Freundin leisten müssen, falls sie den Termin nicht einhält.

Willenserklärung bei Internet-Geschäften

Besonderheiten ergeben sich, wenn Willenserklärungen über den Computer abgegeben werden. Das ist der Fall, wenn Rechtsgeschäfte im Rahmen des **E-Commerce** oder **Internets** angebahnt oder abgeschlossen werden. In diesem Zusammenhang sind folgende Willenserklärungen zu unterscheiden:

- **Elektronische Willenserklärung:** Die Willenserklärung geht von einer Person aus und wird elektronisch übermittelt.

  E-Mail-Bestellung, Internet-Bestellung

- **Automatisierte Willenserklärung:** Daten werden von Hand oder durch Sprache in den Computer eingegeben. Der Computer erstellt daraufhin die eigentliche Erklärung.

Automatisierte Willenserklärung einer Versicherungsgesellschaft

Das Programm einer Versicherungsgesellschaft erstellt nach Eingabe der nötigen Daten ein **Angebot** (Willenserklärung) zum Abschluss eines Lebensversicherungsvertrages.

- **Computererklärung:** Die Willenserklärung wird selbstständig vom Computer erstellt und einem Adressaten übermittelt.

Auftragsbestätigung eines Online-Buchhändlers

Der Computer des Online-Buchhändlers Amazon schickt einem Besteller automatisch eine **Auftragsbestätigung** per E-Mail.

Rechtswirksamkeit von Willenserklärungen

Hinsichtlich ihres **Wirksamwerdens** lassen sich Willenserklärungen folgendermaßen einteilen:

empfangsbedürftige Willenserklärungen	nicht empfangsbedürftige Willenserklärungen

- **Empfangsbedürftige** Willenserklärungen sind rechtswirksam, sobald sie in den Verfügungsbereich des Empfängers gelangt sind.

Kündigung eines Arbeitsverhältnisses

Inge Schulz will sich beruflich verändern. Sie kündigt deshalb ihr Arbeitsverhältnis. Die Kündigung ist wirksam, sobald sie der Arbeitgeber erhalten hat. Damit dieses einseitige Rechtsgeschäft gültig wird, ist es nicht erforderlich, dass der Arbeitgeber mit der Kündigung einverstanden ist.

Damit eine **empfangsbedürftige Willenserklärung** rechtswirksam wird, ist es notwendig, dass sie dem vorgesehenen Empfänger zugeht. Das bedeutet:

Unter Anwesenden	Unter Abwesenden
Die Willenserklärung muss von demjenigen, an den sie gerichtet ist, wahrgenommen und verstanden worden sein.	Die Willenserklärung muss in den Einflussbereich des Empfängers gelangt sein. Die Willenserklärung wird aber nicht wirksam, wenn dem Empfänger vorher oder gleichzeitig ein Widerruf zugeht.

BGB § 130 (1)

Willenserklärungen im Rahmen des **E-Commerce** oder des **Internets** gelten allgemein als zugegangen, wenn sie in den Einflussbereich des Empfängers (eigener PC, Internet-Server) gelangt sind, so dass damit zu rechnen ist, dass dieser Kenntnis erlangt haben könnte.

Aufg. 1.3.2 S. 186

- **Nicht empfangsbedürftige** Willenserklärungen werden bereits mit ihrer Abgabe rechtswirksam.

Testament und Auslobung

BGB § 2064

1. Leif Kammerer legt seinen letzten Willen in seinem Testament fest. Seine Willenserklärung ist gültig, auch ohne dass seine Erben vor seinem Tod davon Kenntnis haben.

BGB § 657

2. Auslobung (= Versprechen einer Belohnung durch öffentliche Bekanntmachung, z. B. Preisausschreibung)

Zusammenfassende Übersicht zu Kap. 1.3: Willenserklärungen

Willenserklärungen = Äußerung einer Person mit der Absicht, eine Rechtsfolge herbeizuführen					
Arten					
Form				Wirksamwerden	
schriftlich	mündlich	Internet/E-Commerce	schlüssiges Handeln	nicht empfangsbedürftig	empfangsbedürftig

Fragen zur Wiederholung

zu Kapitel 1.3 Willenserklärungen

1. Was ist unter einer Willenserklärung zu verstehen?
2. In welchen Formen können Willenserklärungen abgegeben werden?
3. Nennen Sie jeweils mindestens ein Beispiel für eine elektronische Willenserklärung, eine automatisierte Willenserklärung und eine Computererklärung.
4. Unterscheiden Sie empfangsbedürftige und nicht empfangsbedürftige Willenserklärungen jeweils anhand eines Beispiels.

Aufgaben und Probleme

zu Kapitel 1.3 Willenserklärungen

1.3.1 Willenserklärungen

Entscheiden Sie, ob es sich bei den nachstehend aufgeführten Äußerungen um eine Willenserklärung im rechtlichen Sinne handelt. Geben Sie an, welche Art einer Willenserklärung gegebenenfalls vorliegt.

1. Ulf Seeber bietet einem Studenten auf der Straße seine Armbanduhr zum Kauf für 10 EUR an.
2. Fußballspieler Mario Neumann gibt einem Fußballfan ein Autogramm.
3. Helena Fässler informiert sich im Internet über den Preis des Kosmetikartikels „Reinwasch".
4. Volksmusikant Brohmer sagt telefonisch zu, bei einer Eröffnungsveranstaltung des Möbelhauses Kern einige Lieder zu singen (Honorar: 800 EUR).
5. Zu fortgeschrittener Stunde (vgl. Fall 4) bittet eine Zuhörerin den Musiker Brohmer, mit ihr zusammen in privater Runde einige Volkslieder zu singen. Brohmer sagt zu.
6. Helmut Dorsch hebt bei einer Teppichversteigerung die rechte Hand, um den Zuschlag (Gebot: 1 500 EUR) zu erhalten.
7. Kuno Käfer bestellt über das Internet das Buch „Stressfrei durchs Leben".
8. Luise Volk beabsichtigt, eine private Rentenversicherung abzuschließen. Über das Internet hat sie eine Verbindung zu einer Versicherungsgesellschaft erstellt. Über die Tastatur gibt sie nach entsprechender Aufforderung ihre persönlichen Daten ein. Daraufhin erhält sie von der Versicherungsgesellschaft ein Angebot für den Abschluss eines Rentenversicherungsvertrages.
9. Der Computer eines Online-Händlers für Autozubehör schickt automatisch eine Auftragsbestätigung an Bernd Kitschke.

1.3.2 Rechtswirksamkeit von Willenserklärungen

Bei welchen der folgenden Äußerungen handelt es sich um eine rechtswirksame Willenserklärung?

1. Erwin Wetzel fragt Schreinermeister Hogenmüller, ob er auch Haustüren anfertigt.
2. Schreinermeister Hogenmüller bestellt bei der Glaserei Hansert Fensterglas.
3. Malermeister Hempel verspricht seinem Gesellen, dass er vorwiegend Tapezierarbeiten übernehmen darf.
4. Schüler Michael zeigt in der Bäckerei mit dem Finger auf eine Brezel.
5. Karin Melcher fährt mit dem Auto in die Stadt, um Einkäufe zu erledigen.
6. BWL-Lehrer Karlheinz Klumpp verspricht seiner Schülerin Elvira Wanner, mit ihr auf der Schulsportanlage ein Tennismatch auszutragen, bei dem die ganze Klasse anwesend ist.

1.4 Arten und Zustandekommen von Rechtsgeschäften

Einseitige und mehrseitige Rechtsgeschäfte

Rechtsgeschäfte entstehen aufgrund von **Willenserklärungen**. In Abhängigkeit davon, wie viele Personen am Zustandekommen eines Rechtsgeschäftes beteiligt sind, lassen sich unterscheiden:

Aufg. 1.4.1 und 1.4.2 S. 189 f.

Einseitige Rechtsgeschäfte
Für das Zustandekommen eines einseitigen Rechtsgeschäfts genügt die Abgabe der Willenserklärung einer einzigen Person. Dabei kann die abgegebene Willenserklärung empfangsbedürftig oder nicht empfangsbedürftig sein.

Mehrseitige Rechtsgeschäfte
Ein mehrseitiges Rechtsgeschäft kommt zustande, wenn zwei oder mehr Personen Willenserklärungen abgeben, die inhaltlich übereinstimmen.
Verträge sind mehrseitige Rechtsgeschäfte.

Kap. B 2

Ein Vertrag ist ein mehrseitiges Rechtsgeschäft. Er kommt durch mindestens zwei inhaltlich übereinstimmende Willenserklärungen zustande. Diese beiden Willenserklärungen werden als Antrag und Antragsannahme bezeichnet.

Ein Antrag ist eine einseitige empfangsbedürftige Willenserklärung, in der der Antragende einer bestimmten Person gegenüber zum Ausdruck bringt, mit dieser Person unter bestimmten Bedingungen einen Vertrag schließen zu wollen.

Anpreisung – kein Antrag

Bei folgenden Sachverhalten liegt **kein Antrag** im juristischen Sinne vor, weil es sich nicht um Willenserklärungen, die an eine **bestimmte Person** gerichtet sind, handelt:

- Schaufensterauslagen
- Zeitungsinserate
- Zusendung eines Kataloges oder einer Preisliste
- „Angebote" im Internet

Bei diesen Fällen handelt es sich um **Anpreisungen**.

Zustandekommen eines Kaufvertrages

Ein Kaufvertrag kann folgendermaßen zustande kommen:

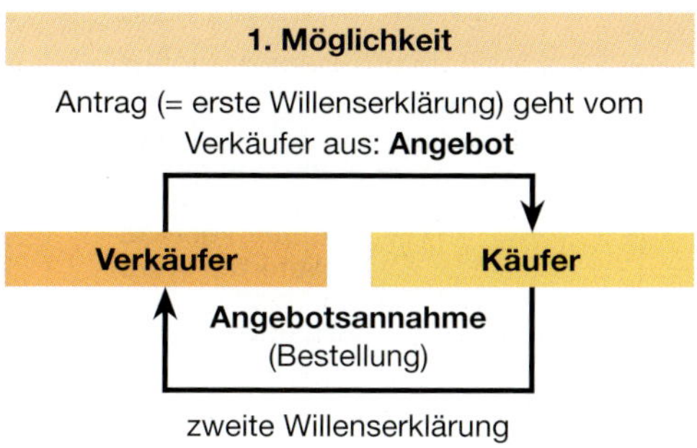

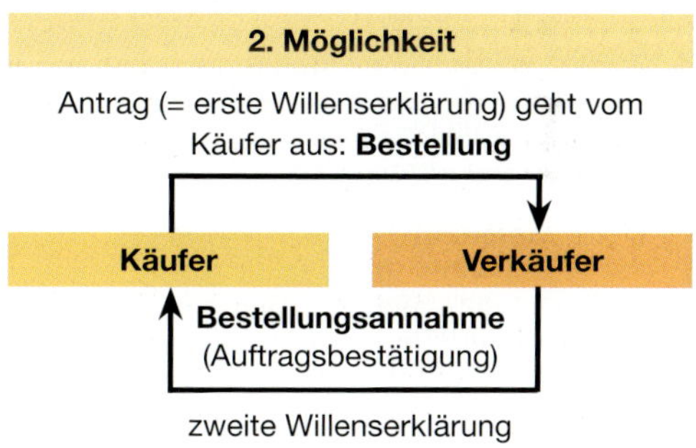

Verpflichtungsgeschäft als Beispiel für ein mehrseitiges Rechtsgeschäft

Durch den Abschluss eines Vertrags entstehen für die Vertragspartner Pflichten. Beispielsweise gehen bei einem **Kaufvertrag** Käufer und Verkäufer folgende **Hauptpflichten** ein: BGB § 433

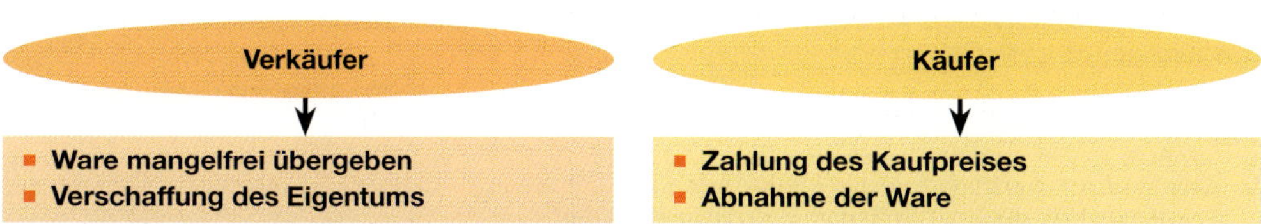

BGB §§ 362, 433, 929 ff.

Erfüllungsgeschäft als Beispiel für ein mehrseitiges Rechtsgeschäft

Aufg. 1.4.3 u. 1.4.4 S. 190

Durch das **Verpflichtungsgeschäft** (Kaufvertrag) entstehen für den Käufer und Verkäufer **Pflichten**. Im **Erfüllungsgeschäft** werden diese Pflichten eingelöst: Der Verkäufer erfüllt seine Pflicht, wenn er dem Käufer das Eigentum an dem Kaufgegenstand verschafft. Dazu müssen sich beide einig sein, dass das Eigentum übergehen soll **(Einigung)**. Außerdem muss die Sache dem Erwerber übergeben werden **(Übergabe)**.

Verpflichtungs- und Erfüllungsgeschäft am Beispiel eines Kaufvertrages

Das **BGB** verwendet im Rahmen des Kaufvertrags beim **Verpflichtungsgeschäft** die Bezeichnungen **Käufer** und **Verkäufer**, während beim **Erfüllungsgeschäft** von **Veräußerer** und **Erwerber** gesprochen wird.[1]

1 Das BGB spricht nicht nur bei einem Käufer und einem Verkäufer von Erwerber und Veräußerer, sondern auch bei der Schenkung bzw. beim Erbe. Schenker und Erblasser sind jeweils Veräußerer, während der Beschenkte bzw. der Erbe als Erwerber bezeichnet werden.

Zusammenfassende Übersicht zu Kap. 1.4: Arten von Rechtsgeschäften

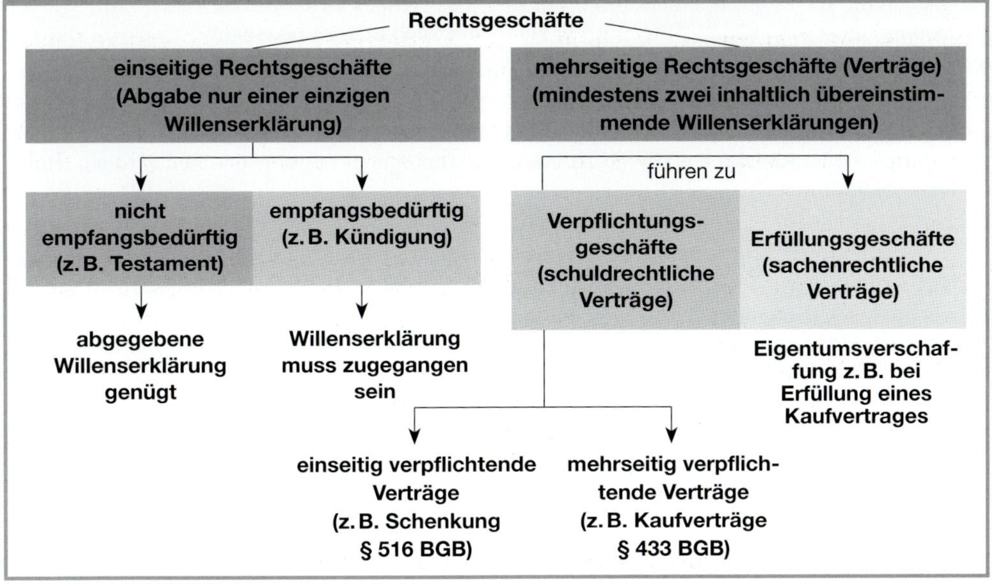

Fragen zur Wiederholung

zu Kapitel 1.4 Arten und Zustandekommen von Rechtsgeschäften

1. Wodurch unterscheiden sich einseitige und mehrseitige Rechtsgeschäfte?
2. Nennen Sie Beispiele für empfangsbedürftige und nicht empfangsbedürftige Willenserklärungen.
3. Was ist ein Antrag?
4. Unterscheiden Sie Angebot und Anpreisung.
5. Welche Hauptpflichten gehen Käufer und Verkäufer durch den Abschluss eines Kaufvertrages ein?
6. Beschreiben Sie zwei Möglichkeiten für das Zustandekommen eines Kaufvertrages.
7. Wodurch unterscheiden sich Verpflichtungsgeschäft und Erfüllungsgeschäft?

Aufgaben und Probleme

zu Kapitel 1.4 Arten und Zustandekommen von Rechtsgeschäften

1.4.1 Arten von Rechtsgeschäften

Begründen Sie, ob in nachstehenden Fällen ein Rechtsgeschäft – gegebenenfalls welches – zustande gekommen ist.

1. Adalbert Riemer hinterlegt in seinem Banksafe folgende handschriftliche Erklärung: *„Mein gesamtes Barvermögen soll nach meinem Tode auf meinen Neffen Karl-Friedrich Tontsch übergehen ...“*
2. Elmar Ergan e. K. kündigt seiner Mitarbeiterin Sigrid Seeger, weil sie mehrfach trotz Abmahnung ihre Arbeit verspätet aufgenommen hat. Das Kündigungsschreiben wird am 11.05. d. J. zur Post gebracht und geht Frau Seeger am 13.05. d. J. zu. Frau Seeger ist mit der Kündigung nicht einverstanden.

3. Wie ist bei Fall 2 zu entscheiden, wenn sich Elmar Ergan e. K. und Sigrid Seeger nach heftiger Diskussion am 11.05. d.J. schriftlich einigen, das Arbeitsverhältnis zum 30.05. d.J. gegen Zahlung einer einmaligen Abfindung in Höhe von 5 000 EUR zu beenden?
4. Der Fahrer des Möbelhauses Bühler liefert am 19. März d.J. einen Fernsehsessel an Frank Berger aus. Frank Berger bestätigt den Empfang der Ware durch seine Unterschrift.
5. Ehrenmitglied Egon Weiler verspricht dem Männergesangverein Concordia St. Georgen für ein bevorstehendes Konzert ein Klavier zu schenken. Das Schenkungsversprechen wird von einem Notar beurkundet.
6. Kurt Hiller hat mit dem Vereinsvorstand des Männergesangvereins Concordia telefonisch vereinbart, dem Verein eine gebrauchte elektronische Orgel zum Preis von 1 000 EUR zu verkaufen.
7. Angelika Scharschmidt (82 Jahre alt) trifft mit ihrer Tochter folgende Vereinbarung: *„Nach dem Tode von Angelika Scharschmidt geht das gesamte Vermögen auf Friedlinde Griesbaum, geb. Scharschmidt, über. Friedlinde Griesbaum übernimmt als Gegenleistung im Bedarfsfalle die lebenslange Pflege von Frau Angelika Scharschmidt".*
8. BGB § 657 Jasmin Kewitz hat bei einem Waldspaziergang ihre wertvolle Armbanduhr verloren. Sie setzt durch öffentliche Bekanntmachung einen Finderlohn in Höhe von 200 EUR aus (= Auslobung).
9. BGB § 971 Jonas Brahmer hat die Armbanduhr gefunden (vgl. Fall 8), deren Wert von einem Schmuckhändler auf 6 000 EUR geschätzt wird. Wegen des besonders hohen Wertes der Uhr beansprucht er einen Finderlohn in Höhe von 300 EUR.
   Stellen Sie fest, ob Jonas Brahmer den geforderten Finderlohn verlangen kann, obwohl Jasmin Kewitz lediglich 200 EUR versprochen hat.

1.4.2 Einseitige und mehrseitige Rechtsgeschäfte

Prüfen Sie, um welche Art von Rechtsgeschäft bzw. Willenserklärung (einseitiges oder zweiseitiges Rechtsgeschäft, empfangsbedürftige oder nicht empfangsbedürftige Willenserklärung) es sich in den folgenden Fällen jeweils handelt:

1. Kündigung
2. Mietvertrag
3. Bestellung
4. Schenkungsvertrag
5. Testament

1.4.3 Zugang eines Kündigungsschreibens

Im Arbeitsvertrag des Mitarbeiters Jakob Meier wurde eine Kündigungsfrist von einem Monat zum Quartalsende vereinbart. Meier befürchtet, dass er noch am Samstag, dem 31. Mai per Post eine Kündigung zum 30. Juni erhalten wird. Deswegen verreist er von Freitagabend bis Montagmorgen. Auf diese Weise könne er zumindest den Kündigungstermin hinausschieben, da er die Kündigung nicht fristgerecht gelesen hat. Wie ist die Rechtslage, wenn tatsächlich am Samstag das Kündigungsschreiben des Arbeitgebers eingeht?

1.4.4 Verpflichtungs- und Erfüllungsgeschäft

Beschreiben Sie das den folgenden Beispielen jeweils zugrunde liegende Verpflichtungs- und Erfüllungsgeschäft.

1. Barkauf eines Brötchens in einer Bäckerei.
2. Bestellung eines Sofas nach einem Beratungsgespräch in einem Möbelgeschäft. Der Verkäufer bestätigt sofort: Preis 1 200 EUR, Lieferzeit 6 Wochen, Zahlung innerhalb von 10 Tagen nach Lieferung.
3. Ausbildungsvertrag zwischen der 17-jährigen Maria Müller und der Fensterbau Voss GmbH zur Industriekauffrau.

1.5 Vertragsfreiheit und Vertragsbindung

In einer freiheitlichen Gesellschaftsordnung gilt der Grundsatz der **Vertragsfreiheit**. Er besagt, dass grundsätzlich jeder selbst entscheiden kann

❶ ob und mit wem ein Vertrag geschlossen werden soll **(Abschlussfreiheit)**

❷ welchen Inhalt der Vertrag hat **(Inhaltsfreiheit)**; Grenzen: Verträge, die gegen ein gesetzliches Verbot oder die guten Sitten verstoßen, sind ungültig

BGB §§ 134, 136

❸ in welcher Form der Vertrag geschlossen wird **(Formfreiheit)**.

Kap. B 1.6

Zur Vermeidung von Missbrauch wird der Grundsatz der Vertragsfreiheit häufig eingeschränkt. Ein Beispiel für die **Einschränkung** der **Abschlussfreiheit** ist der Kontrahierungszwang.

Kontrahierungszwang (Abschlusszwang)

Ein **Kontrahierungszwang (= Abschlusszwang)** besteht nach der Rechtssprechung in folgenden Fällen:

❶ Jemand hat eine monopolähnliche Stellung und deshalb kann **nur mit ihm** ein Vertrag geschlossen werden.

Verkauf eines lebenswichtigen Medikaments

Die einzige Apotheke eines Dorfes darf sich nicht weigern, einem Kunden ein lebenswichtiges Medikament zu verkaufen, weil der Kunde nicht bar bezahlen kann.

Aufg. 1.5.1 u. 1.5.2 S. 192

❷ Ein Unternehmen hat eine **öffentliche Versorgungsaufgabe** übernommen.

Abschluss eines Vertrags mit den Stadtwerken

Die Versorgungsbetriebe (z. B. Elektrizitätswerke, Stadtwerke) sind verpflichtet, mit jedermann entsprechende Verträge abzuschließen.

❸ Für Personenbeförderungsunternehmen (z. B. Linienbus, Bahn) besteht gem. § 22 Personenbeförderungsgesetz eine Personenbeförderungspflicht (= Pflicht zum Abschluss eines Beförderungsvertrages).

Ist ein Vertrag zustande gekommen, so sind die Vertragspartner an die eingegangenen Verpflichtungen gebunden **(Vertragsbindung)**. Erfüllt ein Vertragspartner die übernommenen Pflichten nicht, so muss er mit Rechtsfolgen wie z. B. Schadenersatz rechnen.

Kap. B 2.1.2

Zusammenfassende Übersicht zu Kap. 1.5: Vertragsfreiheit und Vertragsbindung

Grundsatz der Vertragsfreiheit

Abschlussfreiheit	Inhaltsfreiheit	Formfreiheit
freie Entscheidung, ob und mit wem ein Vertrag abgeschlossen wird	Freiheit in der inhaltlichen Gestaltung eines Vertrags	Freiheit in der Gestaltung der Form eines Vertrags Ausnahmen: Vom Gesetz vorgeschriebener Formzwang für bestimmte Verträge

Abschlussfreiheit → Einschränkung → **Kontrahierungszwang** = Pflicht zum Vertragsschluss

für Personen mit monopolartiger Stellung	Beförderungspflicht für Personenbeförderungsunternehmen	Unternehmen mit öffentlichen Versorgungsaufgaben

Fragen zur Wiederholung

zu Kapitel 1.5 Vertragsfreiheit und Vertragsbindung

1. Erläutern Sie, was unter Vertragsfreiheit zu verstehen ist.
2. Erläutern Sie, was unter Kontrahierungszwang zu verstehen ist.

Aufgaben und Probleme

zu Kapitel 1.5 Vertragsfreiheit und Vertragsbindung

1.5.1 Vertragsfreiheit – Kontrahierungszwang

1. Sylvia Winterhalter ist Betreiberin der Gaststätte „Rheinlust". Als ihr ehemaliger BWL-Lehrer Diethelm Kramer das im Aushang angebotene Tagesessen „Wildtöpfle" zum Preis von 8,00 EUR bestellen will, teilt ihm Frau Winterhalter mit, dass sie wegen der ungerechten Notengebung von Herrn Kramer nicht bereit ist, die Bestellung aufzunehmen. Mit einem Hinweis auf das Tagesangebot im Aushang erklärt Herr Kramer, dass Frau Winterhalter rechtlich verpflichtet ist, das Essen zu dem angebotenen Preis zu servieren.
   Wie ist die Rechtslage?
2. Elfriede Kurz hat sich von ihrem Freund Willi Kiel, der bei der Stadtwerke Heilbronn beschäftigt ist, getrennt. Zusammen mit ihrem derzeitigen Lebensgefährten Hubert Egle hat sie zwischenzeitlich eine Zweizimmerwohnung bezogen und bei der Stadtwerke Heilbronn einen Gasanschluss beantragt. Sachbearbeiter Willi Kiel weigert sich, den Antrag zu bearbeiten und weist darauf hin, dass die Stadtwerke Heilbronn keinesfalls das Gas für die Heizungsanlage liefern werde. Da unter den gegebenen Bedingungen das Beheizen mit Gas die kostengünstigste Alternative darstellt, besteht Elfriede Kurz darauf, einen Gasanschluss zu den geltenden Preisen der Stadtwerke zu erhalten.
   a) Wie ist die Rechtslage?
   b) Könnte der angestrebte Vertrag gegebenenfalls auch mündlich geschlossen werden?
3. Elke Sommer hat ihre Ausbildung zur Industriekauffrau in Herrenberg beendet und hat eine neue Stelle in Freiburg gefunden. Zur Abwicklung des Zahlungsverkehrs will sie mit der Expertbank Freiburg einen Zahlungsdiensterahmenvertrag (Girovertrag) schließen. Der Bankangestellte informiert sie über die Allgemeinen Geschäftsbedingungen und teilt ihr mit, dass die Eröffnung eines Girokontos nur möglich ist, wenn gleichzeitig auch ein Sparvertrag geschlossen wird. Dies lehnt Elke Sommer ab und verweist darauf, dass Banken grundsätzlich verpflichtet sind, mit interessierten Kunden einen Zahlungsdiensterahmenvertrag (Girovertrag) zu schließen.
   Kann Elke Sommer verlangen, dass die Expertbank mit ihr einen Girovertrag schließt?

1.5.2 Vertragsfreiheit

Ludwig Maurer hat im Anzeigenteil einer regionalen Zeitung folgendes Inserat aufgegeben:

> **„Zu verkaufen: Colliewelpen mit Stammbaum – 2 Monate alt – (Preis 350 EUR). Nur in gute Hände abzugeben."**

BGB § 145

Hundehändler Binz zeigt Interesse und will alle vier Welpen kaufen. Maurer weigert sich, Herrn Binz auch nur einen einzigen Welpen zu verkaufen.

1. Begründen Sie, ob Herr Maurer einen oder mehrere Hundewelpen an Hundehändler Binz verkaufen muss, wenn dieser nachweislich der erste Kaufinteressent ist?
2. Hundehändler Binz hat für den vorgesehenen Kauf mit seinem Auto 150 km zurückgelegt. Er verlangt von Maurer Fahrtkostenersatz in Höhe von 65 EUR. Begründen Sie, ob Maurer die entstandenen Kosten ersetzen muss, wenn er sich weiterhin weigert, die Hundewelpen zu verkaufen.

1.6 Formvorschriften

Im Normalfall können Rechtsgeschäfte ohne Beachtung einer besonderen Form abgeschlossen werden **(Formfreiheit)**. Für Rechtsgeschäfte, die bedeutsame Rechtsfolgen mit sich bringen, schreibt das Gesetz jedoch **Formzwang** vor. Mit den Formvorschriften sollen – je nach Rechtsgeschäft – drei Funktionen erfüllt werden:

- Schutz
- Warnung
- Beweis

Rechtsgeschäfte mit Formzwang sind nur dann rechtswirksam, wenn die gesetzlich vorgeschriebene Form beachtet wird.

Aufg. 1.6.1 u. 1.6.2 S. 194 f.

Form			
Formfreiheit	**Formzwang**		
	Besteht für Rechtsgeschäfte oder Erklärungen Formzwang, so sind diese i. d. R. nur gültig, wenn bestimmte Formvorschriften beachtet werden.		
	Schriftform (Schriftform kann durch elektronische Form ersetzt werden)	Der **Inhalt des Rechtsgeschäfts muss** 1. **schriftlich abgefasst** und 2. **eigenhändig** durch Namensunterschrift **unterzeichnet werden.** Arbeitszeugnis, Kündigung eines Arbeitsvertrages, Verbraucherdarlehensverträge	BGB § 126 GewO § 109 (1) BGB §§ 492, 623
Besteht Formfreiheit, so kann das Rechtsgeschäft in jeder beliebigen Form abgeschlossen werden.	**Elektronische Form**	Der Aussteller der Erklärung fügt 1. seinen **Namen** hinzu und versieht 2. das elektronische Dokument mit einer **qualifizierten Signatur**, die den Vorgaben des Signaturgesetzes entsprechen muss. Eine qualifizierte elektronische Signatur ist eine Art von Siegel zu digitalen Daten. Durch deren Verschlüsselung mithilfe besonderer Programme soll ein Missbrauch im Computerbereich vermieden werden. Elektronische Steuererklärung	BGB § 126a
Kaufverträge können mündlich, durch schlüssiges Handeln, schriftlich, elektronisch oder in Textform abgeschlossen werden.	**Textform**	Die Erklärung muss 1. in einer **Urkunde**[1] **oder auf andere zur dauerhaften Wiedergabe in Schriftzeichen geeignete Weise** (Fax, E-Mail, CD-ROM) abgegeben werden. 2. Die **Person des Erklärenden** muss genannt werden (Angabe im Kopf oder im Inhalt des Textes ist ausreichend, eigenhändige Unterschrift ist nicht erforderlich). Lohnabrechnung, Verbraucherinformationen bei einem Fernabsatzvertrag (z. B. Internetgeschäft), Widerruf eines Vertrages, den ein Verbraucher einem Unternehmer gegenüber geltend macht.	BGB § 126b BGGewO § 108 (1) BGB § 312c (2), § 355 (1)
	Öffentliche (notarielle) Beglaubigung[2]	Erklärung muss 1. **schriftlich** abgefasst sein. 2. **Unterschrift des Erklärenden** muss von einem Notar beglaubigt werden. Anmeldung zur Eintragung ins Handelsregister oder in das Vereinsregister.	BGB § 129 HGB § 12 BGB § 77
Ausnahme: Grundstücksveräußerung	**Notarielle Beurkundung**	1. **Inhalt des Rechtsgeschäfts** wird von einem Notar **beurkundet.** 2. Der Notar **prüft** und **bestätigt** sowohl den ***Inhalt*** als auch die ***Unterschrift*** der Vertragspartner. Grundstückskaufvertrag	BGB §§ 128, 311b (1)

Kap. B 1.7.4

1 Bei einer Urkunde handelt es sich um ein Schriftstück, das gegebenenfalls als Beweis im Rechtsverkehr verwendet werden kann. Aus ihr muss zumindest der Aussteller als konkrete Person hervorgehen.

2 Von der öffentlichen Beglaubigung ist die **behördliche Beglaubigung** von Urkunden nach §§ 33 ff. Verwaltungsverfahrensgesetz zu trennen. Beispiel: Beglaubigung der Abschrift eines Abiturzeugnisses, um Übereinstimmung mit dem Original nachzuweisen.

Ist für einen Vertrag Schriftform vorgeschrieben, so kann grundsätzlich auch die **elektronische Form** gewählt werden. Dies gilt allerdings nicht bei Verbraucherdarlehensverträgen, Kündigungen, Arbeitszeugnissen, Bürgschaftserklärungen und Schuldversprechen.

Zusammenfassende Übersicht zu Kap. 1.6: Formvorschriften

Grundsatz: Formfreiheit

Ausnahmen: gesetzliche Vorschriften für bestimmte Rechtsgeschäfte

Formvorschriften

Schriftform § 126 BGB	**Elektronische Form § 126a BGB**	**Textform § 126b BGB**	**Öffentliche Beglaubigung § 129 BGB**	**Notarielle Beurkundung § 128 BGB**
Schriftliche Abfassung des Rechtsgeschäfts und eigenhändige Namensunterschrift(en)	▪ Name des Ausstellers der Erklärung ▪ qualifizierte Signatur nach Signaturgesetz	▪ Erklärung auf einer Urkunde ▪ Nennung des Erklärenden ▪ Nachbildung der Unterschrift	Schriftliche Abfassung des Rechtsgeschäfts + Beglaubigung der Unterschrift	Notar beurkundet Inhalt und Unterschrift

Grundsatz: Schriftform u. U. durch elektronische Form ersetzbar (§ 126 (3) BGB).

Fragen zur Wiederholung

zu Kapitel 1.6 Formvorschriften

1. Erläutern Sie, was unter dem Begriff „Formfreiheit" zu verstehen ist.
2. Was ist jeweils zu beachten, wenn für die Gültigkeit eines Rechtsgeschäftes Schriftform, elektronische Form, Textform, öffentliche Beglaubigung oder notarielle Beurkundung vorgeschrieben ist?

Aufgaben und Probleme

zu Kapitel 1.6 Formvorschriften

1.6.1 Unterschiedliche Formvorschriften

Entscheiden Sie, ob bei den nachstehend aufgeführten Rechtsgeschäften bzw. Erklärungen Formvorschriften – gegebenenfalls welche – erforderlich sind:

BGB § 623
1. Unternehmer Pfeffer ertappt seinen Mitarbeiter Hartmut Grußeck beim Ladendiebstahl und spricht ihm mit heftigen Worten die sofortige Kündigung aus.

§ 77
2. Zwölf Freunde gründen den Verein „Schülerhilfe" und wollen diesen ins Vereinsregister eintragen lassen.

§ 126a
3. Carola Fliehler will ihre Einkommensteuererklärung elektronisch an das Finanzamt verschicken.
4. Andrea Vogele kauft von ihrer Freundin Kerstin Schlenk einen MP3-Player für 20,00 EUR.

§ 311b
5. Landwirt Ralf Exner kauft von seiner Nachbarin angrenzendes Ackerland.

1.6.2 Formvorschriften für bestimmte Rechtsgeschäfte

Überprüfen Sie, ob bei den folgenden Rechtsgeschäften Formvorschriften verletzt werden.

§ 765 ff.
1. Im Gasthaus Krone klagt Frau Meier, dass sie von der Bank wegen fehlender Sicherheiten keinen Kredit bekommt. Der gut aufgelegte Herr Schmidt erklärt sich spontan bereit, bei der Bank als Bürge aufzutreten.
2. Hans erhält von einem privaten Katzenzüchter ein 10 Wochen altes Siamkätzchen. Er bezahlt dafür 120,00 EUR.

3. Hans verkauft Greta seinen Acker am Waldrand. Beide unterschreiben den vorformulierten Kaufvertrag. Karl ist Zeuge. BGB § 311b
4. Lieferer Kunz hat seinem Kunden Belz am 10. Mai d. J. Ware in Höhe von 4800 EUR geliefert. Wegen aufgetretener Zahlungsschwierigkeiten konnte Belz die Ware bislang nicht bezahlen. Um im Falle einer gerichtlichen Auseinandersetzung über ein zusätzliches Beweismittel zu verfügen bittet Lieferer Kunz seinen Kunden Belz am 10. Dez. d. J. um ein Schuldanerkenntnis. Belz lässt seinem Lieferer das gewünschte Schuldanerkenntnis in elektronischer Form zukommen. BGB § 781

1.7 Eigentum und Eigentumsübertragung

1.7.1 Besitz und Eigentum

Besitz ist die tatsächliche Herrschaft einer Person über eine Sache. Besitzer ist also derjenige, der die Sache hat. BGB § 854

Eigentum ist die rechtliche Herrschaft einer Person über eine Sache. Eigentümer ist also derjenige, dem die Sache gehört. BGB § 903

Häufig ist der Eigentümer einer Sache auch gleichzeitig Besitzer, weil er sowohl die tatsächliche Herrschaft als auch die rechtliche Herrschaft ausübt.

Besitz und Eigentum bei Vermietung einer Wohnung

Aufg. 1.7.1 bis 1.7.3 S. 200

Vermietet der Eigentümer eines Mehrfamilienhauses die darin befindlichen Wohnungen, so werden die Mieter Besitzer während der Vermieter Eigentümer bleibt.

Besitz und Eigentum bei Diebstahl

Ein Dieb entwendet bei einem Einbruch eine teure Stereoanlage. Durch diese Tat wird er zwar widerrechtlicher Besitzer, nicht jedoch Eigentümer.

Besitz und Eigentum sind gesetzlich geschützt. So steht dem **Besitzer** das Recht zur **Selbsthilfe** zu, wenn ihm der Besitz gegen seinen Willen entzogen wird. Im Rahmen dieses Rechts kann er dem auf frischer Tat angetroffenen Dieb die Sachen abnehmen, falls erforderlich sogar mit Gewalt, auch wenn ihm die Sache nicht gehört. BGB §§ 858, 859

Der **Eigentümer** kann auf Herausgabe der Sache klagen, wenn ihm der Besitz widerrechtlich entzogen wird. BGB §§ 985, 1004

	Rechte	Einschränkungen	
Eigentum	Der Eigentümer kann sein Eigentum ■ selbst nutzen, ■ veräußern, ■ verschenken, ■ belasten, ■ zerstören.	Die Ausübung des Eigentums ist eingeschränkt durch: ■ das Grundgesetz: „Eigentum verpflichtet. Sein Gebrauch soll zugleich dem Wohle der Allgemeinheit dienen." ■ durch andere Gesetze oder durch Rechte Dritter (z. B. Umweltschutzrecht, Nachbarrecht)	BGB § 903 GG Art. 14 (2) BGB § 906 ff.
Besitz	Der Besitzer kann seinen Besitz ■ nutzen (z. B. bei Vermietung, Verpachtung) ■ bei Diebstahl mit Gewalt wieder an sich nehmen (Selbsthilfe)	Der Besitzer darf bei der Miete und bei der Leihe den Gebrauch der Sache ohne Erlaubnis des Vermieters/Verleihers keinem Dritten überlassen.	BGB § 854 ff. BGB § 540 (1) § 603

Kap. B 1.4

1.7.2 Eigentumsübertragung an beweglichen Sachen (Mobilien)

Für die Eigentumsübertragung an beweglichen Sachen sind folgende Möglichkeiten denkbar:

BGB § 929 S. 1

❶ **Einigung** zwischen Veräußerer und Erwerber, dass das Eigentum übergehen soll **und Übergabe** der Sache.

Eigentumserwerb durch Einigung und Übergabe

Klaus Munz verkauft per Handschlag einen gebrauchten Scanner an Steffen Neumann zum Preis von 50,00 EUR (Verpflichtungsgeschäft).
Nachdem Klaus Munz verschiedene Funktionen des Gerätes erklärt hat, übergibt er den Scanner an den Erwerber. Obwohl Steffen Neumann den Kaufpreis der Vereinbarung im Kaufvertrag entsprechend erst nach einer Woche bezahlen muss, hat er das Eigentum erworben. Beide waren sich einig, dass das Eigentum übergehen soll (Einigung: zwei Willenserklärungen = Übereignungsvertrag) bei gleichzeitiger Übergabe des Gerätes.

BGB § 929 S. 2

❷ **Einigung**, dass das Eigentum ohne Übergabe übergehen soll, wenn sich die Sache bereits beim Erwerber befindet.

Eigentumserwerb durch bloße Einigung

Ramona Neumann hat von ihrer Nachbarin für eine Familienfeier Tischdekoration ausgeliehen. Als Frau Neumann die Tischdekoration zurückgeben will, sagt die Nachbarin, dass sie diese behalten könne (= Schenkung). Damit hat Ramona Neumann das Eigentum durch bloße Einigung (ohne Übergabe) erlangt.

Gutgläubiger Eigentumserwerb

BGB § 932

BGB § 935

Ist der Erwerber einer Sache in **gutem Glauben**, so kann er auch dann das Eigentum erlangen, wenn die Sache dem Veräußerer nicht gehört **(= gutgläubiger Erwerb von Eigentum)**. Der gute Glaube schützt aber nicht, wenn die Sache dem Eigentümer gestohlen wurde oder anderweitig abhanden gekommen ist. Ein gutgläubiger Eigentumserwerb an gestohlenem Geld ist allerdings möglich.

Gutgläubiger Erwerb des Eigentums an einem geliehenen Fahrrad

Der Auszubildende Leo Schaub verkauft ein Fahrrad, das er für einen Schwimmbadbesuch geliehen hat, an Ludwig Binder. Sowohl der Kaufvertrag (Verpflichtungsgeschäft) als auch die Eigentumsübertragung (Verfügungsgeschäft) sind gültig. Ludwig Binder wusste nicht, dass es sich um ein geliehenes Fahrrad handelt. Deshalb ist er bei der Übertragung des Eigentums in gutem Glauben.

BGB § 812, § 971

Weder ein Dieb noch ein Finder von Geld können in guten Glauben sein. Der gutgläubige Eigentumserwerb an gestohlenem oder gefundenen Geld bezieht sich vielmehr auf einen Verkäufer, bei dem der Dieb oder der Finder etwas kauft. Ein Finder kann kein Eigentum an gefundenem Geld erwerben, weil er das Geld ohne Rechtsgrund (z. B. gültiger Vertrag) erlangt hat und sich deshalb **ungerechtfertigt bereichert** hat. Er kann aber von dem Empfangsberechtigten (Verlierer des Geldes) einen Finderlohn verlangen. Um eine **ungerechtfertigte Bereicherung** handelt es sich auch dann, wenn der Aussteller einer Überweisung irrtümlich eine falsche Kontonummer angibt und der Überweisungsbetrag auf einem falschen Konto gutgeschrieben wird.

Eigentumsübergang im Erbfall

Um einen Sonderfall des Eigentumsübergangs handelt es sich bei einem **Erbfall**. Unabhängig davon, ob der Erbe geschäftsfähig oder geschäftsunfähig ist, erwirbt er im Augenblick des Todes des Erblassers dessen Vermögen, ohne dass eine Einigung und Übergabe erforderlich ist. BGB § 1922

1.7.3 Eigentumsvorbehalt

Wesen des Eigentumsvorbehalts

Aufg. 1.7.4 S. 201

Treffen Verkäufer und Käufer über den Eigentumsübergang keine vertraglichen Vereinbarungen, so wird der Käufer einer Ware **Eigentümer**, wenn die **Ware übergeben** wird. **Ob und wann die Ware bezahlt wird, spielt für den Übergang des Eigentums keine Rolle.** Wird über das Vermögen des Käufers ein Insolvenzverfahren[1] eröffnet, so hat der Lieferer im Normalfall aber keine Möglichkeit mehr, die unbezahlte Ware zurück zu erhalten. Um dies zu vermeiden, wird im Kaufvertrag häufig Lieferung **unter Eigentumsvorbehalt** vereinbart.

> **Der Eigentumsvorbehalt besagt, dass der Verkäufer bis zur vollständigen Bezahlung der Ware Eigentümer bleibt, während der Käufer lediglich Besitz erlangt.**

BGB § 449

Kap. B 4.4.3

Wurde ein **Eigentumsvorbehalt** vereinbart, so kann der Verkäufer bei Zahlungsverzug (= verspätete bzw. unterbliebene Zahlung) die gelieferte Ware zurückverlangen, nachdem er vom Vertrag zurückgetreten ist.

Erlöschen des Eigentumsvorbehalts

Der Eigentumsvorbehalt erlischt, wenn die gelieferte Sache

1. an einen gutgläubigen Dritten weiterveräußert wurde (Bsp.: Ein Elektrohändler verkauft einen unter Eigentumsvorbehalt gelieferten Fernseher an einen Kunden),
2. mit einem Grundstück fest verbunden wurde (Bsp.: Verlegung von Abwasserleitungen, die unter Eigentumsvorbehalt geliefert wurden),
3. verarbeitet, verbraucht oder zerstört wurde (Bsp.: Ein Möbelrestaurator verarbeitet unter Eigentumsvorbehalt gelieferten Möbellack).

1.7.4 Eigentumsübertragung an unbeweglichen Sachen (Immobilien)

Für die **Eigentumsübertragung** an **unbeweglichen Sachen** hat der Gesetzgeber wesentlich strengere Vorschriften erlassen als für die Eigentumsübertragung an beweglichen Sachen. Dies ist erforderlich, weil das Eigentum an unbeweglichen Sachen nicht wie bei beweglichen Sachen durch Einigung und Übergabe übertragen werden kann und weil es sich hier i. d. R. um höhere Vermögenswerte handelt.

Ein Kaufvertrag, in dem sich der Verkäufer zur Übertragung des Eigentums an einem Grundstück verpflichtet, bedarf der **notariellen Beurkundung**. Durch den Kaufvertrag verpflichtet sich der Verkäufer, das Eigentum an dem Grundstück **durch Auflassung** und **Eintragung im Grundbuch** an den Käufer zu übertragen. BGB § 311b BGB §§ 925, 873

1 Unter Insolvenz ist die Zahlungsunfähigkeit eines Unternehmens oder eines Verbrauchers zu verstehen.

Verpflichtungsgeschäft (schuldrechtlicher Vertrag):

Erfüllungsgeschäft (sachenrechtlicher Vertrag)

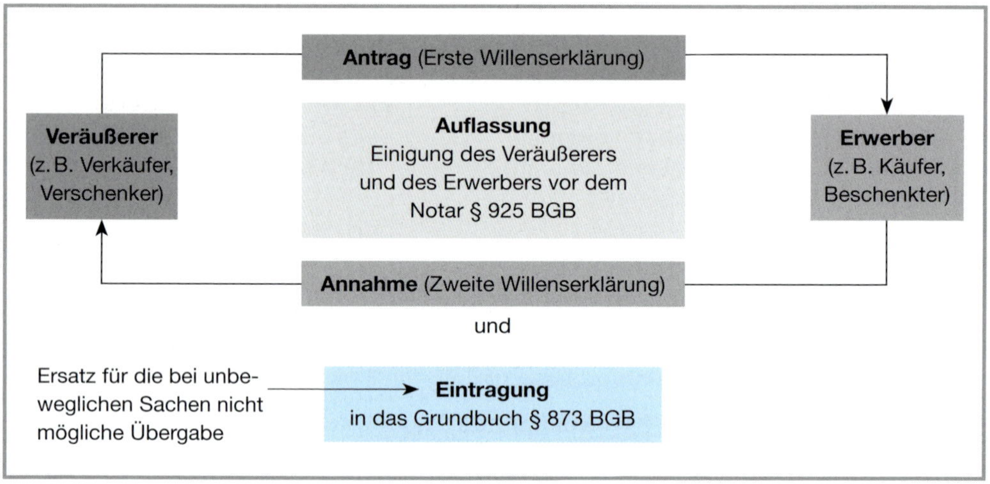

Amtsgerichtsbezirk Lahr | **Grundbuchamt** Lahr | **Grundbuch von** Lahr 2470

Lfd. Nr. der Eintragungen	Eigentümer	Lfd. Nr. der Grundstücke im Ehestandsverzeichnis	Grundlage der Eintragung
1	2	3	4
1	Baugesellschaft Lahr GmbH, Bau- und Grundstücksunternehmen in Lahr		Erwerbsgrund wie in Blatt 1236. Infolge Aufteilung in Wohnungseigentum gem. § 8 WEG hierher übertragen und eingetragen am 14. Oktober 2000. *Liebknecht*
2	Isolde Kühn, Industriekauffrau in Lahr, geb. 16.03.1982	1	Aufgelassen am 15. Juni 2002 und eingetragen am 15. August 2002 *Liebknecht*

Zusammenfassende Übersicht zu Kap. 1.7: Eigentum und Eigentumsübertragung

Besitzer

tatsächliche Herrschaft § 854 BGB

→ Wer hat die Sache? Besitzer kann: Sache nutzen, bei verbotener Eigenmacht Gewalt anwenden

Eigentümer

rechtliche Herrschaft § 903 BGB

→ Wem gehört die Sache? Eigentümer kann: Sache nutzen, veräußern, verschenken, zerstören

Einschränkungen

- Besitzer: keine Weitervermietung, kein Weiterverleihen
- Grundgesetz, andere Gesetze

Eigentumsübertragung

bewegliche Sachen

- **Sache nicht beim Erwerber**
  - **Einigung über den Eigentumsübergang und Übergabe** → **§ 929 S. 1 BGB**
- **Sache bereits beim Erwerber**
  - **Einigung über den Eigentumsübergang** → **§ 929 S. 2 BGB**

unbewegliche Sachen

- **notariell beurkundete Auflassung (Einigung) § 925 BGB und Eintragung in das Grundbuch § 873 BGB**

Eigentumsvorbehalt

→ **Vereinbarung im Kaufvertrag:**
Eigentumsübergang an Käufer nicht durch Einigung und Übergabe, sondern durch Bezahlung

bei verspäteter Zahlung des Käufers:
besondere Rechte des Verkäufers

Erlöschen des Eigentumsvorbehalts

- Weiterveräußerung an gutgläubigen Dritten
- feste Verbindung mit einem Grundstück
- Verarbeitung, Verbrauch, Zerstörung

Gutgläubiger Eigentumserwerb

- möglich bei geliehenen oder unter Eigentumsvorbehalt überlassenen Sachen § 932 BGB
- nicht möglich bei gestohlenen oder verloren gegangenen Sachen § 935 BGB Ausnahme: Geld

Fragen zur Wiederholung

zu Kapitel 1.7 Eigentum und Eigentumsübertragung

1.7.1 Besitz und Eigentum

1. Welcher Unterschied besteht zwischen Eigentum und Besitz?
2. Welche Rechte stehen einem Eigentümer und einem Besitzer jeweils zu und welche Einschränkungen sind möglich?

1.7.2 Eigentumsübertragung bei beweglichen Sachen (Mobilien)

1. Wie erfolgt die Eigentumsübertragung bei beweglichen Sachen?
2. Erläutern Sie anhand eines selbstgewählten Beispiels, was unter „gutgläubigem Eigentumserwerb" zu verstehen ist.

1.7.3 Eigentumsvorbehalt

1. Wann erlangt der Käufer einer Ware das Eigentum, wenn der Kaufvertrag zum Eigentumsübergang keine Vereinbarungen enthält?
2. Welche Bedeutung hat die Vereinbarung eines Eigentumsvorbehalts in einem Kaufvertrag?
3. Welche Rechte hat der Verkäufer bei Vereinbarung eines Eigentumsvorbehalts, wenn der Käufer nicht rechtzeitig zahlt?
4. Wann erlischt der Eigentumsvorbehalt?

1.7.4 Eigentumsübertragung an unbeweglichen Sachen (Immobilien)

1. Wie erfolgt die Eigentumsübertragung bei unbeweglichen Sachen?

Aufgaben und Probleme

zu Kapitel 1.7 Eigentum und Eigentumsübertragung

1.7.1 Eigentum und Besitz eines geliehenen Buches

BWL-Lehrer Friedrichs hält das Schulbuch des Schülers Gerd Weiser in seinen Händen. Gerd hat das Buch im Rahmen der Lernmittelfreiheit von der Schule (Schulträger: Stadt Freiburg) ausgeliehen.

1. Wer ist Besitzer des Buches?
2. Wer ist Eigentümer des Buches?
3. Am Schuljahresende möchte der Schüler das Buch kaufen. Wie erfolgt die Eigentumsübertragung?

1.7.2 Eigentum und Besitz bei gestohlenen Sachen

In einem Unternehmen wird nachts eingebrochen. Dabei werden ein Computer und 1 000 EUR Bargeld aus der Handkasse entwendet. Einige Tage später verkauft der Dieb den Computer an einer Computerbörse an den ahnungslosen Franz Stoll. Mit den gestohlenen 1 000 EUR kauft sich der Dieb an der gleichen Börse einen hochwertigen Farbdrucker.

BGB

1. § 935 (1) Wer ist Besitzer und wer ist Eigentümer des Computers?
2. § 929 (1) Wer ist Eigentümer des Farbdruckers?
3. § 935 (2) Wer ist Eigentümer der 1 000 EUR?

1.7.3 Eigentum und Besitz bei verlorenen Sachen

Michael Mai hat in der Schule seine Handschuhe verloren. Berthold Klein hat die Handschuhe gefunden und dem ahnungslosen Franz Stoll verkauft. Franz Stoll nimmt die Handschuhe mit nach Hause.

1. Wer ist Besitzer der Handschuhe?
2. BGB § 935 (1) Michael Mai stellt fest, dass Franz Stoll seine Handschuhe trägt. Michael verlangt von Franz Stoll Herausgabe der Handschuhe.
   Wer ist Eigentümer der Handschuhe?
3. Begründen Sie die gesetzliche Regelung zum Eigentumserwerb an verlorenen Sachen.

B

1.7.4 Eigentumsvorbehalt

Thomas Färber hat beim Elektrogeschäft Huser einen tragbaren Fernseher bestellt, der am 07. Dezember d. J. fristgerecht geliefert wurde. Die dem Kaufvertrag zugrunde liegenden Lieferungs- und Zahlungsbedingungen enthalten u. a. folgende Klausel:

„Die gelieferte Ware bleibt bis zur vollständigen Zahlung unser Eigentum".

1. Wann erlangt Thomas Färber das Eigentum an dem Fernseher, wenn er den ausstehenden Rechnungsbetrag vereinbarungsgemäß am 17. Dezember überweist?
2. Wer ist Eigentümer des Fernsehers, wenn Thomas Färber seinem Bruder das Gerät am 07. Dezember zum Geburtstag schenkt? BGB § 932
3. Nennen Sie drei Möglichkeiten, die jeweils zum Erlöschen eines Eigentumsvorbehalts führen.

1.8 Nichtigkeit und Anfechtbarkeit von Rechtsgeschäften und Willenserklärungen

1.8.1 Nichtigkeit

Rechtsgeschäfte und Willenserklärungen, die nichtig sind, sind von Anfang an ungültig.

Folgende Willenserklärungen oder Rechtsgeschäfte sind **nichtig**:

Willenserklärungen von Geschäftsunfähigen	Der 5-jährige Kevin Klein schenkt seinem Freund einen Ball.	BGB § 105 (1)
Willenserklärungen bei Bewusstlosigkeit oder vorübergehender Störung der Geistestätigkeit	Hans Kurz verkauft in volltrunkenem Zustand seinen neuwertigen PKW für 1 000 EUR. Der Kaufvertrag ist nichtig, da bei Kurz eine Bewusstseinstrübung vorliegt.	BGB § 105 (2)
Willenserklärungen, die zum Schein abgegeben wurden (Scheingeschäft)	Bei einem Grundstückskauf erklären Verkäufer und Käufer eines Grundstücks vor dem Notar, den Kauf zu einem Preis von 100 000 EUR abwickeln zu wollen. Tatsächlich sollen jedoch 150 000 EUR bezahlt werden. Mit dem zu niedrig angegebenen Kaufpreis sollte Grunderwerbsteuer hinterzogen werden. Das vor dem Notar geschlossene Scheingeschäft ist nichtig. Das verdeckte (= gewollte) Rechtsgeschäft (Verkauf für 150 000 EUR) ist jedoch gültig.	BGB § 117, §117 (2)
Rechtsgeschäfte, die gegen ein gesetzliches Verbot verstoßen	Ein Kaufvertrag über 50 g Rauschgift ist nichtig, weil Handel mit Drogen verboten ist.	BGB § 134
Rechtsgeschäfte, die gegen die guten Sitten verstoßen	Ein Student sucht seit Wochen vergeblich nach einem Zimmer. Am Tage des Vorlesungsbeginns schließt er verzweifelt einen Mietvertrag zu einer Monatsmiete von 800 EUR für 12 m^2 ab. Der Vertrag ist nichtig (Mietwucher).	BGB § 138
Willenserklärungen, die nicht ernstlich gemeint sind (Scherzgeschäfte)	Heinz Friedmann verspricht in ausgelassener Laune jedem seiner Freunde, der im Anzug in den Marktbrunnen springt, 500 EUR. Zu seinem Entsetzen springen sie allesamt hinein. Friedmann muss nicht zahlen, weil er seine Willenserklärung nur zum Scherz abgegeben hat.	BGB § 118
Rechtsgeschäfte, die gegen eine vom Gesetz vorgeschriebene Formvorschrift verstoßen	Ein Kaufvertrag über ein Grundstück wird am 10. Sept. d. J. mündlich geschlossen. Der Kaufvertrag ist nichtig, weil die vom Gesetz vorgeschriebene Form (notarielle Beurkundung) nicht beachtet wurde.	BGB § 125

In folgenden Fällen können Rechtsgeschäfte wirksam werden, obwohl ein Formmangel vorliegt.

	Wirksame Rechtsgeschäfte trotz Formmangels	
BGB § 311b (1)	**Grundstückskaufvertrag**	Liegt ein Grundstückskaufvertrag vor, der wegen eines Formfehlers nichtig ist, so wird dieser Vertrag im Nachhinein gültig, wenn der Eigentumsübergang in das Grundbuch eingetragen wird.
BGB § 518 (1)	**Schenkungsversprechen**	Ehrenmitglied Sascha Kurz hat dem Gesangverein Concordia Rheinlust anlässlich eines Jubiläums einen Konzertflügel versprochen. Da das Schenkungsversprechen nicht notariell beurkundet wurde, ist Sascha Kurz nicht daran gebunden. Hat er den Konzertflügel jedoch übergeben, so wird der Mangel der Form (fehlende notarielle Beurkundung) geheilt.
BGB § 766 (1) HGB § 350	**Bürgschaftserklärung**	Fabian Losmann hat bei einem Gebrauchtwagenhändler ein Auto gekauft. Es wurde vereinbart, dass der Kaufpreis in Höhe von 7 500 EUR in 20 Monatsraten beglichen wird. Vater Losmann hat gegenüber dem Gebrauchtwagenhändler mündlich erklärt, die Schulden seines Sohnes Fabian zu übernehmen (= Bürgschaft), falls dieser in Zahlungsschwierigkeiten gerät. Die mündlich abgegebene Bürgschaftserklärung ist nichtig (Ausnahme: Ein Kaufmann verbürgt sich im Rahmen seines Handelsgewerbes). Begleicht Vater Losmann jedoch die von seinem Sohn eingegangene Hauptverbindlichkeit, so wird der Mangel der Form (fehlende Schriftform) geheilt. Eine Rückforderung des erstatteten Betrages ist nicht mehr möglich.
BGB § 550	**Mietvertrag**	Andreas Zeidler hat per Handschlag mit seinem Vermieter einen Mietvertrag mit einer Laufzeit von 2 Jahren vereinbart. Grundsätzlich ist der Abschluss eines Mietvertrages formfrei. Wird aber – wie im vorliegenden Fall – ein Mietvertrag über Wohnraum mit einer Laufzeit von mehr als einem Jahr abgeschlossen, so ist Schriftform erforderlich. Da diese Formvorschrift nicht beachtet wurde, hat die mündlich vereinbarte Begrenzung auf 2 Jahre keine Bedeutung. Der Mietvertrag gilt dann für unbestimmte Zeit.

1.8.2 Anfechtbarkeit

BGB § 142

Rechtsgeschäfte und Willenserklärungen, die anfechtbar sind, sind zunächst gültig, werden jedoch durch die Anfechtung von Anfang an ungültig. Anfechtbare Rechtsgeschäfte sind schwebend wirksam.

Folgende Gründe können zu einer **Anfechtung** führen:

Anfechtung wegen Irrtums

BGB § 119 (1)	**1. Inhaltsirrtum:** Der Erklärende hat eine irrige Vorstellung von dem, was er äußert.	Ein Gast bestellt in einem Speiselokal „Knurrhahn". Er weiß nicht, dass es sich dabei um ein Fischgericht handelt und nicht um Geflügel.
BGB § 119 (1)	**2. Erklärungsirrtum:** Die Äußerung des Erklärenden entspricht nicht dem, was er äußern wollte (Versprechen, Verschreiben, Vertippen, Verhören).	Ein Fotohandel bietet eine Spiegelreflexkamera für 38 EUR anstatt für 380 EUR an.
BGB § 119 (2)	**3. Eigenschaftsirrtum:** Der Erklärende hätte die Willenserklärung gar nicht abgegeben, wenn er sich über die Eigenschaften der Person oder der Sache im Klaren gewesen wäre.	Ein Taxiunternehmen stellt einen Fahrer ein, der Alkoholiker ist.

4. Übermittlungsirrtum: Eine mit der Übermittlung beauftragte Person hat die Willenserklärung nicht richtig weitergegeben.	Ein Bote kauft statt eines Laptops einen „normalen PC".	BGB § 120

Wird eine Willenserklärung aufgrund eines Irrtums angefochten, so muss der Anfechtende gegebenenfalls Schadenersatz leisten. Dabei hat er den Schaden zu ersetzen, der im Vertrauen auf die Gültigkeit der Erklärung entstanden ist (Vertrauensschaden). BGB § 122

Schadenersatz bei Erklärungsirrtum

Sascha Merz hat auf einer Frühjahrsmesse für seinen VW-Golf vier Sommerreifen einschließlich Felgen bestellt. Für die Auslieferung wurde ein Transportunternehmen beauftragt, das dafür den Betrag von 30,00 EUR in Rechnung gestellt hat. Als Sascha Merz die Reifen montieren will, stellt er fest, dass er sich in der Reifengröße geirrt hat. Er beruft sich auf die irrtümlich abgegebene Willenserklärung und schickt die Reifen wieder zurück. Der Reifenhändler kann von Sascha Merz die für die Lieferung entstandenen Kosten in Höhe von 30,00 EUR als Schadenersatz geltend machen.

Keine Anfechtung bei Motivirrtum

Wegen eines **Motivirrtums** kann eine Willenserklärung **nicht** angefochten werden, weil weder ein Inhalts- noch ein Erklärungsirrtum vorliegen. Der Erklärende hat sich hierbei lediglich im Beweggrund (Motiv) geirrt.

Irrtum beim Kauf von Aktien

Egon Menzer hat im Börsenspiegel gelesen, dass die AON-Aktie im nächsten Quartal voraussichtlich um 15 % steigen wird. Daraufhin kauft er Aktien für 22 000 EUR. Nachdem der Kurs entgegen der Voraussage sinkt, will er seine Erklärung wegen Irrtums anfechten.
Die Anfechtung ist nicht möglich, weil es sich um einen Motivirrtum handelt.

Anfechtung wegen arglistiger Täuschung

Der Erklärende wird durch **Täuschung** zur Abgabe einer Willenserklärung bewogen.	Der Verkäufer eines Gebrauchtwagens erklärt beim Verkauf, dass mit dem Auto bislang 10 500 km gefahren wurden. Bei der nächsten Inspektion stellt sich heraus, dass der Kilometerzähler zurückgedreht wurde.	BGB § 123

Anfechtung wegen widerrechtlicher Drohung

Der **Erklärende** wird durch eine **widerrechtliche Drohung** zur Abgabe einer Willenserklärung bewogen.	Eberhard Winter hat ein sehr schönes Seegrundstück, an welchem Bernhard Vogel interessiert ist. Da Winter nicht zum Verkauf bereit ist, droht ihm Vogel, er werde gegenüber Winters Frau einiges über das Vorleben ihres Mannes erzählen. Daraufhin entschließt sich Winter voller Angst zum Verkauf.	BGB § 123

Nicht jede Drohung ist widerrechtlich: Kündigungsdrohung eines Arbeitnehmers

Alois Glück droht seinem Arbeitgeber mit Kündigung, wenn er nicht eine Gehaltserhöhung in Höhe von 10 % bekommt. Daraufhin sagt der Arbeitgeber die Gehaltserhöhung zu. Die Willenserklärung ist gültig, da die Drohung nicht widerrechtlich ist.

Anfechtungsfristen

BGB § 121 (1) § 124 (1) § 124 (3)

Anfechtung wegen Irrtums	Anfechtung wegen arglistiger Täuschung und widerrechtlicher Drohung
Die Anfechtung muss unverzüglich nach Bekanntwerden des Anfechtungsgrundes erfolgen.	Die Anfechtung muss innerhalb eines Jahres ab Entdeckung oder Wegfall der Zwangslage erfolgen.
Eine Anfechtung ist in jedem Fall ausgeschlossen, wenn seit der Abgabe der Willenserklärung 10 Jahre verstrichen sind.	

Zusammenfassende Übersicht zu Kap. 1.8: Nichtigkeit und Anfechtbarkeit von Rechtsgeschäften und Willenserklärungen

Aufg. 1.8.1 bis 1.8.3 S. 204 f.

Nichtiges Rechtsgeschäft: von Anfang an ungültig

- Geschäftsunfähigkeit § 105 (1) BGB
- Zustand der Bewusstlosigkeit oder vorübergehender Störung der Geistestätigkeit § 105 (2) BGB
- Scheingeschäft § 117 (1) BGB; aber: gewolltes Geschäft ist wirksam (§ 117 (2) BGB)
- gesetzliches Verbot § 134 BGB
- Verstoß gegen gute Sitten § 138 BGB
- Verstoß gegen Formvorschrift § 125 BGB; aber: in bestimmten Fällen wird Formmangel geheilt
- Scherzgeschäft § 118 BGB

Anfechtbares Rechtsgeschäft: zunächst gültig, bei Anfechtung von Anfang an ungültig

Anfechtungsgründe

Irrtum	arglistige Täuschung, widerrechtliche Drohung
Frist: unverzüglich § 121 BGB	**Frist: innerhalb eines Jahres ab Entdeckung oder Wegfall der Zwangslage**

- Inhaltsirrtum
- Erklärungsirrtum
- Eigenschaftsirrtum
- Übermittlungsirrtum

Kein Anfechtungsgrund: Motivirrtum

Ausschluss der Anfechtung nach 10 Jahren (§ 121 (2), § 124 (3) BGB)

Fragen zur Wiederholung

zu Kapitel 1.8 Nichtigkeit und Anfechtbarkeit von Rechtsgeschäften und Willenserklärungen

1.8.1 Nichtigkeit

1. Welche rechtlichen Folgen haben „nichtige Rechtsgeschäfte"?
2. Nennen Sie Beispiele für „nichtige Rechtsgeschäfte".
3. Nennen Sie Beispiele für die Heilung formnichtiger Verträge.

1.8.2 Anfechtbarkeit

1. Welche rechtlichen Folgen haben „anfechtbare Rechtsgeschäfte"?
2. Nennen Sie Beispiele für „anfechtbare Rechtsgeschäfte".
3. Innerhalb welcher Frist muss eine Anfechtung wegen Irrtums, arglistiger Täuschung und widerrechtlicher Drohung jeweils erfolgen?

Aufgaben und Probleme

zu Kapitel 1.8 Nichtigkeit und Anfechtbarkeit von Rechtsgeschäften und Willenserklärungen

1.8.1 Zustandekommen von Verträgen – Nichtigkeit und Anfechtbarkeit

Prüfen Sie für die folgenden Fälle unter Angabe der gesetzlichen Grundlage, ob ein gültiger Vertrag zustande gekommen ist.

1. Ein vom Unfall noch unter Schockwirkung stehender Autofahrer unterschreibt am Unfallort einen Kaufvertrag über ein neues Auto. BGB § 105 (2)
2. Karl Eble kauft sich in der Buchhandlung Machleid die 5. Auflage eines Lexikons. Zwei Wochen später sieht er in derselben Buchhandlung die 6. Auflage. Er behauptet, dass er die 5. Auflage nicht „gekauft" hätte, wenn er zum damaligen Zeitpunkt gewusst hätte, dass demnächst die 6. Auflage erscheint.
3. Ein Lehrer bespricht im Wirtschaftslehreunterricht den Kaufvertrag. Um zu zeigen, wie ein Kaufvertrag abgewickelt wird, „verkauft" er einem Schüler seine Armbanduhr für 5 EUR. Der pfiffige Schüler legt das Geld auf den Tisch und steckt die Uhr ein. BGB § 118
4. In einem Lokal erhält ein 19-jähriger für 20 EUR Ecstasytabletten. BGB § 134

1.8.2 Nichtigkeit und Anfechtbarkeit von Verträgen

Prüfen Sie für die folgenden Fälle unter Angabe der gesetzlichen Grundlage, ob die Verträge nichtig oder anfechtbar sind.

1. Ein Unternehmen schließt mit einem Kassierer einen Arbeitsvertrag. Nach vier Wochen wird bekannt, dass der Kassierer wegen Unterschlagung im Gefängnis war. BGB § 119 (2)
2. Mirco Steiner hat seinem Enkel Karl-Friedrich zum bestandenen Abitur ein Saxophon geschenkt. Da Karl-Friedrich nur selten mit dem Saxophon spielt verlangt Opa Steiner das Saxophon wieder zurück. Zur Begründung gibt er an, dass der Schenkungsvertrag nichtig sei, weil die vom Gesetz vorgeschriebene Form (notarielle Beurkundung) nicht beachtet wurde. Beurteilen Sie die Rechtslage. BGB § 518
3. Saskia Römer schließt in schriftlicher Form am 15. April d. J. mit Alexander Barth einen Vertrag über den Kauf eines Baugrundstücks. Um Grunderwerbsteuer und Gebühren zu sparen vereinbaren sie, dem Notar lediglich einen Kaufpreis von 100 000 EUR zu nennen, wobei sich beide aber einig darüber sind, dass Saskia Römer tatsächlich 120 000 EUR zahlen wird.
   Saskia Römer weigert sich, den mit Alexander Barth vereinbarten Betrag von 120 000 EUR zu zahlen. Beurteilen Sie die Rechtslage für den Fall, dass
   - die Grundbucheintragung bislang nicht erfolgt ist,
   - die Grundbucheintragung am 20. Mai d. J. vorgenommen wurde.

   BGB § 117 § 311b § 125
4. Einzelhändler Müller „vereinbart" mit Frau Koch, dass sie alle Lebensmittel ausschließlich bei ihm einkaufen wird. Ansonsten wird er im Dorf bekannt machen, dass ihr Sohn bei ihm gestohlen hat. BGB § 123 (1)
5. Ein Auszubildender bearbeitet selbstständig eine größere Anfrage eines Kunden. Noch am gleichen Tag gibt er nach entsprechender Kalkulation das Angebot per Fax durch, worauf der Kunde telefonisch die Annahme bestätigt. Am nächsten Tag bemerkt der zuständige Sachbearbeiter einen Schreibfehler (1 000 EUR statt 1 200 EUR). BGB § 119 (1)

1.8.3 Nichtigkeit und Anfechtbarkeit von Verträgen

Prüfen Sie für die nachfolgenden Fälle unter Angabe der gesetzlichen Grundlage, ob die Verträge gültig, anfechtbar oder nichtig sind.

1. Carola Kern bestellte bei einem Versandhaus einen Badeanzug. Als der Badeanzug geliefert wird, stellt sich heraus, dass Carola Kern bei der Bestellung irrtümlich eine zu kleine Größe angegeben hat. Das Versandhaus besteht auf Bezahlung, da ein Umtausch von Badeanzügen nicht vorgenommen wird. BGB § 119 (1)
   - Muss Carola Kern zahlen?
   - Wer trägt die für den Hinversand entstandenen Kosten in Höhe von 8,00 EUR, wenn das Versandhaus den Badeanzug zurücknehmen muss?

BGB § 138 (2)

2. Bei einer Flutkatastrophe werden dringend Sandsäcke benötigt. Ein Baumarkt erhöht den Preis je Sandsack von 2,00 EUR auf 6,00 EUR. Trotz des enormen Preises kauft Hauseigentümer Talosi 100 Sandsäcke, um sein Haus vor der drohenden Überflutung zu schützen.

BGB § 123 (1)

3. Das Textilhaus C & B hat für die kommende Sommersaison eine große Bestellung von Badeartikeln aufgegeben. Der Lieferant hat geliefert. Der Sommer wird jedoch regnerisch und kalt, so dass sich die Artikel kaum verkaufen lassen.
4. Axel Wiesent kauft bei einem Antiquitätenhändler eine antike griechische Statue mit einem Echtheitszertifikat des Händlers. Als Wiesent die Statue zu Hause unter hellem Licht betrachtet, sieht er die Einprägung „Made in China“.

B

2 Zustandekommen und Erfüllung von Kaufverträgen

Überblick und Zusammenhänge

2 Zustandekommen und Erfüllung

- ***2.1** Wie kommt ein Kaufvertrag zustande?*
  - *Rechtliche Wirkung des Angebots*
  - *Rechtliche Wirkung der Bestellung*
  - *Vertragsinhalte und Vertragspflichten*
  - *Allgemeine Geschäftsbedingungen*
- ***2.2** Wie wird ein Kaufvertrag erfüllt?*

2.1 Zustandekommen des Kaufvertrages

2.1.1 Rechtliche Wirkung des Angebots

Ein Kaufvertrag kommt zustande, wenn mindestens zwei übereinstimmende Willenserklärungen vorliegen: **Antrag** und **Annahme**. Der Antrag kann in einem Angebot des Verkäufers bestehen.

Kap. B 1.3, 1.4

Ein **Antrag** eines Lieferers (= Verkäufer) liegt vor, wenn dieser einem Kunden (= Käufer) ein **Angebot** unterbreitet.

BGB § 145

Ein Angebot ist eine an eine bestimmte Person gerichtete Willenserklärung eines Lieferers, Waren zu den angegebenen Bedingungen verkaufen zu wollen.

Dem Antrag eines Lieferers geht häufig die **Anfrage** eines Kunden voraus.

Anfragen dienen dazu, bei möglichen Lieferern Angebote einzuholen. Durch eine Anfrage entsteht keinerlei rechtliche Bindung.

Einschränkung der Bindung an ein Angebot

Die rechtliche Bindung an ein Angebot kann durch **Freizeichnungsklauseln** eingeschränkt oder ganz ausgeschlossen werden.

Freizeichnungsklauseln

Lieferung solange Vorrat reicht, Preis freibleibend, Lieferung vorbehalten, unverbindlich

Erlöschen der Bindung an das Angebot

Die rechtliche Bindung des Verkäufers an das Angebot erlischt nach **Ablauf der Annahmefrist**.

BGB § 147 f.

Wird einem ***Anwesenden*** ein Antrag (Angebot) unterbreitet, so kann nur **sofort** angenommen werden.	Ein Antrag (Angebot) an einen ***Abwesenden*** kann nur bis zu dem Zeitpunkt angenommen werden, in welchem der Antragende den Eingang der Antwort unter regelmäßigen Umständen erwarten kann, d. h. bei Briefen – je nach Postlaufzeit – nach ca. fünf bis acht Tagen, E-Mail nach ca. einem Tag.

Aufg. 2.1.1, 2.1.2 S. 217 f.

Die *verspätete oder abgeänderte* Annahme eines Antrags gilt als neuer Antrag. Eine Annahme unter Erweiterungen, Einschränkungen oder sonstigen Änderungen gilt als Ablehnung und ist ebenfalls als neuer Antrag zu werten.

BGB § 150 f.

MÖBELHAUS SCHMID GMBH

Fabrikverkauf und Versandhandel
Mühlstrasse 48 – 74080 Heilbronn

Möbelhaus Schmid GmbH • Postfach 111 • 74080 Heilbronn

Herrn
Karl Sonne
Kleinsteinbacherstr. 98
76228 Karlsruhe

Telefax 0721 7634-12
E-Mail: moebelschmid@t-online.de

Ihre Zeichen, Ihre Nachricht vom	Unser Zeichen, Unsere Nachricht vom	Telefon, Name 0721 7634-1	Datum
14.07. ...	Zä	Herr Zähringer	20.07. ...

Angebot über Gartenmöbel

Sehr geehrter Herr Sonne,

vielen Dank für Ihre Anfrage. Gerne entsprechen wir Ihrem Wunsch nach einem Angebot für exklusive Gartenmöbel für die überdachte Terrasse Ihres Hauses. Zu Ihrer Information fügen wir umfangreiches Prospektmaterial bei, in dem auch die im folgenden angebotenen Artikel abgebildet sind. Wir hoffen, dass die Gartenmöbel des Modells Isotta – Fedra Ihren Vorstellungen entsprechen und bieten Ihnen an:

2 Sessel Fedra einschl. Polster in Java Braun zu je 225,00 EUR	450,00 EUR
1 Sofa Fedra mit Polster in Java Braun zu 520,00 EUR	520,00 EUR
2 wasserfeste Schutzhüllen für die Sessel zu je 25,00 EUR	50,00 EUR
1 wasserfeste Schutzhülle für das Sofa zu 32,00 EUR	32,00 EUR
1 quadratischer Couchtisch zu 325,00 EUR	325,00 EUR
	1 377,00 EUR
zzgl. 19 % Umsatzsteuer	261,63 EUR
Gesamtpreis	1 638,63 EUR

Die Lieferung erfolgt frei Haus. Unsere weiteren Lieferungsbedingungen finden Sie auf der Rückseite.

Bei einer Bestellung sichern wir Ihnen die Lieferung innerhalb von 5 Tagen zu. Wir räumen Ihnen ein Zahlungsziel von 30 Tagen ein, bei Bezahlung innerhalb von 14 Tagen ab Rechnungsdatum gewähren wir 2 % Skonto. Über Ihren Auftrag würden wir uns sehr freuen.

Mit freundlichen Grüßen

ppa. Zähringer

Zähringer

Sitz der Gesellschaft Heilbronn
Geschäftsführer Linus Schmid
Registergericht Heilbronn, HRB 632
Geschäftszeiten
Montag – Freitag: 09:30 Uhr – 18:30 Uhr
Samstag: 09:30 Uhr – 14:00 Uhr
Volksbank Heilbronn
Kto.Nr. 7 698 208
BLZ 620 901 00
STEUER-Nr. 101 404 8
FA Heilbronn

2.1.2 Rechtliche Wirkung der Bestellung

Im Zusammenhang mit dem Abschluss eines Kaufvertrages ist die Bestellung eine verbindliche, empfangsbedürftige Willenserklärung des Käufers, Waren zu bestimmten Bedingungen kaufen zu wollen.

Die Bestellung kann unterschiedliche rechtliche Wirkungen haben. Kap. B 1.4

❶ Die Bestellung ist eine **Annahme,** wenn ein **verbindliches Angebot** vorliegt, die Bestellung **nicht vom Inhalt des Angebots abweicht** und das Angebot **rechtzeitig** angenommen wird (Fall 1).

❷ Die Bestellung ist ein **Antrag**, wenn kein oder nur ein **unverbindliches Angebot** vorliegt (Fall 2). In diesem Fall ist für das Zustandekommen des Kaufvertrags eine **Bestellungsannahme** (2. Willenserklärung) des Verkäufers nötig. Diese muss nicht in einer ausdrücklichen Auftragsbestätigung bestehen, sondern kann auch durch eine sofortige Lieferung (= „schlüssiges Handeln") erfolgen. Aufg. 2.1.3 S. 218

❸ Die Bestellung ist ein **neuer Antrag**, wenn die Bestellung nicht rechtzeitig erfolgt ist oder **inhaltlich vom Angebot abweicht** (Fall 3). BGB § 150

Karl Sonne, Karlsruhe, möchte beim Möbelhaus Schmid GmbH Heilbronn, Gartenmöbel kaufen.

Fall 1: Angebot – Bestellung
Karl Sonne liegt ein verbindliches **Angebot** des Möbelhauses Schmid vor. Die **Bestellung** erfolgt rechtzeitig und stimmt inhaltlich mit dem Angebot überein. Der Kaufvertrag kommt durch das Angebot (= erste Willenserklärung, Antrag) und die Bestellung (= zweite Willenserklärung, Annahme) zustande.

Fall 2: Bestellung – Bestellungsannahme
Karl Sonne, dem kein oder nur ein unverbindliches Angebot des Möbelhauses Schmid GmbH vorliegt, bestellt Gartenmöbel. Der Kaufvertrag kommt durch die Bestellung (= erste Willenserklärung, Antrag) und die Bestellungsannahme oder Auftragsbestätigung (= zweite Willenserklärung, Annahme) zustande.

Fall 3: Verspätete Annahme des Angebots
Karl Sonne liegt ein auf 14 Tage befristetes Angebot des Möbelhauses Schmid GmbH vor. Die Bestellung der Möbel erfolgt erst nach drei Wochen. Der Kaufvertrag kommt durch die Bestellung (= erste Willenserklärung, Antrag) und die Bestellungsannahme oder Auftragsbestätigung (= zweite Willenserklärung, Annahme) zustande.

Zusendung unbestellter Ware

Durch die **Lieferung unbestellter Sachen** oder die Erbringung unbestellter sonstiger Leistungen an **einen Verbraucher** wird kein Anspruch (z.B. auf Zahlung) begründet. Der Empfänger muss die Sache nicht zurückschicken, auch nicht auf Kosten des Verkäufers. **Der Vertrag** kommt nur zustande, wenn der Empfänger ausdrücklich die Annahme erklärt oder zahlt. Er wird zwar nicht Eigentümer, kann die Sache aber ohne rechtliche Folgen sogar nutzen und verbrauchen. BGB § 13 BGB § 241a

2.1.3 Vertragsinhalte und Vertragspflichten

Wenn bei Abschluss des Kaufvertrages dessen Inhalt möglichst genau bestimmt ist, können spätere Streitigkeiten vermieden werden. Daher sollten in einem Kaufvertrag genaue Vereinbarungen getroffen werden über
- Art der Ware,
- Beschaffenheit und Güte der Ware,
- Menge der Ware,

- Preis der Ware,
- Lieferbedingungen,
- Zahlungsbedingungen,
- Erfüllungsort,
- Gerichtsstand,
- Allgemeine Geschäftsbedingungen.

Fehlen vertragliche Vereinbarungen, treten die jeweiligen gesetzlichen Regelungen an ihre Stelle.

BGB § 243 (1)
HGB § 360

- **Art, Beschaffenheit und Güte der Ware**
  Handelsübliche Warenbezeichnung oder Festlegung durch genaue Beschreibung, Abbildung, Muster, Proben, Güteklasse, Gütezeichen.
  Gesetzliche Regelung: Bei Gattungsware[1] ist Ware mittlerer Art und Güte zu liefern.

- **Menge der Ware**
  Gesetzliche oder handelsübliche Maßeinheit (z. B. m, m^2, g, kg, l)

- **Preis der Ware**
  Preis pro Einheit oder Gesamtpreis

- **Preisabzüge**
  Aufg. 2.1.4 bis 2.1.7 S. 218 f.
  Rabatte werden aus verschiedenen Gründen unabhängig vom Zahlungszeitpunkt gewährt (Mengenrabatt an Großabnehmer, Personalrabatt an Betriebsangehörige, Treuerabatt an langjährige Kunden, Sonderrabatte). **Skonto** wird bei Zahlung innerhalb einer vereinbarten Frist vor Ablauf des Zahlungsziels gewährt.
  Bonus wird nachträglich (i. d. R. am Jahresende) als Treueprämie in Form von Gutschrift, Auszahlung oder zusätzlicher Warenlieferung gewährt.

BGB § 448
VerpackV §§ 3–6

- **Verpackungskosten**
  Verkaufs- und Umverpackung sind i. d. R. im Preis enthalten und werden vom Verkäufer getragen.
  Die **Versandverpackung** dient dem Schutz der Ware beim Transport.
  Gesetzliche Regelungen: Die Kosten der Versandverpackung sind vom Käufer zu tragen.
  Zum Schutz der Umwelt sind Hersteller und Vertreiber grundsätzlich zur Rücknahme und Wiederverwendung/Wiederverwertung der Transport-, Verkaufs- und Umverpackung verpflichtet.

Vertragsklauseln zur Bezahlung der Versandverpackung:

Preis einschließlich Verpackung, Preis brutto für netto: Verpackungsgewicht (Tara) wird wie Warengewicht in Rechnung gestellt.

- **Versandkosten**
  An Versandkosten können u. a. anfallen: Rollgeld bei An- und Abfuhr, Verlade- und Entladekosten, Fracht, Porto.
  BGB § 448
  Gesetzliche Regelung: Der Verkäufer muss die Ware auf seine Kosten am Erfüllungsort bereitstellen. Er trägt auch die Kosten der Übergabe (z. B. Messen, Wiegen). Alle weiteren Kosten der Abnahme und Versendung trägt der Käufer.
  Werden vertraglich keine anderen Vereinbarungen getroffen, so entspricht die Lieferbedingung „ab Werk" der gesetzlichen Regelung.

---

1 Gattungsware: Vertretbare, d. h. mehrfach vorhandene Sachen (Papier, Obst, Holz etc.); Gegenteil zu Gattungsware ist Stückschuld (Speziesschuld): nur einmal vorhandene Sache (z. B. Originalgemälde)

Übernahme der Beförderungskosten						
Verkäufer	Anfuhr	Versandstation		Empfangsstation	Zufuhr	**Käufer**

Abmachungen	Rollgeld	Ladegebühr	Fracht	Entladegebühr	Rollgeld	
„ab Werk“, „ab Lager“, „ab Fabrik“ } gesetzliche Regelung	**Käufer trägt alle Kosten**					
„unfrei“, „ab hier“, „ab Versandstation“	**Verkäufer**	**Käufer**				
„frei Waggon“, „frei Schiff“	**Verkäufer**		**Käufer**			
„frei“, „frachtfrei“ „frei Empfangsstation“, „frei dort“	**Verkäufer**			**Käufer**		
„frei Haus“, „frei Lager“, „frei Werk“	**Verkäufer trägt alle Kosten**					

- **Lieferzeit**
  Für die Lieferung kann ein bestimmter Termin oder eine Frist gesetzt werden. BGB § 271
  Gesetzliche Regelung: Der Verkäufer kann sofort liefern, der Käufer sofortige Lieferung verlangen.

- **Zahlungsbedingungen**
  Die Zahlungsbedingungen bestimmen u. a. die Zahlungsart und den Zahlungszeitpunkt. BGB §§ 270, 271
  Gesetzliche Regelung: Der Verkäufer kann sofortige Zahlung verlangen. Risiko und Kosten der Geldübermittlung hat der Käufer zu tragen.

- **Erfüllungsort (Leistungsort)**

Kap. B 2.2

> **Der Ort, an dem Lieferer und Käufer ihre Vertragspflichten erfüllen müssen (= Erfüllungsort oder Leistungsort) ist gesetzlich festgelegt. Trotzdem ist es üblich, diese Bestimmungen nochmals ausdrücklich als Vertragsbestandteil aufzunehmen, um für beide Vertragspartner Klarheit zu schaffen.**

BGB § 269

- **Gerichtsstand**

> **Gerichtsstand ist der Ort, an dem der jeweilige Vertragspartner bei Rechtsstreitigkeiten verklagt werden kann.**

Gesetzliche Regelung: Gerichtsstand für Streitigkeiten aus einem Vertragsverhältnis ist normalerweise das am gesetzlichen Erfüllungsort zuständige Gericht. Für Streitigkeiten aus der Warenlieferung ist dies das Gericht, das für den Geschäftssitz des Lieferers zuständig ist. Für die Erfüllung der Zahlungsverpflichtung gilt aber eine andere Regelung. Für Rechtsstreitigkeiten z. B. wegen einer verspäteten Zahlung ist das Gericht am Wohnsitz des Verbrauchers zuständig. Vertragliche Vereinbarungen über den

ZPO § 29

BGB § 270 (4), § 269 (1)

Gerichtsstand können lediglich zwischen Kaufleuten, nicht aber mit Verbrauchern rechtswirksam getroffen werden.

Ein Verbraucher kann nur an dem für seinen Wohnsitz zuständigen Gericht auf Zahlung verklagt werden. Anderweitige vertragliche Vereinbarungen sind ungültig.

2.1.4 Allgemeine Geschäftsbedingungen

Um die Zeit für die Abwicklung eines Vertrages so gering wie möglich zu halten, sind Vertragsinhalte in den meisten Fällen vereinheitlicht und damit bereits vorformuliert. Der Vertragstext enthält neben dem eigentlichen Vertragsgegenstand zusätzlich noch **Allgemeine Geschäftsbedingungen** („Kleingedrucktes"). Individuelle Vereinbarungen haben aber auf jeden Fall Vorrang vor den AGB.

Unwirksame Klauseln bei Verbraucherverträgen

BGB § 305 (1)

„Allgemeine Geschäftsbedingungen sind alle für eine Vielzahl von Verträgen vorformulierten Vertragsbedingungen, die eine Vertragspartei (Verwender) der anderen Vertragspartei bei Abschluss eines Vertrages stellt".

Bedingungen für AGB als Vertragsbestandteil

Aufg. 2.1.8 S. 219

Die Gefahren der Verwendung Allgemeiner Geschäftsbedingungen (AGB) bestehen in der möglichen Benachteiligung des anderen Vertragspartners. Vielfach neigen die Verwender von AGB dazu, einseitig ihre Interessen durchzusetzen und Lasten und Risiken auf den Vertragspartner abzuwälzen. Deshalb werden AGB nur dann **Bestandteil eines Vertrages**, wenn der Käufer

BGB § 310 (1)

§ 305 (2)

1. ausdrücklich oder durch einen deutlich sichtbaren Aushang am Ort des Vertragsschlusses auf die AGB hingewiesen wird,
2. auch die Möglichkeit hat, in zumutbarer Weise von den AGB Kenntnis zu nehmen und
3. mit der Geltung der AGB einverstanden ist.

AGB eines Betreibers einer Autowaschanlage

An der Einfahrt zur Autowaschanlage der Autoclean GmbH ist folgendes Schild zu lesen:

> Die Autoclean GmbH haftet nicht für Lackschäden sowie für die Beschädigung der außen an der Karosserie angebrachten Teile, wie z.B. Zierleisten, Spiegel, Antennen, Scheibenwischer und dadurch entstandene Folgeschäden, es sei denn, dass eine Haftung aus grobem Verschulden vorliegt.

Bei dem auf dem Schild angebrachten Haftungsausschluss liegen AGB vor, weil es sich um eine vorformulierte **Vertragsbedingung** der Autoclean GmbH handelt, die für **eine Vielzahl von Verträgen** gelten soll.

Unwirksame Klauseln bei Verträgen mit Verbrauchern

Folgende Klauseln können nicht Vertragsbestandteil werden:

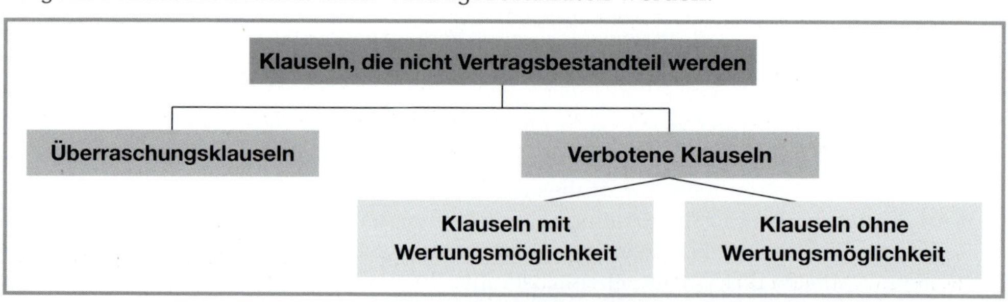

Überraschungsklauseln

Einzelne Bestimmungen in den AGB werden nicht Vertragsbestandteil, wenn sie nach den Umständen, insbesondere nach dem Erscheinungsbild des Vertrages so ungewöhnlich sind, dass der Vertragspartner nicht mit ihnen zu rechnen braucht **(Überraschungsklauseln)**. BGB § 305c

AGB eines Gebrauchtwagenhändlers

In den AGB eines Gebrauchtwagenhändlers ist folgende Klausel (Auszug) enthalten:

> Der Käufer eines Gebrauchtwagens stellt gleichzeitig den Antrag auf Abschluss einer Autohaftpflichtversicherung.

Der Käufer eines Gebrauchtwagens braucht nicht damit zu rechnen, dass er mit dem Kaufvertrag über einen Gebrauchtwagen auch noch einen Antrag auf Abschluss einer Versicherung stellt. Diese Klausel ist nicht Vertragsbestandteil. BGB § 307 (1)

Um Missbräuche zu verhindern, sind Bestimmungen in AGB unwirksam, wenn sie den Vertragspartner nach den Geboten von **„Treu und Glauben“**[1] **unangemessen benachteiligen**. Werden jedoch solche Vertragsbedingungen außerhalb der AGB vereinbart **(Individualabrede)**, so sind sie wirksam. BGB § 305b

Verbotene Klauseln

Nachstehende Klauseln werden **kein Vertragsbestandteil** bei Verträgen, die ein **Unternehmer mit Verbrauchern** schließt. Sie werden aber **Vertragsbestandteil** bei Verträgen, deren Vertragspartner ausschließlich Unternehmer sind. BGB § 310 (1)

Klauselverbote mit Wertungsmöglichkeit

BGB § 308

Klauselverbote mit Wertungsmöglichkeit beinhalten einen mehr oder weniger großen Ermessensspielraum. § 308 BGB enthält Begriffe wie „unangemessen lange“, „sachlich gerechtfertigt“, „von besonderer Bedeutung“. Die Verwendung solch unbestimmter Rechtsbegriffe macht es meist erforderlich, dass das Gericht entscheiden muss, ob im konkreten Fall eine unwirksame Klausel vorliegt. Aufg. 2.1.9 und 2.1.10 S. 220

❶ Der Verwender (Lieferer) behält sich eine unangemessen lange (oder nicht hinreichend bestimmte) Frist für die Erbringung einer Leistung vor.

Vereinbarung einer unangemessen langen Lieferfrist

„Der Käufer unserer Ware hat keinen Anspruch auf sofortige Lieferung. Der Verkäufer kommt seiner Vertragspflicht auf Lieferung nach, wenn er die bestellte Ware innerhalb eines Kalenderjahres – gerechnet vom Datum des Bestellungseingangs – liefert“.

❷ Der Verwender behält sich das Recht vor, sich ohne sachlich gerechtfertigten Grund von seiner Vertragspflicht lösen zu können.

Vereinbarung eines Rücktrittsrechts

„Der Lieferer behält sich das Recht vor, ohne Begründung vom Vertrag zurückzutreten, solange dieser noch nicht erfüllt ist.“

---

1 Treue meint Zuverlässigkeit, Aufrichtigkeit und Rücksicht gegenüber dem anderen Vertragspartner. Glauben ist das Vertrauen auf eine derartige Haltung.

Allgemeine Geschäftsbedingungen für Verbraucher (AGB und Verbraucherinformation) des Möbelhauses Schmid GmbH

(Auszug)

Die folgenden **Allgemeinen Geschäftsbedingungen** (AGB) regeln das Vertragsverhältnis zwischen Ihnen als Verbraucher nach § 13 BGB und dem Möbelhaus Schmid GmbH und gelten für alle geschlossenen Verträge über die Lieferung von Waren. Sie gelten auch für alle künftigen Geschäftsbeziehungen, auch wenn sie nicht noch einmal ausdrücklich vereinbart werden. Abweichende Bedingungen, die wir nicht ausdrücklich anerkennen, sind für uns unverbindlich, auch wenn wir ihnen nicht ausdrücklich widersprechen.

...

1. Vertragsabschluss und Kaufgegenstand

1.1. Ihr Vertragspartner für Bestellungen ist das Möbelhaus Schmid GmbH, Mühlstr. 48, 74080 Heilbronn vertreten durch den Geschäftsführer, Herrn Linus Schmid, und eingetragen unter der Handelsregisternummer HRB 632 bei dem Amtsgericht Heilbronn.

...

2. Widerruf

Widerrufsbelehrung

Widerrufsrecht

Sie können Ihrer Vertragserklärung innerhalb von einem Monat ohne Angabe von Gründen in Textform (z. B. Brief, Fax, E-Mail) oder – wenn Ihnen die Sache vor Fristablauf überlassen wird – durch Rücksendung der Sache widerrufen. Die Frist beginnt nach Erhalt dieser Belehrung in Textform, jedoch nicht vor Eingang der Ware beim Empfänger (bei der wiederkehrenden Lieferung gleichartiger Waren nicht vor dem Eingang der ersten Teillieferung) und auch nicht vor Erfüllung unserer Informationspflichten gemäß § 312c Abs. 2 BGB in Verbindung mit § 1 Abs. 1, 2 und 4 BGB-InfoV sowie unserer Pflichten gemäß § 312e Abs. 1 Satz 1 BGB in Verbindung mit § 3 BGB-InfoV. Zur Wahrung der Widerrufsfrist genügt die rechtzeitige Absendung des Widerrufs oder der Sache. Der Widerruf ist zu richten an:

...

3. Versand und Lieferung

...

3.2. Die Gefahr des zufälligen Untergangs der Ware oder der zufälligen Verschlechterung geht auf Sie als Verbraucher mit dem Erhalt der Ware über.

3.3. Verpackung und Versand sind kostenpflichtig. Die Verpackungs- und Versandkosten werden Ihnen bei Ihrer Bestellung angegeben.

3.4. Wir bemühen uns um sofortige Lieferung. Von uns bei Ihrer Bestellung angegebene Liefertermine und Fristen sind ausschließlich unverbindliche Angaben. Verbindliche Liefertermine oder die Vornahme von Expresszusendungen gelten ausdrücklich nur nach gesonderter schriftlicher Vereinbarung (per E-Mail oder Fax) zwischen Ihnen und der Möbelhaus Schmid GmbH.

...

6. Eigentumsvorbehalt

6.1. Die gelieferte Ware bleibt bis zur vollständigen Bezahlung Eigentum des Möbelhauses Schmid GmbH. Sollten Sie die Ware vor der vollständigen Bezahlung weiterveräußert haben, so gelten Ihre Ansprüche gegen den dritten Erwerber als an das Möbelhaus Schmid GmbH abgetreten.

...

7. Gewährleistung und Haftung

7.1. Ihre gesetzlichen Gewährleistungsrechte verjähren 24 Monate nach Lieferung der Ware.

7.2. Sie sind verpflichtet, die empfangene Ware auf Vollständigkeit, Transportschäden, offensichtliche Mängel, Beschaffenheit und deren Eigenschaften zu untersuchen. Offensichtliche Mängel sind von Ihnen innerhalb von vier Wochen ab Ablieferung der Ware schriftlich oder per E-Mail gegenüber uns zu rügen.

7.3 Wir sind nicht zur Gewährleistung verpflichtet, wenn Sie einen offensichtlichen Mangel nicht rechtzeitig schriftlich gerügt haben. Soweit ein von uns zu vertretender Mangel an der Ware vorliegt und von Ihnen rechtzeitig schriftlich gerügt wurde, sind wir – unter Ausschluss Ihrer Rechte von dem Vertrag zurückzutreten oder den Kaufpreis herabzusetzen – zur Nacherfüllung berechtigt. Sie haben uns für jeden einzelnen Mangel eine angemessene Frist zur Nacherfüllung zu gewähren.

7.4. Die Nacherfüllung kann nach Ihrer Wahl durch Beseitung des Mangels oder Lieferung einer neuen Ware erfolgen. Wir sind berechtigt, die von Ihnen gewählte Art der Nacherfüllung zu verweigern, wenn sie nur mit unverhältnismäßigen Kosten verbunden ist. Während der Nacherfüllung ist die Herabsetzung des Kaufpreises oder der Rücktritt vom Vertrag ausgeschlossen. Eine Nachbesserung gilt mit dem zweiten vergeblichen Versuch als fehlgeschlagen. Ist die Nacherfüllung fehlschlagen oder haben wir die Nacherfüllung insgesamt verweigert, können Sie nach Ihrer Wahl Herabsetzung des Kaufpreises (Minderung) verlangen oder den Rücktritt vom Vertrag erklären.

7.5. Schadensersatzansprüche zu den nachfolgenden Bedingungen wegen des Mangels können Sie erst geltend machen, wenn die Nacherfüllung fehlgeschlagen ist oder von uns die Nacherfüllung verweigert wurde. Ihr Recht zur Geltendmachung von weitergehenden Schadensersatzansprüchen zu den nachfolgenden Bedingungen bleibt davon unberührt.

Klauselverbote ohne Wertungsmöglichkeit

Im Gegensatz zu den Klauseln mit Wertungsmöglichkeit werden hier rechtlich eindeutige Regelungen verwendet, so dass eine richterliche Bewertung im Einzelfall nicht erforderlich ist.

❶ Preiserhöhungen für Waren, **die innerhalb von vier Monaten nach Vertragsschluss** geliefert werden sollen. BGB § 309 Nr. 1

Auszug aus den AGB eines Autohauses

Die AGB eines Autohauses enthalten u. a. folgende Bestimmung:

„Der Lieferer ist berechtigt, Preiserhöhungen des Herstellers, die sich innerhalb von 3 Monaten nach Abschluss des Kaufvertrages aber noch vor der Lieferung ergeben, dem Kunden weiter zu berechnen."

Ein Kunde hat mit dem Autohaus für die Lieferung eines neuen PKW einen Kaufpreis von 28 000 EUR vereinbart. Als der PKW nach drei Monaten geliefert wurde erklärt das Autohaus, dass sich der Preis zwischenzeitlich um 10 % auf 30 800 EUR erhöht hat.
Eine Preiserhöhung innerhalb von vier Monaten nach Vertragsabschluss (kurzfristige Preiserhöhung) ist unzulässig. Die Klausel des Autohauses ist kein Vertragsbestandteil.
Wurde der Kunde allerdings in den Vertragsverhandlungen – außerhalb der AGB – auf die mögliche Preiserhöhung hingewiesen (Individualabrede), so ist diese Vertragsbestandteil geworden mit der Folge, dass der höhere Kaufpreis bezahlt werden muss.

❷ Der Verkäufer vereinbart mit einem Verbraucher, dass dieser für den Fall der Nichtabnahme oder verspäteten Abnahme der Lieferung oder des Zahlungsverzugs eine Vertragsstrafe zahlen muss. BGB § 309 Nr. 6

Auszug aus den AGB eines Möbelhauses

Ein Möbelhaus verwendet nachstehende Klausel in seinen AGB:

„Ist bei Anlieferung der Möbel eine Entladung nicht möglich, so ist der Kunde verpflichtet, eine Vertragsstrafe in Höhe von 200 EUR zu zahlen.

Diese Klausel ist verboten.

❸ Der Verkäufer vereinbart mit einem Verbraucher, dass Ansprüche aus mangelhafter Lieferung ganz oder teilweise ausgeschlossen sind. BGB § 309 Nr. 8

Auszug aus den AGB eines Fahrradhändlers

Die AGB eines Fahrradhändlers enthalten u. a. nachstehende Klausel:

„Da wir die Fahrräder nicht selbst herstellen, können wir eine Haftung für eventuell auftretende Mängel nicht übernehmen."

Diese Klausel ist verboten.

Zusammenfassende Übersicht zu Kap. 2.1: Zustandekommen des Kaufvertrages

Anfrage des Kunden (= Käufer)
= rechtlich unverbindlich (keine Willenserklärung)

↓

Angebot des Lieferers (= Verkäufer)
(= Antrag = 1. Willenserklärung auf Abschluss eines Kaufvertrages)

↓

Bindung an den Antrag/das Angebot § 145 BGB

- Einschränkung der Bindung (Freizeichnungsklauseln)
- Erlöschen der Bindung
  - bei Anwesenden: bei nicht sofortiger Annahme des Antrags § 147 (1) BGB
  - bei Abwesenden: falls Antwort nicht in den Zeitrahmen „regelmäßige Umstände" fällt § 147 (2) BGB

Inhalt des Kaufvertrages

- Art, Beschaffenheit, Güte der Ware § 243 BGB
- Menge, Preis, Preisabzüge
- Kosten der Verpackung und des Versands § 448 BGB
- Erfüllungsort und Gerichtsstand §§ 269, 447 BGB, § 29 ZPO
- Lieferzeit
- Zahlungsbedingungen
- Allgemeine Geschäftsbedingungen

Antrag		Kaufvertrag		Annahme
Angebot (Verkäufer)	→	**= Verpflichtungsgeschäft**	←	Bestellung (Käufer)
Bestellung (Käufer)	→	**Die beiden Vertragspartner verpflichten sich zur Erfüllung des Vertrages**	←	Bestellungsannahme (Verkäufer)

Verspätete oder abändernde Annahme eines Antrags gilt als neuer Antrag.

Allgemeine Geschäftsbedingungen (AGB) §§ 305 ff. BGB
= Vorformulierte Vertragsbedingungen, die für eine Vielzahl von Verträgen gültig sind

Ziel: Rationalisierung der Auftragsbearbeitung

**AGB werden Vertragsbestandteil,
wenn Verwender (i. d. R. Verkäufer)**

❶ ausdrücklich darauf hinweist oder wenn Aushang am Ort des Vertragsschlusses
❷ der anderen Vertragspartei Möglichkeit verschafft, in zumutbarer Weise Kenntnis zu nehmen und wenn
❸ die andere Vertragspartei einverstanden ist.

Grundsatz: Individualabrede geht vor AGB

Klauseln, die nicht Vertragsbestandteil werden

- **Überraschungsklauseln § 305c BGB**
- **Verbotene Klauseln bei Verträgen mit Verbrauchern**
  - **Klauseln mit Wertungsmöglichkeit § 308 BGB**
    - unangemessen lange Leistungspflicht des Lieferers
    - Recht des Verwenders, sich ohne sachlichen Grund von der Lieferpflicht zu lösen
  - **Klauseln ohne Wertungsmöglichkeit § 309 BGB**
    - Preiserhöhungen innerhalb von vier Monaten ab Vertragsschluss
    - Freistellung von Obliegenheit, zu mahnen

Fragen zur Wiederholung

zu Kapitel 2.1 Zustandekommen des Kaufvertrages

2.1.1 Rechtliche Wirkung des Angebots

1. Wie viele Willenserklärungen sind mindestens erforderlich, damit ein Kaufvertrag zustande kommt?
2. Welchem Zweck dient eine Anfrage?
3. Was ist ein Angebot?
4. Nennen Sie mindestens zwei Beispiele, wie ein Lieferer seine rechtliche Bindung an ein Angebot ausschließen kann.
5. Wann erlischt die Bindung an ein Angebot?

2.1.2 Rechtliche Wirkung der Bestellung

1. Erklären Sie, was unter dem Begriff „Bestellung" zu verstehen ist.
2. Welche unterschiedlichen rechtlichen Wirkungen kann eine Bestellung haben?
3. Wozu verpflichtet ein Kaufvertrag jeweils den Verkäufer und den Käufer?

2.1.3 Vertragsinhalte und Vertragspflichten

1. Welche Informationen sollte ein ausführliches Angebot beinhalten?
2. Wer trägt die Kosten der Versandverpackung, wenn der Kaufvertrag darüber keine Vereinbarungen enthält?
3. Wer trägt die Versandkosten, wenn der Kaufvertrag darüber keine Vereinbarungen enthält?
4. Erläutern Sie die Bedeutung folgender Vertragsklauseln zur Bezahlung der Versandkosten: ab Werk, frei Haus, ab hier, frachtfrei, frei dort.
5 Wonach bestimmt sich im Falle von Rechtsstreitigkeiten aus einem Kaufvertrag der Gerichtsstand?

2.1.4 Allgemeine Geschäftsbedingungen

1. Was bezweckt ein Lieferer mit der Verwendung Allgemeiner Geschäftsbedingungen?
2. Unter welchen Voraussetzungen werden Allgemeine Geschäftsbedingungen Vertragsbestandteil?
3. Was ist eine Überraschungsklausel?
4. Nennen Sie drei Beispiele für verbotene Klauseln sowie ein Beispiel für eine Überraschungsklausel.

Aufgaben und Probleme

zu Kapitel 2.1 Zustandekommen des Kaufvertrages

2.1.1 Bindung an ein Angebot

Hans Stubert gibt am 20.10. d. J. für sich und seine Sportkameraden eine Sammelbestellung über zehn Pulsuhren zum Preis von 30,00 EUR bei der Uhrenfabrik Bildstein GmbH in Schwäbisch Gmünd auf. Die Fabrik hatte die Uhren mit Schreiben vom 19.10. d. J. zum Preis von 35,00 EUR je Stück angeboten.

1. Wie lange ist die Uhrenfabrik an ihr Angebot gebunden? BGB § 150 (1)
2. Welche Rechtsfolgen hat die Bestellung von Hans Stubert?
3. Mit welchen Klauseln hätte die Uhrenfabrik eine Bindung an das Angebot einschränken bzw. ganz ausschließen können
   a) wenn die Uhren höchstens noch binnen 4 Wochen geliefert werden können? BGB § 148, § 145
   b) wenn von den Uhren zum Zeitpunkt des Angebots nur noch 30 Stück auf Lager sind?

2.1.2 Rechtliche Bedeutung eines Inserats – Zustandekommen eines Kaufvertrages

Büroausstatter Braun inseriert in einer am 02.11. erscheinenden Lehrerzeitschrift wegen neu entwickelter Schreibtischstühle mit aktiver Rückenlehne. Daraufhin kommt es zwischen Braun und Lehrer Karl Schmidt zu folgender Geschäftsbeziehung:

- Preisanfrage von Schmidt am 05.11.
- Angebot von Braun an Schmidt am 10.11.: Stückpreis 160,00 EUR einschl. USt
- Bestellung von Schmidt am 15.11.: Ein Stuhl zu 150,00 EUR einschl. USt, Lieferung sofort
- Lieferung des Stuhles am 16.11.

1. Welche rechtliche Bedeutung hat das Inserat in der Zeitschrift?
2. Prüfen Sie, welcher Antrag und welche Annahme gegebenenfalls zum Zustandekommen des Kaufvertrages führen.
3. Welchen Betrag muss Schmidt gegebenenfalls an Braun bezahlen?

2.1.3 Verpflichtungen aus der Bestellung eines kostenlosen Posters

Ein 18-jähriger Berufsschüler bestellt beim Büro für Fanartikel des FC Bayern München ein Poster des Torwarts und bittet um kostenlose Zusendung. Nach zwei Wochen geht ihm eine Paketrolle mit einem Hochglanzposter zu. Die Sendung enthält eine Rechnung mit einem Rechnungsbetrag über 12,00 EUR. Da er diesen Preis nicht bezahlen will, schickt er das Poster zurück. In einem weiteren Schreiben besteht das Fanbüro jedoch auf Zahlung des Preises.

1. Wie ist die Rechtslage?
2. Wie ist der Fall zu entscheiden, wenn der Schüler die Ware nicht zurückschickt?

2.1.4 Kaufvertrag über Gartenmöbel

Karl Sonne (siehe Angebot von Seite 208) bestellt am 21.07. d.J. zu den angegebenen Preisen.

1. Wer muss die anfallenden Kosten in Höhe von 35,00 EUR für die Auslieferung der Gartenmöbel tragen?
2. Wer müsste die Kosten (siehe 1.) tragen, wenn der Kaufvertrag hierzu keine Vereinbarungen enthält?
3. An welchem Tag (genauer Termin) muss der Zahlungsbetrag bei Ausnutzung von Skonto auf dem Bankkonto des Möbelhauses Schmid eingegangen sein, wenn die Lieferung am 25.07. d.J. (= Rechnungsdatum) erfolgte?

2.1.5 Berechnung des Überweisungsbetrages

Folgende Rechnung ist gegeben:

	CD-Recorder	580 EUR
–	10 % Sonderrabatt	? EUR
=	Nettobetrag	? EUR
+	19 % Umsatzsteuer	? EUR
=	Rechnungsbetrag	? EUR

1. Berechnen Sie die fehlenden Rechnungspositionen.
   Hinweis zur Berechnung der Umsatzsteuer: Die Umsatzsteuer wird auf den Nettobetrag bezogen.
2. Wie hoch ist der Überweisungsbetrag, wenn der Kunde bei pünktlicher Bezahlung 2 % Skonto vom Rechnungsbetrag abziehen darf?
3. Wie hoch wäre der Überweisungsbetrag, wenn der Kunde 15 % Sonderrabatt erhält und 3 % Skonto vom Rechnungsbetrag abziehen dürfte?

2.1.6 Allgemeine Geschäftsbedingungen als Bestandteil eines Vertrages

In den AGB eines Vaihinger Kunsthandels sind u.a. folgende Klauseln enthalten:

BGB § 308 Nr. 3

1. „Der Verwender ist berechtigt, ohne Angabe von Gründen bis zwei Werktage vor dem vorgesehenen Liefertermin vom Vertrag zurückzutreten."

2. „Im Falle einer Nacherfüllung bei Schlechtleistung ist der Käufer verpflichtet, die zum Zwecke der Nacherfüllung erforderlichen Aufwendungen, insbesondere die Transport-, Arbeits- und Materialkosten, zu übernehmen." BGB § 309 Nr. 8 b), cc)
3. „Offensichtlich erkennbare Mängel müssen spätestens innerhalb von 12 Monaten angezeigt werden." BGB § 309 Nr. 8 b), cc)

Stellen Sie fest, ob diese Allgemeinen Geschäftsbedingungen bei einem mit einem Verbraucher geschlossenen Vertrag Gültigkeit haben.

2.1.7 Zulässigkeit von Vereinbarungen in AGB

Helena Schuler kauft im Discountmarkt MediaPlus einen „Mediacomputer" zu einem Sonderpreis von 580 EUR. Neben der Eingangstür von MediaPlus hängen die Allgemeinen Geschäftsbedingungen aus. Dort ist unter § 6 zu lesen:

§ 6 Lehrgangsservice

(1) Mit dem Kauf einer neuen Hardwarekonfiguration bucht der Käufer einen exklusiven Fort- und Weiterbildungslehrgang über ein Wochenende an einem geeigneten Veranstaltungsort. MediaPlus behält sich vor, den Teilnehmern den Veranstaltungsort kurzfristig bekannt zu geben. Die Teilnahmegebühr beträgt derzeit 200 EUR.

(2) MediaPlus behält sich das Recht vor, jederzeit nachträgliche Preisanpassungen vorzunehmen.

...

Nach fünf Tagen erhält Helena Schuler einen Brief, in dem ihr mitgeteilt wird, dass der Computerkurs am kommenden Wochenende stattfinde. Gleichzeitig wird Sie aufgefordert, den Betrag von 200 EUR umgehend an MediaPlus zu überweisen.

Prüfen Sie, ob

1. die an der Eingangstür aushängenden AGB Vertragsbestandteil sind, BGB § 305 (2), § 305c
2. Helena Schuler gegebenenfalls die Lehrgangsgebühr von 200 EUR überweisen muss.

2.1.8 Vereinbarung von Preiserhöhungen im Rahmen von AGB

Ernst Zimmermann lässt sich in einem Fotogeschäft bei der Anschaffung einer Digitalkamera beraten. Nachdem ihm der Verkäufer zum Kauf einer Messeneuheit geraten hat, entschließt er sich zum Kauf. Als Kaufpreis wird ein Betrag in Höhe von 280 EUR vereinbart. Da es sich bei der Kamera um ein neues Modell handelt, wird als Lieferfrist ein Zeitraum von drei Monaten vereinbart. Ernst Zimmermann bezahlt die Kamera bereits beim Kauf und erhält als Quittung und Garantieunterlage einen Kassenbeleg, auf dessen Rückseite die AGB des Fotogeschäfts abgedruckt sind. Die AGB enthalten u. a. folgende Bestimmung:

„Der Lieferer ist berechtigt, Preiserhöhungen des Herstellers, die sich innerhalb von drei Monaten nach Abschluss des Kaufvertrages, aber noch vor der Lieferung ergeben, den Kunden weiter zu berechnen."

Zwei Monate nach dem Kauf erhält er von dem Fotogeschäft folgende Mitteilung:

„Sehr geehrter Herr Zimmermann, BGB § 309 Nr. 1

der Hersteller der von Ihnen gekauften Digitalkamera hat zwischenzeitlich seine Preise um 5 % erhöht. Auf der Grundlage der Ihnen bekannten Allgemeinen Geschäftsbedingungen bitten wir Sie um Überweisung des Betrages in Höhe von 14,00 EUR auf eines der nachstehend aufgeführten Konten. ..."

In einem Schreiben weist Ernst Zimmermann darauf hin, dass er nicht bereit ist, den erhöhten Kaufpreis zu zahlen, da ihm die Allgemeinen Geschäftsbedingungen nicht schon bei Vertragsschluss, sondern erst mit Zahlung und damit Erfüllung des Kaufvertrages an der Kasse ausgehändigt wurden.
Muss Ernst Zimmermann den erhöhten Kaufpreis bezahlen?

2.1.9 Allgemeine Geschäftsbedingungen

ZPO § 29 Entscheiden Sie, ob nachstehend aufgeführte Vereinbarungen im Zusammenhang mit dem Abschluss eines Kaufvertrages mit Verbrauchern gültig sind.

BGB
1. „Gerichtsstand ist der Sitz unseres Unternehmens".

§ 357 (2), § 475 (2)
2. „Bei einem Warenwert bis zu 40,00 EUR sind bei einem Widerruf die Kosten der Rücksendung vom Käufer zu tragen, wenn die gelieferte Ware der bestellten Ware entspricht".
3. „Die Verjährungsfrist beträgt 6 Monate"

§ 439 (2), § 308 8 b), cc),
4. „Für Gebrauchtwaren übernehmen wir keine Haftung".
5. „Ist die Ware mangelhaft, so ist der Käufer verpflichtet, die Ware auf eigene Kosten an uns zurückzusenden."

§ 307
6. „Der Käufer ist verpflichtet, die fehlerhafte Ware mit vollständigem Zubehör, der Originalrechnung und in der Originalverpackung an uns zurückzusenden."

§§ 312d (4), 307 (2), 357 (3)
7. „Macht der Kunde von seinem Widerrufsrecht Gebrauch, so hat er die Ware in dem Zustand, in dem er sie erhalten hat, an uns zurückzusenden, bei Neuware insbesondere unbenutzt und in der unversehrten Originalverpackung."

§ 357 (3)
8. „Hat der Kunde die gelieferte Sache benutzt, so hat er bei einer entstandenen Wertminderung (Verschlechterung) Wertersatz zu leisten".

§ 309 Nr. 8 b), aa)
9. „Sollten Mängel an der Ware auftreten, wenden Sie sich bitte an den Hersteller. Es gilt die Garantie des Herstellers."

§ 474 (2) § 447
10. „Die Gefahr geht gem. § 447 BGB auf den Kunden über, sobald die Ware dem Transportunternehmen übergeben worden ist."

2.1.10 AGB und Verbraucherinformation

Prüfen Sie, ob die auf S. 214 abgedruckten Vereinbarungen und Bedingungen des Möbelhauses Schmid GmbH rechtswirksam sind.

2.2 Erfüllung des Kaufvertrages

Wesen des Erfüllungsgeschäfts

Aufg. 2.2.1 S. 224

Die Erfüllung des Kaufvertrages stellt ein gesondertes Rechtsgeschäft (Erfüllungsgeschäft) dar.

> **Der Kaufvertrag (Verpflichtungsgeschäft) wird erfüllt, wenn die Vertragspartner ihre eingegangenen Pflichten entsprechend den getroffenen Vereinbarungen erfüllen (Erfüllungsgeschäft).**

Gesetzlicher Erfüllungsort für Warenschulden

Warenschulden sind Holschulden. Das bedeutet, dass der gesetzliche **Erfüllungsort**[1] **für Warenschulden** der Geschäftssitz des Verkäufers (= Warenschuldner) ist. Der Käufer (= Geldschuldner) muss die Ware daher auf seine Kosten und sein Risiko am Geschäftssitz des Verkäufers abholen. Der Verkäufer hingegen ist verpflichtet, die vertragsgemäße Leistung (= Bereitstellung der Ware zur Abholung) an seinem Geschäftssitz zu erbringen.

> **Der gesetzliche Erfüllungsort für Warenschulden ist immer der Geschäftssitz des Verkäufers (Warenschulden sind Holschulden).**

Übergang des Risikos auf den Käufer

In diesem Zusammenhang ist auch bedeutsam, ab wann das **Risiko**, dass die Ware durch höhere Gewalt zerstört oder beschädigt wird (= „zufälliger Untergang oder zufäl-

1 Die Begriffe **Leistungsort** und **Erfüllungsort** werden im Gesetz (z. B. § 447 (1) BGB, § 29 ZPO) gleichbedeutend verwendet.

lige Verschlechterung der Ware") vom Verkäufer auf den Käufer übergeht. Dazu muss zwischen **Platzkauf** und **Versendungskauf** unterschieden werden:

(1) Platzkauf (z. B. Kauf im Ladengeschäft des Verkäufers) BGB § 446
Das Risiko der Beschädigung oder Zerstörung der Ware geht vom Verkäufer an den Käufer über, wenn dem Käufer die Ware übergeben wird.

(2) Versendungskauf (Es wird vereinbart, dass der Verkäufer dem Käufer die Ware zusenden soll.) BGB § 474 (2), § 447 (1)
Wenn es sich um einen **Verbrauchsgüterkauf** handelt, gilt folgende Regelung:
Das Risiko der Beschädigung oder Zerstörung der Ware geht erst dann auf den Käufer über, wenn ihm die Ware an dem Ort, an den die Ware versandt werden soll, übergeben wird („Die Ware reist auf Gefahr des Verkäufers.").

Daraus ergeben sich folgende Konsequenzen:
- Der Käufer (= Verbraucher) muss die Ware nur dann bezahlen, wenn er sie auch tatsächlich erhalten hat. (Wenn es sich beim Käufer dagegen um einen Unternehmer handelt, ist das nicht der Fall.)
- Durch die Vereinbarung eines Versendungskaufs ist die Warenschuld keine Holschuld mehr, sondern eine **Schickschuld**. Der gesetzliche Erfüllungsort, der für die rechtzeitige und ordnungsgemäße Erbringung der Leistung (Übergabe der Ware an ein Transportunternehmen) entscheidend ist, ändert sich durch diese Vereinbarung aber nicht. Vielmehr ist der Erfüllungsort nach wie vor der Geschäftssitz des Verkäufers. Das bedeutet: Geht die versandte Ware auf dem Transportweg verloren, muss der Verkäufer trotzdem **nicht erneut liefern**, da er am **Erfüllungsort** seine Leistungspflicht durch Übergabe der Ware an ein Transportunternehmen ordnungsgemäß erfüllt hat. Er verliert aber gegenüber dem Käufer den Anspruch auf Bezahlung des Kaufpreises. Einen möglicherweise bereits vom Käufer erhaltenen Kaufpreis muss er zurückerstatten.

Liegt ein Kaufvertrag mit einem Verbraucher vor, für den die Versendung der Ware an einen anderen Ort vereinbart wurde (= Versendungskauf), muss der Käufer die Ware nur dann bezahlen, wenn er sie tatsächlich erhalten hat. („Die Ware reist auf Gefahr des Verkäufers.")

Erfüllungsort für Geldschulden

Geldschulden sind Bringschulden[1]. Das bedeutet, dass der gesetzliche **Erfüllungsort für Geldschulden** der Geschäftssitz des Verkäufers (= Geldgläubiger) ist. Der Käufer muss das Geld daher auf seine Kosten und sein Risiko an den Geschäftssitz des Verkäufers übermitteln. BGB § 270 (1)

Der gesetzliche Erfüllungsort für Geldschulden ist der Wohnsitz des Verkäufers (Geldschulden sind Bringschulden).

Der Käufer muss gewährleisten, dass das Geld beim Verkäufer
- überhaupt ankommt, d.h. er trägt die Übermittlungsgefahr
- rechtzeitig ankommt, d.h. er trägt auch die Verzögerungsgefahr.

Sobald das Geld beim Verkäufer eingeht bzw. dessen Konto gutgeschrieben ist, hat der Käufer seine Zahlungsverpflichtung erfüllt. Die Zahlungsverpflichtung ist **rechtzeitig** erfüllt, wenn der Verkäufer das Geld **innerhalb der Zahlungsfrist** erhalten hat. Es **reicht also nicht**, wenn der Käufer erst am Fälligkeitstag seiner Bank den Überweisungsauftrag erteilt.

1 Die früher aus § 270 (1) BGB abgeleitete Regelung, dass Geldschulden Schickschulden sind, gilt aufgrund der Entscheidung des Europäischen Gerichtshofs (EuGH – C 306/06 vom 30.04.2008) nicht mehr. Auch für Verbraucher sind Geldschulden seitdem Bringschulden.

Der Käufer hat seine Verpflichtung aus dem Kaufvertrag erfüllt, wenn der Verkäufer den Geldbetrag innerhalb der Zahlungsfrist erhalten hat.

Erfüllungsort bei einem Verbrauchsgüterkaufvertrag

Auszug aus einen Kaufvertrag über die Lieferung von Gartenmöbeln zwischen dem Möbelhaus *Linus Schmid GmbH, Heilbronn* (Verkäufer) und Verbraucher *Karl Sonne, Karlsruhe* (Käufer):

Lieferung innerhalb von 5 Tagen ab Eingang der Bestellung
Versand durch Spedition
Rechnungsbetrag zahlbar bis spätestens 07. Sept.

Die Vertragsparteien haben ihre Verpflichtungen wie nachstehend aufgeführt erfüllt:

Der Verkäufer muss die Ware spätestens 5 Tage nach Eingang der Bestellung dem Spediteur in Heilbronn (= Erfüllungsort für die Warenschuld) übergeben. Kommt die Ware aber bei Karl Sonne nicht an, so muss er nicht zahlen.

Aufg. 2.2.2 u. 2.2.3 S. 224

Der Käufer muss auf seine Kosten dafür sorgen, dass das Geld bis spätestens 07. September beim Möbelhaus in Heilbronn (= Erfüllungsort für die Geldschuld) eingegangen ist.

Bedeutung des Erfüllungsortes für den Gerichtsstand

ZPO § 29 (1)

Bei gerichtlichen Auseinandersetzungen im Zusammenhang mit einem Vertrag ist das **Gericht** zuständig, in dessen Bezirk der **Erfüllungsort** liegt. Das bedeutet, dass bei Streitigkeiten, die sich aus einer **Warenlieferung** ergeben (z. B. mangelhafte Lieferung) das **Gericht am Geschäftssitz des Verkäufers** zuständig ist.

BGB § 270 (4), § 269 (1)

ZPO § 29

Bei Geldschulden gilt aber eine andere Regelung: Geldschulden sind zwar Bringschulden, so dass der Käufer seine vertragliche Verpflichtung am Geschäftssitz des Verkäufers erfüllen muss. Trotzdem ist bei gerichtlichen Auseinandersetzungen bezüglich der Erfüllung von **Geldschulden** (z. B. verspätete Zahlung des Kaufpreises) grundsätzlich das Gericht am **Wohnsitz des Käufers (= Geldschuldner) zuständig**. Für einen Verbraucher ist diese Regelung vertraglich nicht abänderbar. Daraus folgt, dass ein Verbraucher immer nur bei dem für seinen Wohnort zuständigen Gericht auf Zahlung verklagt werden kann.

Ein Verbraucher kann nur an dem für seinen Wohnort zuständigen Gericht auf Zahlung des Kaufpreises verklagt werden.

Erfüllung des Kaufvertrags durch Verkäufer und Käufer

Der Verkäufer muss

- die Ware
  (1) zur rechten Zeit,
  (2) am richtigen Ort,
  (3) mangelfrei liefern und
  (4) dem Käufer das Eigentum verschaffen
  § 433 (1) BGB.

(1) Leistungszeit:
Ist eine Zeit für die Leistung weder bestimmt noch aus den Umständen zu entnehmen, so kann der Gläubiger (Käufer) die vertragliche Leistung **sofort verlangen**, der Schuldner (Lieferer) sie **sofort** bewirken (§ 271 (1) BGB). Erfolgt die Lieferung nicht rechtzeitig, so stehen dem Käufer ggf. weitere Rechte dem Lieferer gegenüber zu.

Kap. B 3.3.2

Der Käufer muss

- (1) die ordnungsgemäß gelieferte Ware abnehmen
- (2) den vereinbarten Kaufpreis zahlen
  § 433 (2) BGB.

(1) Warenabnahme und Warenannahme:
Der Käufer muss die vertragsgemäß gelieferte Ware **abnehmen**. Bereits bei Übergabe der Ware sollte der Käufer die Unversehrtheit der Verpackung und – soweit möglich – auch die Ware selbst auf mögliche Mängel prüfen. Das erleichtert es ihm im Falle von vorhandenen Mängeln, seine Rechte dem Lieferer gegenüber geltend zu machen.

(2) Leistungsort:
Der Verkäufer ist verpflichtet, an seinem Geschäftssitz die Ware rechtzeitig dem Käufer oder einem Transportunternehmen zu übergeben.

(3) Weist die gelieferte Ware einen Mangel auf, so liegt eine **Pflichtverletzung** des Lieferers vor, was ggf. zu weiteren Ansprüchen des Käufers führt.

(4) Durch das **Erfüllungsgeschäft** überträgt der Verkäufer dem Käufer das Eigentumsrecht. Mit der Eigentumsübertragung erlangt der Käufer das Verfügungsrecht. Daher wird dieses Geschäft auch als **Verfügungsgeschäft** bezeichnet.

Die **Abnahme und Annahme** einer Ware sind rechtlich streng zu trennen:

- **Die Abnahme** ist die tatsächliche Entgegennahme der Ware, wodurch der Käufer Besitzer wird.
- **Die Annahme** der Ware ist hingegen eine Willenserklärung und bedeutet die Erklärung der vertragsgemäßen Erfüllung des Kaufvertrages.

Kap. B 3.2

(2) Leistungsort:
Der Käufer ist verpflichtet, dem Verkäufer den vereinbarten Kaufpreis **am Leistungsort** zu zahlen. Da Geldschulden Bringschulden sind, ist der Käufer dafür verantwortlich, dass der Verkäufer (Gläubiger) am Fälligkeitstag über den Betrag verfügen kann § 270 (1) BGB.

Kap. B 1.9

Kommt einer der beiden Vertragspartner einer im Kaufvertrag eingegangenen Verpflichtung nicht nach (= Störung bei der Erfüllung des Kaufvertrages), so muss er mit Rechtsfolgen rechnen.

Kap. B 3

Zusammenfassende Übersicht zu Kap. 2.2: Erfüllung des Kaufvertrages

Kaufvertrag
= Verpflichtungsgeschäft
§ 433 BGB

↓

Erfüllung der Vertragspflichten

Verkäufer:
Ware liefern
(rechte Zeit, richtiger Ort, mangelfrei, Eigentumsverschaffung)

Erfüllungsgeschäft

Käufer:
Ware abnehmen und Kaufpreis bezahlen

Erfüllungsort (Leistungsort) = Ort, an dem der Schuldner die Leistungshandlung (Lieferung bzw. Zahlung) vorzunehmen hat

Warenschulden

Normalfall: Holschulden § 446 BGB:
Käufer muss Ware auf seine Kosten und Gefahr abholen

Versendungskauf: Schickschulden § 447 BGB: Verkäufer hat sich verpflichtet, die Ware zu verschicken (Verkäufer übernimmt aber dadurch weder Kosten noch Risiko)

Besonderheit für Kaufverträge mit Verbrauchern: „Ware reist auf Gefahr des Verkäufers“ § 474 (2), § 447 (1) BGB

Geldschulden

Bringschulden § 270 (1) BGB:
Geschuldeter Betrag muss am Fälligkeitstag dem Konto des Gläubigers gutgeschrieben sein

Fragen zur Wiederholung

zu Kapitel 2.2 Erfüllung des Kaufvertrages

1. Was ist jeweils unter Verpflichtungs- und Erfüllungsgeschäft zu verstehen?
2. Wodurch erfüllen Verkäufer und Käufer jeweils den Kaufvertrag?
3. Was ist unter dem Erfüllungsort zu verstehen?
4. Wo ist jeweils der Erfüllungsort für Warenschulden und für Geldschulden?
5. Wann haben Verkäufer und Käufer jeweils ihre Vertragspflichten erfüllt, wenn der Kaufvertrag darüber keine Vereinbarungen enthält?

Aufgaben und Probleme

zu Kapitel 2.2 Erfüllung des Kaufvertrages

2.2.1 Verpflichtungs- und Erfüllungsgeschäfte

BGB § 433 (2)

Bei einer Besichtigung des Freiburger Münsters entnimmt Norbert Oswald dem Zeitschriftenregal einen Kirchenführer zum Preis von 5,00 EUR und wirft dabei einen 5 Euroschein in den Kassenschlitz.

1. Welche Rechtsgeschäfte sind dadurch zustande gekommen? Begründen Sie Ihre Antwort.
2. Wie wäre der Fall zu entscheiden, wenn der Kirchenführer gegen Einwurf von 5,00 EUR einem Automaten entnommen werden kann?

2.2.2 Verpflichtungen aus einem Kaufvertrag – Transport- und Verpackungskosten

Ruth Lienemann, Heilbronn, schließt am 28. Februar d. J. mit der gewerblichen Kunsthändlerin Melanie Stump e. K., Karlsruhe, einen Kaufvertrag über ein Originalgemälde zum Preis von 3700 EUR. Über den Zeitpunkt der Übergabe und der Bezahlung werden keine weiteren Vereinbarungen getroffen. Ruth Lienemann will das Gemälde ihrem Schwiegersohn zu dessen 50. Geburtstag am 30. März d. J. schenken. Am 05. März ruft Ruth Lienemann bei Melanie Stump an und teilt ihr mit, dass sie das Gemälde am darauf folgenden Tag in Karlsruhe abholen will. Wegen einer Ausstellung, die vom 20. März bis 05. April dauert, will Melanie Stump das Gemälde aber erst im Anschluss an die Ausstellung übergeben.

BGB § 271 (1)

1. Kann Ruth Lienemann verlangen, dass ihr das Bild bereits am 06. März d. J. übergeben wird?

BGB § 448 (1)

2. Ruth Lienemann und Melanie Stump einigen sich, dass das Bild am 28. März aus der Ausstellung genommen und durch ein Transportunternehmen nach Heilbronn transportiert wird. Wer müsste gegebenenfalls die Versand- und Verpackungskosten in Höhe von 38,00 EUR tragen, wenn das Bild mit einer Spezialverpackung versehen von einem Transportunternehmen nach Heilbronn gebracht wird?
3. Wegen eines Ausweichmanövers auf der Autobahn zwischen Karlsruhe und Heilbronn kommt der Fahrer des Transportunternehmens unverschuldet von der Fahrbahn ab. Es entsteht Totalschaden, bei dem auch das Bild vollständig zu Bruch geht. Ruth Lienemann weigert sich, den vereinbarten Kaufpreis zu zahlen, da sie das Bild überhaupt nicht erhalten hat. Prüfen Sie, ob Ruth Lienemann zahlen muss.

BGB § 270

4. Angenommen, das Bild geht Frau Lienemann am 28. März d. J. mangelfrei zu. Es wurde vereinbart, dass die Zahlung innerhalb von 14 Tagen ab der Lieferung zu leisten ist. Frau Lienemann erteilt ihrer Bank am 11. April den Überweisungsauftrag.
   Stellen Sie fest, ob Frau Lienemann ihre Zahlungsverpflichtung rechtzeitig erfüllt hat.

2.2.3 Sachmangel bei Gefahrenübergang

BGB § 433 (1), § 446

Susanne Bieber kauft bei der Bäckerei Bosch eine Sahnetorte, die beim Verpacken auf den Boden fällt und damit unbrauchbar geworden ist. Frau Bieber ist nur bereit, den Kaufpreis zu bezahlen, wenn sie eine einwandfreie Torte erhält.
Die Bäckerei besteht aber auf Zahlung mit der Begründung, dass ein rechtwirksamer Kaufvertrag abgeschlossen wurde und die Sahnetorte ja in einwandfreiem Zustand zur Übergabe bereitstand.
Wie ist die Rechtslage?

3 Besonderheiten beim Abschluss von Kaufverträgen mit Verbrauchern

Überblick und Zusammenhänge

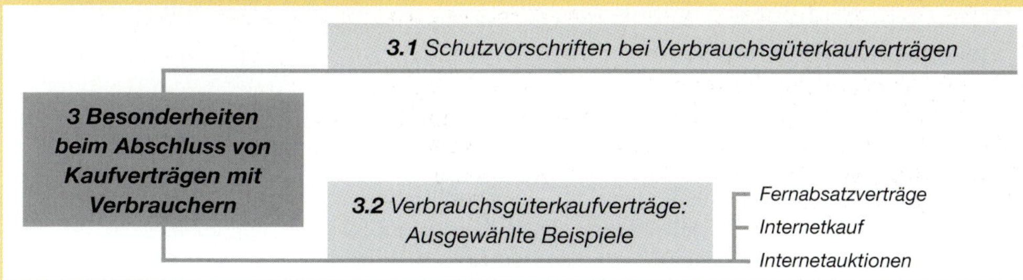

3.1 Schutzvorschriften bei Verbrauchsgüterkaufverträgen

Ein Verbrauchsgüterkauf liegt vor, wenn ein Verbraucher von einem Unternehmer[1] eine bewegliche Sache kauft. Kaufverträge zwischen zwei Verbrauchern gelten nicht als Verbrauchsgüterkäufe.

BGB § 13, § 14, § 474 (1)

Bei einem Verbrauchsgüterkauf handelt es sich nicht unbedingt um den Verkauf von **Verbrauchsgütern** (z. B. Lebensmittel), sondern ganz allgemein um einen Kaufvertrag, bei dem ein Vertragspartner **Verbraucher** ist und irgendeine **bewegliche Sache** kauft.

Verbrauchsgüterkauf § 474 BGB			
Verkäufer = Unternehmer (§ 14 BGB)	**Unternehmer**, die **keine** Kaufleute i. S. d. § 1 HGB sind (z. B. Kleingewerbetreibende, Freiberufler)	Bürgerlicher Kauf ⟷ es gelten ausschließlich die Vorschriften des BGB	**Käufer = Verbraucher** (§ 13 BGB)
	Kaufleute i. S. von § 1 HGB	Einseitiger Handelskauf ⟷ da der Verkäufer Kaufmann ist, gelten für ihn vorrangig die Vorschriften des HGB	

Zum Schutz des Verbrauchers gibt es eine Reihe von gesetzlichen Vorschriften, die ihn beim Abschluss von Kaufverträgen mit einem Unternehmer rechtlich besser stellen. Insbesondere ist der Unternehmer beim Abschluss bestimmter Verträge (z. B. über das Internet) verpflichtet, den Verbraucher über den Vertragsinhalt, sowie über die Möglichkeiten und Voraussetzungen, sich gegebenenfalls wieder von einem solchen Vertrag zu lösen, rechtzeitig zu informieren.

BGB § 312c, § 355 (2)

1 Der Begriff Unternehmer (§ 14 BGB) ist nicht gleichbedeutend mit dem Begriff Kaufmann (§ 1 HGB). Unternehmer i. S. von § 14 BGB können auch Kleingewerbetreibende und Freiberufler sein. Für sie gilt BGB-Recht. Für Kaufleute hingegen gilt zusätzlich noch das HGB. Jeder Kaufmann i. S. v. § 1 HGB ist Unternehmer i. S. v. § 14 BGB, aber nicht umgekehrt.

Vorschriften zum Schutz des Verbrauchers beim Verbrauchsgüterkaufvertrag	
Vertragsabschluss z. B. in der Privatwohnung oder am Arbeitsplatz (= Haustürgeschäfte)	Der Verbraucher hat das Recht, seine abgegebene Willenserklärung innerhalb von 14 Tagen zu widerrufen § 312 (1) BGB.
Vertragsabschluss z. B. über das Internet oder per E-Mail (= Fernabsatzverträge)	Der Verbraucher hat das Recht, seine abgegebene Willenserklärung innerhalb von 14 Tagen zu widerrufen § 312d BGB.
Allgemeine Geschäftsbedingungen (z. B. Kleingedrucktes) als Bestandteil eines Vertrages	Allgemeine Geschäftsbedingungen (z. B. Kleingedrucktes) werden nur dann Bestandteil eines Verbrauchsgüterkaufvertrages, wenn der Unternehmer den Verbraucher ausdrücklich darauf hinweist § 310 (1) BGB.
Gefahrenübergang	Wurde zwischen einem **Unternehmer** und einem **Verbraucher** ein Versendungskauf vereinbart, so geht das Risiko, dass die Ware auf dem Transport durch höhere Gewalt zerstört oder beschädigt wird (= „zufälliger Untergang oder zufällige Verschlechterung der Ware") erst dann auf den Käufer (= Verbraucher) über, wenn ihm die Ware an dem Ort, an den die Ware versandt werden soll (normalerweise ist das der Wohnort des Käufers), übergeben wird § 474 (2) BGB.
Garantieerklärung	Garantieerklärungen müssen verständlich sein und darauf hinweisen, dass gesetzliche Rechte durch die Garantie nicht eingeschränkt werden § 477 BGB.
Zusendung unbestellter Ware	Liefert ein Unternehmer einem Verbraucher Ware, ohne dass dieser eine Bestellung aufgegeben hat, so hat der Unternehmer keinen Anspruch auf Zahlung § 241a BGB.
Vertragliche Einschränkung von Käuferrechten bei Vorliegen eines Sachmangels **Verkürzung der Verjährungsfrist**	Vertragliche Vereinbarungen eines Unternehmers mit einem Verbraucher zur Inanspruchnahme von Rechten bei mangelhafter Lieferung haben keine Gültigkeit, wenn die getroffenen Vereinbarungen den Verbraucher benachteiligen § 475 (1) BGB. Auch haben Vertragsvereinbarungen zur Verkürzung der Verjährungsfristen (bei neuen Sachen unter zwei Jahre, bei gebrauchten Sachen unter ein Jahr) keine Gültigkeit § 475 (2) BGB.
Beweislast bei Vorliegen eines Sachmangels	Zeigt sich innerhalb von sechs Monaten nach einem Kauf, dass die Ware mangelhaft ist, so wird zugunsten des Verbrauchers vermutet, dass der Mangel von Anfang an – also bereits zum Zeitpunkt des Gefahrenübergangs (Warenübergabe) – vorhanden war. Der Verbraucher muss also nicht beweisen, dass dieser Mangel bereits zum Zeitpunkt des Gefahrenübergangs vorlag § 476 BGB.

3.2 Verbrauchsgüterkaufverträge: Ausgewählte Beispiele

3.2.1 Fernabsatzverträge

BGB §§ 13, 14, 312b

Fernabsatzverträge sind Verträge über die Lieferung von Waren oder Dienstleistungen, die zwischen einem Unternehmer und einem Verbraucher unter ausschließlicher Verwendung von Fernkommunikationsmitteln (z. B. Telefon, Fax, Brief, Kataloge, E-Mail, Rundfunk, Internet) abgeschlossen werden.

Ein Fernabsatzvertrag liegt nur dann vor, wenn der Vertragsschluss im Rahmen eines für den Fernabsatz organisierten Vertriebs- oder Dienstleistungssystems erfolgt. Ein solches Vertriebssystem liegt nicht vor, wenn das Unternehmen normalerweise seine Produkte nicht über einen Versandhandel vertreibt. BGB § 312b (1)

Da sich der Kunde und der Unternehmer anders als bei einem **Ladenkauf** nicht persönlich begegnen und die Ware nicht vor Vertragsschluss geprüft werden kann, ergeben sich für den Verbraucher bei einem **Fernabsatzkauf** nicht unerhebliche Risiken. Die Vorschriften über Fernabsatzverträge dienen deshalb vornehmlich dem Schutz des Verbrauchers. Aufg. 3.1 S. 235

Widerrufsrecht

Der Verbraucher hat bei einem Fernabsatzvertrag das Recht, seine auf den Abschluss des Vertrags gerichtete Willenserklärung **innerhalb von 14 Tagen ohne Angabe von Gründen** zu widerrufen. Die Frist beginnt mit dem Zeitpunkt, zu dem der Verbraucher eine deutlich gestaltete Belehrung über sein Widerrufsrecht (Widerrufsbelehrung) in Textform erhalten hat, aber nicht vor Erhalt der Ware. Macht der Verbraucher von seinem Widerrufsrecht fristgerecht Gebrauch, so ist er an seine auf den Abschluss des Vertrages gerichtete Willenserklärung nicht mehr gebunden. Bis zum Ablauf der Widerrufsfrist ist der Vertrag **schwebend wirksam**.[1] BGB §§ 312d 355, 356 BGB § 355 (2)

Bei ordnungsgemäßer Erfüllung der Informationspflichten beginnt das Widerrufs- bzw. Rückgaberecht jedoch frühestens BGB § 312d (2)

- bei Waren: mit Eingang beim Empfänger
- bei wiederkehrenden Leistungen: mit Eingang der ersten Lieferung beim Empfänger
- bei Dienstleistungen: mit Vertragsschluss.

Das Widerrufsrecht gilt nicht: BGB § 312d (4)

- bei individuellen Kundenanfertigungen,
- bei Waren, die schnell verderben können oder deren Verfalldatum überschritten würde,
- bei Audio-, Videoaufzeichnungen oder Software, wenn sie entsiegelt wurden,
- Zeitungen, Zeitschriften und Illustrierten (Ausnahme: Verbraucher hat den Vertrag am Telefon abgeschlossen),
- Wett- und Lotterie-Dienstleistungen (Ausnahme: Verbraucher hat den Vertrag am Telefon abgeschlossen),
- bei Waren aus Versteigerungen.

Um dem Verbraucher die vollen 14 Tage als Überlegungsfrist zu lassen, genügt zur Fristwahrung die rechtzeitige Absendung des Widerrufs. Es kommt also nicht auf den Zeitpunkt des Zugangs an. BGB § 355 (1) S. 1

1 Ein **schwebend wirksamer** Vertrag ist **zunächst mit Abschluss gültig**, kann aber innerhalb einer Frist (z.B. Widerrufsfrist von 14 Tagen) wieder ungültig werden, falls der Verbraucher seine abgegebene Willenserklärung widerruft. Der Vertrag wird in diesem Fall **nachträglich von Anfang an ungültig**.
Ein **schwebend unwirksamer** Vertrag, den z.B. ein beschränkt Geschäftsfähiger ohne Einwilligung des gesetzlichen Vertreters schließt, ist **zunächst** (zum Zeitpunkt der Abgabe der Willenserklärung) **nicht gültig**. Er kann nur durch die spätere Genehmigung des gesetzlichen Vertreters **gültig** werden. Dieser Vertrag wird dann aber durch die Genehmigung **nachträglich von Anfang an gültig**.

BGB § 355 (2)

Im Normalfall verlängert sich die Widerrufsfrist auf **einen Monat**, wenn die Widerrufsbelehrung dem Verbraucher erst **nach Vertragsschluss** mitgeteilt wird. Lässt der Unternehmer dem Verbraucher die Widerrufsbelehrung jedoch **unverzüglich nach Vertragsschluss** zugehen, so beträgt die Widerrufsfrist wiederum 14 Tage. Die Rechtssprechung geht davon aus, dass eine Übermittlung in Textform innerhalb von 24 Stunden noch ausreicht.

Widerruf bei Sofortkauf über EBAY

Kurt Winter schließt durch Betätigung des Schalters „Sofort Kaufen" am 14.09. d.J. über EBAY einen Kaufvertrag über die Lieferung einer Digitalkamera zum Preis von 125 EUR ab. Noch am 14.09. – also nach Abschluss des Kaufvertrages – erhält er per E-Mail eine Widerrufsbelehrung. Die Widerrufsfrist beträgt 14 Tage, weil der Verkäufer (Unternehmer) die Widerrufsbelehrung unmittelbar nach Vertragsschluss (unverzüglich) verschickt hat.

BGB § 355 (4), S. 3
BGB § 360 (1)

Das Widerrufsrecht des Verbrauchers **erlischt gar nicht**, wenn die Widerrufs- und Rückgabebelehrung nicht den gesetzlich vorgeschriebenen Anforderungen entspricht.

Rückgaberecht statt Widerrufsrecht

BGB § 356

Das Widerrufsrecht kann unter bestimmten Voraussetzungen durch ein in einem Verkaufsprospekt enthaltenes **uneingeschränktes Rückgaberecht** ersetzt werden. Bei Vereinbarung eines Rückgaberechts ist der Fernabsatzvertrag **ohne Einschränkungen wirksam**. Macht der Verbraucher von seinem Rückgaberecht Gebrauch, so widerruft er damit **nicht** seine abgegebene Willenserklärung. Deshalb finden bei einer Rückgabe die Vorschriften über den Rücktritt entsprechend Anwendung. Falls der Unternehmer den bereits bezahlten Kaufpreis erstatten muss, so kann er bei nicht rechtzeitiger Rückerstattung in Zahlungsverzug kommen.

BGB § 357, § 286 (3)

Kap. B 4.4

Informationspflichten

BGB § 312c

Der Unternehmer ist verpflichtet, den Verbraucher **rechtzeitig vor Abschluss des Fernabsatzvertrages** klar und verständlich zu informieren, z. B. über

BGBEG[1] Art. 246 § 1 (1)

- seine Identität (Name, Anschrift, Eintragung in einem öffentlichen Unternehmensregister),
- wesentliche Merkmale der Ware oder Dienstleistung, sowie darüber, wie der Vertrag zustande kommt,
- Gesamtpreis der Ware oder Dienstleistung einschließlich aller damit verbundenen Preisbestandteile,
- gegebenenfalls zusätzlich anfallende Liefer- und Versandkosten,
- Einzelheiten hinsichtlich der Zahlung und der Lieferung oder Erfüllung,
- Befristung der Gültigkeitsdauer z. B. eines befristeten Angebots.

BGB § 355, § 312c

Diese Informationen müssen dem Verbraucher rechtzeitig vor der Abgabe von dessen Vertragserklärung zur Verfügung stehen.

BGBEG Art. 246, § 1

Kommt der Unternehmer seinen **Informationspflichten** gegenüber dem Verbraucher nicht rechtzeitig oder nicht im erforderlichen Umfang oder der erforderlichen Form nach, so verlängert sich das Widerrufsrecht auf **sechs Monate** nach Vertragsschluss.

1 BGBEG: Einführungsgesetz zum Bürgerlichen Gesetzbuch.

B

Widerruf einer Bestellung von Sportschuhen

Helmut Dreier hat am 08. Jan. d.J. beim Sportversandhaus TriSport GmbH auf einer Bestellkarte ein paar Sportschuhe (Nike Shox OGE) zum Preis von 99,90 EUR einschl. Versandkosten bestellt. Am 10. Jan. d.J. erhält er die Auftragsbestätigung einschließlich der Informationen zum Vertrag und Widerrufsbelehrung. Die Lieferung geht am 14. Jan. d.J. ein.

Die Schuhe entsprechen in Farbe und Form nicht den Ansprüchen von Helmut Dreier. Wie lange kann er sich mit dem Widerruf seiner Bestellung Zeit lassen?

Aufg. 3.2 S. 235

1. Dauer der Widerrufsfrist: 14 Tage (§ 355 (2) BGB).
2. Beginn (erster Tag) der Widerrufsfrist: 15. Jan. d.J. (§ 187 (1) BGB), da es sich um eine Warenlieferung handelt (§ 312d (2) BGB).
3. Ablauf der Widerrufsfrist: 28. Jan. d.J., 24:00 Uhr (§ 188 (1) BGB)

Bestellung	Auftr. Best.	Lieferung	Beginn der Widerrufsfrist	Ablauf der Widerrufsfrist
08.01.	10.01.	14.01.	15.01.	28.01. 24:00 Uhr

Widerrufsfrist (15.01. → 28.01.)

Hinweis: Liegt der letzte Tag der Widerrufsfrist an einem Samstag oder Sonn- und Feiertag, so tritt an die Stelle eines solchen Tages der nächste Werktag (§ 193 BGB).

Bei der Berechnung der Widerrufsfrist ist zu beachten, dass – anders als bei der kaufmännischen Zinsrechnung – die Tage monatsgenau berechnet werden. Die Vereinfachung, jeden Monat mit 30 Tagen zu berechnen, findet keine Anwendung.

Rechtsfolgen bei Widerruf bzw. Rücksendung

BGB § 357 (2), (3)

Rechtsfolgen für den Unternehmer	Rechtsfolgen für den Verbraucher
Der Unternehmer muss ■ die Kosten der Rücksendung tragen, falls der Warenwert über 40,00 EUR liegt ■ die Gefahr der Rücksendung tragen.	Der Verbraucher muss ■ die Ware zurücksenden, wenn die Sache durch Paket versandt werden kann ■ die Kosten der Rücksendung tragen, wenn der Warenwert 40,00 EUR oder weniger beträgt und die Kostenübernahme vertraglich vereinbart ist Hinweis: **Die Hinsendekosten** (= Kosten für die Zusendung) muss der Kunde nicht bezahlen, wenn er die Ware innerhalb der 14-tägigen Widerrufsfrist zurückschickt.[1] ■ gegebenenfalls ein Nutzungsentgelt zahlen, wenn er die Ware in einer Art und Weise genutzt hat, die über die Prüfung der Eigenschaften und der Funktionsweise hinausgeht und wenn er zuvor auf diese Rechtsfolge hingewiesen wurde.

Aufg. 3.3 S. 235

BGB § 312e (1)

Pflichten im elektronischen Geschäftsverkehr

BGB § 312e

Beim Abschluss eines elektronischen Vertrages hat ein Unternehmer bestimmte zusätzliche Pflichten zu erfüllen. Dem Kunden müssen angemessene, wirksame und zugängliche **technische Mittel zur Eingabefehlererkennung und -beseitigung** vor Abgabe der Bestellung zur Verfügung gestellt werden. Über diese Mittel ist der Kunde zu informieren. Weiterhin hat der Unternehmer dem Kunden u.a. die Möglichkeit zu verschaffen, die Vertragsbestimmungen einschließlich der Allgemeinen Geschäftsbedingungen bei Vertragsschluss abzurufen und in wiedergabefähiger Form zu speichern.

BGB § 312e (1) Nr. 1–4

1 OLG Karlsruhe – Az. 15 U 226/06.

3.2.2 Internetkauf

Eine besondere Form des Fernabsatzvertrages ist der **Internetkauf**:

> **Ein Internetkauf liegt vor, wenn Waren über das Internet bei Online-Shops (z. B. Buchhandlung Amazon) gekauft werden.**

Vertragsschluss

BGB § 145

Eine Warenpräsentation über eine Homepage im Internet ist grundsätzlich **nicht an eine bestimmte Person**, sondern an die Allgemeinheit gerichtet. Sie ist damit **kein Antrag**, sondern stellt lediglich eine Aufforderung **(unverbindliche Anpreisung)** an den Empfänger (Internet-Nutzer) dar, seinerseits einen Antrag auf Abschluss eines Vertrages abzugeben. Ein Vertrag kommt demnach erst zustande, wenn der Antrag (hier: Bestellung) angenommen wird.

Kap. B 1.3

BGB § 130

Für das Zustandekommen eines Kaufvertrages bei Einsatz des Internet sind einige Besonderheiten zu beachten. Da sich die Vertragspartner bei der Abgabe ihrer Willenserklärungen nicht unmittelbar gegenüberstehen, handelt es sich um **Willenserklärungen unter Abwesenden**. Eine empfangsbedürftige Willenserklärung wird einem Abwesenden gegenüber bereits **mit deren Zugang** wirksam und nicht erst dann, wenn der Empfänger davon Kenntnis erlangt. In nachstehendem Beispiel (vgl. S. 231) kommt demnach der Kaufvertrag bereits um 21:32 Uhr zustande und nicht erst, wenn Heinz Kugler vom Eingang der Auftragsbestätigung durch Abholungen seiner E-Mail-Nachrichten Kenntnis erlangt.

Widerrufsrecht

Aufg. 3.4 S. 236

Die Möglichkeit des Abschlusses eines Kaufvertrages über Tastendruck oder Mausklick beinhaltet erhebliche Gefahren:

1. Ein versehentlich durchgeführter Tastendruck kann – vom Nutzer häufig unbemerkt – bereits zum Abschluss eines Kaufvertrages führen.

BGB § 312d, § 357 (2)

2. Der Besteller kann die angebotenen Produkte weder besichtigen noch erproben.

Wurde der Kaufvertrag zwischen einem **Unternehmer** und einem **Verbraucher** über das Internet (Internetkauf) geschlossen, so liegt ein **Fernabsatzvertrag** vor. Demnach steht dem Verbraucher je nach Vereinbarung im Vertrag ein **Widerrufs- oder Rückgaberecht** zu. Die Rechtsfolgen eines Widerrufs hinsichtlich Kosten- und Gefahrtragung sind die gleichen wie bei einem Fernabsatzvertrag.

Heinz Kugler entdeckt über eine Internet-Suchmaschine folgende Anzeige:

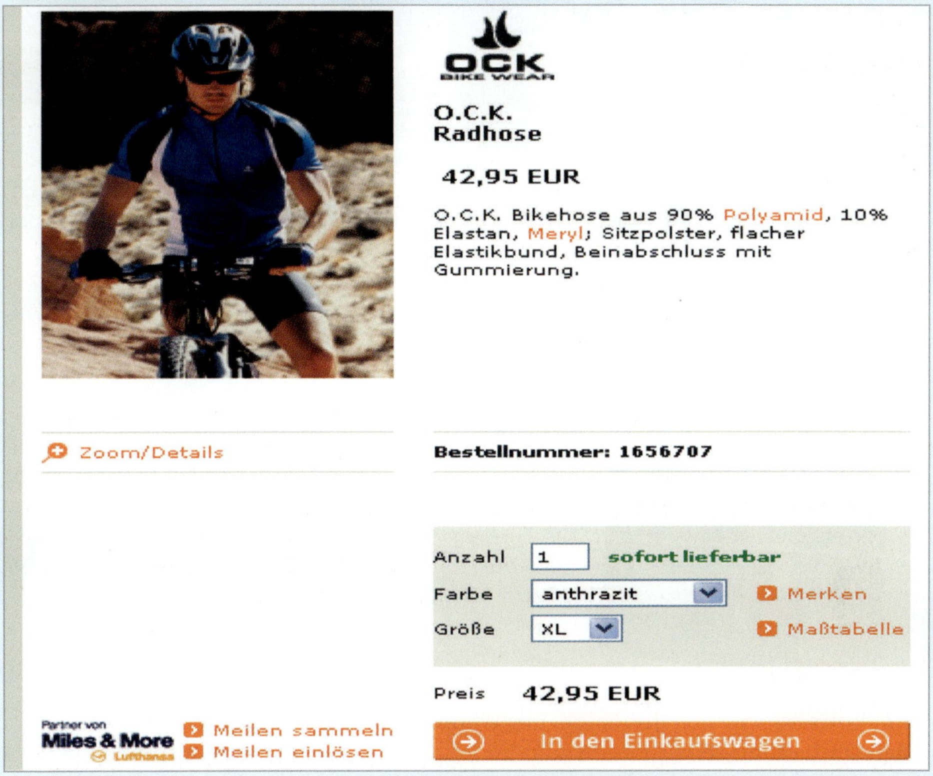

Durch Mausklick bestellt Heinz Kugler um 21:30 Uhr die Radhose. Bereits um 21:32 Uhr – zwei Minuten nach Eingang der Bestellung – bestätigt der Händler per automatischer E-Mail den Eingang und sagt die Lieferung innerhalb von drei Tagen zu.

❶ Anzeige: kein Antrag, lediglich unverbindliche Anpreisung

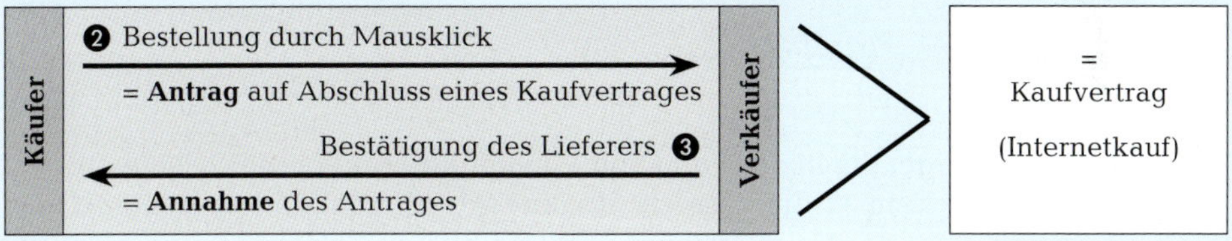

3.2.3 Internetauktionen

Besonderheiten einer Internetauktion

Auch bei Internetauktionen (Versteigerungen im Internet) handelt es sich um **Fernabsatzverträge**, wenn ein Verbraucher beteiligt ist. Dabei bietet der Veranstalter einer solchen Auktion (z. B. ebay.de, werbietetmehr.de) eine Verkaufsplattform meist gegen Entgelt an, auf der jeder Teilnehmer (Unternehmer oder Verbraucher) Waren präsentieren kann. Gleichzeitig kann der Teilnehmer die Bedingungen der Auktion festlegen. So besteht die Möglichkeit, einen Mindestverkaufs- bzw. Startpreis und die Größe der Bietschritte anzugeben. Des Weiteren muss der Teilnehmer einen Bietzeitraum (i. d. R. eine Woche) bestimmen, in dem das Angebot freigeschaltet ist. Während dieser Zeit können Gebote für den Gegenstand abgegeben werden. Wer bei Ablauf der Bietzeit das **höchste Gebot** abgegeben hat, erhält den „Zuschlag" für den Gegenstand.

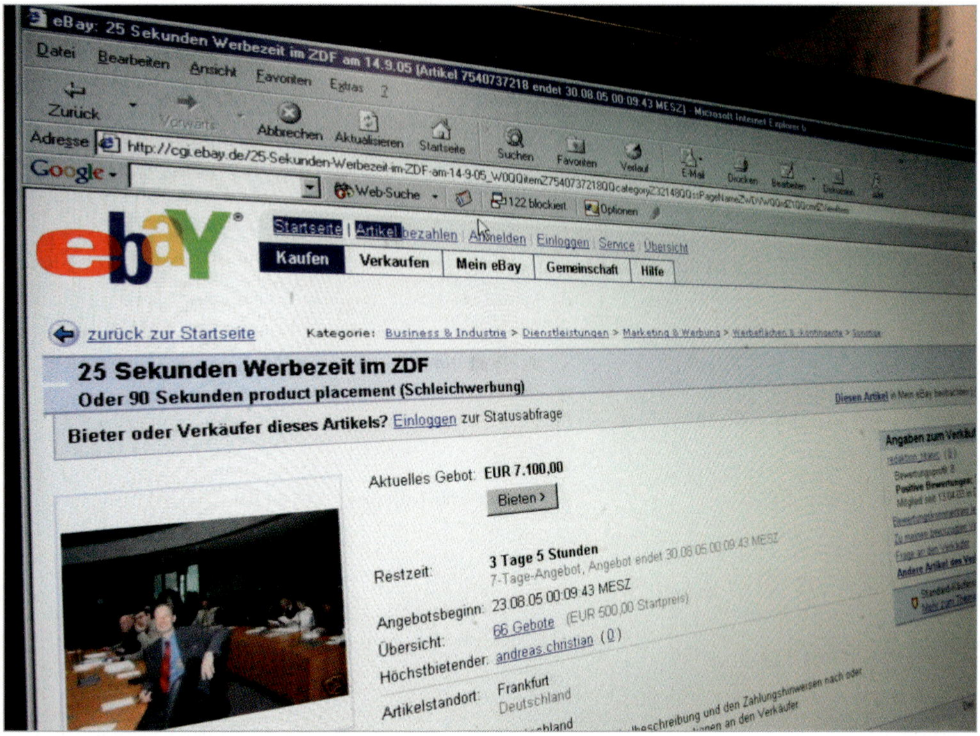

Normalerweise will sich derjenige, der Waren im Internet anbietet, nicht schon mit der bloßen Darbietung seiner Waren zum Verkauf verpflichten. Dann bestünde die Gefahr, dass er möglicherweise mehr Kaufverträge erfüllen müsste, als ihm Waren zur Verfügung stehen. Bei einer **Internetauktion** hingegen will und muss der Anbieter an den Höchstbietenden liefern. Aus diesem Grunde handelt es sich dabei um ein **zeitlich befristetes, verbindliches Verkaufsangebot** zu dem Preis des noch zu ermittelnden **Höchstgebotes**. Ein Kaufvertrag kommt damit rechtswirksam mit dem Höchstbietenden zustande.

Aufg. 3.5 und 3.6 S. 236

Widerrufsrecht

BGB § 312d (4) Nr. 5

Für Fernabsatzverträge, die in der Form von Versteigerungen geschlossen werden, besteht im Normalfall kein Widerrufsrecht. Online-Auktionen sind aber **keine echten Versteigerungen**, weil der Kaufvertrag u. a. durch bloßen **Zeitablauf** und nicht durch Zuschlag eines Auktionators zustande kommt. Da der Käufer bei einer Online-Auktion die Ware genau so wenig in Augenschein nehmen kann wie beim Versandhandel, besteht aus Gründen des Verbraucherschutzes ein **Widerrufsrecht von vier Wochen**[1]. Ein Verbraucher kann sich demnach bei Online-Auktionen im Nachhinein anders entscheiden und ersteigerte Ware an den gewerblichen Verkäufer (Unternehmer) zurückschicken.

---

1 Nach Entscheidungen mehrerer Gerichte wird bei eBay das Widerrufsrecht **regelmäßig auf einen Monat** statt 14 Tage verlängert. Dies wird damit begründet, dass die 14-tätige Widerrufsfrist nur dann gelte, wenn der Verbraucher vor Vertragsschluss eine Widerrufsbelehrung in Textform (z. B. E-Mail oder Fax) erhalten habe (§ 355 (2) S. 2 BGB). Ein bloßer Hinweis auf der Internetseite auf das Widerrufsrecht, wie das bei eBay-Käufen die Regel sei, erfülle grundsätzlich nicht das gesetzliche Textformerfordernis, da die Widerrufsbelehrung dem Verbraucher tatsächlich nicht in Textform (als Ausdruck oder Download) zur Verfügung steht.

Zusammenfassende Übersicht zu Kap. 3: Besondere Kaufverträge mit Verbrauchern

Verkäufer = **Unternehmer** § 14 BGB	← **Verbrauchsgüterkaufvertrag** →	Käufer = **Verbraucher** § 13 BGB

↓

besondere Schutzvorschriften (Verbraucherschutz)

allgemeine Geschäftsbedingungen	**Gefahrenübergang**	**Zusendung unbestellter Ware**	**Garantieerklärung**	**Widerrufsrecht**
werden nur bei ausdrücklichem Hinweis Vertragsbestandteil	auch bei Versendungskauf erst bei Übergabe an den Käufer	Versender hat keinen Anspruch auf Bezahlung oder Rücksendung	muss u. a. darauf hinweisen, dass die gesetzlichen Rechte nicht eingeschränkt werden	bei Fernabsatzverträgen innerhalb von 14 Tagen (z. B. bei Bestellung per Brief, Telefon, E-Mail, Internet)
§ 310 (1) BGB	§§ 474 (2), 447 (1) BGB	§ 241a BGB	§ 477 BGB	§ 312d

↓

Sachmängel		
vertragliche Einschränkung von Rechten	**vertragliche Verkürzung der Verjährungsfrist**	**Beweislastumkehr**
unwirksam, wenn sie den Verbraucher benachteiligen	unwirksam, wenn unter 2 Jahre bei neuen Sachen	innerhalb von 6 Monaten nach Gefahrenübergang muss der Verkäufer beweisen, dass die Sache einwandfrei war
§ 475 (1) BGB	§ 475 (2) BGB	§ 476 BGB

Fernabsatzvertrag § 312b BGB

= Vertrag eines **Unternehmers** mit einem **Verbraucher** über Lieferung von Waren oder Dienstleistungen unter **ausschließlicher Verwendung von Fernkommunikationsmitteln und unter Benutzung organisierter Vertriebssysteme**

↓

Widerrufsrecht des Verbrauchers gem. § 312d BGB

↓

Fristen

bei rechtzeitiger Widerrufsbelehrung (vor oder unverzüglich nach Vertragsabschluss) gem. § 355 (2) BGB	bei Widerrufsbelehrung nicht vor oder unverzüglich nach Vertragsabschluss § 355 (2) BGB	bei einer fehlerhaften oder unterlassenen Information nach § 312c (2) BGB, § 355 (4) BGB, BGBEG Art. 246, § 1	Widerrufs- und Rückgabebelehrung entspricht nicht den Anforderungen von § 360 (1) BGB, § 355 (4) S. 3 BGB.
14 Tage	ein Monat	sechs Monate	kein Fristende

Kaufvertrag ist schwebend wirksam

Bei Vereinbarung eines Rückgaberechts

↓

voll wirksamer Vertrag (BGB § 356, 357)

Informationspflicht des Unternehmers § 312c BGB:

- **Einzelheiten des Vertrages**
- **geschäftlicher Zweck des Vertrages**

↓

Praktische Anwendung:

Internetkauf

= Kauf von Waren über das Internet bei Online-Shops

Internetauktion

= verbindliches Angebot eines Bieters an den Höchstbietenden zu verkaufen

Widerrufsrecht: falls Fernabsatzvertrag, d. h. Vertrag mit Fernkommunikationsmittel, den ein Unternehmer mit einem Verbraucher abschließt.

Fragen zur Wiederholung

zu Kapitel 3 Besonderheiten beim Abschluss von Kaufverträgen mit Verbrauchern

zu Kapitel 3.1 Schutzvorschriften bei Verbrauchsgüterkaufverträgen

1. Was ist ein Verbrauchsgüterkauf?
2. Wodurch unterscheidet sich ein bürgerlicher Kauf von einem einseitigen Handelskauf?
3. Nennen Sie Vorschriften zum Schutz des Verbrauchers beim Abschluss von Verbrauchsgüterkaufverträgen.

zu Kapitel 3.2 Verbrauchsgüterkaufverträge: Ausgewählte Beispiele

3.2.1 Fernabsatzverträge

1. Was ist ein Fernabsatzvertrag?
2. Innerhalb welcher Frist kann ein Verbraucher einen Fernabsatzvertrag widerrufen?
3. Wann beginnt bei ordnungsgemäßer Erfüllung der Informationspflichten das Widerrufsrecht bei Waren?
4. Nennen Sie Rechtsfolgen, die sich bei einem Widerruf bzw. einer Rücksendung für den Unternehmer und den Verbraucher ergeben.

3.2.2 Internetkauf

1. Erklären Sie den Begriff „Internetkauf".
2. Warum stellt eine Warenpräsentation über eine Homepage im rechtlichen Sinne keinen Antrag dar?
3. Erklären Sie, wie bei einem Internetkauf ein Kaufvertrag zustande kommt.

3.2.3 Internetauktionen

1. Was ist eine Internetauktion?
2. Wie kommt bei einer Internetauktion ein Kaufvertrag zustande?
3. Welche Pflichten muss ein Unternehmer im Rahmen des elektronischen Geschäftsverkehrs erfüllen?

Aufgaben und Probleme

zu Kapitel 3 Besonderheiten beim Abschluss von Kaufverträgen mit Verbrauchern

3.1 Bestellung eines Lautsprechers bei einem Elektroversand

Philipp Kranich hat am 25.11. d.J. schriftlich (durch Brief) beim Elektroversand Romer in Lörrach einen Lautsprecher für sein Auto bestellt. Mit Datum vom 27.11. d.J. erhält er die Lieferung und eine Auftragsbestätigung folgenden Inhalts (Auszug):

...

Ihre Bestellung:

Menge	Artikel/Leistung	Preise in EUR (netto ohne MwSt)
1	Lautsprecher	112,00
1	Versandkosten	6,95
	Summe	**118,95**
	zzgl. 19 % USt	**22,60**
		141,55

Widerrufsbelehrung

Widerrufsrecht

Sie können Ihre Vertragserklärung innerhalb von 14 Tagen ohne Angabe von Gründen in Textform (z.B. Brief, Fax, E-Mail) widerrufen. Die Frist beginnt frühestens mit Erhalt dieser Belehrung. Wird die Ware später geliefert, so ist für den Beginn der Frist der Tag der Lieferung entscheidend. Zur Wahrung der Widerrufsfrist genügt die rechtzeitige Absendung des Widerrufs.

...

Am 01.12. d.J. erhält Philipp Kranich den Prospekt eines anderen Anbieters mit günstigeren Bedingungen.

1. Stellen Sie fest, ob durch die Auftragsbestätigung zwischen dem Elektroversand Romer und Philipp Kranich ein wirksamer Vertrag zustande gekommen ist. BGB § 312d § 355 (1)
2. Begründen Sie, ob Philipp Kranich die Möglichkeit hat, den bestellten Lautsprecher wieder zurückzuschicken und stattdessen das Konkurrenzangebot in Anspruch zu nehmen? Wie müsste sich Philipp Kranich in einem solchen Falle verhalten? § 312d § 355 (1)
3. Wer müsste gegebenenfalls die Kosten der Rücksendung übernehmen, wenn Philipp Kranich das erhaltene Paket an Elektroversand Romer zurückschickt? § 357 (2)

3.2 Widerruf einer Bestellung

Hartmut Klipfel hat am 24.03. d.J. bei einem Anbieter von Sportartikeln auf dessen Internetseite ein Paar Carving Skier zum Setpreis von 380 EUR bestellt. Noch am gleichen Tag erhält er per E-Mail die Auftragsbestätigung sowie eine Belehrung über seine Möglichkeiten zum Widerruf der Bestellung.

Nachdem Hartmut Klipfel zwischenzeitlich einen Snowboardkurs besucht hat, will er das Skifahren aufgeben.

1. Kann Hartmut Klipfel seine Willenserklärung (Bestellung) auch nach Eingang der Auftragsbestätigung widerrufen? BGB § 13 § 312d (1)
2. Wie ist der Fall zu entscheiden, wenn sich Hartmut Klipfel erst am Tag der Lieferung (Mittwoch, 14. April d.J.) zum Widerruf entschließt? § 355 (1) § 355 (3) § 187

3.3 Kosten der Ingebrauchnahme bei Fernabsatzvertrag

Hartmut Klipfel hat am 28.08. d.J. per E-Mail einen gültigen Kaufvertrag über ein Wasserbett zum Preis von 1 265,00 EUR geschlossen. Das Angebot des Unternehmens, das die Wasserbetten über das Internet zum Verkauf anbot, war Hartmut Klipfel per E-Mail zuvor als angehängte PDF-Datei übersandt worden. Die Widerrufsbelehrung war im Text der E-Mail enthalten. Die E-Mail enthielt u.a. auch den Satz: *„Im Hinblick auf die o. g. Widerrufsbelehrung weisen wir ergänzend darauf hin, dass durch das Befüllen der Matratze des Wasserbettes regelmäßig eine Verschlechterung eintritt, da das Bett nicht mehr als neuwertig zu veräußern ist.“*

Die Lieferung des Wasserbetts ging Hartmut Klipfel am 02.09. d.J. (Montag) gegen Barzahlung zu.

BGB § 312b § 312d § 355

1. Stellen Sie fest, ob und gegebenenfalls bis zu welchem Zeitpunkt (genauer Termin) Hartmut Klipfel das Wasserbett bei Nichtgefallen wieder zurückschicken kann.
2. Am 09.09. d.J. schickt Hartmut Klipfel das Wasserbett an den Lieferer zurück, weil es seinen Vorstellungen nicht entsprach.
   a) (BGB § 357 (2)) Wer (Käufer oder Verkäufer) muss die mit der Rücksendung verbundenen Kosten in Höhe von 35 EUR tragen, wenn der Vertrag darüber keine Vereinbarungen enthält?
   b) (BGB § 357 (3)) Der Lieferer weigert sich, den bei Lieferung des Bettes bar bezahlten Verkaufspreis in Höhe von 1265 EUR zu erstatten. Vielmehr erstattete er lediglich einen Betrag in Höhe von 258 EUR, weil das Bett nicht mehr verkäuflich und lediglich die Heizung im Wert von 258 EUR wieder verwertbar sei.
   Beurteilen Sie die Rechtslage.

3.4 Rückgabe einer CD bei Internetkauf

BGB § 312d (4)

Heinrich Klamm – 18 Jahre alt – bestellt bei Amazon.de die CD „With the Beatles“ zum Preis von 15,00 EUR. Gleich nach Eingang der CD erstellt Heinrich Klamm eine Raubkopie und schickt das Original ohne weitere Begründung wieder zurück. Von Amazon.de verlangt er Rücküberweisung des zwischenzeitlich abgebuchten Betrages.
Muss Amazon.de die CD wieder zurücknehmen und den Kaufpreis erstatten?

3.5 Irrtum bei einer Internetauktion

BGB § 119 (1)

Juwelier Glanzmann stellt einen Diamantring zur Versteigerung auf der Internet-Seite von EBAY ein. Versehentlich hat er es versäumt, den Mindestpreis in Höhe von 400 EUR zu nennen und auf Freischaltung des Angebots geklickt. Paul Schick ist mit 300 EUR der Höchstbietende und fordert von Glanzmann die Lieferung des Ringes für 300 EUR. Glanzmann weigert sich zu liefern mit der Begründung, dass er sich geirrt habe. Muss Glanzmann liefern?

3.6 Widerruf bei einer Internetauktion

Kurt Felix „ersteigert“ über EBAY von der Firma Digitalsoft eine Videokamera zum Preis von 249 EUR. Nachdem bei Digitalsoft der Überweisungsbetrag von 256 EUR (Kamerapreis zzgl. 7 EUR Versandkosten) eingegangen ist, kommt die Kamera zum Versand. Sofort nach deren Erhalt kauft Kurt Felix in einem nahe gelegenen Elektrogeschäft eine geeignete Ledertasche. Dabei stellt er fest, dass in diesem Geschäft die gleiche Kamera für 222 EUR angeboten wird.

BGB § 312d (4) § 355 (2)

1. Kann Kurt Felix die Kamera gegen Rückerstattung des überwiesenen Betrages wieder zurückschicken?
2. Innerhalb welcher Frist müsste Kurt Felix ggf. seine Willenserklärung widerrufen, wenn er von der Firma Digitalsoft über sein Widerrufsrecht mit Eingang der Kamera belehrt wurde?
3. Wie ist im Falle 1 zu entscheiden, wenn es sich beim Verkäufer der Kamera um Privatmann Heinz Klippert handelt?

4 Störungen bei der Erfüllung von Verbrauchsgüterkaufverträgen

Überblick und Zusammenhänge

4 Störungen bei der Erfüllung eines Kaufvertrages

- ***4.1*** *Welche Störungen können bei der Erfüllung eines Kaufvertrages auftreten? (Überblick)*
- ***4.2*** *Schlechterfüllung eines Kaufvertrages*
  - *Arten von Mängeln*
  - *Käuferrechte bei Schlechtleistung*
  - *Voraussetzungen und Besonderheiten bei der Geltendmachung von Gewährleistungsansprüchen*
- ***4.3*** *Nicht rechtzeitige Lieferung – Lieferungsverzug*
  - *Abgrenzung nicht rechtzeitige Lieferung – Lieferungsverzug*
  - *Welche Voraussetzungen müssen erfüllt sein, damit Lieferungsverzug eintritt?*
  - *Welche Rechte stehen dem Käufer bei Lieferungsverzug zu?*
- ***4.4*** *Nicht rechtzeitige Zahlung – Zahlungsverzug*
  - *Welche Voraussetzungen müssen erfüllt sein, damit Zahlungsverzug vorliegt?*
  - *Welche Rechte stehen dem Verkäufer bei Zahlungsverzug zu?*

4.1 Arten von Erfüllungsstörungen im Überblick

Aus jedem Kaufvertrag ergeben sich für die Vertragspartner vertragliche und gesetzliche Pflichten und Rechte.

Störungen bei der Erfüllung eines Kaufvertrages liegen vor, wenn Pflichten aus diesem Vertrag nicht oder nicht vertragsgemäß erfüllt werden.

Folgende Störungen bei der Erfüllung eines Kaufvertrages sind möglich:

1. Der Verkäufer liefert falsche oder fehlerhafte Ware oder Ware in geringerer Menge **(Schlechtleistung)**.
2. Der Verkäufer liefert nicht oder verspätet **(nicht rechtzeitige Lieferung)**.
3. Der Käufer zahlt nicht oder verspätet **(nicht rechtzeitige Zahlung)**.
4. Der Käufer nimmt die gelieferte Ware nicht an **(Annahmeverzug)**.

Aufg. 4.1.1 S. 238

Zusammenfassende Übersicht zu Kap. 4.1: Arten von Erfüllungsstörungen im Überblick

- **Schlechtleistung § 434 ff. BGB**: Verkäufer liefert falsche oder fehlerhafte Ware oder Ware in geringerer als der bestellten Menge
- **nicht rechtzeitige Lieferung §§ 280, 286 ff. BGB**: Verkäufer (Warenschuldner) liefert nicht oder verspätet
- **nicht rechtzeitige Zahlung §§ 280, 286 ff. BGB**: Käufer (Geldschuldner) zahlt nicht oder verspätet
- **Annahmeverzug § 293 ff. BGB**: Käufer nimmt gelieferte Ware nicht an

Nicht rechtzeitige Lieferung und nicht rechtzeitige Zahlung: **Nicht rechtzeitige Leistung des Waren- bzw. Geldschuldners**

Annahmeverzug: **Gläubigerverzug**

Schlechtleistung, nicht rechtzeitige Lieferung → **Verursacht durch den Verkäufer**

Nicht rechtzeitige Zahlung, Annahmeverzug → **Verursacht durch den Käufer**

Fragen zur Wiederholung

zu Kapitel 4 Störungen bei der Erfüllung von Verbrauchsgüterkaufverträgen

zu Kapitel 4.1 Arten von Erfüllungsstörungen im Überblick

1. Wann liegt eine Störung bei der Erfüllung eines Kaufvertrages vor?
2. Welche Störungen bei der Erfüllung von Kaufverträgen lassen sich unterscheiden?
3. Nennen Sie Vertragsstörungen, die durch den Verkäufer verursacht werden.
4. Nennen Sie Vertragsstörungen, die durch den Käufer verursacht werden.

Aufgaben und Probleme

zu Kapitel 4 Störungen bei der Erfüllung von Verbrauchsgüterkaufverträgen

zu Kapitel 4.1 Arten von Erfüllungsstörungen im Überblick

4.1.1 Arten von Störungen bei der Erfüllung von Kaufverträgen

Begründen Sie für nachstehende Fälle, ob und gegebenenfalls welche Störung bei der Erfüllung eines Kaufvertrages vorliegt:

1. Werner Müller bestellte bei einem Internethändler eine Tintenpatrone für seinen Drucker. Der Internethändler hat jedoch eine Laserpatrone geliefert.
2. Marianne Kern hat bei einem Brennstoffhändler 6000 Liter Heizöl bestellt. Beim Füllen des Tanks stellt sich heraus, dass der Tank lediglich 1200 Liter aufnehmen kann. Marianne Kern nimmt deshalb die bestellte Menge nicht vollständig an.
3. Achim Nibor hat bei einem Fahrradhandel für den 01. August d. J. ein Rennrad bestellt, das er für eine Radtour nach Ungarn benutzen wollte. Als das Fahrrad am Abend des 31. Juli noch nicht eingetroffen ist, kauft Achim Nibor spontan ein Ersatzfahrrad bei einem anderen Händler.
4. Horst Müller hat die Rechnung über die Lieferung eines Dachgepäckträgers 30 Tage nach Lieferung noch nicht beglichen. Im Kaufvertrag wurde eine Zahlungsfrist von zwei Wochen vereinbart.

4.2 Schlechtleistung

4.2.1 Arten von Mängeln

BGB § 433 (1)

Durch den Abschluss eines Kaufvertrages hat sich der Verkäufer verpflichtet, dem Käufer das Eigentum an einer Sache **frei von Sach- oder Rechtsmängeln** zu verschaffen **(Gewährleistungspflicht)**.

BGB § 434

> Ein Sachmangel liegt vor, wenn die Sache zum Zeitpunkt der Übergabe (Gefahrenübergang) mit Fehlern behaftet ist.

BGB § 435

> Ein Rechtsmangel liegt vor, wenn Dritte an der gelieferten Sache Rechte gegen den Käufer geltend machen können.

> Schlechtleistung liegt vor, wenn der Verkäufer seine Vertragspflicht, mangelfrei – d. h. ohne Sach- oder Rechtsmangel – zu leisten, nicht erfüllt.

Liefert der Verkäufer eine mit einem der folgenden Mängel behaftete Sache, so erfüllt er den Vertrag nicht ordnungsgemäß:

Sachmängel

In folgenden Fällen handelt es sich jeweils um einen Sachmangel:

Aufg. 4.2.1 S. 248 f.

(1) Es wurden vertragliche Vereinbarungen über die Eigenschaften (Qualität) getroffen. Aber:

Die tatsächliche Beschaffenheit der Sache weicht von der vereinbarten Beschaffenheit ab.

(2) Es wurden **keine** Vereinbarungen **hinsichtlich der Beschaffenheit** getroffen, wohl aber über den Verwendungszweck. Aber:

Die Sache eignet sich nicht für den nach dem Vertrag vorausgesetzten Zweck.

(3) Käufer und Verkäufer haben sich weder über die Beschaffenheit noch über einen bestimmten Verwendungszweck verständigt. Aber:

Die Kaufsache eignet sich nicht für einen gewöhnlichen Verwendungszweck.
oder:
Die Sache entspricht nicht den Versprechungen in der Werbung bzw. die Kennzeichnung auf der Verpackung oder auf der Ware selbst weicht von den tatsächlich vorhandenen Eigenschaften ab.

(4) Die Sache ist zwar fehlerfrei. Aber:
Der Verkäufer oder sein Monteur haben die Montage fehlerhaft durchgeführt.
oder:
Eine fehlerhafte Montageanleitung hat dazu geführt, dass eine Sache nicht fehlerfrei montiert werden konnte (sog. IKEA-Klausel).

(5) Einem Sachmangel gleichgestellt sind auch folgende Fälle:

- **Der Verkäufer hat eine andere als die bestellte Sache geliefert.**
- **Der Verkäufer hat eine zu geringe Menge geliefert.**

Sachmängel

(1) Tatsächliche Beschaffenheit weicht von der vereinbarten Beschaffenheit ab
Bestellt wurden: Messer aus rostfreiem Edelstahl
Geliefert wurden: Messer aus rostendem Stahl
Bestellt wurde: Wasserdichte Jacke
Geliefert wurde: Wasserdurchlässige Jacke

BGB § 434 (1)

(2) Sache eignet sich nicht für den nach dem Vertrag vorausgesetzten Zweck
Hausbesitzer Heuer kauft in einem Baumarkt Folie, mit der ein Flachdach abgedichtet werden soll. Heuer informiert den Verkäufer ausdrücklich über den beabsichtigten Verwendungszweck der Folie. Die gekaufte Folie ist jedoch nicht UV-beständig und hält dadurch der Sonneneinstrahlung nicht Stand. Die Folie ist für den nach dem Vertrag vorausgesetzten Zweck nicht geeignet. Damit liegt ein Sachmangel vor.

BGB § 434 (1) S. 2 Nr. 1

(3) Sache eignet sich nicht für einen gewöhnlichen Verwendungszweck
Eine Hausfrau hat eine Backform bestellt. Bei deren Nutzung stellt sich heraus, dass diese nicht hitzebeständig ist.
Backformen müssen bei gewöhnlicher Verwendung hitzebeständig sein. Damit liegt ein Sachmangel vor.

BGB § 434 (1) S. 2 Nr. 2

- *Falschaussagen in der Werbung*
  Der durchschnittliche Benzinverbrauch eines Autos wird in der Werbung mit 6 l/100 km angegeben. Tatsächlich verbraucht das Auto jedoch 9 l/100 km.

  BGB § 434 (1) S. 3

- *Tatsächlich vorhandene Eigenschaften weichen von den gekennzeichneten Eigenschaften ab*
  Auf der Verpackung einer Schlagbohrmaschine ist angegeben: rechts und links drehend. Tatsächlich dreht die Bohrmaschine jedoch nur nach rechts.

  BGB § 434 (1) S. 3

(4)
- *Fehlerhafte Montage*
  Der Monteur eines Elektrofachhandels hat eine Waschmaschine falsch angeschlossen. Dadurch dringt Wasser in Teile der Maschine ein, die trocken bleiben müssen.

  BGB § 434 (2) S. 1

- *Fehlerhafte Montageanleitung*
  Ein Schreibtischstuhl lässt sich nicht zusammenschrauben, weil sich die mitgelieferte Montageanleitung auf das Vorgängermodell bezieht.

  BGB § 434 (2) S. 2

(5)
- *Falschlieferung*
  Bestellt: Lehrbuch Rechnungswesen
  Geliefert: Lehrbuch BWL

  BGB § 434 (3)

- *Lieferung einer zu geringen Menge*
  Bestellt: 3 000 l Heizöl
  Geliefert: 2 200 l Heizöl

  BGB § 434 (3)

Rechtsmängel

BGB § 435

Ein Rechtsmangel liegt vor, wenn Dritte in Bezug auf die Sache Rechte (z. B. Nutzungsrechte) gegen den Käufer geltend machen können. Der Käufer hat also nicht nur einen Anspruch darauf, die Sache überhaupt zu erhalten, sondern so, dass er darüber nach Belieben verfügen kann, ohne durch Rechte Dritter beschränkt zu sein.

Grundstückskauf mit Rechtsmängeln

Albers kauft von Biegert ein Haus. Albers wußte nicht, dass das Haus an Marx vermietet ist. Da Marx nach dem Grundsatz „Kauf bricht nicht Miete“ (§ 566 BGB) auch dem Erwerber Albers gegenüber zum Verbleib in dem Haus berechtigt ist, kann er Rechte gegen Albers geltend machen. Damit ist das Hausgrundstück mit einem Rechtsmangel behaftet (§ 435 BGB).

Mängel nach deren Entdeckbarkeit: Offene und versteckte Mängel

Im Hinblick auf die Entdeckbarkeit lassen sich folgende Mängel unterscheiden:

Offene Mängel Bei einer Prüfung der gekauften Sache sind diese sofort erkennbar.	**Versteckte Mängel** Sie sind bei einer Prüfung nicht sofort erkennbar.
Beim Auspacken eines neu gekauften Buches wird festgestellt, dass der Buchrücken nicht richtig verleimt ist. Dadurch fallen einige Seiten heraus.	Die Undichtigkeit eines Regenschirmes konnte erst festgestellt werden, nachdem dieser zum ersten Mal benutzt wurde.

Ein **arglistig verschwiegener Mangel** liegt vor, wenn der Verkäufer dem Käufer **absichtlich** einen vorhandenen Mangel verschweigt. Dies kommt vorwiegend bei versteckten Mängeln vor.

Kauf eines Unfallwagens

Der Verkäufer eines gebrauchten Autos verschweigt, dass es sich um einen Unfallwagen handelt.

Zusammenfassende Übersicht zu Kap. 4.2.1: Arten von Mängeln

Schlechtleistung

Verkäufer erfüllt seine Pflicht, mangelfrei zu liefern, nicht.

Mängel nach ihrer Eigenschaft

Sachmängel

Sache ist zum Zeitpunkt der Übergabe fehlerhaft. § 434 BGB

Rechtsmängel

Dritte können an der gelieferten Sache Rechte geltend machen. § 435 BGB

Sachmängel

Tatsächliche Beschaffenheit weicht von vereinbarter Beschaffenheit ab. § 434 (1) BGB

Sache eignet sich nicht für den nach dem Vertrag vorausgesetzten Zweck. § 434 (1) S. 2 Nr. 1 BGB

- **Sache eignet sich nicht für einen gewöhnlichen Verwendungszweck. § 434 (1) S. 2 Nr. 2 BGB**
- **Sache entspricht nicht den Versprechungen der Werbung bzw. der Kennzeichnung auf der Verpackung. § 434 (1) S. 3 BGB**

- **Fehlerhafte Montage durch Verkäufer oder Monteur. § 434 (2) S. 1 BGB**
- **Fehlerhafte Montageanleitung § 434 (2) S. 2 BGB**

- **Falschlieferung: andere als bestellte Sache wird geliefert. § 434 (3) BGB**
- **Zuweniglieferung: Lieferung einer zu geringen Menge § 434 (3) BGB**

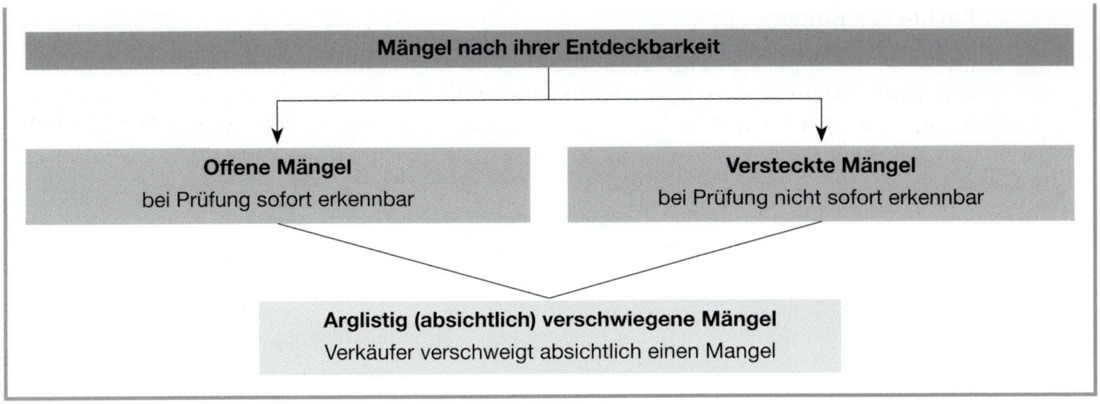

4.2.2 Rechte des Käufers bei Schlechtleistung

Da der Verkäufer im Falle einer Schlechtleistung eine Vertragspflicht nicht erfüllt hat, kann der Käufer Ansprüche gegenüber dem Verkäufer geltend machen. Dazu muss **der Käufer im Normalfall** aber zunächst **beweisen**, dass es sich bei der gelieferten Ware um eine Schlechtleistung handelt. Dieser Nachweis kann häufig nur schwer erbracht werden. Deshalb gelten im Sinne des Verbraucherschutzes für einen **Verbrauchsgüterkauf** besondere Bestimmungen. BGB § 363

Ein Verbrauchsgüterkauf liegt vor, wenn ein Verbraucher von einem Unternehmer eine bewegliche Sache kauft. BGB § 474 (1)

Beweislast bei Verbrauchsgüterkauf

Kap. B 4.2.3

Mangelansprüche sind im Normalfall innerhalb von **zwei Jahren** geltend zu machen **(Rügefrist)**. Zugunsten des Verbrauchers wird vermutet, dass ein Mangel, der **innerhalb von sechs Monaten** nach Übergabe der Kaufsache bemerkt wird, bereits bei deren Übergabe vorhanden war **(Beweislastumkehr)**. Nur wenn der **Verkäufer beweisen kann**, dass die Sache zum Zeitpunkt des Gefahrenübergangs einwandfrei war, hat der Käufer keine Ansprüche. Dieser Beweis dürfte in den meisten Fällen kaum zu erbringen sein. Während der restlichen 18 Monate der 2-jährigen gesetzlichen Gewährleistungsfrist ist hingegen der Verbraucher beweispflichtig.

BGB § 438 (1) Nr. 3

Aufg. 4.2.2 S. 249

BGB § 476

Fehlererkennung bei Verbrauchsgüterkauf

Eine Quarzuhr, die Jan Späth bei einem Juwelier gekauft hat, zeigte bei deren Übergabe keinerlei Mängel. Nach fünf Monaten erkennt der Käufer, dass die Zeitanzeige der Uhr zunehmend ungenauer wird.

Jan Späth kann Gewährleistungsrechte (z. B. neue Uhr) geltend machen, falls der Juwelier nicht beweisen kann, dass die Uhr zum Zeitpunkt des Gefahrenübergangs (Übergabe) mangelfrei war. Allein die Tatsache, dass die Uhr während der ersten fünf Monate einwandfrei funktionierte, reicht als Beweis nicht aus. Es wäre ja denkbar, dass auf Grund eines Materialfehlers der Fehler erst zu einem späteren Zeitpunkt erkennbar ist.

Rechte des Käufers

Liegt eine Schlechtleistung vor, so kann der Käufer **unter bestimmten Voraussetzungen** eines oder mehrere der folgenden **Rechte** geltend machen:

Rechte des Käufers bei Schlechtleistung

❶ Nacherfüllung

wenn Nacherfüllung fehlgeschlagen oder nicht möglich

❷ Rücktritt vom Vertrag	**❸ Minderung des Kaufpreises** (evt. Schadenersatz neben der Leistung)	**❹ Schadenersatz**	**❺ Ersatz vergeblicher Aufwendungen**

Aufg. 4.2.3 bis 4.2.4 S. 249 f.

❶ Recht auf Nacherfüllung

Im Rahmen dieses Rechts kann der Käufer zwischen

BGB § 437 Nr. 1 BGB § 439 (1)

- **Beseitigung des Mangels (Nachbesserung)** und
- **Lieferung einer mangelfreien Sache (Ersatzlieferung)**

wählen. Eine Nachbesserung gilt als fehlgeschlagen, wenn der zweite Nachbesserungsversuch erfolglos war. Der Verkäufer kann die Nacherfüllung verweigern, wenn diese bei ihm mit unverhältnismäßig hohen Kosten verbunden ist. (BGB § 440 S. 2)

BGB § 439 (3)

Dem Recht auf **Ersatzlieferung** kommt nur bei Gattungswaren (= vertretbare, d.h. mehrfach vorhandene Sachen z.B. Kartoffeln, Wein) praktische Bedeutung zu. Bei einer Stückschuld (z.B. Originalgemälde) ist Ersatzlieferung naturgemäß nicht möglich.

Von der Ersatzlieferung im Zusammenhang mit einer mangelhaften Lieferung ist der **Umtausch** zu unterscheiden. Um Umtausch handelt es sich, wenn ein Kunde eine andere Ware haben will, weil ihm die gekaufte Ware nicht gefällt (= Umtausch wegen Nichtgefallens). Ein gesetzlicher Anspruch auf Umtausch besteht nicht. Allerdings ist das Recht auf Umtausch häufig Gegenstand einer vertraglichen Vereinbarung. (BGB § 439 (2))

Fallen im Rahmen der Nacherfüllung Aufwendungen an (z.B. Transportkosten, Materialkosten etc.), so müssen diese grundsätzlich vom Verkäufer getragen werden.

Lässt sich ein **Sachmangel nicht beheben** (Unmöglichkeit), so entfällt naturgemäß der Anspruch auf Nacherfüllung. (BGB § 275)

> ***Nacherfüllung***
>
> *Nachbesserung*
> An einem neu gekauften Rasenmäher ist die Benzindüse zu klein bemessen. Dadurch lässt sich der Rasenmäher nicht einwandfrei starten. In der Werkstatt des Verkäufers wird die Düse durch eine größere ersetzt.
>
> *Ersatzlieferung*
> Der Käufer eines wasserdurchlässigen Regenschirmes gibt diesen wieder zurück und erhält dafür einen einwandfreien Regenschirm.
>
> *Aufwendungsersatz bei Nacherfüllung*
> Bei der Rückgabe des mangelhaften Regenschirmes (siehe oben) entstanden dem Käufer Fahrtkosten in Höhe von 6,80 EUR. Der Verkäufer muss ihm diese ersetzen.

> ***Nicht behebbarer Sachmangel (Unmöglichkeit)***
>
> Ein Sammler hat ein 50 Jahre altes Auto (Oldtimer) gekauft. Kurz nach dem Kauf stellte sich heraus, dass der Vergaser einen nicht zu reparierenden Schaden aufweist. Dadurch ist ein Betrieb des Fahrzeuges nur eingeschränkt möglich. Da der Vergaser nicht mehr erhältlich ist, lässt sich der Mangel nicht beheben.

❷ Recht auf Rücktritt vom Vertrag

Rücktritt bedeutet, dass Käufer und Verkäufer alles aus dem Vertragsverhältnis Empfangene (Kaufgegenstand und/oder Geld) wieder zurückgeben. Dieses Recht kann der Käufer nur geltend machen, wenn er dem Verkäufer **erfolglos** eine **angemessene Nachfrist**[1] zur Nacherfüllung gesetzt hat. Hat der Verkäufer allerdings die Nachbesserung oder Ersatzlieferung verweigert oder ist die Nacherfüllung fehlgeschlagen, so kann der Käufer auch **ohne Nachfristsetzung** vom Vertrag zurücktreten.

> ***Rücktritt vom Vertrag***
>
> Der Verkäufer des Rasenmähers (siehe S. 242) sieht sich nicht in der Lage, den Fehler innerhalb einer angemessenen Nachfrist von z. B. zwei Wochen zu beheben. Der Käufer kann vom Vertrag zurücktreten. Macht er von diesem Recht Gebrauch, muss er den defekten Rasenmäher zurückgeben und erhält – falls bereits bezahlt – im Gegenzug das Geld zurück. Ein Nutzungsentgelt für mögliche Gebrauchsvorteile aus der Nutzung des Rasenmähers muss der Käufer nicht zahlen, da es sich um einen Verbrauchsgüterkauf handelt § 474 (2) BGB.

BGB § 323

BGB § 323 (2), § 440

BGB § 323 (5) S. 2, § 441 (1)

Ist der **Mangel nur unerheblich**, so steht dem Käufer das Recht auf Rücktritt nicht zu. Die Rechtsprechung hat festgelegt, dass Sachmängel, deren Beseitigung Aufwendungen von lediglich knapp einem Prozent des Kaufpreises erfordern, als unerheblich einzustufen sind[2]. In diesem Fall wird er normalerweise Minderung verlangen.

❸ Recht auf Minderung des Kaufpreises

Statt vom Vertrag zurückzutreten, kann der Käufer eine Minderung (Herabsetzung) des Kaufpreises verlangen. Das Minderungsrecht ist – anders als das Recht zum Rücktritt – auch in Bagatellfällen (unerhebliche Mängel) nicht ausgeschlossen.
Unter der Voraussetzung, dass der Lieferer die Pflichtverletzung zu vertreten[3] hat, kann der Käufer **neben der Minderung** auch noch **Schadenersatz neben der Leistung** verlangen, falls ein Schaden entstanden ist.

> ***Minderung des Kaufpreises***
>
> Ein Teppich weist Webfehler auf. Der Käufer ist bereit, den Teppich zu behalten, wenn der Verkäufer zu einer Preisminderung bereit ist. Kann eine Einigung darüber nicht erzielt werden, so hat der Käufer immer noch die Möglichkeit, vom Vertrag zurückzutreten.

BGB § 441 (1)

BGB § 441 (1) S. 2

BGB § 280 (1)

❹ Recht auf Schadenersatz

Ist dem Käufer aus der mangelhaften Lieferung ein Schaden entstanden, so kann er vom Verkäufer **Schadenersatz** verlangen, wenn folgende Voraussetzungen erfüllt sind:

- Der Schuldner (Lieferer) oder sein Erfüllungsgehilfe (z. B. angestellter Verkäufer) hat die Vertragspflicht „Lieferung einer einwandfreien Sache“ verletzt.
- Der Schuldner (Lieferer) hat die Pflichtverletzung zu **vertreten**[3], da er **vorsätzlich** oder **fahrlässig** gehandelt hat.

> ***Pflichtverletzung bei Lieferung eines defekten Computers***
>
> Der bei einem Fachhändler gekaufte PC hat ein defektes Netzteil.
>
> ❶ Der Fachhändler hat seine Pflicht, eine mangelfreie Ware zu liefern, verletzt.
>
> ❷ Von einem Fachhändler muss erwartet werden, dass er den Computer vor Auslieferung testet. Unterlässt er dies, dann hat er die Pflichtverletzung auch zu vertreten und muss ggf. Schadenersatz leisten. Ein Schaden entsteht z. B., wenn der Käufer des Computers für einen Kunden eine Web-Seite erstellen wollte und nunmehr kein oder nur ein vermindertes Entgelt dafür erhält (entgangener Gewinn).

BGB § 280 (1) S. 2

BGB § 276 (1)

Fahrlässig handelt, wer die im Verkehr erforderliche Sorgfalt außer Acht lässt. Zu Gunsten des Käufers **wird vermutet**, dass der Verkäufer die Pflichtverletzung aufgrund

1 Eine Nachfrist ist **angemessen**, wenn der Schuldner in der Lage ist, die Leistung noch tatsächlich erbringen zu können.
2 BGH-Urteil vom 29.06.2011 – VIII ZR 202/10
3 Hat jemand eine Pflichtverletzung zu vertreten, so kann er für die Folgen verantwortlich gemacht werden und muss dafür einstehen. Das bedeutet aber nicht, dass er diese Pflichtverletzung auch (selbst) verschuldet haben muss. Die Begriffe **Vertretenmüssen** und **Verschulden** sind also streng zu trennen.

von **vorsätzlichem oder fahrlässigem Handeln zu vertreten hat**. Nur wenn der Verkäufer beweisen kann, dass dies nicht der Fall ist, treten die für ihn nachteiligen Rechtsfolgen nicht ein.

BGB § 280 (1)

Im Hinblick darauf, ob der Käufer **auf Erfüllung (Nacherfüllung) besteht** oder die **Erfüllung ablehnt**, lassen sich folgende Schadenersatzregelungen unterscheiden:

Schadenersatz neben der Leistung

Bei Inanspruchnahme dieses Rechts behält der Käufer die Sache und erhält Ersatz für den entstandenen Schaden.

Schadenersatz statt der Leistung

BGB § 281 (1)

Bei diesem Schadenersatzanspruch gibt der Käufer die mangelhafte Sache zurück und verlangt Ersatz des Schadens, der ihm infolge Nichterfüllung des **ganzen Vertrags** entstanden ist. Der Käufer erhält den gezahlten Kaufpreis zurück und kann als Nichterfüllungsschaden z. B. die Kosten der Ersatzbeschaffung und/oder den entgangenen Gewinn geltend machen. Das Recht auf **Schadenersatz statt der Leistung** kann nur geltend gemacht werden, wenn der Lieferer eine **angemessene Nachfrist zur Nacherfüllung** verstreichen ließ und der Mangel **erheblich** ist. Für die erforderliche Fristsetzung ist es ausreichend, wenn der Käufer den Verkäufer auffordert, den Mangel **„umgehend“**[1] zu beseitigen. Die Angabe eines bestimmten (End-)Termins oder Zeitraums ist für die Bestimmung einer angemessenen Frist nicht erforderlich.

Schadenersatz neben der Leistung

Tennisspieler Krause hat zur Teilnahme an einem Turnier bei einem Sportartikelversand einen Tennisschläger einer bestimmten Griffstärke bestellt. Da ein Schläger mit einem anderen Griff geliefert wurde, musste er seine Teilnahme am Turnier absagen. Krause kann neben der Leistung (Nacherfüllung) Ersatz des Startgeldes verlangen.

Schadenersatz statt der Leistung beim Kauf eines Gebrauchtwagens

Der Käufer eines Gebrauchtwagens hat eine Woche nach dem Kauf festgestellt, dass sich das Fahrzeug nicht einwandfrei lenken lässt. Dem Verkäufer ist es nicht gelungen, in zwei Nachbesserungsversuchen den Schaden zu beseitigen. Der Käufer kann Schadenersatz **statt der Leistung** verlangen (Rückgabe von Fahrzeug und Geld sowie mindestens Erstattung eventuell entstandener Gutachterkosten und/oder Kosten für ein Mietfahrzeug).

Rücktritt und Schadenersatz

Der Käufer des defekten Rasenmähers (vgl. S. 242) ist am 18. Mai d. J. vom Vertrag zurückgetreten und hat vom Verkäufer das Geld zurück erhalten. Trotz intensiver Bemühungen konnte er am 25. Mai d. J. einen gleichartigen Rasenmäher nur zu einem Mehrpreis von 50 € kaufen. Obwohl er bereits am 18. Mai vom Vertrag zurückgetreten ist, kann er vom Verkäufer Schadenersatz in Höhe des Mehrpreises verlangen.

Durch den Schadenersatz soll der Gläubiger so gestellt werden, als wäre der **Vertrag ordnungsgemäß erfüllt** worden (= positives Interesse).

❺ Recht auf Ersatz vergeblicher Aufwendungen

BGB § 284

Statt Schadenersatz kann der Käufer Ersatz der Aufwendungen verlangen, die er im Vertrauen auf den Erhalt einer einwandfreien Leistung gemacht hat. Es handelt sich dabei um solche Aufwendungen, die auch bei ordnungsgemäßer Vertragserfüllung angefallen wären. Durch den Ersatz vergeblicher Aufwendungen ist der Gläubiger so zu stellen, als wäre der **Vertrag nie zustande gekommen** (= negatives Interesse).

Aufwendungsersatz

Edith Weber hat bei einem Kunsthändler ein bestimmtes Originalgemälde gekauft. Zum Zeitpunkt des Kaufs befand sich das Bild noch in einer Ausstellung. Es wurde vereinbart, dass das Bild sofort nach Beendigung der Ausstellung (nach ca. vier Wochen) geliefert werden sollte. Da das Bild beim Ausräumen der Ausstellung beschädigt wurde, hat Edith Weber kein Interesse mehr daran. Sie kann daher die entstandenen Kosten für einen Gutachter (200 EUR), der bei Vertragsschluss die Echtheit des Bildes festgestellt hat, als Aufwendungsersatz verlangen.

1 BGH, Urteil v. 12.08.2009 – VIII ZR 254/08

Zusammenfassende Übersicht zu Kap. 4.2.2: Rechte des Käufers bei Schlechtleistung

❶ Voraussetzungen für die Inanspruchnahme von Rechten bei Schlechtleistung

- **gültiger Kaufvertrag (§ 433 BGB)**
- **Sache ist zum Zeitpunkt des Gefahrenübergangs mit Mängeln behaftet (§ 434 (1) BGB)**
  → **aber: Beweislastumkehr (§ 476 BGB)**
- **Käufer kannte zum Zeitpunkt des Vertragsschlusses den Mangel nicht (§ 442 BGB)**
- **Mängelansprüche sind noch nicht verjährt (§ 438 (1) Nr. 3 BGB)**

❷ Rechte des Käufers bei Schlechtleistung

§ 476 BGB: Beweislastumkehr bei Verbrauchsgüterkauf innerhalb der ersten sechs Monate: Ein Mangel zum Zeitpunkt des Gefahrenübergangs wird vermutet.

↓

Nacherfüllung § 439 BGB

Mangelbeseitigung (Nachbesserung) oder bei Gattungskauf: Lieferung einer mangelfreien Sache (Ersatzlieferung)

→ wenn Verkäufer Mangel zu vertreten hat und Schaden entstanden ist → **Schadenersatz neben der Leistung** (Sache bleibt beim Käufer) § 280 (1) BGB

wenn Nachfrist erfolglos oder wegen §§ 323 (2), 440 BGB nicht erforderlich oder 2 erfolglose Nachbesserungsversuche

- wenn unerheblicher Mangel § 441 (1) S. 2 BGB
- wenn erheblicher Mangel § 323 (5) S. 2 BGB

wahlweise

wenn Verkäufer Mangel zu vertreten hat

wahlweise

wenn Schaden entstanden ist

Minderung	**Rücktritt**	**Schadenersatz statt der Leistung**	**Ersatz vergeblicher Aufwendungen**
§ 441 BGB und evtl. Schadenersatz neben der Leistung § 280 (1) BGB	§§ 437, 323 (1) BGB	(Sache wird zurückgegeben) §§ 280 (1) u. (3), 281 BGB	(Käufer erhält die Sache nicht) § 284 BGB

Rücktritt und Schadenersatz sind auch zusammen möglich § 325 BGB

4.2.3 Voraussetzungen und Besonderheiten bei der Geltendmachung von Gewährleistungsansprüchen

Kap. B 3.1

Ausschluss von Gewährleistungsrechten

BGB § 475 (1), § 475 (4)

Zum Schutz des Verbrauchers kann ein **Unternehmer** mit einem **Verbraucher** keine rechtswirksamen Vertragsvereinbarungen treffen, die sich auf den Ausschluss von Gewährleistungsrechten (z. B. Nacherfüllung, Rücktritt oder Minderung) beziehen. Ein vertraglicher Ausschluss oder die Beschränkung des Anspruchs auf Schadenersatz ist hingegen möglich.

BGB §§ 307, 309 Nr. 5 und 8

Falls die AGB dennoch bestimmte Einschränkungen von Gewährleistungsansprüchen enthalten, sind sie gegebenenfalls unwirksam.

BGB § 442

Mangelkenntnis des Käufers

Der Käufer kann die ihm zustehenden Rechte aus der Schlechtleistung nicht geltend machen, wenn er zum Zeitpunkt des Vertragsschlusses den Mangel bereits kannte.

BGB § 438 (1) Nr. 3

Verjährung von Mängelansprüchen (Rügefristen)

BGB § 438 (2)

BGB §§ 438 (3), 195, 199

Nach der gesetzlichen Verjährungsfrist verjähren Ansprüche aus Sachmängeln bei beweglichen Sachen nach **zwei Jahren**. Die Verjährung beginnt mit der Ablieferung der Sache. Nach erfolgloser Nachbesserung beginnt die zweijährige Gewährleistungsfrist wieder neu. Die Nacherfüllung ist im Regelfall als Anerkenntnis zu werten, was dann zum Neubeginn der Verjährung führt. Bei mehreren Nachbesserungsversuchen kann das dazu führen, dass sich z. B. ein Autokäufer u. U. auch noch nach mehreren Jahren auf die Gewährleistung berufen kann, falls es sich um den selben Schaden handelt. Nimmt der Verkäufer aber die Nachbesserung aus Kulanz vor (also nicht aufgrund von z. B. vertraglichen Vereinbarungen), so führt die Nachbesserung zu keinem Neubeginn der Verjährung. Verschweigt der Verkäufer jedoch einen Mangel arglistig, so erhöht sich die Verjährungsfrist auf **drei Jahre**. Die Verjährung beginnt in diesem Fall am Ende des Jahres, in dem der Anspruch entstanden ist.

Mangelkenntnis des Käufers

Der Verkäufer eines Gebrauchtwagens informiert den Käufer über Mängel aus einem vorausgegangenen Unfall.

Verjährung der Gewährleistungsansprüche beim Kauf einer Waschmaschine

Elke Bremer kauft in einem Elektrofachgeschäft eine Waschmaschine. 18 Monate nach der Lieferung geht der Motor infolge eines Produktionsfehlers kaputt. Elke Bremer kann die Lieferung einer neuen Maschine (Nacherfüllung) verlangen, weil ihre Gewährleistungsansprüche aus der Schlechtleistung erst nach zwei Jahren verjähren. Allerdings muss sie beweisen, dass der Mangel nicht auf einen Bedienungsfehler zurückzuführen ist, was ihr schwer fallen dürfte.

BGB § 475 (1), (2)

Kap. B 3.1

Bei einem **Verbrauchsgüterkauf** kann die **gesetzliche Verjährungsfrist** trotz vertraglicher Vereinbarungen bei neuen Sachen **nie unter zwei Jahre** und bei **gebrauchten Sachen nie unter ein Jahr** verkürzt werden.

Übersicht über die Prüf- und Rügefristen bei Schlechtleistung (Verjährungsfrist)

Prüfpflicht	Rügepflicht bei		
keine gesetzliche Regelung	offenen Mängeln	versteckten Mängeln	arglistig verschwiegenen Mängeln
	innerhalb von **zwei** Jahren § 438 (1) Nr. 3 BGB Beginn: mit Ablieferung der Sache (§ 438 (2) BGB)		innerhalb von **drei** Jahren § 438 (3) BGB Beginn: am Ende des Jahres der Entdeckung des Mangels (§ 438 (3), § 195, § 199 BGB)

Garantieerklärung

In einer Garantieerklärung verpflichtet sich ein Unternehmen seinen Käufern gegenüber zu Leistungen, die über die gesetzliche Gewährleistung hinausgehen. Üblicherweise wird eine Garantieerklärung vom Hersteller abgegeben (Herstellergarantie), während Händlergarantien eher selten sind. Bei Garantieerklärungen handelt es sich um **freiwillige Zusagen**, die unabhängig von der gesetzlichen Gewährleistung des Verkäufers gemacht werden. Deshalb kann der Hersteller oder Händler – je nach Art der Garantie – auch die Bedingungen der Garantieleistungen wie z. B. die Kosten der Rücksendung festlegen. Obwohl es sich bei einer Garantie um eine freiwillige Zusage handelt, müssen folgende gesetzlichen Bestimmungen zur Vermeidung von Irreführungen eines Verbrauchers beachtet werden: Die Garantieerklärung eines Unternehmers gegenüber einem Verbraucher muss einfach und verständlich abgefasst sein. Sie muss enthalten:

- den Hinweis auf die gesetzlichen Rechte des Verbrauchers und dass diese durch die Garantieerklärung nicht eingeschränkt werden,
- den Inhalt der Garantie sowie deren Geltungsdauer und -raum,
- Namen und Anschrift des Garantiegebers.

Garantie eines Herstellers

Ein Computerhändler hat beim Verkauf eines neuen Computers dem Käufer (Verbraucher) folgende Garantieerklärung des Herstellers ausgehändigt:
„Der Hersteller übernimmt für den verkauften Computer drei Jahre Garantie". Zweieinhalb Jahre nach dem Erwerb des Computers geht die Festplatte kaputt. Es kann nicht mehr festgestellt werden, ob dies auf einen Materialfehler zurückzuführen ist, der bereits beim Gefahrenübergang vorhanden war oder auf unsachgemäße Bedienung durch den Käufer.

Der Käufer kann trotz der abgelaufenen Rügefrist von zwei Jahren Nachbesserung verlangen, da der Hersteller eine dreijährige Garantieerklärung abgegeben hat (§§ 443, 439 BGB).

BGB § 443 (1)
Aufg. 4.2.5 S. 250 f.
BGB § 477
Kap. B 3.1

Zusammenfassende Übersicht zu Kap. 4.2.3: Voraussetzungen und Besonderheiten bei der Geltendmachung von Gewährleistungsansprüchen

Voraussetzungen und Besonderheiten bei Geltendmachung von Gewährleistungsansprüchen

- **keine Mangelkenntnis des Käufers** § 442 (1) BGB
  - → sonst: Verlust der Käuferrechte
- **Einhaltung der Rügefristen (Verjährungsfristen)**
  - offene Mängel / versteckte Mängel → **zwei Jahre** § 438 (1) Nr. 3 BGB → Verjährungsbeginn: Ablieferung der Sache § 438 (2) BGB
  - arglistig verschwiegene Mängel → **drei Jahre** § 438 (2) BGB → Verjährungsbeginn: Ende des Jahres der Entdeckung §§ 438 (3), 195, 199 BGB
  - sonst: Käuferrechte können nicht mehr gerichtlich durchgesetzt werden
- **Garantieerklärung** Garantie: freiwillige Zusage des Verkäufers oder des Herstellers
  - → Käufer hat neben den gesetzlichen Rechten noch Rechte aus Garantie Sonderbestimmungen: § 477 BGB
- **Eingeschränkte Vertragsfreiheit** Verbraucher dürfen durch Vertragsvereinbarungen nicht schlechter gestellt werden (z. B. vertragliche Kürzung der Verjährungsfristen) als durch gesetzliche Regelung § 475 BGB.

Fragen zur Wiederholung

zu Kapitel 4.2 Schlechtleistung

4.2.1 Arten von Mängeln

1. Worin besteht die Gewährleistungspflicht des Verkäufers beim Abschluss eines Kaufvertrages?
2. Welche Mängelarten lassen sich bei einer Schlechtleistung nach ihrer Eigenschaft und ihrer Entdeckbarkeit unterscheiden?
3. Wann liegt Schlechtleistung vor?
4. Nennen Sie fünf Fälle, bei denen es sich jeweils um einen Sachmangel handelt.
5. Wann liegt ein Rechtsmangel vor?
6. Nennen Sie jeweils ein Beispiel für einen offenen, einen versteckten und einen arglistig verschwiegenen Mangel.

4.2.2 Rechte des Käufers bei Schlechtleistung

1. Was ist unter einem Verbrauchsgüterkauf zu verstehen?
2. Was ist unter Beweislastumkehr zu verstehen und innerhalb welcher Frist gilt sie?
3. Welche Rechte stehen dem Käufer bei Schlechtleistung zu?
4. Unter welcher Voraussetzung kann ein Käufer im Falle einer Schlechtleistung statt der Nacherfüllung auch andere Rechte geltend machen?
5. Welche Voraussetzungen müssen erfüllt sein, damit ein Käufer bei einer Schlechtleistung Schadenersatz verlangen kann?
6. Welche Fälle von Schadenersatz lassen sich unterscheiden?

4.2.3 Voraussetzungen und Besonderheiten bei der Geltendmachung von Gewährleistungsansprüchen

1. Welche Fragen sind zu prüfen, bevor ein Käufer bei einer Schlechtleistung seine Rechte geltend machen kann?
2. Wozu verpflichtet sich ein Verkäufer durch eine Garantieerklärung im Normalfall?
3. Welche Besonderheiten gelten für eine Garantieerklärung im Zusammenhang mit einem Verbrauchsgüterkauf?
4. Wann verjähren Ansprüche aus Sachmängeln?
5. Wann geht bei einem Versendungskauf die Gefahr auf den Käufer (Verbraucher) über?

Aufgaben und Probleme

zu Kapitel 4.2 Schlechtleistung

4.2.1 Schlechtleistung – Arten von Sachmängeln

Stellen Sie fest, ob und gegebenenfalls welche Sachmängel in nachstehenden Fällen vorliegen:

BGB § 434 (1)
1. Albert Seidel kauft im Farbengeschäft Biehler einen Eimer Dispersionsfarbe, die er für Streicharbeiten an der Außenfassade seiner Autogarage benötigt. Nach intensiver Beratung rät ihm der Verkäufer zum Kauf eines Eimers „Dispersion wasserfest“ aus einer Sonderaktion zum Preis von 68,20 EUR.
   Trotz Beachtung der Streichanleitung blättert die Farbe nach dem ersten Regen teilweise ab.

BGB § 434 (1)
2. Armin Vogele bestellt bei Biolandwirt Egon Schönstein einen Zentner ungespritzte Tafeläpfel der Handelsklasse I. Die Lieferung enthält ca. 1 kg Fallobst.

BGB § 434 (1)
3. Kurt Bremer hat ein Nahrungsergänzungsmittel gekauft, das in einer Zeitschrift mit dem Werbeslogan „Hunger auf Süßes ohne Süßes stillen“ beworben wurde. Bei einer von der Stiftung Warentest durchgeführten Überprüfung wurde festgestellt, dass die in der Werbeanzeige versprochene Wirkung nicht eintritt.

4. Helmut Duffner hat bei einem Elektronikhändler ein mobiles Navigationsgerät gekauft. Da die Installationshinweise für die Software lediglich in chinesischer Sprache hinterlegt sind, gelingt es Helmut Duffner nicht, das Gerät in einen betriebsbereiten Zustand zu versetzen. BGB § 434 (2)
5. Oswald Wieber hat bei einem Winzerkeller 50 Flaschen 2008er Herrenberger Riesling bestellt. Der Winzerkeller liefert jedoch lediglich 20 Flaschen. BGB § 434 (3)

4.2.2 Rechte bei Schlechtleistung – Beweislastumkehr

Bauunternehmer Hans Ruckeisen hat als Geburtstagsgeschenk für seine Frau bei Corner Elektronik am 18. Febr. d. J. einen Haartrockner für 38,00 EUR gekauft. Bei der ersten Inbetriebnahme am 06. März d. J. zeigte sich, dass der Haartrockner lediglich auf einer von drei möglichen Heizstufen läuft. Hans Ruckeisen bringt das Gerät umgehend nach Feststellung des Mangels zurück und bittet um Umtausch gegen ein neues Gerät. Der Verkäufer weigert sich, das Gerät gegen ein einwandfrei funktionierendes umzutauschen mit dem Hinweis, dass es bei Übergabe am 18. Februar getestet wurde und keinerlei Mängel zu entdecken waren.

1. Stellen Sie fest, ob im vorliegenden Fall ein Sachmangel vorliegt. BGB §§ 434, 474, 476
2. Herr Ruckeisen ist wegen der nicht erkennbaren Verhandlungsbereitschaft des Verkäufers verärgert und verlangt gegen Rückgabe des mangelhaften Gerätes Erstattung des Geldes. Der Verkäufer weigert sich, das Gerät zurückzunehmen und bietet nach einigen Verhandlungen nunmehr den Umtausch in ein einwandfrei funktionierendes Ersatzgerät an, was Herr Ruckeisen jedoch ablehnt. BGB §§ 437, 439
   Prüfen Sie, ob und gegebenenfalls unter welchen Voraussetzungen Herr Ruckeisen das Geld zurückverlangen kann.
3. Wie ist der Fall zu beurteilen, wenn Herr Ruckeisen den Haartrockner für die Betriebsdusche in seiner Bauhalle kauft? BGB § 474

4.2.3 Rechte bei Schlechtleistung

1. **Unverständliche Montageanleitung**
   Hans Kern kauft in einem Spielwarengeschäft ein Kinderturngerät für den Garten zum Selbstaufbau. Da die Montageanleitung sehr laienhaft vom Schwedischen ins Deutsche übersetzt wurde, ist kaum ein Satz verständlich. Gleichwohl gelingt es Kern, das Gerät nach einigen Versuchen einwandfrei zusammenzubauen. Kern ist der Meinung, das Turngerät sei mit einer unbrauchbaren Montageanleitung trotzdem weniger wert. Falls er es einmal weiterverkaufen wolle, könne er keinen angemessenen Preis erzielen, weil er keine brauchbare Montageanleitung mitliefern könne. Kann Kern den Kaufvertrag rückgängig machen? BGB § 434 (2), § 323 (1)
2. **Rechte bei Falschaussage in der Werbung**
   Hans Weber kauft von Autohändler Vollmer einen Neuwagen, den er sich im Katalog ausgesucht hat. Nach der Beschreibung durch Vollmer sollte der Wagen einen Benzinverbrauch von 7 Litern pro 100 km haben. Schon bald musste Hans Weber feststellen, dass der Wagen im Durchschnitt 7,2 Liter pro 100 km verbraucht. Hans Weber will auch diesen geringen Mehrverbrauch an Benzin nicht hinnehmen und verlangt einen neuen Wagen, was Vollmer mit dem Hinweis ablehnt, dass es sich bei dem aufgetretenen Mangel um eine geringfügige Überschreitung handelt. Im Normalfall – so Vollmer – hat das Modell einen Benzinverbrauch von 7 Litern pro 100 km. Welche Rechte stehen Hans Weber zu? BGB § 434 (1) § 437 Nr. 1 § 439 (1) § 323 (5) § 437 (2)
3. **Rechte bei Kauf eines Neuwagens bei aufgetretenem Motorschaden**
   Privatmann Heinz Bieber kauft von einem Vertragshändler einen Neuwagen. Drei Monate nach Übergabe des Fahrzeugs fällt der Motor aus. Es kann nicht geklärt werden, ob dieser Defekt auf einen schon bei Übergabe vorliegenden Materialfehler des Wagens oder auf eine unsachgemäße Benutzung durch Bieber zurückzuführen ist. Welche Rechte kann Bieber dem Vertragshändler gegenüber geltend machen? BGB § 474 § 476
4. **Rechte bei Kauf eines Gebrauchtfahrzeuges mit Getriebeschaden**
   Privatmann Harald Neukamm kauft bei einem Gebrauchtwagenhändler einen zehn Jahre alten Kleinwagen (Laufleistung: 140 000 km). Im Kaufvertrag wurde jegliche Gewährleistung ausgeschlossen. Nach kurzer Zeit tritt ein Getriebeschaden auf, der auf Verschleiß beruht. Zum Zeitpunkt des Verkaufs bestand allerdings noch kein Erneuerungsbedarf. Kann Neukamm vom Vertrag zurücktreten und den Kaufpreis zurückverlangen? BGB § 474 (1) § 475 (1) § 434

4.2.4 Schlechtleistung: Ersatzlieferung – Umtausch – Nacherfüllung

Martin Neumann kauft aufgrund nachstehender Prospektbeilage am 29. Juli eine Autoalarmanlage.

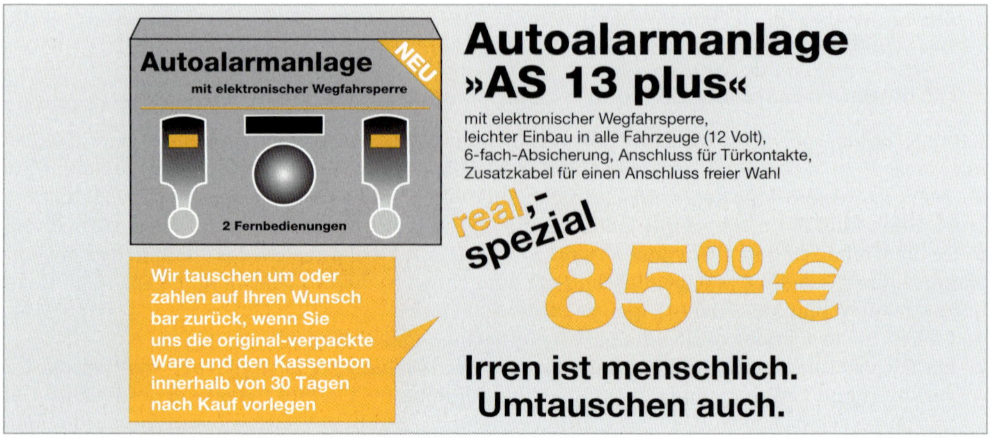

Als er die Alarmanlage am 1. Oktober in sein Auto einbaut, stellt er fest, dass sie vermutlich wegen eines Kontaktfehlers nicht funktioniert. Zusammen mit dem Kassenbon will er die defekte Anlage noch am gleichen Tag gegen eine fehlerfreie eintauschen.

Der Verkäufer weigert sich, dem Wunsch von Martin Neumann zu entsprechen, mit dem Hinweis, dass

1. die auf dem Kassenbon und in der Werbeanzeige enthaltene 30-Tages-Frist verstrichen ist und
2. die Ware nicht mehr originalverpackt ist.

Prüfen Sie, ob Neumann eine neue Alarmanlage verlangen kann.

4.2.5 Schlechtleistung: Einschränkung von Rechten durch Allgemeine Geschäftsbedingungen und Garantieerklärung

Der Schüler Peter Lang wird demnächst 16 Jahre alt. Zum Geburtstag wünscht er sich von seinen Eltern ein HiFi-Stereo-Kompaktgerät. Peter und sein Vater sehen sich bereits 2 Wochen vor dem Geburtstag nach einem geeigneten Geschenk um. Im Rundfunk- und Fernsehgeschäft Schmitz werden sie fündig. Dort wird ein tragbares Gerät besonders preisgünstig angeboten. Nachdem Peter und sein Vater sich anhand eines Vorführgerätes von Klang und Funktionstüchtigkeit überzeugt haben, kauft Herr Lang eines der wenigen noch vorrätigen Geräte. Am Tag vor dem Geburtstag übergibt er Peter das original verpackte Paket. Peter möchte das Gerät sofort installieren, da am Abend eine zünftige Geburtstagsfete steigen soll. Beim Testlauf stellt sich jedoch heraus, dass einer der beiden Lautsprecher gar keinen Ton von sich gibt und aus dem anderen nur „schräge" Töne dröhnen. Unverzüglich packt Peters Vater das Gerät wieder ein, nimmt die quittierte Rechnung mit und fährt zum Einzelhändler Schmitz, um seine Rechte geltend zu machen.

BGB §§ 434, 437, 438, 439

1. Welche Rechte stehen Herrn Lang nach BGB in vorliegendem Fall grundsätzlich zu?
2. Welches Recht wird Herr Lang im vorliegenden Fall sinnvollerweise ausüben?
3. Einzelhändler Schmitz erkennt die offenkundigen Mängel an. Ein gleichwertiges Gerät zu dem günstigen Preis hat er aber nicht mehr am Lager. Daraufhin fordert Herr Lang den Kaufpreis zurück, um sich in einem anderen Geschäft nach einem entsprechenden Gerät umzusehen. Herr Schmitz weigert sich jedoch mit dem Hinweis auf die Geschäftsbedingungen, die auf der Rückseite der Rechnung abgedruckt und außerdem gut sichtbar ausgehängt sind. Dort heißt es:

6.	Gewährleistung und Haftung
6.1	...
6.2	...
6.3	Über Nachbesserung hinausgehende Ansprüche des Käufers, gleich aus welchem Rechtsgrund, insbesondere Rücktritt, Minderung und Schadenersatz sind ausgeschlossen.

BGB §§ 439, 305, 309 Nr. 8b), bb)

Prüfen Sie, ob diese AGB-Klausel zulässig ist.

4. Herr Lang bittet den Einzelhändler angesichts des bevorstehenden Geburtstages seines Sohnes, das Gerät noch im Laufe des Tages zu reparieren. Daraufhin erklärt ihm der Einzelhändler, dass er im vorliegenden Fall die Reparatur gar nicht selbst vornimmt. Bei dem äußerst knapp kalkulierten Preis seien für ihn die Reparaturkosten höher als der Gewinn. Er verweist statt dessen Herrn Lang auf die dem Gerät beigefügte Garantiekarte und bittet ihn, die defekte Anlage in der Originalverpackung zusammen mit dem Kaufbeleg an den Hersteller zu schicken.

PROFITRONIC Garantie

PROFITRONIC-Produkte unterliegen vor der Auslieferung einer strengen Endkontrolle auf einwandfreie Materialbeschaffenheit, sorgfältige Verarbeitung und Funktionssicherheit. Im Rahmen einer dreijährigen Garantie (ab Kaufdatum) beheben wir durch Austausch oder Instandsetzung defekter Teile solche Mängel, die nicht auf unsachgemäße Behandlung (wasser- oder Fallschaden, Fehlbedienung usw.) zurückzuführen sind. Andersartige und weitergehende Ansprüche sind ausgeschlossen, insbesondere Ersatz für durch Gerätedefekt entstandene Schäden ideeler Art.

Durch die Garantieleistung wird die Garantiezeit von 36 Monaten weder verlängert noch erneuert.

Während der Garantiezeit können defekte Geräte an die rückseitig angegebene Serviceadresse gesandt werden. Fügen Sie neben dieser Garantiekarte unbedingt auch den Kaufbeleg (Rechnung, Quittung) sowie eine detallierte Fehlerbeschreibung bei. Unfreie Sendungen werden nicht angenommen. Sie erhalten binnen kürzester Zeit das reparierte Gerät kostenlos zurück.

Nach Ablauf der Garantiezeit haben Sie ebenfalls die Möglichkeit, das defekte Gerät zwecks Reparatur an die rückseitig genannte Adresse zu senden. Anfallende Reparaturen sind dann kostenpflichtig. BGB §§ 443, 477

a) Ist es zulässig, dass der Einzelhändler Herrn Lang zur Behebung der Mängel an den Hersteller verweist?

b) Welchen Vorteil bringt eine Garantieerklärung zusätzlich zu gesetzlichen Gewährleistungsansprüchen?

4.3 Nicht rechtzeitige Lieferung – Lieferungsverzug

4.3.1 Abgrenzung zwischen nicht rechtzeitiger Lieferung und Lieferungsverzug

Eine nicht rechtzeitige Lieferung liegt vor, wenn der Verkäufer seine Lieferverpflichtung aus einem Kaufvertrag nicht zu dem vorgesehenen Zeitpunkt bzw. nicht innerhalb einer bestimmten Frist erfüllt.

Unabhängig davon, ob der Verkäufer die Verzögerung zu vertreten hat, handelt es sich um eine nicht rechtzeitige Lieferung, wenn die Ware nicht **rechtzeitig** bereitgestellt wird. Kap. B 2.2

Hat der Verkäufer die nicht rechtzeitige Lieferung zu vertreten[1], so handelt es sich um Lieferungsverzug (Schuldnerverzug des Lieferers). Aufg. 4.3.1 S. 259 f.

Bei einer nicht rechtzeitigen Lieferung kann der Käufer wahlweise folgende Rechte geltend machen:

1. Lieferung verlangen, da der Vertrag nach wie vor gültig ist. BGB § 433 (1)
2. Nach Setzen einer Nachfrist (falls erforderlich) vom Vertrag zurücktreten. BGB § 323 (1)

---

1 Unterschied zwischen Vertretenmüssen und Verschulden: Hat jemand eine Pflichtverletzung zu vertreten, so kann er für die Folgen verantwortlich gemacht werden und muss dafür einstehen. Das bedeutet aber nicht, dass er diese Pflichtverletzung auch (selbst) verschuldet hat. Die Begriffe Vertretenmüssen und Verschulden sind also streng zu trennen.

Rechte bei nicht rechtzeitiger Lieferung

Jan Schlesinger hat für eine am 16. Juni d.J. geplante Reise nach Island bei der Firma Camping-Otto GmbH in Hamburg ein Steilwandzelt bestellt. Nach den vertraglich getroffenen Vereinbarungen sollte das Zelt fest am 14. Juni d.J. geliefert werden. In der Nacht vom 13. auf den 14. Juni hat ein Orkan die Lagerhalle des Lieferers so stark beschädigt, so dass er seinen vertraglichen Pflichten nicht termingerecht nachkommen und frühestens am 25. Juni liefern kann. Jan Schlesinger kann sofort vom Vertrag zurücktreten, obwohl der Lieferer die nicht rechtzeitige Lieferung nicht zu vertreten hat. Das Setzen einer Nachfrist ist in diesem Fall nicht erforderlich, da ein fester Liefertermin vereinbart wurde.

BGB § 323 (1), (2) Nr. 2

4.3.2 Voraussetzungen für den Eintritt des Lieferungsverzugs

BGB §§ 275, 311a, 326

Ein Lieferungsverzug kann nur dann vorliegen, wenn die Lieferung noch nachgeholt werden kann. Ist die Lieferung nicht mehr möglich (z.B. gekauftes Rennpferd ist verstorben, gekaufte wertvolle alte Vase ist zersprungen), liegt eine **Unmöglichkeit der Leistung** vor, aus der sich andere Rechtsfolgen als beim Lieferungsverzug ergeben.

BGB § 286 (1)

Damit bei einer nicht rechtzeitigen Lieferung gleichzeitig auch ein **Lieferungsverzug** eintritt und weitergehende Rechte geltend gemacht werden können, müssen folgende **Voraussetzungen** erfüllt sein:

BGB § 271

❶ **Fälligkeit:** Die Lieferung muss fällig sein. Ohne Vereinbarung im Kaufvertrag kann der Käufer die Lieferung sofort verlangen.

BGB § 286 (2)

❷ **Mahnung (Leistungsaufforderung):** Der Käufer muss den Verkäufer nach Eintritt der Fälligkeit mahnen, d.h. zur Leistung auffordern.

Eine Mahnung ist eine einseitige, empfangsbedürftige Erklärung mit einer dringlichen Aufforderung an den Schuldner (Verkäufer = Warenschuldner) die Leistung zu erbringen.

Eine Mahnung unterliegt keinen Formvorschriften. Es ist auch nicht vorgeschrieben, dass das Wort „Mahnung" in der Erklärung des Käufers enthalten ist. Eine Mahnung ist **nicht erforderlich**, wenn

Aufg. 4.3.2 S. 260

- die Zeit für die Leistung kalendermäßig bestimmt ist (z.B. „Lieferung am 10. Juli d.J."),
- der Leistung ein beliebiges Ereignis vorauszugehen hat und die Leistungszeit so bestimmt ist, dass sie sich von dem Ereignis an nach dem Kalender berechnen lässt (Liefertermin ist bestimmbar, z.B. „Lieferung 10 Tage nach Bestellung"),
- der Verkäufer die Leistung endgültig verweigert (z.B. Verkäufer erklärt, dass er nicht liefern kann) oder
- aus besonderen Gründen unter Abwägung der Interessen beider Vertragspartner der sofortige Verzug gerechtfertigt ist (z.B. der Verkäufer hat die alsbaldige Lieferung ausdrücklich angekündigt, liefert aber nicht).

Für den Käufer empfiehlt es sich, bereits mit der Mahnung eine angemessene Nachfrist zu setzen. Damit ist er berechtigt, nach Ablauf der Nachfrist sofort vom Vertrag zurückzutreten.

BGB § 276 (1)

BGB § 286 (4)

❸ **Verkäufer hat die nicht rechtzeitige Lieferung zu vertreten:** Grundsätzlich kommt der Schuldner (Verkäufer = Warenschuldner) nur dann in Verzug, wenn er die verspätete Leistung auch zu vertreten hat, d.h., wenn er die Verspätung vorsätzlich oder fahrlässig verursacht hat. Der Verkäufer trägt die Beweislast, wenn er die verspätete Lieferung nicht zu vertreten hat. Es wird also so lange vom Verschulden des Verkäufers ausgegangen, bis dieser das Gegenteil bewiesen hat **(= vermutetes Verschulden)**.

Hat der Verkäufer aber für die verkaufte Sache das **Beschaffungsrisiko** übernommen, so haftet er für die Erfüllung in bestimmten Fällen auch dann, wenn ihn zwar kein Verschulden trifft, die rechtzeitige Lieferung aber aus Gründen, die seinen Geschäftsbereich betreffen, scheitert (z. B. mangelnde Geschäftserfahrung, fehlende finanzielle Mittel, nicht rechtzeitige Bestellung beim Hersteller). Die Übernahme des Beschaffungsrisikos trifft häufig bei **Gattungswaren**[1] zu. In diesem Fall ergibt sich i. d. R. aus dem Inhalt des Schuldverhältnisses, dass die Leistungspflicht fortbesteht, solange die geschuldete und am Markt erhältliche Ware beschafft werden kann **(= Übernahme des Beschaffungsrisikos)**. BGB § 276 (1)

Lieferungsverzug nach Mahnung

Hausbesitzer Kunze hat am 10. Mai bei einem Mineralölhändler 10 000 l Heizöl bestellt. Als die Lieferung am 20. Mai noch nicht eingetroffen ist, mahnt Kunze. Der Mineralölhändler kommt mit der Mahnung am 20. Mai in Lieferungsverzug.

Lieferungsverzug ohne Mahnung

Eine Getreidemühle hat mit zwei Privatkunden folgende Vereinbarungen über die Lieferung von Mehl getroffen:

- *„Lieferung am 08. Oktober"*

Da der Liefertermin **kalendermäßig bestimmt** ist, kommt der Lieferer ohne Mahnung in Lieferungsverzug, wenn er am 08. Oktober nicht liefert.

- *„Lieferung im Oktober"*

Da der Liefertermin kalendermäßig bestimmt ist, kommt der Lieferer ohne Mahnung in Verzug, wenn er am letzten Tag des Monats Oktober nicht geliefert hat. Auch die Vereinbarung „Mitte Oktober" gilt als kalendermäßig bestimmter Termin.

- *„Vier Wochen nach Bestellung"*

Da der Liefertermin **bestimmbar** ist, kommt der Lieferer ohne Mahnung in Verzug, wenn er vier Wochen nach der Bestellung nicht geliefert hat.

Die Getreidemühle kommt in allen drei Fällen auch dann in Verzug, wenn deren Lieferanten (Landwirte) das Getreide nicht rechtzeitig angeliefert haben. Da es sich bei Mehl um eine am Markt erhältliche Gattungsware handelt und keine Beschränkung auf die Vorräte der Mühle vorgenommen wurde (Vorratsschuld), spielt es keine Rolle, ob die Getreidemühle ein **Verschulden** trifft. Aus dem Inhalt des Schuldverhältnisses ergibt sich nämlich in diesem Fall, dass die Getreidemühle das **Beschaffungsrisiko** übernommen hat.

Aufg. 4.3.3 S. 260

Erweiterte Haftung (Verantwortlichkeit) während des Lieferungsverzugs

Im Normalfall hat der Verkäufer nur Vorsatz und Fahrlässigkeit zu vertreten. Befindet er sich jedoch im Lieferungsverzug, so erweitert sich seine Haftung auch auf **Zufall**. Das gilt nur dann nicht, wenn der Schaden auch bei rechtzeitiger Lieferung eingetreten wäre. BGB § 276, § 287

Erweiterte Haftung bei Lieferungsverzug

Sigmund Dreher aus Villingen hat am 18. Juni d. J. mit Kathrin Schnell einen Kaufvertrag über den Verkauf eines Gebrauchtwagens geschlossen. Das Fahrzeug sollte vertragsgemäß am 20. Juni d. J. an Kathrin Schnell übergeben werden. Da Sigmund Dreher noch einige private Fahrten erledigen wollte, hat er die rechtzeitige Übergabe versäumt. Bei einem schweren Gewitter, das am 21. Juni d. J. über Villingen niederging, wurde das Auto durch Hagelkörner schwer beschädigt. BGB § 287

Auch wenn das Auto durch höhere Gewalt (= Zufall) beschädigt wurde, ist Sigmund Dreher für den Schaden verantwortlich, da er sich im Lieferungsverzug befand.

---

1 Gattungsware: Vertretbare, d. h. mehrfach vorhandene Sachen (Papier, Obst, Holz) Stückschuld (Speziesschuld): nur einmal vorhandene Sache (z. B. Originalgemälde eines Künstlers).

4.3.3 Rechte des Käufers bei Lieferungsverzug

Überblick

Die Rechte, die dem Käufer im Fall eines Lieferungsverzugs zustehen, sind davon abhängig, ob er dem Verkäufer noch eine Nachfrist zur Erfüllung setzt oder ohne Nachfristsetzung auf Vertragserfüllung besteht:

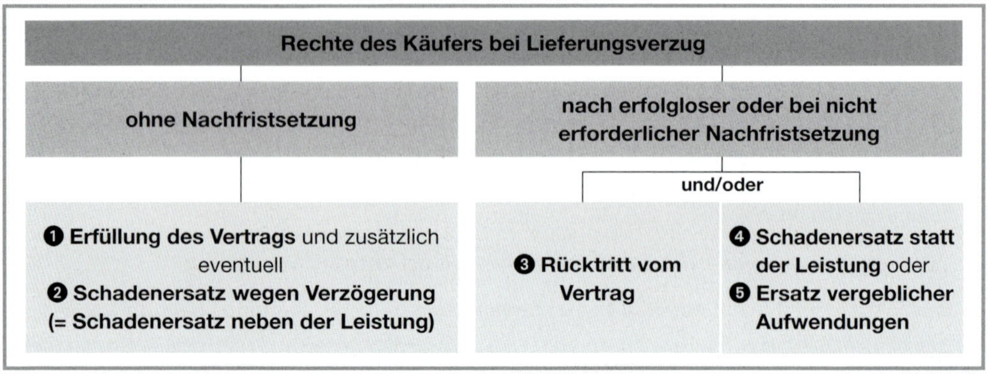

Rechte des Käufers ohne Nachfristsetzung

❶ Recht auf Erfüllung des Vertrages

Da der Vertrag vom Verkäufer bisher nicht erfüllt wurde, kann der Käufer ohne Nachfristsetzung auf Erfüllung bestehen.

❷ Recht auf Schadenersatz neben der Leistung

Entsteht dem Käufer aus dem Lieferungsverzug ein Schaden, so kann er neben dem Erfüllungsanspruch einen **Schadenersatzanspruch** geltend machen. Dabei ist der Käufer vermögensmäßig so zu stellen, wie er bei ordnungsmäßiger Erfüllung des Vertrages gestanden hätte.

> **Ohne Nachfristsetzung: Recht auf Erfüllung des Vertrags und zusätzlich eventuell Schadenersatz wegen Verzögerung (Verzögerungsschaden).**

Rechte des Käufers bei Lieferungsverzug ohne Nachfristsetzung

Carla Prophet hat am 10. November beim Bastelshop Hauser Spezialkleber im Wert von 26,00 EUR bestellt. Als der Kleber am 1. Dezember immer noch nicht eingetroffen ist, mahnt Carla Prophet den Bastelshop. Am 14. Dezember trifft die Lieferung ein. Wegen der verspäteten Lieferung musste Carla Prophet ihre Teilnahme an einem Weihnachtsbasar mit Bastelartikeln absagen (entgangener Gewinn: 200,00 EUR).
Carla Prophet kann neben der Erfüllung vom Lieferer den entgangenen Gewinn in Höhe von 200,00 EUR verlangen (Verzögerungsschaden). Damit hat sie aus dem Lieferungsverzug keinerlei Vermögensnachteile.

Rechte des Käufers nach erfolgloser oder bei nicht erforderlicher Nachfristsetzung

BGB §§ 281 (1), 323 (2)

Will der Käufer **andere Rechte** als die nachträgliche Erfüllung des Vertrags und Ersatz eines eingetretenen Verzögerungsschadens geltend machen, muss er dem Verkäufer zunächst eine **angemessene Nachfrist** setzen und ihm eine letzte Möglichkeit einräumen, den Vertrag doch noch zu erfüllen. Sinnvollerweise sollte der Käufer dem Verkäufer die Nachfrist gleichzeitig mit der Mahnung setzen. Als angemessene Frist gilt es, wenn der Lieferer die Möglichkeit erhält, eine bereits begonnene Leistung zu vollenden. Unter bestimmten Voraussetzungen ist allerdings eine solche Nachfrist aufgrund gesetzlicher Bestimmungen überflüssig. In Abhängigkeit davon, ob der Käufer als weitergehendes Recht Schadenersatz verlangen oder vom Vertrag zurücktreten will, können die Fälle, in denen sich das Setzen einer Nachfrist erübrigt, unterschiedlich sein.

BGB §§ 281 (2), 323 (2)

❸ Rücktritt vom Vertrag

Voraussetzungen

Befindet sich der Verkäufer im Lieferungsverzug, so hat der Käufer nach erfolglosem Ablauf einer angemessenen Nachfrist das Recht auf **Rücktritt** vom Vertrag. Die Nachfrist als Voraussetzung für den Rücktritt ist **nicht** erforderlich, wenn

- der Verkäufer die Lieferung verweigert,
- die Lieferung für einen bestimmten Termin oder eine bestimmte Frist mit einem Zusatz wie z. B. fix, genau, präzise am ... vereinbart wurde (= Fixgeschäft),
- besondere Umstände vorliegen.

BGB § 323 (1)

BGB § 323 (2) Nr. 1, Nr. 2, Nr. 3

Rücktritt nach Verstreichen eines fest vereinbarten Liefertermins

Jan Huber hat bei einem Fahrradhändler ein Rennrad bestellt (fest vereinbarter Liefertermin: 10. Mai als wesentlicher Vertragsinhalt). Nachdem das Fahrrad an diesem Tag nicht eingetroffen ist kommt der Fahrradhändler automatisch mit dem Überschreiten des fest vereinbarten Liefertermins in Verzug. Jan Huber kann ohne das Setzen einer Nachfrist vom Vertrag zurücktreten.

❹ Schadenersatz statt der Leistung (Nichterfüllungsschaden)

Macht der Käufer vom Recht auf Schadenersatz statt der Leistung Gebrauch, so verzichtet er auf die vertraglich vereinbarte Lieferung und verlangt statt dessen Ersatz des durch die Nichterfüllung entstandenen Schadens (Leistungsanspruch wird in einen Schadenersatzanspruch umgewandelt).

Aufg. 4.3.4 S. 260

Die Nachfrist als Voraussetzung für die Inanspruchnahme des Rechts auf Schadenersatz statt der Leistung ist nicht erforderlich, wenn

- der Verkäufer die Lieferung verweigert,
- besondere Umstände vorliegen, die unter Abwägung der beiderseitigen Interessen die sofortige Geltendmachung des Schadenersatzanspruchs rechtfertigen.

Die beiden Rechte Schadenersatz statt der Leistung und Rücktritt können auch gleichzeitig geltend gemacht werden.

Arten der Schadenberechnung

Im Rahmen der Schadenersatzregelung ist der geschädigte Käufer so zu stellen, als ob der Vertrag ordnungsgemäß erfüllt worden wäre. Nimmt der Käufer einen **Deckungskauf** (= Ersatzkauf bei einem anderen Lieferer) vor, so muss der Verkäufer gegebenenfalls entstehende Mehrkosten (höherer Kaufpreis) übernehmen. Entgeht dem Käufer aufgrund des Lieferungsverzugs ein Gewinn, weil er eventuell die Ware zu einem höheren Preis hätte weiterverkaufen können, so muss auch der entgangene Gewinn ersetzt werden.

BGB § 252

Bei der Schadenberechnung im Zusammenhang mit der Geltendmachung des Rechts auf Schadenersatz sind folgende Arten zu unterscheiden:

Arten der Schadenberechnung	
Konkrete Schadenberechnung	**Abstrakte Schadenberechnung**
Beschafft sich der Käufer im Rahmen eines Lieferungsverzugs die bestellte, aber nicht rechtzeitig gelieferte Ware, bei einem anderen Anbieter zu einem höheren Preis **(Deckungskauf)**, so kann er in Höhe des Preisunterschieds Schadenersatz verlangen.	Hätte der Käufer bei rechtzeitiger Lieferung der Ware durch deren Weiterverkauf/Weiterverarbeitung einen Gewinn erzielt, so kann er diesen entgangenen Gewinn als Schadenersatz geltend machen (§ 252 BGB).

Schadenersatz nach abgelaufener Nachfrist

Carla Prophet (siehe S. 254) hat ihrem Lieferer am 1. Dezember eine angemessene Nachfrist von 10 Tagen gesetzt. Als nach dieser Zeit die Lieferung noch nicht eingetroffen ist, verzichtet sie auf Erfüllung und kauft den Kleber von einem anderen Lieferer (Deckungskauf), der allerdings nur zu einem höheren Preis von 35,00 EUR liefert. Carla Prophet kann die dadurch entstehenden höheren Aufwendungen in Höhe von 9,00 EUR zuzüglich eventuell entstandener weiterer Bestellkosten vom Bastelshop Hauser verlangen.

Schadenersatz bei besonderen Umständen

Eine Krankenhausapotheke hat bei einem Arzneimittelhersteller ein dringend benötigtes Medikament bestellt. Es wurde vereinbart, dass das Medikament bereits eine Stunde nach Bestellung geliefert wird. Als das Medikament nach 2 Stunden immer noch nicht da ist, kauft die Apotheke – ohne Nachfristsetzung – bei einem anderen Lieferanten ein Medikament mit dem gleichen Wirkstoff zu einem erheblich höheren Preis. Die besonderen Umstände rechtfertigen, dass ein Schadenersatzanspruch auch ohne Nachfristsetzung geltend gemacht werden kann.

❺ Recht auf Ersatz vergeblicher Aufwendungen

Anstelle des Schadenersatzes statt der Leistung kann der Käufer **Ersatz der Aufwendungen** verlangen, die er im Vertrauen auf den Erhalt der Leistung gemacht hat **(vergebliche Aufwendungen)**.

Ersatz vergeblicher Aufwendungen

Herta Reimann hat in einem Küchenstudio eine Einbauküche bestellt, die lt. Vertrag am 19. Februar (fester Termin) eingebaut werden sollte. Um den Monteuren entsprechende Anweisungen zu geben, hat sie an diesem Tag unbezahlten Urlaub genommen. Herta Reimann kann Verdienstausfall geltend machen, wenn am 19. Februar nicht geliefert wird.

Die beiden Rechte Schadenersatz statt der Leistung und Rücktritt können auch gleichzeitig geltend gemacht werden.

4.3.4 Rechte des Käufers bei Fixgeschäft und Fixkauf

Bei Kaufverträgen, für die ein Liefertermin durch Klauseln z. B. *fix*, *genau* oder *spätestens* fest vereinbart wurde, verletzt der Verkäufer automatisch mit Überschreiten des Liefertermins die Pflicht, rechtzeitig zu liefern. Wenn es sich beim Käufer um einen Verbraucher handelt, sind hinsichtlich der Käuferrechte zwei Fälle zu unterscheiden:

Kap. B 3.1

Bürgerlicher Kauf (Kaufvertrag zwischen einem Unternehmer, der aber kein Kaufmann ist, und einem Verbraucher)	einseitiger Handelskauf (Kaufvertrag zwischen einem Unternehmer, der Kaufmann ist, und einem Nichtkaufmann)
Fixgeschäft BGB § 323 (2)	**Fixkauf (Fixhandelskauf) HGB § 376**
▪ sofortiger Rücktritt vom Vertrag (§ 323 (2) Nr. 2 und 3) und/oder ▪ Schadenersatz statt der Leistung **ohne** Nachfrist, wenn die nachträgliche Lieferung für den Käufer sinnlos und die vertragsgemäße Erfüllung somit unmöglich ist (z. B. Hochzeitskleid) (= absolutes Fixgeschäft) §§ 275, 281 (2) BGB ▪ Schadenersatz statt der Leistung **mit** Nachfristsetzung, wenn die Nichteinhaltung des Liefertermins das Geschäft nicht hinfällig macht (relatives Fixgeschäft) § 281 (1) BGB	▪ sofortiger Rücktritt vom Vertrag (§ 376 (1) HGB) wie beim Fixgeschäft **in jedem Fall:** Schadenersatz wegen Nichterfüllung **ohne** Nachfristsetzung (§ 376 (1) HGB)

Rechte bei Überschreiten eines Liefertermins bei Fixkauf

Heidi und Franz Glück haben ihren Hochzeitstermin auf Samstag, den 5. Mai 2012 festgelegt. Mit der Gärtnerei Huber e. K. wurde vertraglich vereinbart, dass die Tischdekoration (Preis 140,00 EUR) bis spätestens 14:00 Uhr in das Hotel Grüner Baum geliefert werden soll. Um 15:00 Uhr ist die Dekoration immer noch nicht eingetroffen. Ein Telefonanruf ergibt, dass der Auftrag bei der Gärtnerei „vergessen" wurde und innerhalb der verbleibenden Zeit nicht ausgeführt werden kann. Franz Glück beauftragt daraufhin die Gärtnerei Kleinert, die Tischdekoration rechtzeitig vor Beginn der Hochzeitsfeier zu liefern. Die Gärtnerei Kleinert stellt allerdings einen Betrag von 180,00 EUR in Rechnung. Heidi und Franz Glück können ohne Nachfristsetzung vom Vertrag zurücktreten und Schadenersatz statt der Leistung in Höhe von 40,00 EUR verlangen.

BGB § 276

BGB § 280

Zusammenfassende Übersicht zu Kap. 4.3 Nicht rechtzeitige Lieferung – Lieferungsverzug

❶ Voraussetzungen für den Eintritt von Lieferungsverzug

Schuldverhältnis (gültiger Kaufvertrag) **§§ 241, 433 BGB**

Nichtleistung trotz Fälligkeit § 271 BGB + **Mahnung § 286 (1) BGB** + **Vertretenmüssen §§ 286 (4), 276 BGB**

Nicht erforderlich gem. § 286 (2) BGB wenn:

- ❶ Zeit ist kalendermäßig **bestimmt** (Bsp. Lieferung erfolgt am ...)
- ❷ Zeit ist kalendermäßig **bestimmbar** (Bsp. Lieferung erfolgt 14 Tage nach Auftragsbestätigung)
- ❸ Schuldner erklärt, dass er die Lieferung verweigert

❷ Rechte des Käufers bei Lieferungsverzug

ohne Nachfristsetzung

Lieferung verlangen § 433 BGB

bei entstandenem Verzögerungsschaden: **Schadenersatz** *(zusätzlich zur Leistung)* **§ 280 (1) BGB**

nur nach erfolgloser oder nicht erforderlicher Nachfristsetzung

wenn Nachfrist erfolglos oder wegen § 281 (2) BGB oder § 376 HGB nicht erforderlich ist, Verkäufer Pflichtverletzung gem. § 280 (1) BGB zu vertreten hat und Schaden entstanden ist

Schadenersatz statt der Leistung §§ 280 (1), (3), 281 BGB, 376 HGB **oder** **Ersatz vergeblicher Aufwendungen § 284 BGB**

wenn Nachfrist erfolglos oder wegen § 323 (2) BGB oder § 376 HGB nicht erforderlich

Rücktritt § 323 (1) BGB, § 376 HGB

Rücktritt und Schadenersatz sind auch zusammen möglich § 325 BGB

Aufg. S. 2

Fragen zur Wiederholung

zu Kapitel 4.3 Nicht rechtzeitige Lieferung – Lieferungsverzug

4.3.1 Abgrenzung zwischen nicht rechtzeitiger Lieferung und Lieferungsverzug

1. Unterscheiden Sie die nicht rechtzeitige Lieferung vom Lieferungsverzug.
2. Wann erfüllt ein Verkäufer rechtzeitig?
3. Welche Rechte stehen dem Käufer bei nicht rechtzeitiger Lieferung des Verkäufers zu?

4.3.2 Voraussetzungen für Eintritt des Lieferungsverzugs

1. Welche Voraussetzungen müssen erfüllt sein, damit Lieferungsverzug vorliegt?
2. Welche Besonderheit gilt im Zusammenhang mit dem Lieferungsverzug für Gattungsware?
3. In welchen Fällen ist beim Lieferungsverzug eine Mahnung entbehrlich?
4. Worin besteht die erweiterte Haftung (Verantwortlichkeit) des Verkäufers bei Lieferungsverzug?

4.3.3 Rechte des Käufers bei Lieferungsverzug

1. Welche Rechte des Käufers lassen sich bei Lieferungsverzug unterscheiden?
2. Welche Rechte kann der Käufer bei Lieferungsverzug nur nach Ablauf einer Nachfrist geltend machen?
3. Unterscheiden Sie verschiedene Arten der Schadenberechnung.
4. Was ist unter einem Deckungskauf zu verstehen.

4.3.4 Rechte des Käufers bei Fixgeschäft und Fixkauf

1. Welche Regelungen gelten beim Lieferungsverzug für das Fixgeschäft?

Aufgaben und Probleme

zu Kapitel 4.3 Nicht rechtzeitige Lieferung – Lieferungsverzug

4.3.1 Nicht rechtzeitige Lieferung – Lieferungsverzug – Rechte

Christian Keller freut sich über die bislang erzielten Abiturergebnisse seines Sohnes Carsten und übernimmt die Bestellung von 28 Abi T-Shirts, die er der Klasse zum bestandenen Abitur schenken will.

Im Internet entdeckt er folgende Anzeige der Badischen Trikot GmbH:

T-Shirts ohne Aufdruck

Sonderposten, so lange Vorrat reicht

Sonderpreis: 9,50 EUR/Stück

zzgl. Versandkosten

Am 16. Mai d. J. füllt er folgendes Internet-Bestellformular aus und leitet es an die Trikot GmbH weiter:

T-Shirt klassisch	Anzahl	Preis	Gesamt
	28	9,50 EUR	266,00 EUR
	Gesamt		266,00 EUR
	enth. MwSt.		42,47 EUR

Weiter einkaufen **Zur Kasse gehen**

In ihrer Auftragsbestätigung sagt die Badische Trikot GmbH noch am Tag der Bestellung eine alsbaldige Lieferung zu.

Als die T-Shirts am 31. Mai d. J. noch nicht eingetroffen sind, schickt Christian Keller an die Badische Trikot GmbH ein Schreiben mit folgendem Inhalt (Auszug):

„... Da die T-Shirts bereits für die am 06. Juni d. J. stattfindende Abiturfeier verwendet werden sollen, bin ich leider gezwungen, diese anderweitig zu beschaffen. Ich trete daher vom Vertrag zurück."

BGB § 286 (1)
1. Prüfen Sie anhand der Voraussetzungen für den Eintritt des Lieferungsverzugs, ob sich die Badische Trikot GmbH in Lieferungsverzug befindet.

BGB § 323 (1)
2. Kann Christian Keller wie gefordert am 31. Mai d.J. vom Vertrag zurücktreten, wenn er die Lieferung am 23. Mai d.J. angemahnt und gleichzeitig eine angemessene Nachfrist von 7 Tagen gesetzt hat?

BGB §§ 280, 281, 276
3. Wegen des unmittelbar bevorstehenden Termins für die Abiturfeier beschafft sich Christian Keller die T-Shirts anderweitig, nachdem er am 31. Mai d.J. der Badischen Trikot GmbH gegenüber den Rücktritt erklärt hat. Allerdings muss er für die T-Shirts gleicher Qualität einen höheren Preis bezahlen, so dass ihm Mehrkosten in Höhe von 40,00 EUR entstehen.
   Begründen Sie, ob Christian Keller die Mehrkosten von der Badischen Trikot GmbH verlangen kann?
4. Wie sind die Fälle 2 und 3 zu entscheiden, wenn die Badische Trikot GmbH auf die Mahnung antwortet und die Lieferungsverzögerung mit einem am 20. Mai d.J. eingetretenen Hochwasserschaden in der Färberei begründet?

4.3.2 Mahnung – Eintritt des Lieferungsverzugs

BGB § 286

Entscheiden und begründen Sie, ob in nachstehenden Fällen eine Mahnung für den Eintritt des Lieferungsverzugs erforderlich ist:
1. „Lieferung am 10. Sept. d.J."
2. „Lieferung sofort"
3. „Lieferung im Laufe des Monats Oktober d.J."
4. „Lieferung erfolgt 8 Tage nach Abruf der Sendung"
5. „Lieferung erfolgt 10 Tage nach Eingang der Bestellung"

Weitere Aufgaben zum Verzug siehe Seite 269.

4.3.3 Eintritt des Lieferungsverzugs

Fritz Hockenjos bestellte bei der Sportboot GmbH, Heilbronn, ein Segelboot für 12400 EUR zur Lieferung fest für den 25.07. (Beginn der Sommerferien). Hockenjos hat geplant, zusammen mit Freunden seines Yachtclubs im Mittelmeer zu segeln. Bereits zwei Tage nach der Bestellung hat die Sportboot GmbH per E-Mail den Auftrag bestätigt. Da das Segelboot bis zum 26.07. nicht geliefert wurde, besorgte er sich ein vergleichbares Boot bei einem anderen Händler zum Preis von 14200 EUR.
Prüfen Sie, ob
1. ob sich die Sportboot GmbH in Lieferungsverzug befindet und
2. Hockenjos vom Vertrag zurücktreten und den Mehrpreis geltend machen kann.

4.3.4 Lieferungsverzug – Rechte bei Liefererverzug

BGB § 271, § 286 (1) HGB § 375 BGB § 323 (2) Nr. 2 HGB § 376 (1) BGB § 280 (1) HGB § 376

Jutta Zehler hat am 07. Oktober vom Heilbronner Bastelshop e.K. ein verbindliches Angebot über die Lieferung von Trockenblumen und Bastelkleber erhalten. Noch am gleichen Tag hat sie dem Angebot entsprechend ihre Bestellung aufgegeben. Am 21. Oktober d.J. ist die Lieferung immer noch nicht eingetroffen, weil der Heilbronner Bastelshop e.K. das Versandpaket irrtümlicherweise mit einer falschen Adresse versehen hat.
1. Begründen Sie, ob sich der Heilbronner Bastelshop e. K. in Lieferungsverzug befindet.
2. Welche Änderungen ergeben sich bei der Lösung zu Aufgabe 1, wenn der Heilbronner Bastelshop e. K. die Lieferung bis spätestens 21. Oktober d.J. zugesagt hätte?
3. Welche Rechte kann Jutta Zehler dem Heilbronner Bastelshop e.K. gegenüber geltend machen, wenn die Lieferung bis spätestens 21. Oktober d.J. zugesagt wurde (vgl. Aufgabe 2), bislang aber noch nicht eingetroffen ist?
4. Von welchem Recht wird Jutta Zehler Gebrauch machen, wenn sie die Ware zwischenzeitlich von einem anderen Lieferer zu einem günstigeren Preis kaufen könnte?

4.3.5 Rechte bei Lieferungsverzug

Unter welchen Voraussetzungen wird der Käufer im Falle eines Lieferungsverzugs die nachstehenden Rechte geltend machen?
1. auf Erfüllung des Vertrages bestehen,
2. auf Erfüllung des Vertrages bestehen und Ersatz des Verzögerungsschadens verlangen,
3. vom Kaufvertrag zurücktreten,
4. Rücktritt und Schadenersatz wegen Nichterfüllung verlangen?

4.4 Nicht rechtzeitige Zahlung – Zahlungsverzug

4.4.1 Abgrenzung zwischen nicht rechtzeitiger Zahlung und Zahlungsverzug

Mit Abschluss des Kaufvertrages hat sich der Käufer verpflichtet, den vereinbarten Kaufpreis zu entrichten. Das kann sofort nach Lieferung, nach Ablauf einer bestimmten Frist (Zahlungsziel) oder in Raten zu bestimmten Terminen geschehen. Aufg. 4.4.1 S. 267

Eine nicht rechtzeitige Zahlung liegt vor, wenn der Käufer seine Zahlungsverpflichtung aus einem Kaufvertrag nicht zu dem vorgesehenen Zeitpunkt bzw. nicht innerhalb einer bestimmten Frist erfüllt hat.

Der Käufer zahlt rechtzeitig, wenn der Gläubiger den Geldbetrag innerhalb der Zahlungsfrist erhalten hat **(Geldschulden sind Bringschulden)**. Kap. B 2.2

Hat der Käufer die nicht rechtzeitige Zahlung zu vertreten, so handelt es sich um Zahlungsverzug (Schuldnerverzug des Käufers).

Da bei Geldschulden der Grundsatz gilt „Geld hat man zu haben", hat der Schuldner bis auf wenige Ausnahmen die nicht rechtzeitige Zahlung immer zu vertreten. Kap. B 4.4.2

Nicht rechtzeitige Zahlung bei Krankheit

Egon Hugenschmidt hat vor einem Jahr für sein Auto eine Musikanlage auf Raten gekauft. Während der Winterferien hat er einen Skiunfall erlitten und liegt im Krankenhaus. Er ist deshalb nicht in der Lage, die erforderliche Überweisung zu tätigen.
Vor Antritt seines Urlaubs hat er seine Mutter gebeten, im Notfall die Überweisung der Raten zu veranlassen. Wegen einer ebenfalls plötzlich aufgetretenen Erkrankung ist auch sie nicht in der Lage, den fälligen Betrag zu überweisen.
Hugenschmid zahlt nicht rechtzeitig (= nicht rechtzeitige Zahlung), kommt aber nicht in Zahlungsverzug, da er die Verzögerung **ausnahmsweise nicht** zu vertreten hat.

Bei einer nicht rechtzeitigen Zahlung kann der Lieferer in gleicher Weise wie der Käufer beim Lieferungsverzug wahlweise folgende Rechte geltend machen:

1. Zahlung verlangen, da der Vertrag nach wie vor gültig ist. BGB § 433 (1)
2. Nach Setzen einer Nachfrist (falls erforderlich) vom Vertrag zurücktreten. § 323 (1)

4.4.2 Voraussetzungen für den Eintritt des Zahlungsverzugs

Wenn die Zahlung nicht rechtzeitig erfolgt, liegt nicht immer gleichzeitig auch ein Zahlungsverzug vor. Für den Eintritt des Zahlungsverzugs gelten ähnliche **Voraussetzungen** wie für den Lieferungsverzug: Kap. B 4.3

1. **Fälligkeit:** Die Zahlung muss fällig sein. Wurde für die Fälligkeit der Zahlung **kein kalendermäßiger Zeitpunkt** vereinbart, so ist die Zahlung sofort fällig. BGB § 271

2. **Mahnung (Leistungsaufforderung) bzw. 30-Tage-Frist:**
   Die Fälligkeit allein führt noch nicht zum Zahlungsverzug. Vielmehr bedarf es zusätzlich einer Mahnung.

   Eine Mahnung ist eine einseitige, empfangsbedürftige Erklärung mit einer dringlichen Aufforderung an den Schuldner (Käufer = Geldschuldner), die Leistung zu erbringen.

   Mit der Mahnung soll dem Schuldner deutlich gemacht werden, dass eine weitere Leistungsverzögerung nachteilige Folgen für ihn mit sich bringen kann. Die gleiche Wirkung wie eine Mahnung haben ein Klage auf Zahlung beim Gericht sowie die Zustellung eines Mahnbescheids im Mahnverfahren. Für den Verkäufer empfiehlt BGB § 276 (1) S. 2 Kap. B 5.1.2

es sich, bereits mit der Mahnung eine angemessene Nachfrist für die Zahlung zu setzen. Damit ist er berechtigt, nach Ablauf der Nachfrist sofort vom Vertrag zurückzutreten.

BGB § 286 (2) Nr. 1

In bestimmten Fällen kommt der Käufer auch ohne Mahnung in Zahlungsverzug. Eine Mahnung ist unter folgenden Voraussetzungen nicht erforderlich:

- Für die Zahlung ist ein Termin kalendermäßig **bestimmt**.
- Für die Zahlung ist ein Termin kalendermäßig **bestimmbar**.
  Der kalendermäßig bestimmte oder bestimmbare Zeitpunkt muss ausdrücklich Bestandteil des Kaufvertrags sein, damit die Vereinbarung gültig ist.
- Der Geldschuldner erklärt, dass er die Zahlung nicht leisten werde.
- Eine Frist von 30 Tagen ist abgelaufen.

BGB § 286 (2) Nr. 2
BGB § 286 (2) Nr. 3
BGB § 286 (3)

Der Käufer kommt automatisch **spätestens** dann in Verzug, wenn er nicht innerhalb von **30 Tagen nach Fälligkeit und Rechnungszugang** (oder einer Zahlungsaufstellung) bezahlt. Durch das Wort „spätestens" wird zum Ausdruck gebracht, dass es dem Verkäufer freisteht, durch eine Mahnung einen früheren Verzugseintritt herbeizuführen.

Bei einem **Verbrauchsgüterkauf** ist für den **automatischen Verzugseintritt 30 Tage nach dem Rechnungszugang** noch erforderlich, dass der Käufer in der Rechnung besonders auf diese Folgen hingewiesen wird **(Verbraucherprivileg)**.

Bei der Berechnung der 30-Tage-Frist ist zu beachten, dass – anders als bei der kaufmännischen Zinsrechnung – die einzelnen Monate taggenau zu berechnen sind. Die Vereinfachungsregelung, jeden Monat mit 30 Tagen anzusetzen, findet **keine Anwendung**.

Eintritt des Zahlungsverzugs bei fehlender Vereinbarung eines Zahlungstermins

Student Früh kauft am 15.05. d.J. bei einem Reifenhändler einen Reifen für seinen Motorroller für 35,00 EUR. Bei Lieferung erhält er eine Rechnung mit dem „Verbraucherhinweis". Ein Zahlungsziel ist nicht vereinbart.

Verbraucherhinweis in einer Rechnung (Verbraucherprivileg)

„Um zu vermeiden, dass Sie in Zahlungsverzug geraten, bezahlen Sie diese Rechnung innerhalb von 30 Tagen nach Rechnungsdatum."

Eintritt des Zahlungsverzugs: 14.06. d.J. 24:00 Uhr
Beginn des Zahlungsverzugs (erster Verzugstag): 15.06. d.J. 00:00 Uhr. Mahnung ist nicht erforderlich.
Fehlt in der Rechnung der Verbraucherhinweis, so kann Früh nur durch eine Mahnung in Verzug geraten.

Eintritt des Zahlungsverzugs bei fest vereinbartem Zahlungstermin

BGB § 271

Aufg. 4.4.2 S. 268

BGB § 286 (3)

Fritz Kuhn hat bei einem Elektrohändler einen Kühlschrank für 430,00 EUR gekauft, der ihm am 03. Juni d.J. zugefahren wurde. Am 05. Juni d.J. erhält Kuhn die Rechnung mit folgender zuvor vertraglich getroffenen Vereinbarung:
„Zahlbar netto Kasse bis 17. Juni d.J.".
Da der Zahlungstermin kalendermäßig bestimmt ist, kommt Kuhn – ohne Mahnung – am 17. Juni d.J. in Verzug, wenn der Gläubiger nicht spätestens an diesem Tag den Geldbetrag erhalten hat.

❸ **Vertretenmüssen:** Kann der Käufer seine Geldschuld wegen **finanzieller Leistungsunfähigkeit** nicht erfüllen, hat er dies auch dann zu vertreten, wenn ihn kein Verschulden trifft. Es gilt der Grundsatz „Geld hat man zu haben". Der Käufer gerät also in diesem Fall wegen der Übernahme des **Beschaffungsrisikos** in Verzug. Nur in ganz seltenen Fällen – wenn z. B. der Schuldner infolge einer plötzlich aufgetretenen schweren Erkrankung daran gehindert ist, seine Zahlungsverpflichtungen zu erfüllen – hat er dies u. U. nicht zu vertreten und kommt demnach auch nicht in Verzug (seltene Ausnahme).

BGB § 276 (1)

Kap. B 4.4.1

Zahlungsverzug bei eingetretener Arbeitslosigkeit

Franz Lögler kann seine Verbindlichkeiten in Höhe von 6800 EUR bei Lieferer Seitz nicht vereinbarungsgemäß am 17.04. d. J. begleichen, weil er zwischenzeitlich – ohne eigenes Verschulden – arbeitslos wurde.
Franz Lögler kommt in Verzug, obwohl die Zahlungsschwierigkeit im vorliegenden Fall auf die Geschäftsaufgabe seines Arbeitgebers zurückzuführen ist. Bei Geldschulden hat der Schuldner die Nichtleistung fast immer zu vertreten.

4.4.3 Rechte des Verkäufers bei Zahlungsverzug

Beim Zahlungsverzug stehen dem Verkäufer **wahlweise** ähnliche Rechte zu, wie sie dem Käufer im Falle des Lieferungsverzugs eingeräumt werden.

Inanspruchnahme verschiedener Rechte bei Zahlungsverzug (Ausgangsfall):

Der Tübinger Reifendienst GmbH liefert dem Kunden Mahler (Verbraucher) einen Satz Sommerreifen zum vereinbarten Kaufpreis von 610,00 EUR. Auf der Rechnung war kein Verbraucherhinweis über den Eintritt des Zahlungsverzugs enthalten. Sie ging Mahler zusammen mit der Lieferung am 16.02. d. J. zu. Am 08.03. d. J. erhält Mahler eine Mahnung.

Rechte des Verkäufers ohne Nachfristsetzung

❶ Recht auf Erfüllung (Zahlungsanspruch) und eventuell

❷ Recht auf Schadenersatz wegen Verzögerung (Verzögerungsschaden)

Dem Verkäufer entsteht ein Verzögerungsschaden, wenn er erst verspätet über den Kaufpreis verfügen kann. Ist er z. B. wegen der noch nicht eingegangenen Zahlung gezwungen, einen Kredit aufzunehmen, so errechnet sich der entstandene Schaden aus den Kreditzinsen und den zusätzlichen Kosten (z. B. Mahngebühr). Aber auch dann, wenn der Verkäufer nicht darauf angewiesen ist, einen Kredit aufzunehmen, können Verzugszinsen geltend gemacht werden. Bei einem guten Kunden verzichtet der Lieferer aber häufig auf Ersatz des Verzögerungsschadens und macht lediglich seinen Erfüllungsanspruch geltend.

BGB §§ 280, 286

Hinsichtlich der Berechnung der Schadenhöhe sind dem Gläubiger Grenzen gesetzt. Die Kosten der den Verzug begründenden **Erstmahnung** kann der Gläubiger vom Schuldner nicht verlangen. Für das zweite Mahnschreiben dürfen nur die tatsächlich angefallenen Kosten für Papier und Porto in Rechnung gestellt werden. Alternativ kann ein Pauschalbetrag von zurzeit 2,50 EUR berechnet werden.

Der Zinssatz für **Verzugszinsen** beträgt:

- 5 Prozentpunkte über dem **Basiszinssatz**[1] bei Rechtsgeschäften, an denen ein Verbraucher beteiligt ist **(Verbrauchsgüterkauf)**;
- 8 Prozentpunkte über dem Basiszinssatz bei Rechtsgeschäften, an denen ein Verbraucher nicht beteiligt ist **(zweiseitiger Handelskauf)**

1 Der Basiszissatz kann über die Homepage der Deutschen Bundesbank abgefragt werden. Er betrug gem. § 247 (1) BGB zum 01. Januar 2012 0,12 %.

BGB § 309 Nr. 6

Vertraglich können u. U. auch höhere Verzugszinsen vereinbart werden. Die Vereinbarung einer Vertragsstrafe in den AGB im Falle eines Zahlungsverzugs ist jedoch unwirksam.

BGB § 288 (1)

BGB § 288 (2)

Aufg. 4.4.3 S. 268

Rechte des Lieferers ohne Nachfristsetzung

Mahler begleicht die Rechnung (siehe Ausgangsfall S. 263) am 18.03. d.J. Der Lieferer hat einen Zahlungsanspruch (610 EUR) zuzüglich Verzögerungsschaden (Zinsen für 10 Tage – vom 08.03.–18.03). Berechnung: Basiszinssatz zuzüglich 5 Prozentpunkte, da es sich um einen Verbrauchsgüterkauf handelt. Kann ein höherer Schaden nachgewiesen werden (z.B. bei Aufnahme eines Überziehungskredits zu höheren Zinsen) kann dieser geltend gemacht werden.

Rechte des Verkäufers nach erfolgloser oder bei nicht erforderlicher Nachfristsetzung

❶ Recht auf Rücktritt vom Vertrag

Der Verkäufer kann nach Ablauf einer angemessenen Nachfrist für die Zahlung die gelieferte Ware wieder zurückverlangen. Von diesem Recht wird er z.B. Gebrauch machen, wenn er die Ware zwischenzeitlich zu einem höheren Preis verkaufen kann.

und/oder

❷ Recht auf Schadenersatz statt der Leistung (Nichterfüllungsschaden)

Macht der Lieferer von diesem Recht Gebrauch, so verlangt er die gelieferte Ware wieder zurück und kann ggf. Rücknahmekosten, Verzugszinsen, Kosten für die Abnutzung und Ersatz des entgangenen Gewinns verlangen.

Rechte des Lieferers bei Nachfristsetzung

Nach Ablauf einer angemessenen Nachfrist (siehe Ausgangsfall S. 263) kann der Tübinger Reifendienst:

BGB § 323 (1)

1. *Vom Vertrag zurücktreten.*
   Der Käufer müsste in diesem Falle die Reifen wieder zurückgeben und ggf. bei Abnutzung Wertersatz leisten (§ 346 BGB). Da der Verkäufer in erster Linie ein Verkaufsinteresse hat, wird von diesem Recht eher selten Gebrauch gemacht.

BGB § 231 (1)

2. *Schadenersatz statt der Leistung (Nichterfüllungsschaden) verlangen.*
   Der Tübinger Reifendienst nimmt die Reifen wieder zurück und verlangt Rücknahmekosten, Verzugszinsen, Kosten für die Abnutzung und Ersatz des entgangenen Gewinns.

B

Zusammenfassende Übersicht zu Kap. 4.4: Nicht rechtzeitige Zahlung – Zahlungsverzug

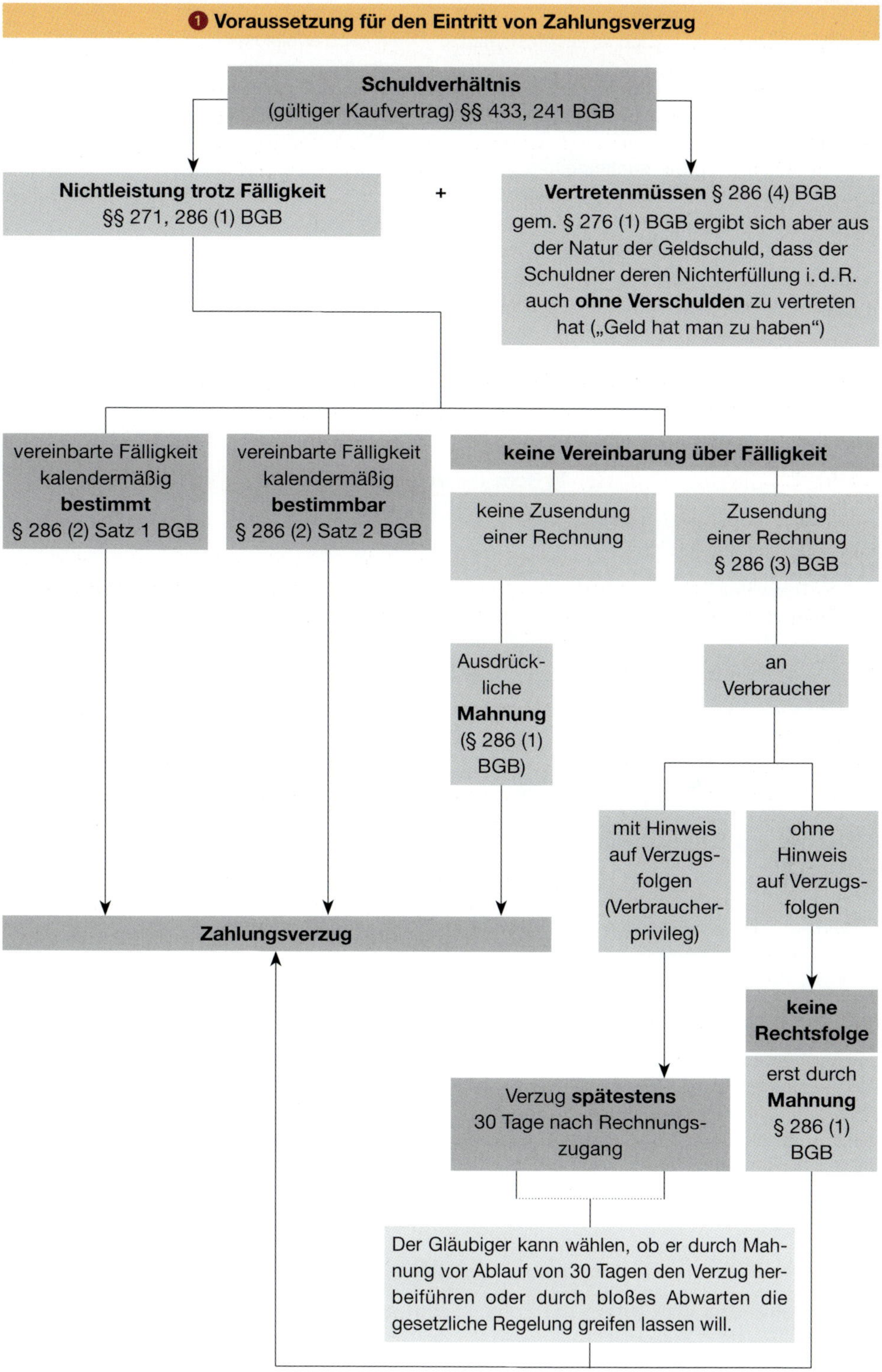

❷ Rechte des Verkäufers bei Zahlungsverzug

ohne Nachfristsetzung

Zahlung verlangen
§ 433 BGB

bei entstandenem Verzögerungsschaden: **Schadenersatz** *(zusätzlich zur Leistung)* § 280 (1) BGB

nur nach erfolgloser oder nicht erforderlicher Nachfristsetzung

wenn Nachfrist erfolglos oder wegen § 323 (2) BGB nicht erforderlich

Rücktritt
§ 323 (1) BGB

wenn Nachfrist erfolglos oder wegen § 281 (2) BGB nicht erforderlich ist, Verkäufer Pflichtverletzung gem. § 280 (1) BGB zu vertreten hat und Schaden entstanden ist

Schadenersatz statt der Leistung
§§ 280 (1), (3), 281 BGB

Rücktritt und Schadenersatz sind auch zusammen möglich § 325 BGB

❸ Höhe der Verzugszinsen

Verträge, an denen ein **Verbraucher** beteiligt ist	Basiszinssatz 1. Jan. 2012 0,12 %	Verträge, an denen **kein Verbraucher** beteiligt ist (z. B. zweiseitiger Handelskauf)
Basiszinssatz § 247 BGB + **5 Prozentpunkte** § 288 (1) BGB		**Basiszinssatz** § 247 BGB + **8 Prozentpunkte** § 288 (2) BGB

bei Nachweis: Geltendmachung eines höheren Schadens möglich § 288 (4) BGB

Aufg. 4.4.4 S. 269

Fragen zur Wiederholung

zu Kapitel 4.4 Nicht rechtzeitige Zahlung – Zahlungsverzug

4.4.1 Abgrenzung zwischen nicht rechtzeitiger Zahlung und Zahlungsverzug

1. Unterscheiden Sie zwischen nicht rechtzeitiger Zahlung und Zahlungsverzug.
2. Wann zahlt ein Käufer rechtzeitig?
3. Welche Rechte stehen dem Lieferer bei nicht rechtzeitiger Zahlung des Käufers zu?

4.4.2 Voraussetzungen des Zahlungsverzugs

1. Wann liegt eine nicht rechtzeitige Zahlung vor?
2. Wann handelt es sich bei einer nicht rechtzeitigen Zahlung gleichzeitig auch um Zahlungsverzug?
3. Nennen Sie drei Voraussetzungen, die für den Eintritt des Zahlungsverzugs erfüllt sein müssen.
4. Wann muss eine Zahlung geleistet werden, wenn über deren Fälligkeit im Kaufvertrag keine Vereinbarungen getroffen wurden?
5. Was ist unter dem „Verbraucherprivileg" zu verstehen.
6. In welchen Fällen ist eine Mahnung keine Voraussetzung für den Eintritt des Zahlungsverzugs?
7. Was ist unter dem Beschaffungsrisiko zu verstehen, das ein Geldschuldner übernommen hat?

4.4.3 Rechte des Verkäufers bei Zahlungsverzug

1. Welche Rechte stehen einem Verkäufer zu, dessen Käufer in Zahlungsverzug gerät?
2. Wie hoch ist der Zinssatz für die Verzugszinsen, die einem Verbraucher bei Zahlungsverzug berechnet werden können?

Aufgaben und Probleme

zu Kapitel 4.4 Nicht rechtzeitige Zahlung – Zahlungsverzug

4.4.1 Zahlungsverzug – Eintritt – Rechte

Torsten Kleinert hat am 18. August d.J. bei einem Internethändler ein iPhone zum Preis von 589 EUR bestellt, das ihm einige Tage später zusammen mit nachstehender Rechnung (Auszug) zuging:

Herrn
Torsten Kleinert
Zähringerstr. 9
73733 Esslingen am Neckar

Datum: 20.08.d.J.
Kundennummer: K57636

Rechnung: RE68758W
Auftrag: AU65323W

Pos. Artikelnummer/ Bezeichnung	Menge	Bruttopreis	Rabatt	Bruttobetrag
Apple iPhone 5/2011	1	589,00 €		589,00 €
Versandkosten				6,50 €
				595,50 €
			Nettobetrag:	500,42 €
			USt.: 19,00 %	95,08 €
			Gesamt:	**595,50 €**

Zahlbar: Sofort, ohne Abzug
Um zu vermeiden, dass Sie in Zahlungsverzug geraten, bezahlen Sie diese Rechnung innerhalb von 30 Tagen ab Rechnungszugang.

Bankverbindung: Stadt- und Kreis-Sparkasse Darmstadt, BLZ 50850150,
Konto. Nr. 3 785 509

Die Rechnung ging Torsten Kleinert am 22.08. d.J. zu.

1. Als am 21.09. d.J. der ausstehende Rechnungsbetrag nicht gutgeschrieben ist, erhält Torsten Kleinert vom Internethändler am 23.09. d.J. ein Schreiben mit folgendem Inhalt (Auszug):
   „Da der ausstehende Rechnungsbetrag in Höhe von 595,50 EUR bislang nicht auf unserem Konto bei der Kreis-Sparkasse Darmstadt eingegangen ist, befinden Sie sich in Zahlungsverzug. Wir werden in den nächsten Tagen ein Inkassobüro mit dem Einzug des Rechnungsbetrags und aller weiteren entstandenen Kosten beauftragen." BGB §§ 433, 271, 286 (1) und (3), 286 (4), 276
   Prüfen Sie anhand der Voraussetzungen für den Eintritt des Zahlungsverzugs, ob sich Torsten Kleinert in Zahlungsverzug befindet, obwohl er seiner Bank am 21.09. d.J. den Überweisungsauftrag erteilt hat.
2. Wie wäre Fall 1 zu entscheiden, wenn in der Rechnung der Verbraucherhinweis nicht enthalten ist und der Internethändler am 31.08. d.J. an Torsten Kleinert eine Mahnung mit folgendem Inhalt (Auszug) schickt:
   „Da der Rechnungsbetrag aus Auftr. Nr. AU65323W bereits fällig war, befinden Sie sich in Zahlungsverzug. Zur Vermeidung weiterer Kosten bitten wir um Überweisung bis spätestens 10.09. d.J." BGB § 271 (1) § 286 (1)
3. Trotz Mahnung und Nachfristsetzung geht der Rechnungsbetrag dem Internethändler erst am 10. Okt. d.J. zu. Daraufhin erhält er vom Internethändler ein Schreiben mit folgendem Inhalt (Auszug):
   „Vielen Dank für die Überweisung des Rechnungsbetrages in Höhe von 595,50 EUR. Da Sie jedoch seit 31.08. d.J. in Zahlungsverzug sind, sehen wir uns gezwungen, Ihnen zusätzlich zum Rechnungsbetrag Verzugszinsen in Höhe von 6,00 EUR und Mahngebühren in Höhe von 1,50 EUR – insgesamt also 7,50 EUR – in Rechnung zu stellen. Wir bitten um umgehende Überweisung." BGB § 433 § 280 (1) § 288 (1)
   Prüfen und entscheiden Sie, ob die Forderung des Internethändlers zu Recht besteht.
4. Prüfen Sie, ob der Internethändler berechtigt ist, auch dann Schadenersatz (vgl. Aufgabe 3) und Zahlung zu verlangen, wenn Torsten Kleinert von seinem Arbeitgeber für die vergangenen 2 Monate kein Gehalt wegen eingetretener Insolvenz erhalten hat und deshalb nicht in der Lage war, die Rechnung zu begleichen. BGB § 286 (4) § 276 (1)
5. Könnte der Internethändler auch verlangen, dass Torsten Kleinert das iPhone zurückgibt und zusätzlich die entstandenen Kosten (vgl. 3) ersetzen muss? BGB § 323 (1) § 280 § 281

4.4.2 Eintritt von Zahlungsverzug

Entscheiden Sie in nachfolgenden Fällen, ob und gegebenenfalls wann Zahlungsverzug eintritt:

	Vertragspartner	Klausel/Vereinbarung im Kaufvertrag	Datum des Zugangs- der Rechnung bzw. Zahlungsaufforderung (z. B. Mahnung)	Eintritt des Zahlungsverzugs am ...	Begründung
1.	**Unternehmer** **Verbraucher**	Hinweis auf Eintritt des Zahlungsverzugs[1]	Rechnungsdatum: 15.05. d. J. Rechnungszugang: 19.05. d. J.		
2.	**Unternehmer** **Verbraucher**	keine	Rechnungsdatum: 15.05. d. J. Rechnungszugang: 19.05. d. J.		
3.	**Unternehmer** **Unternehmer**	keine	Rechnungsdatum: 15.05. d. J. Rechnungszugang: 19.05. d. J.		
4.	**Unternehmer** **Verbraucher**	„Zahlbar sofort bei Erhalt der Ware netto Kasse“	keine Rechnung/keine Zahlungsaufforderung		
5.	**Unternehmer** **Verbraucher**	„Zahlbar 20 Tage ab Rechnungsdatum“ Hinweis auf Eintritt des Zahlungsverzugs	Rechnungsdatum: 15.05. d. J. Rechnungszugang: 19.05. d. J.		
6.	**Unternehmer** **Verbraucher**	Hinweis auf Eintritt des Zahlungsverzugs[1]	Rechnungsdatum: 19.05. d. J. Rechnungszugang: 19.05. d. J. Mahnung: 05.06. d. J.		

4.4.3 Eintritt des Zahlungsverzugs – Verzugszinsen

Das Autohaus Lauer hat dem Verbraucher Bernd Schuster am 05.10. d. J. (Rechnungsdatum) einen PKW im Wert von insgesamt 24 210,35 EUR geliefert. Entsprechend der getroffenen vertraglichen Vereinbarungen über Lieferung und Zahlung ging Schuster zusammen mit der Lieferung folgende Rechnung (Auszug) zu:

Warenwert	%	MwSt-Betrag	Zahlungsbedingungen	Rechnungsbetrag
20 344,83 €	19	3 865,52 €		24 210,35 €

Hinweis: Um zu vermeiden, dass Sie in Zahlungsverzug geraten, bezahlen Sie diese Rechnung innerhalb von 30 Tagen nach Rechnungsdatum.

Die Buchhalterin des Autohauses Lauer stellt fest, dass Schuster am 30.11. d. J. den ausstehenden Rechnungsbetrag noch nicht beglichen hat.

1. Prüfen Sie, ob sich Schuster in Zahlungsverzug befindet.
2. Kann das Autohaus Lauer Verzugszinsen verlangen? Welcher Zinssatz kann dabei zu Grunde gelegt werden?

Aufgaben zur Zinsrechnung im Zusammenhang mit Zahlungsverzug

Hinweis: Bei nachstehenden Aufgaben sind die Zinsen monatsgenau zu berechnen (kein Schaltjahr).

BGB
§ 286 (3)
§ 288 (1)

1. Heinz Broßmer hat in einem Elektrogeschäft eine Waschmaschine für 2 480 EUR gekauft. Da er den Rechnungsbetrag nicht fristgerecht beglichen hat, kommt er am 20.03. d. J. in Zahlungsverzug. Welchen Betrag muss Heinz Broßmer einschließlich 6,25 % Verzugszinsen überweisen, wenn er am 16.05. d. J. den ausstehenden Betrag begleicht?
2. Petra Oberle überweist einem Lieferer wegen der verspäteten Zahlung einen Betrag in Höhe von 28,00 EUR. In diesem Betrag sind 8 % Verzugszinsen für 62 Tage sowie 6,10 EUR für Auslagen enthalten. Wie viel EUR betrug der Rechnungsbetrag?

1 In der Rechnung ist folgender Zusatz enthalten:
„Der Schuldner kommt spätestens in Verzug, wenn er seine Zahlungsverpflichtung nicht 30 Tage ab Zugang der Rechnung beglichen hat.“

3. Privatmann Heinz Zipf kaufte am 13. März von einem Händler ein Motorrad zum Preis von 14 200 EUR. Als Zahlungsbedingungen wurde vereinbart: Rechnung zahlbar innerhalb von 14 Tagen mit 3 % Skonto oder nach 30 Tagen netto Kasse. Durch den zwischenzeitlich eingetretenen Zahlungsverzug wurden am 25. Juni 14 401,56 EUR überwiesen. Wie viel Prozent Verzugszinsen wurden berechnet?
4. Am 18.04. d. J. wurde eine Rechnung über 840,00 EUR einschließlich 6 % Verzugszinsen mit 847,98 EUR beglichen. Wann war diese Rechnung zur Zahlung fällig?
5. Elmar Schlesinger hätte spätestens am 17.08. d. J. einem Bauunternehmer einen fälligen Rechnungsbetrag überweisen müssen. Am 05.12. d. J. hat er einschließlich 8 % Verzugszinsen einen Betrag in Höhe von 30 720,00 EUR überwiesen. Wie hoch war der Rechnungsbetrag?

4.4.4 Schuldnerverzug: Rechtsfolgen bei Lieferungs- und Zahlungsverzug

1. **Lieferungsverzug – Verzögerungsschaden**
   Wilhelm Sammer e. K. hat am 16.05. d. J. Egon Nibo einen Motorroller zum Preis von 800 EUR verkauft. Es wurde vereinbart, dass Egon Nibo den Motorroller nach der Durchführung einiger kleinerer Reparaturen nach ein paar Tagen beim Verkäufer abholen kann. Als Egon Nibo den Motorroller am 19.05. d. J. abholen will, teilt ihm Wilhelm Sammer mit, dass er das Fahrzeug derzeit noch an einen Kunden ausgeliehen habe. Deshalb mietet Egon Nibo für eine mit dem Motorroller geplante Alpentour ein Ersatzfahrzeug, für das er eine Wochenmiete in Höhe von 120 EUR zahlen muss. Nach seiner Rückkehr von der Alpentour verlangt Egon Nibo von Wilhelm Sammer neben der Lieferung des gekauften Motorrollers noch Mietkostenersatz in Höhe von 120 EUR. BGB
   Stellen Sie fest, ob die Ansprüche von Egon Nibo gegen Sammer berechtigt sind. § 280 (1) § 286 (1)

2. **Lieferungsverzug – Schadenersatz**
   Carlo Burger hat als Sammler alter Uhren mit dem Antiquitätenhändler Rudi Cerne am 01. Juni d. J. einen Vertrag über den Verkauf einer alten englischen Kaminuhr zum Preis von 700 EUR geschlossen. Im Kaufvertrag wurde vereinbart, dass die Uhr am 01. Juli geliefert wird. Zum vereinbarten Liefertermin ist Rudi Cerne jedoch mit Freunden auf einer Radtour an der Donau unterwegs, so dass er den Liefertermin nicht einhalten konnte. Daraufhin schickt ihm Carlo Burger ein Schreiben des folgenden Inhalts: BGB § 286 (1) § 286 (2) § 323 (1)
   „Sie haben am 01.07. d. J. die Uhr nicht wie versprochen geliefert. Aus diesem Grund habe ich kein Interesse mehr an der Lieferung und mache Schadenersatz in Höhe von 800 EUR geltend, weil ich die Uhr nicht wie geplant einem Interessenten weiterverkaufen konnte."
   Stellen Sie fest, ob und gegebenenfalls unter welchen Voraussetzungen Carlo Burger
   a) vom Vertrag zurücktreten kann,
   b) Schadenersatz in der vorgesehenen Höhe verlangen kann.

3. **Eintritt des Zahlungsverzugs – Verzugszinsen**
   Kerstin Scharf hat per Fax am 15.04. d. J. bei der Medicom GmbH in Frankfurt einen Laptop zum Preis von 1 200 EUR bestellt. Die Lieferung geht vereinbarungsgemäß am 30.04. d. J. zusammen mit der Rechnung und einem Hinweis über den Eintritt des Zahlungsverzugs bei Kerstin Scharf ein. Über das genaue Zahlungsdatum ist im Kaufvertrag keine Vereinbarung getroffen worden. Kerstin Scharf erteilt ihrer Bank am 28.05. d. J. den Überweisungsauftrag. BGB
   Die Bank schreibt der Medicom GmbH den Betrag am 01.06. d. J. (Wertstellungstag) gut. § 271 (1) § 273 (1)
   Stellen Sie fest, wann die Zahlung fällig war (genaues Datum) und ob die Medicom GmbH im vorliegenden Fall Verzugszinsen verlangen kann. § 286 (3) § 270

4. **Zahlungsverzug – Rücktritt vom Vertrag**
   Antiquitätenhändler Karl Stelzer hat am 16.06. d. J. einen „antiken" Schreibtisch an Peter Kaiser verkauft. Es wurde vereinbart, dass Peter Kaiser den Kaufpreis in Höhe von 2 600 EUR sofort auf das Girokonto von Karl Stelzer überweist. Nachdem der ausstehende Betrag am 26.06. d. J. immer noch nicht eingegangen ist, erhält Peter Kaiser von Karl Stelzer eine Mahnung mit der Bitte um umgehende Begleichung des ausstehenden Betrages. BGB § 286 (1) § 323 (1)
   a) Stellen Sie fest, ob sich Peter Kaiser in Zahlungsverzug befindet.
   b) Nachdem der Betrag bei Karl Stelzer am 10.07. d. J. immer noch nicht eingegangen ist, will er vom Vertrag zurücktreten, da er den Schreibtisch zwischenzeitlich zu einem wesentlich höheren Preis verkaufen könnte. Stellen Sie fest, ob – gegebenenfalls unter welchen Voraussetzungen – Stelzer vom Vertrag zurücktreten kann.

5 Mahnverfahren und Zwangsvollstreckung

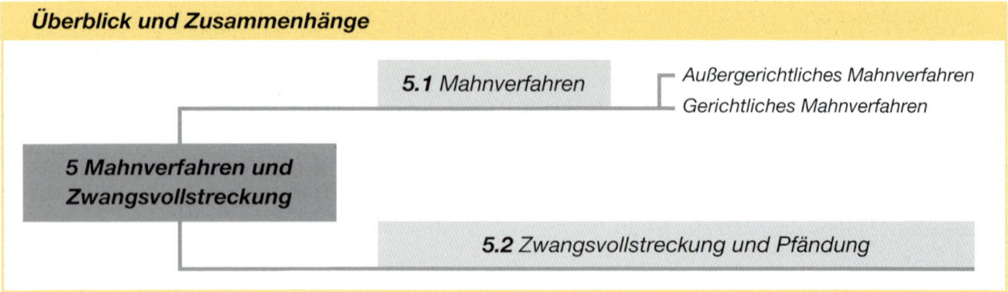

5.1 Mahnverfahren

5.1.1 Außergerichtliches Mahnverfahren

Zahlt ein Käufer dem Verkäufer den im Kaufvertrag vereinbarten Betrag nicht fristgerecht, so wird der Verkäufer (Geldgläubiger) im Normalfall zunächst versuchen, den ausstehenden Betrag ohne Inanspruchnahme eines Gerichtes zu erhalten **(außergerichtliches Mahnverfahren)**. In einem höflich verfassten Erinnerungsschreiben **(Mahnung)** wird der säumige Schuldner zunächst darauf hingewiesen, dass er eine Rechnung noch nicht beglichen hat. Spätestens **mit der Mahnung** kommt der Schuldner in **Zahlungsverzug**. Falls alle anderen Voraussetzungen ebenfalls erfüllt sind, könnte der Gläubiger nunmehr die Rechte aus dem Zahlungsverzug gegenüber seinem Kunden geltend machen.

Kap. B 4.4

Eine Mahnung ist eine einseitige, empfangsbedürftige Aufforderung an den Schuldner, die geschuldete Leistung zu erbringen.

Für die Mahnung ist vom Gesetz **keine bestimmte Form** vorgeschrieben. Sie kann daher auch mündlich erfolgen. Eine Mahnung setzt jedoch voraus, dass der Schuldner aus ihr hinreichend deutlich entnehmen kann, dass der Gläubiger eine bestimmte Leistung verlangt. Das Wort **„Mahnung"** sowie eine **Fristsetzung** müssen in der Zahlungsaufforderung nicht enthalten sein.

Das Gericht wird zur Eintreibung von Forderungen meist erst dann in Anspruch genommen, wenn weitere außergerichtliche Mahnungen nicht zum Erfolg geführt haben.

5.1.2 Gerichtliches Mahnverfahren

ZPO §§ 688 ff.

Will ein Gläubiger seine Forderung mithilfe des Gerichts eintreiben, so kann er ein **gerichtliches Mahnverfahren** einleiten. Er stellt auf bestimmten Vordrucken beim **zuständigen Amtsgericht**[1] einen **Antrag auf Erlass eines Mahnbescheids**. Das Amtsgericht erlässt den Mahnbescheid, prüft aber nicht, ob der Anspruch zu Recht besteht oder nicht. Nach Zustellung des Mahnbescheids läuft das weitere Verfahren wie nachstehend dargestellt ab:

Aufg. 5.1.1 S. 272

1 Aus Rationalisierungsgründen werden die gerichtlichen Mahnverfahren in Baden-Württemberg in einem automatisierten Verfahren landesweit zentral durch die Mahnabteilung des Amtsgerichts Stuttgart bearbeitet. Unter bestimmten Voraussetzungen ist es möglich, die Anträge über das Internet mithilfe einer qualifizierten Signaturkarte einzureichen (z. B. www.mahnung-online.de). Rechtliche Wirkung hat der Antrag mit Eingang beim zuständigen Amtsgericht.

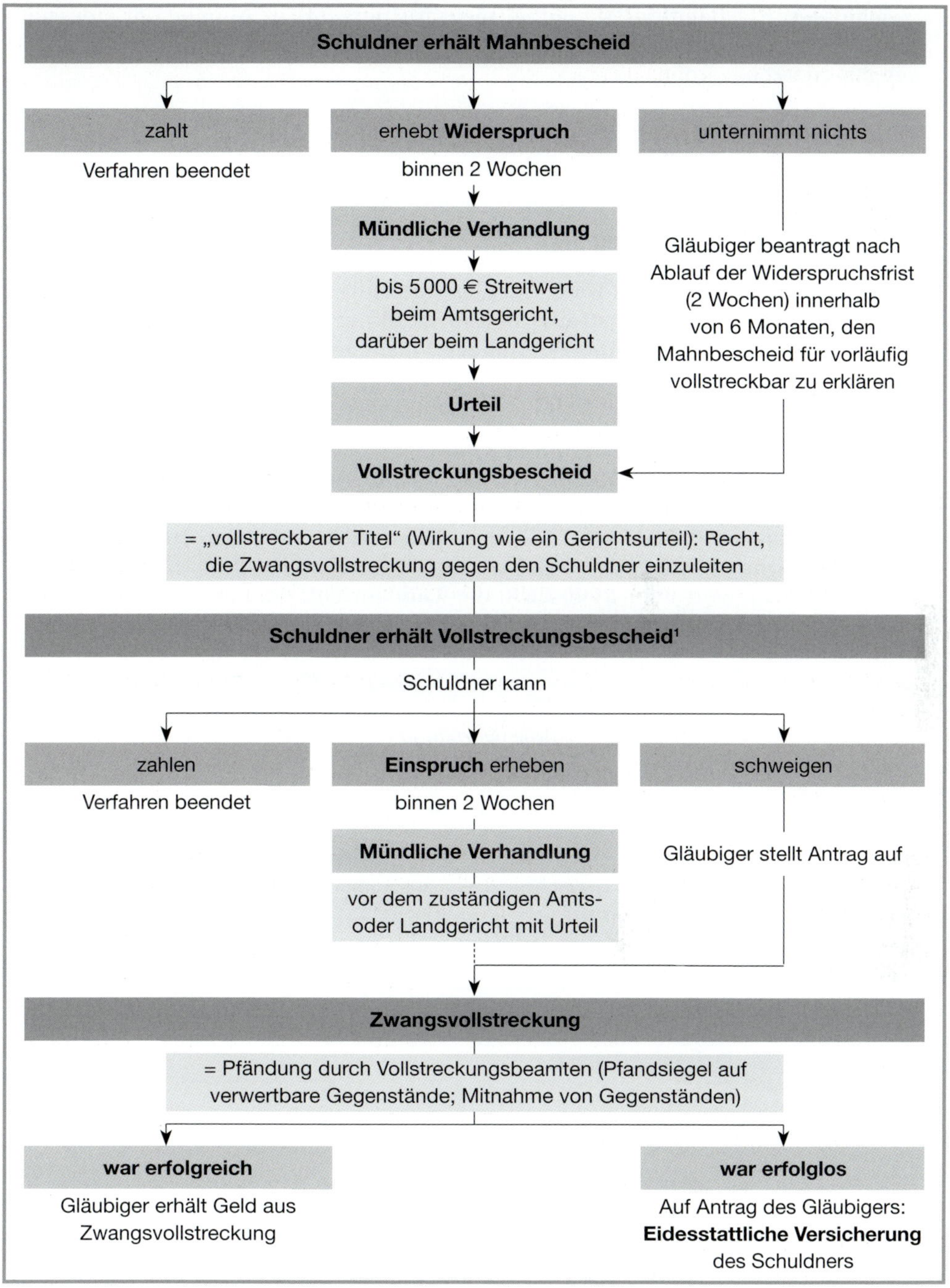

Eidesstattliche Versicherung

War die Zwangsvollstreckung für den Gläubiger erfolglos, so hat er die Möglichkeit, eine **eidesstattliche Versicherung** des Schuldners zu beantragen. Dadurch versichert der Schuldner eidesstattlich die Vollständigkeit eines von ihm aufgestellten Vermögens- ZPO § 807

1 Der Mahnbescheid bzw. Vollstreckungsbescheid ist zunächst nur vorläufig vollstreckbar, weil der Antragsgegner noch die Möglichkeit hat, Einspruch gegen die Vollstreckung zu erheben.

verzeichnisses. Erscheint der Schuldner nicht fristgerecht zur Abgabe der eidesstattlichen Versicherung oder verweigert er deren Abgabe, so kann auf Antrag ein Haftbefehl gegen ihn erlassen werden.

ZPO § 901 ff.

Pfändungsschutzkonto

ZPO §§ 850k, 850c

Der Inhaber eines Girokontos hat das Recht, ein Girokonto in ein **Pfändungsschutzkonto (P-Konto)** umwandeln zu lassen. Bei Vereinbarung eines solchen Kontos muss ein **Pfändungsschutz** nicht erst vor Gericht erkämpft werden. Vielmehr besteht ein automatischer Pfändungsschutz in Höhe des **Pfändungsfreibetrages** von derzeit 1 028,89 EUR pro Monat. Der P-Konto-Inhaber kann auf diesem Konto selbst dann über seinen monatlichen pfändungsfreien Betrag verfügen und Überweisungen tätigen, wenn eine Pfändung vorliegt. Das P-Konto wird nicht gesperrt.

Klage auf Zahlung anstelle eines Mahnbescheids

Anstelle eines Mahnbescheids kann der Gläubiger versuchen, seinen Anspruch in einem Klageverfahren (Klage und Zahlung) durchzusetzen.[1] Für das Klageverfahren ist zuständig:

Kap. B 2.2

- bei einen Klagewert **bis 5 000 EUR**: das **Amtsgericht**, dem der Erfüllungsort des Schuldners (i. d. R. Wohn- bzw. Geschäftssitz) zugeordnet ist.
- bei einem Klagewert **über 5 000 EUR**: das **Landgericht**, dem der Erfüllungsort des Schuldners zugeordnet ist.

ZPO §§ 12, 29

Zusammenfassende Übersicht zu Kap. 5.1: Mahnverfahren

Mahnverfahren

Außergerichtlich	**Gerichtlich**
Ziel: Säumiger Schuldner wird durch **Mahnung** – ohne Inanspruchnahme eines Gerichts – in Zahlungsverzug versetzt. Form: keine Formvorschrift	Ziel: Eintreibung von Forderungen durch Inanspruchnahme des Gerichts Form: Antrag auf Erlass eines Mahnbescheides (zuständiges Amtsgericht)

Fragen zur Wiederholung

zu Kapitel 5.1 Mahnverfahren

5.1.1 Außergerichtliches Mahnverfahren

1. Wie verläuft das außergerichtliche Mahnverfahren im Normalfall?
2. Was ist unter dem Begriff „Mahnung" zu verstehen?
3. Welche Bedeutung hat eine Mahnung für den Eintritt des Zahlungsverzugs?

5.1.2 Gerichtliches Mahnverfahren

1. Unter welchen Voraussetzungen wird ein Gläubiger ein gerichtliches Mahnverfahren einleiten?
2. Beschreiben Sie den Ablauf des gerichtlichen Mahnverfahrens.

---

1 Grundsätzlich kann ein Anspruch durch ein Klageverfahren auch ohne vorausgegangenes gerichtliches Mahnverfahren geltend gemacht werden. Wegen der damit verbundenen hohen Kosten ist das jedoch unüblich.

B

Aufgaben und Probleme

zu Kapitel 5.1 Mahnverfahren

5.1.1 Zahlungsverzug – Mahnverfahren – Vollstreckungsbescheid

Hubert Göllner, Ziegelweg 9, Sigmaringen, hat am 19. April d. J. beim Versandhaus Tecno, Industriestr. 14, Karlsruhe, einen Flachbildschirm für seinen Computer zum Preis von 210 EUR gekauft. Als Zahlungsbedingung wurde Zahlung sofort nach Eingang der Ware vereinbart.
Am 22. April hat Hubert Göllner wegen der schlechten Bildqualität dem Versandhaus eine Mängelrüge zukommen lassen und gleichzeitig um ein neues Gerät gebeten. Unter Hinweis auf einen Bedienungsfehler ist das Versandhaus allerdings nicht bereit, das Gerät gegen ein anderes umzutauschen. Daraufhin weigert sich Hubert Göllner, den Betrag von 210 EUR zu überweisen.
Am 04. Mai d. J. geht Göllner eine Mahnung mit der Bitte um umgehende Zahlung des ausstehenden Betrages zu.

1. Stellen Sie fest, ob sich Hubert Göllner in Zahlungsverzug befindet.
2. Nachdem am 30. Mai die Zahlung immer noch nicht erfolgt ist, beantragt das Versandhaus beim zuständigen Amtsgericht den Erlass eines Mahnbescheides, der Hubert Göllner noch in der gleichen Woche zugestellt wird.
   a) Füllen Sie das Antragsformular für den Mahnbescheid aus/ohne Zinsen und ohne weitere Kosten bzw. Nebenforderungen). PDF
   Hinweis: Ein Antragsformular befindet sich auf der Begleit-CD.
   b) Innerhalb welcher Frist muss Göllner zahlen oder Widerspruch erheben?
   c) Prüfen Sie, ob im vorliegenden Falle ein Widerspruch Göllners Erfolg hätte.

5.2 Zwangsvollstreckung und Pfändung

Aufg. 5.2.1 S. 274

Begleicht der Schuldner auch nach dem Gerichtsurteil seine Verbindlichkeiten nicht, so kann der Gläubiger eine **Zwangsvollstreckung** betreiben. Bevor eine Zwangsvollstreckung durchgeführt werden kann, muss dem Schuldner ein **Vollstreckungstitel** (Urteil oder Vollstreckungsbescheid) zugestellt werden.

ZPO §§ 850 ff.

Der Gerichtsvollzieher vollstreckt, indem er Gegenstände in Höhe der ausstehenden Schuld pfändet. Bargeld, Schmuck, Wertpapiere nimmt er sofort mit **(Faustpfand)**, größere Gegenstände (z. B. Wertvolles Möbelstück) werden mit einem **Pfandsiegel** versehen.

ZPO § 811

Folgende Sachen können nicht gepfändet werden:

- Sachen, die dem persönlichen Gebrauch oder dem Haushalt dienen (insbesondere Kleidungsstücke, Wäsche, Betten, Haus- und Küchengeräte),
- Nahrungs-, Feuerungs- und Beleuchtungsmittel für vier Wochen sowie der für deren Beschaffung erforderliche Geldbetrag,
- Gegenstände, die zur Ausübung einer Erwerbstätigkeit erforderlich sind.

ZPO § 811a

Unter bestimmten Voraussetzungen kann eine **Austauschpfändung** vorgenommen werden, wenn der Gläubiger dem Schuldner vor der Wegnahme einer Sache ein Ersatzstück, das dem geschützten Verwendungszweck genügt, zur Verfügung gestellt hat.

Auch Arbeitseinkommen können gepfändet werden, sofern Sie bestimmte Pfändungsgrenzen übersteigen. Der Betrag des pfändbaren Arbeitseinkommens ist von der Höhe des Nettolohns sowie von der Zahl der unterhaltspflichtigen Personen des Schuldners abhängig.

ZPO §§ 850c

Grundstücke und Gebäude werden je nach Höhe der Forderung **zwangsversteigert** oder **zwangsverwaltet**. Nach erfolgreicher Pfändung werden die Pfandsachen **öffentlich versteigert**. Anschließend erhält der Gläubiger den erzielten Erlös nach Abzug der

Kap. B 5.1.2

Kosten. Um die Pfändung eines Guthabens auf einem Girokonto zu vermeiden, können Verbraucher mit ihrer Bank die Einrichtung eines **Pfändungsschutzkontos (P-Konto)** vereinbaren. Dies führt dann zu einem automatischen **Pfändungsschutz** in Höhe des Pfändungsfreibetrages von zurzeit 1028,89 Euro pro Monat.

Zusammenfassende Übersicht zu Kap. 5: Mahnverfahren und Zwangsvollstreckung

Maßnahmen zur Sicherung des Zahlungseingangs fälliger Forderungen (Verlauf im Normalfall)

Außergerichtliches Mahnverfahren (Erinnerungsschreiben, 1. Mahnung, 2. Mahnung ...)

↓

Eintreibung offener Forderungen unter Einschaltung des Gerichts

↓ ↓

Gerichtliches Mahnverfahren (Antrag auf Erlass eines Mahnbescheids beim zuständigen Amtsgericht)	**Klageerhebung**

Klageverfahren (Zivilprozess)
Klagewert bis 5000 EUR: beim Amtsgericht des Erfüllungsortes
über 5000 EUR: beim Landgericht des Erfüllungsortes
ZPO §§ 12,29

↓

Zwangsvollstreckung
Voraussetzung: Vollstreckbarer Titel
(Pfändung, öffentliche Versteigerung, eidesstattliche Versicherung)

Fragen zur Wiederholung

zu Kapitel 5.2 Zwangsvollstreckung und Pfändung

1. Was ist unter dem Begriff „Zwangsvollstreckung" zu verstehen?
2. Unter welcher Voraussetzung kommt es zu einer Zwangsvollstreckung?

Aufgaben und Probleme

zu Kapitel 5.2 Zwangsvollstreckung und Pfändung

5.2.1 Vollstreckungsbescheid und Pfändung

Harald Renz, wohnhaft in 74074 Heilbronn, ist beim „Heilbronner Tageskurier" als Journalist angestellt. Zur Finanzierung einer privaten Auslandsreise hat er am 2. April d. J. bei der Stadtsparkasse Heilbronn ein Darlehen in Höhe von 5000,00 EUR aufgenommen, das nach sechs Monaten zurückgezahlt werden soll.

Renz kann am Fälligkeitstag den Kredit nicht zurückzahlen. Die Bank hat ihm deshalb nach vergeblicher Mahnung am 15.10. einen Mahnbescheid durch das Amtsgericht zustellen lassen. Renz zahlt nicht und erhebt auch keinen Widerspruch.

ZPO §§ 699, 701

Die Bank beantragt daher am 15.11. beim Amtsgericht, den Mahnbescheid für vorläufig vollstreckbar zu erklären und dem Schuldner den Vollstreckungsbescheid zuzustellen.

ZPO §§ 338, 339, 700

1. Prüfen Sie, ob der Antrag auf Vollstreckbarkeit rechtzeitig gestellt wurde.
2. Renz überlegt, ob er Einspruch gegen den Vollstreckungsbescheid erheben soll.

a) Wie würden Sie sich an seiner Stelle entscheiden?
b) Wie lange kann sich Renz mit seinen Überlegungen Zeit lassen?

3. Renz erhebt keinen Einspruch und zahlt auch nicht. Deshalb beantragt die Bank die Pfändung. Der Gerichtsvollzieher stellt am 22.11. bei Renz, der als Junggeselle eine Zweizimmer-Wohnung bewohnt, folgendes Vermögen fest:

- 300 EUR bar
- Kleidung, Wäsche, Möbel, Haus- und Küchengeräte im üblichen und notwendigen Umfang 4 000 EUR
- Nahrungsmittel im Kühlschrank 35 EUR
- 2 Flaschen Weinbrand und 15 Flaschen Wein 60 EUR
- PC mit Drucker 1 000 EUR
- Fernsehgerät 500 EUR
- eine unter Eigentumsvorbehalt gelieferte und noch nicht bezahlte Fotoausrüstung 700 EUR
- Armbanduhr 90 EUR
- Briefmarkensammlung 700 EUR
- Pkw 2 000 EUR
- eine noch nicht bezahlte Perserbrücke 1 500 EUR, die ohne besonderen Vorbehalt geliefert wurde

Als Lokalredakteur und Reporter beim „Heilbronner Tageskurier" erhält Renz ein monatliches Nettogehalt von 2 200 EUR.

a) Welche der aufgeführten Sachen kann der Gerichtsvollzieher pfänden? ZPO
b) Welche Vermögensgegenstände wird der Gerichtsvollzieher bei der Pfändung sofort mitnehmen? §§ 811, 808 (1)

4. Drei Tage nach der Pfändung versucht Renz, einem Antiquitätenhändler die gepfändete Perserbrücke für 1 000 EUR zu verkaufen. Der Händler lehnt den Kauf ab, weil der Teppich gepfändet ist. ZPO
Wie konnte der Händler das feststellen? § 808 (2)

5. Die Versteigerung der pfändbaren Vermögensgegenstände findet am 30.11 d.J. statt.
a) Warum schreibt das Gesetz vor, dass die Versteigerung erst nach Ablauf einer Woche seit dem Tag der Pfändung stattfinden darf? ZPO § 816
b) Warum müssen Ort und Zeit der Versteigerung vorher öffentlich bekanntgegeben werden?

6. Die Pfandverwertung erbrachte nach Abzug aller Kosten 1 500 EUR. Die Bank denkt daran, sich ihre Restforderung durch Einkommenspfändung zu sichern. Der Gesetzgeber gesteht dem besser Verdienenden einen höheren pfändungsfreien Anteil am Einkommen zu als dem weniger Verdienenden. ZPO § 850c
Halten Sie das für gerechtfertigt?

6 Überschuldung privater Haushalte und Verbraucherinsolvenz

Überblick und Zusammenhänge

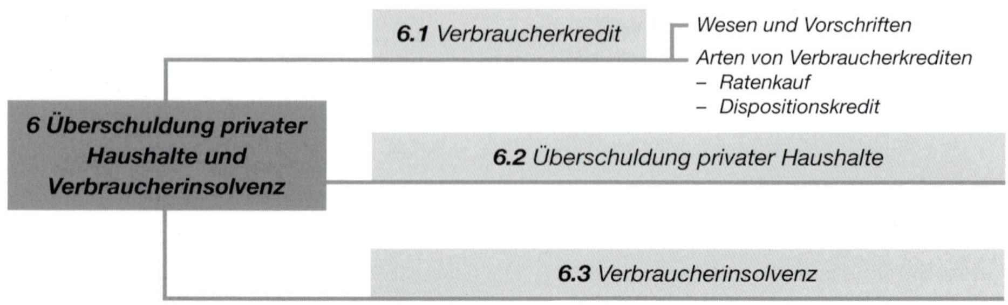

6.1 Verbraucherkredit

6.1.1 Wesen und Vorschriften

Wesen eines Verbraucherdarlehensvertrages[1]

BGB § 491 (1), § 492

Ein Verbraucherdarlehensvertrag ist ein *entgeltlicher* Darlehensvertrag zwischen einem Unternehmer als Darlehensgeber (z. B. Bank) und einem Verbraucher als Darlehensnehmer.

BGB § 491 (2)
BGBEG Art. 247 § 3 (2)

Keine Verbraucherdarlehensverträge sind Verträge, bei denen
- der Nettodarlehensvertrag weniger als 200 EUR beträgt,
- der Darlehensnehmer das Darlehen binnen drei Monaten zurückzuzahlen hat und nur geringe Kosten vereinbart sind.

Widerrufsrecht

BGB § 495 (1), §§ 312b (1), 355 (1)
Kap. B 3.2.1

Ein Verbraucher hat das Recht, einen Verbraucherdarlehensvertrag **innerhalb einer Frist von 14 Tagen in Textform zu widerrufen**. Das gilt auch dann, wenn der Vertrag über das Internet, per Fax oder auf dem Postweg abgeschlossen wurde. In diesem Fall finden die Vorschriften über **Fernabsatzverträge** Anwendung.

Macht der Verbraucher von seinem Widerrufsrecht Gebrauch, so wird seine zum Zeitpunkt des Vertragsabschlusses abgegebene Willenserklärung nicht wirksam. Der Darlehensvertrag ist damit bis zum Ablauf der 14-Tagesfrist **schwebend wirksam**.

BGB § 360

In gleicher Weise wie beim Fernabsatzvertrag muss der Verbraucher in der Widerrufsbelehrung auf seine Rechte deutlich hingewiesen werden.

Kündigung

BGB § 491, § 500 (2)

Verbraucherdarlehensverträge wie z. B. Ratenkredite können vom Kreditnehmer (Verbraucher) jederzeit ohne Einhaltung einer Frist abgelöst werden. Macht der Verbraucher von diesem Recht Gebrauch, so ist er verpflichtet, eine Vorfälligkeitsentschädigung zu zahlen. Mit der Zahlung der **Vorfälligkeitsentschädigung** soll der Schaden abgegolten werden, der der Bank infolge der vorzeitigen Rückzahlung des Darlehens entstehen

---

1 Die Begriffe (Geld-)Darlehen und Kredit werden meist gleichdeutend verwendet. Den Begriff Kredit (abgeleitet von *credere, lat: glauben*) gibt es im BGB nicht.

kann. Die Höhe dieser Entschädigung ist nach oben begrenzt und darf folgende Beträge nicht überschreiten:

1. 0,5 Prozent des vorzeitig zurückgezahlten Betrages, wenn der Zeitraum zwischen der vorzeitigen und vereinbarten Rückzahlung weniger als ein Jahr beträgt. Bei einem Zeitraum von einem Jahr und länger beträgt die Vorfälligkeitsentschädigung 1 Prozent. BGB § 502 (1)
2. den Betrag der Sollzinsen, den der Darlehensnehmer in dem Zeitraum zwischen der vorzeitigen und vereinbarten Rückzahlung entrichtet hätte.

6.1.2 Arten von Verbraucherkrediten

Ratenkauf

Bei einem Ratenkauf (Ratenzahlung, Finanzkauf) trifft ein Gläubiger (z. B. ein Einzelhändler) mit einem Schuldner eine Vereinbarung, wonach die Kaufpreisschuld aus einem Warenkauf mittels ratenweiser Zahlungen innerhalb eines festgelegten Zeitraums getilgt wird.

Der Gläubiger macht den Abschluss eines Ratenkaufs **üblicherweise** von nachstehenden Voraussetzungen abhängig:

1. **Bestehendes Arbeitsverhältnis/gesichertes Einkommen** Aufg. 6.1.1 S. 281 f.
   Häufig machen die Kreditgeber bei einem Ratenkauf die Kreditgewährung davon abhängig, dass das Arbeitsverhältnis beim derzeitigen Arbeitgeber schon eine gewisse Zeit besteht (üblich: mindestens drei Monate) und unbefristet ist (üblich: Unbefristung für die nächsten zwölf Monate). Bei Rentnern und Selbstständigen gelten entsprechend andere Bedingungen.
2. **Der Kreditnehmer hat keinen Schufa-Eintrag.**
   Die Schufa ist eine Gemeinschaftseinrichtung der Kreditwirtschaft, die den Kreditinstituten bestimmte Informationen (z. B. gerichtliches Mahnverfahren) über ihre Bankkunden zukommen lässt. Liegt ein belastender Schufa-Eintrag vor, so wird die Kreditgewährung im Regelfall versagt.

Werden vertragliche Vereinbarungen über einen Ratenkauf zwischen einem Kreditgeber (= Unternehmer) und einem Verbraucher getroffen, so finden die Vorschriften über den **Verbraucherdarlehensvertrag** Anwendung. BGB § 491 ff.

Bereits vor Vertragsabschluss klärt der Kreditgeber mit dem Verbraucher, in wie viel Monatsraten die Schuld getilgt werden soll. Bei der Berechnung der monatlich zu leistenden Zahlungen werden – je nach Laufzeit – entsprechende Zinsaufschläge erhoben und in die Monatsraten eingerechnet.

Ratenkauf eines Notebooks bei einem Internethändler

Der Internethändler MediaCom bietet ein Notebook zu folgenden Bedingungen an: Barzahlungspreis 500 EUR zuzüglich 10,00 EUR Versandkosten oder wahlweise Begleichung des Kaufpreises in 4, 8, 12 oder 24 Monatsraten. Bei Ratenzahlung werden folgende Zinsaufschläge berechnet:

Anzahl der Monatsraten	Zinsaufschläge pro Monat
4	0,58 %
8	0,54 %
12	0,53 %
24	0,51 %

Für die Bearbeitung des Ratenkredits ist eine einmalige Bearbeitungsgebühr in Höhe von 2 % des Kreditbetrages zusammen mit der ersten Rate fällig.

Christian Rehm bestellt das Notebook und gibt auf der Internetseite an, dass er den Rechnungsbetrag in 8 Monatsraten begleichen will. Daraufhin erhält er von der MediaCom eine Vorabinformation zum Ratenkauf, die u. a. folgenden Tilgungsplan enthält:

Warenwert	500,00 EUR
Versandkosten	10,00 EUR
Kreditbetrag	510,00 EUR
2 % Bearbeitungsgebühr (mit 1. Rate fällig)	10,20 EUR
Zinsaufschlag (510 · 0,54 · 8)/100	22,03 EUR
Ratenzahlungspreis (500,00 + 10 + 10,20 + 22,03)	542,23 EUR
monatliche Rate (532,03 EUR/8)	66,50 EUR
Sollzinssatz (Nominaler Jahreszinssatz) gebunden:	11,38 %
Effektiver Jahreszinssatz:	18,28 %
Vertragslaufzeit:	8 Monatsraten
Lieferdatum:	22.09.2011

Tilgungsplan (monatsweise)

Monat	Schuldenstand Vormonat	Ratenzahlung am Monatsende	davon Zinsen/Geb.	davon Tilgung	Schuldenstand am Monatsende
Bearbeitungsgebühr		**10,20**	**10,20**	**0,00**	**510,00**
1	510,00	66,50	4,84	61,66	448,34
2	448,34	66,50	4,25	62,25	386,09
3	386,09	66,50	3,66	62,84	323,25
4	323,25	66,50	3,06	63,44	259,81
5	259,81	66,50	2,46	64,04	195,77
6	195,77	66,50	1,86	64,64	131,13
7	131,13	66,50	1,24	65,26	65,87
8	65,87	66,49	0,62	65,87	0,00
Summen 1. Jahr		**531,99**	**21,99**	**510,00**	**0,00**
Gesamtsummen		**542,19**	**32,19**	**510,00**	**0,00**

Hinweis: Der oben berechnete Ratenzahlungspreis (542,23 EUR) weicht geringfügig von der mit dem Computerprogramm berechneten Gesamtsumme (542,19 EUR) ab. Dabei handelt es sich um eine Rundungsdifferenz.

Erläuterungen:

1. *Der Kreditbetrag entspricht dem Kaufpreis zuzüglich eventuell anfallender Versandkosten. Diesen Betrag muss der Verbraucher bei einem* ***Barkauf*** *bezahlen.*
2. *Der Unternehmer (Darlehensgeber) ist verpflichtet den Sollzinssatz (Kreditzinssatz) anzugeben, der der Berechnung der in den Monatsraten enthalten Zinsen zugrunde liegt. Im vorliegenden Fall sind das 11,38 %. Dieser Zinssatz lässt sich nach Eingabe der erforderlichen Daten mit einem Computerprogramm berechnen.*
3. *Da der Gläubiger neben den Zinsen noch Bearbeitungsgebühr für die Kreditgewährung verlangt, ist der tatsächliche (effektive Jahreszinssatz) höher als der Sollzinssatz (Nominalzinssatz). Der effektive Jahreszinssatz wurde ebenfalls mit einem Computerprogramm berechnet und beträgt 18,28 %.*

Vereinfachte Berechnung des Effektivzinssatzes

Da der Gläubiger im vorliegenden Fall zusätzlich zu den Zinsen noch 2 % Bearbeitungsgebühr verlangt, lässt sich **vereinfacht** folgender Effektivzinssatz errechnen:

Durchschnittlicher Kreditbetrag: $\frac{\text{Anfangskredit} + 0}{2} = \frac{510 + 0}{2} = 255{,}00 \text{ EUR}$

Gesamte Kreditkosten: 21,99 EUR + 10,20 EUR = 32,19 EUR

Effektivzinssatz $p = \frac{z \cdot 100 \cdot 12}{k \cdot t} = \frac{32{,}19 \cdot 100 \cdot 12}{255{,}00 \cdot 8} = \mathbf{18{,}93\ \%}$

Genauer Effektivzinssatz lt. Computerprogramm: ***18,28 %***

Unterschiedliche Angebote über einen Ratenkauf können nur über den Effektivzinssatz verglichen werden. Deshalb ist der Gläubiger verpflichtet, den Effektivzinssatz bereits in den Vorabinformationen zusätzlich zum Sollzinssatz anzugeben.

Dispositionskredit

Will ein Kunde am **bargeldlosen Zahlungsverkehr** der Banken teilnehmen, so muss er zuvor mit der Bank einen **Zahlungsdiensterahmenvertrag (Girovertrag)** abschließen.

Ein Zahlungsdiensterahmenvertrag liegt vor, wenn sich eine Bank (Zahlungsdienstleister) verpflichtet, einem Kunden ein Konto (Zahlungskonto) einzurichten, um auf diesem Zahlungsvorgänge (z. B. Gutschrift eingehender Zahlungen, Überweisungen auf ein anderes Konto) abzuwickeln.

BGB § 675f (2)

Der mit der Bank abgeschlossene Zahlungsdiensterahmenvertrag berechtigt den Bankkunden ohne entsprechende Vereinbarung nicht, sein Girokonto zu überziehen. Beabsichtigt der Kunde, der Bank auch ohne ausreichendes Guthaben Überweisungsaufträge zu erteilen, so muss das zuvor in einem **Kreditvertrag** vereinbart werden. Durch den Kreditvertrag verpflichtet sich die Bank, ihrem Kunden einen **Kontokorrentkredit** (= Kredit in laufender Rechnung) einzuräumen.

Aufg. 6.1.2 S. 283

Dispositionskredit als eingeräumte Überziehungsmöglichkeit

Der Kontokorrentkredit ist ein Kredit, den der Kreditnehmer durch Belastungen seines laufenden Kontos (= Kontokorrentkonto) bis zur vereinbarten Kreditgrenze (Limit) in Anspruch nehmen kann. Wird dieser Kredit einem Privatkunden eingeräumt, so handelt es sich um einen Dispositionskredit.

Da die Bank nicht genau weiß, wann und in welcher Höhe ein Bankkunde den Dispositionskredit in Anspruch nimmt, handelt es sich dabei um einen sehr **teuren Kredit**. Die Zinsberechnung wird auf der Grundlage des tatsächlich in Anspruch genommenen Kredits (Sollsaldo) vorgenommen. Der Höhe des **Zinssatzes** ist nicht gleich bleibend **(variabler Zinssatz)**. Je nach Höhe des Zinsniveaus auf dem Kapitalmarkt kann er steigen oder sinken. Die aus der Überziehung aufgelaufenen Zinsen werden dem Kunden viertel- oder halbjährlich in Rechnung gestellt.

Die **Kontoführung** stellt eine von der Krediteinräumung unabhängige Leistung dar. Aus diesem Grunde verlangen die Kreditinstitute bei Dispositionskrediten die gleichen Entgelte, die auch für ein Girokonto mit einem Guthabensaldo in Rechnung gestellt werden:

- Kontoführungsgebühr
- Entgelte für Buchungsposten
- Entgelte für Kontoauszüge
- Portoauslagen

Dispositionskredit als geduldete Überziehungsmöglichkeit

BGB § 505

Nimmt ein Verbraucher ohne entsprechende Vereinbarung mit dem Kreditinstitut auf seinem Girokonto einen Kredit in Anspruch, so handelt es sich um einen geduldeten Überziehungskredit.

Eine **geduldete Überziehung** liegt vor, wenn der Kunde

- ohne Einräumung eines Verfügungsrahmens (Limit) oder
- über ein eingeräumtes Limit hinaus Verfügungen trifft, die vom Kreditinstitut zunächst hingenommen werden. Die Entscheidung des Kreditinstituts, ob die Überziehung geduldet wird oder nicht, ist davon abhängig, ob der Kunde kreditwürdig ist.

Aufg. 6.1.3 S. 284

Der Zinssatz für eine geduldete Überziehung liegt normalerweise um ca. 3 bis 5 Prozentpunkte über dem Zinssatz für den Dispositionskredit. Der Ansatz eines höheren Zinssatzes ist wegen des erhöhten Kreditrisikos und der höheren Geldbeschaffungskosten erforderlich.

BGB § 504, § 505

Eingeräumte Überziehung – geduldete Überziehung

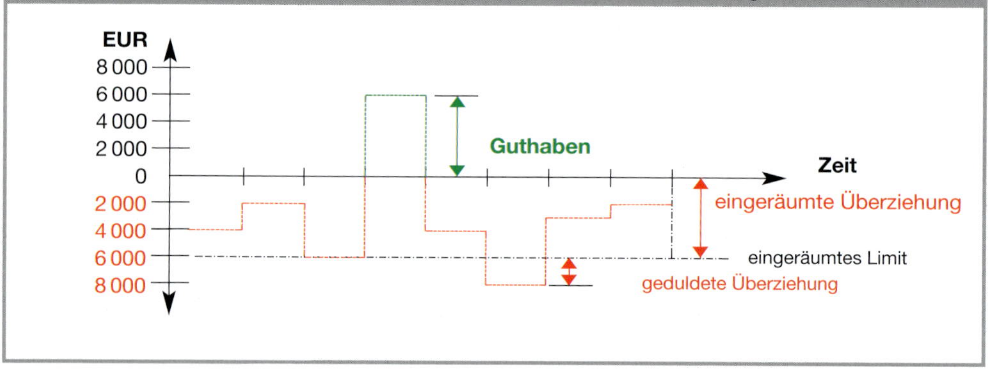

Zusammenfassende Übersicht zu Kap. 6.1: Verbraucherkredit

Verbraucherdarlehensvertrag = entgeltlicher Darlehensvertrag zwischen Unternehmer und Verbraucher (§ 491 (1) BGB)

Besondere Vorschriften

Kreditverträge mit Verbrauchern und Existensgründern §§ 491– 512 BGB

- Schriftform § 492 BGB
- Vorvertragliche Informationen (§ 491a BGB, Art. 247 § 3 BGBEG)
- Vertragsinhalte (Art. 247 § 6 BGBEG)
- Informationen während des Vertragsverhältnisses (§ 493 BGB)
- Kündigung § 500, § 502 BGB
vorzeitig: Vorfälligkeitsentschädigung
- Widerrufsrecht §§ 495, 312b (1), 355 (1) BGB

Arten von Verbraucherkrediten

Ratenkauf
= Warenkauf auf Raten

Ratenzahlungspreis =
Warenwert (einschl. Versandkosten)
+ Bearbeitungsgebühr f. Kredit
+ Zinsaufschlag
(Darlehensbetrag · Monatszinsaufschlag · Anzahl der Raten)/100

Monatsrate =

$$\frac{\text{(Warenwert + Zinsaufschlag)}}{\text{Anzahl der Raten}}$$

Effektivzinssatz =

$$\frac{\text{gesamte Kreditkosten} \cdot 100 \cdot 12}{\text{durchschn. Kreditbetrag} \cdot \text{Anzahl Raten}}$$

Dispositionskredit

als eingeräumte Überziehungsmöglichkeit
↓
mit der Bank vereinbarte Überziehung eines Girokontos
↓
variabler Zinssatz zzgl. Kosten für Kontoführung, Portoauslagen, Kontoauszüge

als geduldete Überziehungsmöglichkeit
↓
Überziehung eines Girokontos ohne vorherige Einräumung eines Verfügungsrahmens
↓
Variabler Zinssatz (normalerweise 3 bis 5 Prozentpunkte über dem Zinssatz für einen eingeräumten Überziehungskredit)

Fragen zur Wiederholung

zu Kapitel 6.1 Verbraucherkredit

6.1.1 Wesen und Vorschriften

1. Was ist ein Verbraucherdarlehensvertrag?
2. Welche Formvorschrift ist beim Abschluss eines Verbraucherdarlehensvertrages zu beachten?
3. Innerhalb welcher Frist kann ein Verbraucherdarlehensvertrag widerrufen werden?
4. Wann kann ein Verbraucherdarlehensvertrag gekündigt werden und mit welchen Kosten für den Verbraucher ist die Kündigung verbunden?
5. Unter welchen Bedingungen kann der Gläubiger einen Verbraucherdarlehensvertrag kündigen?

6.1.2 Arten von Verbraucherkrediten

1. Was ist unter einem Ratenkauf zu verstehen?
2. Unter welchen Voraussetzungen ist ein Lieferer im Normalfall bereit, einem Ratenkauf zuzustimmen?
3. Wie berechnen sich die monatlich zu leistenden Raten, der Ratenzahlungspreis, der Kreditbetrag und der Effektivzinssatz?
4. Was ist unter einem Dispositionskredit als eingeräumtem Überziehungskredit zu verstehen?
5. Welche Kosten fallen für einen Dispositionskredit an?
6. Wann liegt eine geduldete Überziehung vor?
7. Welche Kosten fallen für eine geduldete Überziehung im Normalfall an?

Aufgaben und Probleme

zu Kapitel 6.1 Verbraucherkredit

6.1.1 Ratenkauf – Berechnung der Raten – Effektivzinssatz

Sascha Göppert hat am 08. August d. J. von dem Internethändler Fitness-Discount GmbH für seinen privaten Trainingsraum Fitness-Geräte zum Gesamtwert (einschl. 19 % USt) von 1 200 EUR versandkostenfrei bestellt. Vor Vertragsschluss hat er mit dem Lieferer vereinbart, dass der ausstehende Betrag in 24 Monatsraten beglichen werden soll. Die Berechnung der monatlich zu leistenden Raten erfolgt auf der Grundlage nebenstehender Tabelle:

Anzahl der Monatsraten	Zinsaufschläge pro Monat
3	0,79 %
6	0,70 %
9	0,67 %
12	0,66 %
18	0,65 %
24	0,65 %

Für die Bearbeitung des Ratenkredits verlangt die Fitness-Discount GmbH eine einmalige Gebühr in Höhe von 2 % des Gesamtwertes, die zusammen mit der ersten Monatsrate fällig ist.

1. Berechnen Sie die Höhe der Monatsraten.
2. Berechnen Sie den Ratenzahlungspreis.
3. Zusammen mit den weiteren Vorabinformationen zum Ratenkauf erhält Sascha Göppert zusammen mit dem Tilgungsplan nebenstehende Tabelle (Auszug):

Kreditbetrag:	1 200,00	EUR
Bearbeitungsgebühr:	24,00	EUR
Zahlungsart der Bearbeitungsgebühr:	separat zu zahlen	
Nominaler Jahreszinsatz:	14,33	% p.a.
Rückzahlungsrate:	57,80	EUR
Ratenintervall:	monatlich	
Laufzeit der Ratenzahlungen:	24	Monate
Restschuld:	0,00	EUR
Zinsen und Gebühren gesamt:	211,23	EUR
Gesamtaufwand:	1 411,23	EUR

Tilgungsplan (monatsweise)

Monat	Schuldenstand Vormonat	Ratenzahlung am Monatsende	davon Zinsen/Geb.	davon Tilgung	Schuldenstand am Monatsende
Bearbeitungsgebühr		24,00	24,00	0,00	1 200,00
1	1 200,00	57,80	14,33	43,47	1 156,53
2	1 156,53	57,80	13,81	43,99	1 112,54
3	1 112,54	57,80	13,28	44,52	1 068,02
...					
11	741,16	57,80	8,85	48,95	692,21
12	692,21	57,80	8,26	49,54	642,67
Summen 1. Jahr		**693,60**	**136,27**	**557,33**	**642,67**
...					
22	169,37	57,80	2,02	55,78	113,59
23	113,59	57,80	1,36	56,44	57,15
24	57,15	57,83	0,68	57,15	0,00
Summen 2. Jahr		**693,63**	**50,96**	**642,67**	**0,00**
Gesamtsummen		**1 411,23**	**211,23**	**1 200,00**	**0,00**

a) Prüfen Sie, ob der in der zweiten Monatsrate enthaltene Zinsanteil richtig berechnet wurde.
b) Berechnen Sie den Effektivzinssatz.
c) Warum muss der Darlehensnehmer bereits vor Abschluss eines Verbraucherdarlehensvertrages im Rahmen der Vorabinformationen u. a. über die Höhe des Effektivzinssatzes informiert werden?

4. Vor Abschluss des Verbraucherkreditvertrages hat Sascha Göppert von einem anderen Anbieter nebenstehendes Angebot mit Tilgungsplan erhalten:

Kreditbetrag:	1 200,00 EUR
Bearbeitungsgebühr:	10,00 EUR
Zahlungsart der Bearbeitungsgebühr:	separat zu zahlen
Nominaler Jahreszinsatz:	13,47 % p.a.
Rückzahlungsrate:	74,00 EUR
Ratenintervall:	monatlich
Laufzeit der Ratenzahlungen:	18 Monate
Restschuld:	0,00 EUR
Zinsen und Gebühren gesamt:	142,00 EUR
Gesamtaufwand:	1 342,00 EUR
Effektiver Jahreszinssatz:	15,59 % p.a.

BGB § 491a
BGBEG Art. 247

Tilgungsplan (monatsweise)

Monat	Schuldenstand Vormonat	Ratenzahlung am Monatsende	davon Zinsen/Geb.	davon Tilgung	Schuldenstand am Monatsende
Bearbeitungsgebühr		**10,00**	**10,00**	**0,00**	**1 200,00**
1	1 200,00	74,00	13,47	60,53	1 139,47
2	1 139,47	74,00	12,79	61,21	1 078,26
...					
17	145,55	74,00	1,63	72,37	73,18
18	73,18	74,00	0,82	73,18	0,00
Summen 2. Jahr		**444,00**	**16,93**	**427,07**	**0,00**
Gesamtsummen		**1 342,00**	**142,00**	**1 200,00**	**0,00**

Welche Entscheidung hätte Sascha Göppert treffen müssen, wenn
a) allein der Effektivzinssatz entscheidend ist,
b) die Belastung über die gesamte Laufzeit möglichst gering zu halten ist,
c) die monatliche Belastung höchstens 60 EUR betragen darf?

5. Sascha Göppert kann nach Abschluss eines neuen Tarifvertrages über eine Gehaltserhöhung von 110 EUR monatlich verfügen. Er beabsichtigt daher, den abgeschlossenen Verbraucherdarlehensvertrag zu kündigen und durch einen neuen Vertrag zu ersetzen. Insbesondere will er höhere monatliche Raten zahlen, damit er von seinen Schulden schneller befreit ist. BGB § 500 (2), § 502 (1)
   a) Stellen Sie fest, ob eine vorzeitige Ablösung des Kredits möglich ist.
   b) Welche zusätzliche Belastung ist s mit der vorzeitigen Ablösung gegebenenfalls verbunden, wenn der Vertrag nach Leistung der zehnten Rate gekündigt werden soll?

6.1.2 Dispositionskredit eines Verbrauchers

Christine Huber erhält von ihrer Bank nachstehenden Kontoauszug:

Auszug für Girokonto		VOLKSBANK EBINGEN	
		Alter Kontostand	
Konto-Nr. 138849	Saldo vom 30.03.20.. Soll	**in EUR**	**1 680,00**
	Lastschrift		Gutschrift
Überweisung Siefer Holz & Form	612,00		
Sollzinsen aus 2 160 # 1. Quartal	70,50		
Auszugsdatum: 02.04.20..	Auszug Nr. 36	Neuer Kontostand	
Christine Huber Liegnitzer Str. 19 72461 Albstadt	Kreditlinie EUR 2 500,00 Sollzinsen 11,75 % p. a.	**Soll EUR**	**2 362,50**

1. Stellen Sie anhand des vorliegenden Kontoauszuges fest, welchen Kredit (Kreditart) Christine Huber von der Volksbank Ebingen in Anspruch genommen hat.
2. Wovon macht die Bank die Festlegung der Höhe der eingeräumten Kreditlinie abhängig?
3. Christine Huber weigert sich, die ihrer Meinung nach sehr hohen Überziehungszinsen in Höhe von 70,50 EUR zu bezahlen. Als Begründung gibt sie an, keinen Kreditvertrag unterschrieben zu haben. Muss Christine Huber die Zinsen auch dann bezahlen, wenn sie von der Volksbank Ebingen nicht vorher entsprechend informiert wurde? BGB § 494

6.1.3 Geduldeter Überziehungskredit

Am Ende des zweiten Quartals erhält Chrisitne Huber von ihrer Bank nachstehenden Kontoauszug:

Auszug für Girokonto			VOLKSBANK EBINGEN	
			Alter Kontostand	
Konto-Nr. 138849	Saldo vom 30.06.20..	Soll	in EUR	**3 710,00**
		Lastschrift		Gutschrift
Überweisung TUI-Reisen		1 415,00		
Sollzinsen aus 2 250 # 3. Quartal		73,44		
Überz. Zinsen aus 432 #		18,90		
Gehalt Sept. ...				1 290,00
Auszugsdatum: 02.07.20..	Auszug Nr. 36		Neuer Kontostand	
Christine Huber Liegnitzer Str. 19 72461 Albstadt	Kreditlinie EUR 2 500,00 Sollzinsen 11,75 % p. a. Gedul. Überzieh. 15,75 % p. a.		**Soll EUR**	**3 927,34**

1. Begründen Sie, welchen Kredit (Kreditart) Christine Huber in Anspruch genommen hat.
2. Warum hat die Volksbank Ebingen in dem vorliegenden Kontoauszug unterschiedliche Zinssätze für die Inanspruchnahme eines Kredits genannt?
3. Wovon wird die Volksbank Ebingen die geduldete Überziehung eines Kunden abhängig machen?

6.2 Überschuldung privater Haushalte

Wesen und Ausmaß der Überschuldung

Reichen die monatlichen Einnahmen eines Haushalts nicht aus, um den notwendigen Lebensunterhalt zu bestreiten und die eingegangenen Zahlungsverpflichtungen zu erfüllen, tritt **Überschuldung** ein.

> **„Ein Privathaushalt, dessen Einkommen über einen längeren Zeitraum nach Abzug der Lebenshaltungskosten trotz Reduzierung seines Lebensstandards nicht zur fristgerechten Schuldentilgung ausreicht, ist überschuldet."**

Bundesministerium für Familie, Senioren, Frauen und Jugend, Material für die Presse, Oktober 2004

Nach dieser Definition sind in Deutschland derzeit ca. 3,2 Millionen Haushalte **überschuldet**. Unter den als überschuldet geltenden Haushalten ist die Gruppe der Haushalte mit Kindern besonders stark vertreten. Aber auch bei den Jugendlichen ist feststellbar, dass diese zunehmend bereit sind, sich zu verschulden (aktuelle Informationen unter: www.schulden-kompass.de).

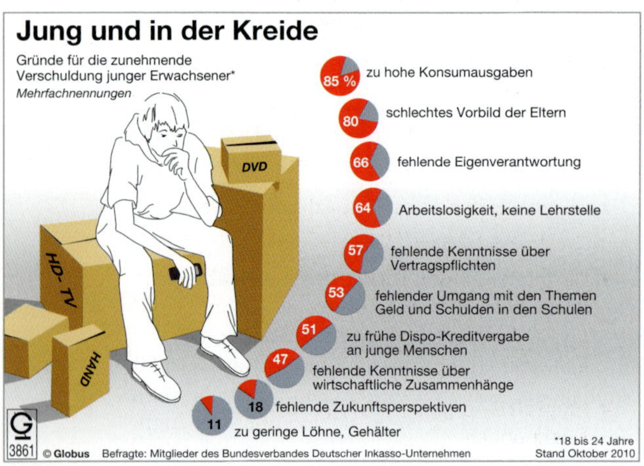

Minderjährige können zwar ohne Einwilligung der Eltern und des Familiengerichtes keine Kreditverträge abschließen. Dennoch ist auch bei dieser Gruppe eine starke Zunahme von Dauerschuldverhältnissen festzustellen, bei denen die Höhe der monatlich zu entrichtenden Beträge nicht genau feststeht. Die Ursache dafür besteht oft im Abschluss von Handyverträgen. Beim Abschluss eines solchen Vertrages werden häufig die daraus entstehenden Folgekosten außer Acht gelassen.

Grundsätzlich bedarf die Aufnahme von Geld „auf den Kredit des Mündels" der Genehmigung des Familiengerichtes. Der Ratenkauf fällt aber nicht unter diese Vorschrift. Zur Gültigkeit solcher Vertragsvereinbarungen eines Minderjährigen genügt die Zustimmung des gesetzlichen Vertreters.

BGB
§ 1643 (1).
§ 1822 Nr. 8

Verschuldet sind Kinder und Jugendliche häufig dann, wenn Eltern ihnen ein schlechtes Vorbild sind, die Banken den unerfahrenen Kunden Dispo-Kredite gewähren, wirtschaftliche Themen im Unterricht vernachlässigt werden oder Arbeitslosigkeit für Geldmangel sorgt. Auch hohe Ausgaben für Bekleidung oder das Auto lassen die Schuldenfalle zuschnappen.

Gründe und Lösungsvorschläge einer Überschuldung

Der Überschuldung eines Privathaushalts liegen im Normalfall mehrere Ursachen zugrunde. Meistens sind aber **Arbeitslosigkeit und Niedrigeinkommen** die Hauptgründe.

Gründe und Lösungsvorschläge einer Überschuldung	
Gründe	**Lösungsvorschläge**
▪ Probleme der Haushaltsführung (Konsumverhalten, Bereitschaft zur Kreditfinanzierung z. B. durch Inanspruchnahme eines teuren Dispokredits)	▪ Mit einem Haushaltsplan (Budgetplan) lässt sich ermitteln, ob die laufenden Einnahmen zur Deckung der anstehenden Ausgaben ausreichen. Auf dieser Grundlage lässt sich auch entscheiden, ob zur Finanzierung einer geplanten Neuanschaffung eine Kreditaufnahme in Betracht kommt.
▪ weniger strenge Formvorschriften beim Abschluss von Ratenkaufverträgen (bei Minderjährigen genügt die Zustimmung des gesetzlichen Vertreters – das Familiengericht muss dieser Art von Kreditaufnahme nicht zustimmen)	▪ Eltern sollten dem Abschluss eines Ratenkaufvertrages ihres minderjährigen Kindes im Normalfall nicht zustimmen. Die bei diesen Verträgen angebotenen Monatszinsaufschläge (z. B. 0,54 %) sind augenscheinlich niedrig. Bei genauer Berechnung ergibt sich aber häufig ein hoher Effektivzinssatz.
▪ Verlockende Kreditangebote wie z. B. „Sofortkredit schufafrei"	▪ Solche Angebote sind meist unseriös, bringen oft nur neue Schulden mit hoher Folgebelastung und sollten deshalb nicht weiter verfolgt werden. Meist bleibt es bei einem „Kreditversprechen" und der Interessent bleibt auf den hohen Vermittlungsgebühren sitzen.
▪ Änderung der Lebensbedingungen (z. B. Trennung, Scheidung, Geburt eines Kindes, Erkrankung, Unfall)	▪ Beratung z. B. durch soziale Einrichtungen (z. B. Caritas)
▪ Alkohol, Drogen, Spielsucht, Kaufsucht	▪ Einschaltung eines Drogenberaters
▪ Abschluss eines Handyvertrags mit Vertragslaufzeit	▪ Die Verwendung einer Prepaid-Karte erzieht zum kostenbewussten Umgang mit dem Handy.
▪ Abschluss von Versicherungsverträgen, die dem Einkommen und dem abzusichernden Risiko nicht angepasst sind	▪ Die Höhe der Absicherung und die dafür fälligen Prämien etwa für Altersvorsorge oder gegen Berufsunfähigkeit sollten dem Einkommen angepasst sein.
▪ Mahnungen, verbunden mit hohen Kosten wie z. B. Verzugszinsen	▪ Möglichst umgehende Begleichung offener Rechnungen

Kap. B 1.2

Aufg. 6.2.1 u. 6.2.2 S. 288

Haushaltsplan (Budgetplan) einer 25-jährigen Großhandelskauffrau[1]

Durchschnittliche Einnahmen pro Monat	
Eigenes Nettogehalt/Eigener Nettolohn	2 200,00 €
Nettogehalt/Nettolohn Partner	0,00 €
Eigener Nebenverdienst	0,00 €
Eigene selbstständige Arbeit	0,00 €
Eigene Rente/Pension	0,00 €
Kindergeld	0,00 €
Urlaubsgeld	0,00 €
Weihnachtsgeld (umgerechnet auf einen Monat)	25,00 €
Steuerrückzahlungen (umgerechnet auf einen Monat)	66,57 €
Summe (durchschnittliche Einnahmen/Monat)	**2 291,57 €**

Summe der monatlichen Einnahmen	**2 291,57 €**
Summe der monatlichen Ausgaben	**1 850,83 €**
Überschuss/Fehlbetrag	**+ 440,74 €**

Durchschnittliche Ausgaben pro Monat	
Miete	400,00 €
Ausgaben für selbstgenutztes Wohneigentum	0,00 €
Nebenkosten	60,00 €
Energie	50,00 €
Wasser	20,00 €
Hausrat, Anschaffung	80,00 €
Nahrungsmittel, Getränke, Genussmittel	420,00 €
Verzehr außer Haus	100,00 €
...	...
...	...
Private Haftpflichtversicherung	12,50 €
Hausratversicherung	13,33 €
Sparkonto	50,00 €
Kapitallebensversicherung	20,00 €
Kreditverpflichtung (Monatsraten)	20,00 €
Summe (durchschnittliche Ausgaben/Monat)	**1 850,83 €**

Häufig verweigern die Banken einem in die Schuldenfalle geratenen Schuldner die Führung eines Girokontos. Dies wiederum hat Auswirkungen bei der Vergabe eines Arbeitsplatzes, da für die Abwicklung der Lohnzahlungen aus einem Arbeitsverhältnis ein solches Konto erforderlich ist. Die Banken sind nicht verpflichtet, für jeden Antragsteller ein Girokonto einzurichten. Verbraucherschutzverbände fordern daher schon lange ein gesetzlich verankertes Recht auf Eröffnung eines Girokontos.

Folgen einer Überschuldung

Häufig nehmen verschuldete Haushalte neue Kredite auf, um damit ihre Zins- und Tilgungsverpflichtungen aus bestehenden Kreditverträgen zu erfüllen. Damit geraten sie in eine **Schuldenspirale (Schuldenfalle)**, aus der sie kaum wieder herauskommen.

1 Ein persönlicher Budgetplan kann mit der auf der Begleit-CD befindlichen Excel-Tabelle „Haushaltsplan.xls" erstellt werden.

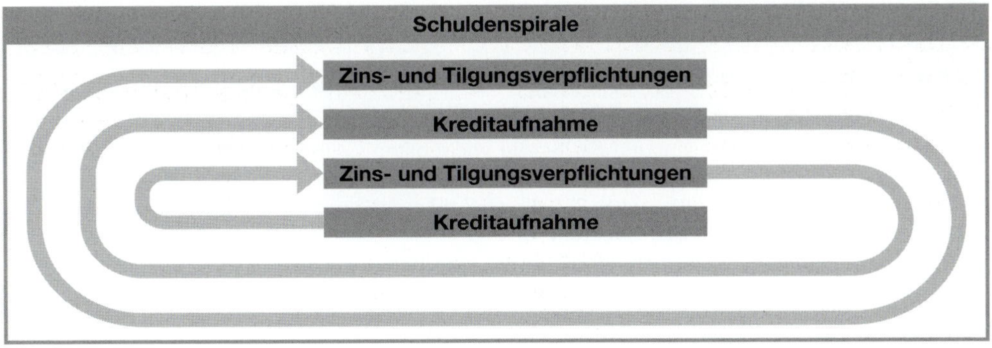

Gerät ein Haushalt in die Schuldenfalle, so kann das neben einer psychischen, sozialen und gesundheitlichen Beeinträchtigung zu nachstehenden **Folgen** führen:

- Verschlechterung der Lebens- und Arbeitssituation
- Lohnpfändung
- Arbeitsplatzverlust bzw. Erschwernis einer Arbeitsaufnahme
- Kündigung oder Versagung eines Girokontos (Folge: Ausschluss vom bargeldlosen Zahlungsverkehr, Verteuerung von Geldbewegungen)
- Kündigung der Wohnung, falls Miete nicht mehr bezahlt wird.

Schuldnerberatung

Hilfe und Beratung erhalten überschuldete Haushalte bei den **Schuldnerberatungsstellen**, die bei den Landratsämtern, den Stadtverwaltungen oder bei sozialen Einrichtungen (z. B. Caritas Verband e. V.) angesiedelt sind. Diese Stellen unterstützen Betroffene insbesondere auch im Rahmen von außergerichtlichen Einigungen mit Gläubigern. Aufg. 6.2.3 u. 6.2.4 S. 288

Informationen zur Schuldnerberatung sind u. a. zu finden unter www.forum-schuldnerberatung.de

Aufg. 6.2.5 S. 289

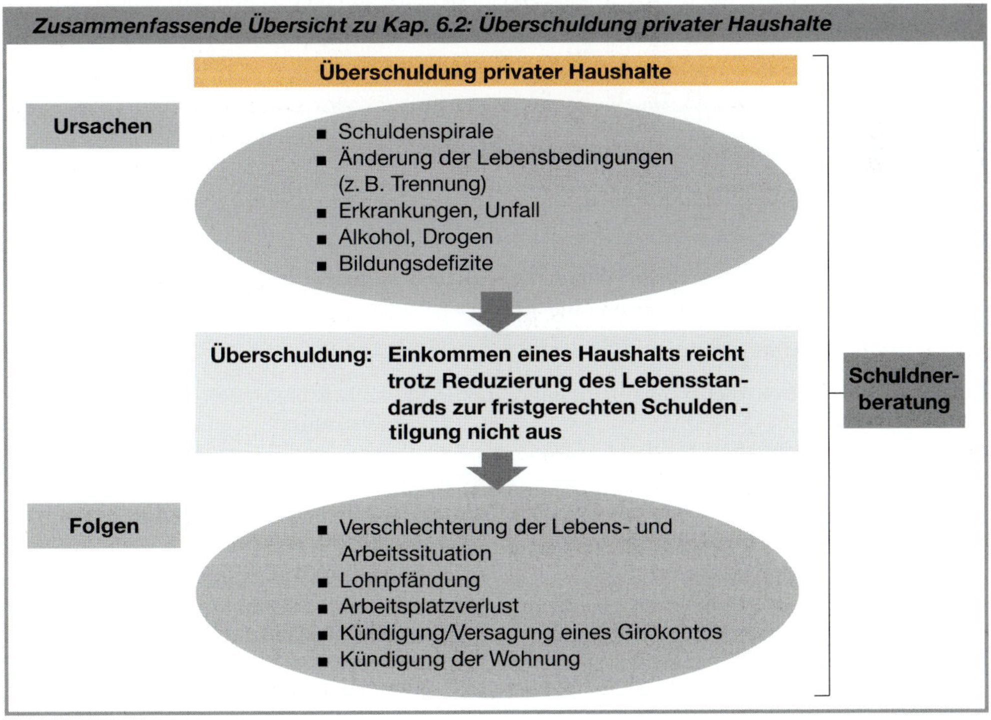

Fragen zur Wiederholung

zu Kapitel 6.2 Überschuldung privater Haushalte

1. Wann gilt ein privater Haushalt als überschuldet?
2. Nennen Sie anhand der Abb. auf S. 284 die wichtigsten Gründe für die zunehmende Überschuldung Minderjähriger und junger Erwachsener.
3. Nennen Sie anhand der Abb. auf S. 286 die wichtigsten Gründe sowie Lösungsvorschläge für die Überschuldung privater Haushalte.
4. Welche Folgen hat eine Überschuldung für die betroffenen Haushalte?
5. Wo können sich verschuldete Haushalte beraten lassen?

Aufgaben und Probleme

zu Kapitel 6.2 Überschuldung privater Haushalte

6.2.1 Persönlicher Haushaltsplan

EXCEL

Erstellen Sie mithilfe des Programms „Haushaltsplan.xls“ (vgl. Begleit-CD) Ihren persönlichen Haushaltsplan.

6.2.2 Auswertung eines Haushaltsplanes

Die 28-jährige Industriekauffrau Angelika Beck hat mithilfe eines Tabellenkalkulationsprogramms (vgl. Excel-Tabelle „Haushaltsplan.xls“ auf der Begleit-CD) nachstehenden Haushaltsplan (Auszug) erstellt:

EXCEL

Summe der monatl. Einnahmen	**3050,00 €**	**Kreditverpflichtung (Monatsraten)**	**300,00 €**
Summe der monatl. Ausgaben	**2780,83 €**	**Summe (durchschnittliche Ausgaben/Monat)**	**2780,83 €**
Überschuss/Fehlbetrag	**269,17 €**		

Frau Beck beabsichtigt, ihren PKW in Zahlung zu geben und einen neuen VW-Golf zu kaufen. Eine Autobank unterbreitet ihr folgendes Finanzierungsangebot:

Kreditbetrag (Auszahlungsbetrag)	**8000,00 €**
Laufzeit	**48 Monate**
Bearbeitungsgebühr (wird mit der Monatsrate getilgt)	**2 %**
Monatszinssatz (vom ursprünglichen Kreditbetrag)	**0,6 %**
Effektiver Jahreszinssatz	**14,76 %**

Ermitteln Sie die Höhe der Monatsraten und prüfen Sie, ob aufgrund der gegebenen Haushaltssituation der Autokauf durch Aufnahme eines Ratenkredits zu den gegebenen Bedingungen möglich ist.

www

6.2.3 Internetrecherche

Untersuchen Sie durch Recherchieren im Internet (z. B. unter www.bmfsfj.de), welche Bedeutung

- Arbeitslosigkeit
- Trennung und Scheidung
- Höhe des Einkommens
- Bildungsabschluss
- Alter
- Familiengröße

in der Statistik der überschuldeten Haushalte haben.
Erstellen Sie eine Übersicht und präsentieren Sie das Ergebnis vor Ihrer Klasse.

6.2.4 Schuldnerberatung

1. Informieren Sie sich z. B. bei der örtlichen Stadtverwaltung, welche Schuldnerberatungsstellen es in Ihrer Region gibt.
2. Erstellen Sie nach Einholung geeigneter Informationen ein Diagramm zur Entwicklung der Verschuldung der Jugendlichen in Ihrer Region.

6.2.5 Projekt „Konsumverhalten und Verschuldung von Jugendlichen“

Führen Sie in Ihrer Klasse ein Projekt zum Thema „Konsumverhalten und Verschuldung von Jugendlichen“ durch (oder erstellen Sie ein Referat zu diesem Thema). Hinweise auf Materialien und zur Durchführung des Projekts befinden sich auf der Begleit-CD sowie im Internet unter: http://www.unterrichtshilfe-finanzkompetenz.de.

6.3 Verbraucherinsolvenz

Aufg. 6.3.1 S. 292

Gelingt es einem überschuldeten Haushalt nicht, aus eigener Kraft der Schuldenfalle zu entkommen, so besteht die Möglichkeit, über das **Verbraucherinsolvenzverfahren** einen Weg in die Schuldenfreiheit zu finden. Da Ansprüche aus Vollstreckungsbescheiden erst nach 30 Jahren verjähren, besteht für viele überschuldete Haushalte in der Regel kein Anreiz, sich um eine Verbesserung ihrer Einkommens- und Vermögensverhältnisse zu bemühen, da alle zusätzlichen Einkünfte zur Schuldentilgung verwendet werden müssen. Mit dem **Verbraucherinsolvenzverfahren** wird diesen Haushalten die Möglichkeit gegeben, einen wirtschaftlichen Neuanfang zu finden.

BGB § 197

Das Verbraucherinsolvenzverfahren gliedert sich in **drei Stufen**:

Stufe 1: Außergerichtlicher Einigungsversuch

InsO § 305 (1) Nr. 1

Zunächst muss versucht werden, über ein **außergerichtliches Schuldenbereinigungsverfahren** eine für den Schuldner erträgliche Lösung zu finden. Um dieses Verfahren einzuleiten, muss sich der Schuldner an eine **geeignete Person oder Stelle** (z. B. Steuerberater, Rechtsanwalt, Notar, Schuldnerberatungsstelle der Stadtverwaltung) wenden. Zusammen mit dem Schuldner wird ein Plan **(Schuldenbereinigungsplan)** erstellt, aus dem hervorgeht, in welcher Höhe und innerhalb welcher Zeit der Schuldner beabsichtigt, die aufgelaufenen Schulden ganz oder teilweise zu begleichen. Auf der Grundlage dieses **Schuldenbereinigungsplanes** und gleichzeitiger Vorlage der Einkommens- und Vermögensverhältnisse des Schuldners wird versucht, mit den Gläubigern eine **außergerichtliche Einigung** zu erzielen. Widerspricht aber ein Gläubiger den Vorschlägen, ist die außergerichtliche Schuldenregulierung gescheitert. Die Chance einer Schuldenbereinigung hängt vor allem von der Bereitschaft einzelner Gläubiger ab, auf einen Teil ihrer **Forderungen freiwillig zu verzichten**.

Schuldenbereinigungsplan (Auszug) einer Schuldnerin

Lfd. Nr.	Gläubiger/in (Kurzbezeichnung)	Gesamthöhe der Forderungen dieses Gläubigers/dieser Gläubigerin	monatliche Zahlungen	Dauer der Zahlungen
1.	Volksbank Heilbronn	8 000,00 EUR	110,00 EUR	6 Jahre
2.	Otto Versand	480,00 EUR	15,00 EUR	2 Jahre
3.	Möbelhaus Schultz	3 800,00 EUR	65,00 EUR	4 Jahre
...	...	...	...	...
	Summen	**15 312,00 EUR**	**380,00 EUR**	

Stufe 2: Gerichtliche Schuldenbereinigung

InsO §§ 304, 305

Handelt es sich beim **Schuldner** um eine **natürliche Person**, die **keine selbstständige wirtschaftliche Tätigkeit (z. B. unternehmerische Tätigkeit) ausübt oder ausgeübt hat**, so kann bei einem Scheitern des außergerichtlichen Einigungsversuchs beim **Insolvenzgericht** (= Amtsgericht, das für den Schuldner zuständig ist) das **Verbraucherinsolvenz-**

verfahren beantragt werden. Mit dem Antrag auf Eröffnung des Verbraucherinsolvenzverfahrens (amtliches Formular) muss der Schuldner vor allem folgende Unterlagen und Erklärungen vorlegen:

InsO §§ 305 (1) Nr. 1 – ❶ Bescheinigung einer geeigneten Person oder Stelle (s. oben), aus der sich ergibt, dass eine außergerichtliche Einigung erfolglos war,

§ 305 (1) Nr. 2 – ❷ Antrag auf Erteilung der **Restschuldbefreiung**,

§ 305 (1) Nr. 3 – ❸ Vermögens- und Einkommensverzeichnis,

§ 305 (1) Nr. 4 – ❹ Schuldenbereinigungsplan über die Laufzeit von sechs Jahren.

InsO § 307 (1) § 307 (2)

Das Insolvenzgericht stellt den vom Schuldner genannten Gläubigern den Schuldenbereinigungsplan mit den entsprechenden Verzeichnissen zu und fordert sie auf, hierzu **innerhalb eines Monats** Stellung zu nehmen. Meldet sich ein Gläubiger innerhalb dieser Frist nicht, dann wertet das Gericht das als Zustimmung.

InsO § 306 (1)

Während der Entscheidung über den Schuldenbereinigungsplan, maximal aber für **drei Monate**, ruht das Insolvenzantragsverfahren.

InsO § 308 (2)

Stimmen die Gläubiger dem Schuldenbereinigungsplan zu, muss der Schuldner die festgelegten Forderungen erfüllen. Damit endet das Verfahren. Insolvenzantrag und Antrag auf Restschuldbefreiung gelten als zurückgenommen.

InsO § 309

Der Schuldenbereinigungsplan gilt als abgelehnt, wenn die Gläubiger Einwendungen erhoben haben. Auf Antrag eines Gläubigers oder des Schuldners können aber Gläubigereinwendungen durch die Zustimmung des Insolvenzgerichts ersetzt werden, wenn

❶ mehr als die Hälfte der Gläubiger **(Kopfzahl)** dem Schuldenbereinigungsplan zustimmen und

InsO § 311 – ❷ die Ansprüche **(Forderungshöhe)** der zustimmenden Gläubiger mehr als 50 % der Gesamtsumme der benannten Gläubiger betragen.

3. Stufe: Vereinfachtes Insolvenzverfahren[1]

Kommt eine Einigung über den Schuldenbereinigungsplan nicht zustande, so nimmt das Insolvenzgericht das Insolvenzverfahren von Amts wegen wieder auf. Stellt das Insolvenzgericht bei seiner Prüfung fest, dass das Vermögen des Schuldners nicht einmal zur Deckung der Verfahrenskosten ausreicht, so führt das zur sofortigen Einstellung des Insolvenzverfahrens. In diesem Falle kann gegebenenfalls jeder Gläubiger für sich versuchen, im Wege einer **Einzelvollstreckung** seine Forderungen einzutreiben.

InsO §§ 54, 26

Kann das Insolvenzverfahren jedoch aufgenommen werden, so bestellt das Gericht einen **Treuhänder**. Der Treuhänder ist eine neutrale Person, die auch vom Schuldner vorgeschlagen werden kann. Auf ihn geht mit der Eröffnung des Insolvenzverfahrens die Verfügungsbefugnis über das zur **Insolvenzmasse** gehörende Vermögen des Schuldners über.

InsO § 311

Die Insolvenzmasse erfasst das gesamte Vermögen, das dem Schuldner zur Zeit der Eröffnung des Verfahrens gehört und das er während des Verfahrens erlangt.

Der Schuldner ist verpflichtet, den **pfändbaren Teil seines Arbeitseinkommens** an den Treuhänder abzuführen. Der entsprechende Betrag wird vom Arbeitgeber gleich an den Treuhänder zur Verteilung an die Gläubiger überwiesen.

InsO § 36

Das pfändbare Vermögen des Schuldners wird veräußert bzw. an die Gläubiger verteilt. Dabei werden die einzelnen Gläubiger aber nicht gleich behandelt. So wird z.B. ein Gläubiger, dessen Forderung durch eine Sicherungsübereignung gesichert ist, besser

1 Da das Verbraucherinsolvenzverfahren im Verhältnis zum Unternehmensinsolvenzverfahren deutlich einfacher ist, wird vom vereinfachten Insolvenzverfahren gesprochen. Namen und Adressen insolventer Verbraucher/Unternehmen können abgerufen werden unter: www.insolvenzbekanntmachung.de

gestellt als ein Gläubiger einer ungesicherten Forderung. Nach der Vermögensverteilung sind in einem **Schlusstermin** Gläubiger und Schuldner zum Antrag des Schuldners auf **Restschuldbefreiung** zu hören. Das Insolvenzgericht entscheidet dann über diesen Antrag. Die Restschuldbefreiung ist zu versagen, wenn das ein Insolvenzgläubiger beantragt hat **und** der Schuldner z. B. wegen einer Straftat rechtskräftig verurteilt wurde oder wenn er unrichtige oder unvollständige Angaben über seine wirtschaftlichen Verhältnisse gemacht hat.

InsO § 289 (1)

InsO § 290 (1)

Restschuldbefreiung

Mit dem Antrag auf Restschuldbefreiung kann der Schuldner erreichen, dass er nach Ablauf von **sechs Jahren (Wohlverhaltensperiode)** schuldenfrei ist, sofern er die ihm gemachten Auflagen erfüllt hat. Im Rahmen dieser Auflagen ist der Schuldner auch verpflichtet, eine angemessene Erwerbstätigkeit auszuüben. Bei Arbeitslosigkeit ist er verpflichtet, sich nachweisbar um eine angemessene Erwerbstätigkeit zu bemühen und jede zumutbare Tätigkeit anzunehmen. Um dem Schuldner einen Anreiz zu geben, in der sechsjährigen Wohlverhaltensperiode den gesetzlichen Anforderungen zu entsprechen, sieht die Insolvenzordnung einen steigenden Selbstbehalt des Schuldners vor. Das bedeutet, dass der Schuldner um so mehr von seinem **pfändbaren Einkommen** für sich behalten darf, je länger er mitarbeitet. Im fünften Jahr der Wohlverhaltensperiode sind das z. B. 10 % des pfändbaren Teils seiner Bezüge, im sechsten Jahr 15 %.

InsO §§ 292 (1) S. 4

Aufg. 6.3.2 S. 292

Zusammenfassende Übersicht zu Kap. 6.3: Verbaucherinsolvenz

Verbraucherinsolvenz

Ziel: Weg zu einem Neuanfang für überschuldete Haushalte

Stufen:

1. Stufe: Außergerichtlicher Einigungsversuch
(Schuldenbereinigungsplan, außergerichtliche Einigung)

2. Stufe: Gerichtliche Schuldenbereinigung

Antrag auf Insolvenzverfahren
↓
Zustellung des Schuldenbereinigungsplanes an Gläubiger

Keine Einwendungen der Gläubiger oder evtl. Ersatz von Gläubigereinwendungen durch Insolvenzgericht ↓ **Verfahren beendet** Schuldner zahlt entsprechend der Abmachung im Schuldenbereinigungsplan	**Einwendungen der Gläubiger** (keine Einigung über Schuldenbereinigungsplan) → weiter zur 3. Stufe

↓

3. Stufe: Vereinfachtes Insolvenzverfahren
↓
Verfügungsbefugnis über das Vermögen des Schuldners geht auf Treuhänder über
↓
Verteilung/Veräußerung des pfändbaren Vermögens des Schuldners an Gläubiger; Pfändung von Teilen des Arbeitseinkommens
↓
Restschuldbefreiung
↓
Schuldenfreiheit nach Ablauf der Wohlverhaltensperiode (sechs Jahre)

Fragen zur Wiederholung

zu Kapitel 6.3 Verbraucherinsolvenz

1. Nennen Sie die drei Stufen eines Verbraucherinsolvenzverfahrens.
2. Beschreiben Sie das Verfahren des außergerichtlichen Einigungsversuchs.
3. Wer erstellt einen Schuldenbereinigungsplan und was ist darin enthalten?
4. Was ist unter einer gerichtlichen Schuldenbereinigung zu verstehen?
5. Für welche Personen kann eine gerichtliche Schuldenbereinigung beantragt werden?
6. Welche Bescheinigungen und Erklärungen sind dem Antrag auf Eröffnung des Verbraucherinsolvenzverfahrens beizufügen?
7. Welche Bedeutung hat die Annahme eines Schuldenbereinigungsplanes für den Schuldner?
8. Unter welcher Voraussetzung gilt der Schuldenbereinigungsplan als abgelehnt?
9. Unter welcher Voraussetzung kann das Insolvenzgericht auch bei Einwendungen von Gläubigern dem Schuldenbereinigungsplan zustimmen?
10. Beschreiben Sie den Verlauf eines vereinfachten Insolvenzverfahrens.
11. Was ist unter dem Begriff „Restschuldbefreiung" zu verstehen?

Aufgaben und Probleme

zu Kapitel 6.3 Verbraucherinsolvenz

6.3.1 Ablauf eines Verbraucherinsolvenzverfahrens

Bürokaufmann Siegfried Bührer ist seit zwei Jahren arbeitslos. Nachdem er eine Weiterbildung zum Sport- und Fitnesskaufmann erfolgreich absolviert hat, erhält er auch zwei Stellenangebote, die jedoch nicht zur Begründung eines Arbeitsverhältnisses geführt haben. Beim Einstellungsgespräch hat Herr Bührer seine Gesprächspartner jeweils darüber informiert, dass die ortsansässigen Banken aufgrund der Überschuldung von Herrn Bührer nicht bereit sind, für ihn ein Girokonto – auch nicht auf Guthabenbasis – zu führen. Banken und Schuldnerberater schlagen ihm vor, eine außergerichtliche Schuldenbereinigung einzuleiten.

1. Beschreiben Sie das Verfahren der außergerichtlichen Schuldenbereinigung.
2. Welches Ziel wird mit einer außergerichtlichen Schuldenbereinigung verfolgt?
3. Der Schuldnerberater der Stadtverwaltung erstellt zusammen mit Herrn Bührer einen Schuldenbereinigungsplan. Darin wird u. a. festgelegt, dass die Gläubiger auf einen Teil ihrer Forderungen verzichten sollen. Für die dann noch bestehenden Restforderungen wird Zahlungsaufschub vorgeschlagen.
   Unter welcher Voraussetzung gilt der außergerichtliche Einigungsversuch als angenommen?
4. Da im vorliegenden Fall mit den Gläubigern keine Einigung erzielt werden konnte, schlägt der Schuldnerberater Herrn Bührer vor, beim Insolvenzgericht die Eröffnung eines Insolvenzverfahrens zu beantragen.
   Welche Unterlagen bzw. Erklärungen muss Herr Bührer seinem Antrag beifügen?
5. Welche Voraussetzungen müssen erfüllt sein, damit eine gerichtliche Schuldenbereinigung zustande kommt?
6. Auf welchem Weg kann Herr Bührer Restschuldbefreiung erlangen, wenn auch die gerichtliche Schuldenbereinigung scheitert? Beschreiben Sie den Ablauf dieses Verfahrens.

www

6.3.2 Internetrecherche – Verbraucherinsolvenzen

Recherchieren Sie unter www.insolvenzbekanntmachung.de nach insolventen Personen/Unternehmen Ihres Wohnortes.

C Betriebswirtschaftliche Grundlagen des Handelns privater Unternehmen

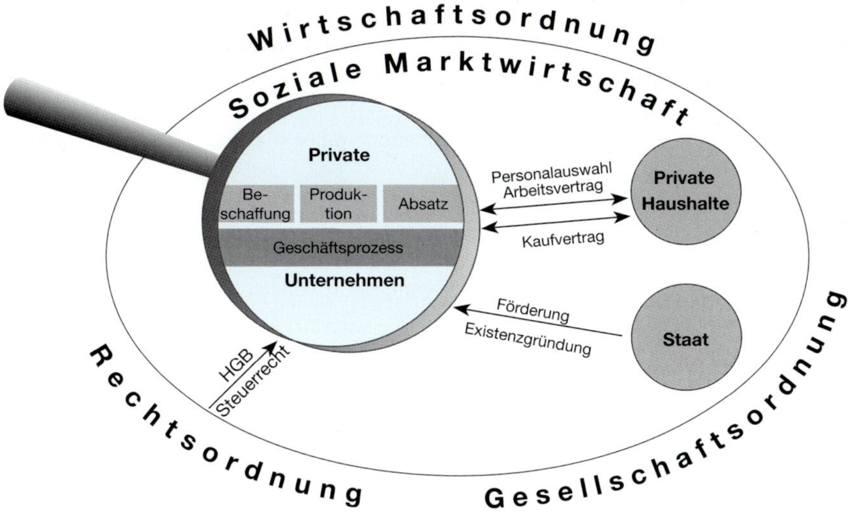

1 Betrieblicher Leistungsprozess

Überblick und Zusammenhänge

1. Betrieblicher Leistungsprozess

- ***1.1** Unternehmensziele und Betriebstypen im Überblick*
- ***1.2** Welche Besonderheiten weist der Leistungsprozess in einem Industriebetrieb auf?*
- ***1.3** Welche Besonderheiten weist der Leistungsprozess in einem Handelsbetrieb auf?*
  - *Grundfunktionen*
  - *Bereichsübergreifende Funktionen*
- ***1.4** Welche Besonderheiten weist der Leistungsprozess in einem Dienstleistungsbetrieb (z. B. Bank) auf?*

1.1 Unternehmensziele und Betriebstypen im Überblick

Unternehmen – Betrieb – Firma

Im täglichen Sprachgebrauch werden die Begriffe Unternehmen, Betrieb und Firma häufig so benutzt, als ob sie gleichbedeutend wären. Für eine präzise Verwendung dieser Begriffe ist aber folgende Unterscheidung nötig:

Unternehmen	Betrieb	Firma
Wirtschaftliches und rechtliches Entscheidungszentrum, das mehrere Betriebe (Produktionsstätten) umfassen kann.	Produktionsstätte für Waren und Dienstleistungen (= örtlich begrenzte technisch-organisatorische Einheit)	Name eines Kaufmanns (Unternehmens), mit dem er im Handelsregister eingetragen ist und unter dem er seine Geschäfte betreibt
Adidas als weltweit tätiges Unternehmen hat seinen Unternehmenssitz in Herzogenaurach (Bayern)	Fabrik: Produktionsstätte eines Industriebetriebs, (Laden-) Geschäft: Produktionsstätte eines Einzelhandelsbetriebs	G. Klein e. K. *(e. K.: eingetragener Kaufmann)* Robert Bosch GmbH Volkswagen AG

Unternehmensziele

Unternehmen haben die Aufgabe, Güter zur Befriedigung menschlicher Bedürfnisse zu produzieren und den Konsumenten zur Verfügung zu stellen. In einer Marktwirtschaft verfolgen private Unternehmen dabei vorwiegend das **erwerbswirtschaftliche Prinzip (= Gewinnmaximierung)**.

> Oberziel privater Unternehmen ist die Erwirtschaftung eines maximalen (oder zumindest eines angemessenen) Gewinns.

Auf vereinfachende Weise lässt sich der **Gewinn** wie folgt ermitteln:

> Gewinn = Erlös (Umsatz) – Kosten

Der **Erlös** (Umsatz) ist der Gegenwert, der einem Unternehmen in Form von Einnahmen durch den Verkauf der produzierten Güter zufließt.

> Erlös (Umsatz) = Stückpreis der verkauften Güter · Menge der verkauften Güter

Neben dem **Oberziel** der **Gewinnmaximierung** verfolgen private Unternehmen noch weitere Ziele, die

- als Unterziele (Subziele) der Erreichung des Oberziels dienen (z. B. Kostensenkung) oder
- dem Oberziel nebengeordnet sind und eine eigenständige Bedeutung haben (z. B. soziale und ökologische Ziele).

Aufg. 1.1.1 S. 295

Oberziel privater Unternehmen: Gewinnmaximierung

Unterziele privater Unternehmen

In Geld messbare (monetäre) Ziele

Nebenbedingung **Liquidität** (= ständige Zahlungsfähigkeit)

- **Umsatzsteigerung**
- **Kostensenkung**
- **Eigenkapitalrentabilität** $= \frac{\text{Gewinn} \cdot 100}{\text{Eigenkapital}}$
- **Umsatzrentabilität** $= \frac{\text{Gewinn} \cdot 100}{\text{Umsatz}}$

nicht in Geld messbare (nicht monetäre) Ziele

Wettbewerbsbezogene Ziele

Erhöhung des Marktanteils und der Marktmacht, Marktführer werden, Image verbessern, Bekanntheitsgrad steigern

Kundenbezogene Ziele

Gewinnung neuer Kunden, Erhöhung der Kundenzufriedenheit

Produktbezogene Ziele

Erhöhung der Produktqualität, Entwicklung neuer (umweltfreundlicher) Produkte

Mitarbeiterbezogene Ziele

Verbesserung des Betriebsklimas, Erhöhung der Mitarbeiterzufriedenheit, Förderung der Mitarbeiter (Weiterbildung), Sicherung der Arbeitsplätze

Einteilung von Betrieben

Betriebe lassen sich entsprechend den verschiedenen Produktionsstufen in einer Volkswirtschaft wie folgt einteilen:

Produktionsstufen in einer Volkswirtschaft			
Primärer Sektor	**Sekundärer Sektor**		**Tertiärer Sektor**
Urproduktion (Gewinnung von Rohstoffen)	Be- und Verarbeitungsbetriebe		Dienstleistungsbetriebe
	Veredlungsbetriebe	Fertigungsbetriebe	
Land- und Forstwirtschaft, Fischerei, Bergbau	Bearbeitung von Rohstoffen (z. B. Kornmühle)	Herstellung von Erzeugnissen (z. B. Autos)	Groß- und Einzelhandel, Banken, Versicherungen, Werbeagenturen, ...

Aufg. 1.1.2 S. 296
Aufg. 1.1.3 S. 296

Zusammenfassende Übersicht zu Kap. 1.1: Unternehmensziele und Betriebstypen im Überblick

Begriffe			Unternehmensziele		Betriebstypen		
Unternehmen	**Betrieb**	**Firma**	**Gewinnerzielung** Eigenkapitalrentabilität		**Wirtschaftssektoren**		
					Primär	**Sekundär**	**Tertiär**
Entscheidungszentrum	Produktionsstätte	Name eines Kaufmanns	Umsatzsteigerung	Kostensenkung	Rohstoffgewinnung	Be- und Verarbeitung	Dienstleistung
			Liquidität				

Fragen zur Wiederholung

zu Kapitel 1.1 Unternehmensziele und Betriebstypen im Überblick

1. Unterscheiden Sie die Begriffe Unternehmen, Betrieb, Firma.
2. Nennen Sie monetäre und nicht monetäre Ziele eines Unternehmens.
3. Wie wird der Gewinn berechnet?
4. Was stellt der Erlös (Umsatz) eines Unternehmens dar?
5. Nennen Sie verschiedene Einteilungsmöglichkeiten für Betriebstypen.

Aufgaben und Probleme

zu Kapitel 1.1 Unternehmensziele und Betriebstypen im Überblick

1.1.1 Unternehmensziele

Eine Glasfabrik plant die Anschaffung eines Wärmetauschers, mit dem die Abwärme von der Schmelzwanne in den Produktionsprozess zurückgeführt werden kann. Dadurch soll der Energieverbrauch sinken und eine Minderung der Energiekosten um jährlich 500 000 EUR bewirkt werden. Unter Berücksichtigung der Anschaffungskosten für die neue Anlage steigt der Gewinn um 100 000 EUR.

1. Welches Oberziel verfolgt das Unternehmen?
2. Welches Unterziel dient im vorliegenden Fall zur Erreichung des Oberziels?
3. Welches nebengeordnete Ziel wird im vorliegenden Fall mit der Investition verfolgt?

1.1.2 Die Stellung des Betriebs im gesamtwirtschaftlichen Produktionsprozess – Sachleistungsbetriebe – Dienstleistungsbetriebe – Volkswirtschaftliche Arbeitsteilung

PDF

Das Arbeitsblatt zeigt die Stellung eines Papierherstellers zwischen Vorlieferanten und Verbrauchern in einer arbeitsteiligen Wirtschaft. Das Unternehmen stellt verschiedene Sorten Papier und Pappe her: feines Briefpapier, Schreibpapier, Buchdruckpapier und Packpapier.

Zur Herstellung des Papiers werden je nach Papiersorte folgende Materialien verwendet: Holzschliff (zerkleinertes Holz), Zellstoff, Lumpen, Altpapier, Kreide, Gips, Porzellanerde, Leimstoffe und Farbstoffe. Außerdem werden elektrischer Strom, Wasser, Werkzeuge und andere Hilfsmittel benötigt.

Alle Materialien kommen von Vorbetrieben:

(1) Holzschleiferei, (2) Zellstoffwerk, (3) Leimfabrik, (4) Farbenfabrik, (5) Kaolingrube (Porzellanerde), (6) Elektrizitätswerk, (7) Werkzeugfabrik.

Mit Ausnahme des Elektrizitätswerkes und der Kaolingrube haben alle oben genannten Vorbetriebe ebenfalls wieder Zulieferer:

Die Holzschleiferei und das Zellstoffwerk beziehen vom Sägewerk, die Leimfabrik vom Schlachthof, die Farbenfabriken von der Kokerei. Das Sägewerk erhält das Holz aus der Forstwirtschaft. Der Schlachthof hat als Vorlieferer die Landwirtschaft. Die Kokerei bezieht vom Kohlenbergbau. Die Werkzeugfabrik erhält ihre Rohstoffe vom Stahlwerk, das Stahlwerk erhält sie von den Eisenhütten und diese erhalten sie wiederum vom Erzbergbau.

1. Tragen Sie in das Schaubild auf dem Arbeitsblatt die oben genannten Betriebe in die entsprechenden Felder ein.
2. Abnehmer der Papierfabrik sind die verschiedenen papierverarbeitenden Industrien, z. B. Buntpapierfabriken, Gummieranstalten (Herstellung von Aufklebern und Etiketten), Tütenfabriken, Kartonagenfabriken und Druckereien. Aber auch die genannten Empfänger des Papiers geben dieses nach seiner Be- und Verarbeitung an Nachbetriebe weiter, bis es endgültig zum Verbraucher gelangt.

   Tragen Sie die Abnehmer der Papierfabrik in die Felder des Schaubildes ein.
3. Stellen Sie fest: Welche der im Schaubild dargestellten Betriebe sind Sachleistungsbetriebe (unterteilt nach Urproduktionsbetrieben, Produktionsmittelbetrieben und Kosumgüterbetrieben) und welche sind Dienstleistungsbetriebe?
4. Geben Sie zu jeder Gruppe von Betrieben ein weiteres Beispiel an.

1.1.3 Begriff und Arten betrieblicher Leistungserstellung – Betriebstypen

PDF

Die betriebliche Leistungserstellung umfasst
- die Gewinnung von Rohstoffen (Gewinnungsbetriebe),
- die Herstellung von Erzeugnissen (Fertigungsbetriebe),
- die Bearbeitung von Rohstoffen (Veredlungsbetriebe),
- die Ausführung von Dienstleistungen (Dienstleistungsbetriebe).

In der Betriebswirtschaftslehre werden diese Vorgänge häufig auch als Produktion bezeichnet.

Ordnen Sie die folgenden Betriebe bzw. Tätigkeiten den vier Oberbegriffen nach folgendem Muster zu:

Gewinnungsbetriebe	Fertigungsbetriebe	Veredlungsbetriebe	Dienstleistungsbetriebe

a) Autofabrik, b) Bergwerk, c) Spedition, d) Kornmühle, e) Bank, f) Friseur, g) Immobilienmakler, h) Bauunternehmung, i) Versicherung, j) Schnapsbrennerei, k) Steuerberatungsbüro, l) Privatschule, m) Rechtsanwaltskanzlei, n) Fischfang, o) Werbeagentur, p) Kohlekraftwerk, q) Schreinerei, r) Tankstelle mit Reparaturwerkstatt, s) Kiosk, t) Hotel u) Omnibusbetrieb, v) Reisebüro, w) Versandhaus, x) Supermarkt.

1.2 Leistungsprozesse in Industriebetrieben

1.2.1 Grundphasen des betrieblichen Leistungsprozesses

Überblick

Zur Erfüllung des betrieblichen **Leistungsprozesses** wird in den meisten Unternehmen eine **innerbetriebliche Arbeitsteilung** nach dem **Funktionsprinzip** vorgenommen. Dabei lassen sich drei **Funktionsbereiche** (= Grundphasen des betrieblichen Leistungsprozesses) unterscheiden.

Aufg. 1.2.1 S. 301

Materialwirtschaft	Produktionswirtschaft	Absatzwirtschaft
Die Materialwirtschaft ist für die Bereitstellung (Beschaffung, Lagerung, Transport) der Materialien, die im betrieblichen Produktionsprozess be- und weiterverarbeitet werden, zuständig.	In der Produktion werden die betrieblichen Produktionsfaktoren zum Zweck der Herstellung von Sachgütern und Dienstleistungen kombiniert (= Leistungserstellung).	Der Absatz hat die Aufgabe, die hergestellten Sachgüter und Dienstleistungen am Markt gegen Entgelt zu verwerten (= Leistungsverwertung).

Der Zweck jeder betrieblichen Tätigkeit (= Leistungsprozess) besteht darin, Sachgüter und Dienstleistungen zu erstellen (= Leistungserstellung) und durch deren Verkauf zur Befriedigung menschlicher Bedürfnisse beizutragen (= Leistungsverwertung)

Materialwirtschaft

Der Begriff **Materialwirtschaft** unterscheidet sich vom Begriff **Beschaffung**. Die Beschaffung bezieht sich im weitesten Sinne nicht nur auf die im Produktionsprozess be- und weiterverarbeiteten Materialien (Roh-, Hilfs- und Betriebsstoffe, Fremdbauteile, unfertige Erzeugnisse), sondern auch auf Produktionsanlagen (z. B. Maschinen), Personal, Finanzmittel und Informationen.

Kap. C 2

Die Materialwirtschaft beinhaltet die Planung, Durchführung und Kontrolle aller Maßnahmen zur Bereitstellung der im Leistungsprozess be- und weiterverarbeiteten Materialien.

Hauptbereiche der Materialwirtschaft sind

- Materialbeschaffung (Einkauf)
- Materiallagerung (Einsatzlager)
- Materialtransport

Die **Hauptaufgabe der Materialwirtschaft** besteht darin, die benötigten **Materialien** (Roh-, Hilfs- und Betriebsstoffe, Fremdbauteile, unfertige Erzeugnisse)

- in der benötigten Art und Qualität
- in der benötigten Menge
- zum richtigen Zeitpunkt
- am richtigen Ort

bereitzustellen.

Produktion

> **Als Produktion[1] wird in einem Industriebetrieb der Teilbereich des betrieblichen Leistungsprozesses bezeichnet, in dem Sachgüter durch die Kombination der Produktionsfaktoren hergestellt werden.**

Die Be- und/oder Verarbeitung von Materialien als technischer Herstellungsprozess **(= Produktion im engeren Sinne)** wird häufig auch als **Fertigung** bezeichnet.

Die **Hauptaufgabe der Produktionswirtschaft** besteht darin, **Erzeugnisse**

- in der benötigten Art und Qualität
- in der benötigten Menge
- zum richtigen Zeitpunkt
- am richtigen Ort

bereitzustellen.

> **Aufgabe der Produktionswirtschaft ist die Erstellung von Erzeugnissen in der benötigten Art, Qualität und Menge sowie deren Bereitstellung zur richtigen Zeit am vorgesehenen Ort. Die Produktion soll kostengünstig (wirtschaftlich) unter menschlichen Arbeitsbedingungen und umweltverträglich erfolgen.**

Absatzwirtschaft

Kap. C 3

> **Absatz ist die Verwertung der in einem Betrieb erstellten Leistung am Markt.**

Zur Absatzwirtschaft gehören alle im Zusammenhang mit der Leistungsverwertung anfallenden Aufgaben.

Die Aufgabenstellung der Absatzwirtschaft ist von der Marktsituation abhängig. Übersteigt die Nachfrage am Absatzmarkt das Angebot, hat der Verkäufer die stärkere Marktposition. Diese Situation wird auch als **Verkäufermarkt** bezeichnet. Der Verkäufer kann in diesem Fall seine absatzpolitischen Ziele leichter durchsetzen. Die Probleme der Absatzwirtschaft treten in einer solchen Situation hinter die der Produktionswirtschaft zurück. Besteht aber am Absatzmarkt ein Überhang des Angebots über die Nachfrage **(= Käufermarkt)**, haben die Käufer die stärkere Marktposition. In diesem Fall gewinnt die Absatzwirtschaft gegenüber allen anderen Phasen des betrieblichen Leistungsprozesses eine vorherrschende Bedeutung. Die unternehmerischen Entscheidungen in allen Unternehmensbereichen müssen in einer solchen Situation an den Bedürfnissen und Wünschen der Kunden, d. h. am Absatzmarkt orientiert werden. Ein solcher Grundsatz der Unternehmensführung wird als **Marketing** bezeichnet.

> **Mit Marketing wird ein Grundsatz der Unternehmensführung bezeichnet, bei dem alle Aktivitäten eines Unternehmens systematisch an den Erfordernissen des Absatzmarktes und den Bedürfnissen der Abnehmer ausgerichtet werden (Kundenorientierung).**

Das Marketing umfasst Aktivitäten, die sich auf Verkauf, Vertrieb, Werbung, Darstellung des Unternehmens in der Öffentlichkeit (Image) usw. beziehen.

---

1 Die Begriffe Leistungserstellung und Produktion werden in den meisten Fällen gleichbedeutend (synonym) verwendet. Zuweilen wird aber beim produzierenden Gewerbe (z. B. Industriebetriebe) von Produktion und bei Dienstleistungsbetrieben (z. B. Banken, Versicherungen) von Leistungserstellung gesprochen.

1.2.2 Bereichsübergreifende Prozesse

In den meisten Unternehmen gibt es Abteilungen, deren Aufgaben und Entscheidungen nicht auf einen der drei beschriebenen Funktionsbereiche beschränkt sind, sondern das ganze Unternehmen betreffen. Dazu gehören u. a.

- Finanzwirtschaft
- Betriebliches Rechnungswesen
- Personalwirtschaft
- Controlling

Finanzwirtschaft

Zu den Aufgaben der Finanzwirtschaft gehören die Beschaffung von Finanzmitteln und die Prüfung der Projekte, für die diese Mittel verwendet werden sollen. Die **Finanzwirtschaft** lässt sich daher in die Bereiche **Finanzierung** und **Investition** unterteilen.

> **Die Finanzierung umfasst alle Maßnahmen zur Beschaffung, Bereitstellung und Rückzahlung finanzieller Mittel eines Unternehmens sowohl im Zusammenhang mit dem betrieblichen Leistungsprozess als auch bei anderen Finanzierungsanlässen (z. B. Unternehmensgründung).**

Investition und Finanzierung gelten als zwei verschiedene Seiten ein und derselben Medaille. Die **Finanzierung** sorgt für die **Beschaffung** der benötigten **finanziellen Mittel** und die **Investition** für deren zielgerichtete **Verwendung**.

> **Investition ist die Verwendung finanzieller Mittel mit dem Ziel, dadurch in Zukunft Erträge zu erzielen (z. B. Anschaffung von Produktionsanlagen).**

Personalwirtschaft

> **Die Personalwirtschaft ist die Gesamtheit aller Gestaltungs- und Verwaltungsaufgaben in einem Unternehmen, die sich auf die Mitarbeiter des Unternehmens beziehen.**

Kap. C 4

Es gehört zu den Aufgaben der Personalwirtschaft
- dafür zu sorgen, dass das im Leistungsprozess benötigte Personal am **richtigen Ort** und **zum richtigen Zeitpunkt** zur Verfügung steht,
- die Arbeitsbedingungen so zu gestalten, dass eine hohe **Effizienz der Arbeitsleistung** mit möglichst **hoher Arbeitszufriedenheit** der Mitarbeiter verbunden ist.

Betriebliches Rechnungswesen

Das **betriebliche Rechnungswesen** beinhaltet die systematische und lückenlose Erfassung und Auswertung der in Zahlen messbaren wirtschaftlichen Beziehungen und Vorgänge in und zwischen Unternehmen. Es dient der Planung, Steuerung, Kontrolle und Dokumentation des betrieblichen Geschehens und wird in **internes Rechnungswesen** (z. B. Kosten- und Leistungsrechnung, Betriebsstatistik, Vergleichs- und Planungsrechnung) und **externes Rechnungswesen** (Buchführung, Jahresabschluss) gegliedert.

Das **Controlling** umfasst u. a. folgende Bereiche:
- **Planung:** Festlegung der unternehmerischen Ziele und der zu deren Erreichung nötigen (Teil-)pläne
- **Überwachung:** Feststellung, ob die Umsetzung der Pläne gefährdet ist.
- **Steuerung:** Bei Planabweichungen Einleitung von Gegenmaßnahmen, um die festgelegten Ziele zu erreichen.
- **Informationsbereitstellung:** Bereitstellung zielgerichteter Informationen für die Planung, Überwachung und Steuerung. Zu diesem Zweck arbeitet das Controlling eng mit dem **Rechnungswesen** zusammen.

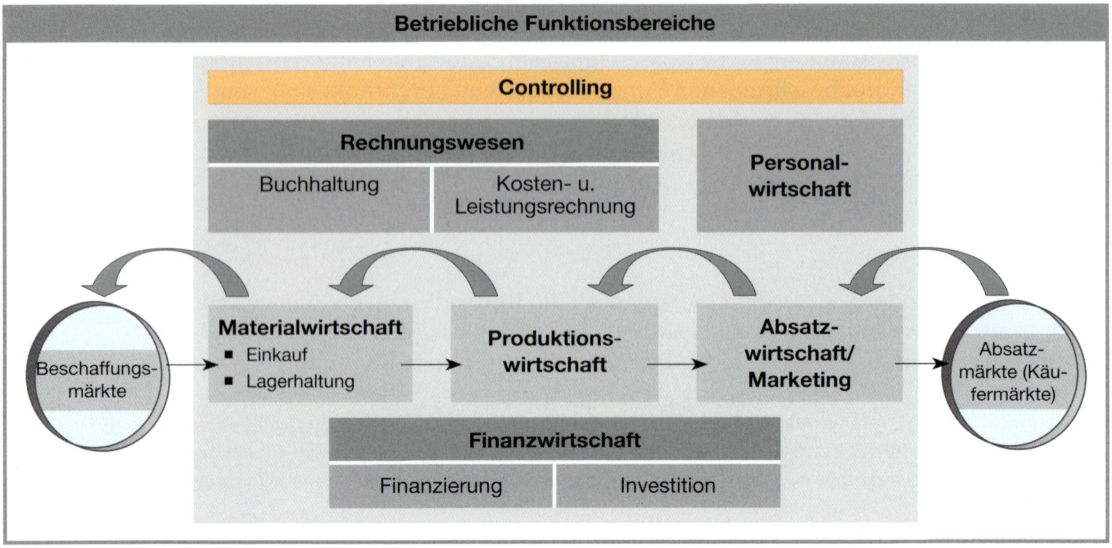

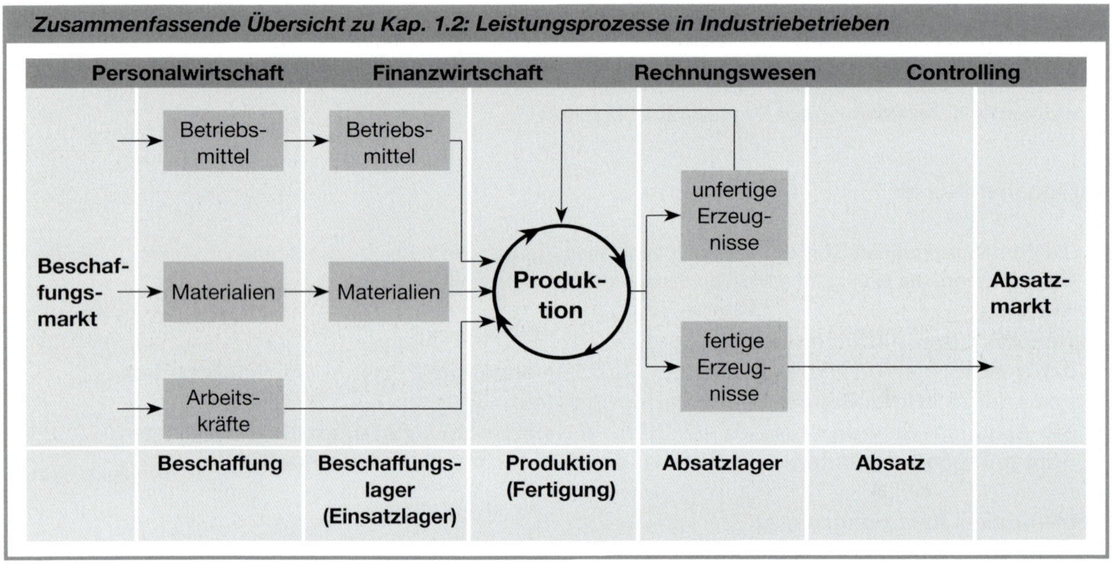

Fragen zur Wiederholung

zu Kapitel 1.2 Leistungsprozesse in Industriebetrieben

1.2.1 Grundphasen des betrieblichen Leistungsprozesses

1. Nennen Sie die Grundphasen des betrieblichen Leistungsprozesses.
2. Welche Aufgaben hat die Materialwirtschaft?
3. Welche Aufgaben hat die Produktionswirtschaft?
4. Was ist unter Marketing zu verstehen?
5. Unterscheiden Sie zwischen Käufer- und Verkäufermarkt.

1.2.2 Bereichsübergreifende Prozesse

1 Welcher Zusammenhang besteht zwischen Finanzierung und Investition?
2. Welche Maßnahmen umfasst die Finanzierung?
3. Welche Aufgaben hat die Personalwirtschaft?
4. Wie lässt sich das betriebliche Rechnungswesen gliedern?
5. Welche Aufgaben hat das betriebliche Rechnungswesen?
6. Was ist unter Controlling zu verstehen?

Aufgaben und Probleme

zu Kapitel 1.2 Leistungsprozesse in Industriebetrieben

1.2.1 Grundphasen des betrieblichen Leistungsprozesses – Betriebliche Funktionsbereiche

PDF

1. In welcher Grundphase des betrieblichen Leistungsprozesses werden folgende Tätigkeiten ausgeübt?
   a) Ermittlung des Materialbedarfs
   b) Lagerung der Fertigerzeugnisse
   c) Bearbeitung von Kundenreklamationen
   d) Festlegung der Fertigungstermine für einen Kundenauftrag
   e) Lagerung der Materialien

2. Wodurch unterscheidet sich der betriebliche Leistungsprozess in einem Industriebetrieb von dem in einem
   a) Handelsbetrieb
   b) Reisebüro
   c) Transportbetrieb
   d) Bankbetrieb
   e) Versicherungsbetrieb
   f) Steuerberatungsbüro
   g) Bauunternehmen
   h) T-Shirt-Veredelungsbetrieb

   Benutzen Sie für Ihre Lösung eine Tabelle nach folgendem Muster:

Art des Betriebs	Beschaffung/ Materialwirtschaft	Einsatzlager	Fertigung	Ausführung von Dienstleistungen	Absatzlager	Absatz
Industrie	Material (Werkstoffe)	Materialien (Werkstoffe)	Erzeugnisse (Waren)	–	Fertig- und Halbfertigerzeugnisse	Verkauf und Auslieferung von Erzeugnissen
Handel						
usw.						

3. Von der **Leistungserstellung** (Produktion) ist die **Leistungsverwertung** (Absatz) zu unterscheiden. Welche der folgenden Vorgänge bzw. Tätigkeiten sind der betrieblichen Leistungserstellung (Produktion) zuzurechnen?

   a) Braunkohleabbau, b) Lokführer bei der Deutschen Bahn AG, c) Lehrtätigkeit an einer kaufmännischen Berufsschule, d) Verwaltung des Verkaufslagers in einem Handelsbetrieb, e) Kostenrechnung in einem Industriebetrieb, f) Beantragung eines Bankkredits in einer Großhandlung, g) Anfertigung der Hausaufgaben durch einen Schüler einer beruflichen Schule, h) Nahrungszubereitung durch eine Hausfrau, i) Tätigkeit eines Kochs in einer Gaststätte, j) Anfertigung einer Umsatzstatistik in einer Großhandlung, k) Entwurf eines Werbeprospekts in einem Kaufhaus, l) Wertpapierkauf durch eine Bank im Auftrag eines Kunden, m) Erstattung der Reparaturkosten durch eine Versicherung nach einem Autounfall, n) Schülerbeförderung durch einen privaten Omnibusbetrieb, o) Materialtransport zur Baustelle mit einem Lkw der Bauunternehmung.

4. Die folgende Abbildung zeigt den Leistungsprozess in einer Margarinefabrik

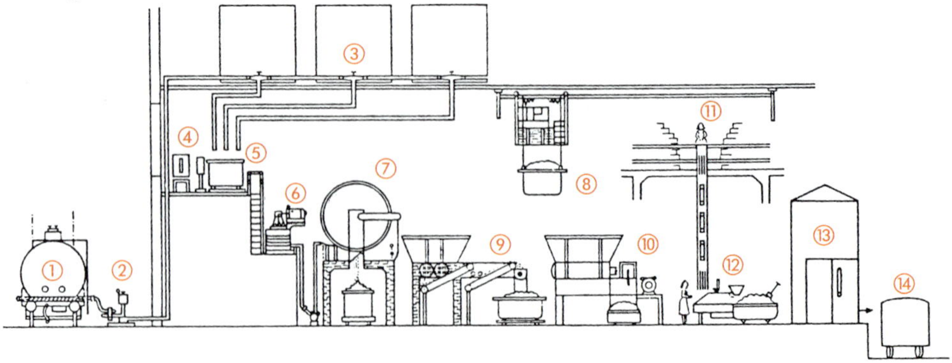

① Rohwareneingang
② Pumpe zum Entleeren der Kesselwagen
③ Öltanks
④ Butterfarbe und Zutatenlager
⑤ Mischbottich
⑥ Rührmaschine
⑦ Kühltrommel
⑧ Transportkran
⑨ Multiplex-Knetmaschine
⑩ Endzusammenstellung der Mischung in der Mischmaschine
⑪ Kartonsteckerei
⑫ Packmaschine
⑬ Kühlhaus
⑭ Abtransport der Ware

a) Erläutern Sie anhand der Abbildung die fünf Phasen des betrieblichen Leistungsprozesses (Beschaffung, Einsatzlager, Fertigung, Absatzlager, Absatz).
b) Stellen Sie anhand der Abb. fest,
   - welche Betriebsmittel eingesetzt werden
   - welche Materialien (Werkstoffe) eingesetzt werden,
   - wo im Leistungserstellungsprozess der Margarinefabrik unfertige Erzeugnisse entstehen.

5. In einer Fahrradfabrik ergeben sich die unter a) bis j) aufgeführten Ereignisse und Entscheidungen. Kreuzen Sie in einer Tabelle (siehe Arbeitsblatt) an, welche betrieblichen Funktionsbereiche durch die einzelnen Vorkommnisse jeweils betroffen sind.
a) Ein neuer Anbieter von Fahrradbeleuchtungen gewährt bei Abnahme bestimmter Mindestmengen einen erheblichen Mengenrabatt. Dieses günstige Angebot soll ausgenutzt werden.
b) Das Fertigungsverfahren soll durch die Anschaffung eines neuen Montagebandes umgestellt werden.
c) Ein Zulieferer, von dem bisher Zubehör (Fahrradklingeln) bezogen wurde, ist in finanzielle Schwierigkeiten geraten und kann nicht mehr produzieren. Es wird überlegt, den bisherigen Zulieferer aufzukaufen und die Produktion weiterzuführen.
d) Die Preise für Bremsen und Gangschaltungen eines japanischen Zulieferers haben sich erhöht. Andere Anbieter, die Produkte mit vergleichbarer Qualität liefern, gibt es nicht. Es soll daher versucht werden, einerseits Verhandlungen mit dem Lieferer über mögliche Preisnachlässe und längere Zahlungsfristen zu führen und andererseits die Kostensteigerungen auf die Verkaufspreise zu überwälzen.
e) Die Absatzzahlen waren in letzter Zeit rückläufig und haben zu hohen Lagerbeständen geführt. Es wird überlegt, ob Kurzarbeit eingeführt werden soll.
f) Es wird überlegt, das Sortiment durch Standfahrräder (Heimtrainer) zu erweitern.
g) Eine Lieferung von Bremsen und Gangschaltungen ist beim Seetransport durch den Einfluss von Meerwasser beschädigt worden und rostet bereits. Eine Ersatzlieferung ist erst in einigen Wochen zu erwarten. Die Lagervorräte sind so knapp, dass die Produktion eines bestimmten Fahrradtyps ins Stocken gerät.
h) Aufgrund einer Werbekampagne und einer positiven Beurteilung durch die Stiftung Warentest entwickelt sich eine unerwartet hohe Nachfrage nach einem neu entwickelten Fahrradtyp (E-Bike „Ultra-leicht"). Die Lagervorräte konnten in kürzester Zeit abgebaut werden und es wird die Einführung von Sonderschichten erwogen.
i) Es geht ein Großauftrag eines Versandhauses ein. Für die termingerechte Ausführung des Auftrages sind Überstunden erforderlich.
j) Durch die Anschaffung einer neuen Spritzanlage soll beim Lackieren von Rahmen und Gabeln die Freisetzung gesundheitsgefährdender Dämpfe verringert werden.

1.3 Leistungsprozesse in Handelsbetrieben

Handelsbetriebe lassen sich wie folgt einteilen:

Einteilung von Handelsbetrieben	
Großhandel	**Einzelhandel**
Waren werden von Herstellern oder anderen Lieferanten beschafft und ohne Be- oder Verarbeitung an gewerbliche Kunden weiterverkauft, z. B. an Weiterverarbeitungsbetriebe, Großabnehmer (z. B. Großküchen) oder Wiederverkäufer (Einzelhandelsbetriebe)	Waren werden von verschiedenen Großhändlern oder anderen Lieferanten beschafft, zu einem Sortiment zusammenfügt und an nicht-gewerbliche Kunden (Endverbraucher) verkauft

Handelsbetriebe stellen die notwendige Verbindung zwischen den in Industrie-, Handwerks- und anderen Betrieben hergestellten Waren und den Abnehmern (Weiterverarbeitungsbetriebe, Endverbraucher) her. Die damit einhergehende **Verteilungsfunktion** stellt die wichtigste Aufgabe des Handels im Rahmen der volkswirtschaftlichen Arbeitsteilung dar.

Hauptaufgabe von Handelsbetrieben ist es, produzierte Waren für die verschiedenen Nachfrager zur Weiterverarbeitung oder zum Endverbrauch bereitzustellen.

Aufg. 1.3.1 S. 304

Aufgaben des Handels

Handel

Zeitüberbrückung
Die Ware wird gelagert.

Raumüberbrückung (Transport)
Die Ware wird verteilt (Überbrückung der Entfernung zwischen Hersteller und Verbraucher).

Mengenausgleich
Ausgleich zwischen dem Großmengenangebot der Hersteller und dem Kleinmengenbedarf der Nachfrager.

Absatzfinanzierung (Kreditfunktion)
Händler müssen die Ware vor dem Weiterverkauf vorfinanzieren. Außerdem gewähren sie ihren Kunden möglicherweise Lieferkredite.

Beratung, Information, Service, Markterschließung
Es wird Beratung und Kundendienst angeboten. Kundenwünsche werden an den Hersteller weitergegeben. Unterstützung bei der Markteinführung neuer Produkte

Sortimentsbildung
Aus dem vielfältigen Angebot der Hersteller wird ein bedarfsgerechtes Sortiment für die Kunden des Handelsbetriebs ausgewählt.

Der Handel sorgt dafür, dass Waren am gewünschten Ort, in gewünschter Menge, in gewünschter Auswahl und zur gewünschten Zeit zur Verfügung stehen.

Fragen zur Wiederholung

zu Kapitel 1.3 Leistungsprozesse in Handelsbetrieben

1. Unterscheiden Sie verschiedene Arten von Handelsbetrieben.
2. Erläutern Sie die Aufgaben von Handelsbetrieben.

Aufgaben und Probleme

zu Kapitel 1.3 Leistungsprozesse in Handelsbetrieben

1.3.1 Absatzmethoden: Einzelhandel – Großhandel

Die Erzeugnisse der Uhrenfabrik Chronos-AG werden in 8000 Einzelhandelsgeschäften geführt. Bisher wurden die Einzelhändler direkt beliefert.

1. Im Rahmen von Rationalisierungsmaßnahmen soll untersucht werden, ob durch Zwischenschaltung des Großhandels die Gesamtkosten gesenkt werden können.
   Prüfen und begründen Sie, ob in den folgenden Abteilungen durch diese Änderung des Absatzweges Arbeitskosten eingespart werden können.
   Entwicklung, Arbeitsvorbereitung, Fertigung, Kalkulation, Fertigwarenlager, Werbung, Verkauf, Versand und Fuhrpark, Buchhaltung, Mahnabteilung, Statistik.
2. Beurteilen Sie die Zwischenschaltung des Großhandels
   - vom Standpunkt der Uhrenfabrik
   - vom Standpunkt eines Einzelhändlers mit kleinem Uhrenumsatz.
3. „Der Großhandel ist überflüssig und verteuert lediglich die Ware."
   Nehmen Sie zu dieser Behauptung Stellung.

1.4 Leistungsprozesse in Dienstleistungsbetrieben: Beispiel Banken

Dienstleistungsbetriebe sind dadurch gekennzeichnet, dass sie – im Gegensatz zu Sachleistungsbetrieben – keine Waren produzieren, sondern Leistungen erbringen, die nicht lagerfähig sind (immaterielle Güter).

Banken als Beispiel für Dienstleistungsbetriebe

In einer arbeitsteiligen Volkswirtschaft werden Leistungen zwischen den Teilnehmern am Wirtschaftsgeschehen i. d. R. unter Verwendung von Geld ausgetauscht. Im Rahmen dieses Tausches kommt den Banken eine **Mittlerfunktion** zu: Sie wickeln Zahlungen für die Wirtschaftsteilnehmer ab und versuchen, einen Ausgleich zwischen **Geldbedarf** und **Geldanlage** herzustellen.

Art und Umfang der einzelnen Leistungen sind bei den einzelnen Banken unterschiedlich ausgeprägt. Je nach Inanspruchnahme durch den Kunden lassen sich folgende Bankleistungen unterscheiden:

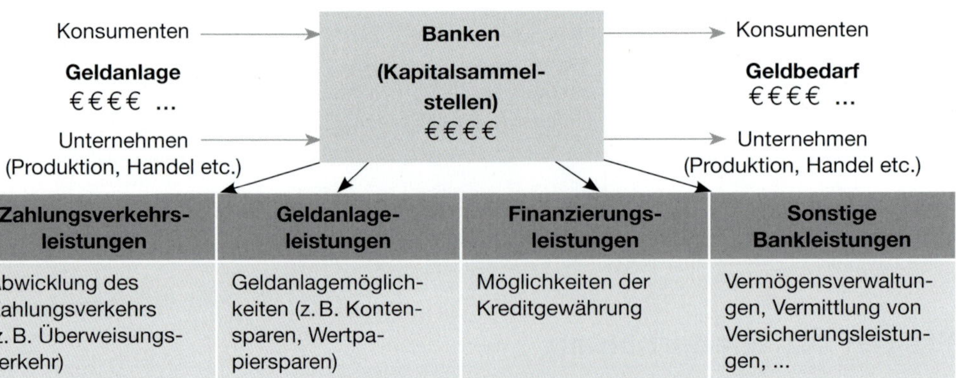

Aufg. 1.4.1 S. 305

Im Normalfall bieten die Banken mehrere Leistungen gleichzeitig an (Universalbanken): z. B. Annahme von Geld (Kontensparen als Geldanlageleistung) – Ausleihung von größeren Beträgen (Kreditgewährung als Finanzierungsleistung).

Fragen zur Wiederholung

zu Kapitel 1.4 Leistungsprozesse in Dienstleistungsbetrieben: Beispiel Banken

1. Welche Aufgaben haben die Banken in einer arbeitsteiligen Volkswirtschaft?
2. Nennen Sie vier Leistungen, die Banken im Normalfall erbringen.

Aufgaben und Probleme

zu Kapitel 1.4 Leistungsprozesse in Dienstleistungsbetrieben: Beispiel Banken

1.4.1 Aufgaben der Banken

Nehmen Sie Stellung zu folgender Behauptung:
„Die Hauptaufgabe der Banken besteht darin, ihre Kunden zur Geldanlage zu einem geringen Zinssatz zu bewegen, um im Gegenzug möglichen Kreditnehmern Kredite zu einem hohen Zinssatz gewähren zu können. Damit leisten sie keinen Beitrag zur Wertschöpfung einer Volkswirtschaft."

2 Materialbeschaffung und Lagerung

Überblick und Zusammenhänge

2. Materialbeschaffung und Lagerung

- ***2.1*** *Wie lässt sich bei der Materialbeschaffung das günstigste Angebot ermitteln?*
  - *Quantitativer Vergleich der Angebote: Vergleich der Einstandspreise*
  - *Qualitativer Vergleich der Angebote: Entscheidungsbewertungstabelle*
- ***2.2*** *Welche Materialmenge soll bestellt werden?*
- ***2.3*** *Anhand welcher Kennzahlen lässt sich die Wirtschaftlichkeit der Lagerhaltung überprüfen?*

2.1 Angebotsvergleich (Bei welchem Lieferer soll das benötigte Material beschafft werden?)

2.1.1 Quantitativer Angebotsvergleich: Vergleich der Einstandspreise

Durch einen Vergleich verschiedener Angebote soll der Lieferer ausfindig gemacht werden, bei dem das benötigte Material zu den günstigsten Bedingungen beschafft werden kann. Anhand des **Einstandspreises** (Bezugspreises) können verschiedene Angebote hinsichtlich Preis, Liefer- und Zahlungsbedingungen rechnerisch miteinander verglichen werden.

Kap. B 2.1.3

**Der Einstandspreis (Bezugspreis) gibt die Kosten an, die für die Beschaffung einer Ware unter Berücksichtigung von Rabatten und Nebenkosten tatsächlich anfallen.
Der Einstandspreis ist ein einheitlicher Vergleichsmaßstab für alle Angebote.**

Aufg. 2.1.1 S. 308
Aufg. 2.1.2 S. 309

Angebotsvergleich

Dem Einkäufer einer Büromöbelfabrik liegen für die Beschaffung von 250 Tischplatten gleicher Qualität und Größe zwei Angebote vor, denen er die folgenden Daten (bezogen auf 1 Stück) entnimmt:

Lieferer	Bayer		Molls	
Listenpreis		22,00 EUR		19,00 EUR
– Rabatt	15 %	3,30 EUR	10 %	1,90 EUR
= Zieleinkaufspreis		18,70 EUR		17,10 EUR
– Skonto	3 %	0,56 EUR	2 %	0,34 EUR
= Bareinkaufspreis		18,14 EUR		16,76 EUR
+ Transportkosten		frei Haus		1,50 EUR
= Einstandspreis (Bezugspreis)		**18,14 EUR**		**18,26 EUR**

Aufgrund des rechnerischen Angebotsvergleichs ist der Lieferer Molls am kostengünstigsten. Allerdings ist der Preisunterschied sehr gering. Die tatsächliche Entscheidung wird von der Beurteilung der beiden Lieferer anhand anderer Kriterien, die nicht rechnerisch ermittelt werden können, abhängen.

2.1.2 Qualitativer Angebotsvergleich: Entscheidungsbewertungstabelle

Liegen für die Beschaffung hochwertiger Materialien mehrere günstige Angebote vor, können vor Vertragsabschluss zusätzliche Verhandlungen mit den einzelnen Anbieter über den Angebotspreis und/oder andere Bestandteile des Angebots sinnvoll sein. Darüber hinaus ist eine Liefererbeurteilung in Bezug auf Qualität, Termintreue, Kulanz, Service usw. beispielsweise mithilfe einer **Entscheidungsbewertungsstabelle** (Scoring-Tabelle) möglich.

Erstellung einer Entscheidungsbewertungstabelle

Aufg. 2.1.3 S. 309

Es stehen die drei Lieferer Abel, Berger und Czerny zur Auswahl. Als Entscheidungsgrundlage sind die in der ersten Spalte der folgenden Tabelle aufgeführten Kriterien zu berücksichtigen.

Entscheidungs-kriterien	Gewich-tungs-faktoren (W)	Abel		Berger		Czerny	
		B	G = W · B	B	G = W · B	B	G = W · B
Spalte (1)	Spalte (2)	Sp (3)	Sp (4) = (2) · (3)	Sp (5)	Sp (6) = (2) · (5)	Sp (7)	Sp (8) = (2) · (7)
Lieferzeit	8	3	24	1	8	3	24
Termintreue	10	3	30	3	30	1	10
Qualität	10	2	20	2	20	2	20
Bestellabwicklung	5	3	15	2	10	1	5
technische Beratung	7	2	14	2	14	2	14
Garantieabwicklung	8	2	16	3	24	1	8
Summe			**119**		**106**		**81**

Vorgehensweise:

1. Auswahl geeigneter Kriterien, anhand derer die Lieferer verglichen werden können (z. B. Lieferzeit, Garantieabwicklung, Qualität usw.). (Spalte 1)
2. Gewichtung der ausgewählten Kriterien nach ihrer Bedeutung mit Gewichtungsfaktoren (W) von 1 bis 10. (Spalte 2)
3. Bewertung der Stärke, mit der die einzelnen Kriterien bei den verschiedenen Lieferern jeweils ausgeprägt sind, mit Punkten z. B. von 0 (= schwache Ausprägung) bis 3 (= sehr hohe Ausprägung). (Spalten 3, 5, 7)
4. Für jedes Kriterium und für jeden Lieferer Multiplikation der Gewichtungsfaktoren (W) mit den Bewertungspunkten (B) (G = W · B). (Spalten 4, 6, 8)
5. Für jeden Lieferer Ermittlung der Summe aus den Einzelergebnissen G. Der Lieferer mit der höchsten Summe ist den anderen Lieferern vorzuziehen.

Ergebnis: Auf der Basis der qualitativen Kriterien fällt die Entscheidung zugunsten des Lieferers Abel. Wenn Abel gleichzeitig auch der preisgünstigste Lieferer ist, ist die Entscheidung eindeutig. Liegt der Einstandspreis bei Abel hingegen über dem von Berger und/oder Czerny, muss abgewogen werden, ob im vorliegenden Fall die quantitativen Kriterien (Preis) oder die qualitativen Kriterien bedeutsamer sind.

Entscheidungsbewertungstabellen lassen sich auch bei anderen betrieblichen Entscheidungen einsetzen, bei denen (auch) qualitative Merkmale, die nicht durch Preise o. Ä. ausgedrückt (quantifiziert) werden können, berücksichtigt werden sollen (z. B. Standortentscheidung, Wahl der Rechtsform einer Unternehmung, Bewerberauswahl, Mitarbeiterbeurteilung).

Zusammenfassende Übersicht zu Kap. 2.1: Angebotsvergleich

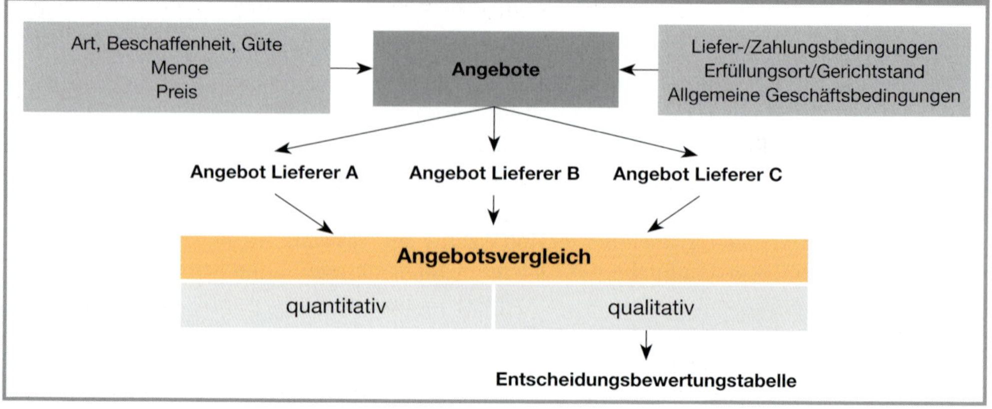

Fragen zur Wiederholung

zu Kapitel 2.1 Angebotsvergleich

2.1.1 Quantitativer Angebotsvergleich: Vergleich der Einstandspreise

1. Wie wird der Einstandspreis (Bezugspreis) ermittelt?

2.1.2 Quantitativer Angebotsvergleich: Entscheidungsbewertungstabelle

1. Nennen Sie Kriterien für einen qualitativen Angebotsvergleich.
2. Erläutern Sie die Vorgehensweise zur Erstellung einer Entscheidungsbewertungstabelle im Zusammenhang mit einem Angebotsvergleich.

Aufgaben und Probleme

zu Kapitel 2.1 Angebotsvergleich

Hinweis: *Einen Überblick über die Bedeutung verschiedener Liefer- und Zahlungsbedingungen, die beim Angebotsvergleich zu berücksichtigen sind, gibt Kapitel B 2.1.3 Vertragsinhalte und Vertragspflichten.*

2.1.1 Rechnerischer Angebotsvergleich

PDF

Für die Beschaffung eines Fremdbauteils liegen einem Industriebetrieb folgende Angebote vor:

Anbieter A:

Stückpreis 22,00 EUR, 5 % Mindermengenzuschlag bei Bestellung von weniger als 200 Stück, Mengenrabatt von 5 % ab 1 000 Stück, Lieferung frei Haus, 2 % Skonto bei Zahlung innerhalb von 14 Tagen

Anbieter B:

Stückpreis 23,00 EUR, Mengenrabatt 15 % ab 1 000 Stück, Verpackungskosten je 100 Stück 10,00 EUR, Lieferung frei Haus

Anbieter C:

Stückpreis 25,00 EUR, Mengenrabatt 20 % ab 1 000 Stück, bei Bestellmenge unter 500 Stück Fracht und Verpackungskostenpauschale in Höhe von 100 EUR, 3 % Skonto bei Zahlung innerhalb von 14 Tagen.

Der Industriebetrieb benötigt monatlich 100 Stück dieses Bauteils. Die Bezahlung erfolgt immer unter Ausnutzung von Skonto.

1. Bei welchem Angebot ist der Einstandspreis je Stück am günstigsten, wenn jeweils der Monatsbedarf von 100 Stück bestellt wird?
2. Um Mengenrabatte ausnützen zu können wird überlegt, den Jahresbedarf von 1 200 Stück auf einmal zu bestellen. Bei welchem Angebot wäre in diesem Fall der Einstandspreis am günstigsten?

3. Bei der Bestellung des gesamten Jahresbedarfs ist die Summe aus Bestell- und Lagerkosten um 5 000 EUR höher als bei der monatsweisen Bestellung. Prüfen Sie, ob sich unter diesen Umständen die Ausnützung des Mengenrabatts durch eine einmalige jährliche Bestellung von 1 200 Stück lohnt.

2.1.2 Angebotsvergleiche

PDF

1. Für neu in das Produktionsprogramm einer Motorenfabrik aufzunehmende Varianten wurden für ein Zuliefererteil bei zwei Herstellern Angebote eingeholt.

   Hersteller A: 750,00 EUR ab Werk, Ziel 30 Tage, bei Zahlung innerhalb von 14 Tagen 2 % Skonto. Die Frachtkosten betragen 75,00 EUR, das Rollgeld beträgt 7,50 EUR.

   Hersteller B: 900,00 EUR frei Haus, 5 % Sonderrabatt, Ziel zwei Monate, 3 % Skonto innerhalb von 14 Tagen.

   a) Führen Sie einen Angebotsvergleich durch.
   b) Rein rechnerische Gesichtspunkte geben beim Angebotsvergleich nicht immer den Ausschlag für oder gegen einen Lieferanten. Nennen Sie vier weitere Gesichtspunkte, die Berücksichtigung finden können.
2. Für die Beschaffung eines Kunststoffgranulats liegen zwei Angebote vor. Die Bestellmenge beträgt 10 000 kg.

   Angebot 1
   Kunststoff AG: Granulat 60,00 EUR/1 000 kg, 10 % Rabatt, 2 % Skonto bei Zahlung innerhalb von 14 Tagen nach Rechnungsdatum, ansonsten 30 Tage netto, Lieferung frei Haus.

   Angebot 2
   Granulat GmbH: Granulat 50,00 EUR/1 000 kg, 3 % Skonto bei Zahlung innerhalb von 14 Tagen nach Rechnungsdatum, ansonsten 60 Tage netto, Fracht pauschal 100,00 EUR je Lieferung.
   Ermitteln Sie das kostengünstigste Angebot.

2.1.3 Fallstudie: Angebotsvergleich mit Entscheidungsbewertungstabelle

PDF

Der Aufgabentext und die zugehörigen Materialien befinden sich auf der Begleit-CD.

2.2 Optimale Bestellmenge (Welche Materialmenge soll beschafft werden?)

Die Festlegung der **Bestellmengen** erfolgt mit der Zielsetzung, die Gesamtkosten der Beschaffung möglichst gering zu halten (Kostenminimierung). Die Gesamtkosten der Materialbeschaffung setzen sich wie folgt zusammen:

- Anschaffungskosten des Materials (Einstandspreis)
- Bestellkosten (Kosten der Bestellabwicklung wie z. B. Bearbeitung der Bedarfsmeldung, Bestellung, Wareneingangskontrolle, Rechnungsprüfung, Buchung)
- Lagerkosten (Miete bzw. Abschreibungen für das Lagergebäude, Lagerverwaltung, Pflege der gelagerten Materialien u. a.)

Aufg. 2.2.1 S. 313

Die **Anschaffungskosten je Materialeinheit** (Einstandspreis) können sich verändern, wenn gestaffelte Mengenrabatte gewährt werden.

Die **Bestellkosten** fallen je Bestellung in gleicher Höhe unabhängig von der Bestellmenge an (bestellfixe Kosten). Bei größeren Bestellmengen verteilen sie sich jedoch auf eine größere Stückzahl, sodass der Anteil der Bestellkosten, die auf **ein Stück** entfallen, geringer wird.

Die **Lagerkosten** werden mithilfe von Erfahrungssätzen auf der Grundlage des durchschnittlichen Lagerbestands berechnet. Die Lagerkosten steigen mit zunehmender Bestellmenge, weil sich dadurch der durchschnittliche Lagerbestand erhöht.

$$\text{Ø Lagerbestand} = \frac{\text{Anfangsbestand + Endbestand}}{2}$$

Die günstigste Bestellmenge lässt sich wie folgt durch Vergleich der Gesamtkosten ausgewählter Beschaffungssituationen feststellen.

Aufg. 2.2.2 S. 313

Optimale Bestellmenge in einer Möbelfabrik

Materialart: Senkschrauben
Jahresbedarf: 240 000 Stück = 1 200 Kartons
Listenpreis je Karton zu 200 Stück: 12,50 EUR, 10 % Mengenrabatt bei Abnahme von 300 Kartons
Verpackungs- u. Transportkosten: pauschal je Lieferung 50,00 EUR
Bestellkosten je Bestellung (bestellfixe Kosten)**:** 25,00 EUR
Lagerkosten: 25 % vom Wert des Ø Lagerbestandes (Erfahrungswert)

Problem: *Ist es vorteilhafter, den Jahresbedarf durch 12 Monatsbestellungen von je 100 Kartons oder unter Ausnutzung von Mengenrabatt durch vier Quartalsbestellungen von je 300 Kartons zu beschaffen?*

	12 Bestellungen		4 Bestellungen	
	Kosten je Lieferung 100 Kartons	Kosten pro Jahr	Kosten je Lieferung 300 Kartons	Kosten pro Jahr
Listenpreis	1 250,00 EUR	15 000,00 EUR	3 750,00 EUR	15 000,00 EUR
– 10 % Rabatt	0,00 EUR	0,00 EUR	375,00 EUR	1 500,00 EUR
+ Bezugskosten	50,00 EUR	600,00 EUR	50,00 EUR	200,00 EUR
= Einstandspreis	1 300,00 EUR	15 600,00 EUR	3 425,00 EUR	13 700,00 EUR
+ Bestellkosten	25,00 EUR	300,00 EUR	25,00 EUR	100,00 EUR
+ Lagerkosten (25 % vom Wert des Ø Lagerbestandes)*)		156,25 EUR		421,88 EUR
Beschaffungskosten pro Jahr		16 056,25 EUR		14 221,88 EUR

Im vorliegenden Fall ist es pro Jahr um 1 834,37 EUR günstiger, den Bedarf nicht monatlich, sondern quartalsweise für drei Monate im Voraus zu bestellen. Dieser Betrag setzt sich wie folgt zusammen:
Mengenrabatt 1 500,00 EUR + niedrigere Bezugskosten 400,00 EUR + niedrigere Bestellkosten 200,00 EUR – höhere Lagerkosten 265,63 EUR.

*) **Berechnung der Lagerkosten**
Bei einer Bestellmenge von **100 Kartons**
Wert des Ø Lagerbestandes in EUR: (100 Kartons + 0 Kartons) : 2 = 50 Kartons
50 Kartons · 12,50 EUR je Karton = 625,00 EUR
25 % Lagerkosten von 625,00 EUR = 156,25 EUR
Bei einer Bestellmenge von **300 Kartons**
Wert des Ø Lagerbestandes in EUR: (300 Kartons + 0 Kartons) : 2 = 150 Kartons
150 Kartons · 11,25 EUR je Karton = 1 687,50 EUR
25 % Lagerkosten von 1 687,50 EUR = 421,88 EUR

Die **optimale Bestellmenge** lässt sich unter stark **vereinfachenden Annahmen** auch wie folgt ermitteln:

Es wird u. a. unterstellt, dass der Einstandspreis je Materialeinheit unverändert bleibt (d. h., es werden keine Mengenrabatte oder mengenabhängige Bezugskosten berücksichtigt). Dann haben nur noch die Bestellkosten und die Lagerkosten Einfluss auf die optimale Bestellmenge. Bei zunehmender Bestellmenge sinken die Bestellkosten, da weniger oft bestellt werden muss. Gleichzeitig nehmen aber die Lagerkosten zu.

Optimale Bestellmenge: Tabellarische Ermittlung

Beschaffung von Verschleißwerkzeugen (Bohrer, Sägeblätter usw.) in einer Möbelfabrik:

Jahresbedarf: 1 000 Stück
Einstandspreis je Stück: 12,50 EUR
Bestellkosten je Bestellung (bestellfixe Kosten)**:** 40,00 EUR
Lagerkostensatz: 16 %

Bestellmenge	Bestell-häufigkeit	Bestellkosten (EUR)	Lagerkosten (EUR)*	Kostensumme (EUR)
50	20	800	50	850
100	10	400	100	500
200	5	200	200	400
500	2	80	500	580
1 000	1	40	1 000	1 040

* 16 % vom Wert des Ø Lagerbestandes (= halbe Bestellmenge)

Bei einer Bestellmenge von 200 Stück (d. h. bei 5 Bestellungen pro Jahr) ist die Summe aus Bestell- und Lagerkosten am geringsten.

Die optimale Bestellmenge ist dann erreicht, wenn die Summe aus Bestellkosten und Lagerkosten so gering wie möglich ist.

Die Abhängigkeit der optimalen Bestellmenge von den Lager- und Bestellkosten lässt sich auch grafisch darstellen.

Optimale Bestellmenge: Grafische Darstellung *(Fortsetzung des Zahlenbeispiels)*

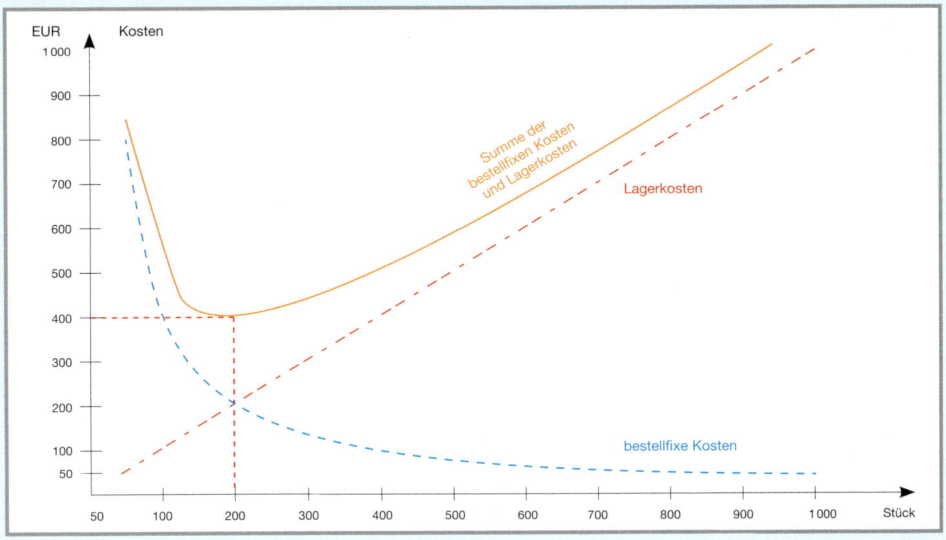

Die optimale Bestellmenge kann auch mit folgender Formel berechnet werden:

$$\text{Optimale Bestellmenge} = \sqrt{\frac{200 \cdot \text{Jahresbedarf} \cdot \text{Bestellkosten}}{\text{Einstandspreis} \cdot \text{Lagerkostensatz}}}$$

Optimale Bestellmenge: Rechnerische Ermittlung (Formel)

Die Berechnung mithilfe der Formel führt zum selben Ergebnis wie die tabellarische und die grafische Lösung.

$$\text{Optimale Bestellmenge} = \sqrt{\frac{200 \cdot 1\,000 \cdot 40}{12{,}50 \cdot 16}} = 200 \text{ Stück}$$

Der Aufwand für die Ermittlung der optimalen Bestellmenge lohnt sich nur für solche Materialarten, bei denen Bestell- und Lagerkosten in erheblichem Umfang eingespart werden können.

Zusammenfassende Übersicht zu Kap. 2.2: Optimale Bestellmenge

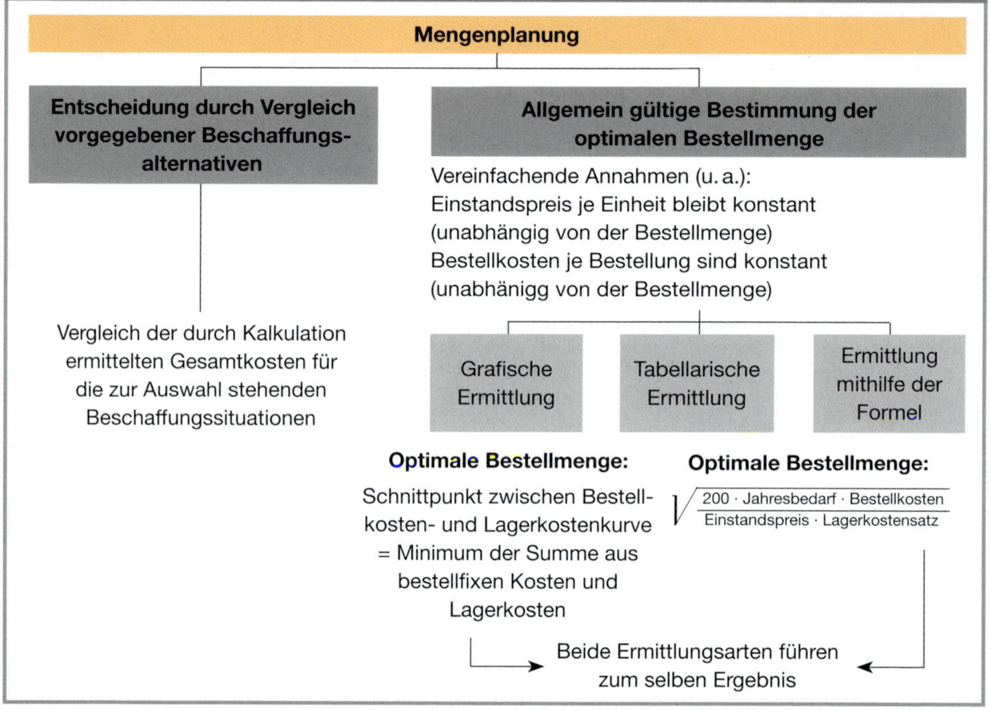

Fragen zur Wiederholung

zu Kapitel 2.2 Optimale Bestellmenge

1. Welches Ziel wird mit der Ermittlung der optimalen Bestellmenge verfolgt?
2. Wie wirken sich
   a) kleine Bestellmengen b) große Bestellmengen
   auf die Beschaffungskosten aus?
3. Beschreiben Sie den Verlauf
   a) der Bestellkosten b) der Lagerkosten
   in Abhängigkeit von der Bestellhäufigkeit.
4. Erläutern Sie die Vorgehensweise zur Ermittlung der optimalen Bestellmenge und nennen Sie die Voraussetzungen.

Aufgaben und Probleme

zu Kapitel 2.2 Optimale Bestellmenge

2.2.1 Zielkonflikt bei der Beschaffung – Beschaffungsmenge

1. Was spricht für die Beschaffung in großen, was für die Beschaffung in kleinen Mengen?
2. Der gesamte Jahresbedarf eines Artikels kann in einer Lieferung oder in kleineren Mengen bezogen werden. Erklären Sie den Zielkonflikt, der dabei auftritt.
3. Erläutern Sie die Kostensituation bei der optimalen Bestellmenge. Fertigen Sie dazu eine Skizze an.

2.2.2 Optimale Bestellmenge

PDF

Der Jahresbedarf eines Industriebetriebs beträgt bei einem bestimmten Rohstoff 14 400 Stück. An jedem Arbeitstag wird im Durchschnitt die gleiche Menge des Rohstoffs benötigt. Der Einstandspreis beträgt 6,00 EUR je Stück. Die Bestellkosten belaufen sich auf 75,00 EUR pro Bestellung. Es wird mit einem Lagerkostensatz von 25 % gerechnet. Bisher wurden für diesen Rohstoff vier Bestellungen jährlich ausgelöst.

1. Berechnen Sie die optimale Bestellmenge mithilfe einer Tabelle nach folgendem Muster:

Alternative Bestell-mengen	Anzahl der Bestellungen im Jahr	Durchschnitt-licher Lager-bestand	Lager-kosten im Jahr	Bestellkosten (bestellfixe Kosten) im Jahr	Summe aus Lager- und Bestell-kosten im Jahr
400					
800					
1 200					
1 600					
2 000					

2. Überprüfen Sie Ihr Ergebnis mithilfe der Formel zur Berechnung der optimalen Bestellmenge.
3. Ermitteln Sie den Wert des durchschnittlich im Lager gebundenen Kapitals bei der bisherigen Vorgehensweise.
4. Ermitteln Sie den Kostenunterschied, der sich durch die Berücksichtigung der optimalen Bestellmenge gegenüber der bisherigen Vorgehensweise ergibt.

2.3 Lagerkennzahlen (Ist die Lagerhaltung wirtschaftlich?)

Lagerkosten

Ziel einer wirtschaftlichen Lagerhaltung ist es, unter Berücksichtigung der Lieferfähigkeit die Lagerkosten so gering wie möglich zu halten.

Lagerkosten		
Kosten für Betriebsmittel	**Personal- und Verwaltungskosten**	**Kosten für die Lagergüter**
Abschreibungen, Zinsen, Instandhaltung für Gebäude, Einrichtungen und Transportmittel, Energiekosten (Beleuchtung, Heizung, Betrieb der Transportmittel)	Löhne, Gehälter, Sozialaufwand Büromaterial, Kosten der EDV, Telefonkosten, …	Zinskosten für das in den Lagergütern gebundene Kapital (= entgangene Zinsen), Kosten des Bestandsrisikos (Verderb, Schwund, Veraltung, Versicherung)

Die Wirtschaftlichkeit der Lagerhaltung kann mithilfe von Kennzahlen beurteilt werden. Diese Kennzahlen ermöglichen gleichzeitig einen Vergleich mit den Durchschnittszahlen der Branche.

Durchschnittlicher Lagerbestand

Aufg. 2.3.1 S. 317
Aufg. 2.3.2 S. 317

Der durchschnittliche Lagerbestand gibt an, welche Materialmenge bzw. welcher zu Einstandspreisen bewerteter Materialwert während eines Jahres durchschnittlich auf Lager liegt. Der Wert des durchschnittlichen Lagerbestands entspricht dem durchschnittlich im Lager gebundenen Kapital.

$$\textbf{Durchschnittlicher Lagerbestand} = \frac{\textbf{Jahresanfangsbestand + 12 Monatsendbestände}}{\textbf{13}}$$

oder vereinfacht

$$\textbf{Durchschnittlicher Lagerbestand} = \frac{\textbf{Jahresanfangsbestand + Jahresendbestand}}{\textbf{2}}$$

Durchschnittlicher Lagerwert = durchschnittlicher Lagerbestand · Einstandspreis

Ausgangssituation zur Berechnung von Lagerkennzahlen

In einer Möbelfabrik weist die Lagerbuchhaltung für bestimmte Schranktürschlösser folgende Bestände und Lagerbewegungen aus:

Datum	Beleg	Zugang	Abgang	Bestand
2. Jan.	Inventur			210
15. Jan.	MES 27		150	60
2. Febr.	ER 68	290		350
6. März	MES 48		140	210
4. April	MES 69		50	160
2. Juni	MES 122		80	80
16. Juni	ER 98	270		350
3. Aug.	MES 155		40	310
7. Sept.	MES 175		180	130
10. Okt.	MES 198		60	70
18. Okt.	ER 102	280		350
11. Nov.	MES 225		130	220
12. Dez.	MES 245		90	130
31. Dez.	Inventur			130

ER = Eingangsrechnung MES = Materialentnahmeschein

Der Einstandspreis beträgt 10,00 EUR.
AB : 210 Stück
Σ 12 Monats-EB : 2780 Stück (60 + 350 + 210 + 160 + 350 + 350 + 310 + 130 + 350 + 220 + 130)

Berechnung des durchschnittlichen Lagerbestandes

$$\frac{\textbf{210 Stück + 2780 Stück}}{\textbf{13}} \textbf{ = 230 Stück}$$

oder vereinfacht:

$$\frac{\text{210 Stück + 130 Stück}}{2} = \text{170 Stück}$$

Durchschnittlicher Lagerwert = 230 Stück · 10,00 EUR = 2300 EUR
Materialeinsatz (= Summe der Abgänge): 950 Stück bzw. 9500 EUR

Lagerumschlagshäufigkeit

Die Umschlagshäufigkeit gibt an, wie oft der durchschnittliche Lagerbestand während eines Jahres umgesetzt, d.h. verwendet wurde.

$$\textbf{Lagerumschlagshäufigkeit} = \frac{\textbf{Lagerabgang (Materialverbrauch während des Jahres)}}{\textbf{durchschnittlicher Lagerbestand}}$$

Die Lagerumschlagshäufigkeit ist umso höher, je geringer der Ø Lagerbestand ist.

Berechnung der Lagerumschlagshäufigkeit

Lagerabgänge:	920 Stück
Ø Lagerbestand:	230 Stück

$$\text{Umschlagshäufigkeit} = \frac{920 \text{ Stück}}{230 \text{ Stück}} = 4$$

Durchschnittliche Lagerdauer

Die durchschnittliche Lagerdauer gibt an, wie viele Tage sich das Material im Durchschnitt am Lager befindet, bevor es weiterverarbeitet wird.

$$\textbf{Durchschnittliche Lagerdauer} = \frac{\textbf{360 Tage}}{\textbf{Lagerumschlagshäufigkeit}}$$

Die durchschnittliche Lagerdauer ist umso geringer, je höher die Umschlagshäufigkeit ist.

Berechnung der Lagerumschlagshäufigkeit

Umschlagshäufigkeit: 4

$$\text{durchschnittl. Lagerdauer} = \frac{360 \text{ Tage}}{4} = 90 \text{ Tage}$$

Lagerzinssatz

Das in den Lagerbeständen gebundene Kapital erbringt keinen Zinsertrag („totes Kapital"). In Höhe der dadurch entgangenen Zinserträge verursachen die Lagerbestände Zinskosten. Für die Berechnung des Lagerzinssatzes wird der marktübliche Zinssatz für kurzfristige Geldanlagen auf die durchschnittliche Lagerdauer bezogen (angepasster Zinssatz).

$$\textbf{Lagerzinssatz} = \frac{\textbf{marktüblicher Jahreszinssatz} \cdot \textbf{durchschnittliche Lagerdauer}}{\textbf{360}}$$

Der Lagerzinssatz ist umso geringer, je niedriger die Ø Lagerdauer ist.

Berechnung des Lagerzinssatzes

durchschnittl. Lagerdauer:	90 Tage
marktüblicher Jahreszinssatz:	10 %

$$\text{Lagerzinssatz} = \frac{10\,\% \cdot 90 \text{ Tage}}{360 \text{ Tage}} = 2{,}5\,\%$$

Lagerzinsen

Die Lagerzinsen geben die während des Zeitraums der durchschnittlichen Lagerdauer anfallenden Zinskosten an.

$$\textbf{Lagerzinsen} = \frac{\textbf{Wert des durchschnittlichen Lagerbestands} \cdot \textbf{Lagerzinssatz}}{\textbf{100}}$$

Die Lagerzinsen sind umso geringer, je niedriger der Lagerzinssatz ist.

Berechnung der Lagerzinsen

durchschnittl. Lagerbestand:	230 Stück
Einkaufspreis:	10 EUR/Stück
Wert des durchschnittl. Lagerbestands:	230 Stück · 10 EUR = 2 300 EUR

$$\text{Lagerzinssatz} = \frac{2\,300 \text{ Stück} \cdot 2{,}5}{100} = 57{,}50 \text{ EUR für 90 Tage}$$

Auswirkungen einer Minderung des Lagerbestands

Ein Sinken des durchschnittlichen Lagerbestands hat – sofern nicht gleichzeitig auch der Materialverbrauch sinkt – folgende Auswirkungen:

Aufg. 2.3.3 S. 318

- die Umschlagshäufigkeit steigt,
- die durchschnittliche Lagerdauer sinkt,
- die Kapitalbindung und der Kapitalbedarf sinken,
- der Lagerzinssatz und die Lagerzinsen sinken,
- die Lagerrisiken (z. B. Brand, Diebstahl, Verderb, Schwund, Lagerhüter) sinken,
- die sonstigen Lagerkosten (z. B. Raum- und Personalkosten, Kosten der Materialpflege) sinken.

Aufg. 2.3.4 S. 318

Eine Verminderung der Lagerbestände hat einerseits größere Wirtschaftlichkeit und Rentabilität zur Folge. Andererseits erhöht sich dadurch aber auch das Risiko eines Produktionsstillstands.

Verringerung des durchschnittlichen Lagerbestands

Annahme: Der durchschnittliche Lagerbestand für Schranktürschlösser (s. o.) kann durch Lagerkontrollen und verkürzte Lieferzeiten von bisher 230 St. auf 115 St. halbiert werden. Wenn alle anderen Daten gleich bleiben, führt das zu folgenden Ergebnissen:

$$\text{Umschlagshäufigkeit: } \frac{920 \text{ St.}}{115 \text{ St.}} = 8 \quad \text{(statt bisher 4)}$$

$$\text{Durchschn. Lagerdauer: } \frac{360 \text{ Tage}}{8} = 45 \text{ Tage} \quad \text{(statt bisher 90 Tage)}$$

$$\text{Lagerzinssatz: } \frac{10 \cdot 45 \text{ Tage}}{360 \text{ Tage}} = 1{,}25\,\% \quad \text{(statt bisher 2,5 \%)}$$

$$\text{Lagerzinsen: } \frac{11\,150 \text{ EUR} \cdot 1{,}25}{100} = 14{,}38 \text{ EUR für 45 Tage (statt bisher 57,50 EUR für 90 Tage)}$$

Zusammenfassende Übersicht zu Kap. 2.3: Lagerkennzahlen

$$\frac{AB + EB}{2} = \textbf{durchschnittlicher Lagerbestand}$$

$$\frac{\text{Lagerabgang}}{\text{durchschnittlicher Lagerbestand}} = \textbf{Umschlagshäufigkeit}$$

$$\frac{360}{\text{Umschlagshäufigkeit}} = \textbf{durchschnittliche Lagerdauer}$$

$$\frac{\text{Jahreszinssatz} \cdot \text{durchschnittliche Lagerdauer}}{360} = \textbf{Lagerzinssatz}$$

$$\textbf{Lagerzinsen} = \frac{\text{Wert des durchschnittlichen Lagerbestandes} \cdot \text{Lagerzinssatz}}{100}$$

C

Fragen zur Wiederholung

zu Kapitel 2.3 Lagerkennzahlen

1. Welche Lagerkosten lassen sich unterscheiden? Nennen Sie Beispiele.
2. Erläutern Sie verschiedene Lagerkennzahlen zur Überprüfung der Wirtschaftlichkeit und zeigen Sie den Zusammenhang zwischen diesen Kennzahlen auf.
3. Wodurch kann die Umschlagshäufigkeit erhöht werden?
4. Wie wirkt sich eine Senkung des durchschnittlichen Lagerbestands auf die einzelnen Lagerkennzahlen aus?

Aufgaben und Probleme

zu Kapitel 2.3 Lagerkennzahlen

2.3.1 Lagerkennzahlen in einem Industriebetrieb

Aus der Lagerbuchführung eines Industriebetriebs ergeben sich für ein Fremdbauteil folgende Endbestände in Stück:

Jan.	Feb.	März	April	Mai	Juni	Juli	Aug.	Sept.	Okt.	Nov.	Dez.
200	175	140	130	125	150	160	155	130	120	110	150

Der Jahresanfangsbestand betrug 125 Stück. Insgesamt wurden im Laufe des Jahres 1 550 Stück beschafft. Der Verrechnungspreis beträgt 20 EUR je Stück. Es wird mit einem Lagerkostensatz von 25 % gerechnet.

1. Ermitteln Sie folgende Größen:
   - Materialeinsatz
   - durchschnittliche Lagerdauer
   - Umschlagshäufigkeit
   - Lagerzinsen bei einem marktüblichen Jahreszinssatz von 10 %
2. Die Umschlagshäufigkeit im laufenden Jahr ist nur halb so groß wie in den Vorjahren. Welche Ursachen kann das haben?
3. Um welchen Betrag würden die Lagerhaltungskosten für das Fremdbauteil sinken, wenn es bei gleichem Materialeinsatz wieder gelingt, die Umschlagshäufigkeit der Vorjahre zu erreichen?

2.3.2 Lagerkennzahlen und Sortimententscheidung in einem Handelsbetrieb

In einer Großhandlung stehen die in der folgenden Tabelle ausgewiesenen Bestands- und Einkaufsdaten zur Verfügung

PDF

1. Ermitteln Sie für die fünf Warengruppen und das gesamte Sortiment
   - den durchschnittlichen Lagerbestand,
   - die Umschlagshäufigkeit,
   - die durchschnittliche Lagerdauer,
   - den Lagerzinssatz und die Lagerzinsen je Umschlag bei einem Jahreszinssatz von 10 %.

Bestände und Einkäufe in 1 000 EUR						
Warengruppe	1	2	3	4	5	Summe (1–5)
Bestand 01.01.20..	140	95	70	60	40	405
Bestand 30.06.20..	160	80	65	150	120	575
Bestand 31.12.20..	180	110	90	90	50	520
Einkäufe 20..	900	600	450	300	220	2 470
Ø Umschlagshäufigkeit der Branche	7,0	5,6	5,2	4,0	3,2	5,0

2. Erläutern Sie die Zusammenhänge zwischen
   - der Umschlagshäufigkeit und der durchschnittlichen Lagerdauer,
   - der Umschlagshäufigkeit und dem Lagerzinssatz,
   - dem durchschnittlichen Lagerbestand und den Lagerzinsen je Umschlag.
3. Welche betrieblichen Ursachen kann die Abweichung der Umschlagshäufigkeit vom Branchendurchschnitt haben?
4. Die Geschäftsleitung möchte das Sortiment straffen. Es wird vorgeschlagen, die beiden Warengruppen mit der geringsten Umschlagshäufigkeit aus dem Sortiment zu streichen und die absatzpolitischen Maßnahmen auf die Warengruppe mit der höchsten Umschlagshäufigkeit zu konzentrieren.
   Beurteilen Sie, ob eine solche Entscheidung auf der Basis der bisher verfügbaren Informationen gerechtfertigt ist.
5. Als Alternative zu einer Sortimentsbereinigung (vgl. 4.) werden folgende Überlegungen angestellt: Der Gewinnzuschlag bei der Warengruppe 4 mit der geringsten Umschlagshäufigkeit soll von bisher 15 % auf 10 % gesenkt werden. Dadurch würde die Umschlagshäufigkeit voraussichtlich auf 4,5 steigen. Gleichzeitig erhöhen sich aber in diesem Fall die dieser Warengruppe zurechenbaren Handlungskosten (z. B. Personal-, Lager-, Verwaltungskosten) von bisher 55 000 EUR auf 70 000 EUR.

   Hinweis:
	Wareneinsatz
+	Handlungskosten
=	Selbstkosten
+	Gewinnzuschlag
=	Verkaufserlös

   Vergleichen Sie für die Warengruppe 4
   - die durchschnittliche Lagerdauer,
   - den Lagerzinssatz,
   - den kalkulierten Gewinn

   vor und nach der Senkung des Gewinnzuschlags. Beurteilen Sie die Ergebnisse im Hinblick auf die Zielsetzung einer Gewinnerhöhung.

2.3.3 Vernetzungsdiagramm zur Materialwirtschaft – Zielkonflikte

1. Das folgende Vernetzungsdiagramm zeigt Zusammenhänge und Abhängigkeiten zwischen verschiedenen Einflussfaktoren aus dem Bereich der Materialwirtschaft.

PDF

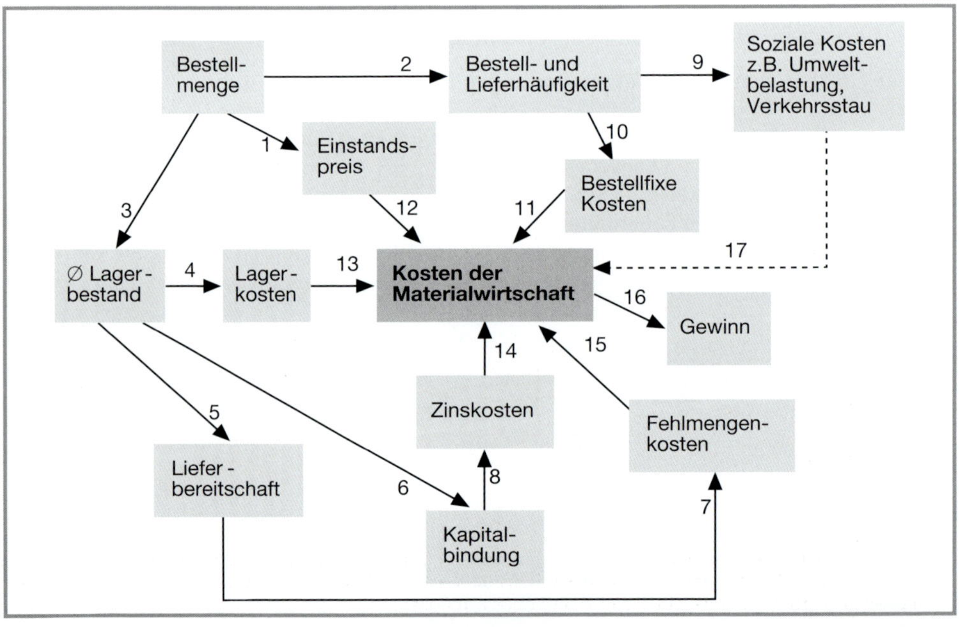

Die Pfeile haben folgende Bedeutung: Die Größe, von der der Pfeil ausgeht, beeinflusst die Größe, auf die der Pfeil zeigt. Dabei können zwei Wirkungsrichtungen unterschieden werden:

- Gleichgerichtete (verstärkende) Wirkungen (je mehr – desto mehr bzw. je weniger – desto weniger) werden durch ein Pluszeichen (+) symbolisiert.
- Entgegengesetzte (abschwächende) Wirkungen (je mehr – desto weniger bzw. je weniger – desto mehr) werden durch ein Minuszeichen (–) symbolisiert.

Beispiel für Pfeil 1:

Zusammenhang: Wenn der Lieferer Mengenrabatt gewährt, beeinflusst die Bestellmenge den Einstandspreis. Entgegengesetzte Wirkungsrichtung: Je größer die Bestellmenge, desto geringer der Einstandspreis (–)

Erläutern Sie alle durch Pfeile dargestellten Abhängigkeiten und geben Sie für jeden Pfeil auch die Wirkungsrichtungen entsprechend der oben erläuterten Regel an.

2. Welcher Zielkonflikt ist Veranlassung für die Ermittlung der optimalen Bestellmenge?
3. Bei einer Beschaffung nach dem Just-in-time-Prinzip[1] steigt aufgrund der „permanenten Zulieferung" die Anzahl der Transporte drastisch an. Häufig weisen dabei die Lade- und Transportkapazitäten nur geringe Auslastung auf. Wegen der relativ kleinen Liefermengen eignet sich der Schienentransport nicht. Vielmehr kommt nur der Lkw-Transport in Frage. Das Material- und Werkstofflager des Käufers wird damit zu einem „rollenden Lager" auf der Straße. Soweit es sich bei diesen jit-Gütern um umweltgefährdende Chemikalien handelt, können auf diese Weise u. U. sogar gesetzlich festgelegte Umweltschutzanforderungen, wie sie für Anlagen zur Lagerung umweltgefährdender Stoffe bestehen, umgangen werden.

   Wer trägt letztlich die Kosten für die modernen Formen der Lagerhaltung: Lager auf Rädern – just in time? Die Vergesellschaftung der betrieblichen Lagerkosten stellt eine erhebliche Kostenverfälschung dar: Wettbewerbsverzerrung und gravierende Umweltbelastung![1]

   - Welcher Zielkonflikt wird in dem Text angesprochen?
   - Nehmen Sie dazu Stellung.

2.3.4 Planspiel: Beschaffungsplanung und Lagerhaltung bei der Getränkehandlung LEMCO

Führen Sie in Ihrer Klasse das Planspiel LEMCO durch. Die Planspielunterlagen sowie ein Auswertungsprogramm für den Spielleiter befindet sich auf der Begleit-CD.

1 Beim Just-in-time-Prinzip (jit) werden die Materialien vom Zulieferer entsprechend dem Bedarf zeitgenau direkt an das Montageband des Industriebetriebs geliefert. Dadurch kann der Industriebetrieb sein Eingangslager erheblich verkleinern oder sogar ganz auflösen.

3 Absatzmarketing

Überblick und Zusammenhänge

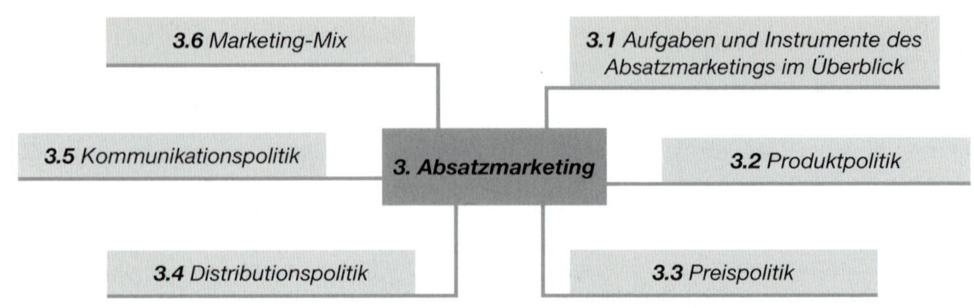

3.1 Aufgaben und Instrumente des Absatzmarketings im Überblick

Absatz ist die Verwertung der in einem Betrieb erstellten Leistung am Markt.

Zur Absatzwirtschaft gehören alle im Zusammenhang mit der Leistungsverwertung anfallenden Aufgaben.

Besteht am Absatzmarkt ein Überhang des Angebots über die Nachfrage **(= Käufermarkt)**, haben die Käufer die stärkere Marktposition. Die unternehmerischen Entscheidungen in allen Unternehmensbereichen müssen in einer solchen Situation an den Bedürfnissen und Wünschen der Kunden, d. h. am Absatzmarkt orientiert werden. Ein solcher Grundsatz der Unternehmensführung wird als **Marketing** bezeichnet.

Mit Marketing wird ein Grundsatz der Unternehmensführung bezeichnet, bei dem alle Aktivitäten eines Unternehmens systematisch an den Erfordernissen des Absatzmarktes und den Bedürfnissen der Abnehmer ausgerichtet werden (Kundenorientierung).

Das Marketing umfasst Aktivitäten, die sich auf Verkauf, Vertrieb, Werbung, Darstellung des Unternehmens in der Öffentlichkeit (Image) usw. beziehen. Wichtige Instrumente des Marketings sind:

Marketinginstrumente			
Produktpolitik Produktionsprogramm-/Sortimentpolitik	**Preis- und Konditionenpolitik**	**Distributionspolitik (Absatzorganisation)**	**Kommunikationspolitik (Werbung und Verkaufsförderung)**
Veränderungen eines Produktes in Farbe, Form, Qualität, veränderte Zusammensetzung des Produktionsprogramms/ Sortiments	Gestaltung von Verkaufspreis und Konditionen (z. B. Rabatte)	Auswahl von Vertriebs- und Verteilungswegen für die Belieferung der Kunden	Förderung des Bekanntheitsgrades eines Unternehmens und/oder eines Produkts (z. B. Werbung, Verkaufsförderung *(Sales Promotion)*, Öffentlichkeitsarbeit *(Public Relations)*
product	**price**	**place**	**promotion**

Die vier Marketinginstrumente werden auch als die **„4 P"** *(product, price, place, promotion)* bezeichnet.

In Abhängigkeit vom Produkt, den Marktverhältnissen, den Kundenwünschen usw. muss in jedem Einzelfall geklärt werden:

- **Welche Instrumente** sind geeignet, um ein vorgegebenes Ziel zu erreichen?
- **Wie und in welchem Umfang** sollen die ausgewählten Instrumente eingesetzt werden?

> **Die Kombination und Gestaltung der Marketinginstrumente, durch die eine größtmögliche Absatzwirkung erzielt wird (= optimale Kombination), wird als Marketing-Mix bezeichnet.**

Zusammenfassende Übersicht zu Kap. 3.1: Aufgaben und Instrumente des Absatzmarketings im Überblick

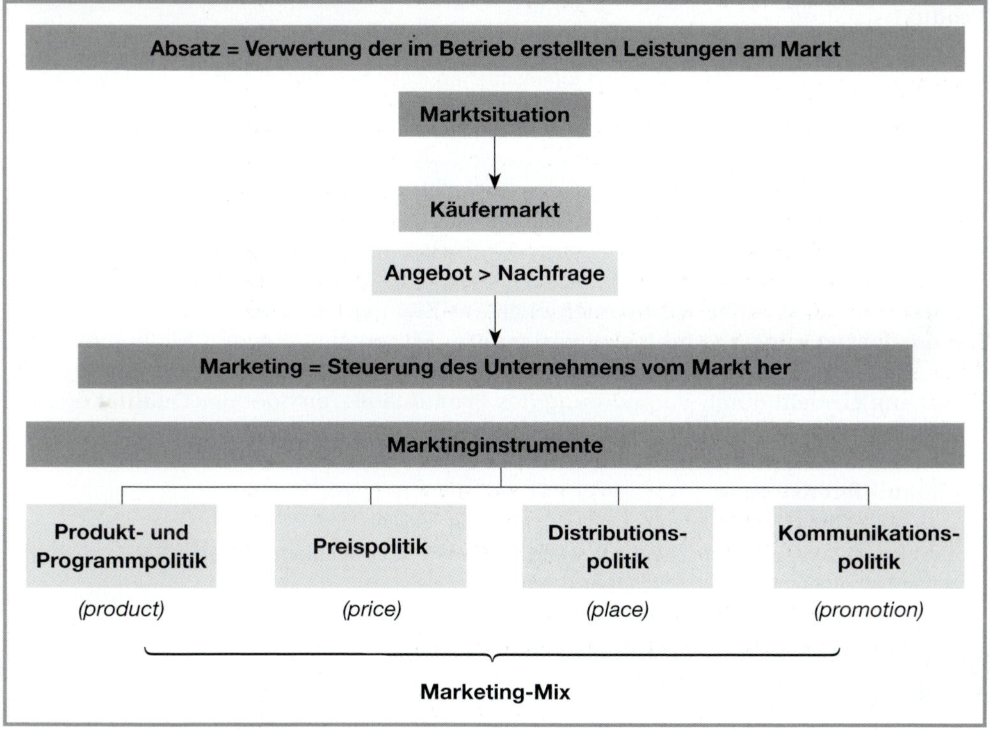

Fragen zur Wiederholung

zu Kapitel 3.1 Aufgaben und Instrumente des Absatzmarketings im Überblick

1. Was ist unter den Begriffen Absatz und Marketing zu verstehen?
2. Nennen Sie die vier Bereiche von Marketinginstrumenten.
3. Beschreiben Sie, womit sich jedes der vier Marketinginstrumente befasst.

3.2 Produktpolitik

Produktpolitische Maßnahmen lassen sich einteilen in Maßnahmen zur Produktgestaltung und Maßnahmen zur Änderung des Produktionsprogramms (Produktionsprogrammpolitik).

> **Marketingmaßnahmen der Produktpolitik zielen darauf ab, durch die Veränderung von Eigenschaften der auf dem Markt bereits angebotenen Produkte oder durch die Änderung des Produktionsprogramms die Marktposition des Unternehmens zu verbessern.**

Aufg. 3.2.1 S. 324

Produktinnovation

Die Entwicklung und Einführung völlig neuer Produkte und Techniken, die bisher noch von keinem anderen Unternehmen angeboten wurden (Marktneuheiten), wird als Produktinnovation bezeichnet.[1]

Produktinnovation

Ein Softwareunternehmen hat ein Lernprogramm zur englischen Sprache entwickelt, mit dem die richtige Aussprache multimedial erlernt werden kann.

Produktvariation

Eine Produktvariation liegt vor, wenn Eigenschaften eines bereits auf dem Markt eingeführten Produktes hinsichtlich Qualität, Aussehen, Materialbestandteilen u.a. verändert werden.

Produktvariation

Ein Getränkehersteller füllt seine Erfrischungsgetränke nicht mehr in Glasflaschen, sondern nur noch in PET-Flaschen ab.

Mit der Produktvariation wird vornehmlich das Ziel verfolgt, die Wachstums- und Sättigungsphasen eines Produktes zu verlängern. Mit entsprechenden Maßnahmen soll erreicht werden, dass das Produkt aus der Sicht der Kunden an Attraktivität gewinnt. Dies kann erreicht durch Veränderung des **Produktäußeren** oder der **Qualität** erreicht werden.

Produktdifferenzierung

Eine Produktdifferenzierung liegt vor, wenn ein bereits auf dem Markt eingeführtes Produkt um eine neue Ausführung (Variante) ergänzt wird.

Produktdifferenzierung

Ein Autohersteller führt ergänzend zu den bisherigen Modellen ein Kombi-Modell ein, das speziell Familien mit Kindern ansprechen soll.

Die Produktdifferenzierung bewirkt eine **Vertiefung des Produktionsprogramms** (= viele Varianten eines bestimmten Produkts).

Produktdiversifikation

Eine Produktdiversifikation liegt vor, wenn ein Unternehmen Produkte, die bisher nur von anderen Unternehmen produziert wurden, neu in sein Produktionsprogramm aufnimmt.

Die Produktdiversifikation wird häufig der Produktpolitik zugerechnet, obwohl sie zu einer Veränderung des Produktionsprogramms führt und daher eher der **Produktionsprogrammpolitik** (Sortimentspolitik) zuzurechnen ist. Je nachdem, in welchem Zusam-

1 Zuweilen wird auch dann von Produktinnovation gesprochen, wenn es sich um Produkte handelt, die zwar für das Unternehmen neu sind (Unternehmensneuheiten), aber von Konkurrenzunternehmen schon angeboten werden. In diesem Fall ist der Begriff Produktinnovation der Oberbegriff zu Produktdifferenzierung und Produktdiversifikation.

menhang das neu aufgenommene Produkt zum bisherigen Produktionsprogramm steht, können folgende Fälle unterschieden werden:

- **horizontale Diversifikation:** Erweiterung um Produkte, die in einem wirtschaftlichen oder technischen Zusammenhang mit dem bisherigen Produktionsprogramm stehen
- **vertikale Diversifikation:** Erweiterung um Produkte aus einer vor- oder nachgelagerten Wirtschaftsstufe
- **laterale Diversifikation:** Erweiterung um Produkte, die für das Unternehmen völlig neu sind und in keinem wirtschaftlichen oder technischen Zusammenhang mit dem bisherigen Produktionsprogramm stehen

Produktdiversifikation

Horizontale Diversifikation
Ein Hersteller von Gemüsekonserven nimmt in sein Produktionsprogramm zusätzlich Wurst- und Fischkonserven auf.

Vertikale Diversifikation
Die Konservenfabrik baut künftig das Gemüse selbst an.

Laterale Diversifikation
Die Konservenfabrik erwirbt eine Bürstenfabrik.

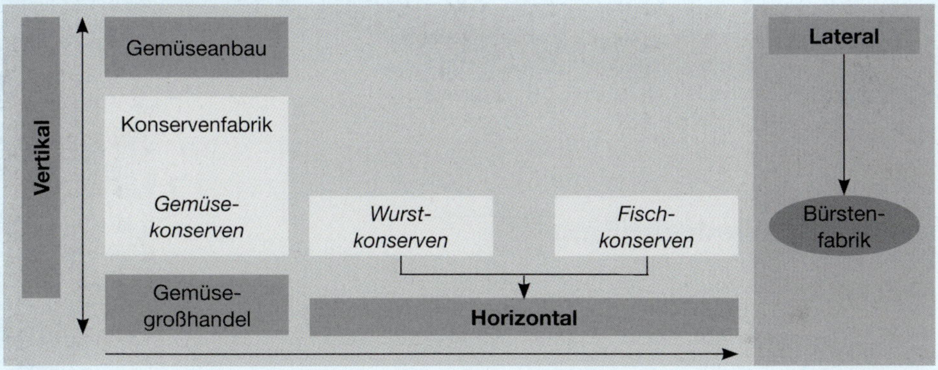

Produkteliminierung

Eine Produkteliminierung liegt vor, wenn Produkte aus dem Produktionsprogramm entfernt werden.

Aufg. 3.2.2 S. 325

Produkteliminierung

Ein Uhrenhersteller stellt die Produktion mechanisch aufziehbarer Küchenuhren ein.

Die Eliminierung kommt insbesondere für solche Produkte in Frage, die nicht erfolgreich am Markt eingeführt werden konnten oder sich in der Endphase des Produktlebenszyklus befinden.

Kostenrechnerische Grundlage der Entscheidung, ob ein Produkt weiter produziert oder eliminiert wird, ist die **Deckungsbeitragsrechnung**. Dazu werden die gesamten Produktionskosten in fixe und variable Kosten aufgeteilt. Die **fixen Kosten** sind von der Höhe der Produktion unabhängig und fallen in gleicher Höhe an, egal ob viel oder wenig produziert wird (z. B. Pacht für eine Lagerhalle, Gehalt eines Angestellten). Die **variablen Kosten** sind dagegen von der Produktionsmenge abhängig (z. B. Materialverbrauch, Energiekosten für die Produktion). Solange der Preis eines Produktes mindestens die

Vgl. Bd. II Kap. A 8.6

von ihm verursachten variablen Kosten deckt **(= positiver Deckungsbeitrag)**, sollte das Produkt aus kostenrechnerischen Gesichtspunkten nicht aus dem Produktionsprogramm entfernt werden. Es leistet dann nämlich einen Beitrag zur Deckung der Fixkosten. Ohne dieses Produkt wäre der Gewinn geringer oder der Verlust höher.

Zusammenfassende Übersicht zu Kap. 3.2: Produktpolitik

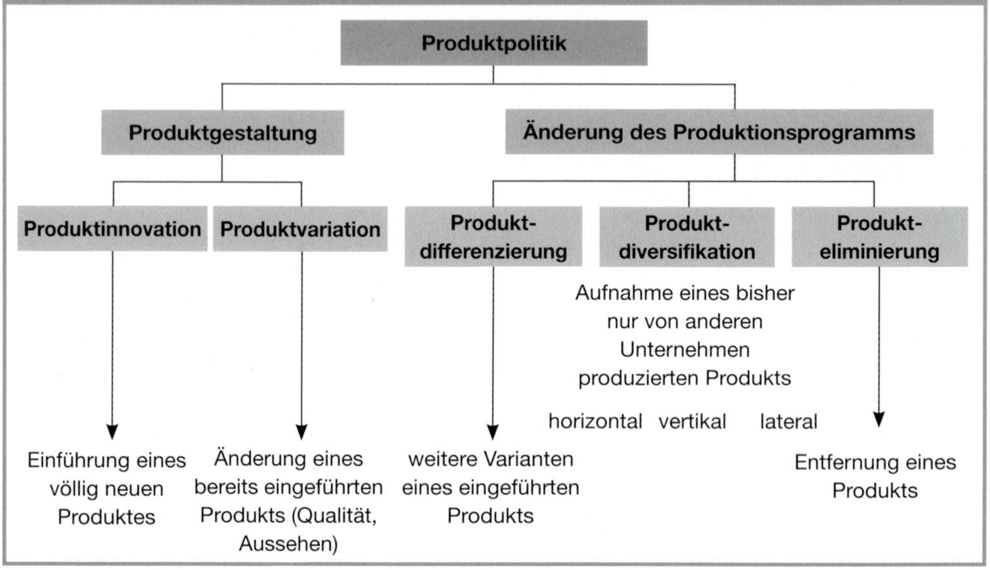

Fragen zur Wiederholung

zu Kapitel 3.2 Produktpolitik

1. Auf welche fünf Bereiche kann sich die Produktpolitik eines Unternehmens beziehen? Nennen Sie jeweils ein Beispiel.
2. Was ist unter dem Begriff „Produktinnovation" zu verstehen?
3. Welche beiden grundsätzlichen Möglichkeiten stehen einem Unternehmen im Rahmen einer Produktvariation zur Verfügung?
4. Nennen Sie Beispiele von Produktvariationen.
5. Was ist unter Produktdifferenzierung zu verstehen?
6. Welches Ziel wird mit der Produktdifferenzierung verfolgt?
7. Wann liegt Produktdiversifikation vor?
8. Worin unterscheiden sich horizontale, vertikale und laterale Diversifikation? Nennen Sie jeweils ein Beispiel.
9. Welche Gründe könnten ein Unternehmen veranlassen, ein Produkt aus seinem Produktionsprogramm zu eliminieren?

Aufgaben und Probleme

zu Kapitel 3.2 Produktpolitik

3.2.1 Produktpolitische Maßnahmen

Ordnen Sie die folgenden Beispiele 1. bis 19. den produktpolitischen Maßnahmen a) bis e) zu.

a) Produktinnovation
b) Produktvariation
c) Produktdifferenzierung
d) Produktdiversifikation (horizontal, vertikal, lateral)
e) Produkteliminierung

1. Ein Motorradhersteller nimmt auch Musikinstrumente in sein Produktionsprogramm auf.
2. Ein Fahrradhersteller verkauft seine Produkte unter verschiedenen Namen und zu unterschiedlichen Preisen sowohl an den Fachhandel als auch an große Handelsketten.
3. Erstmals wird auf dem Automobilmarkt ein 3-Liter-Auto angeboten.
4. Ein Margarinehersteller bietet unterschiedliche Margarinesorten für den Brotaufstrich als Back- und Bratenfett und als Diät-Margarine an.
5. Ein Fernsehhersteller stellt die Produktion von Schwarz-Weiß-Geräten ein.
6. Ein Stahlunternehmen kauft ein Softwarehaus.
7. Eine Fleischkonservenfabrik betreibt eine Schweinemästerei.
8. Eine Bierbrauerei stellt auch alkoholfreie Erfrischungsgetränke her.
9. Eine Bank vermittelt auch Versicherungen.
10. Der Markenname eines Waschmittels wird nach einer Qualitätsverbesserung mit dem Zusatz „Super 2000" versehen.
11. Eine Brauerei bietet ihr Bier in Fässern, in Mehrwegflaschen und in Dosen an.
12. Ein bestimmter Autotyp wird 2-türig und 4-türig angeboten.
13. Ein Buch wird als Leinenausgabe und als Taschenbuch angeboten.
14. Aufgrund gesetzlicher Vorschriften stellt ein Automobilwerk nur noch Pkw mit geregeltem Katalysator her.
15. Ein Fußballclub verkauft auch Fan-Artikel.
16. Einem Batteriehersteller ist es gelungen, die Schadstoffe in den Batterien erheblich zu verringern.
17. Eine Papierfabrik nimmt auch Recyclingpapier in ihr Produktionsprogramm auf.
18. Der Markenname Coca-Cola wird durch den Namen Coke ergänzt.
19. Ein Arzneimittelhersteller bietet Medikamente mit den gleichen Wirkstoffen in Tabletten und in Tropfenform an.

3.2.2 Produktionsprogramm – Diversifikation – Produkteliminierung – Deckungsbeitragsrechnung

PDF

Die Möbelschreinerei Anton Storz, Murrhardt/Württemberg, ist Hersteller von

- Einbau-Wohnmöbeln in Einzelfertigung
- Standard-Stühlen und -Tischen
- Serienteilen für Kinderzimmermöbel
- Lagerregalen für Betriebe und Privathaushalte in drei Grundtypen.

Neben seiner Möbelschreinerei betreibt Storz einen Möbeleinzelhandel, in dem er auch vom Hersteller bezogene Möbel und Polstergarnituren verkauft.

In letzter Zeit sind die Aufträge für Lagerregale zurückgegangen. Storz plant deshalb, sein Produktionsprogramm und evtl. sein Handelssortiment zu verändern.

1. Storz liest in der Zeitung, dass sich die Spielwarenbranche in den Bereichen Hobby, Basteln, Modellbau und Fitnessgeräte Hoffnungen auf eine starke Umsatzbelebung macht. Er überlegt deshalb, ob er in sein Produktionsprogramm ein neues, aus Holz herzustellendes Sportgerät aufnehmen kann.
   Welche Vorteile hat die mit der Aufnahme der Sportgeräte in das Produktionsprogramm eintretende Diversifikation gegenüber einer größeren Breite oder Tiefe des Möbelsortiments?

2. Storz entschließt sich, ein Spiel- und Sportgerät in sein Produktionsprogramm aufzunehmen. Das neue Produkt soll unter der Bezeichnung VELOBIL vertrieben werden. Die Kapazität der Fertigungsanlagen soll zunächst nicht erweitert werden. Da aber die Nachfrage nach Lagerregalen rückläufig ist, wird überlegt, ob die VELOBIL-Herstellung an die Stelle der Produktion der Lagerregale treten kann.
   Storz will von den drei Regal-Grundtypen R 01, R 02 und R 03 vorläufig nur einen Typ aus dem Produktionsprogramm herausnehmen.
   Nennen Sie Gründe, welche Storz veranlassen, zunächst nur einen Regaltyp aus seinem Produktionsprogramm herauszunehmen.

3. Für die Entscheidung, welcher Regaltyp aus dem Produktionsprogramm herausgenommen werden soll, stehen folgende Daten zur Verfügung. Die Angaben beziehen sich auf den letzten Monat und können auch für die nächste Zukunft als zutreffend angenommen werden.

	Typ R 01	Typ R 02	Typ R 03
Absatzmenge	100 Stück	100 Stück	100 Stück

	Typ R 01	Typ R 02	Typ R 03
Verkaufspreis je Stück	180 EUR	260 EUR	310 EUR
Materialkosten je Stück	22 EUR	31 EUR	46 EUR
Lohnkosten je Stück	33 EUR	47 EUR	69 EUR
Sonstige Kosten je Stück (Hilfsstoffe, Energie, Abschreibung, Instandhaltung, Verwaltung, Vertrieb usw.)	93 EUR	133 EUR	195 EUR
Selbstkosten je Stück	148 EUR	211 EUR	310 EUR
Gewinn je Stück	32 EUR	49 EUR	0 EUR

Auf der Basis dieser **Vollkostenrechnung** ermittelt Herr Storz den Gesamtgewinn der Regalproduktion wie folgt:

Gesamterlös –	Gesamtkosten =	Gewinn
75 000 EUR	**66 900 EUR**	**8 100 EUR**

Alternativ dazu nimmt Herr Storz eine andere Berechnung vor. Er teilt die Kosten in variable und fixe Kosten auf und ermittelt den Beitrag, den jedes einzelne verkaufte Regal zur Deckung der Fixkosten leistet (Deckungsbeitragsrechnung).

	Typ R 01	Typ R 02	Typ R 03
Verkaufspreis je Stück	180 EUR	260 EUR	310 EUR
variable Kosten je Stück	111 EUR	158 EUR	232 EUR
Deckungsbeitrag je Stück	69 EUR	102 EUR	78 EUR

Auf die Regalherstellung entfielen im letzten Monat Fixkosten in Höhe von 16 800 EUR.
Auf der Basis dieser **Deckungsbeitragsrechnung** ermittelt Herr Storz den Gesamtgewinn der Regalproduktion wie folgt:

Gesamterlös –	gesamte variable Kosten =	Gesamtdeckungsbeitrag –	Fixkosten =	Gesamtgewinn
75 000 EUR	**50 100 EUR**	**24 900 EUR**	**16 800 EUR**	**8 100 EUR**

a) Überprüfen Sie, ob Herr Storz in beiden Fällen den Gewinn richtig berechnet hat.

b) Welchen Regaltyp soll Herr Storz aus dem Produktionsprogramm herausnehmen? Begründen Sie Ihre Entscheidung rechnerisch.

3.3 Preispolitik (Kontrahierungspolitik[1])

Die betriebliche Preispolitik beinhaltet alle Maßnahmen zur Gestaltung des auf dem Absatzmarkt geforderten Preises.

Arten der Preispolitik

Entsprechend den verschiedenen Einflussfaktoren, die sich auf die Preisbildung auswirken, lassen sich u. a. folgende Arten der **Preispolitik** unterscheiden.

Aufg. 3.3.1 S. 329

Marktorientierte Preispolitik		Kostenorientierte Preispolitik
Nachfrageorientiert	**Konkurrenzorientiert**	
Mithilfe der Marktforschung wird ermittelt, welchen Preis die Nachfrager zu zahlen bereit sind. Normalerweise lassen sich bei einer Preiserhöhung weniger und bei einer Preissenkung mehr Produkte absetzen.	Mithilfe der Marktforschung wird ermittelt, zu welchen Preisen die Konkurrenten ihre Produkte anbieten. Besteht starke Konkurrenz aufgrund vieler Anbieter (= polypolistischer Markt), ist der Preiserhöhungsspielraum eines einzelnen Anbieters gering.	Auf Basis der Kostenrechnung wird ermittelt, zu welchem Preis ein Produkt mindestens verkauft werden muss, um die Kosten zu decken (Ermittlung der Preisuntergrenze).

Preisstrategien

Durch die **Preisstrategie** wird das mittel- bis langfristig angestrebte Preisniveau bzw. der Preisrahmen festgelegt. Dabei lassen sich zwei Extremformen unterscheiden.

Hochpreisstrategie	Niedrigpreisstrategie
Es werden hohe Preise, die durch hohe Qualität, hohes Image, Prestige oder andere Faktoren gerechtfertigt werden, festgelegt **(Premiumpreisstrategie).** Intensiv beworbene Markenartikel befinden sich üblicherweise im Hochpreissegment.	Die Verkaufspreise liegen üblicherweise etwas unter den Preisen anderer Anbieter **(Promotionsstrategie).** Der Preis wird zum wichtigsten Verkaufsargument (z. B. Lebensmitteldiscounter, Baumärkte)

Bei der Einführung eines neuen Produktes lassen sich zwei gegensätzliche Preisstrategien, bei denen der Preis im Zeitablauf geändert wird **(dynamische Preisstrategien)** unterscheiden:

Marktabschöpfungsstrategie (Skimmingstrategie)	Marktdurchdringungsstrategie (Penetrationsstrategie)
Es wird ein hoher Einführungspreis festgesetzt, der im Laufe der Zeit schrittweise gesenkt wird, um weitere Käuferschichten zu erschließen.	Durch einen niedrigen Preis soll die Markteinführung erleichtert werden. Wenn die Konkurrenzsituation es zulässt, kann der Preis danach schrittweise angehoben werden.

Preisdifferenzierung

Preisdifferenzierung liegt vor, wenn ein gleichartiges Produkt zu unterschiedlichen Preisen angeboten wird.

Aufg. 3.3.2 S. 331

1 Kontrahierung (lat.): Abschluss eines Vertrages. Kontrahierungspolitik umfasst alle in einem Kaufvertrag vereinbarten Bedingungen, die den Preis beeinflussen, um den Absatz zu fördern (z. B. Höhe des Preises, Rabatte, Liefer- und Zahlungsbedingungen).

Es lassen sich folgende Formen der **Preisdifferenzierung** unterscheiden:

Formen der Preisdifferenzierung			
räumlich	**zeitlich**	**persönlich**	**sachlich**
Ein Produkt wird auf verschiedenen räumlich abgegrenzten Märkten zu unterschiedlichen Preisen verkauft.	Ein Produkt wird zu verschiedenen Zeiten zu unterschiedlichen Preisen verkauft.	Ein Produkt wird an verschiedene Personengruppen zu unterschiedlichen Preisen verkauft.	Ein Produkt wird z. B. je nach Verwendungszweck zu unterschiedlichem Preis verkauft.
Ein Autohersteller verlangt im Inland höhere Preise als im Ausland.	Sommer- und Winterpreise für Heizöl, Tag-/Nachttarife für Strom	Ermäßigte Eintritts- oder Fahrpreise für Schüler, Senioren	Unterschiedliche Stromtarife für Privat- und Industriekunden

Die Preisdifferenzierung kann nur erfolgreich sein, wenn es dem Anbieter gelingt, die aus der Aufspaltung des Gesamtmarkts entstandenen Teilmärkte (Marktsegmente) so zu trennen, dass die Käufergruppe aus dem Hochpreismarkt sich das Produkt nicht auch aus dem Niedrigpreismarkt beschaffen kann.

Preisnachlässe (Konditionenpolitik)

Die Entscheidungen, zu welchen Bedingungen ein Produkt angeboten wird, werden als Konditionenpolitik bezeichnet.

Kap. B 2.1.3

Bei einem Angebotsvergleich werden auch **Preisnachlässe**, die der Lieferer unter bestimmten Voraussetzungen gewährt, sowie die Zahlungs- und Lieferbedingungen berücksichtigt.

Arten von Preisnachlässen		
Rabatt	**Bonus**	**Skonto**
an bestimmte Bedingungen geknüpfter Nachlass auf den Listenpreis	ab einem bestimmten Jahresumsatz nachträglich gewährter Preisnachlass (enthält Elemente von Mengen- und Treuerabatt)	Prozentualer Preisnachlass auf den Rechnungspreis bei Zahlung innerhalb einer bestimmten Frist
Mengenrabatt: Preisnachlass beim Kauf größerer Mengen Wiederverkäuferrabatt: Preisnachlass für Groß- und Einzelhändler, Treuerabatt: Preisnachlass für langjährige Kunden	„Bei einem jährlichen Lieferwert von mindestens 50 000 EUR gewähren wir am Ende des Jahres eine Rückvergütung (Bonus) in Höhe von 15 % des Jahresumsatzes“	Zahlungsziel 30 Tage. Bei Zahlung innerhalb von 10 Tagen 3 % Skonto.

Zusammenfassende Übersicht zu Kap. 3.3: Preispolitik

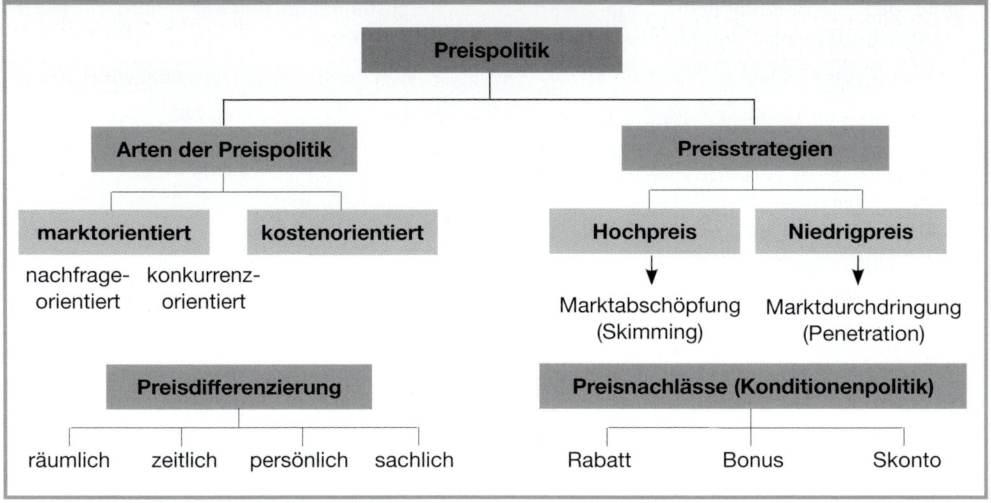

Aufg. 3.3.3 S. 331

Fragen zur Wiederholung

zu Kapitel 3.3 Preispolitik

1. Unterscheiden Sie verschiedene Arten der Preispolitik.
2. Welche Preisstrategien lassen sich unterscheiden?
3. Wie erklärt sich der Vorteil, den der Anbieter durch eine Politik der Preisdifferenzierung erzielt?
4. Welche Voraussetzungen müssen gegeben sein, damit ein Anbieter Preisdifferenzierung betreiben kann?
5. Nennen Sie absatzpolitische Maßnahmen, die als Konditionenpolitik bezeichnet werden können.
6. Was ist unter einem Rabatt zu verstehen und welche Rabattarten lassen sich unterscheiden?

Aufgaben und Probleme

zu Kapitel 3.3 Preispolitik

3.3.1 Arten betrieblicher Preispolitik

1. Die Panther-Fahrzeugbau AG stellt Mofas mit Benzinmotor her. Auf dem Markt herrscht ein starker Wettbewerb. Wenn die Panther AG einen Preis fordern würde, der über dem Preis der Konkurrenz liegt, müsste sie damit rechnen, innerhalb kürzester Zeit ihren gesamten Absatz zu verlieren.
   Die Konkurrenz hat ein neues Modell auf den Markt gebracht, das jetzt mit Elektrostarter für den Benzinmotor und 3-Gang-Schaltung ausgestattet ist. Das neue Modell wird im Einzelhandel zu dem empfohlenen Verkaufspreis von 1 250 EUR angeboten. Um mitzuhalten, will die Panther AG ein Modell mit gleicher Ausstattung auf den Markt bringen.
   Die Vorkalkulation ergibt folgende Daten: zusätzliche Fixkosten 250 000 EUR; variable Kosten je Stück 450 EUR.
   In Anpassung an den Preis der Konkurrenz soll das neue Modell zum Preis von 1 240 EUR auf den Markt kommen.
   Die Panther AG vertreibt ihre Mofas ohne Einschaltung des Großhandels direkt an den Einzelhandel. Dem Einzelhandel müssen auf den empfohlenen Verkaufspreis 40 % Rabatt gewährt werden, damit er das Produkt in sein Sortiment aufnimmt.
   Welche Absatzmenge muss überschritten werden, damit Gewinn erzielt wird?

2. Der Panther-Fahrzeugbau AG ist die Entwicklung einer neuartigen Batterie für Elektro-Mofas gelungen. Sie ist damit in der Lage, Elektro-Mofas herzustellen, die den auf dem Markt eingeführten Konkurrenzprodukten technisch deutlich überlegen sind.

Technische Merkmale der Batterie	Konkurrenzprodukt	Neuentwicklung der Panther AG
Gewicht	4,6 kg	3 kg
Reichweite	20 km	40 km
Ladezeit	2,5 Std.	1,5 Std.

Das Unternehmen will die Produktion von Elektro-Mofas aufnehmen. Die für die Produktion der Elektro-Mofas (jährlich) anfallenden Fixkosten werden auf 1 500 000 EUR geschätzt, die variablen Kosten je Stück auf 500 EUR.

Der Einzelhandelsrabatt soll wie bei den Benzinmotor-Mofas 40 % betragen.

Im Rahmen der Absatzplanung werden in der Panther-Fahrzeugbau AG preispolitische Überlegungen angestellt. Eine Markterkundung hat ergeben, dass nach einer Einführungsphase mittelfristig folgender Zusammenhang zwischen dem Preis des Produkts und der Absatzmenge besteht:

empfohlener Einzelhandelsverkaufspreis (EUR)	2167	2083	2000	1917	1833	1750	1667	1583	1500	1417	1333
Absatzmenge (Stück)	2000	2500	3000	3500	4000	5000	5800	6500	7100	7600	8000

In der Geschäftsleitung des Unternehmens werden folgende Ansatzpunkte für die Preisfestlegung diskutiert:

A Orientierung an der Konkurrenz

Der Preis wird an den Preis für Elektro-Mofas angepasst, den die Konkurrenz gegenwärtig für ihr Produkt verlangt. Von dem neuen Produkt soll zunächst nur ein Modell auf den Markt gebracht werden (3-Gang-Schaltung, Rücktrittbremse). Für ein Modell mit dieser Ausstattung verlangt die Konkurrenz 1 300 EUR.

B Orientierung an den Kosten

Die Verkaufsleitung rechnet damit, auch bei intensiver Werbung im ersten Jahr nur 3 000 Stück an ökologisch motivierte Käufer verkaufen zu können, bei denen die Höhe des Preises nicht einen entscheidenden Grund für ihre Kaufentscheidung darstellt. Der Preis soll die (Voll-)Kosten bei dieser Produktionsmenge decken und eine Umsatzrendite von 20 % erbringen.

C Orientierung am Nachfrageverhalten

Es wird der Preis festgesetzt, der auf Grundlage der Nachfrageanalyse den höchsten Gewinn verspricht.

Beurteilen Sie die drei preispolitischen Konzeptionen.

Für Ihre Überlegungen können Sie die folgende Übersichtstabelle benutzen:

empfohlener Einzelhandelspreis (EUR) 1	Absatzmenge (Stück) 2	Fabrikabgabepreis (40 % Rabatt) (EUR) 3	fixe Kosten je Stück (EUR) 4	variable Kosten je Stück (EUR) 5	Gesamtkosten je Stück (EUR) 6	Stückgewinn (EUR) 7	Gesamtgewinn (EUR) 8
2 167,00	2000	1 300,00	750,00	500,00	1 250,00	50,00	100 000,00
2 083,00	2500	1 250,00	600,00	500,00	1 100,00	150,00	375 000,00
2 000,00	3000	1 200,00	500,00	500,00	1 000,00	200,00	600 000,00
1 917,00	3500	1 150,00	428,57	500,00	928,57	221,43	775 000,00
1 833,00	4000	1 100,00	375,00	500,00	875,00	225,00	900 000,00
1 750,00	5000	1 050,00	300,00	500,00	800,00	250,00	1 250 000,00
1 667,00	5800	1 000,00	258,62	500,00	758,62	241,38	1 400 000,00
1 583,00	6500	950,00	230,77	500,00	730,77	219,23	1 425 000,00
1 500,00	7100	900,00	211,27	500,00	711,27	188,73	1 340 000,00
1 417,00	7600	850,00	197,37	500,00	697,37	152,63	1 160 000,00
1 333,00	8000	800,00	187,50	500,00	687,50	112,50	900 000,00

3.3.2 Preispolitik eines Monopolisten – Marktsegmentierung – Preisdifferenzierung

Die Deutsche Fahrzeug AG (DEFAG) will ein neu entwickeltes Dreiliter-Auto auf den Markt bringen. In der Unternehmensleitung soll über den Preis entschieden werden, mit dem die Neukonstruktion auf dem Markt im Raume der Europäischen Union eingeführt werden soll. Der Entscheidung liegt folgende Annahme über das wahrscheinliche Verhalten der Käufer zugrunde:

PDF

Preis (in Tsd. EUR)	16,5	16	15,5	15	14,5	14	13,5	13	12,5	12	11,5	11	10,5
Absatz (in Tsd. Stück)	43,5	46	49	53	58	64	70	75	80	83	85	87	89

Für die Produktion fallen fixe Kosten in Höhe von 300 Mio. EUR an. Die variablen Kosten für die Produktion eines Autos betragen 7 500 EUR.

1. a) Bei welchem Preis wird der größtmögliche Gewinn erzielt?
   b) Wie ist es zu erklären, dass der größtmögliche Gewinn nicht mit der Absatzmenge erzielt wird, mit der das Umsatzmaximum erreicht wird?

2. In England erfolgt der Vertrieb über die selbstständige Handelsorganisation British DEFAG und nachgeordnete Vertragshändler. Der Vorstand der British DEFAG erhebt Einwendungen gegen einen einheitlichen für Gesamteuropa geltenden Verkaufspreis. Damit würde das besondere Käuferverhalten in England nicht berücksichtigt. Dort würde ein Dreiliter-Auto erst bei einem Preis unter 15 000 EUR verstärkt nachgefragt. Er schlägt deshalb vor, den europäischen Markt in die Teilmärkte England und Resteuropa aufzuteilen und für jeden Teilmarkt einen besonderen Preis festzulegen. Der für England geltende Preis müsse niedriger sein als der für Resteuropa.
   Die Preisfestlegung für jeden der Teilmärkte solle so erfolgen, dass jeweils der Preis gewählt wird, bei dem der Überschuss des Umsatzerlöses über die variablen Gesamtkosten (Produktionsmenge · 7 500 EUR) am größten ist. Nach England werden rechtsgesteuerte Autos geliefert. Die Mehrkosten für diese Sonderausführung sind unerheblich.
   Bei den Überlegungen wird davon ausgegangen, dass sich der Gesamtabsatz in Europa wie folgt auf die Absatzgebiete England und restliches Europa verteilt:

Preis (in Tsd. EUR)	16,5	16	15,5	15	14,5	14	13,5	13	12,5	12	11,5	11	10,5
Absatz im Raume der EU (Tsd. Stück)	43,5	46	49	53	58	64	70	75	80	83	85	87	89
davon: Absatz in England (Tsd. Stück)	3,5	4	5	7	10	14	18	22	26	28	29	30	31
davon: Absatz in Resteuropa (Tsd. Stück)	40	42	44	46	48	50	52	53	54	55	56	57	58

   a) Berechnen Sie die in der Tabelle auf der folgenden Seite fehlenden Werte.
   b) Stellen Sie aus der Tabelle auf der folgenden Seite fest, bei welchem Preis sich auf dem ungeteilten europäischen Markt der größte Deckungsbeitrag ergibt. Vergleichen Sie diesen Preis mit dem gewinnmaximalen Preis (Aufg. 1. a).
   c) Bei welchem Preis (in EUR) ist auf dem englischen Markt der Überschuss des Umsatzerlöses über die variablen Gesamtkosten (Deckungsbeitrag) am größten? Welcher Gesamtgewinn wird bei diesem Preis erzielt?
   d) Bei welchem Preis wird auf dem Markt Resteuropas der größtmögliche Deckungsbeitrag erzielt? Welcher Gesamtgewinn wird bei diesem Preis erzielt?
   e) Prüfen Sie, ob sich der Gesamtgewinn durch die Aufteilung in zwei Teilmärkte (gegenüber 1. a) erhöht.
   f) Nehmen Sie Stellung zu der Frage, ob eine Preisdifferenzierung zwischen dem französischen Markt und dem Markt Resteuropas ebenso erfolgreich sein könnte.

3.3.3 Planspiel: Produktionsplanung und Preispolitik bei der MINIMAX GmbH Strategiespiel STRATOLIGO: Anbieterverhalten beim Oligopol

Führen Sie in Ihrer Klasse die Planspiele MINIMAX und STRATOLIGO durch. *Die Planspielunterlagen sowie ein Auswertungsprogramm für den Spielleiter befinden sich auf der Begleit-CD.*

zu Aufgabe 3.3.2

	Markt England				Markt Resteuropa				Markt Europa (insgesamt)			
1	2	3	4	5	6	7	8	9	10	11	12	13
Preis (Tsd. EUR)	Absatzmenge England (Tsd. Stück)	Umsatzerlös England (Mio. EUR)	variable Gesamtkosten für Produktion England (Mio. EUR)	Deckungsbeitrag Produktion England (Mio. EUR)	Absatzmenge Resteuropa (Tsd. Stück)	Umsatzerlös Resteuropa (Mio. EUR)	variable Gesamtkosten für Produktion Resteuropa (Mio. EUR)	Deckungsbeitrag Produktion Resteuropa (Mio. EUR)	Absatzmenge Europa insges. (Tsd. Stück)	Umsatzerlös Europa insges. (Mio. EUR)	variable Gesamtkosten f. d. gesamte Produktionsmenge (Mio. EUR)	Deckungsbeitrag insges. (Mio. EUR)
		Sp.1 · Sp.2	Sp.2 · 7500	Sp.3 – Sp.4		Sp.1 · Sp.6	Sp.6 · 7500	Sp.7 – Sp.8		Sp.10 · Sp.1	Sp.10 · 7500	Sp.11 – Sp.12
16,5	3,5	?	26,25	31,50	40	660	300,0	360,0	43,5	717,75	326,25	391,50
16,0	4,0	64,00	?	34,00	42	672	315,0	357,0	46,0	736,00	345,00	391,00
15,5	5,0	77,50	37,50	?	44	682	330,0	352,0	49,0	759,50	367,50	392,00
15,0	7,0	105,00	52,50	52,50	46	690	345,0	345,0	53,0	795,00	397,50	397,50
14,5	10,0	145,00	75,00	70,00	48	696	360,0	336,0	58,0	841,00	435,00	406,00
14,0	14,0	196,00	105,00	91,00	50	700	375,0	325,0	64,0	896,00	480,00	416,00
13,5	18,0	243,00	135,00	108,00	52	702	390,0	312,0	70,0	945,00	525,00	420,00
13,0	22,0	286,00	165,00	121,00	53	689	397,5	291,5	75,0	975,00	562,50	412,50
12,5	26,0	325,00	195,00	130,00	54	675	405,0	270,0	80,0	1000,00	600,00	400,00
12,0	28,0	336,00	210,00	126,00	55	660	412,5	247,5	83,0	996,00	622,50	373,50
11,5	29,0	333,50	217,50	116,00	56	644	420,0	224,0	85,0	977,50	637,50	340,00
11,0	30,0	330,00	225,00	105,00	57	627	427,5	199,5	87,0	957,00	652,50	304,50
10,5	31,0	325,00	232,50	93,00	58	609	435,0	174,0	89,0	934,50	667,50	267,00

3.4 Distributionspolitik[1]

Die Distributionspolitik befasst sich mit den Entscheidungen, die erforderlich sind, um ein Produkt auf den Weg vom Produzenten zum Endverbraucher oder Verwender zu bringen.

Absatzwege

Ein wesentlicher Entscheidungsbereich der Distributionspolitik ist die Wahl des Absatzweges. Dabei lassen sich zwei Möglichkeiten unterscheiden.

Aufg. 3.4.1 S. 335

Absatzwege	
direkter Absatz	**indirekter Absatz**
Der Hersteller verkauft seine Produkte unmittelbar an den Verbraucher oder Weiterverarbeiter. Es werden keine Absatzmittler (z. B. Zwischenhändler) eingeschaltet.	Der Hersteller schaltet für die Verteilung seiner Produkte an die Verbraucher bzw. Weiterverarbeiter Absatzmittler (z. B. Groß- und Einzelhandel) ein.
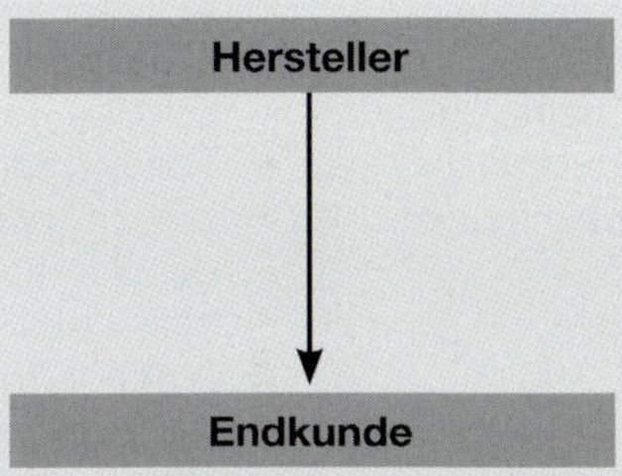	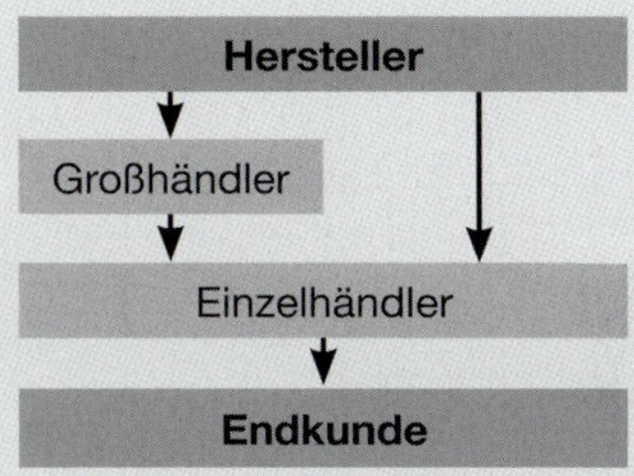
Vorteile für Hersteller	**Vorteile für Hersteller**
unmittelbarer Kundenkontakt, Unabhängigkeit von Groß- und Einzelhändlern, Hersteller kann alle absatzpolitischen Maßnahmen selbst festlegen	Funktionen des Handels (Raumüberbrückung, Zeitüberbrückung, Sortimentsbildung, Beratung usw.) werden genutzt
Nachteile für Hersteller	**Nachteile für Hersteller**
hohe Absatz- und Lagerkosten, Hersteller muss die Funktionen des Handels selbst übernehmen, Markt wird nicht vollständig abgedeckt	geringer Kundenkontakt, geringer Einfluss auf absatzpolitische Maßnahmen, hohe Abhängigkeit von Groß- und Einzelhändlern

Kap. C 1.3

Absatzorgane

Absatzorgane sind Personen oder Institutionen, die am Vertrieb von Produkten beteiligt sind.

Unternehmenseigene Absatzorgane	Unternehmensgebundene Absatzorgane	Unternehmensfremde Absatzorgane	
		Absatzhelfer	**Absatzmittler**
gehören dem Unternehmen an	sind rechtlich selbstständig, wirtschaftlich aber an das Unternehmen gebunden	Vermittlung/Abschluss von Kaufverträgen, erwerben selbst kein Eigentum an der Ware	rechtlich und wirtschaftlich selbstständig, erwerben Eigentum an der Ware
Geschäftsleitung, Verkaufsniederlassungen, Reisende	Vertragshändler, Franchising[2]	Handelsvertreter, Kommissionäre, Makler	Groß- und Einzelhändler

1 Distribution (lat.): Verteilung
2 Mischung aus indirektem und direktem Absatz. Der Franchisegeber stellt einem Franchisenehmer die Nutzung eines Geschäftskonzeptes gegen Entgelt zur Verfügung (z. B. OBI, McDonalds, Eismann).

Aufg. 3.4.2 S. 335
Aufg. 3.4.3 S. 336

HGB §§ 86, 86a, 86b, 87d, 89b, 90

Vergleich zwischen einem unternehmenseigenen Absatzorgan und einem unternehmensfremden Absatzorgan		
Reisender	**Handelsvertreter**	
Ein Reisender (Handlungsreisender) ist kaufmännischer Angestellter und als solcher an die Weisungen des Arbeitgebers gebunden. Er ist im Namen und auf Rechnung des Unternehmers (= in fremdem Namen und für fremde Rechnung) tätig und hat insbesondere folgende Aufgaben:	Ein Handelsvertreter ist selbstständiger Kaufmann und ständig damit beauftragt, für einen anderen Unternehmer (= in fremdem Namen und auf fremde Rechnung) Kaufverträge zu vermitteln (Vermittlungsvertreter) oder abzuschließen (Abschlussvertreter).	
■ Vermittlung von Kaufverträgen ■ Mit Abschlussvollmacht: Abschluss von Kaufverträgen ■ Betreuung und Beurteilung von Kunden ■ Markt- und Konkurrenzbeobachtung ■ Mit Inkassovollmacht: Entgegennahme von Zahlungen	**Pflichten** ■ Bemühungspflicht (Vermittlung/Abschluss von Geschäften) ■ Benachrichtigungspflicht (vermittelte/abgeschlossene Geschäfte) ■ Sorgfaltspflicht ■ Schweigepflicht	**Rechte** ■ Bereitstellung von Unterlagen (Preislisten, Werbematerial) ■ Abschlussprovision (Provision für alle von ihm vermittelten oder abgeschlossenen Geschäfte) ■ Ausgleichsanspruch nach Ende des Vertragsverhältnisses, wenn Auftragsgeber weiterhin erhebliche Vorteile hat
Ein Reisender erhält für seine Tätigkeit neben dem Ersatz von Auslagen (Spesen) ein festes Gehalt (Fixum) oder ein festes Gehalt zuzüglich einer Umsatzprovision		
Vorteile gegenüber einem Handelsvertreter	**Vorteile gegenüber einem Reisenden**	
■ an Anweisungen des Arbeitgebers gebunden ■ verfügt über umfassende Produktkenntnisse	■ kein festes Gehalt, nur Umsatzprovision ■ gute Marktkenntnisse	

Wie der folgende Kostenvergleich zeigt, kann – je nach Höhe des Umsatzes – die Umsatzprovision des Handelsvertreters höher sein als das Fixum (zuzüglich der evtl. vereinbarten Umsatzprovision) des Reisenden.

Kostenvergleich: Reisender – Handelsvertreter

Ein Unternehmen zahlt einem Reisenden ein Fixum von 2000 EUR mtl. und eine Umsatzprovision in Höhe von 5 % des vermittelten Monatsumsatzes. Die gleichen Vertriebsaufgaben könnten von einem Handelsvertreter für eine Umsatzprovision in Höhe von 10 % übernommen werden. Wann wird sich das Unternehmen für den Reisenden, wann für einen Handelsvertreter entscheiden?

Rechnerische Lösung:

$$2000 + 0{,}05\,x = 0{,}1\,x$$
$$0{,}05\,x = 2000$$
$$x = 40000$$

Grafische Lösung:

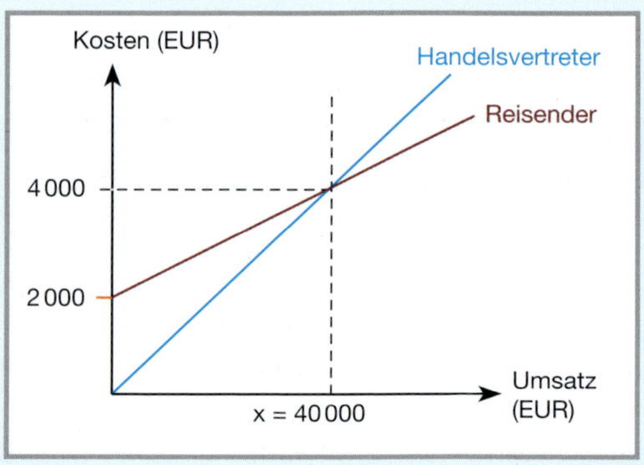

Ergebnis:
Bei einem Monatsumsatz von unter 40 000 EUR lohnt sich der Einsatz eines Handelsvertreters. Übersteigt der Umsatz den Betrag von 40 000 EUR, so ist der Einsatz eines Reisenden kostengünstiger.

Zusammenfassende Übersicht zu Kap. 3.4: Distributionspolitik

- **Distributionspolitik**
  - **Absatzwege**
    - **direkter Absatz** Direktvertrieb (ohne Einschaltung von Groß-/Einzelhandel)
    - **indirekter Absatz** Einschaltung von Groß-/Einzelhandel
  - **Absatzorgane**
    - **unternehmenseigene** Geschäftsleitung Verkaufsniederlassungen **Reisende**
    - **unternehmensfremde** Kommissionäre, Makler, **Handelsvertreter**; **Groß-/Einzelhandel**
    - **Reisende – Handelsvertreter** Vor-/Nachteile, Kostenvergleich

Fragen zur Wiederholung

zu Kapitel 3.4 Distributionspolitik

1. Welches Ziel wird mit der Distributionspolitik verfolgt?
2. Wann liegt direkter, wann indirekter Absatz vor?
3. Nennen Sie unternehmenseigene Absatzorgane.
4. Nennen Sie unternehmensfremde Absatzorgane.
5. Nennen Sie jeweils drei Rechte und drei Pflichten eines Handelsvertreters.
6. Nennen Sie Vor- und Nachteile eines Reisenden gegenüber einem Handelsvertreter.

Aufgaben und Probleme

zu Kapitel 3.4 Distributionspolitik

3.4.1 Entscheidungen über den Absatzweg

Welchen Absatzweg halten Sie bei nachstehenden Herstellern für zweckmäßig?

a) Winzer – Wein
b) Lederwarenfabrik – Handtaschen
c) Maschinenfabrik – CNC-gesteuerte Fräsmaschinen
d) Waschmittelhersteller – Waschmittel
e) Traktorenfabrik – Traktorrasenmäher

3.4.2 Absatz durch Reisende oder Handelsvertreter

Die Möbelschreinerei Storz will als neues Produkt das Sportgerät VELOBIL herstellen. Nach der Phase der Produktgestaltung werden zu Testzwecken 50 Geräte hergestellt und im eigenen Möbelhaus verkauft, das an einer Bundesstraße steht.

Der Test führt zu einem positiven Ergebnis. Deshalb soll der Verkauf zunächst innerhalb eines begrenzten Absatzgebietes gestartet werden. Storz will wissen, wie viele Vertreter er für den Absatz des VELOBILS in dem geplanten Gebiet einsetzen müsste. Für die Entscheidungsfindung hat er folgende Informationen:

Jährlicher Gesamtumsatz der zu besuchenden Betriebe in Mio. EUR		Zahl der Betriebe	erwünschte Zahl der jährlichen Besuche je Betrieb
bis	0,50	93	6
bis	0,75	32	10
über	0,75	4	15

Ein Vertreter, der gleichzeitig auch für andere Spielwaren- und Sportartikelhersteller arbeitet, könnte im Jahr ungefähr 600 Besuche bei Betrieben machen, die für den Verkauf des VELOBILS in Frage kommen. Ein Reisender, der ausschließlich für Storz tätig ist, könnte hingegen das Absatzgebiet alleine bearbeiten.

1. a) Stellen Sie fest, wie viele Vertreter zur Bearbeitung dieses Absatzgebietes notwendig wären.
   b) Wie erklären Sie sich, dass einige Betriebe sechs Mal, andere fünfzehn Mal besucht werden sollen?
2. Storz rechnet anfangs mit einem monatlichen VELOBIL-Umsatz zwischen 11 000 EUR und 16 000 EUR.
   Storz überlegt sich, ob er einen reisenden Angestellten oder mehrere Vertreter auf Provisionsbasis für die Bearbeitung des Absatzgebietes einsetzen soll.
   Ein Reisender erhält ein Monatsgehalt von 2 000 EUR brutto, außerdem gleichbleibende Vertrauensspesen in Höhe von 800 EUR für die Reisekosten. Ein Vertreter erhält 20% Provision vom Umsatz.
   a) Von welchem Monatsumsatz an lohnt sich der Einsatz eines Reisenden anstelle eines Handelsvertreters (= kritischer Umsatz)?
   b) Ermitteln Sie in Anlehnung an die Abb. auf S. 334 grafisch den kritischen Umsatz.
   c) Der Reisende verlangt anstelle seiner Vertrauensspesen von 800 EUR eine Umsatzprovision von 10 %. Ermitteln Sie für diesen Fall rechnerisch und grafisch den kritischen Umsatz.

3.4.3 FALLSTUDIE: Reisende und Handelsvertreter im Vergleich – Entscheidungsbewertungstabelle

PDF

Die MEDTEC GmbH produziert seit über 20 Jahren verschiedene Arten medizinischer Geräte. Hauptabnehmer sind Krankenhäuser und Arztpraxen. Die qualitativ hochwertigen Produkte werden ausschließlich über Reisende vertrieben. Aufgrund einer sich deutlich abzeichnenden Gesundheitswelle in der Bevölkerung sieht das Unternehmen jetzt auch zusätzliche Absatzmöglichkeiten für das neu entwickelte vollautomatische Blutdruck- und Pulsmessgerät „DIAGNOST de Luxe". Das Gerät kann problemlos von medizinischen Laien bedient werden und ist für den Hausgebrauch bestimmt. Der Verkauf soll über Apotheken und Sanitätshäuser erfolgen. Aus einer von der MEDTEC GmbH in Auftrag gegebenen Marktstudie geht hervor, dass das Unternehmen bei einem Listenpreis von 75 EUR und einen empfohlenen Ladenverkaufspreis von 119 EUR mit einem jährlichen Umsatz zwischen 750 000 EUR und 900 000 EUR für das neue Produkt rechnen kann.
Die bisherige Zahl der Reisenden reicht nicht aus, um die neue Zielgruppe intensiv betreuen zu können. Die MEDTEC GmbH prüft in diesem Zusammenhang auch, ob der Vertrieb von „DIAGNOST de Luxe" möglicherweise über Handelsvertreter (Mehrfirmenvertreter) günstiger erfolgen kann, als durch den Einsatz zusätzlicher Reisender. Den Handelsvertretern soll eine Umsatzprovision von 10 % gewährt werden. Die Reisenden erhalten ein monatliches Grundgehalt von 1 750 EUR brutto, monatliche Spesen von 250 EUR sowie 1,5 % Provision vom Umsatz. Außerdem fallen für einen Reisenden monatliche Nebenkosten (Arbeitgeberanteil zur Sozialversicherung, sonstige soziale Leistungen, Firmen-Pkw) in Höhe von 600 EUR an. Es wird mit einer jährlichen Absatzmenge von 4 000 Stück je Reisendem gerechnet.
Neben dem kostenmäßigen Vergleich sollen der Entscheidung auch andere Kriterien zugrunde gelegt werden. Dazu benutzt die MEDTEC GmbH eine Entscheidungsbewertungstabelle mit folgenden Beurteilungskriterien: (1) Verkaufsfähigkeit (2) Einsatzbereitschaft/Eigeninteresse (3) Vertrautheit mit dem Produkt (4) Kundenpflege/Kundenbetreuung (5) Steuerung und Kontrolle durch das Unternehmen (6) Flexibilität hinsichtlich der Einsatzmöglichkeiten (7) Marktkenntnis/Marktbeobachtung (8) Umfang des Sortiments/Vertrieb von Komplementärartikeln

1. Erstellen Sie zur Entscheidungsfindung eine Entscheidungsbewertungstabelle in Anlehnung an das Beispiel auf S. 307 und treffen Sie eine Wahl zwischen Reisenden und Handelsvertretern.
2. Wie viele Reisende müssten im vorliegenden Fall zur Erzielung des geplanten Jahresumsatzes eingestellt werden?
3. Ermitteln Sie jeweils für einen geplanten Jahresumsatz von 750 000 EUR und 900 000 EUR die Kosten, die der Einsatz von Reisenden bzw. Handelsvertretern verursachen würde.
4. Treffen Sie eine Entscheidung, ob die MEDTEC GmbH für den Vertrieb des Produkts »DIAGNOST de Luxe« Reisende oder Handelsvertreter einsetzen soll.

3.5 Kommunikationspolitik

Die Kommunikationspolitik umfasst alle Maßnahmen, mit denen die (potenziellen) Kunden über das Unternehmen und dessen Produkte informiert, hinsichtlich einer positiven Beurteilung beeinflusst und zum Kauf angeregt werden sollen.

Instrumente der Kommunikationspolitik			
Absatzwerbung	**Verkaufsförderung** (Salespromotions)	**Öffentlichkeitsarbeit** (Public Relations)	**Sponsoring**
Gezielte Beeinflussung von Menschen und deren bewusster oder unbewusster Bedürfnisse, um auf Produkte aufmerksam zu machen und die potenziellen Nachfrager zum Kauf zu veranlassen.	▪ **Zielgruppe Absatzorgane:** Schulung, Verkaufstraining, Produktvorführung u. Ä. für Verkaufspersonal, Reisende, Vertreter, ... ▪ **Zielgruppe Kunden:** Kundenzeitschriften, Proben, Produktvorführung, Preisausschreiben, ...	Ein Unternehmen informiert die Öffentlichkeit über sich selbst, mit dem Ziel, um Vertrauen zu werben (Imagebildung).	Ein Unternehmen (Sponsor) stellt einem Gesponserten (z. B. Sportverein, bekannter Sportler) Geld oder Sachmittel zur Verfügung. Der Gesponserte muss eine für den Sponsor imagefördernde Gegenleistung (z. B. Firmenlogo auf dem Trikot) erbringen.

Absatzwerbung

Absatzwerbung ist die absichtliche und gesteuerte Beeinflussung von Menschen, damit diese sich im Sinne der Absatzziele des werbenden Unternehmens verhalten und zum Kauf veranlasst werden.

Ziele verschiedener Werbearten			
Einführungswerbung	**Expansionswerbung**	**Erhaltungswerbung**	**Erinnerungswerbung**
Bekanntmachung neuer Produkte (Bedürfnisweckung)	Vergrößerung des Marktanteils (Gewinnung neuer Kunden, Zusatzkäufe bisheriger Kunden)	Stabilisierung des bisherigen Marktanteils (Verhinderung von Kundenabwanderung zur Konkurrenz)	Ständige Bewusstmachung eines bereits eingeführten Produkts bei den Kunden

Neben diesen nach den Zielen der Werbung gegliederten Werbearten lässt sich Werbung u. a. auch wie folgt einteilen:

Arten der Werbung							
Zahl der Werbenden		**Zahl der Umworbenen**		**Gegenstand der Werbung**		**Zielgruppe**	
Alleinwerbung	Gemeinschaftswerbung	Einzelwerbung/ Direktwerbung	Massenwerbung	Produktwerbung	Firmenwerbung	Händlerwerbung	Verbraucherwerbung
Werbung für ein bestimmtes Handy	Werbung für Bodenseeäpfel	Werbebrief an bestimmte Haushalte	Werbeprospekt einer Lebensmittelkette	Werbung für ein Waschmittel	Werbung für einen Elektromarkt	Werbe- und Informationsmaterial für Händler	Fernsehspot für ein bestimmtes Auto

Werbegrundsätze

Werbemaßnahmen sind i. d. R. nur dann erfolgreich, wenn dabei bestimmte Grundsätze berücksichtigt werden.

Werbegrundsätze				
Wirksamkeit	**Wahrheit**	**Klarheit**	**Wirtschaftlichkeit**	**Zielgruppenorientierung**
Werbeinhalt und Werbemittel müssen den Käufer in der beabsichtigten Weise beeinflussen (Farbe, Texte, Bilder, ...)	Die Werbung soll sachlich richtig informieren. Unwahre und irreführende Aussagen sind gesetzlich verboten.	Die Werbeaussagen müssen klar und leicht verständlich sein.	Die Kosten der Werbung sollen in einem vernünftigen Verhältnis zum Werbeerfolg stehen.	Die Werbung soll genau auf den Personenkreis (Zielgruppe), der umworben werden soll, abgestimmt sein.

Grundsatz der Werbewirksamkeit

Hinsichtlich der Wirksamkeit haben Werbepsychologen festgestellt, dass die Werbewirkungen dann besonders positiv sind, wenn die Werbemaßnahme die nebenstehenden Stufen durchläuft (**AIDA-Formel**):

Attention	⇒	Aufmerksamkeit wecken
Interest	⇒	Interesse wecken
Desire	⇒	Kaufwunsch auslösen
Action	⇒	Kaufhandlung erzeugen

Werbung nach der AIDA-Formel

Ein Hersteller von elektrischen Saftpressen will die einzelnen Stufen der AIDA-Formel mit folgenden Aktivitäten durchlaufen:

Stufe A: Die **Aufmerksamkeit** für die Saftpresse soll in dem Prospektentwurf durch den Hinweis erreicht werden: „Wie verbessere ich meine Gesundheit auf einfachstem Wege?"

Stufe I: Das **Interesse** der Kunden soll in eigens für Werbezwecke aufgebauten „Probierständen" in Einkaufsmärkten geweckt werden.

Stufe D: Zur Unterstützung des **Kaufwunsches** wird im Prospektentwurf auf den täglichen Vitaminbedarf des Menschen hingewiesen.

Stufe A: Die **Kaufhandlung** soll mit einer Einführungsaktion erreicht werden, bei der das Produkt mit 10 % unter Normalpreis angeboten wird.

Grundsatz der Werbewahrheit

Aufg. 3.5.1 S. 341

UWG §§ 1 ff.

Die Werbung darf keine Behauptungen enthalten, die für das umworbene Produkt bzw. das werbende Unternehmen nicht zutreffen. Im **Gesetz gegen den unlauteren Wettbewerb (UWG)** ist geregelt, dass Maßnahmen unzulässig sind, wenn die Interessen von Mitbewerbern oder Verbrauchern spürbar beeinträchtigt werden. Über die Verhaltensregeln in der Werbung wacht zudem auch der **Deutsche Werberat**. Er wurde im Interesse einer freiwilligen Selbstkontrolle von der Deutschen Werbewirtschaft gegründet und kann bei Streitigkeiten neben den Gerichten angerufen werden.

Kein Verstoß gegen geltendes Recht liegt vor, wenn in der Werbung nachprüfbare und typische Eigenschaften (z. B. Funktionen eines Gerätes, Preise) eines Produktes mit dem eines Wettbewerbers verglichen werden **(vergleichende Werbung)**. Allerdings darf der Mitbewerber in einer vergleichenden Werbung nicht herabgesetzt oder verunglimpft werden.

Werbemittel und Werbeträger

Der Inhalt einer Werbebotschaft kann den Adressaten über verschiedene **Werbemittel** vermittelt werden. Die Übertragung kann dabei auf visuellem Wege **(visuelle Werbemittel)**, akustisch **(akustische Werbemittel)** oder audiovisuell **(audiovisuelle Werbemittel)** erfolgen. Darüber hinaus gibt es noch eine ganze Reihe von Werbemitteln, die sich der obigen Einteilung nicht zuordnen lassen. Sie werden als **sonstige Werbemittel** zusammengefasst. Zusammen mit der Entscheidung über das geeignetste Werbemittel muss überlegt werden, welche Personen oder Dinge die Werbebotschaft an die Adressaten herantragen sollen **(Werbeträger oder Werbemedien)**.

Werbemittel		mögliche Werbeträger (Werbemedien)
visuelle Werbemittel	Anzeigen	Zeitungen, Zeitschriften, Illustrierte
	Werbedrucke	Zeitungsbeilagen, Prospekte, Kataloge
	Werbeplakate	Plakatwände, Säulen, Hausfassaden
	Werbebrief	Serienbrief, E-Mail, persönlicher Brief
akustische Werbemittel	Funkspots Gespräche	Radio, Kassetten, CDs, Verkaufsgespräche, Vorträge
audiovisuelle Werbemittel	Fernsehspots Filme	Fernsehen, Kino, CD-ROMs
sonstige Werbemittel	Werbegeschenke Kundendienst	Werbeverpackungen, Zugaben, werkseigene Wartung

Werbeplanung

Aufg. 3.5.2 S. 342
Aufg. 3.5.3 S. 342

Bei keiner Werbemaßnahme ist im Voraus genau abzusehen, ob sich die gewünschten Wirkungen einstellen. Mit der Erstellung eines **Werbeplanes** wird beabsichtigt, auf der Grundlage von Werbezielen Maßnahmen zur Werbedurchführung genauer zu bestimmen. Damit werden die Voraussetzungen für eine wirksame Werbekontrolle geschaffen. So können gegebenenfalls Korrekturen vorgenommen werden, falls abzusehen ist, dass die Vorgaben aus dem Werbeplan nicht zum gewünschten Ergebnis führen. Der Werbeplan gibt im Normalfall über die nebenstehenden Inhalte Auskunft.

Werbeplan eines Herstellers von Gartengeräten

Streukreis:	Besitzer von Eigenheimen
Werbeobjekt:	Rasenmäher
Werbesubjekt:	Hersteller führt Werbung selbst durch
Werbeinhalt:	Produktinformationen
Werbemittel:	Prospekt
Streuzeit:	Frühjahr
Streugebiet:	Baden-Württemberg
Werbeetat:	80 000 EUR

Grundsätzlich ist das Werbemittel zu wählen, das die Zielgruppe am treffendsten anspricht. Ein Kostenvergleich der Medien kann mithilfe der Formel über den Tausenderpreis vorgenommen werden. Das ist der Preis, der bezahlt werden muss, wenn das eingesetzte Werbemedium 1 000 Adressaten (Leser, Zuhörer, Zuschauer) erreichen soll.

Kosten ausgewählter Werbemittel als Grundlage für die Werbeplanung

	Sendezeit	Sendetage	EUR/ Sekunde		Sendezeit	Sendetage	EUR/ Sekunde
Fernsehsender				**Rundfunksender**			
ZDF-Werbefernsehen	18:20 Uhr	Montag – Freitag	400 bis 500	Südwestfunk (SWF 3)	7:00 Uhr – 8:00 Uhr	Montag – Freitag	85
DSF	19:45 Uhr	Montag – Freitag	39	Norddeutscher Rundfunk (NDR Plus)	7:00 Uhr – 8:00 Uhr	Montag – Freitag	111

Streukreis:	Wen soll die Werbung ansprechen (z. B. Verbraucher, Einzelhandel, Fachhandel, Handwerker, Berater)?
Werbeobjekt(e):	Wofür soll geworben werden (Werbung für ein einzelnes Produkt oder ein Sortiment: Produktwerbung; Werbung für ein ganzes Unternehmen: Firmenwerbung)?
Werbesubjekt:	Wer führt die Werbung durch (Unternehmen selbst, Werbeagentur)?
Werbeinhalt:	Welche Botschaft soll die Werbung vermitteln (Produktinformationen, Unternehmensinformationen)?
Werbemittel:	Über welches Medium – über welche Medienkombination – soll die Werbebotschaft vermittelt werden (Prospekt, Rundfunk, Fernsehen)?

	Erscheinungsweise	Leserzahl (Reichweite)	Seitenpreis (schwarz/weiß) EUR
Tageszeitung			
Frankfurter Allgemeine Zeitung (FAZ)	täglich	1,1 Mio.	24 500
Zeitschrift			
Spiegel	wöchentlich	6,1 Mio.	25 000

$$\textbf{Tausenderpreis} = \frac{24\,500 \cdot 1\,000}{1{,}1\ \text{Mio.}} = 22{,}27\ \text{EUR}$$

$$\textbf{Tausenderpreis} = \frac{\text{Kosten des Werbemediums} \cdot 1\,000}{\text{Zahl der Leser}}$$

Streuzeit:	Zu **welchen Zeitpunkten** soll geworben werden? Bei Produkten, die saisonalen Schwankungen unterliegen, ist zu entscheiden, ob während der Saison **(= prozyklische Werbung)** oder außerhalb der Saison **(= antizyklische Werbung)** geworben werden soll.
Streugebiet:	**Auf welchen geografischen Raum** (Ort, Land) sollen sich die Werbemaßnahmen beziehen? Das Streugebiet ist jedoch keine feste Größe. Ist z. B. beabsichtigt, mit einer Werbemaßnahme einen Mitbewerber vom Markt zu verdrängen **(Expansionswerbung)**, so muss das bislang beworbene Streugebiet geändert werden.
Reichweite:	**Zahl der umworbenen Personen** (= abhängig von Streukreis und Streugebiet)
Werbeetat:	**Welche finanziellen Mittel** stehen für Werbezwecke zur Verfügung? Für die Festlegung der Höhe dieser Mittel sind folgende Methoden denkbar: 1. *Ausgabenorientierte Methode.* Zu Beginn der Werbeperiode steht ein bestimmter Betrag für Werbezwecke zur Verfügung. Die Höhe der zur Verfügung stehenden Mittel ist dabei abhängig vom Gewinn der Vorperiode. 2. *Prozentsatz-von…-Methode.* Die Höhe des Werbeetats wird als bestimmter Prozentsatz vom Umsatz oder Gewinn bestimmt. 3. *Konkurrenzorientierte Methode.* Der Werbeetat wird festgelegt in Abhängigkeit vom Werbeetat vergleichbarer Konkurrenzunternehmen. 4. *Ziel- und Aufgaben-Methode.* Der Werbeetat richtet sich nach den mit der Werbung verfolgten Zielen. Der finanzielle Spielraum des Unternehmens sowie die Konkurrenzsituation gehen als Nebenbedingungen in die Überlegungen ein.

Zusammenfassende Übersicht zu Kap. 3.5: Kommunikationspolitik

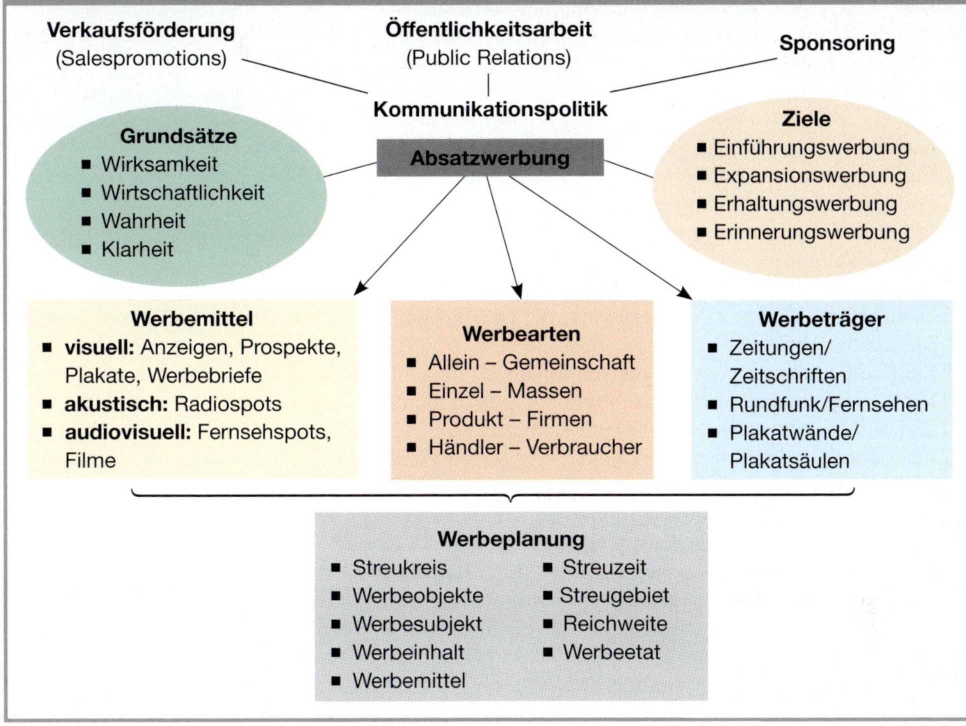

Fragen zur Wiederholung

zu Kapitel 3.5 Kommunikationspolitik

1. Nennen Sie Instrumente der Kommunikationspolitik.
2. Worin besteht das Ziel der Absatzwerbung?
3. Nennen Sie verschiedene Arten der Werbung.
4. Nennen Sie fünf Werbegrundsätze.
5. Was ist unter der AIDA-Formel zu verstehen?
6. Welches Gesetz enthält Vorschriften über erlaubte und unerlaubte Methoden der Werbung?
7. Welche Werbemittel lassen sich unterscheiden?
8. Nennen Sie Werbeträger (Werbemedien).
9. Zu welchen Fragen soll ein Werbeplan Auskunft geben?
10. Mit welcher Formel lässt sich der Tausenderpreis berechnen?
11. Nach welchen Verfahrensweisen lässt sich die Höhe des Werbeetats festlegen?

Aufgaben und Probleme

zu Kapitel 3.5 Kommunikationspolitik

3.5.1 Zulässige und unzulässige Werbung

Beurteilen Sie, ob folgende Werbemaßnahmen zulässig sind oder nicht. Welche Rechte stehen dem Geschädigten gegebenenfalls zu?

1. Ein Lebensmittelmarkt wirbt in seinen Prospekten für französischen Rotwein mit dem Hinweis: *„Nur noch wenige Kartons vorrätig. Abgabe nur in haushaltsüblichen Mengen."* In Wirklichkeit sind noch umfangreiche Lagerbestände vorhanden. UWG §§ 5, 8, 9
2. Ein Teppichhändler mit einem mittelgroßen Lager wirbt in Zeitungsanzeigen. Dabei werden Fotos von großen Lagerhallen mit dem Hinweis *„Größtes Teppichlager in Südbaden"* abgebildet. UWG §§ 5, 8, 9

3. Ein Warenhaus wirbt für einen Kühlschrank mit dem Hinweis: *„Warum anderswo mehr bezahlen? Unverbindliche Preisempfehlung des Herstellers: 300 EUR. Bei uns nur 250 EUR!"*
4. Ein Nudelhersteller wirbt mit dem Hinweis: *„Anders als bei den Gäckle-Nudeln werden bei uns nur Frischeier für die Herstellung unserer Teigwaren verwendet."*
5. In einer Verbraucherzeitschrift wird folgendermaßen über das Testergebnis bei Teigwaren berichtet: *„Die Firma Gäckle verwendet bei der Herstellung ihrer Teigwaren Eipulver, die Firma Kummer dagegen Frischeier."*
6. Ein Waschmittelhersteller wirbt für eines seiner Produkte mit dem Satz: *„Das strahlendste Weiß Ihres Lebens. Reiner geht's nicht."*
7. In einem Lebensmittelgeschäft erhält jeder Kunde beim Kauf von 2 Pfund Kaffee eine verzierte Kaffeedose.
8. Ein Einzelhändler in einer Fußgängerzone erstattet seinen Kunden bei Einkäufen ab einer bestimmten Höhe ganz oder teilweise die Fahrtkosten für Verkehrsmittel des öffentlichen Personennahverkehrs.
9. Ein Großhändler schickt seinen Kunden als Weihnachtsgeschenk ein Kaffeeservice.

PAngV §§ 2, 10

UWG §§ 4, 5

UWG §§ 7, 8

10. Der Werbeprospekt eines Einzelhändlers enthält folgende Anpreisung: *„Span. Navel-Orangen, Kl. I, 3-kg-Netzbeutel nur 2,22 EUR"*
11. Ein Hersteller von Erfrischungsgetränken versieht ohne Änderung der Rezeptur die Etiketten der Getränkeflaschen mit dem Aufdruck *„Bio-Getränk"*.
12. Familie Schäfer hat an ihrem Briefkasten einen Aufkleber *„Bitte keine Werbung"* angebracht. Trotzdem werfen die Prospektverteiler verschiedener Einzelhandelsunternehmen aus der Umgebung immer wieder Werbematerial in den Briefkasten.
13. Frau Beyer nimmt an einem Preisausschreiben teil. Dazu muss sie ihr Alter, ihre Adresse und ein Lösungswort auf eine Postkarte schreiben und diese abschicken. Der Veranstalter hat die Adresse von Frau Beyer offensichtlich weiterverkauft. Denn kurz danach erhält sie mit der Post laufend Werbesendungen für verschiedenste Produkte, obwohl sie an ihrem Briefkasten ein Schild *„Bitte keine Werbung"* angebracht hat.

3.5.2 Werbeplanung – Werbemittel

PDF

Ein Hersteller von modischer Kinderkleidung will versuchen, seine Zielgruppen u. a. mittels Zeitschriftenwerbung zu erreichen. Für die Werbung kommen insgesamt 4 Zeitschriften in Betracht. Seitenpreise und Auflagen sind nachstehender Tabelle zu entnehmen:

Zeitschrift	Seitenpreis in EUR	Auflage in Exemplaren
A	26 000	400 000
B	24 000	350 000
C	28 000	500 000
D	22 000	300 000

Es ist davon auszugehen, dass die gesamte Auflage verkauft und jedes Exemplar nur von einer Person gelesen wird.

1. Welches Werbemittel ist einzusetzen, wenn allein nach dem günstigsten Tausenderpreis entschieden wird?
2. Von den in Frage kommenden Zeitschriften ist bekannt, wie viel % der Leser weibliche Erwachsene sind. Im Einzelnen gelten folgende %-Sätze:
   Zeitschrift A: 60 % Zeitschrift B: 70 % Zeitschrift C: 50 % Zeitschrift D: 75 %
   Wie ist zu entscheiden, wenn lediglich erwachsene Leserinnen als Zielgruppe in Frage kommen?
3. Für die Zeitschriftenwerbung steht für das erste Quartal ein Werbeetat in Höhe von 200 000 EUR zur Verfügung. Aus Gründen der Streuung hat die Geschäftsleitung entschieden, die beiden Zeitschriften mit dem günstigsten zielgruppenspezifischen Tausenderpreis einzusetzen.
   Welche beiden Zeitschriften sind einzusetzen und in welcher Häufigkeit sollen die Werbeanzeigen geschaltet werden?

3.5.3 Auswahl von Werbeträgern – Zeitschriftenwerbung

PDF

Ein Waschmittelhersteller hat ein neues Feinwaschmittel auf den Markt gebracht. Dafür soll im kommenden Quartal intensiv geworben werden.

1. Die Höhe des Werbeetats für Anzeigenwerbung wird für das kommende Quartal auf 165 000 EUR festgelegt. Mit diesem Betrag soll wiederholt in mehreren Frauenzeitschriften und Illustrierten geworben werden. Es ist vorgesehen, die Anzeigen jeweils in drei aufeinander folgenden Ausgaben der ausgewählten Zeitschriften zu wiederholen. Für die in Frage kommenden Zeitschriften liegen folgende Daten vor:

Nr.	Zeitschrift	Preis für 1/1 Seite (vierfarbig) in EUR	Tausenderpreis (gesamte Leserschaft) in EUR	Anteil der Zielgruppe (Hausfrauen) an der gesamten Leserschaft in %
1	Frauenjournal	13 000	81,25	90
2	Britta	38 000	118,75	80
3	Carmen	24 000	170,59	75
4	Heim und Haus	23 000	46,00	55
5	Neue Mode	17 500	54,69	70

Berechnen Sie für die einzelnen Zeitschriften die Gesamtzahl der Leser pro Ausgabe *(Rundung auf volle Tausend)*.
2. In welchen Zeitschriften sollen die drei Anzeigen jeweils erscheinen?
Legen Sie für Ihre Entscheidung den Preis für 1 000 Leserkontakte bezogen auf die Zielgruppe „Hausfrauen" (= Tausenderpreis der Zielgruppe „Hausfrauen") zugrunde.
3. Nach der Einführungsphase, die u. a. auch durch intensive Werbung in Funk und Fernsehen unterstützt wurde, hat das neue Feinwaschmittel bereits einen beachtlichen Marktanteil erreicht. Es soll jetzt darüber entschieden werden, ob die Anzeigenwerbung auch auf eine der überregionalen Boulevardzeitungen ausgedehnt werden soll. Dafür stehen die beiden Zeitungen A und B zur Auswahl:

Zeitung	tägliche Auflage (Stück)	Kosten für eine mehrtägige Werbekampagne (1/3 Seite schwarz/weiß)	Leser je Ausgabe	Anteil der Zielgruppe (Hausfrauen) an der gesamten Leserschaft
A	1 Mio.	120 000 EUR	2,5 Mio.	60 %
B	1 Mio.	100 000 EUR	2,2 Mio.	50 %

Wenn die Werbung in Zeitung A erfolgt, wird damit gerechnet, dass 40 % der möglichen Kunden (Hausfrauen) tatsächlich im nächsten Quartal ein Paket des Feinwaschmittels zusätzlich kaufen. Für Zeitung B wird dieser Anteil auf 50 % geschätzt.
Das Feinwaschmittel wird durchschnittlich zum Preis von 1,25 EUR je Paket an den Handel abgegeben. Die variablen Kosten je Stück betragen 0,50 EUR je Paket.
Weisen Sie in Form einer Tabelle (siehe Arbeitsblatt) rechnerisch nach, ob sich die zusätzliche Anzeigenwerbung in einer der beiden Boulevardzeitungen im nächsten Quartal lohnt. Entscheiden Sie gegebenenfalls auch, ob die Anzeigen in Zeitung A oder in Zeitung B erscheinen sollen.

3.6 Kombinierter Einsatz der Marketinginstrumente: Marketing-Mix

Die einem Unternehmen zur Verfügung stehenden Marketinginstrumente können zur Erreichung eines bestimmten absatzpolitischen Zieles nicht beliebig eingesetzt werden. In der konkreten Situation müssen im Wesentlichen zwei grundsätzliche Fragen beantwortet werden:

1. **Welche Marketinginstrumente** sind geeignet, um ein vorgegebenes Ziel zu erreichen?
2. **Wie und in welchem Umfang** sollen die infrage kommenden Marketinginstrumente eingesetzt werden?

Die optimale Kombination der Marketinginstrumente, welche ein Unternehmen zur Erreichung seiner Marketingziele einsetzt, wird als Marketing-Mix bezeichnet.

In Abhängigkeit von den Marktbedingungen und den Zielen muss sich eine Unternehmung z.B. entscheiden, in welchem Umfang Werbung, Preispolitik, Garantiezusagen u.a. herangezogen werden. Bei den einzelnen Instrumenten stellt sich diese Frage erneut, indem z.B. entschieden werden muss, welche Art der Werbung mit welchen Werbeträgern und mit welchem Werbebudget eingesetzt werden soll. Veränderungen am Markt machen eine fortlaufende Anpassung des Marketing-Mix erforderlich.

Marketingkonzeption der Däumler GmbH – Hersteller von Sport- und Fitnessartikeln

Produktpalette

Zielgruppen für die unterschiedlichen Produktlinien:
Sportler, Gesundheits- und Ernährungsbewusste, Schönheitsbewusste

Sportivdrink
künstliches Mineralkaltgetränk in den Aromen schwarze Johannisbeere, Pfirsich, Erdbeere

Sportbasics
Basisnahrung (Ergänzung zur Tagesnahrung) für den Sportler

Hometrainer
Heimfahrrad mit integriertem Pulsmesser und Kleincomputer
…

Kommunikationsmix

Werbung: Sportzeitschriften, Fachzeitschrift „Gesünder leben“, Illustrierte, Stellwände in Fitnesscentern; zusätzlich: Einsatz von Promotionsartikeln mit Werbeaufdrucken (T-Shirts, Trinkbecher, Handtücher)

Werbeetat für das lfd. Jahr: 580 000 EUR

Werbeaussagen: Vorstellung der gesamten Produktlinien für jeweils spezielle Zielgruppen

Werbeziel: Konsumenten zu den Handelspartnern leiten, die das Produkt mit entsprechender Beratung anbieten

Distribution

Die Däumler GmbH verfügt über eine bundesweite Vertriebsorganisation mit 32 Zentraldepots und 96 Regionallagern. Es ist geplant, in jedem Bundesland noch weitere Regionallager einzurichten.

Handelspartner: Einzelhandelsgeschäfte (vornehmlich Sportgeschäfte, Drogerien, Fitnesscenter); in Planung: „Gesundheitsmärkte“, die in einem Franchisesystem als selbstständige Läden oder als „Shop in the Shop“ in Kaufhäusern betrieben werden sollen.

Preispolitik

Auf Preisdifferenzierung wird verzichtet. Alle Produkte werden in einer gehobenen Preisklasse angeboten. Der gehobene Preis steht im Einklang mit dem angestrebten Produkt- und Firmenimage (kein Billiganbieter).

Zusammenfassende Übersicht zu Kap. 3.6:
Kombinierter Einsatz der Marketinginstrumente: Marketing-Mix

Marketing-Mix
= optimale Kombination der Marketinginstrumente zur Erreichung von Marketingzielen

Produkt- und Produktprogrammpolitik	Preispolitik	Kommunikationspolitik	Distributionspolitik

↓ **Marketing-Mix**

Fragen zur Wiederholung

zu Kapitel 3.6 Kombinierter Einsatz der Marketinginstrumente: Marketing-Mix

1. Was ist unter „Marketing-Mix“ zu verstehen?
2. Welche zwei grundsätzlichen Fragen müssen beim Einsatz der kombinierten Marketinginstrumente beantwortet werden?
3. Prüfen Sie anhand des obigen Beispiels, welche Marketinginstrumente die Däumler GmbH in welcher Kombination einsetzt (Marketing-Mix).

4 Personal

Überblick und Zusammenhänge

- ***4. Personal***
  - ***4.1** Wie läuft ein Personalauswahlverfahren ab?*
  - ***4.2** Welche arbeitsrechtlichen Regelungen sind bei der Personaleinstellung zu beachten?*
    - Arbeitsrechtliche Regelungen im Überblick
    - Abschluss und Inhalt eines Arbeitsvertrages
    - Rechte und Pflichten aus dem Arbeitsvertrag
    - Kündigung des Arbeitsvertrags

4.1 Personalauswahl

Aufgabe der Personalauswahl ist es, aus den Bewerbungen auf ein Stellenangebot den Bewerber auszuwählen, der aufgrund seiner Interessen, Qualifikationen und Berufserfahrung die Stellenanforderungen am besten erfüllt.

Das **Personalauswahlverfahren** ist je nach Bedeutung der zu besetzenden Stelle und der Größe des Unternehmens unterschiedlich umfangreich. Oft besteht es nur aus der Auswertung der **Bewerbungsunterlagen** und einem **Vorstellungsgespräch**. Ein umfassendes Auswahlverfahren kann in folgenden Schritten ablaufen:

1. Analyse der Bewerbungsunterlagen (Vorauswahl)
2. Eignungstests (Leistungs-, Persönlichkeits-, Motivations- und Interessentests)
3. Assessment-Center-Verfahren (Die Bewerber werden – oft über mehrere Tage – mit Aufgaben konfrontiert, die der zu besetzenden Stelle entsprechen. Übliche Methoden: Postkorbübungen, Rollenspiele, Gruppendiskussionen)
4. Erstes Vorstellungsgespräch (mit Vertretern der Abteilung der zu besetzenden Stelle)
5. Zweites Vorstellungsgespräch (mit der Geschäftsleitung)
6. Einstellung (Arbeitsvertrag) oder Absage

Bezüglich der in einem Vorstellungsgespräch gestellten Fragen ist zu beachten, dass nicht alle Fragen zulässig sind. Unzulässige Fragen müssen vom Bewerber nicht wahrheitsgemäß beantwortet werden (Recht auf Lüge!).

unzulässige Fragen	Verlobung, Heiratspläne, Kinderwunsch, Empfängnisverhütung, Homosexualität, Häufigkeit des Beziehungswechsels, Höhe der monatlichen Ersparnisse, Einkommen des Partners, Alkoholabhängigkeit des Partners, Abstammung/Rasse, …	
nur unter bestimmten Voraussetzungen zulässige Fragen	Zugehörigkeit zu einer Partei, Kirche, Gewerkschaft	zulässig bei einem „Tendenzarbeitgeber" wie politische Partei, Kirche, Gewerkschaft, religiös geprägtes Unternehmen
	Vorstrafen	nur bei Bedeutsamkeit für die neue Stelle (z. B. Verkehrsdelikt bei Kraftfahrern, Unterschlagung bei Kassierer/Buchhalter)
	Höhe des bisherigen Gehalts	nur bei Bedeutsamkeit für die neue Stelle
	Lohnpfändung	nur bei Vorliegen konkreter Anhaltspunkte
	Erkrankungen HIV-Infektion	erlaubt z. B. im Gastronomiebereich wegen Ansteckungsgefahr
	Schulden	nur bei besonderer Vertrauensstellung
	Schwangerschaft	erlaubt z. B. bei Tätigkeit als Model und wenn bestimmte Arbeiten wegen Gesundheitsgefährdung nicht möglich sind

Aufg. 4.1.1 S. 347

Um einen möglichst objektiven Vergleich zwischen verschiedenen Bewerbern/Bewerberinnen zu ermöglichen, kann bei der Personalauswahl eine **Entscheidungsbewertungstabelle** entsprechend der folgenden Abbildung eingesetzt werden.

Hinweis: *Zur Vorgehensweise bei der Erstellung einer Entscheidungsbewertungstabelle siehe die Erläuterungen zum Beispiel auf S. 307.*

Entscheidungsbewertungstabelle zur Auswahl einer Leiterin Textbearbeitung

Sollprofil	Zutreffendes ankreuzen	Gewichtung	Name Müller		Name Schmitz		Name Schneider	
			B Pkt.	Pkt. · Gew.	B Pkt.	Pkt. · Gew.	B Pkt.	Pkt. · Gew.
Schule: Mittlere Reife	x	5	4	20	3	15	3	15
Ausbildung: Bürogehilfin	x	10	3	30	4	40	5	50
Sonstige Ausbildung:								
Berufserfahrung								
mindestens 5 Jahre	x	6	5	30	4	24	5	30
Branchenerfahrung:	x	3	1	3	2	6	5	15
Aufmachung der Bewerbung	x	2	5	10	3	8	4	8
Zeugnisse:	x	10	4	40	3	30	5	50
Lebenslauf:	x	4	4	16	3	12	5	20
Test: Diktat Schreibtest	x	10	5	50	3	30	3	30
Referenzen:	x	1	3	3	2	2	4	4
Gehalt max. 2 500 €	x	ok	ok	ok	ok			
Dienstantritt 1.4.	x	ok	ok	ok	ok			
Eindruck Vorstellung:								
▪ äußere Erscheinung	x	3	3	9	5	15	4	12
▪ sprachlicher Ausdruck	x	4	4	16	5	20	4	16
Summe:				335		316		403
Rangfolge:				2		3		1
Höchster Gewichtungsfaktor 10		+ 5 Pkt. = sehr gut		1 Pkt. = schwach				

Quelle: R. Pillat, Mitarbeiter erfolgreich anwerben, auswählen und einsetzen, Freiburg 1996, S. 294

Zusammenfassende Übersicht zu Kap. 4.1: Personalauswahl

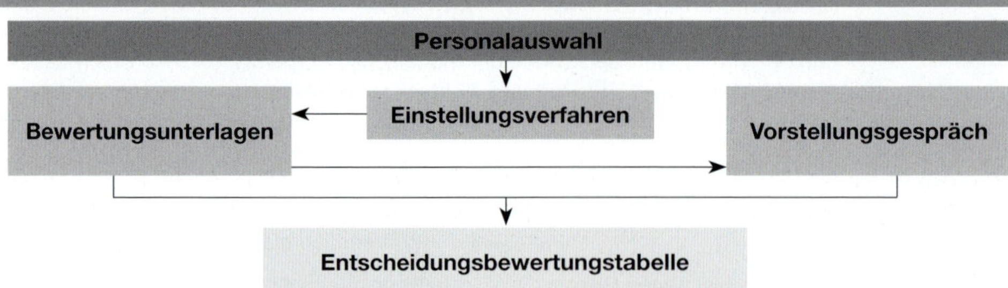

Fragen zur Wiederholung

zu Kapitel 4.1 Personalauswahl

1. Beschreiben Sie den Ablauf eines Einstellungsverfahrens.
2. Beschreiben Sie die Vorgehensweise bei Verwendung einer Entscheidungsbewertungstabelle für die Personalauswahl.

Aufgaben und Probleme

zu Kapitel 4.1 Personalauswahl

4.1.1 Personalauswahl

Auf der Begleit-CD befinden sich Bewerbungsunterlagen für eine Stellenausschreibung der Shirt-Store GmbH. Die Unterlagen ermöglichen die Erstellung einer Entscheidungsbewertungstabelle, um eine begründete Bewerberauswahl für die Einladung zu einem Vorstellungsgespräch zu treffen.

4.2 Arbeitsvertrag

4.2.1 Arbeitsvertrag im Verhältnis zu anderen arbeitsrechtlichen Regelungen

Bei der Personaleinstellung müssen zahlreiche arbeitsrechtliche Vorschriften beachtet werden. Diese sind in Gesetzen und Verordnungen enthalten und werden durch **Tarifverträge** und **Betriebsvereinbarungen** ergänzt.

In Betrieben mit mehr als 20 Arbeitnehmern, die nach dem **Betriebsverfassungsgesetz** wahlberechtigt sind, muss vor der Einstellung eines Arbeitnehmers die Zustimmung des **Betriebsrats** eingeholt werden. BetrVG § 99

Neben diesen Regelungen erfährt das Arbeitsrecht durch die Rechtsprechung der Gerichte eine besonders häufige und starke Weiterentwicklung **(Richterrecht)**. Viele Bereiche des Arbeitsverhältnisses sind nämlich weder gesetzlich noch durch Tarifverträge eindeutig geregelt. Sie müssen vielmehr individuell entschieden werden.

Arbeitsvertrag BGB § 610	zwischen einem Arbeitnehmer und einem Arbeitgeber abgeschlossen
Betriebsvereinbarung BetrVG § 77	zwischen dem Betriebsrat eines Unternehmens und dem einzelnen Arbeitgeber vereinbar
Tarifvertrag TVG § 2	von den Tarifvertragsparteien (Gewerkschaft und Arbeitgeberverband) abgeschlossen
Arbeitsgesetzgebung	vom Gesetzgeber festgelegt

Regelungen werden für Arbeitnehmer günstiger. **(Günstigkeitsprinzip)**

Nachrangige Bestimmungen können grundsätzlich von vorrangigen Bestimmungen zugunsten des Arbeitnehmers abweichen (Günstigkeitsprinzip).

4.2.2 Abschluss und Inhalt eines Arbeitsvertrags

Wesen und Form des Arbeitsvertrags

Für den **Arbeitsvertrag** gibt es keine eigenständigen **vertragsrechtlichen** Regelungen. Vielmehr ist der Arbeitsvertrag eine Unterart des **Dienstvertrags**. Die Besonderheit besteht beim Arbeitsvertrag darin, dass der Dienstverpflichtete als **Arbeitnehmer abhängige Arbeit** zu verrichten hat. BGB § 611

Anders als beim **Werkvertrag** wird beim **Arbeitsvertrag** eine Arbeitsleistung und kein bestimmtes Arbeitsergebnis (Erfolg) geschuldet. Im Jahre 2005 hat das Bundesarbeitsgericht (BAG) eine Grundsatzentscheidung getroffen, dass Arbeitnehmer Verbraucher gem. BGB § 13 sind und Arbeitsverträge demzufolge als **Verbraucherverträge** gelten. Diese Entscheidung hat für das Personalwesen weit reichende Konsequenzen, da künftig zahlreiche Verbraucherschutzregelungen auch auf Arbeitsverhältnisse anwendbar sein können.

Durch den Abschluss eines Arbeitsvertrags verpflichtet sich der Arbeitnehmer gegen Entgelt für den Arbeitgeber unter dessen Leitung und Anweisung Arbeit zu leisten.

GewO § 105

NachwG § 1

Für den Abschluss des Arbeitsvertrags gibt es **keine Formvorschriften**. Er kann somit grundsätzlich auch mündlich abgeschlossen werden. Der Arbeitgeber muss aber auf jeden Fall spätestens einen Monat nach dem vereinbarten Beginn des Arbeitsverhältnisses die wesentlichen Vertragsbedingungen schriftlich niederlegen, die Niederschrift unterschreiben und dem Arbeitnehmer aushändigen. Die **Niederschrift** dient lediglich als **Beweismittel**. Der Arbeitsvertrag ist auch dann gültig, wenn die Niederschrift nicht angefertigt wird.

TzBfG § 14 Abs. 4

Enthält der Arbeitsvertrag eine Befristung, so ist diese aber nur dann rechtswirksam, wenn sie schriftlich vereinbart wurde.

Der Vertragsinhalt (z. B. Arbeitsentgelt, Urlaub, Arbeitszeit) kann grundsätzlich frei vereinbart werden. Allerdings wird die **Gestaltungsfreiheit** durch gesetzliche und tarifvertragliche Regelungen sowie durch Betriebsvereinbarungen zum Schutz der Arbeitnehmer eingeschränkt. Von diesen Regelungen darf daher nur zugunsten der Arbeitnehmer abgewichen werden.

Inhalt des Arbeitsvertrags

Die **Niederschrift zum Arbeitsvertrag** gem. § 1 Nachweisgesetz muss mindestens folgende Angaben enthalten:

- Name und Anschrift der Vertragsparteien
- Zeitpunkt des Beginn des Arbeitsverhältnisses
- bei befristeten Arbeitsverhältnissen: die vorhersehbare Dauer des Arbeitsverhältnisses
- Arbeitsort
- Bezeichnung/Beschreibung der zu leistenden Tätigkeit
- Zusammensetzung und Höhe des Arbeitsentgelts einschließlich der Zuschläge, der Zulagen, Prämien und Sonderzahlungen sowie andere Bestandteile des Arbeitsentgelts und deren Fälligkeit
- vereinbarte Arbeitszeit
- Dauer des jährlichen Erholungsurlaubs
- Fristen für die Kündigung des Arbeitsverhältnisses

- Hinweise auf die Tarifverträge, Betriebs- oder Dienstvereinbarungen, die auf das Arbeitsverhältnis anzuwenden sind.

Auszüge aus dem Arbeitsvertrag zwischen Frau Anders (Arbeitnehmerin) und Herrn Müller (Arbeitgeber)

Aufg. 4.2.1 S. 356

Zwischen Frau Mirjam Anders, Schlossallee 7, Mannheim und der Shirt-Store GmbH, Mauerstr. 15, Mannheim, vertreten durch Herrn Michael Müller, wird folgender Arbeitsvertrag geschlossen:

§ 1 Vertragsgegenstand

Frau Müller wird als T-Shirt-Beflockerin eingestellt.

§ 2 Aufgaben

Ihre Aufgaben ergeben sich aus der ihr ausgehändigten Stellenbeschreibung.

§ 3 Dauer des Vertrags, Kündigung

Das Arbeitsverhältnis beginnt am 01. April 20 ... Die Einstellung erfolgt unbefristet. Während der dreimonatigen Probezeit ist der Vertrag mit einer Frist von 14 Tagen zum Monatsende kündbar. Danach ist das Arbeitsverhältnis von beiden Seiten unter Einhaltung einer Frist von vier Wochen zum Monatsende kündbar.

§ 4 Arbeitzeit

Die wöchentliche Arbeitszeit richtet sich nach den jeweiligen tarifvertraglichen Bestimmungen. Sie beträgt derzeit 40 Wochenstunden. Die Shirt-Store GmbH ist berechtigt, aus dringendem betrieblichen Anlass Überstunden anzuordnen, deren Bezahlung mit der Vergütung des Folgemonats erfolgt.

§ 5 Vergütung

Frau Müller erhält ein monatliches Bruttogehalt von 3 000 EUR, das am Monatsende ausbezahlt wird.

§ 6 Urlaub

Der Jahresurlaub beträgt 30 Werktage. Der Zeitpunkt des Urlaubs ist mit den Interessen des Unternehmens abzustimmen. Für Teilnahme an Fortbildungsveranstaltungen kann Sonderurlaub gewährt werden. Während des Urlaubs darf Frau Anders keiner Erwerbstätigkeit nachgehen.

§ 7 Arbeitsverhinderung

Eine Arbeitsverhinderung und deren voraussichtliche Dauer muss der Arbeitnehmer dem Arbeitgeber unverzüglich mitteilen. Erfolgt eine Arbeitsunfähigkeit infolge einer Erkrankung, hat der Arbeitnehmer spätestens am dritten Krankheitstag eine ärztliche Arbeitsunfähigkeitsbescheinigung, aus der auch die voraussichtliche Dauer hervorgeht, vorzulegen.

§ 8 Verschwiegenheitspflicht

Über alle betrieblichen Angelegenheiten, die dem Arbeitnehmer im Rahmen seiner Tätigkeit bekannt werden, hat der Arbeitnehmer Stillschweigen zu bewahren. Dies gilt auch nach Ausscheiden aus dem Betrieb.

...

§ 11 Schlussbestimmungen

Für Änderungen des Arbeitsvertrags ist die Schriftform erforderlich. Sollte aufgrund von Gesetzesänderungen oder Richterrecht ein Bestandteil dieses Vertrages ungültig werden, so werden die übrigen Bestimmungen dadurch nicht berührt.
Im Übrigen gelten die gesetzlichen und tariflichen Bestimmungen in ihrer jeweiligen Fassung. Auf die bestehende Betriebsvereinbarung wird verwiesen. Der Arbeitnehmerin wurde ein Exemplar davon ausgehändigt.

4.2.3 Rechte und Pflichten aus dem Arbeitsvertrag

Aufg. 4.2.2 S. 356
Aufg. 4.2.3 S. 357

Pflichten des Arbeitgebers = Rechte des Arbeitnehmers

- **Beschäftigung**

Der Arbeitnehmer hat nicht nur die Pflicht, sondern auch das Recht auf Beschäftigung im Betrieb. Das gilt auch dann noch, wenn bereits eine Kündigung ausgesprochen wurde. Der Arbeitgeber hat den Arbeitnehmer entsprechend den Vereinbarungen im Arbeitsvertrag zu beschäftigen. Ab sechs Monaten Betriebszughörigkeit können Arbeitnehmer in Betrieben mit mehr als 15 Arbeitnehmern (ohne Auszubildende) eine Teilzeitbeschäftigung verlangen.

TzBfG § 8

- **Vergütung**

AGG § 8

Die Vergütung ist die Hauptpflicht des Arbeitsgebers. Wurde keine Vereinbarung über das Arbeitsentgelt getroffen, so gilt der **Tariflohn** als vereinbart. Der **Gleichberechtigungsgrundsatz** sowie das **Allgemeine Gleichbehandlungsgesetz** verbieten es, dass Frauen bei gleichwertiger Arbeit ein geringerer Lohn gezahlt wird.

EntGeltFZG §§ 3, 4, 5

Ein Arbeitnehmer, dessen Arbeitsverhältnis schon mindestens vier Wochen ununterbrochen besteht, hat im Falle einer **unverschuldeten Krankheit** Anspruch auf 100 % des **Arbeitsentgelts** bei regelmäßiger Arbeitszeit für die Dauer der Arbeitsunfähigkeit bis zur **Dauer von sechs Wochen**. Dauert die Arbeitsunfähigkeit länger als drei Tage, ist ein **ärztliches Zeugnis** beizubringen. Eine **Krankheit** ist dann **verschuldet**, wenn sie auf groben Verstoß gegen das im eigenen Interesse zu erwartende Verhalten des Menschen zurückzuführen ist. Bei Arbeitsunfähigkeit, die auf **Sportunfälle** zurückzuführen ist, liegt Verschulden u. a. dann vor, wenn der Arbeitnehmer sich die Verletzung bei einer sog. **gefährlichen Sportart** zugezogen hat oder bei anderen Sportarten in grober Weise oder leichtsinnig gegen anerkannte Regeln verstoßen hat.

- **Fürsorge**

Der Arbeitgeber hat die Pflicht, auf die Erhaltung der Gesundheit des Arbeitnehmers zu achten, die Unfallverhütungsvorschriften und Arbeitsgesetze einzuhalten, die Anmeldung zur Sozialversicherung vorzunehmen und den zustehenden Erholungsurlaub zu gewähren.

- **Zeugnis**

Aufg. 4.2.4 S. 358

BGB § 630
GewO § 109

Der Arbeitnehmer kann beim Ausscheiden vom Arbeitgeber ein schriftliches Zeugnis über Art und Dauer seiner Beschäftigung fordern **(einfaches Zeugnis)**. Auf Wunsch ist es auch auf Führung und Leistung auszudehnen **(qualifiziertes Zeugnis)**. Die Beurteilung soll nach Möglichkeit in positiver Form erfolgen. Werden aber wesentliche ungünstige Vorkommnisse verschwiegen oder unwahre Angaben gemacht, so dass ein falscher Gesamteindruck entsteht, kann der Aussteller des Zeugnisses gegenüber einem späteren Arbeitgeber schadenersatzpflichtig werden. Als Folge der Schwierigkeit, einerseits positive Formulierungen zu wählen, andererseits aber gravierende Schwächen des Arbeitnehmers nicht verschweigen zu dürfen, hat sich ein **Zeugniscode** herausgebildet. Die Formulierungen dieser Zeugnissprache lassen indirekt das Maß der Zufriedenheit erkennen.

Formulierungen für Arbeitszeugnisse	
Zeugnistext	**Bedeutung**
... stets zu unser vollsten Zufriedenheit, ... in jeder Hinsicht und in allerbester Weise entsprochen	sehr gut (überdurchschnittlich)
... stets/ständig volle Zufriedenheit ... in jeder Hinsicht und in bester Weise entsprochen	gut

Zeugnistext	Bedeutung
... volle Zufriedenheit ... in jeder Hinsicht entsprochen	befriedigend
Zufriedenheit	ausreichend
... im Großen und Ganzen zur Zufriedenheit ... hat unseren Erwartungen entsprochen	mangelhaft
... hat sich bemüht	ungenügend
... im gegenseitigen Einvernehmen getrennt	ihm wurde gekündigt
... alle Arbeiten ordnungsgemäß erledigt	Bürokrat ohne Eigeninitiative
... bemühte sich, den Anforderungen gerecht zu werden	Versager
... zeigte für die Arbeit Verständnis	faul und arbeitsscheu
... trug durch seine Geselligkeit zur Verbesserung des Betriebsklimas bei	übertriebener Alkoholkonsum

Zur vollsten Zufriedenheit: Nur „vollste" heißt sehr gut

Ist ein Arbeitgeber der Meinung, ein Arbeitnehmer sei „sehr gut" gewesen, dann darf er im Zeugnis nicht von einer „vollen" Zufriedenheit sprechen. Er muss – abweichend von der laut Duden richtigen Formulierung „voll" – die sprachlich falsche Formulierung „vollste" Zufriedenheit wählen, weil diese Formulierung unter Personalleitern üblich ist.

Bundesarbeitsgericht, 5 AZR 573/91

Pflichten des Arbeitnehmers = Rechte des Arbeitgebers

■ Dienstleistung

Der Arbeitnehmer ist verpflichtet, die ihm übertragenen Aufgaben pünktlich, gewissenhaft und seinen Fähigkeiten entsprechend auszuführen. Die Arbeitsleistung muss von ihm persönlich erbracht werden und kann grundsätzlich nicht an Dritte übertragen werden. Der Arbeitgeber hat ein Weisungsrecht, das er ganz oder teilweise auf Vorgesetzte des Arbeitnehmers übertragen kann. Die Anweisungen hat der Arbeitnehmer zu befolgen **(Gehorsamspflicht, Weisungsbefolgungspflicht)**. Es dürfen aber nur Weisungen erteilt und Arbeiten verlangt werden, die im Rahmen des Arbeitsvertrages und nach allgemeiner Rechtsauffassung zulässig sind. Dabei sind auch Arbeitsschutzbestimmungen, Betriebsvereinbarungen und das durch Art. 1 des Grundgesetzes geschützte Persönlichkeitsrecht zu berücksichtigen.

BGB § 613

GewO § 106

GG Art. 1

Zumutbare und unzumutbare Arbeit

Als zumutbar gilt u. a. die Pflege eines Kraftfahrzeugs durch einen Fahrer, das Aufräumen seines Arbeitsplatzes durch einen Schlosser, ...
Als unzumutbar gelten u. a. das Fahren eines Lieferwagens durch einen kaufm. Angestellten, die Tätigkeit eines Autoverkäufers durch einen Lohnbuchhalter, ...

Einschränkung der Weisungsbefugnis

Eines Tages erscheint Frau Anders mit einer neuen „Afrolook-Frisur" an ihrem Arbeitsplatz. Die Aufforderung des Arbeitgebers, sich einen „durchschnittlichen mitteleuropäischen Haarschnitt" zuzulegen verstößt gegen das in Art. 1 des Grundgesetzes geschützte Persönlichkeitsrecht.

Treuepflicht, Verschwiegenheitspflicht, Schmiergeldverbot

Der Arbeitnehmer muss die Interessen des Arbeitgebers und des Betriebs wahrnehmen. Er darf weder Geschäftsgeheimnisse (z. B. Konstruktions- und Kalkulationsunterlagen) weitergeben noch den Ruf des Arbeitgebers schädigen. Zur Treuepflicht gehört auch, dass der Arbeitnehmer keine Schmiergelder, Geschenke oder sonstige Vorteile annehmen darf.

Verrat von Geschäftsgeheimnissen

UWG §§ 17 ff.

Frau Müller, Buchhalterin in der Textilfabrik Walter Schneider, gibt die Unterlagen zur Preiskalkulation für T-Shirts an einen befreundeten Unternehmer aus der Textilbranche weiter. Ihr drohen – neben der fristlosen Kündigung – gem. UWG §§ 17–19 auch eine Geld- oder Gefängnisstrafe sowie Schadenersatzforderungen.

Handels- und Wettbewerbsverbot

HGB §§ 74–75c

GeWO § 110

Aus der Treuepflicht ergibt sich auch die Pflicht zur Beachtung des Wettbewerbsverbots. Ohne Einwilligung des Arbeitgebers darf der Arbeitnehmer weder mit einem eigenen Unternehmen in Konkurrenz zum Arbeitgeber treten noch im Geschäftszweig des Arbeitgebers Geschäfte betreiben oder Konkurrenzunternehmen beraten. Das **Wettbewerbsverbot** gilt für die Zeitdauer das Arbeitsverhältnisses. Für die Zeit nach Ende des Arbeitsverhältnisses kann darüber hinaus ein vertragliches Wettbewerbsverbot **(Konkurrenzklausel)** vereinbart werden. Voraussetzung für die Wirksamkeit einer solchen Klausel ist, dass sie schriftlich vereinbart ist, eine Entschädigungsregelung beinhaltet, keine wesentliche Berufserschwernis mit sich bringt und eine maximale Dauer von zwei Jahren hat.

Wettbewerbsverbot

Frau Müller, Lohnbuchhalterin bei der Textilfabrik Walter Schneider, darf nebenberuflich für einen befreundeten Getränkehändler Buchführungsarbeiten erledigen, solange die Nebentätigkeit die Arbeitsleistung in ihrem Hauptberuf nicht beeinträchtigt. Bei einem anderen Textilbetrieb dürfte sie ohne Zustimmung ihres Arbeitgebers eine solche Tätigkeit nicht übernehmen.

Schadenersatzpflicht

BGB § 276

Der Arbeitgeber kann vom Arbeitnehmer nicht nur bei Verstoß gegen die Verschwiegenheitspflicht oder das Wettbewerbsverbot Ersatz des entstandenen Schadens verlangen. Ersatzansprüche bestehen vielmehr für alle durch schuldhafte Pflichtverletzung des Arbeitnehmers entstandenen Schäden. Eine schuldhafte Pflichtverletzung liegt nicht nur bei vorsätzlichem (= absichtlichem), sondern in bestimmten Fällen auch bei fahrlässigem (= die erforderliche Sorgfalt außer Acht lassendem) Handeln vor. Um aber für einen Arbeitnehmer das Haftungsrisiko einzuschränken und ihn vor einem lebenslänglichen finanziellen Ruin zu bewahren, hat die Rechtsprechung die Haftung des Arbeitnehmers für alle im Rahmen seiner Arbeitsleistung verursachten Schäden der Höhe nach begrenzt.

Vorsatz: Schadenersatz in voller Höhe

Grobe Fahrlässigkeit: Grundsätzlich Ersatz des Schadens in voller Höhe; ausnahmsweise Einschränkung, wenn finanzieller Ruin zu befürchten ist oder der Arbeitgeber des Risiko begünstigt hat.

Schadensersatz bei grober Fahrlässigkeit

Herr Sänger ist Lkw-Fahrer bei einer Textilfabrik. Er verursacht einen Verkehrsunfall, weil er bei einer Ampel das Rotlicht übersehen hat. Der Arbeitgeber verlangt von ihm Ersatz des nicht durch eine Versicherung gedeckten Schadens am Lkw in Höhe von 100 000 EUR. Trotz grober Fahrlässigkeit ist die Haftung von Herrn Sänger angemessen zu beschränken, um eine lebenslange Verschuldung zu verhindern.

Mittlere Fahrlässigkeit: Schaden wird zwischen Arbeitgeber und Arbeitnehmer aufgeteilt anhand der Kriterien: Gefahrenhöhe, Verschuldenshöhe, Gehaltshöhe, finanzielle Lage des Arbeitnehmers

Leichte Fahrlässigkeit: Arbeitnehmer ist nicht haftbar.

Schadensersatz bei leichter Fahrlässigkeit

Frau Müller vergisst nach Dienstschluss in ihrem Büro das Licht auszumachen, so dass die Lampen während der ganzen Nacht brennen. Für den entstandenen Schaden in Form erhöhter Stromkosten braucht sie nicht haften, da es sich nur um eine leichte Fahrlässigkeit handelt.

4.2.4 Kündigung eines Arbeitsvertrages[1]

Wesen und Form der Kündigung

Um ein unbefristetes Arbeitsverhältnis zu beenden, bedarf es der Kündigung durch einen der beiden Vertragspartner.

Eine Kündigung ist eine einseitige empfangsbedürftige Willenserklärung eines Arbeitsvertragspartners zur Beendigung des Arbeitsverhältnisses. Sie bedarf zu ihrer Wirksamkeit der Schriftform. BGB § 623

Kündigt der **Arbeitgeber**, so muss er in dem Kündigungsschreiben darauf hinweisen, dass sich der gekündigte Arbeitnehmer unverzüglich bei der **Agentur für Arbeit** arbeitssuchend melden muss, damit er seine Ansprüche aus der Arbeitslosenversicherung nicht verliert.

Vor jeder Kündigung muss der **Betriebsrat** angehört werden. Ohne Anhörung ist die Kündigung unwirksam. Hat der Betriebsrat Bedenken gegen die Kündigung, so muss er dem Arbeitgeber bei einer BetrVG § 102

- ordentlichen Kündigung innerhalb **einer Woche**
- außerordentlichen Kündigung innerhalb von **drei Tagen**

schriftlich seine Gründe darlegen. Schweigt der Betriebsrat auf eine Kündigung, so gilt dies als Zustimmung.

Ordentliche Kündigung (Gesetzliche Kündigung)

Bei einer ordentlichen Kündigung wird das Arbeitsverhältnis unter Einhaltung der gesetzlichen oder vertraglich vereinbarten Kündigungsfrist zu einem bestimmten Zeitpunkt (Kündigungstermin) von einer der beiden Vertragsparteien beendet.

Die Kündigungsfrist beginnt mit dem Zugang der schriftlichen Kündigung. Ihre Dauer ergibt sich entweder aus dem Arbeitsvertrag, dem geltenden Tarifvertrag oder den Vorschriften des Bürgerlichen Gesetzbuches und kann somit unterschiedlich lang sein.

Grundsätzlich haben dabei die Vereinbarungen des **Tarifvertrags** Vorrang. Wurde im individuell ausgehandelten Arbeitsvertrag jedoch eine günstigere Kündigungsfrist als im Tarifvertrag vereinbart, so gelten die Regelungen des **Arbeitsvertrags (Günstigkeitsprinzip)**. Für Arbeitnehmer dürfen aber keine längeren Kündigungsfristen als für den Arbeitgeber vereinbart werden.

1 Kündigungsschutzvorschriften werden in Kap. A 3.3.2 behandelt.

BGB § 622 (1)

Die **gesetzliche Kündigungsfrist** beträgt sowohl für Arbeitgeber als auch für Arbeitnehmer vier Wochen (28 Tage) zum 15. eines Monats oder zum Monatsende. (Achtung: *Vier Wochen ist nicht gleichbedeutend mit 1 Monat.*)

Aufg. 4.2.5 S. 358

BGB § 622 (2)

Kündigt ein **Arbeitgeber**, ist die Kündigungsfrist zusätzlich von der **Dauer der Betriebszugehörigkeit** abhängig. Dabei gelten folgende Fristen.[1]

BGB § 622 (3)

Beschäftigungsdauer	Kündigungsfrist
Mind. 2 Jahre	1 Monat zum Monatsende
Mind. 5 Jahre	2 Monate zum Monatsende
Mind. 8 Jahre	3 Monate zum Monatsende
Mind. 10 Jahre	4 Monate zum Monatsende
Mind. 12 Jahre	5 Monate zum Monatsende
Mind. 15 Jahre	6 Monate zum Monatsende
Mind. 20 Jahre	7 Monate zum Monatsende

Befindet sich ein Arbeitnehmer noch in der **Probezeit** beträgt seine Kündigungsfrist **zwei Wochen**.

Ermittlung des Kündigungstermins

Katja Schmitz, Bürokauffrau, 28 Jahre alt, ist seit 3 Jahren bei der Shirt-Store GmbH beschäftigt.

Arbeitnehmerkündigung: Katja möchte ihre Arbeitsstelle wechseln und das Arbeitsverhältnis bei der Shirt-Store GmbH zum 30. April beenden.

Berechnung des spätesten Zugangs der Kündigung (Kündigungstermin):
Da es sich um eine Arbeitnehmerkündigung handelt, muss die Kündigung dem Arbeitgeber spätestens **vier Wochen (28 Tage)** vor Arbeitsvertragsende (hier: 30. April) zugehen.

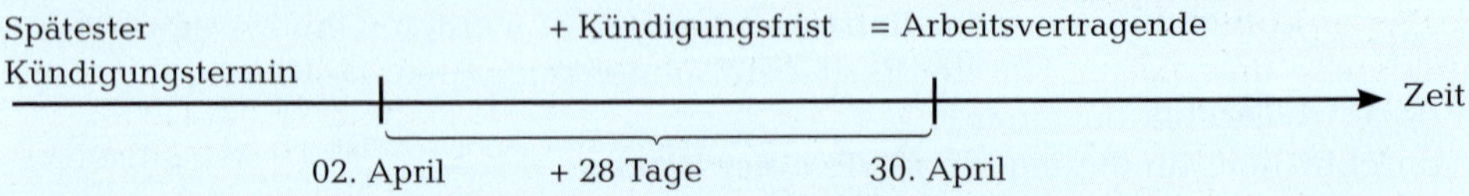

Katja muss spätestens am 02. April ihre Kündigung direkt beim Arbeitgeber abgegeben oder anderweitig dafür sorgen, dass dem Arbeitgeber die Kündigung bis zu diesem Termin zugegangen ist.

Wenn Katja zum 15. April (Monatsmitte) kündigen möchte, müsste die Kündigung dem Arbeitgeber spätestens am 18. März zugehen.

Arbeitgeberkündigung: Aufgrund starker Umsatzrückgänge will die Shirt-Store GmbH Personal abbauen und das Arbeitsverhältnis mit Katja Schmitz zum 30. April beenden.

Berechnung des spätesten Zugangs der Kündigung:
Da es sich um eine Arbeitgeberkündigung handelt, gelten die verlängerten Kündigungsfristen. Katja ist seit 3 Jahren bei der Wedel GmbH beschäftigt. Somit beträgt ihre Kündigungsfrist **1 Monat** zum Monatsende (vgl. Tabelle).

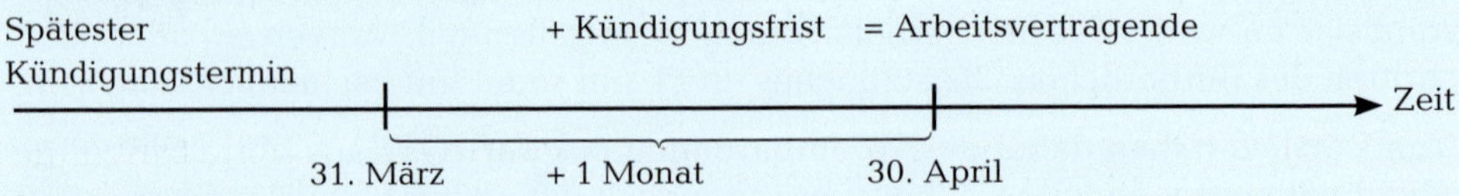

Katja muss spätestens am 31. März die Kündigung zugehen. Eine Kündigung zur Monatsmitte ist in diesem Fall nicht möglich.

1 Die BGB-Regelung, dass die Beschäftigungsdauer vor dem vollendeten 25. Lebensjahr dabei nicht berücksichtigt wird, verstößt nach einem Urteil des Europäischen Gerichtshofs gegen EU-Recht (EUGH AZ C-555/07 vom 19.01.2010).

Außerordentliche Kündigung (Fristlose Kündigung)

Bei einer außerordentlichen Kündigung wird das Arbeitsverhältnis sofort, das heißt am Tag des Zugangs der Willenserklärung, beendet (= fristlose Kündigung). Eine solche Kündigung erfolgt, wenn ein wichtiger Kündigungsgrund vorliegt oder die Fortsetzung des Arbeitsverhältnisses bis zum Ablauf der normalen Kündigungsfrist nicht zumutbar ist.

BGB § 626

Gründe für eine außerordentliche Kündigung

Straftat während der Arbeitszeit (z. B. Diebstahl aus der Ladenkasse), eigenmächtiger Urlaubsantritt (z. B. Urlaub trotz Urlaubssperre), grobe Beleidigung oder Tätlichkeit, sexuelle Belästigung, Mobbing, ungerechtfertigte Arbeitsverweigerung, Verstöße gegen die Schweigepflicht, erheblicher Lohnrückstand, …

Zusammenfassende Übersicht zu Kap. 4.2: Arbeitsvertrag

Arbeitsrecht

Arbeitgeberverband ↔ **Tarifvertrag TVG § 2** ↔ **Gewerkschaften**

Arbeitgeber ↔ **Betriebsvereinbarungen BetrVG § 7** ↔ **Betriebsrat**

Arbeitgeber ↔ **Arbeitsvertrag Vertragsfreiheit** BGB § 611 ↔ **Arbeitnehmer**

Pflichten (= Rechte des Arbeitnehmers)
- Beschäftigung
- Vergütung HGB § 64
- Fürsorge HGB § 62
- Zeugnis BGB § 630, GeWO § 109

Abschlussfreiheit, Formfreiheit, Gestaltungsfreiheit GeWO § 105
aber: Niederschrift der Mindestinhalte NachwG § 1,
Einschränkungen durch Gesetze, Tarifverträge, Betriebsvereinbarungen

Pflichten (= Rechte des Arbeitgebers)
- Dienstleistung BGB § 613, GeWO § 106
- Treue
- Verschwiegenheit
- Schmiergeldverbot

(Treue, Verschwiegenheit, Schmiergeldverbot: UWG §§ 17 ff.)
- Handels-/Wettbewerbsverbot GeWO § 110, HGB §§ 60 f., 74 ff.
- Schadenersatzpflicht BGB § 276

Kündigung des Arbeitsverhältnisses

Ordentliche Kündigung
BGB § 622

Arbeitsverhältnis wird unter Einhaltung einer gesetzlichen oder vertraglichen Kündigungsfrist zu einem bestimmten Zeitpunkt beendet

Außerordentliche Kündigung
BGB § 626

Arbeitsverhältnis wird sofort, d. h. ohne Einhaltung einer Kündigungsfrist, beendet.
Voraussetzung:
Vorliegen eines wichtigen Grundes

Fragen zur Wiederholung

zu Kapitel 4.2 Arbeitsvertrag

4.2.1 Arbeitsvertrag im Verhältnis zu anderen arbeitsrechtlichen Regelungen

1. Nennen Sie Rechtsquellen, deren arbeitsrechtliche Vorschriften bei der Personaleinstellung berücksichtigt werden müssen.
2. Was ist unter dem Günstigkeitsprinzip zu verstehen?

4.2.2 Abschluss und Inhalt eines Arbeitsvertrages

1. Grenzen Sie Dienst- und Arbeitsvertrag voneinander ab.
2. BGB § 60 Welche Mindestinhalte müssen in die Niederschrift zum Arbeitsvertrag eingehen?
3. In welcher Form kann ein Arbeitsvertrag abgeschlossen werden?

4.2.3 Rechten und Pflichten aus dem Arbeitsvertrag

1. Nennen Sie die wesentlichen Pflichten des Arbeitgebers aus dem Arbeitsvertrag.
2. Welche Regelung gilt für die Vergütung bei Krankheit des Arbeitnehmers?
3. Nennen Sie Formulierungsbeispiele für die Leistungsbeurteilung in einem Zeugnis und geben Sie die Bedeutung der Formulierung an.
4. Nennen Sie die wesentlichen Pflichten des Arbeitnehmers aus dem Arbeitsvertrag.
5. In welchen Fällen ist der Arbeitnehmer dem Arbeitgeber schadenersatzpflichtig?

4.2.4 Kündigung des Arbeitsvertrags

1. Welche Art der Willenserklärung liegt bei einer Kündigung vor?
2. Nennen Sie die Voraussetzungen für eine rechtsgültige Kündigung.
3. Erläutern Sie den Unterschied zwischen einer ordentlichen und einer außerordentlichen Kündigung.
4. Welche Bedeutung hat die Kündigungsfrist bei der ordentlichen Kündigung?
5. Beschreiben Sie mögliche Zusammenhänge zwischen der Dauer eines Arbeitsvertrags, dem Alter eines Arbeitnehmers und der Kündigungsfrist.
6. Nennen Sie drei Kündigungsgründe, die eine fristlose Kündigung rechtfertigen.

Aufgaben und Probleme

zu Kapitel 4.2 Arbeitsvertrag

4.2.1 Arbeitsvertrag

Prüfen Sie, ob die in dem auf S. 349 abgedruckten Arbeitsvertag enthaltenen Regelungen den gesetzlichen Bestimmungen entsprechen. Geben Sie zu den vertraglichen Regelungen die jeweils entsprechende gesetzliche Regelung an.

4.2.2 Arbeitsvertrag – Rechte und Pflichten

Karl Simonis, 45 Jahre, ist seit 15 Jahren bei der Maschinenbau Schnieder GmbH als Leiter der Buchhaltung beschäftigt.

1. Lösen Sie folgende arbeitsrechtlichen Probleme:
   a) Ist es Herrn Simonis erlaubt, einer Nebentätigkeit als Versicherungsvermittler nachzugehen?
   b) Kann Herr Simonis sich von einem Bekannten, der dieselbe Berufsausbildung wie er hat, bei der Arbeit vertreten lassen, wenn er wichtige Privatangelegenheiten zu erledigen hat?

c) Da ein Fahrer des Unternehmens erkrankt ist, wird Herr Simonis von der Geschäftsleitung angewiesen, mit dem betriebseigenen Lieferwagen ein fertig gestelltes Maschinenteil zu einem Kunden zu bringen. Muss er diese Weisung befolgen?
d) Durch einen Bedienungsfehler zerstört Herr Simonis versehentlich die Festplatte des PC an seinem Arbeitsplatz. Kann der Arbeitgeber Ersatz des entstandenen Schadens verlangen?
e) Verletzt Herr Simonis seine Treuepflicht, wenn er sich an einem Streikaufruf seiner Gewerkschaft beteiligt?

2. Der Arbeitsvertrag von Herrn Simonis enthält folgende Klausel:

> „Während der Dauer des Arbeitsverhältnisses gilt das gesetzliche Handels- und Wettbewerbsverbot. Der Arbeitnehmer verpflichtet sich, auch nach seinem Ausscheiden aus dem Arbeitsverhältnis das Wettbewerbsverbot noch 2 Jahre einzuhalten."

Prüfen Sie, ob Herr Simonis aufgrund dieser Regelung folgende Tätigkeiten ausüben darf:

a) Neben seiner Tätigkeit als Buchhalter Gründung eines Verlags für die Fachzeitschrift „Der Bilanzbuchhalter", HGB §§ 60, 74
b) Ausführung von Buchführungsarbeiten für einen Supermarkt nach Feierabend,
c) Import und Verkauf von Heimwerkermaschinen auf eigene Rechnung (Die Maschinenbau Schnieder GmbH stellt auch solche Maschinen her.) HGB §§ 60, 61
d) unmittelbar nach Beendigung des Arbeitsverhältnisses: Eintritt als Vollhafter in ein Unternehmen der gleichen Branche wie die Werkzeugmaschinen GmbH BGB § 626

3. Was kann der Arbeitgeber unternehmen, wenn Herr Simonis gegen das Handels- und Wettbewerbsverbot verstößt?
4. Herr Simonis wird krank. Muss der Arbeitgeber ihm trotzdem sein Gehalt zahlen? EntgFG § 3
5. Ein Kollege von Herrn Simonis ist ein guter Fußballspieler. Er fehlt häufig einige Tage, weil er die am Wochenende beim Fußballspiel erlittenen Verletzungen auskurieren muss. Muss der Arbeitgeber für diese Fehlzeiten Gehalt zahlen?
6. Herr Simonis bewirbt sich auf eine Stellenanzeige als Buchhalter bei einem anderen Unternehmen und wird zu einem Vorstellungsgespräch eingeladen.
   a) In dem Einladungsschreiben war nichts über den Ersatz der ihm durch das Vorstellungsgespräch entstehenden Auslagen (z. B. Fahrtkosten) erwähnt. BGB § 670
   Prüfen Sie, ob das einladende Unternehmen Herrn Simonis diese Auslagen erstatten muss.
   b) In dem Vorstellungsgespräch am 25.01. gibt Herr Simonis die Zusage, am 01.04. die Arbeit aufzunehmen. Am 30.01. erhält er zwei vom Arbeitgeber unterschriebene Ausfertigungen des Arbeitsvertrags, unterschreibt beide und schickt ein Exemplar davon noch am selben Tag an den Arbeitgeber zurück. Wann ist der Arbeitsvertrag zustande gekommen? NachwG § 2
   c) Nachdem Herr Simonis sein Arbeitsverhältnis bei der Maschinenbau Schnieder GmbH fristgemäß zum 31. März gekündigt hat, versucht die Geschäftsleitung der GmbH, ihn zum Bleiben zu bewegen.
   Mit welchen Folgen müsste Herr Simonis rechnen, wenn er die neue Stelle nicht antreten würde?

4.2.3 Arbeitsvertrag – Gestaltungsfreiheit

Prüfen Sie, ob folgende Vereinbarungen in einem Arbeitsvertrag eines Buchhalters zulässig sind.

1. Die Probezeit beträgt drei Monate. Innerhalb dieser Zeit ist jederzeit eine Kündigung ohne Angabe von Gründen möglich. BGB § 622 (3)
2. Der Arbeitnehmer verpflichtet sich, nicht selbstständig Geschäfte zu betreiben und keine nebenberuflichen Arbeiten zu übernehmen. HGB § 60
3. Der Jahresurlaub beträgt im ersten Jahr für jeden Monat Betriebszugehörigkeit einen Werktag. Danach wird ein Jahresurlaub von 20 Werktagen jährlich gewährt. BUrlG §§ 3, 4
4. Der Arbeitnehmer erklärt sich bereit, bei Personalknappheit auch aushilfsweise Ablagetätigkeiten zu übernehmen.
5. Der Arbeitnehmer sichert zu, dass er sich an keinem Streik beteiligen wird.

4.2.4 Zeugnis

1. Inge Beyer hat bei Ihrem Ausscheiden aus der Shirt-Store GmbH folgendes Zeugnis erhalten. Begründen Sie, ob es sich hierbei um ein gutes oder schlechtes Zeugnis handelt.

> Shirt-Store GmbH, Schlossalle 7, Mannheim
>
> **Arbeitszeugnis**
>
> Frau Inge Beyer, geboren am 258.07.1990, war vom 01.01.12 bis 15.06.13 in unserem Unternehmen als kaufmännische Angestellte beschäftigt. Zu ihrem Aufgabenbereich gehörte die Durchführung und Bearbeitung von Bestellungen sowie deren Buchung im SAP-System. Weiterhin war sie für die Erstellung der Lohn- und Gehaltsabrechnungen und deren Buchung zuständig.
>
> Frau Beyer hat sich stets bemüht, die ihr übertragenen Aufgaben zu unserer Zufriedenheit zu erledigen. Ihr Verhalten gegenüber ihren Vorgesetzten war einwandfrei. Frau Beyer scheidet im gegenseitigen Einvernehmen aus unserem Unternehmen aus.
>
> Mannheim, 20.06.13
>
> Anja Krause
> Shirt-Store GmbH

2. Frau Krause, Leiterin der Personalabteilung der Shirt-Store GmbH, hat einer Angestellten nach deren Kündigung aus Mitleid ein falsches Zeugnis ausgestellt. Obwohl Unregelmäßigkeiten bei der Kassenführung aufgetreten waren, hat Frau Krause die ehemalige Mitarbeiterin als „ehrlich" beschrieben. Nachdem es beim neuen Arbeitgeber zu ähnlichen Vorfällen kam, hat dieser die Shirt-Store GmbH auf Zahlung von Schadenersatz verklagt.
   Halten Sie diese Klage für berechtigt und erfolgversprechend?
3. Erläutern Sie den Zielkonflikt eines Arbeitgebers im Zusammenhang mit der Ausstellung von Arbeitszeugnissen. Wie wird dieser Zielkonflikt in der Praxis gelöst?

4.2.5 Kündigung des Arbeitsverhältnisses

1. Gesetzliche Kündigungsfrist
   BGB § 622 (1) und (2)
   Karl Simonis, 45 Jahre, ist seit 15 Jahren bei der Maschinenbau Schnieder GmbH als kaufm. Angestellter beschäftigt. Zu welchem Termin und mit welcher Frist kann
   a) er selbst kündigen
   b) der Arbeitgeber ihm kündigen,
   wenn die gesetzlichen Kündigungsfristen gelten?
2. Vertragliche Kündigungsfrist
   BGB § 622 (4)
   Prüfen Sie, ob folgende Vereinbarungen zulässig sind:
   a) In einem Tarifvertrag wird vereinbart, dass die verlängerte Kündigungsfrist gem. § 622 (2) BGB für fünf-, zehn- und zwanzigjährige Betriebszugehörigkeit auf drei Wochen, einen Monat und zwei Monate gekürzt wird.
   b) In einem Arbeitsvertrag zwischen einem leitenden Angestellten und einem Industriebetrieb wird eine Kündigungsfrist für beide Seiten von 18 Monaten vereinbart.
   BGB § 622 (6)
   c) In einem Arbeitsvertrag wird vereinbart, dass die Kündigungsfrist bei Kündigung durch
      - den Arbeitgeber sechs Monate
      - den Arbeitnehmer neun Monate beträgt.
   BGB § 622 (1) und (5)
   d) In einem auf Dauer angelegten Arbeitsvertrag zwischen einem Industriebetrieb (50 Mitarbeiter) und einem Facharbeiter wird für beide Teile eine Kündigungsfrist von zwei Wochen vereinbart.
3. Beurteilen Sie, ob der Arbeitgeber in folgenden Fällen eine außerordentliche Kündigung wirksam aussprechen kann:
   a) Übertretung des Rauchverbots im Büro,
   b) Unterschlagung von Betriebsgeldern,
   c) zu langsame Arbeitsweise,
   d) langdauernde Krankheit,
   e) unerwarteter Ausfall eines Großauftrags,
   f) Entziehung der Fahrerlaubnis für einen Kraftfahrer.

D Grundlagen der doppelten Buchführung

1 Aufgaben der Buchführung – Gesetzliche Grundlagen

In einem Unternehmen werden täglich vielfältige Tätigkeiten ausgeübt, die Einfluss auf Höhe oder Zusammensetzung des Vermögens und/oder der Schulden haben (z. B. Kauf von Rohstoffen, Verarbeitung der Rohstoffe zu fertigen Erzeugnissen, Bezahlung von Rechnungen, Überweisung von Löhnen und Gehältern). Solche Vorgänge werden als **Geschäftsvorfälle** bezeichnet.

Geschäftsvorfälle sind Vorgänge in einem Unternehmen, durch die sich die Höhe oder die Zusammensetzung von Vermögen und/oder Schulden des Unternehmens ändern.

Unter Buchführung ist die planmäßige, lückenlose, zeitlich und sachlich geordnete Aufzeichnung aller Geschäftsvorfälle in einem Unternehmen zu verstehen.

Die Buchführung liefert wichtige Informationen für ein Unternehmen. Gleichzeitig dient sie dazu, die gesetzlich vorgeschriebenen Informationsanforderungen (z. B. Feststellung der Besteuerungsgrundlagen) zu erfüllen. Wesentliche Aufgaben sind:

- Ermittlung der Höhe und der Veränderung von Vermögen und Schulden eines Unternehmens
- Ergebnisermittlung (Gewinn oder Verlust)
- Ermittlung der Besteuerungsgrundlagen (z. B. Umsatz: → Umsatzsteuer, Löhne und Gehälter → Lohnsteuer, Gewinn → Einkommen- bzw. Körperschaftsteuer)
- Bereitstellung von Zahlenmaterial für die Kostenrechnung und die betriebliche Statistik
- Bereitstellung von Zahlenmaterial für innerbetriebliche Kontrollen (z. B. Vergleich zwischen buchmäßigem und tatsächlichem Kassen- oder Lagerbestand)

Damit die Unternehmen diesen Informationsbedürfnissen gerecht werden, hat der Gesetzgeber eine Reihe **gesetzlicher Vorschriften** erlassen, die sich in zwei große Bereiche einteilen lassen: Kap. D 3.1 u. 6

Handelsrechtliche Bestimmungen (Handelsrecht)	**Steuerrechtliche Bestimmungen** (Steuerrecht)
Handelsgesetzbuch (HGB), Grundsätze ordnungsmäßiger Buchführung (GoB) *Zielsetzung:* Schutz der Gläubiger sowie Schutz der Eigentümer	Abgabenordnung (AO), Einkommensteuergesetz (EStG), Umsatzsteuergesetz (UStG) *Zielsetzung:* gerechte Besteuerung, Rechtssicherheit in Fragen der Besteuerung

Buchführungspflicht	
Handelsgesetzbuch HGB §§ 238, 241a	**Steuerrecht** AO § 140
Einzelkaufleute, wenn in zwei aufeinanderfolgenden Geschäftsjahren die Umsatzerlöse 500 000 EUR und der Jahresüberschuss 50 000 EUR übersteigen.	Alle nach Handelsrecht buchführungspflichtigen Unternehmen sind auch nach Steuerrecht buchführungspflichtig. Andere Gewerbetreibende und Freiberufler müssen u. U. für die Ermittlung des einkommensteuerpflichtigen Gewinns eine Einnahmenüberschussrechnung (EÜR) erstellen.
alle Personengesellschaften (z. B. OHG, KG)	
alle Kapitalgesellschaften (z. B. GmbH, AG)	

Zusammenfassende Übersicht zu Kap. 1:
Aufgaben der Buchführung – Gesetzliche Grundlagen

Buchführung ist die systematische und lückenlose Aufzeichnung aller Geschäftsvorfälle in einem Unternehmen:

Aufgaben der Buchführung

Dokumentationsfunktion	Kontrollfunktion	Informationsfunktion

Buchführungspflichtige Unternehmen müssen handels- **und** steuerrechtliche Bestimmungen beachten **(Handelsrecht, Steuerrecht)**.

Adressaten der Buchführung

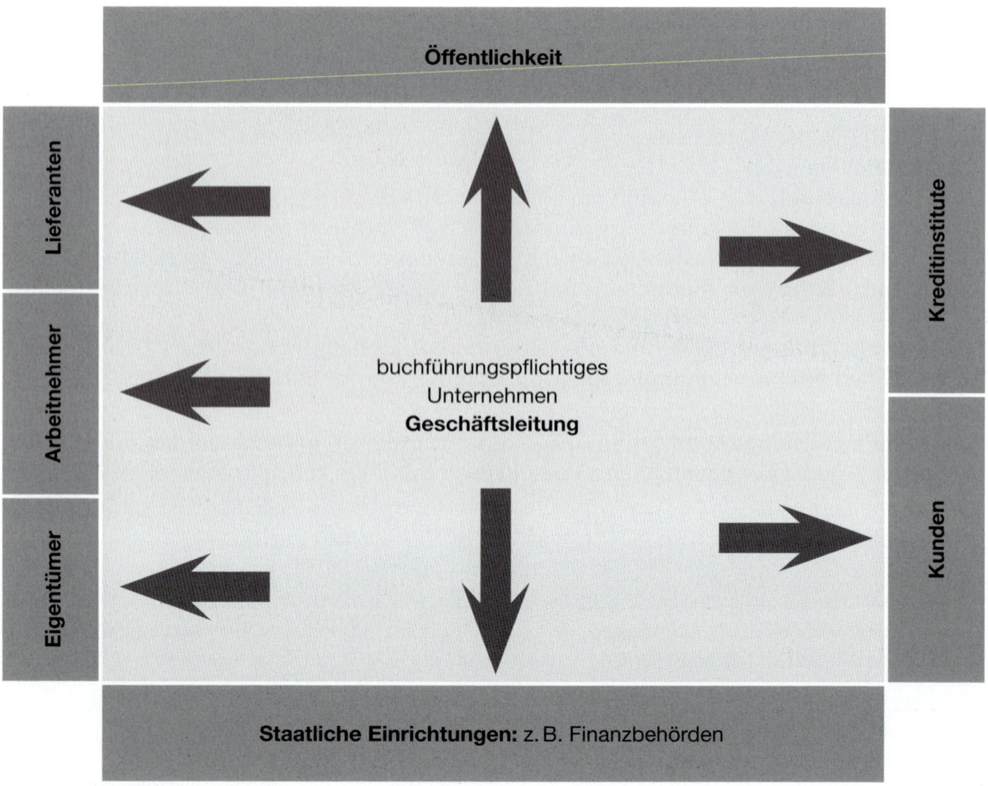

Fragen zur Wiederholung

zu Kapitel 1 Aufgaben der Buchführung – Gesetzliche Grundlagen

1. Welche Aufgaben erfüllt die Buchführung?
2. Weshalb gibt es handelsrechtliche und steuerrechtliche Bestimmungen?

2 Kontoführung am Beispiel des Bargeldbestands

Kassenbuch

In einem Unternehmen ereignen sich **Geschäftsvorfälle**, die den Bargeldbestand verändern. Die verantwortliche Person führt ein **Kassenbuch**, aus dem ersichtlich wird, welche Bargeldbewegungen stattgefunden haben. Zudem kann mithilfe eines Kassenbuchs ohne aufwändiges Zählen ermittelt werden, welcher Geldbetrag in der Kasse sein müsste. Im Kassenbuch werden die **Einnahmen** und **Ausgaben** in getrennten Spalten einander gegenübergestellt. Für jeden Geschäftsvorfall werden weitere Angaben wie z. B. Datum, Buchungstext und Beleg-Nr. festgehalten.

Änderung des Kassenstands

In einem Textildruck-Sportgeschäft verändern die folgenden fünf Geschäftsvorfälle vom 02.01.. den Bargeldbestand des Unternehmens. Der Kassierer zählt bei Geschäftsbeginn 1 800,00 EUR.
KB = Kassenbeleg; AB = Anfangsbestand

KB 1:	**Bar**kauf eines Druckers für das Sekretariat	570,00 EUR
KB 2:	**Bar**kauf von 50 T-Shirts bei einem Lieferer	350,00 EUR
KB 3:	**Bar**verkauf von vier bedruckten T-Shirts an einen Kunden	60,00 EUR
KB 4:	**Bar**abhebung vom Geschäftskonto bei der Sparkasse	2 000,00 EUR
KB 5:	Der Lieferwagen wird gegen **Bar**zahlung vollgetankt	80,00 EUR

Der Anfangsbestand und die Bargeldbewegungen werden in das **Kassenbuch** eingetragen:

Kassenbuch				**in EUR**
Datum	**Buchungstext**	**Beleg-Nr.**	**Einnahme**	**Ausgabe**
02.01...	Anfangsbestand	AB	1 800,00	
02.01...	Drucker	KB1		570,00
02.01...	T-Shirt Einkauf	KB2		350,00
02.01...	T-Shirt Verkauf	KB3	60,00	
02.01...	Barabhebung Sparkasse	KB4	2 000,00	
02.01...	Benzin	KB5		80,00
02.01...		Summe	3 860,00	1 000,00

Buch-Ist-Vergleich beim Abschluss des Kassenbuchs[1]

Mithilfe eines **Kassenabschlusses** wird geprüft, ob die Kasse ordnungsgemäß geführt wurde. Durch Zählen wird der tatsächlich vorhandene Bargeldbestand ermittelt **(Istbestand)** und in einer Zählliste festgehalten. Die Aufzeichnungen im Kassenbuch ermöglichen eine Berechnung des Bestands, der vorliegen „sollte" **(Buchbestand[1])**.

	Anfangsbestand
+	Summe der gebuchten Einnahmen
–	Summe der gebuchten Ausgaben
=	Buchbestand

Beim Buch-Ist-Vergleich wird der tatsächlich vorliegende Bestand (= Istbestand) mit dem durch schriftliche Aufzeichnungen ermittelten Bestand (= Buchbestand) verglichen.

1 Der Buchbestand wird zuweilen auch als Sollbestand bezeichnet. Demzufolge wird der Buch-Ist-Vergleich auch Soll-Ist-Vergleich genannt.

Kap. D 6.2

Kasse und Kassenbuch wurden ordnungsgemäß geführt, wenn **Istbestand** und **Buchbestand** übereinstimmen. Im Falle einer Abweichung zwischen Buchbestand und Istbestand müssen zunächst alle Eintragungen und Berechnungen überprüft werden. Wenn der Fehler nicht gefunden wird und Bargeld fehlt, muss entweder der Kassierer den Betrag aus eigener Tasche bezahlen oder der Fehlbetrag wird im Kassenbuch „ausgebucht“. Dies geschieht mithilfe einer **Korrekturbuchung** in der Ausgabenspalte. Nach jedem Kassenabschluss müssen Istbestand und Buchbestand übereinstimmen.

Kasse: Istbestand – Buchbestand

Istbestand laut Zählliste	=	**2 860,00 EUR**
Buchbestand laut Kassenbuch	=	Anfangsbestand + Summe Einnahmen – Summe Ausgaben
	=	1 800,00 EUR + 2 060,00 EUR – 1 000,00 EUR = **2 860,00 EUR**

Die Kassenführung ist ordnungsgemäß, da keine Abweichung zwischen Istbestand und Buchbestand vorliegt.

Kassenkonto

Neben dem Kassenbuch stellt das T-Konto eine weitere Möglichkeit zur Darstellung von Bestandsbewegungen dar.

Die linke Seite eines T-Kontos wird mit Soll, die rechte Seite wird mit Haben bezeichnet.

Jedes Konto erhält zur besseren Unterscheidung eine Kontenbezeichnung. Im **Kassenkonto** werden Veränderungen des Bargeldbestands festgehalten. Wie auch im Kassenbuch steht der **Anfangsbestand** auf der linken Seite, also im **Soll**. Deswegen müssen **Zugänge** auf der **Sollseite** und **Abgänge** auf der **Habenseite** festgehalten werden. Mithilfe der „Buchhalternase“ werden in einem T-Konto freie Buchungszeilen für weitere Eintragungen gesperrt.

Konto Kasse

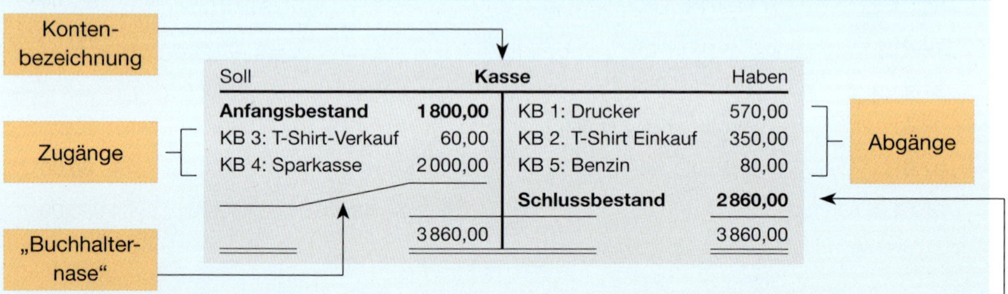

Der Differenzbetrag zwischen der größeren und der kleineren Kontenseite wird als Saldo bezeichnet.

Vorgehensweise zum Abschluss eines Kontos

1. **Addition der wertmäßig größeren Seite**
2. **Übertragung der ermittelten Summe auf die wertmäßig kleinere Seite**
3. **Ermittlung des Differenzbetrags (= Saldo, Schlussbestand)**
4. **Eintragung des Saldos auf der wertmäßig kleineren Seite**
   Danach gilt: Summe der Sollseite = Summe der Habenseite
5. **Doppelstrich unter beide Summen und Entwertung des freien Raums („Buchhalternase“)**

Nach Einsetzen des **Saldos** muss jedes Konto ausgeglichen sein, d. h., die **Summe der Sollbeträge** ist **gleich** der **Summe der Habenbeträge**.

Im Kassenkonto ist die Habenseite immer die kleinere Seite, weil die Ausgaben nicht größer sein können als die Summe aus dem Anfangsbestand und den Einnahmen. Deswegen wird im Kassenkonto der Saldo immer im Haben ausgewiesen.

Saldobildung

Summe größere Seite	3 860,00 EUR	→ Soll
– Summe kleinere Seite	1 000,00 EUR	→ Haben
= Differenz **(Saldo)**	**2 860,00 EUR**	→ Haben
Gezählter Bestand lt. Zählliste (= Istbestand)	**2 860,00 EUR**	

Aufg. 2.1. und 2.2 S. 363 f.

Zusammenfassende Übersicht zu Kap. 2: Kontoführung am Beispiel des Bargeldbestands

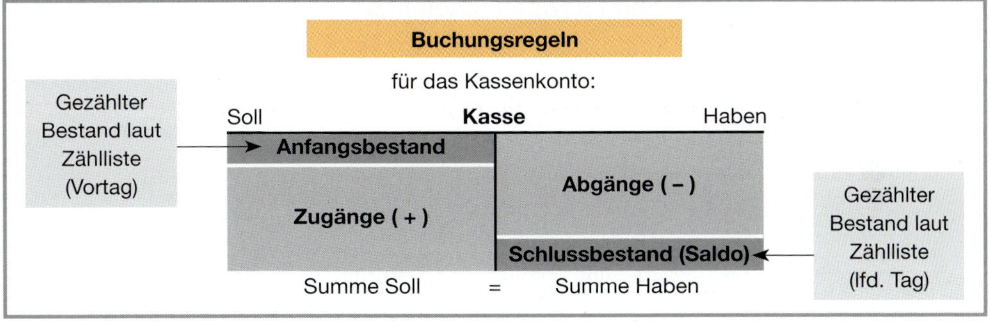

Fragen zur Wiederholung

zu Kapitel 2 Kontoführung am Beispiel des Bargeldbestands

1. Auf welche Weise wird beim Kassenabschluss der Istbestand festgestellt?
2. Was bedeuten in einem T-Konto *Soll* und *Haben*?
3. Wie lauten die Buchungsregeln für das *Kassenkonto*?

Aufgaben und Probleme

zu Kapitel 2 Kontoführung am Beispiel des Bargeldbestands

2.1 Kassenbuch und Kassenkonto führen

Folgende Geschäftsvorfälle ereignen sich am 03.01... in einem Textildruck-Sportgeschäft:

KB 6: Bareinkauf von verschiedenen Büromaterialien	80,00 EUR
KB 7: Ein Mitarbeiter erhält einen Vorschuss	200,00 EUR
KB 8: Ein Kunde bezahlt eine offene Rechnung in bar	5 000,00 EUR
KB 9: Bareinzahlung auf das Geschäftskonto bei der Sparkasse	4 000,00 EUR

PDF

Zu Beginn des Arbeitstages wurde ein Bestand von 2 860,00 EUR gezählt.

1. Führen Sie für den 03.01... das Kassenbuch.
2. Führen Sie für den 03.01... das Kassenkonto und schließen Sie das Kassenkonto unter Berücksichtigung der nachstehenden Zählliste ab.

Noten	Anzahl	Wert	Münzen	Anzahl	Wert
200 EUR	4	800,00 EUR	2 EUR	28	56,00 EUR
100 EUR	18	1 800,00 EUR	1 EUR	44	44,00 EUR
50 EUR	7	350,00 EUR	50 Cent	20	10,00 EUR
20 EUR	14	280,00 EUR	20 Cent	17	3,40 EUR
10 EUR	13	130,00 EUR	10 Cent	16	1,60 EUR
5 EUR	21	105,00 EUR			

3. Welche Ursachen können bei Bargeld zu Differenzen zwischen Ist- und Buchbestand führen?
4. Wie können die in 3. beschriebenen Fehler vermieden werden? Erläutern Sie drei Möglichkeiten.

2.2 Buch-Ist-Vergleich beim Kassenabschluss

Bestand laut Zählliste vom 08.10.: (morgens)	820,00 EUR
Bestand laut Zählliste vom 12.10.: (abends)	100,00 EUR
Summe der gebuchten Bareinnahmen (08.10. bis 12.10.)	1 600,00 EUR
Summe der gebuchten Barausgaben (08.10. bis 12.10.)	2 280,00 EUR

1. Ermitteln Sie den Buchbestand zum 12.10.
2. Erläutern Sie, weshalb der Kassierer beim Kassenabschluss nicht ohne weiteres den Buchbestand übernehmen darf.
3. Überprüfen Sie den Buchbestand und erläutern Sie das Ergebnis.

3 Inventur und Inventar

3.1 Zusammenhang zwischen Inventur und Inventar

Das **Handelsgesetzbuch** (HGB) enthält die für Kaufleute maßgeblichen Vorschriften:

§ 240 HGB Inventar. (1) Jeder Kaufmann hat zu Beginn seines Handelsgewerbes seine Grundstücke, seine Forderungen und Schulden, den Betrag seines baren Geldes sowie seine sonstigen Vermögensgegenstände genau zu verzeichnen und dabei den Wert der einzelnen Vermögensgegenstände und Schulden anzugeben.

(2) Er hat demnächst für den Schluß eines jeden Geschäftsjahrs ein solches Inventar aufzustellen. Die Dauer des Geschäftsjahres darf zwölf Monate nicht überschreiten. …

HGB § 240

Das Verzeichnis, in das die Vermögensgegenstände und Schulden einzeln nach Art und Wert eingetragen werden, wird als **Inventar** bezeichnet**.** Es ist bei Geschäftseröffnung sowie am Ende eines jeden Geschäftsjahres aufzustellen. Somit bezieht es sich immer auf einen Stichtag. Im Rahmen einer **Inventur** müssen das **Vermögen** und die **Schulden** eines Unternehmens erfasst werden.

Inventar ist ein Bestandsverzeichnis des Vermögens und der Schulden, das zum Ende eines Geschäftsjahres erstellt wird. Inventur ist die Tätigkeit der Bestandsaufnahme.

Aufg. 3.1 S. 367

Inventurverfahren[1]

Grundsätzlich ist die Inventur zum letzten Tag eines Geschäftsjahres durchzuführen **(Stichtagsinventur)**. Bei den Vorräten erlaubt der Gesetzgeber unter bestimmten Voraussetzungen vereinfachende Inventurverfahren.

HGB § 241 EStR Abschn. 5.3

Eine Stichtagsinventur liegt vor, wenn alle Vermögensgegenstände an einem festgesetzten Tag, z. B. am 31. Dezember (Stichtag), erfasst werden.

3.2 Gliederung des Inventars

Das Inventar besteht aus der detaillierten Aufstellung aller Positionen, die zum **Vermögen** oder den **Schulden** des Unternehmens zählen. Eine bestimmte Gliederung ist gesetzlich nicht vorgeschrieben. Sie ergibt sich aber aus den Grundsätzen ordnungsmäßiger Buchführung[2] (= GoB). Üblicherweise werden zuerst die Vermögenspositionen und anschließend die Schuldenpositionen aufgeführt.

Das Inventar ist ein ausführliches Verzeichnis aller Vermögensgegenstände und Schulden in Staffelform (= untereinander).

Die einzelnen **Vermögenspositionen** werden nach dem **Grad der Flüssigkeit** geordnet **(= Liquiditätsprinzip)**. Das bedeutet, dass sich die Reihenfolge danach richtet, wie lange es dauern würde, bis die jeweilige Vermögensposition in Geld umgewandelt werden kann. Dabei haben die Positionen *Bankguthaben* und *Kasse* den höchsten Grad der Flüssigkeit. Die Position *Bankguthaben* steht an letzter Stelle, weil der Konteninhaber seine Schulden im Normalfall bargeldlos (z. B. Überweisung) begleichen wird.

1 Weitere Inventurverfahren: zeitlich verschobene Inventur, Stichprobeninventur
2 Zu den Grundsätzen ordnungsmäßiger Buchführung siehe Kapitel 6.1 auf Seite 403.

Vermögensgegenstände, die dazu bestimmt sind, dem Unternehmen dauernd zu dienen, werden dem **Anlagevermögen** zugeordnet. Vermögensgegenstände, die dem Unternehmen nicht längerfristig zur Verfügung stehen, gehören zum **Umlaufvermögen**.

Die Schulden werden nach ihrer **Fälligkeit** geordnet **(= Fristigkeitsprinzip)**.

Erstellung eines Inventars

In einem Textildruck-Sportgeschäft werden die Ergebnisse der Inventur in einem Inventar zusammengefasst. Dabei wurden die zuvor beschriebenen Gliederungsvorgaben eingehalten.

A. Vermögen		
I. Anlagevermögen		
1. Grundstücke und Bauten lt. Anlage 1	240 000,00 EUR	**Gliederung nach dem Grad der Flüssigkeit**
2. Maschinen lt. Anlage 2	58 000,00 EUR	
3. Fahrzeuge lt. Anlage 3	45 000,00 EUR	
4. Betriebs- und Geschäftsausstattung (BGA) lt. Anlagen 4 bis 5	18 000,00 EUR	
II. Umlaufvermögen		
1. Vorräte		
Roh-, Hilfs- und Betriebsstoffe lt. Anlage 6	20 281,00 EUR	
Fertige Erzeugnisse lt. Anlage 7	4 500,00 EUR	
Waren lt. Anlage 8	9 130,00 EUR	
2. Forderungen aus Lieferungen und Leistungen lt. Liste der offenen Posten (Schuldner)	12 589,00 EUR	
3. Flüssige Mittel		
Kasse	1 800,00 EUR	
Bankguthaben bei der Mannheimer Bank	24 700,00 EUR	
Summe Vermögen	**434 000,00 EUR**	

B. Schulden		
1. Verbindlichkeiten gegenüber Kreditinstituten		**Gliederung nach dem Grad der Fristigkeit**
Mannheimer Bank	290 000,00 EUR	
Deutsche Bank	13 000,00 EUR	
2. Verbindlichkeiten aus Lieferungen und Leistungen lt. Liste der offenen Posten (Gläubiger)	31 000,00 EUR	
Summe Schulden	**334 000,00 EUR**	

Mithilfe des Inventars lässt sich das **Reinvermögen** des Unternehmens als Differenz zwischen dem Gesamtvermögen (Anlage- und Umlaufvermögen) und den Schulden berechnen. Das Reinvermögen wird auch als **Eigenkapital** bezeichnet.

Eigenkapital (Reinvermögen) = Gesamtvermögen – Schulden

Aufg. 3.2 bis 3.4 S. 368

Somit handelt es sich beim Eigenkapital um eine Differenzgröße. Es gibt den Betrag an, der vom Eigentümer eines Unternehmens zur Finanzierung des Unternehmens aufgebracht wurde. Der als Eigenkapital ausgewiesene Betrag darf nicht mit flüssigen Mitteln – wie Kasse oder Bankguthaben – gleichgesetzt werden.

Ermittlung des Eigenkapitals	
Vermögen zum 31.12...	434 000,00 EUR
– Schulden zum 31.12...	334 000,00 EUR
= Eigenkapital zum 31.12...	100 000,00 EUR

Kap.D 4.3

HGB § 257 (1), (4)

Das Inventar muss zehn Jahre lang aufbewahrt werden.

Zusammenfassende Übersicht zu Kap. 3: Inventur und Inventar

Inventur =
Tätigkeit der Bestandsaufnahme
→ Inventurlisten

→

Inventar =
ausführliches Bestandsverzeichnis
des Vermögens und der Schulden
in Staffelform

Inventurverfahren nach dem Zeitpunkt der Durchführung

Grundsätzlich bei allen Positionen:
→ **Stichtagsinventur**

Vereinfachungsverfahren bei Vorratsvermögen (z.B. Rohstoffe, Handelswaren) zulässig

Gliederung des Inventars

A. Vermögen
I. Anlagevermögen
II. Umlaufvermögen

B. Schulden

gesonderte Berechnung

Vermögen
– Schulden
= Reinvermögen (Eigenkapital)

Fragen zur Wiederholung

zu Kapitel 3 Inventur und Inventar

1. Zu welchem Zeitpunkt muss ein buchführungspflichtiges Unternehmen ein Inventar erstellen?
2. Unterscheiden Sie die körperliche Bestandsaufnahme von der buchmäßigen Bestandsaufnahme.

Aufgaben und Probleme

zu Kapitel 3 Inventur und Inventar

3.1 Buchmäßige Bestandsaufnahme

Am Inventurstichtag ist dem *Konto* „Guthaben bei der Sparkasse Mannheim" ein Saldo von 151 000 EUR zu entnehmen. Der *Kontoauszug* der Sparkasse Mannheim zum 31.12. weist jedoch ein Guthaben in Höhe von 150 700 EUR aus.

Welcher Betrag ist in das Inventar aufzunehmen? Begründen Sie Ihre Aussage.

3.2 Erstellung eines Inventars

PDF

1. Erstellen Sie das Inventar der Konservenfabrik Wußler und Sohn, 79098 Freiburg zum 31.12... (Positionen in alphabetischer Reihenfolge).
2. Ermitteln Sie das Reinvermögen. Welche Aussagekraft hat das Reinvermögen?
3. Weshalb wird bei vielen Positionen auf *„ein besonderes Verzeichnis"* verwiesen?

Bankguthaben: Deutsche Bank Kto Nr. 666 575	14 890,00 EUR
Bankguthaben: Freiburger Gewerbebank Kto Nr. 7236	24 100,00 EUR
Bargeld	4 580,00 EUR
Fahrzeuge laut besonderem Verzeichnis	190 000,00 EUR
Forderungen an Kunden laut besonderem Verzeichnis	49 000,00 EUR
Geschäftsausstattung laut besonderem Verzeichnis	92 000,00 EUR
Grundstück mit Betriebsgebäude	600 000,00 EUR
Kurzfristige Bankschulden: Sparkasse Freiburg Kto Nr. 7 165 998	6 500,00 EUR
Langfristiger Kredit bei der Freiburger Gewerbebank	320 000,00 EUR
Maschinen laut besonderem Verzeichnis	420 000,00 EUR
Verbindlichkeiten gegenüber Lieferern laut besonderem Verzeichnis	88 160,00 EUR
Vorräte: Frischgemüse laut besonderem Verzeichnis	2 900,00 EUR
Vorräte: Konserven laut besonderem Verzeichnis	9 600,00 EUR

3.3 Inventargleichung

Welche Gleichungen sind für ein Inventar richtig?

Begründen Sie jeweils Ihre Antworten.

A:	Anlagevermögen + Umlaufvermögen + Schulden = Reinvermögen
B:	Reinvermögen + Schulden = Anlagevermögen + Umlaufvermögen
C:	Reinvermögen – Schulden = Vermögen
D:	Vermögen – Schulden = Reinvermögen

3.4 Ermittlung des Eigenkapitals

Die Inventur eines Unternehmens ergab folgende zusammengefasste Ergebnisse für zwei aufeinander folgende Geschäftsjahre:

	Gechäftsjahr 01	Gechäftsjahr 02
Anlagevermögen	460 000 EUR	570 000 EUR
Umlaufvermögen	320 000 EUR	370 000 EUR
Langfristige Schulden	250 000 EUR	220 000 EUR
Kurzfristige Schulden	290 000 EUR	330 000 EUR

Ermitteln Sie das Eigenkapital (Reinvermögen) der Geschäftsjahre 01 und 02.

4 Bilanz und Ergebnisermittlung

4.1 Die Bilanz als Zusammenfassung des Inventars[1]

Das sehr ausführliche Inventar ist viel zu unübersichtlich, um sich einen schnellen Überblick über die Lage des Unternehmens zu verschaffen. Aus diesem Grund werden die Angaben aus dem **Inventar** in der **Bilanz** zusammengefasst und in **Kontenform** dargestellt.

Die Bilanz ist die Zusammenfassung des Inventars in Kontenform.

§ 242 HGB Pflicht zur Aufstellung

HGB § 242

(1) Der Kaufmann hat zu Beginn seines Handelsgewerbes und für den Schluss eines jeden Geschäftsjahres einen das Verhältnis seines Vermögens und seiner Schulden darstellenden Abschluss (Eröffnungsbilanz, Bilanz) aufzustellen.

§ 247 HGB Inhalt der Bilanz

HGB § 247

(1) In der Bilanz sind das Anlage- und das Umlaufvermögen, das Eigenkapital, die Schulden ... gesondert auszuweisen und hinreichend aufzugliedern.
(2) Beim Anlagevermögen sind nur die Gegenstände auszuweisen, die dazu bestimmt sind, dauernd dem Geschäftsbetrieb zu dienen.

Aufstellung einer Bilanz

Aufg. 4.1 S. 374

In einer Textildruckerei wurde aus dem vorliegenden Inventar folgende Bilanz aufgestellt.

Aktiva	**Bilanz Shirt Shop Ehret e. Kfm. zum 31. Dezember ..**		Passiva
I. Anlagevermögen		**I. Eigenkapital**	100 000,00
1. Grundstücke und Bauten	240 000,00	**II. Fremdkapital**	
2. Maschinen	58 000,00	1. Verbindlichkeiten gegenüber Kreditinstituten	303 000,00
3. Fuhrpark	45 000,00	2. Verbindlichkeiten aus LuL	31 000,00
4. BGA	18 000,00		
II. Umlaufvermögen			
1. Vorräte	33 911,00		
2. Forderungen aus LuL	12 589,00		
3. Flüssige Mittel	26 500,00		
Bilanzsumme	**434 000,00**	**Bilanzsumme**	**434 000,00**

Auf der linken Seite der Bilanz wird das Vermögen (= Aktiva) ausgewiesen. Diese Seite wird daher als Aktivseite bezeichnet. Demgegenüber weist die rechte Seite das Kapital (= Passiva) aus. Diese Seite wird als Passivseite bezeichnet.

Die Passivseite der Bilanz gibt Auskunft darüber, woher die finanziellen Mittel stammen (Mittelherkunft = Finanzierung).

Auf der Passivseite wird das Kapital nach **abnehmender Fristigkeit** dargestellt. Anders als im Inventar wird in der Bilanz auch das **Eigenkapital** (= vom Eigentümer ohne zeit-

1 Einzelkaufleute, die an zwei aufeinanderfolgenden Abschlussstichtagen nicht mehr als 500 000 EUR Umsatzerlöse und 50 000 EUR Jahresüberschuss ausweisen, sind nicht buchführungspflichtig (§ 241a HGB). Trotzdem führen viele Einzelkaufleute auf freiwilliger Basis Bücher und erstellen ein Inventar und eine Bilanz. So verfährt auch die Shirt Shop Ehret e. Kfm. im nachstehenden Beispiel.

liche Begrenzung zur Verfügung gestelltes Kapital) ausgewiesen. Da das Eigenkapital dem Unternehmen am längsten zur Verfügung steht, erscheint das Eigenkapital auf der Passivseite der Bilanz immer vor dem Fremdkapital.

Die Aktivseite der Bilanz gibt Auskunft darüber, wofür die finanziellen Mittel verwendet werden (Mittelverwendung = Investierung).

Auf der Aktivseite wird das Vermögen in gleicher Weise wie im Inventar nach **zunehmender Flüssigkeit** (Liquidität) gegliedert.

Die **Bilanz** hat allgemein folgendes Aussehen:

Aufg. 4.2 und 4.3 S. 374

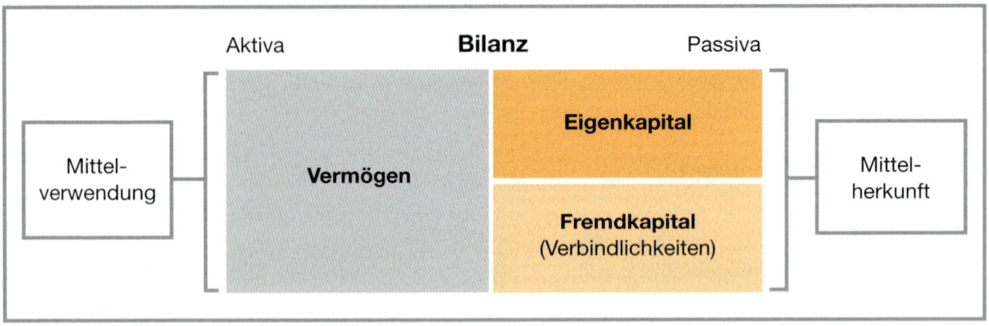

Die Summe der Werte der Aktivseite muss der Summe der Werte der Passivseite entsprechen. Diese rechnerische Gleichheit wird durch folgende **Bilanzgleichung** ausgedrückt:

Vermögen = Eigenkapital + Fremdkapital

Zwischen Inventar und Bilanz bestehen u. a. folgende Unterschiede:

Aufg. 4.4 S. 374

Inventar	Inventur
■ Ausführliche **wert**- und **mengenmäßige** Darstellung des Vermögens und der Schulden.	■ Zusammengefasste **wertmäßige** Gegenüberstellung des Vermögens und Schulden.
■ Vermögen und Schulden stehen untereinander in **Staffelform**.	■ Vermögen und Schulden stehen nebeneinander in **Kontenform**.
■ Der Ausweis des **Reinvermögens** (= Eigenkapital) ist nicht Aufgabe des Inventars. Die Höhe des Reinvermögens kann in einer Nebenrechnung ermittelt werden.	■ Das **Eigenkapital** (= Reinvermögen) ist Bestandteil der Bilanz.

4.2 Wertveränderungen in der Bilanz

In einer **Bilanz** werden **Vermögen**, **Schulden** und **Eigenkapital** eines Unternehmens zu einem bestimmten Stichtag ausgewiesen. Bereits der erste Geschäftsvorfall, der sich nach dem Stichtag ereignet, bewirkt, dass die zuvor erstellte Bilanz nicht mehr die tatsächliche Vermögens- und Schuldensituation widerspiegelt. Eine nochmals durchgeführte Inventur würde zu einer neuen Bilanz führen.

Jeder Geschäftsvorfall hat Auswirkungen auf die Bilanz. Hinsichtlich der Bilanzveränderungen lassen sich vier Grundfälle unterscheiden:

Aktivtausch	Aktiv-Passiv-Mehrung	Aktiv-Passiv-Minderung	Passivtausch

Aktivtausch

Ein Aktivposten nimmt um den gleichen Betrag zu, um den ein anderer Aktivposten abnimmt.

Aktivtausch

Geschäftsvorfall: Barkauf eines Computers in Höhe von 1 000 EUR.

Bilanzveränderung

Aktiva		Passiva	
Geschäftsausstattung	+ 1 000		
Kasse	– 1 000		
Veränderung	0	Veränderung	0

Die Bilanzsumme bleibt unverändert.

Aktiv-Passiv-Mehrung (Bilanzverlängerung)

Ein Aktiv- und ein Passivposten nehmen jeweils um den gleichen Betrag zu.

Aktiv-Passiv-Mehrung

Geschäftsvorfall: Kauf von Rohstoffen auf Rechnung bei einem Lieferer in Höhe von 15 000 EUR.

Bilanzveränderung

Aktiva		Passiva	
Rohstoffe	+ 15 000	Verbindlichkeiten aus LuL	+ 15 000
Veränderung	+ 15 000	Veränderung	+ 15 000

Die Bilanzsumme steigt.

Aktiv-Passiv-Minderung (Bilanzverkürzung)

Ein Aktiv- und ein Passivposten nehmen jeweils um den gleichen Betrag ab.

Aktiv-Passiv-Minderung

Geschäftsvorfall: Begleichung einer Liefererrechnung in Höhe von 15 000 EUR per Überweisung.

Bilanzveränderung

Aktiva		Passiva	
Bank	– 15 000	Verbindlichkeiten aus LuL	– 15 000
Veränderung	– 15 000	Veränderung	– 15 000

Die Bilanzsumme sinkt.

Passivtausch

Ein Passivposten nimmt um den gleichen Betrag zu, um den ein anderer Passivposten abnimmt.

Aufg. 4.5 und 4.6 S. 374

Passivtausch

Geschäftsvorfall: Eine Liefererverbindlichkeit in Höhe von 10 000 EUR wird durch weitere Inanspruchnahme eines von der Bank gewährten Kontokorrentkredits[1] beglichen.

Aktiva — Bilanzveränderung — Passiva

Aktiva		Passiva	
		Verbindlichkeiten aus LuL	– 10 000
		Bankschulden	+ 10 000
Veränderung	0	Veränderung	0

Die Bilanzsumme bleibt unverändert.

4.3 Ergebnisermittlung mithilfe eines Eigenkapitalvergleichs

Ziel der unternehmerischen Tätigkeit ist es, Gewinn zu erzielen. Gewinne, die nicht entnommen werden und daher im Unternehmen verbleiben, führen zu einer Erhöhung des **Eigenkapitals**. Das Eigenkapital wird auf der Grundlage der Inventur als Differenz zwischen dem Vermögen und den Schulden berechnet.

Unter der Voraussetzung, dass im Laufe eines Geschäftsjahres weder private Entnahmen noch private Einlagen vorgenommen werden, sind die Veränderungen des **Eigenkapitals** ausschließlich auf betriebliche Vorgänge zurückzuführen. In diesem Fall kann das Ergebnis wie folgt ermittelt werden:

Kap. D 5.5

Eigenkapital am Ende des Geschäftsjahres
– Eigenkapital zu Beginn des Geschäftsjahres
= Veränderung des Eigenkapitals
→ Eigenkapitalmehrung: → Gewinn
→ Eigenkapitalminderung: → Verlust

Aufg. 4.7, 4.8 und 4.9 S. 375

Eigenkapitalvergleich

Die Textildruckerei Shirt-Shop weist folgende Werte aus:
Eigenkapital zu Beginn des Geschäftsjahres .... 100 000,00 EUR
Eigenkapital am Ende des Geschäftsjahres .... 130 000,00 EUR

Es gab im laufenden Geschäftsjahr keine in der Buchführung erfassten privaten Entnahmen oder Einlagen von Eigenkapital.

Eigenkapital am Ende des Geschäftsjahres	130 000,00 EUR	
– Eigenkapital zu Beginn des Geschäftsjahres	100 000,00 EUR	
= **Eigenkapitalmehrung**	+ 30 000,00 EUR	→ **Gewinn**

1 Kontokorrentkredit (*ital.*: conto = Rechnung, corrente = laufend): Kredit, den der Kreditnehmer durch Belastung seines laufenden Kontos (= Kontokorrentkonto) bis zur vereinbarten Kreditgrenze in Anspruch nehmen kann.

Zusammenfassende Übersicht zu Kap. 4: Bilanz und Ergebnisermittlung

Inventur = Tätigkeit der Bestandsaufnahme
Inventar = ausführliches Verzeichnis des Vermögens und der Schulden in Staffelform
Bilanz = kurzgefasste **Gegenüberstellung** von Vermögen (Aktiva) und Kapital (Passiva) in Kontenform

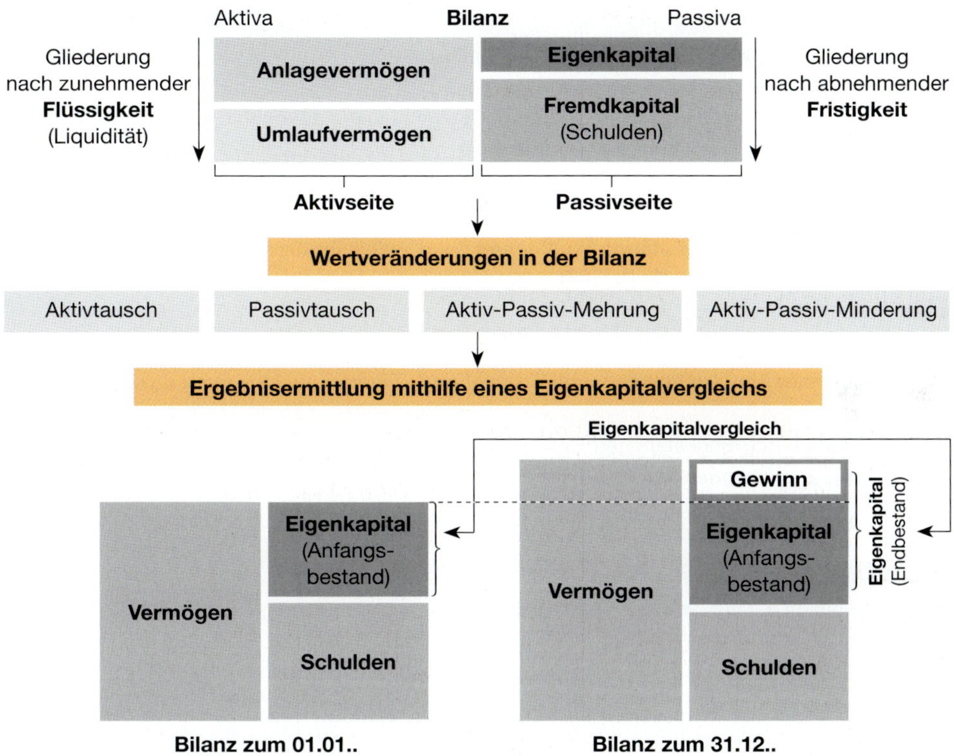

Fragen zur Wiederholung

zu Kapitel 4 Bilanz und Ergebnisermittlung

4.1 Die Bilanz als Zusammenfassung des Inventars

1. Zu welchem Zeitpunkt muss ein buchführungspflichtiges Unternehmen eine Bilanz erstellen?
2. Welche Informationen sind jeweils der Aktiv- und Passivseite einer Bilanz zu entnehmen?
3. Wie lässt sich die Höhe des Eigenkapitals rechnerisch zu ermitteln?

4.2 Wertveränderungen in der Bilanz

1. Was ist ein Aktivtausch?
2. Unterscheiden Sie eine Aktiv-Passiv-Mehrung und Aktiv-Passiv-Minderung.
3. Welche Auswirkungen hat ein Passivtausch auf die Bilanzsumme?

4.3 Ergebnisermittlung mithilfe eines Eigenkapitalvergleichs

1. Auf welche Weise kann das Ergebnis (Gewinn/Verlust) mithilfe zweier aufeinander folgender Bilanzen ermittelt werden?
2. Welche Auswirkungen hat ein Gewinn auf die Höhe des Eigenkapitals?

Aufgaben und Probleme

zu Kapitel 4 Bilanz und Ergebnisermittlung

4.1 Aussagekraft der Bilanz

Fragen zur vorliegenden Bilanz von Shirt-Shop Ehret e. Kfm. auf Seite 369:

1. Wie lange behält die aufgestellte Bilanz ihre Gültigkeit?
2. Beurteilen Sie anhand der Bilanz, ob die Textildruckerei voraussichtlich in der Lage sein wird, alle Zahlungsverpflichtungen aus den demnächst fälligen kurzfristigen Verbindlichkeiten zu erfüllen.
3. Wie verändert sich die Bilanz, wenn nachträglich eine Siebdruckmaschine im Wert von 60 000 EUR Gesellschaft würde?

4.2 Aufstellung einer Bilanz

PDF

Erstellen Sie für die Konservenfabrik Wußler und Sohn, 79098 Freiburg die Bilanz zum 31. Dezember 01 (siehe Aufgabe 3.2 von Seite 368).

4.3 Eigenkapital und Bankguthaben

PDF

In der Bilanz eines Unternehmens werden sowohl das *Eigenkapital* als auch das *Bankguthaben* ausgewiesen.

1. Erläutern Sie den grundsätzlichen Unterschied zwischen beiden Positionen.
2. Kann es vorkommen, dass die Höhe des Bankguthabens größer ist als das ausgewiesene Eigenkapital? Begründen Sie Ihre Aussage.

4.4 Erstellung einer Eröffnungsbilanz

PDF

Im Zusammenhang mit der Gründung eines Unternehmens sind folgende Geschäftsvorfälle angefallen. Erstellen Sie die Eröffnungsbilanz.

1. Der Geschäftsinhaber überweist von seinem privaten Konto 50 000 EUR auf das neu eröffnete Geschäftskonto.
2. Der Geschäftsinhaber überträgt seinen Pkw im Wert von 20 000 EUR vom Privat- in das Betriebsvermögen.
3. Die Bank gewährt dem Unternehmen einen langfristigen Kredit in Höhe von 50 000 EUR. Das Geld wurde bereits auf dem Geschäftskonto, das ein Guthaben aufweist, bereitgestellt.

4.5 Vier Grundfälle von Bilanzveränderungen

Erläutern Sie, um welchen der vier Grundfälle einer Bilanzveränderung es sich handelt.

1. Kauf einer Bohrmaschine auf Rechnung .... 3 000 EUR
2. Die Rechnung für die Bohrmaschine wird durch Überweisung beglichen .... 3 000 EUR
3. Ein Kunde begleicht eine fällige Rechnung durch Überweisung .... 7 000 EUR
4. Ein Kredit, den die Hausbank gewährt hat, wird zurückbezahlt (Tilgung) .... 20 000 EUR
5. Verkauf eines Lieferwagens auf Rechnung .... 8 000 EUR
   Der Kaufpreis entspricht dem in der Buchführung ausgewiesenen Wert.

4.6 Bilanzveränderungen

Erläutern Sie, welche der nachfolgenden Bilanzveränderungen *nicht* möglich sind.

1.	Aktiva: + 800	Passiva: + 800
2.	Aktiva: + 500	Passiva: – 500
3.	Aktiva: + 300	Passiva: + 200
4.		Passiva: – 600
		Passiva: + 600

4.7 Ergebnisermittlung in einer Spielwarenfabrik

Für die Spielwarenfabrik Männle e.K. liegen für das laufende Geschäftsjahr folgende Zahlen vor.

Eigenkapital zum 01. Januar .... 390 000,00 EUR
Gesamtvermögen zum 31. Dezember .... 550 000,00 EUR
Schulden zum 31. Dezember .... 210 000,00 EUR

Ermitteln Sie das Ergebnis.

4.8 Aussagekraft einer Bilanz und Ergebnisermittlung

Nachfolgend ist die Bilanz einer Lackfabrik gegeben.

Bilanz der Lackfabrik Jochen Greiner e. Kfm.
zum 31.12.20..

Aktiva		Passiva	
I. Anlagevermögen		**I. Eigenkapital**	2 150 000,00
1. Grundstücke, Bauten	1 500 000,00		
2. Maschinen	700 000,00	**II. Fremdkapital**	
3. Fuhrpark	290 000,00	1. Darlehen	1 200 000,00
4. BGA	500 000,00	2. Verbindlichkeiten aus LuL	190 000,00
II. Umlaufvermögen			
1. Vorräte	398 000,00		
2. Forderungen aus LuL	80 000,00		
3. Flüssige Mittel	72 000,00		
	3 540 000,00		3 540 000,00

1. Aus welchen Einzelpositionen setzen sich die flüssigen Mittel zusammen? Warum erscheinen diese Positionen nicht in der Bilanz?
2. Welche Positionen würden sich in der Bilanz verändern, wenn nachträglich eine Gutschrift von einem Lieferer (Chemiewerk) zur Verrechnung berücksichtigt werden müsste?
3. Um welche Art der Bilanzveränderung handelt es sich in Fall 2.?
4. Weshalb wird das Eigenkapital in der Bilanz vor dem Fremdkapital (Schulden) ausgewiesen?
5. Im abgelaufenen Geschäftsjahr wurde ein Gewinn in Höhe von 470 000,00 EUR erzielt. Ermitteln Sie die Höhe des Eigenkapitals zum 01.01.20...
6. Weshalb darf eine Erhöhung des Bankguthabens nicht mit Gewinnerzielung gleichgesetzt werden? Erläutern Sie den Zusammenhang mithilfe eines Beispiels.

4.9 Eigenkapitalveränderungen bei einem Getränkehandel

Wie verändert sich jeweils das Eigenkapital des Getränkehandels Marco Jehle e. Kfm.?

1. Die Bank gewährt dem Getränkehandel einen Kredit in Höhe von 20 000,00 EUR.
   10. Januar: Gutschrift auf dem Bankkonto des Getränkehandels.
2. Die Bank belastet den Getränkehandel mit 800,00 EUR Zinsen für den gewährten Kredit.
   30. Juni: Belastung des Bankkontos des Getränkehandels.
3. Die Bank belastet den Getränkehandel mit der ersten Tilgungsrate in Höhe von 2 000,00 EUR für den gewährten Kredit.
   30. Juni: Belastung des Bankkontos des Getränkehandels.

5 Buchungen im Kontensystem

5.1 Belege als Grundlage von Buchungsvorgängen

Für jeden Geschäftsvorfall muss ein Beleg vorliegen, der als Grundlage für die Buchung der Geschäftsvorfalls dient.

> Es gilt der Grundsatz: „Keine Buchung ohne Beleg".

HGB § 239 (2) AO § 147 Abs. 3

Aus Beweisgründen sind die Belege **zehn Jahre** aufzubewahren. Zur Ablage werden sie fortlaufend nummeriert und sind in lückenloser Reihenfolge abzuheften. Bei rein **innerbetrieblichen Vorgängen** – wie z. B. Gehaltsabrechnungen – fällt kein Beleg mit einem Geschäftspartner an. In diesem Fall werden geeignete interne Unterlagen als Belege verwendet.

Belege in der Buchhaltung

- Kassenbelege (KB)/Quittungen
- Rechnungen und Gutschriften:
  Ausgangsrechnungen (AR) und Gutschriften an Kunden (GUK)
  Eingangsrechnungen (ER) und Gutschriften von Lieferern (GUL)
- Kontoauszüge der Bank (KA)
- Materialentnahmescheine (MES)
- Lohn- und Gehaltslisten

Kassenbelege

Wenn der Empfänger dem Zahler die Entgegennahme von Bargeld **bestätigt**, handelt es sich um eine **Quittung**, die eine besondere Art von Kassenbeleg darstellt.

Barkauf

Geschäftsvorfall aus der Sicht ...

- von Büromarkt Sutter (Verkäufer):
  Bar**verkauf** von Büromaterialien in Höhe von 52,36 EUR.
- der Textildruckerei Shirt-Shop (Käufer):
  Bar**kauf** von Büromaterialien in Höhe von 52,36 EUR.

Quittung

Netto	44,00 EUR
+ 19 % MwSt.	8,36 EUR
Gesamt	52,36 EUR

56/Verkauf /...
Nr. Abt. Jahr

Zweiundfünfzig
Gesamtbetrag Euro in Worten — Cent wie oben

Hannah Gutmann (Textildruck Shirt-Shop)
von

Büromaterialien laut Lieferschein Nr. 56
für

Schmidt — Ludwigshafen — 03.09. . .
dankend erhalten — Ort — Datum

Büromarkt Sutter
Ringstraße 24
67063 Ludwigshafen

Buchungsvermerke — Stempel/Unterschrift des Empfängers

Rechnungen

USTG § 14 (4)

Bei einer **Rechnungsstellung** wird dem Kunden der zu bezahlende Rechnungsbetrag mitgeteilt. Führt ein Unternehmer eine Lieferung oder eine sonstige Leistung an einen anderen Unternehmer für dessen Unternehmen aus, ist er verpflichtet, eine Rechnung auszustellen.

Verkauf gegen Rechnung

Geschäftsvorfall aus der Sicht ...

- der Textildruckerei Shirt-Shop (Verkäufer): Verkauf eines beflockten Trikotsatzes auf Rechnung
- des Handballvereins Malsch (Käufer): Kauf eines beflockten Trikotsatzes auf Rechnung

Shirt-Shop Ehret e. Kfm.
Sporttextildruck
Lindenstraße 14
68309 Mannheim

Handballverein Malsch
Matthias Burger
Goethestraße 45
76316 Malsch

Lieferung: 05.09...
Rechnungsnummer: 14986
Kundennummer: 24001
Rechnungsdatum: 07.09...

Rechnung

Pos.	Artikel/Artikelbeschreibung	Einheit	Menge	E-Preis	Gesamt	
1	Trikot Monaco Gr. XXL/14	Stk.	14	24,00	336,00	EUR
2	Sporthose Monaco Gr. 8/14	Stk.	14	17,00	238,00	EUR
3	Flock auf Brust 1-farbig	Stk.	14	3,00	42,00	EUR
4	Nummern 25 cm auf Rücken	Stk.	14	3,00	42,00	EUR
			Netto-Rechnungsbetrag		658,00	EUR
			+ 19 % Umsatzsteuer		125,02	EUR
			Rechnungsbetrag		**783,02**	**EUR**

zahlbar bis zum 07.10... ohne Abzug
Bonusgutschrift zum Jahresende in Höhe von 4 %.

Sitz und Registergericht:
Mannheim HRA 4678
USt.-Id.-Nr. DE 765 435 987
StNr. 765/54875

Bankverbindung
Mannheimer Bank
Kto. 13 579
BLZ: 400 300 68

Ein und derselbe Beleg ist aus der Sicht des jeweiligen Unternehmens unterschiedlich zu buchen: Eine **Rechnung** ist aus der Sicht des Verkäufers als **Ausgangsrechnung** bzw. aus der Sicht des Käufers als **Eingangsrechnung** zu behandeln.

Kontoauszüge[1]

Die Bank erstellt **Kontoauszüge**, um den Kunden einen Überblick über die Bewegungen auf dem Bankkonto zu geben. Der **neue Kontostand** gibt z. B. Auskunft darüber, ob das Unternehmen **„flüssig"** (liquide) ist, d. h., seine derzeitigen Zahlungsverpflichtungen erfüllen kann. Kontoauszüge weisen meistens mehrere **Positionen** aus, denen jeweils eigenständige **Geschäftsvorfälle** zugrunde liegen. **Lastschriften** führen zu einer Verringerung des Bankguthabens oder zu einer Erhöhung der Schulden gegenüber der Bank. **Gutschriften** bewirken dagegen eine Erhöhung des Bankguthabens oder eine Verringerung der Schulden gegenüber der Bank.

1 Kontoauszüge spiegeln die Buchungen aus der Sicht der Bank wider. Guthaben der Kunden stellen aus der Sicht der Banken Verbindlichkeiten dar. Verbindlichkeiten der Kunden stellen aus der Sicht der Banken Guthaben dar.

Kontoauszug: Gutschriften und Lastschriften

Aus der Sicht der Textildruckerei Shirt-Shop liegen dem nachfolgenden Kontoauszug drei Geschäftsvorfälle zugrunde:

1. **Gutschrift** der Bank: Der Handballverein Malsch begleicht eine Rechnung durch Überweisung.
2. **Lastschrift** der Bank: Textildruck Shirt-Shop begleicht die fällige Kfz-Steuer an das Finanzamt in Mannheim durch Überweisung.
3. **Gutschrift** der Bank: Die Mannheimer Bank schreibt dem Textildruck Shirt-Shop Zinsen für ein Guthaben auf dem Konto gut.

Aufg. 5.1
S. 396

Kontoauszug **Mannheimer Bank**

Alter Kontostand

Konto-Nr. 13579 Saldo vom 06.10... **+25 919,08 EUR**

Pos.		Lastschrift	Gutschrift
1	Handballverein Malsch Re-Nr. 14986		783,02
2	Kfz-Steuer StNr. 7768976	460,00	
3	Zinsen Konto 13579 3. Quartal		6,40

Auszugsdatum: 07.10... Auszugs-Nr. 87

Shirt-Shop Ehret e. Kfm.
Lindenstraße 14
68309 Mannheim

Neuer Kontostand **+26 248,50 EUR**

Zusammenfassende Übersicht zu Kap. 5.1: Belege als Grundlage von Buchungsvorgängen

Geschäftsvorfälle des Kaufmanns sowie **innerbetriebliche Vorgänge** → **Belege** (■ Rechnungen ■ Gutschriften ■ Kontoauszüge) → **Buchung** der Geschäftsvorfälle

- Dokumentation der laufenden Geschäftsvorfälle
- „Keine Buchung ohne Beleg“
- Zeitnahe Buchungserfassung
- Aufbewahrungspflicht: 10 Jahre

5.2 Allgemeine Buchungsregeln

Jeder Geschäftsvorfall führt zu Veränderungen auf mindestens zwei Konten. So bewirkt die Bareinzahlung auf das Bankkonto eine Veränderung auf dem Konto *Bank* und gleichzeitig eine Veränderung des Kassenbestands. **Beide Veränderungen** sind bei der Buchung zu berücksichtigen.

Für eine vollständige Buchung gelten folgende **allgemeine Buchungsregeln**:

- **Jeder Geschäftsvorfall betrifft (mindestens) zwei Konten.**
- **Es gibt bei jedem Geschäftsvorfall (mindestens) eine Sollbuchung und (mindestens) eine Habenbuchung.**
- **Die Summe der Beträge aus den Sollbuchungen ist betragsmäßig genauso groß wie die Summe der Beträge aus den Habenbuchungen.**

Kontoauszug: Bareinzahlung

❶ Kontoauszug (Gutschrift): Bareinzahlung auf das Konto bei der Mannheimer Bank; 1 500,00 EUR.

Kontoauszug		**Mannheimer Bank**	
		Alter Kontostand	
Konto-Nr. 13579	Saldo vom 07.10...	**+26 248,50 EUR**	
Pos.		Lastschrift	Gutschrift
1	Bareinzahlung		1 500,00
Auszugsdatum: 08.10...	Auszugs-Nr. 88		
Shirt-Shop Ehret e. Kfm. Lindenstraße 14 68309 Mannheim		Neuer Kontostand **+26 398,50 EUR**	

❷ Fragen zur Beachtung der allgemeinen Buchungsregeln:

1. Welche Konten sind zu berücksichtigen?	Bank	Kasse
2. Auf welcher Seite des Kontos wird gebucht?	**Soll**	**Haben**
3. Welche Beträge sind zu buchen?	1 500,00 EUR	1 500,00 EUR

❸ Buchung auf den beiden betroffenen Konten:

Soll		**Bank**	Haben
AB	26 248,50	....	....
KA 88	1 500,00		
....	....		

Soll		**Kasse**	Haben
AB	5 000,00	KA 88	1 500,00
....	....	....	....

Aufg. 5.2 und 5.3 S. 396

Zusammenfassende Übersicht zu Kap. 5.2: Allgemeine Buchungsregeln

Jeder Geschäftsvorfall wirkt sich auf mindestens **zwei Konten** aus.	Jeder Geschäftsvorfall führt zu mindestens **einer Soll**buchung und mindestens **einer Haben**buchung.	Summe **Beträge** aller **Soll-buchungen**	=	Summe Beträge aller **Haben-buchungen**

5.3 Buchen auf Bestandskonten

Aktivkonten und Passivkonten

Das **Vermögen** wird auf der Aktivseite der Bilanz ausgewiesen. Die zu den einzelnen Vermögenspositionen gehörenden Konten werden daher als **Aktivkonten** bezeichnet. Im Gegensatz dazu wird das **Kapital** auf der Passivseite der Bilanz ausgewiesen. Die zu den einzelnen Kapitalpositionen gehörenden Konten werden als **Passivkonten** bezeichnet. Aktiv- und Passivkonten werden auch **Bestandskonten** genannt, weil sie Bestände und deren Veränderungen buchmäßig widerspiegeln.

Buchungsregeln für Aktivkonten:

Auf allen Aktivkonten **(= Vermögenskonten)** steht der Anfangsbestand im Soll. Zugänge werden ebenfalls im Soll, Abgänge dagegen im Haben gebucht. Der Schlussbestand ergibt sich als Saldo im Haben.

Soll	Haben
Aktivkonten	
Anfangsbestand	**Abgänge (–)**
Zugänge (+)	**Schlussbestand**

Beispiele: *Kasse, Bankguthaben, Forderungen aus Lieferung und Leistungen*

Buchungsregeln für Passivkonten:

Demgegenüber gelten für alle Passivkonten **(= Kapitalkonten)** genau die umgekehrten Buchungsregeln. Anfangsbestand und Zugänge stehen auf der Habenseite. Abgänge stehen auf der Sollseite. Der Schlussbestand ergibt sich als Saldo im Soll.

Soll	Haben
Passivkonten	
Abgänge (–)	**Anfangsbestand**
Schlussbestand	**Zugänge (+)**

Beispiele: *Verbindlichkeiten aus Lieferungen und Leistungen, Darlehen*

Aufg. 5.4 und 5.5 S. 396

Buchung auf Bestandskonten

Bestandskonten

Buchungen auf Vermögenskonten = Aktivkonten

Buchungen auf Kapitalkonten = Passivkonten

Soll	**Kasse**		Haben
AB	4 000,00	Ausgaben	1 400,00
Einnahmen	1 800,00	SB	4 400,00
	5 800,00		5 800,00

Soll	**Verbindlichkeiten**		Haben
Begleichung von Verbindlichkeiten	14 000,00	AB	16 000,00
SB	12 000,00	Rechnungseingänge	10 000,00
	26 000,00		26 000,00

Soll	**Bank**		Haben
AB	38 000,00	Lastschriften	23 000,00
Gutschriften	12 000,00	SB	27 000,00
	50 000,00		50 000,00

Soll	**Darlehen**		Haben
Tilgung (Rückzahlung)	20 000,00	AB	100 000,00
SB	140 000,00	Kreditaufnahme	60 000,00
	160 000,00		160 000,00

Zusammenfassende Übersicht zu Kap. 5.3: Buchen auf Bestandskonten

Aktivseite der Bilanz

Vermögenskonten:

- Maschinen
- Roh-, Hilfs- und Betriebsstoffe
- Handelswaren
- Kasse
- Geschäftsausstattung
- Forderungen a. LuL
- Bankguthaben

Passivseite der Bilanz

Kapitalkonten:

- Eigenkapital
- Darlehen
- Verbindlichkeiten a. LuL

Soll **Aktivkonten** Haben

Soll	Haben
Anfangsbestand	**Abgänge (–)**
Zugänge (+)	**Schlussbestand**

Soll **Passivkonten** Haben

Soll	Haben
Abgänge (–)	**Anfangsbestand**
Schlussbestand	**Zugänge (+)**

5.4 Buchungssatz (Kontierung)

Einfacher Buchungssatz

Die Anweisung, wie der einem bestimmten Beleg zugrundeliegende Geschäftsvorfall zu buchen ist, wird in einem **Buchungssatz** festgehalten. Dazu werden die Belege vor der Buchung mit einem Buchungsstempel (Kontierungsstempel) versehen, in dessen Felder die Buchungsanweisung (Buchungssatz) vom Buchhalter eingetragen wird.

Buchungsstempel (Kontierungsstempel)

Geschäftsvorfall:
Barabhebung vom Bankkonto 500,00 EUR

Konten	**Soll**	**Haben**
Kasse	500,00	
an Bank		500,00
Gebucht: By		

Beim Buchungssatz wird immer **zuerst das Konto der Sollbuchung** mit dem im Soll zu buchenden Betrag und **dann das Konto der Habenbuchung** mit dem im Haben zu buchenden Betrag genannt. Zur besseren Trennung wird das Wort „an" zwischen die beiden Angaben gesetzt.

Buchungssätze sind Buchungsanweisungen. Sie geben in folgender Reihenfolge an, auf welchen Konten und auf welcher Kontenseite welche Beträge gebucht werden:

1. Konto und Betrag der Sollbuchung
2. Konto und Betrag der Habenbuchung

} Verbindung durch „an"

Sind lediglich zwei Konten durch den Geschäftsvorfall betroffen, handelt es sich um einen **einfachen Buchungssatz**.

Für die Erstellung eines Buchungssatzes sind folgende Fragen zu klären:

Vier-Schritt-Methode zur Bildung eines Buchungssatzes

1. **Schritt: Welche Konten sind durch den Geschäftsvorfall betroffen?**
2. **Schritt: Welche Kontenart liegt jeweils vor?**
3. **Schritt: Liegt eine Zunahme oder Abnahme vor?**
4. **Schritt: Auf welcher Kontenseite ist jeweils zu buchen?**

Vom Geschäftsvorfall zum Buchungssatz

Geschäftsvorfall: Ein Textildruckunternehmen erhält von einem Lieferer eine Eingangsrechnung (ER) für die Lieferung von T-Shirts über 84 000 EUR.

1. **Welche Konten sind von dem Geschäftsvorfall betroffen?**
   Vorprodukte, da unbedruckte T-Shirts eingekauft wurden
   Verbindlichkeiten aus Lieferungen und Leistungen, da Lieferung auf Ziel
2. **Welche Kontenart liegt vor?**
   Vorprodukte → Aktivkonto, da Vermögen
   Verbindlichkeiten → Passivkonto, da Schulden
3. **Liegt eine Zunahme oder Abnahme vor?**
   Vorprodukte → Zunahme (Mehrung)
   Verbindlichkeiten → Zunahme (Mehrung)
4. **Auf welcher Kontenseite ist zu buchen?**
   Vorprodukte → Soll
   Verbindlichkeiten → Haben

Aufstellung des Buchungssatzes:

Aufg. 5.6 S. 397

Konten	Soll	Haben
Vorprodukte an Verbindlichkeiten	84 000,00 EUR	 84 000,00 EUR

Zusammengesetzter Buchungssatz

Ein **zusammengesetzter Buchungssatz** muss gebildet werden, wenn von einem Geschäftsvorfall mehr als zwei Konten betroffen sind. Auch beim zusammengesetzten Buchungssatz müssen die Summen der Beträge aus den **Sollbuchungen** mit den Summen der Beträge aus den **Habenbuchungen** übereinstimmen.

Vier-Schritt-Methode

Eine Textildruckerei kauft gegen Barzahlung bei einem Händler Flockfolie und Druckfarbe für insgesamt 400,00 EUR. Auf der Rechnung wird die Flockfolie mit 320,00 EUR und die Druckfarbe mit 80,00 EUR ausgewiesen.

Vier Schritte zum zusammengesetzten Buchungssatz:

Welche Konten?	Rohstoffe	Hilfsstoffe	Kasse
Welche Kontenart?	Aktivkonto	Aktivkonto	Aktivkonto
Zu- oder Abnahme?	Zunahme (+ 320)	Zunahme (+ 80)	Abnahme (– 400)
Welche Kontenseite?	Soll	Soll	Haben

Aufstellung des Buchungssatzes

Aufg. 5.7 und 5.8 S. 397

Konten	Soll	Haben
Rohstoffe Hilfsstoffe an Kasse	320,00 EUR 80,00 EUR	 400,00 EUR

Unter Vorkontierung ist die Angabe der Buchungsanweisung auf dem jeweiligen Beleg zu verstehen.

Zusammenfassende Übersicht zu Kap. 5.4: Buchungssatz (Kontierung)

Buchungssatz = Anweisung für die vorzunehmende Buchung in den Konten

einfacher / zusammengesetzter

Konto und Betrag der Sollbuchung	*an*	***Konto und Betrag der Habenbuchung***

5.5 Bestandskonten: Eröffnung – Buchungen – Abschluss

Um ausgehend von der Eröffnungsbilanz am Anfang des Geschäftsjahres die Schlussbilanz am Ende des Geschäftsjahres erstellen zu können, sind folgende Schritte nötig:

Aufg. 5.8 S. 397

Inventur/Inventar zum 31.12.00

↓

Schlussbilanz zum 31.12.00
ist gleichzeitig

↓

Eröffnungsbilanz zum 01.01.01

Aktiva		Passiva	
I. Anlagevermögen		**I. Eigenkapital**	20 000
1. Fuhrpark	160 000	**II. Fremdkapital**	
2. BGA	5 000	1. Darlehen	150 000
		2. Verbindlichkeiten aus LuL	30 000
II. Umlaufvermögen			
1. Forderungen aus LuL	15 000		
2. Bank	20 000		
	200 000		200 000

S	**Fuhrpark**	H
AB	160 000	

S	**BGA**	H
AB	5 000	

S	**Forderungen**	H
AB	15 000	

S	**Bank**	H
AB	20 000	

S	**Eigenkapital**	H
	AB	20 000

S	**Darlehen**	H
	AB	150 000

S	**Verbindlichkeiten**	H
	AB	30 000

1. Schritt
Jahresanfang: Eröffnung der Bestandskonten durch Übernahme der Istwerte aus der Eröffnungsbilanz (Vortrag der Anfangsbestände)

Geschäftsvorfälle

❶ Kauf eines Computers auf Rechnung	2 000 EUR
❷ Kunde begleicht eine Rechnung per Überweisung	900 EUR
❸ Tilgungsrate für ein Darlehen per Überweisung	15 000 EUR
❹ Begleichung einer Liefererrechnung per Überweisung	4 500 EUR

2. Schritt
Während des Geschäftsjahres: Buchung der laufenden Geschäftsvorfälle

Aktivkonten

S	Fuhrpark		H
AB	160 000	SB	160 000

S	BGA		H
AB	5 000	SB	7 000
❶	2 000		
	7 000		7 000

S	Forderungen a. LuL		H
AB	15 000	❷	900
		SB	14 100
	15 000		15 000

S	Bank		H
AB	20 000	❸	15 000
❷	900	❹	4 500
		SB	1 400
	20 900		20 900

Passivkonten

S	Eigenkapital		H
SB	20 000	AB	20 000

S	Darlehen		H
❸	15 000	AB	150 000
SB	135 000		
	150 000		150 000

S	Verbindlichkeiten a. LuL		H
❹	4 500	AB	30 000
SB	27 500	❶	2 000
	32 000		32 000

3. Schritt
Ende des Geschäftsjahres: Abschluss der Bestandskonten über das Schlussbilanzkonto

Schlussbilanzkonto (SBK) zum 31.12.01

Soll		Haben	
Fuhrpark	160 000	Eigenkapital	20 000
BGA	7 000	Darlehen	135 000
Forderungen aus LuL	14 100	Verbindlichkeiten aus LuL	27 500
Bank	1 400		
	182 500		182 500

4. Schritt
Ende des Geschäftsjahres: Anpassung der Buchwerte des SBK an die Istwerte lt. Inventur (Korrekturbuchungen)

Inventur/Inventar zum 31.12.01

↓

5. Schritt
Ende des Geschäftsjahres: Erstellung der Schlussbilanz (Istwerte, Zusammenfassung zu Bilanzpositionen)

Schlussbilanz zum 31.12.01

Aktiva		Passiva	
I. Anlagevermögen		**I. Eigenkapital**	20 000
1. Fuhrpark	160 000	**II. Fremdkapital**	
2. BGA	7 000	1. Darlehen	135 000
		2. Verbindlichkeiten aus LuL	27 500
II. Umlaufvermögen			
1. Forderungen aus LuL	14 100		
2. Bank	1 400		
	182 500		182 500

Buchungssätze für den Abschluss der Bestandskonten **(Abschlussbuchungen)**:

Abschluss der aktiven Bestandskonten			Abschluss der passiven Bestandskonten		
Schlussbilanzkonto (SBK) an aktives Bestandskonto			**Passives Bestandskonto an Schlussbilanzkonto (SBK)**		
	Beispiel			*Beispiel*	
SBK	130 000 (S)		Eigenkapital	20 000 (S)	
an Fuhrpark		130 000 (H)	an SBK		20 000 (H)

Bei EDV-Buchführungsprogrammen wird auf die Erstellung des **Schlussbilanzkontos** verzichtet. Stattdessen werden die Salden der Bestandskonten (= Schlussbestände) in **Saldenlisten** angezeigt. Nach Abstimmung dieser Schlussbestände mit den Inventurergebnissen erfolgt ein direkter Übertrag der (korrigierten) Salden in die **Schlussbilanz**.

Saldenliste zum 31.12.01	Soll	Haben
Fuhrpark	160 000	
BGA	7 000	
Forderungen aus LuL	14 100	
Bank	1 400	
Eigenkapital		20 000
Darlehen		135 000
Verbindlichkeiten aus LuL		27 500
Summe	182 500	182 500

Vergleich zwischen Schlussbilanzkonto und Schlussbilanz		
	Schlussbilanzkonto	**Schlussbilanz**
Funktion	Gehört zum System der Buchführung. Abschlusskonto für die Bestandskonten	Gehört nicht zum System der Buchführung. Teil des Jahresabschlusses, vgl. Kap. D 6.3
Kontenseiten	Soll und Haben	Aktiva und Passiva
ausgewiesene Werte	Buchwerte (Schlussbestände der Bestandskonten vor Anpassung an Inventurergebnisse)	Istwerte (Inventurergebnisse)
Umfang	Weist die Schlussbestände **aller** Bestandskonten aus.	Mehrere Schlussbestände (z. B. Kasse, Bankguthaben) werden zu **einer** Bilanzposition zusammengefasst (verdichtet).

Zusammenfassende Übersicht zu Kap. 5.5:
Bestandskonten: Eröffnung – Buchungen – Abschluss

Beginn des Geschäftsjahres	Während des Geschäftsjahres	Ende des Geschäftsjahres		
❶ Übernahme der Anfangsbestände (Istwerte) aus der Eröffnungsbilanz auf die Bestandskonten	❷ Laufende Buchungen	❸ Abschluss der Bestandskonten über das Schlussbilanzkonto (Buchwerte)	❹ Anpassung der Buchwerte an die durch die Inventur gewonnenen Istwerte (Korrekturbuchungen)	❺ Erstellung der Schlussbilanz (Istwerte, Zusammenfassung einzelner Bestände zu Bilanzpositionen)

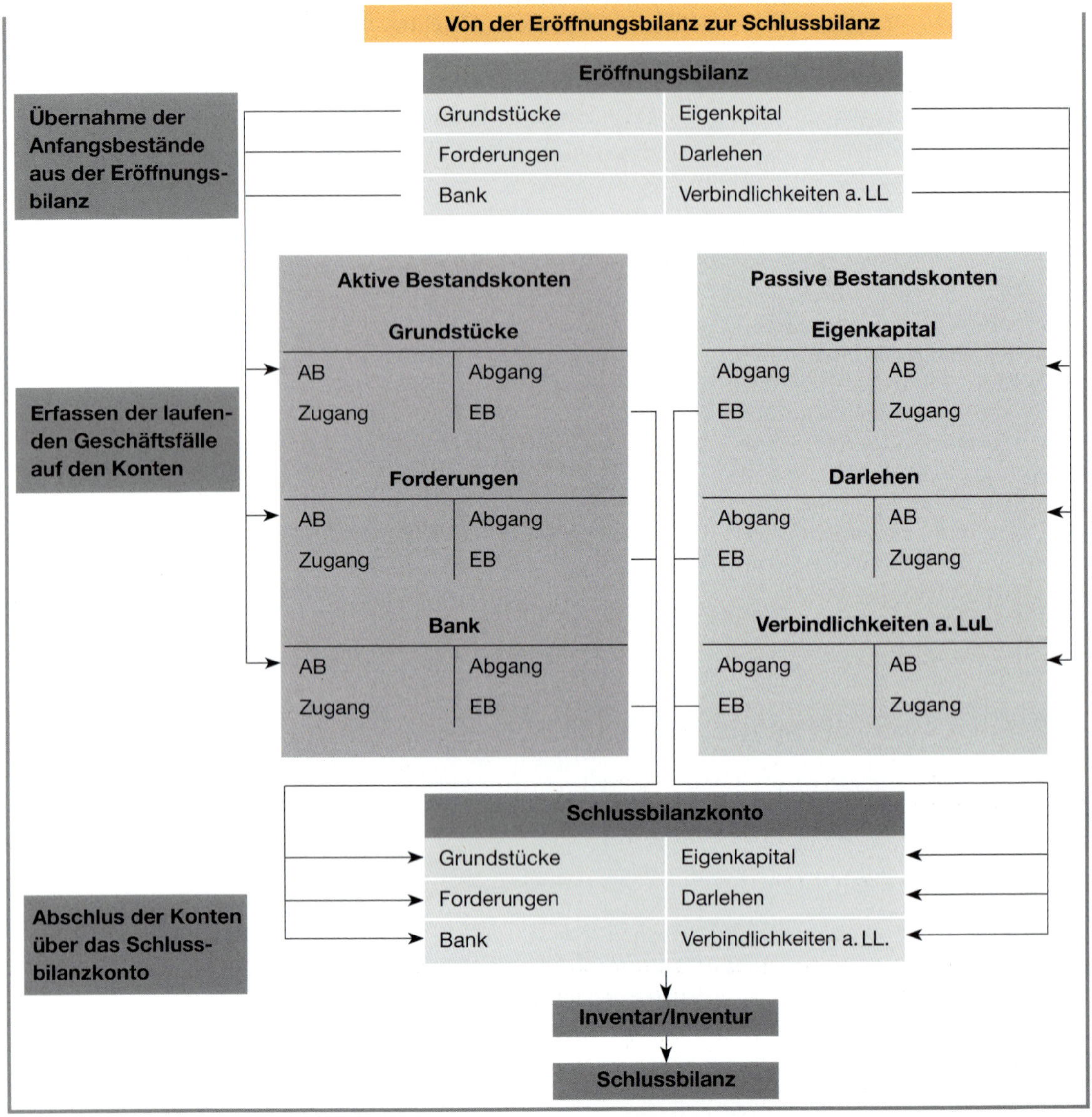

5.6 Ergebniskonten: Buchungen und Abschluss

Kap. D 4.3

Betrieblich bedingte Geschäftsvorfälle, die zu einer Veränderung des Eigenkapitals führen, werden als ergebniswirksame (= den Gewinn oder Verlust beeinflussende) Geschäftsvorfälle bezeichnet.

Aufwendungen mindern das Eigenkapital. Erträge erhöhen das Eigenkapital.

Aufwendungen	Erträge
■ Lohnaufwendungen ■ Mietaufwendungen ■ Zinsaufwendungen ■ Rohstoffaufwendungen ■ ... → Aufwendungen wurden bisher im Konto Eigenkapital im **Soll** gebucht	■ Umsatzerlöse (aus Verkäufen) ■ Mieterträge ■ Provisionserträge ■ Zinserträge ■ ... → Erträge wurden bisher im Konto Eigenkapital im **Haben** gebucht

Ergebniswirksame Geschäftsvorfälle werden aber aus Gründen der Übersichtlichkeit nicht – wie bisher gehandhabt – direkt auf dem Konto *Eigenkapital* gebucht, sondern auf eigenständigen Konten. Es handelt sich hierbei um **Unterkonten** zum Konto Eigenkapital. Diese Unterkonten werden als **Ergebniskonten** bezeichnet.

Ergebniskonten (Aufwands- und Ertragskonten) sind Unterkonten des Eigenkapitalkontos.

Ein Geschäftsvorfall beeinflusst den Gewinn oder Verlust nur dann, wenn eine Buchung auf einem Ergebniskonto (Aufwands- oder Ertragskonto) erfolgt.

Für jede Aufwands- und Ertragsart wird ein gesondertes Unterkonto eingerichtet. Auf den Ergebniskonten gibt es weder Anfangs- noch Endbestände. Es werden vielmehr **Veränderungen** des Eigenkapitals durch **Aufwendungen** und **Erträge** erfasst. Unterkonten folgen den Buchungsregeln der übergeordneten Konten.

Aufwendungen werden auf den Aufwandskonten auf der Sollseite gebucht.
Erträge werden auf den Ertragskonten auf der Habenseite gebucht.

Aufwands- und Ertragskonten (= Ergebniskonten) werden über das Gewinn- und Verlustkonto (GuV-Konto) abgeschlossen.

Aufg. 5.9 S. 398

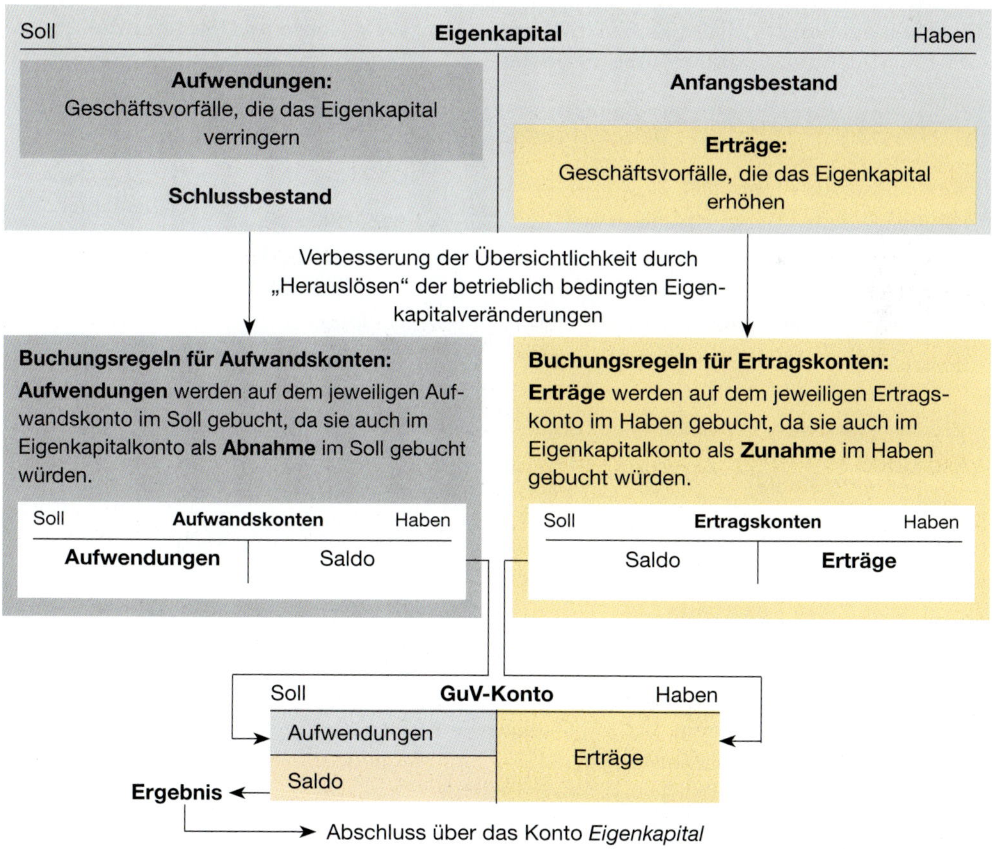

Der Saldo des GuV-Kontos zeigt das Ergebnis des Unternehmens an. Abhängig davon, ob die Aufwendungen kleiner oder größer als die Erträge sind, lassen sich folgende Ergebnissituationen unterscheiden: Gewinn oder Verlust.

1 Summe Aufwendungen < Summe Erträge

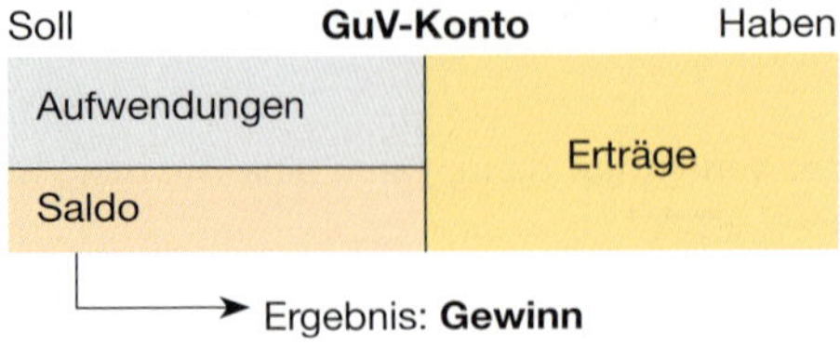

2 Summe Aufwendungen > Summe Erträge

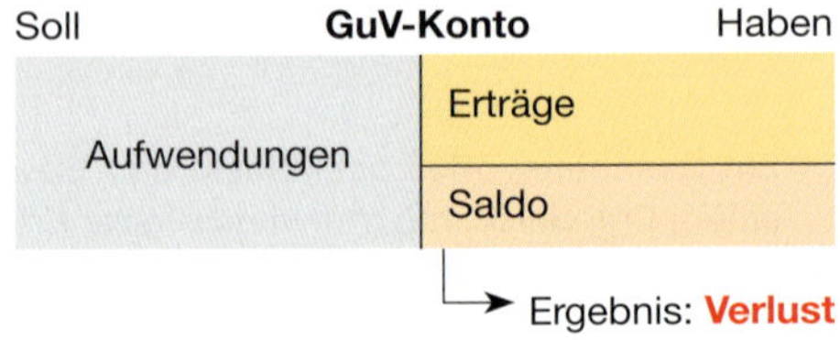

Sind die Erträge höher als die Aufwendungen, liegt ein Gewinn vor.
Sind die Aufwendungen höher als die Erträge, liegt ein Verlust vor.

Kap. D 4.3

Das durch **Eigenkapitalvergleich** festgestellte Ergebnis kann somit auch im **GuV-Konto** durch Gegenüberstellung von Aufwendungen und Erträgen ermittelt werden. Es lässt sich dadurch feststellen, welche Aufwendungen und welche Erträge zu dem vorliegenden Ergebnis geführt haben **(Ergebnisanalyse)**.

Das GuV-Konto wird über das Konto Eigenkapital abgeschlossen.

Abschlussbuchung im Falle eines **Gewinns**: **GuV-Konto an Eigenkapital**
Abschlussbuchung im Falle eines **Verlusts**: **Eigenkapital an GuV-Konto**

Ergebniswirksame Geschäftsvorfälle

1 Kontoauszug – Lastschrift: Zinsen	1 000 EUR	Alle Geschäftsvorfälle haben eine Auswirkung auf das Ergebnis (Gewinn oder Verlust) und wirken sich daher auf das Eigenkapital aus.
2 Kontoauszug – Gutschrift: Zinsen	100 EUR	
3 Kontoauszug – Lastschrift: Löhne	20 000 EUR	
4 Kontoauszug – Gutschrift: Miete	4 000 EUR	
5 Entnahmeschein: Verbrauch von Rohstoffen	30 000 EUR	
6 Ausgangsrechnung: Verkauf von Erzeugnissen	50 000 EUR	

Buchungssätze bei Verwendung der Ergebniskonten (laufende Buchungen)

	Konto	Soll/EUR	Haben/EUR
1	**Zinsaufwendungen**	1 000	
	an Bank		1 000
2	Bank	100	
	an **Zinserträge**		100
3	**Lohnaufwendungen**	20 000	
	an Bank		20 000
4	Bank	4 000	
	an **Mieterträge**		4 000
5	**Rohstoffaufwendungen**	30 000	
	an Rohstoffe		30 000
6	Forderungen aus LuL	50 000	
	an **Umsatzerlöse**		50 000

Umsatzerlöse aus dem Verkauf von Waren und Dienstleistungen sind die wichtigste Ertragsart eines Unternehmens. Dabei ist aber Folgendes zu beachten: Der sich bei einem solchen Geschäftsvorfall ergebende Abgang von Waren wird nicht schon beim Verkauf, sondern erst im Rahmen der Abschlussbuchungen am Jahresende berücksichtigt.

Der Buchungssatz beim Verkauf von Waren oder Dienstleistungen auf Ziel lautet:
***Forderungen aus Lieferungen* und Leistungen an *Umsatzerlöse*.**

Kap. D 10.3 u. D 11

Buchung auf Konten

1. Betroffene Bestandskonten

Soll	**Bank**		Haben
AB	24 600	(1)	1 000
(2)	100	(3)	20 000
(4)	4 000	SB	7 700
	28 700		28 700

Soll	**Rohstoffe**		Haben
AB	80 000	(5)	30 000
		SB	50 000
	80 000		80 000

Soll	**Forderungen aus LuL**		Haben
AB	18 500	SB	68 500
(6)	50 000		
	68 500		68 500

2. Betroffene Ergebniskonten

S	**Zinsaufwendungen**		H
(1)	1 000	*Saldo*	1 000

S	**Lohnaufwendungen**		H
(3)	20 000	*Saldo*	20 000

S	**Rohstoffaufwendungen**		H
(5)	30 000	*Saldo*	30 000

S	**Zinserträge**		H
Saldo	100	(2)	100

S	**Mieterträge**		H
Saldo	4 000	(4)	4 000

S	**Umsatzerlöse**		H
Saldo	50 000	(6)	50 000

Soll	**GuV-Konto**		Haben
Zinsaufwendungen	1 000	Zinserträge	100
Lohnaufwendungen	20 000	Mieterträge	4 000
Rohstoffaufwendungen	30 000	Umsatzerlöse	50 000
Saldo = **Gewinn**	3 100		
	54 100		54 100

Soll	**Eigenkapital**		Haben
SB	103 100	AB	100 000
		GuV	3 100
	103 100		103 100

Buchungssätze für den Abschluss der Ergebniskonten (Abschlussbuchungen)

Konto	Soll/EUR	Haben/EUR
GuV an **Zinsaufwendungen**	1000	 1000
Zinserträge an GuV	100	 100
GuV an **Lohnaufwendungen**	30000	 30000
Mieterträge an GuV	4000	 4000
GuV an **Rohstoffaufwendungen**	30000	 30000
Umsatzerlöse an GuV	50000	 50000

Aufg. 5.10 S. 398

Buchungssatz für den Abschluss des Kontos GuV

Konto	Soll/EUR	Haben/EUR
GuV an Eigenkapital	3100	 3100

Zusammenfassende Übersicht zu Kap. 5.6: Ergebniskonten: Buchungen und Abschluss

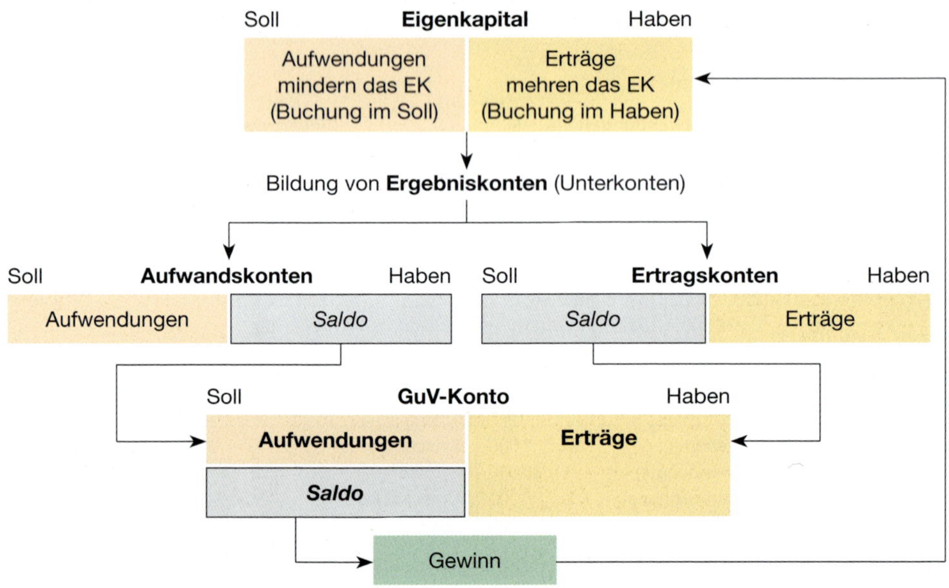

Aufg. 5.11 bis 5.13 S. 398 f.

5.7 Vereinfachte Buchungsweise bei bestimmten Ergebnisvorgängen

Es gibt Vermögensgegenstände wie z. B. Benzin oder Briefumschläge, die schon kurz nach dem Beschaffungsvorgang verbraucht werden. Es wäre umständlich, bei diesen Verbrauchsgütern zuerst den **Vermögenszugang** in einem Aktivkonto zu buchen und nach dem Verbrauch (z. B. einen Tag später) den **Vermögensabgang** als Aufwand zu berücksichtigen. Aus diesem Grund wird der Verbrauch dieser Vermögensgegenstände bereits bei der Anschaffung auf einem Aufwandskonto erfasst.

Vereinfachte Buchung bei Vermögensgegenständen, die kurz nach ihrer Anschaffung verbraucht werden

Aufg. 5.14 S. 400

① Ein Lkw wird am 15. Mai auf Rechnung vollgetankt.
Rechnungseingang in Höhe von 100,00 EUR am 22. Mai.
Die Eingangsrechnung wird nicht auf einem Bestandskonto, sondern direkt auf dem Konto *Aufwendungen für Treibstoffe* gebucht.

② Bareinkauf von 1 000 Briefumschlägen im Wert von 18,00 EUR.
Der Bareinkauf wird nicht auf einem Bestandskonto, sondern direkt auf dem Konto *Aufwendungen für Büromaterial* gebucht.

	Konto	Soll/EUR	Haben/EUR
①	**Aufwendungen für Treibstoffe**	100,00	
	an Verbindlichkeiten aus LuL		100,00
②	**Aufwendungen für Büromaterial**	18,00	
	an Kasse		18,00

In gleicher Weise werden Vermögensgegenstände, die länger als ein Jahr genutzt werden, sofort bei der Anschaffung auf einem Aufwandskonto gebucht, wenn sie pro Einheit nicht mehr als 150,00 EUR kosten (z. B. Tischrechner, Ordner).

Vereinfachte Buchung bei Vermögensgegenständen, die länger als ein Jahr genutzt werden, aber nicht mehr als 150,00 EUR kosten

Kauf eines Tischrechners (20,00 EUR) sowie eines Computers (1 100,00 EUR) auf Rechnung. Der Tischrechner wird sofort als Aufwand gebucht, da die Anschaffungskosten geringer sind als 150,00 EUR. Der Computer wird dagegen als Zugang auf einem Aktivkonto gebucht.

Konto	Soll/EUR	Haben/EUR
Aufwendungen für Büromaterial	**20,00**	
Geschäftsausstattung	1 100,00	
an Verbindlichkeiten aus LuL		1 120,00

Zusammenfassende Übersicht zu Kap. 5.7:
Vereinfachte Buchungsweise bei bestimmten Vermögensgegenständen

Vermögensgegenstände

die zeitnah zu ihrer Anschaffung verbraucht werden (z. B. Büromaterial, Tankfüllung Benzin)	**die länger als ein Jahr genutzt werden, aber nicht mehr als 150,00 EUR kosten** (z. B. Bürobedarf wie Tischrechner, Ordner)

werden sofort bei ihrer Anschaffung als Aufwand gebucht.

5.8 Privatentnahmen und Privateinlagen

Wenn ein Unternehmer beispielweise Geld für private Zwecke aus der Geschäftskasse entnimmt oder vom Geschäftskonto überweist, liegt eine **Privatentnahme** vor. Dadurch verringert sich das Eigenkapital des Unternehmens.

> **Wenn ein Unternehmer einen Vermögensbestand aus dem Unternehmen entnimmt und in sein Privatvermögen überträgt, liegt eine Privatentnahme vor.**
> **Privatentnahmen mindern das Eigenkapital des Unternehmens.**

EStG § 4 (1)

Wenn ein Unternehmer dagegen Geld oder Gegenstände (z. B. Pkw, Grundstück) aus seinem Privatvermögen auf das Unternehmen überträgt, liegt eine **Privateinlage** vor. Dadurch erhöht sich das Eigenkapital des Unternehmens.

> **Wenn ein Unternehmer einem Vermögensgegenstand aus seinem Privatvermögen in das Unternehmen einbringt, liegt eine Privateinlage vor.**
> **Privateinlagen erhöhen das Eigenkapital des Unternehmens.**

Privatentnahmen und Privateinlagen können sich sowohl auf **Geldmittel** als auch auf **Gegenstände** (Bsp.: Pkw, Grundstück) und **Leistungen** (Bsp.: private Autofahrten mit dem Geschäftswagen) beziehen.

Weil sich alle privaten Vorgänge, die in der Buchführung erfasst werden, auch auf das Eigenkapital des Unternehmens auswirken, könnten diese Vorgänge direkt auf dem Konto *Eigenkapital* gebucht werden. Aus Gründen der Übersichtlichkeit werden privat bedingte Veränderungen des Eigenkapitals aber zunächst auf einem **Unterkonto** des Kontos *Eigenkapital* – dem Konto *Privat*[1] – gebucht.

> **Private Entnahmen und private Einlagen werden auf dem Konto *Privat* (= Unterkonto des Kontos *Eigenkapital*) erfasst.**

- Privatentnahmen mindern das EK (Buchung im **Soll**)

→ Buchung auf dem Konto *Privat* **im Soll**

- Privateinlagen mehren das EK (Buchung im **Haben**)

→ Buchung auf dem Konto *Privat* **im Haben**

Private Vorgänge in einer Textildruckerei

Privatentnahme:

❶ Geschäftsinhaber Volker Ehret entnimmt aus der Geschäftskasse 200 EUR als Taschengeld für seinen Sohn.

Privateinlage:

❷ Geschäftsinhaber Volker Ehret überweist von seinem privaten Girokonto 30 000 EUR auf das Geschäftskonto. Mit diesem Betrag soll später ein Lieferwagen angeschafft werden.

1 Das Konto Privat kann nur für Einzelunternehmer oder unbeschränkt haftende Gesellschafter von Personengesellschaften eingerichtet werden. Bei Kapitalgesellschaften (z. B. GmbH, AG) gibt es keine privaten Vorgänge.

Darstellung im Kontensystem (ohne Kontenabschluss):

Soll	**Kasse**		Haben
AB	800,00	❶	200,00

Soll	**Eigenkapital**		Haben
		AB	100 000,00

Soll	**Bank**		Haben
AB	13 000,00		
❷	30 000,00		

Soll	**Privat**		Haben
❶	200,00	❷	30 000,00

Buchungssätze:

	Konto	Soll/EUR	Haben/EUR
❶	Privat an Kasse	200,00	 200,00
❷	Bank an Privat	30 000,00	 30 000,00

Der Saldo im Privatkonto gibt an, um welchen Betrag die privaten Vorgänge das Eigenkapital des Unternehmens verändern.

Das Konto *Privat* wird über das Konto *Eigenkapital* abgeschlossen.

Abschluss des Kontos **Privat**:

Soll	**Eigenkapital**		Haben
SB	129 800,00	AB	100 000,00
		Privat	**29 800,00**
	129 800,00		129 800,00

Soll	**Privat**		Haben
❶	**200,00**	❷	**30 000,00**
Saldo	**29 800,00**		
	30 000,00		30 000,00

Vorbereitende Abschlussbuchung:

Konto	Soll/EUR	Haben/EUR
Privat an Eigenkapital	29 800,00	 29 800,00

Aufg. 5.15 S. 401

Privatentnahmen und Privateinlagen verändern zwar das Eigenkapital des Unternehmens. Da bei der Buchung aber kein Ergebniskonto (Aufwands- oder Ertragskonto) betroffen ist, ergeben sich durch diese privaten Vorgänge keine Auswirkungen auf den Gewinn oder Verlust des Unternehmens (= ergebnisneutrale Vorgänge).

Zusammenfassende Übersicht zu Kap. 5.8: Privatentnahmen und Privateinlagen

Arten von Eigenkapitaländerungen

Privat bedingte Eigenkapitaländerungen
- werden auf dem Konto *Privat* gebucht.
- beeinflussen das Ergebnis (Gewinn oder Verlust) **nicht**

Betrieblich bedingte Eigenkapitaländerungen
- werden auf den Ergebniskonten gebucht.
- beeinflussen das Ergebnis (Gewinn oder Verlust

Soll **Privat**	Haben
Privatentnahmen = privat verursachte Eigenkapital-minderungen	**Privateinlagen = privat verursachte** Eigenkapital-mehrungen

Soll **GuV-Konto**	Haben
Aufwendungen = betrieblich verursachte Eigenkapital-minderungen	**Erträge = betrieblich verursachte** Eigenkapital-mehrungen

Abschluss über das **Konto Eigenkapital**

Zusammenfassende Übersicht zu Kap. 5: Buchungen im Kontensystem

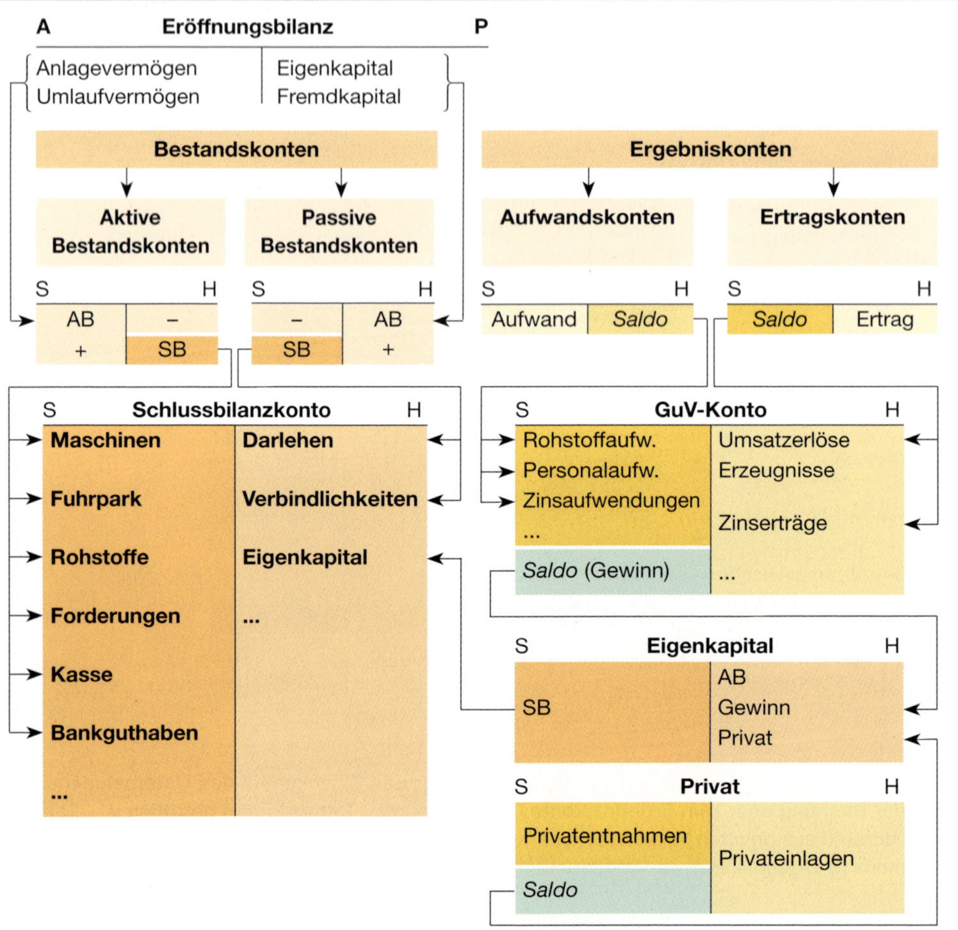

Aufg. 5.16
S. 401

Fragen zur Wiederholung

zu Kapitel 5 Buchungen im Kontensystem

5.1 Belege als Grundlage von Buchungsvorgängen

1. Welche Belegarten lassen sich in der Buchführung unterscheiden?
2. Weshalb werden Belege fortlaufend nummeriert?

5.2 Allgemeine Buchungsregeln

1. Wie viele Konten werden durch einen Geschäftsvorfall mindestens betroffen?
2. Wie viele Soll- und wie viele Habenbuchungen gibt es mindestens bei der Buchung eines Geschäftsvorfalls?

5.3 Buchen auf Bestandskonten

1. Welche Buchungsregeln gelten für Buchungen auf dem Konto „Forderungen aus LuL"?
2. Welche Buchungsregeln gelten für Buchungen auf dem Konto „Verbindlichkeiten aus LuL"?

5.4 Buchungssatz (Kontierung)

1. Welche Informationen enthält ein Buchungssatz?
2. Wodurch unterscheidet sich ein einfacher von einem zusammengesetzten Buchungssatz?
3. Was bedeutet Vorkontierung?

5.5 Bestandskonten: Eröffnung – Buchungen – Abschluss

1. Woher stammen die Anfangsbestände der Bestandskonten zu 01.01...?
2. Welcher Unterschied besteht zwischen dem Schlussbilanzkonto und der Schlussbilanz?
3. Wie lautet der Buchungssatz für den Abschluss des Kontos „Forderungen aus LuL"?
4. Wie lautet der Buchungssatz für den Abschluss des Kontos „Verbindlichkeiten aus LuL"?

5.6 Ergebniskonten: Buchungen und Abschluss

1. Welcher Unterschied besteht zwischen Aufwendungen und Erträgen?
2. Was sind ergebniswirksame Geschäftsvorfälle?
3. Welche Buchungsregeln gelten für Ergebniskonten?
4. Welches Ergebnis wurde erzielt, wenn im GuV-Konto der Saldo im Haben ausgewiesen wird?

5.7 Vereinfachte Buchungsweise bei bestimmten Ergebnisvorgängen

1. Weshalb werden Verbrauchsgüter wie Strom oder Benzin direkt in einem Aufwandskonto gebucht?
2. Unter welchen Voraussetzungen wird die Anschaffung einer Schreibtischlampe direkt als Aufwand und nicht als Geschäftsausstattung gebucht?

5.8 Privatentnahmen und Privateinlagen

1. Nennen Sie zwei Beispiele für private Vorgänge die in der Buchungsführung berücksichtigt werden müssen.
2. Weshalb werden Privateinlagen auf dem Privatkonto im Haben gebucht?
3. Weshalb haben Privatentnahmen keine Auswirkungen auf den Gewinn des Unternehmens?

Aufgaben und Probleme

zu Kapitel 5 Buchungen im Kontensystem

5.1 Kontoauszug buchen

Bei der Buchung von *Kontoauszügen* ist das Konto Bank betroffen. Für das Konto Bank gelten die gleichen Buchungsregeln wie für das Kassenkonto.

1. Buchen Sie die drei Positionen des Kontoauszugs aus der Sicht des Textildrucks Shirt-Shop (siehe Beleg auf Seite 378) auf dem Konto Bank.
2. Führen Sie einen Buch-Ist-Vergleich durch und schließen Sie das Konto Bank ab.

PDF

5.2 Allgemeine Buchungsregeln am Beispiel von Geschäftsvorfällen

Erläutern Sie am Beispiel der nachfolgenden Geschäftsvorfälle die allgemeinen Buchungsregeln. Beantworten Sie für jeden Geschäftsvorfall die drei nachfolgenden Fragen:

1. Welche Konten sind zu berücksichtigen?

2. Auf welcher Seite des Kontos wird gebucht?

3. Welche Beträge sind zu buchen?

Folgende Konten stehen zur Auswahl:
Kasse, Bank, Geschäftsausstattung, Vorprodukte, Hilfsstoffe, Forderungen

1. Barabhebung vom Bankkonto für die Geschäftskasse .... 1 000 EUR
2. Kauf eines Computers gegen Überweisung .... 1 300 EUR
3. Ein Kunde bezahlt eine fällige Rechnung durch Überweisung .... 7 500 EUR
4. Bareinzahlung auf das Bankkonto aus der Geschäftskasse .... 2 500 EUR
5. Kassenbeleg .... 1 000 EUR
   Bareinkauf von unbedruckten T-Shirts .... 920 EUR
   und Bareinkauf von Härter .... 80 EUR

5.3 Allgemeine Buchungsregeln

Erläutern Sie, auf welcher Seite und mit welchem Betrag auf dem Konto C zu buchen ist, damit es sich um einen vollständigen Buchungssatz handelt.

Konto A: 3 000 EUR im Soll   Konto B: 4 200 EUR im Haben   Konto C: ?

5.4 Konto *Rohstoffe* führen und abschließen

Führen Sie das Konto *Rohstoffe* unter Berücksichtigung der nachfolgenden Angaben.
Buchungshinweis: Als Einkaufspreis je Stück sind jeweils 20 EUR anzusetzen.

1. Bestand laut Inventur vom 01.10. .... 80 Stück
2. Einkauf auf Rechnung am 05.10. .... 100 Stück
3. Verbrauch in der Produktion am 08.10. .... 150 Stück
4. Rücksendung von beschädigten Teilen an den Lieferer am 14.10. .... 20 Stück
5. Einkauf auf Rechnung am 24.10. .... 100 Stück
6. Bestand laut Inventur vom 31.10. .... 110 Stück

5.5 Konto *Darlehen* führen und abschließen

Führen Sie das Konto *Darlehen* unter Berücksichtigung der nachfolgenden Angaben.

1. Bestand laut Darlehenskontoauszug vom 01.11. .... 50 000 EUR
2. Tilgung durch Überweisung am 30.11. .... 4 000 EUR
3. Die Bank erhöht den Kredit am 14.12. und schreibt den Betrag auf dem Bankkonto gut .... 30 000 EUR
4. Zinsen für den Kredit werden am 31.12. durch Überweisung beglichen .... 3 000 EUR
5. Tilgung durch Überweisung am 31.12. .... 4 000 EUR
6. Bestand laut Darlehenskontoauszug am 31.12. .... 72 000 EUR

5.6 Einfache Buchungssätze – Bestandskonten

PDF

1. Bilden Sie die Buchungssätze zu den nachstehenden Geschäftsvorfällen.
2. Führen Sie die beiden Konten *Bank* (AB = Guthaben von 34 700 EUR) und *Verbindlichkeiten aus LuL* (AB = 8 468 EUR). Schließen Sie die beiden Konten ab.

1	Barabhebung vom Bankkonto	500 EUR
2	Rückzahlung einer Darlehensschuld durch Überweisung	8 200 EUR
3	Eingangsrechnung für den Kauf von Handelswaren	900 EUR
4	Ein Kunde begleicht eine Rechnung durch Überweisung	18 560 EUR
5	Eingangsrechnung für die Lieferung von Rohstoffen	9 628 EUR
6	Begleichung der Liefererrechnung durch Überweisung	9 628 EUR

5.7 Zusammengesetzte Buchungssätze – Bestandskonten

Bilden Sie die Buchungssätze zu den nachstehenden Geschäftsvorfällen.

1. Eingangsrechnung:

	Rohstoffe	1 600 EUR
+	Hilfsstoffe	400 EUR
=	Rechnungsbetrag	2 000 EUR

2. Die Eingangsrechnung wird wie folgt beglichen:

	Bar	500 EUR
+	Banküberweisung	1 500 EUR
=	Rechnungsbetrag	2 000 EUR

5.8 Bestandskonten: Eröffnung – Buchungen – Abschluss

PDF

In einem Handelsunternehmen wurden durch Inventur folgende **Anfangsbestände** ermittelt:

Fuhrpark	19 000 EUR	Forderungen aus LuL	13 000 EUR
Betriebs-/Geschäftsausstattung	28 300 EUR	Verbindlichkeiten aus LuL	20 000 EUR
Handelswaren	47 200 EUR	Darlehen	60 000 EUR
Bankguthaben	24 000 EUR	Eigenkapital	? EUR
Kasse	18 500 EUR		

Geschäftsvorfälle

1	Bareinzahlung auf das Bankkonto	5 000 EUR
2	Kauf von Handelswaren auf Rechnung	5 800 EUR
3	Ein Kunde begleicht eine Rechnung per Überweisung	9 000 EUR
4	Teil-Rückzahlung einer Darlehensschuld durch Überweisung	5 000 EUR
5	Barkauf eines Druckers für das Sekretariat	700 EUR
6	Eine Liefererrechnung wird per Überweisung beglichen	11 000 EUR
7	Warenrücksendung an einen Lieferer. Der Lieferer erstellt eine Gutschrift zur Verrechnung	2 000 EUR
8	Eine Liefererverbindlichkeit wird in eine Darlehensschuld umgewandelt. Laufzeit: 4 Jahre	12 000 EUR
9	Kauf eines Lieferwagens auf Rechnung	38 000 EUR

1. Erstellen Sie aus den Inventurangaben die Bilanz zu Beginn des Geschäftsjahres (= Eröffnungsbilanz).
2. Bilden Sie die Buchungssätze für die Geschäftsvorfälle.
3. Richten Sie sich die Bestandskonten ein und übernehmen Sie die jeweiligen Anfangsbestände. Buchen Sie die Geschäftsvorfälle in den Konten.

   Schließen Sie alle Konten über das Schlussbilanzkonto ab.

5.9 Buchen auf Bestands- und Ergebniskonten

PDF

1. Bilden Sie die Buchungssätze zu den Geschäftsvorfällen ❶, ❷ und ❸.
2. Wodurch unterscheidet sich der Geschäftsvorfall ❸ von den Geschäftsvorfällen ❶ und ❷?
3. Welche der Geschäftsvorfälle sind ❹ bis ❽ ergebniswirksam?
   Begründen Sie Ihre Antworten.

❶	Rechnung von Büromarkt Streit: Lieferung Personalcomputer	1 500 EUR
❷	Rechnung von Mericol GmbH: Lieferung Farben zahlbar innerhalb von 10 Tagen ohne Abzug	1 200 EUR
❸	Kontoauszug – Lastschrift: Ausbildungsvergütung	800 EUR
❹	Kontoauszug – Lastschrift: Kontoführung 1. Quartal	30 EUR
❺	Rechnung von Elektro Huber: Reparatur Telefonanlage	140 EUR
❻	Kassenbeleg: 10 Schreibtischlampen zu je 139 EUR	1 390 EUR
❼	Kontoauszug – Lastschriften:	
	Büromarkt Streit PC	1 500 EUR
	Mericol GmbH Farben	1 200 EUR
❽	Kassenbeleg: Barentnahme von Geschäftsinhaber Schneider	500 EUR

5.10 Erstellung eines Gewinn- und Verlustkontos

PDF

Zum 31.12.01 wurden in den Ergebniskonten folgende Salden ermittelt (alphabetische Reihenfolge):

Aufwendungen für Treibstoff	600 EUR
Löhne und Gehälter	10 000 EUR
Mieterträge	800 EUR
Rohstoffverbrauch	8 000 EUR
Telefonaufwendungen	500 EUR
Umsatzerlöse Fertigerzeugnisse	20 000 EUR
Zinserträge	200 EUR

1. Erstellen Sie das Gewinn- und Verlustkonto und ermitteln Sie das Ergebnis.
2. Schließen Sie das GuV-Konto unter Angabe des Buchungssatzes ab.

5.11 Buchungssätze im Zusammenhang mit dem Telefonieren

Bilden Sie die Buchungssätze zu den nachfolgenden Geschäftsvorfällen.

PDF

1.	Eingangsrechnung 302 am 02.06.: Telefonanlage Zahlbar innerhalb von 40 Tagen ohne Abzug	2 000,00 EUR
2.	Monatsrechnung der Telekom: Eingangsrechnung 303 am 01.07.: Telefongebühren Juni Zahlbar innerhalb von 10 Tagen ohne Abzug	580,00 EUR
3.	Kontoauszug – Lastschrift am 10.07.	
	ER 302	2 000,00 EUR
	ER 303	580,00 EUR
4.	Die Telekom erhält eine Einzugsermächtigung und zieht im nächsten Monat den fälligen Betrag sofort durch Lastschriftverfahren ein. Kontoauszug – Lastschrift am 08.08: Telefongebühren Juli	750,00 EUR

5.12 Buchen auf Bestands- und Ergebniskonten

PDF

In einem Unternehmen wurden durch Inventur folgende **Anfangsbestände** ermittelt:

Bankguthaben	11 700 EUR
Betriebs-/Geschäftsausstattung	60 000 EUR
Darlehen	40 000 EUR

Eigenkapital	? EUR
Forderungen aus LuL	22 000 EUR
Fuhrpark	39 000 EUR
Rohstoffe	50 000 EUR
Kasse	14 900 EUR

Außer den **Bestandskonten**, die sich aus den obigen Beständen ergeben, ist das Konto *Verbindlichkeiten aus LuL* betroffen. Des Weiteren sind folgende **Ergebniskonten** zu führen:

Aufwendungen für Treibstoff, Personalaufwendungen, Mietaufwendungen, Rohstoffaufwendungen, Kfz-Reparaturen, Telefonaufwendungen, Umsatzerlöse, Zinsaufwendungen, Zinserträge

Geschäftsvorfälle

1	Zinsgutschrift der Bank für das Geschäftskonto	200 EUR
2	Zinsbelastung der Bank für Darlehensgewährung	1 000 EUR
3	Tilgung der Darlehensschuld durch Überweisung	3 000 EUR
4	Kauf einer PC-Anlage auf Rechnung	27 000 EUR
5	Rohstoffverbrauch lt. Materialentnahmeschein	7 000 EUR
6	Rechnungseingang für den Kundendienst des Geschäftswagens	680 EUR
7	Der Geschäftswagen wird gegen Barzahlung voll getankt	80 EUR
8	Rechnung an die Fischer KG für den Verkauf von Erzeugnissen	22 800 EUR
9	Die Fischer KG begleicht die Rechnung per Überweisung	12 800 EUR
10	Miete für Geschäftsräume wird per Dauerauftrag beglichen	900 EUR
11	Telefongebühr wird per Lastschrifteinzugsverfahren abgebucht	720 EUR
12	Teil-Rückerstattung der gezahlten Miete auf das Bankkonto wegen einer nachträglichen Mietkorrektur (siehe Nr. 10)	100 EUR
13	Gehaltszahlung an die Mitarbeiter per Überweisung	6 300 EUR

1. Erstellen Sie aus den obigen Angaben die Eröffnungsbilanz.
2. Richten Sie sich die Bestandskonten ein und übernehmen Sie die jeweiligen Anfangsbestände.
3. Bilden Sie die Buchungssätze für die Geschäftsvorfälle.
4. Buchen Sie die Geschäftsvorfälle auf den Bestands- bzw. Ergebniskonten.
5. Schließen Sie alle Ergebniskonten über das Gewinn- und Verlustkonto ab.
6. Schließen Sie das Gewinn- und Verlustkonto unter Angabe des Buchungssatzes ab.
7. Schließen Sie alle Bestandskonten über das Schlussbilanzkonto ab.

5.13 Buchen nach Belegen – Bestands- und Ergebniskonten

Bilden Sie die Buchungssätze zu den aus nachfolgenden Kontoauszügen ersichtlichen Geschäftsvorfällen.

Kontoauszug — **Mannheimer Bank**

Alter Kontostand

Konto-Nr. 13579 — Saldo vom 05.12... — **+ 37 000,00 EUR**

Pos.		Lastschrift	Gutschrift
1	Strom Abschlagszahlung Dezember	1 200,00	
2	Miete Büro Heidelberg	800,00	
3	Gebäudeversicherung: Dez.	100,00	

Auszugsdatum: 05.12... — Auszugs-Nr. 125

Shirt-Shop Ehret e. Kfm.
Lindenstraße 14
68309 Mannheim

Neuer Kontostand **+ 34 900,00 EUR**

Kontoauszug **Mannheimer Bank**

Konto-Nr. 13579	Saldo vom 06.12...	Alter Kontostand	**+ 34 900,00 EUR**
Pos.		Lastschrift	Gutschrift
1	Zinsen		40,00
2	Übertrag Konto Volker Ehret Privat	4 000,00	
3	Kfz-Steuer MA-HH 60	390,00	

Auszugsdatum: 06.12... Auszugs-Nr. 126

Shirt-Shop Ehret e. Kfm.
Lindenstraße 14
68309 Mannheim

Neuer Kontostand **+ 30 550,00 EUR**

5.14 Buchen nach Belegen

Bilden Sie die Buchungssätze zu den nachfolgenden Belegen.

Hinweis: *Die Umsatzsteuer bleibt jeweils aus Vereinfachungsgründen noch unberücksichtigt.*

Beleg 1

SHELL STATION
An der Oberrheinhalle
77656 Offenburg

Beleg-Nr. 1133/007/00002 12.12...

Barverkauf
*000001 SHELL BLEIFREI 61,00 €
*ZP04 50,0 l 1,22 €/l

Gesamtbetrag 61,00 €

MwSt. 19,00 % ....€

Beleg 2

Postagentur
68309 Mannheim
Lindenhof

84791970 6485 12.12...

****10,00 € ****

Postwertzeichen ohne Zuschlag

Vielen Dank für Ihren Besuch.
Ihre Postagentur

Beleg 3

Büromarkt Sutter

67603 Ludwigshafen
Ringstr. 24

Shirt-Shop Ehret e. Kfm.
Sporttextildruck
Lindenstraße 14
68309 Mannheim

Lieferung: 12.12...
Rechnung-Nr.: 78456
Kunden-Nr.: 467
Datum: 12.12...

Barverkaufsrechnung

Pos.	Artikel/Artikelbeschreibung	Einheit	Menge	E-Preis	Gesamt	
1	Briefumschläge	Stk.	800	0,02	16,00	EUR
2	Aktenvernichter	Stk.	1	220,00	220,00	EUR
3	Leitzordner	Stk.	20	3,00	60,00	EUR
4	Schreibtischunterlagen	Stk.	20	4,00	80,00	EUR
5	Taschenrechner	Stk.	1	40,00	40,00	EUR
		Netto-Rechnungsbetrag			416,00	EUR
		+ Umsatzsteuer			...	EUR
		Rechnungsbetrag			...	EUR

Betrag dankend erhalten *Schmidt* Ludwigshafen 12.12...

5.15 Konto Privat führen und Buchungssätze bilden

In der Textildruckerei Shirt-Shop Ehret e. Kfm. ereignen sich nachfolgende Geschäftsvorfälle. Bilden Sie die Buchungssätze, führen Sie das Privatkonto und schließen Sie es unter Angabe des Buchungssatzes ab.

PDF

1. Frau Ehret entnimmt aus der Geschäftskasse für private Einkäufe .... 500,00 EUR
2. Aus einer Erbschaft stellt Volker Ehret seinem Unternehmen .... 40 000,00 EUR durch Überweisung zur Verfügung.
3. Die Rechnung eines Reisebüros für eine Urlaubsreise nach Kreta wird vom Geschäftskonto beglichen .... 7 000,00 EUR
4. Herr Ehret kauft auf Rechnung zwei gleichartige Computer (einen für seinen Sohn und einen für das Sekretariat) und begleicht den Rechnungsbetrag durch Lastschrift vom Geschäftskonto. .... 1 998,00 EUR

5.16 Zusammenfassende Aufgaben zu Buchungen im Kontensystem

Maren Fröhlich gründet zum 01.01... das Taxiunternehmen City-Blitz. Sie stellt 15 000 EUR von ihrem privaten Vermögen als Geldeinlage zur Verfügung und überweist diesen Betrag auf das Geschäftskonto bei der Commerzbank. Außerdem bringt sie einen gebrauchten PKW im Wert von 20 000 EUR als Sacheinlage ein. Ein weiterer als Taxi eingesetzter PKW wird geleast und erscheint daher nicht in der Bilanz von Maren Fröhlich. Von der Bank erhält sie ein Darlehen in Höhe von 10 000 EUR. Dieser Betrag wird ihr auf das Geschäftskonto bei der Commerzbank überwiesen. Der erste Kontoauszug vom 2.01... weist somit ein Guthaben in Höhe von 25 000 EUR aus.

Buchungshinweise:

- Die Bareinnahmen aus den geleisteten Taxifahrten werden einige Tage gesammelt und dann auf das Bankkonto eingezahlt. Das Erlöskonto lautet „Umsatzerlöse aus Fahrten"
- Die Umsatzsteuer bleibt aus Vereinfachungsgründen unberücksichtigt.
- Maren Fröhlich hat mit der Bank abgesprochen nach einem Monat eine Bilanz und GuV zu erstellen.
  Danach soll über eine Aufstockung des Kredits entschieden werden.

1. Erstellen Sie die Eröffnungsbilanz des Taxiunternehmens zum 01.01...
   Eröffnen Sie die Bestandskonten.
2. Bilden Sie die Buchungssätze zu folgenden Geschäftsvorfällen und führen Sie alle Konten.

Laufende Geschäftsvorfälle im Monat Januar:

PDF

❶	Rechnung (ER 1) von Büro Schnitzer für die Ausstattung des Büros: Möbel, Computer und Kopiergerät	8 000 EUR
❷	Barabhebung vom Bankkonto für die Geschäftskasse	900 EUR
❸	Überweisung der Büromiete für Januar	400 EUR
❹	Überweisung der Kfz-Steuer an das Finanzamt	450 EUR
❺	Überweisung der Kfz-Versicherung an die Victoria-Versicherung	320 EUR
❻	Barkauf von verschiedenen Büromaterialien	600 EUR
❼	Überweisung der Leasingrate für gemietetes Fahrzeug an Autohaus Kepler	1 500 EUR
❽	Die Einnahmen für geleistete Taxifahrten vom 05.01... bis 15.01... werden in einer Summe als Umsatzerlöse gebucht und auf das Bankkonto eingezahlt ...	3 520 EUR
❾	Maren Fröhlich entnimmt der Kasse für private Käufe	200 EUR
❿	Begleichung von ER 1 per Überweisung	
⓫	Eingangsrechnung von einer Werbeagentur für die Gestaltung und Bereitstellung von 2 000 Werbeflyer	1 400 EUR
⓬	Sammelrechnung von der Tankstelle DEA: vom 02.01... bis 31.01...	1 760 EUR

Laufende Geschäftsvorfälle im Monat Januar:

⓭ Die Einnahmen für geleistete Taxifahrten vom 16.01... bis 30.01... werden in einer Summe als Umsatzerlöse gebucht und auf das Bankkonto eingezahlt .. 5 280 EUR

⓮ Kontoauszug der Commerzbank am 31.01.

	Kontostand (alt)	Guthaben	22 230 EUR
Pos 1	Lastschrift: Tilgung Darlehen		1 000 EUR
Pos 2	Lastschrift Zinsen Darlehen, 6 % p. a.		50 EUR
Pos 3	Lastschrift: Übertrag Konto Maren Fröhlich		2 000 EUR
Pos 4	Gutschrift: Zinsen für Bankguthaben		20 EUR
	Kontostand (neu)	Guthaben	19 200 EUR

⓯ Kassenbestand laut Zählliste vom 31.01... 100 EUR

3. Schließen Sie die Ergebniskonten unter der Angabe der Buchungssätze ab.
   Führen Sie das GuV-Konto und schließen Sie dies unter Angabe des Buchungssatzes ab.
   Welches Ergebnis hat Maren Fröhlich mit ihrem Taxiunternehmen im Januar erzielt?

   Schließen Sie die Bestandskonten unter der Angabe der Buchungssätze ab.

   Erstellen Sie das Schlussbilanzkonto zum 31.01...

   Prüfen Sie für die Konten Bank (siehe Nr. 14: Kontoauszug) und Kasse (siehe Nr. 15: Zählliste), ob der Buchbestand mit den Inventurangaben übereinstimmt.

   Erstellen Sie die Schlussbilanz zum 31.01...
4. Beurteilen Sie die Aussichten von Maren Fröhlich von der Commerzbank einen weiteren Kredit zu erhalten.

6 Einfacher Jahresabschluss

6.1 Gesetzliche Grundlagen

Pflicht zur Aufstellung eines Jahresabschlusses

§ 242 HGB Pflicht zur Aufstellung.

(3) Die Bilanz und die Gewinn- und Verlustrechnung bilden den Jahresabschluss.

HGB § 242

Einzelkaufleute müssen einen Jahresabschluss gemäß § 242 HGB auf der **Grundlage der doppelten Buchführung** aufstellen, wenn in zwei aufeinander folgenden Geschäftsjahren die Umsatzerlöse 500 000 EUR und der Jahresüberschuss 50 000 EUR übersteigen.

Personengesellschaften (z. B. OHK, KG) sind unabhängig von der Höhe des Jahresüberschusses und der Umsatzerlöse verpflichtet, das Jahresergebnis auf der Grundlage der doppelten Buchführung zu erstellen. Jeweils für den Schluss eines Geschäftsjahres muss eine Gewinn- und Verlustrechnung sowie eine Bilanz erstellt werden.

Kapitalgesellschaften (z. B. GmbH, AG) sind verpflichtet einen umfangreicheren Jahresabschluss als Einzelunternehmen und Personengesellschaften zu erstellen. Unabhängig von ihrer Größe müssen alle Kapitalgesellschaften ihren Jahresabschluss um einen **Anhang** erweitern. Dieser enthält Erläuterungen zu den einzelnen Posten der Bilanz und der Gewinn- und Verlustrechnung.

Grundsätze ordnungsmäßiger Buchführung (GoB)

Die Buchführung eines Unternehmens ist **ordnungsmäßig**, wenn sie so beschaffen ist, dass sich sachverständige Dritte (z. B. Finanzverwaltung, Gläubiger) innerhalb einer angemessenen Zeit einen Überblick über die Geschäftsvorfälle und die Lage des Unternehmens verschaffen können. Als Beurteilungskriterien für die Frage nach der Ordnungsmäßigkeit einer Buchführung gelten die **Grundsätze ordnungsmäßiger Buchführung (= GoB)**.

HGB § 238 (1)

Aufg. 6.1 S. 412

Die *wichtigsten* Grundsätze ordnungsmäßiger Buchführung lauten wie folgt:

- **Klare und übersichtliche Darstellung**
  - keine unleserlichen Buchungen
  - sachgerechte und überschaubare Organisation
  - übersichtliche Gliederung des Jahresabschlusses
- **Ordnungsmäßige Erfassung aller Geschäftsvorfälle**
  - vollständige, richtige, zeitgerechte sowie sachlich geordnete Führung der Bücher
  - Kasseneinnahmen und Kassenausgaben täglich aufzeichnen
- **Keine Buchung ohne Beleg**
  - fortlaufende Belegnummerierung
  - alle Buchungen müssen anhand der abgelegten Belege nachprüfbar sein
- **Aufbewahrungspflicht von Unterlagen**
  - Buchungsbelege: 10 Jahre
  - Bücher und Aufzeichnungen, Inventare, Jahresabschlüsse: 10 Jahre
  - Geschäftsbriefe: 6 Jahre

HGB § 243 (2), § 238 (1), § 239 (2), AO § 146 (1) § 147 (1)

Kap. D 2

Zusammenfassende Übersicht zu Kap. 6.1: Gesetzliche Grundlagen

Einfacher Jahresabschluss

für buchführungspflichtige Einzelunternehmen und Personengesellschaften (§ 242 HGB)

Bilanz | **Gewinn- und Verlustrechnung**

Erweiterter Jahresabschluss: zusätzlich Anhang
für Kapitalgesellschaften (§ 264 HGB)

Erstellung des Jahresabschlusses nach den **Grundgesätzen ordnungsmäßiger Buchführung** (GoB)

6.2 Behandlung von Inventurdifferenzen

Voraussetzung für die Aufstellung des Jahresabschlusses ist der Abschluss der Konten durch Ermittlung der Salden. Die Salden der **Bestandskonten** werden mit den Ergebnissen aus der Inventur verglichen. **Differenzen** zwischen dem Buchwert und dem tatsächlichen Wert (Istwert) müssen geklärt und gegebenfalls korrigiert werden. Die in der Bilanz ausgewiesenen Werte **(Buchwerte)** müssen nach Beendigung der Jahresabschlusstätigkeiten mit den Werten der Inventur **(Istwerte)** übereinstimmen.

Aufg. 6.2 S. 412

Behandlung von Inventurdifferenzen bei Rohstoffen

Das Konto **Rohstoffe** weist zum 31.12... einen Saldo in Höhe von 22 000 EUR aus. Die Inventur zum 31.12... hat ergeben, dass tatsächlich nur Rohstoffe im Wert von 21 600 EUR am Lager sind. Die Abweichung kann bespielsweise durch einen falsch ausgefüllten oder falsch gebuchten Materialentnahmeschein (MES) zustande gekommen sein. Die aufgetretene **Inventurdifferenz** ist im Konto *Rohstoffe* mithilfe einer **Korrekturbuchung** zu berücksichtigen:

Konto	Soll/EUR	Haben/EUR
Aufwendungen für Rohstoffe an Rohstoffe	400,00	 400,00

Rohstoffe

Soll			Haben
AB	24 000,00	Verbrauch	42 000,00
ER 136	70 000,00	Verbrauch	38 000,00
ER 354	50 000,00	Verbrauch	32 000,00
		Korrekturbuchung	400,00
		SB	**21 600,00**
	144 000,00		144 000,00

→ **Bestand laut Inventur**

Aufwendungen für Rohstoffe

Soll			Haben
Verbrauch	42 000,00	*Saldo*	112 400,00
Verbrauch	38 000,00		
Verbrauch	32 000,00		
Korrekturbuchung	400,00		
	112 400,00		112 400,00

Zusammenfassende Übersicht zu Kap. 6.2: Behandlung von Inventurdifferenzen

Buchbestand	Buch-Ist-Vergeich	**Istbestand**
Buchwert	←→	Istwert
Auf der Grundlage einer ***Kontenführung*** *ermittelter Bestand.*	↓	*Auf der Grundlage einer* ***Inventur*** *ermittelter Bestand.*

Inventurdifferenzen sind zu berücksichtigen.
Buchbestand wird dem Istbestand mithilfe einer Korrekturbuchung angepasst.

Die Istbestände gehen in die Schlussbilanz ein.

6.3 Schlussbilanz

Kap. D 4.1

Einzelunternehmen und **Personengesellschaften** (z. B. OHG, KG) sind im Gegensatz zu Kapitalgesellschaften (z. B. GmbH, AG) nicht an ein strenges Gliederungsschema für die Bilanz gebunden. Es entspricht jedoch den Grundsätzen ordnungsmäßiger Buchführung, dass sich **Einzelunternehmen** und **Personengesellschaften** an die für Kapitalgesellschaften vorgeschriebene Bilanzgliederung anlehnen.

HGB § 266

Aktiva	**Bilanz zum 31.12. ...**	**Passiva**
I. Anlagevermögen		**I. Eigenkapital**
1. Grundstücke und Bauten		**II. Verbindlichkeiten**
2. Technische Anlagen und Maschinen		1. Verbindlichkeiten gegenüber Kreditinstituten (Darlehen)
3. Fuhrpark		2. Verbindlichkeiten aus Lieferungen und Leistungen
4. Betriebs- und Geschäftsausstattung		3. Sonstige Verbindlichkeiten
II. Umlaufvermögen		
1. Vorräte		
2. Forderungen aus Lieferungen und Leistungen		
3. Sonstige Forderungen		
4. Wertpapiere		
5. Kassenbestand, Guthaben bei Kreditinstituten, Schecks		

Erstellung der Schlussbilanz: Textildruck Shirt-Shop Ehret e. Kfm.

Aktiva	**Eröffnungsbilanz: Textildruck Shirt-Shop Ehret e. Kfm. zum 01.01. ..**		Passiva
I. Anlagevermögen		**I. Eigenkapital**	100 000
1. Maschinen	142 850	**II. Fremdkapital**	
2. Fuhrpark	82 500	1. Verbindlichkeiten gegenüber Kreditinstituten	250 000
3. BGA	29 000	2. Verbindlichkeiten aus LuL	32 000
II. Umlaufvermögen			
1. Vorräte	26 050		
2. Forderungen aus LuL	45 000		
3. Flüssige Mittel	56 600		
Bilanzsumme	**382 000**	**Bilanzsumme**	**382 000**

Buchung der laufenden Geschäftsvorfälle

Hinweis: Aus Gründen der Übersichtlichkeit wurden in den einzelnen Konten die vielen Einzelbuchungen eines Jahres zusammengefasst und unter der Bezeichnung „Div." für „Diverse" ausgewiesen.

Aktivkonten

Maschinen

Soll		Haben	
AB	142 850	Div.	40 570
Div.	60 000	SB	162 280
	202 850		202 850

Fuhrpark

Soll		Haben	
AB	82 500	Div.	23 100
Div.	33 000	SB	92 400
	115 500		115 500

BGA

Soll		Haben	
AB	29 000	Div.	3 828
Div.	9 280	SB	34 452
	38 280		38 280

Passivkonten

Darlehen

Soll		Haben	
Div.	50 000	AB	250 000
SB	200 000		
	250 000		250 000

Verbindl. LuL

Soll		Haben	
Div.	160 000	AB	32 000
SB	25 600	Div.	153 600
	185 600		185 600

Eigenkapital

Soll		Haben	
SB	130 000	AB	100 000
		GuV	30 000
	130 000		130 000

Rohstoffe

Soll		Haben	
AB	24 000	Div.	122 400
Div.	120 000	SB	21 600
	144 000		144 000

Forderungen LuL

Soll		Haben	
AB	45 000	Div.	700 812
Div.	680 400	SB	24 588
	725 400		725 400

Hilfsstoffe

Soll		Haben	
AB	800	Div.	1 824
Div.	1 920	SB	896
	2 720		2 720

Kasse

Soll		Haben	
AB	2 600	Div.	30 861
Div.	31 200	SB	2 939
	33 800		33 800

Betriebsstoffe

Soll		Haben	
AB	1 250	Div.	1 425
Div.	1 500	SB	1 325
	2 750		2 750

Bankguthaben

Soll		Haben	
AB	54 000	Div.	1 010 880
Div.	972 000	SB	15 120
	1 026 000		1 026 000

Abschluss der Bestandskonten über das Schlussbilanzkonto

Das Schlussbilanzkonto hat folgendes Aussehen:

Schlussbilanzkonto

S			H
Maschinen	162 280	Eigenkapital	130 000
Fuhrpark	92 400	Darlehen	200 000
Betriebs- und Geschäftsausstattung	34 452	Verbindlichkeiten aus LuL	25 600
Rohstoffe	21 600		
Hilfsstoffe	896		
Betriebsstoffe	1 325		
Forderungen aus LuL	24 588		
Kasse	2 939		
Bankguthaben	15 120		
Summe	**355 600**	**Summe**	**355 600**

Abstimmung der Salden mit den Inventurergebnissen

Bei den in der Praxis üblichen EDV-gestützten Buchführungsprogrammen wird das **Schlussbilanzkonto** als Gegenkonto zum Abschluss der Bestandskonten (Buchbestände) nicht benötigt. Vielmehr erstellt das Programm eine **Saldenliste** aller Konten. Eine solche Saldenliste der Bestandskonten entspricht einem Schlussbilanzkonto in Staffelform. Diese Salden werden mit den Inventurergebnissen abgeglichen und gegebenenfalls korrigiert.

Von der Saldenliste zur Schlussbilanz

Nach Abstimmung der sich aus den Salden ergebenden (Buch-)Schlussbestände mit den sich bei der Inventur ergebenden Ist-Beständen werden die Salden automatisch in die **Schlussbilanz** übertragen und zu den dort ausgewiesenen Bilanzpositionen zusammengefasst.

Kap. D 5.5

Saldenliste der Bestandskonten zum 31.12...
(abgestimmt mit den Inventurergebnissen)

Kontenbezeichnung	Soll/EUR	Haben/EUR	
Maschinen	162 280		
Fuhrpark	92 400		
Betriebs- und Geschäftsausstattung	34 452		
Rohstoffe	21 600		Vorräte
Hilfsstoffe	896		Vorräte
Betriebsstoffe	1 325		Vorräte
Forderungen aus LuL	24 588		
Kasse	2 939		Flüssige Mittel
Bankguthaben	15 120		Flüssige Mittel
Eigenkapital		130 000	
Darlehen		200 000	
Verbindlichkeiten aus LuL		25 600	
Summe	355 600	355 600	

Aktiva — Bilanz Textildruck Shirt-Shop Ehret e. Kfm. zum 31.12... — Passiva

Aktiva		Passiva	
I. Anlagevermögen		**I. Eigenkapital**	130 000 EUR
1. Maschinen	162 280 EUR	**II. Fremdkapital**	
2. Fuhrpark	92 400 EUR	1. Verbindlichkeiten gegenüber Kreditinstituten	200 000 EUR
3. BGA	34 452 EUR	2. Verbindlichkeiten aus LuL	25 600 EUR
II. Umlaufvermögen			
1. Vorräte	23 821 EUR		
2. Forderungen aus LuL	24 588 EUR		
3. Flüssige Mittel	18 059 EUR		
Bilanzsumme	**355 600 EUR**	**Bilanzsumme**	**355 600 EUR**

6.4 Gewinn- und Verlustrechnung

Die **Gewinn- und Verlustrechnung** ergänzt die **Bilanz** und gibt darüber Aufschluss, wie sich das Ergebnis zusammensetzt. Sie stellt daher eine geeignete Grundlage für eine **Erfolgsanalyse** dar.

Aufg. 6.3 u. 6.4 S. 413

Erstellung der Gewinn- und Verlustrechnung: Textildruck Shirt-Shop Ehret e. Kfm.

Hinweis: Aus Gründen der Übersichtlichkeit wurden in den einzelnen Konten die vielen Einzelbuchungen eines Jahres zusammengefasst und unter der Bezeichnung „Div." für „Diverse" ausgewiesen.

Nach Ablauf eines Geschäftsjahres weisen die Ergebniskonten folgenden Stand aus:

Aufwandskonten

Soll	Aufwendungen Rohstoffe		Haben
Div.	122 400	*Saldo*	122 400

Soll	Aufwendungen Hilfsstoffe		Haben
Div.	1 824	*Saldo*	1 824

Soll	Aufwendungen Betriebsstoffe		Haben
Div.	1 425	*Saldo*	1 425

Soll	Löhne		Haben
Div.	270 000	*Saldo*	270 000

Soll	Gehälter		Haben
Div.	160 000	*Saldo*	160 000

Soll	Mietaufwendungen		Haben
Div.	60 000	*Saldo*	60 000

Soll	Aufwendungen für Büromaterial		Haben
Div.	3 900	*Saldo*	3 900

Soll	Telefonaufwendungen		Haben
Div.	10 651	*Saldo*	10 651

Soll	Zinsaufwendungen		Haben
Div.	17 500	*Saldo*	17 500

Soll	Kfz-Steuer		Haben
Div.	2 700	*Saldo*	2 700

Ertragskonten

Soll	Umsatzerlöse Erzeugnisse		Haben
Saldo	671 900	Div.	671 900

Soll	Provisionserträge		Haben
Saldo	8 400	Div.	8 400

Soll	Zinserträge		Haben
Saldo	100	Div.	100

Abschluss der Ergebniskonten über das GuV-Konto

Das GuV-Konto hat folgendes Aussehen:

Soll	GuV-Konto		Haben
Aufwendungen für Rohstoffe	122 400	Umsatzerlöse Erzeugnisse	671 900
Aufwendungen für Hilfsstoffe	1 824	Provisionserträge	8 400
Aufwendungen für Betriebsstoffe	1 425	Zinserträge	100
Löhne	270 000		
Gehälter	160 000		
Mietaufwendungen	60 000		
Aufwendungen für Büromaterial	3 900		
Telefonaufwendungen	10 651		
Kfz-Steuer	2 700		
Zinsaufwendungen	17 500		
Saldo (Gewinn)	**30 000**		
	680 400		**680 400**

Von der Saldenliste zur Gewinn- und Verlustrechnung

Bei den in der Praxis üblichen EDV-gestützten Buchführungsprogrammen ergibt sich folgende Vorgehensweise: Nach Korrektur der von den Istbeständen lt. Inventur abweichenden Buchbestände erstellt das Programm eine endgültige Saldenliste der Ergebniskonten. Eine solche **Saldenliste der Ergebniskonten** entspricht einer GuV-Rechnung in Staffelform. Die Salden werden automatisch in die **Gewinn- und Verlustrechnung** übertragen und zu den dort ausgewiesenen Positionen zusammengefasst.

Aufg. 6.5
S. 414

Saldenliste der Ergebniskonten zum 31.12...

Kontenbezeichnung	Soll/EUR	Haben/EUR
Umsatzerlöse Erzeugnisse		671 900
Provisionserträge		8 400
Zinserträge		100
Aufwendungen für Rohstoffe	122 400	
Aufwendungen für Hilfsstoffe	1 824	
Aufwendungen für Betriebsstoffe	1 425	
Löhne	270 000	
Gehälter	160 000	
Mietaufwendungen	60 000	
Büromaterialaufwendungen	3 900	
Telefonaufwendungen	10 651	
Kfz-Steuer	2 700	
Zinsaufwendungen	17 500	
Summe	650 400	680 400

Gewinn- und Verlustrechnung
Textildruck Shirt-Shop Ehret e. Kfm. zum 31.12...

Aufwand		Ertrag	
Materialaufwendungen	125 649 EUR	Umsatzerlöse	671 900 EUR
Personalaufwendungen	430 000 EUR	Sonst. betriebl. Erträge	8 400 EUR
Sonst. betriebl. Aufwendungen	74 551 EUR	Zinsen und ähnl. Erträge	100 EUR
Zinsen und ähnl. Aufwendungen	17 500 EUR		
sonst. Steuern	2 700 EUR		
Gewinn	30 000 EUR		
Summe	**680 400 EUR**	**Summe**	**680 400 EUR**

Zusammenfassende Übersicht zu Kap. 6.3: Bilanz und 6.4: Gewinn- und Verlustrechnung

Saldenliste der Bestandskonten
(abgestimmt mit den Istwerten aus der Inventur)

↓

Bilanz in Kontenform

Aktiva	**Schlussbilanz** Passiva
Anlagevermögen	Eigenkapital
Umlaufvermögen	Fremdkapital

Saldenliste der Ergebniskonten
(nach Korrektur der Buchbestände)

↓

Gewinn- und Verlust-Rechnung in Kontenform

Aufwand	**GuV-Rechnung** Ertrag
Aufwand	Ertrag
Gewinn	

Aufwand	**GuV-Rechnung** Ertrag
Aufwand	Ertrag
	Verlust

6.5 Doppelte Ergebnisermittlung

Kap. D 4.3

Die Bezeichnung **doppelte Buchführung** wird verwendet, weil es zwei Möglichkeiten gibt, das Ergebnis festzustellen:

❶ **Eigenkapitalvergleich**

❷ **Gegenüberstellung aller Erträge und Aufwendungen** der Abrechnungsperiode.

Da die Ergebniskonten Unterkonten des Kontos *Eigenkapital* sind, muss das Ergebnis in beiden Fällen gleich sein.

Doppelte Ergebnisermittlung bei Textildruck Shirt-Shop Ehret e. Kfm.

(die Zahlen beziehen sich auf das vorangegangene Beispiel)

1. Möglichkeit

Eigenkapitalvergleich:

Ergebnisermittlung mithilfe von zwei aufeinander folgenden Bilanzen:

Eigenkapital (neu)	130 000 EUR
– Eigenkapital (alt)	100 000 EUR
= Kapitalmehrung	30 000 EUR
+ Privatentnahmen	0 EUR
– Privateinlagen	0 EUR
= **Gewinn**	+ 30 000 EUR

Aufg. 6.6 S. 414

2. Möglichkeit

Gewinn- und Verlustrechnung:

Ergebnisermittlung durch Gegenüberstellung von Aufwendungen und Erträgen:

Summe Erträge	680 400 EUR
– Summe Aufwendungen	650 400 EUR
= **Gewinn**	+ 30 000 EUR

Zusammenfassende Übersicht zu Kap. 6.5: Doppelte Ergebnisermittlung

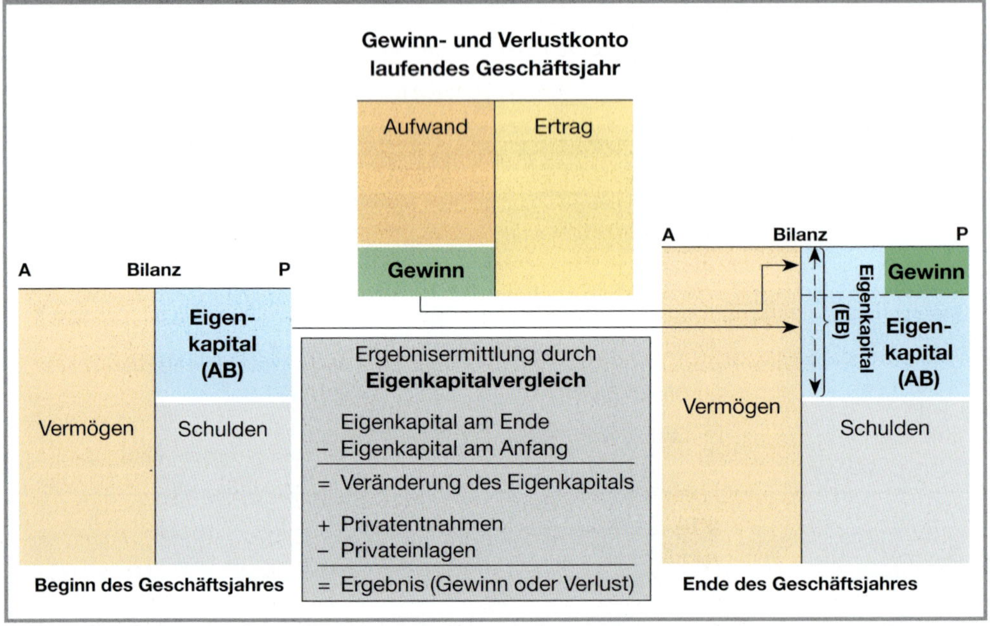

Aufg. 6.7
S. 415

Zusammenfassende Übersicht zu Kap. 6: Einfacher Jahresabschluss

❶ **Beginn des Geschäftsjahres:**
Übernahme der ***Istwerte*** aus der Eröffnungsbilanz (= Schlussbilanz des Vorjahres) als Anfangsbestände in die Bestandskonten.

❷ **Im Laufe des Geschäftsjahres:**
Geschäftsvorfälle werden auf **Bestands-** und **Ergebniskonten** gebucht.

❸ **Ende des Geschäftsjahres:**
Abschluss der **Ergebniskonten** über das **GuV-Konto**
Abschluss der **Bestandskonten** über das **Schlussbilanzkonto** (Buchbestände)

Bestandskonten ⇩

Soll	**Schlussbilanzkonto** Haben
Anlagevermögen	Eigenkapital
Umlaufvermögen	Fremdkapital

Ergebniskonten ⇩

Aufwand	**GuV-Rechnung** Ertrag
Aufwand	Ertrag
Gewinn	

Istwerte (Inventur) ⟷ ❹ **Buch-Ist-Vergleich** ⟷ **Buchwerte** (Konten)

⇩

Saldenliste aller Konten zum Stichtag
(abgestimmt mit den Istwerten)

Übernahme der Ist-Bestände
für den Beginn des nächsten Geschäftsjahres

⇩

Bilanz ⟵ ❺ **Jahresabschluss** ⟶ **GuV-Rechnung**

Von der Eröffnungsbilanz zum Jahresabschluss

❶ Beginn des Geschäftsjahres	❷ Während des Geschäftsjahres	Ende des Geschäftsjahres ❸	❹	❺
Eröffnung der Bestandskonten: Übernahme der Istwerte aus der Eröffnungsbilanz (= Schlussbilanz des Vorjahres) als Anfangsbestände	Laufende Buchungen auf Bestands- und Ergebniskonten	Abschluss der Konten: Ergebniskonten über GuV-Konto Bestandskonten über Schlussbilanzkonto (Buchwerte)	Anpassung der Buchwerte an die durch die Inventur gewonnenen Istwerte (Korrekturbuchungen)	Erstellung des Jahresabschlusses (Bilanz und Gewinn- und Verlustrechnung)

Fragen zur Wiederholung

zu Kapitel 6 Einfacher Jahresabschluss

6.1 Gesetzliche Grundlagen

1. Unter welchen Voraussetzungen sind Einzelunternehmen verpflichtet, einen Jahresabschluss erstellen?
2. Woraus besteht der Jahresabschluss bei einer Personengesellschaft?
3. Welche Aufgaben hat der Jahresabschluss?

6.2 Behandlung von Inventurdifferenzen

1. Weshalb können die Salden der Bestandskonten nicht ungeprüft in die Schlussbilanz übernommen werden?
2. Im welchem Fall wird im Rohstoffkonto eine Korrekturbuchung im Haben vorgenommen?

6.3 Schlussbilanz

1. Weshalb lehnen sich Einzelunternehmen im Normalfall an die Gliederungsvorschriften der Kapitalgesellschaften an?

6.4 Gewinn- und Verlustrechnung

1. Weshalb ist die GuV eine Ergänzung zur Bilanz?

6.5 Doppelte Ergebnisermittlung

1. Weshalb wird die kaufmännische Buchführung auch als doppelte Buchführung bezeichnet?
2. Warum reicht es nicht aus, den Gewinn eines Unternehmens allein durch Eigenkapitalvergleich zu ermitteln?

Aufgaben und Probleme

zu Kapitel 6 Einfacher Jahresabschluss

6.1 Grundsätze ordnungsmäßiger Buchführung

In welchen der folgenden Fälle wird gegen die Grundsätze ordnungsmäßiger Buchführung (GoB) verstossen? Begründen Sie Ihre Antworten.

1. Eingangsrechnungen werden vier Wochen nach ihrer Begleichung vernichtet.
2. Alle Kassenbelege für das laufende Geschäftsjahr werden erstmalig Ende Dezember gebucht.
3. Alle Kassenbelege erhalten eine durchlaufende Nummerierung, beginnend mit dem Kürzel KB.
4. Ein aufgenommenes Darlehen bleibt bei der Aufstellung der Bilanz unberücksichtigt.
5. Ein Kopierer, der vor zwei Jahren angeschafft wurde, wird unter der Bilanzposition Fuhrpark mit seinen Anschaffungskosten ausgewiesen.

6.2 Buch-Ist-Vergleich

Nachfolgende Übersicht zeigt für einige Sachkonten die vorliegenden Buchungen sowie die festgestellten Inventurwerte. Stichtag ist für alle Zahlen der 31.12...

Sachkonto	Summe Soll EUR	Summe Haben EUR	Inventur EUR
Kasse	57 900,50	52 980,00	4 920,50
Hilfsstoffe	2 800,70	2 460,70	290,50
Handelswaren	16 930,00	14 280,50	2 699,50

1. Entscheiden Sie, ob und gegebenenfalls welche Korrekturbuchung vorzunehmen ist.
2. Wie verändert sich nach Berücksichtigung der obigen Werte das Ergebnis des Unternehmens? Begründen Sie Ihre Antwort.

6.3 Aufstellung von Bilanz und GuV

PDF

Eine Klasse aus dem Wirtschaftsgymnasium hat beschlossen, am Weihnachtsbasar der Schule Bananenmilch zu verkaufen. Hierbei ergeben sich fünf **Geschäftsvorfälle**:

❶ Alle 20 Schüler bezahlen jeweils 10 EUR in eine für diesen Zweck eingerichtete Kasse ein. Der Kassierer zählt 200 EUR.

❷ Frischmilch (80 EUR) und Pulver (40 EUR) für die Getränke werden gegen Barzahlung beschafft.

❸ An die Organisatoren des Weihnachtsbasars werden 10 EUR als anteiliger Beitrag für eine in der örtlichen Zeitung geschaltete Werbeanzeige in bar bezahlt.

❹ Aus der gekauften Milch (80 EUR) und dem Pulver (30 EUR) wird Bananenmilch hergestellt, die sofort verkauft wird.

❺ Auf dem Weihnachtsbasar wurden 120 Gläser Bananenmilch für jeweils 1,50 EUR gegen Barzahlung verkauft.

Abschlussangaben: Der gezählte Kassenbestand beträgt 250 EUR.
Pulver im Wert von 10 EUR ist übrig geblieben.

1. Bilden Sie die Buchungssätze.
2. Führen Sie *alle* Konten und schließen sie die Konten ab.
3. Erstellen sie die Gewinn- und Verlustrechnung und die Bilanz.
4. Hat es sich für die Klasse „gelohnt", am Weihnachtsbasar teilzunehmen?

6.4 Bilanz-Erstellung und Ergebnisermittlung

PDF

Für den Textildruck Shirt-Shop liegt nachstehende Saldenliste zum 31.12.00 vor. Erstellen Sie die Bilanz nach dem Muster auf S. 405 und ermitteln Sie das Ergebnis für das laufende Geschäftsjahr.

Saldenliste der Bestandskonten zum 31.12.00
(abgestimmt mit den Inventurergebnissen)

Kontenbezeichnung	Soll/EUR	Haben/EUR
Maschinen	145 824	
Fuhrpark	96 096	
Betriebs- und Geschäftsausstattung	40 309	
Rohstoffe	19 440	
Hilfsstoffe	1 003	
Betriebsstoffe	1 404	
Handelswaren	800	
Forderungen aus LuL	18 873	
Kasse	3 197	
Bankguthaben	26 434	
Eigenkapital		170 000
Darlehen		160 000
Verbindlichkeiten gg. Finanzbehörden		2 900
Verbindlichkeiten aus LuL		20 480
Summe	353 380	353 380

Hinweis: Private Vorgänge sind im Laufe des Geschäftsjahres nicht angefallen. Das Eigenkapital zum 01.01.00 betrug 130 000 EUR.

6.5 GuV-Erstellung und Ergebnisermittlung

PDF

Für den Textildruck Shirt-Shop liegt folgende Saldenliste zum 31.12.00 vor. Erstellen Sie die GuV nach dem Muster auf S. 408 und ermitteln Sie das Ergebnis für das laufende Geschäftsjahr.

Saldenliste der Ergebniskonten zum 31.12.00

Kontenbezeichnung	Soll/EUR	Haben/EUR
Umsatzerlöse Erzeugnisse		662 783
Umsatzerlöse Handelswaren		6 000
Zinserträge		60
Aufwendungen für Rohstoffe	110 160	
Aufwendungen für Hilfsstoffe	2 043	
Aufwendungen für Betriebsstoffe	1 511	
Aufwendungen für Handelswaren	3 705	
Löhne	256 000	
Gehälter	153 900	
Mietaufwendungen	60 000	
Büromaterialaufwendungen	4 095	
Werbeaufwendungen	8 000	
Telefonaufwendungen	10 864	
Kfz-Steuer	2 565	
Zinsaufwendungen	16 000	
Summe	628 843	668 843

6.6 Doppelte Ergebnisermittlung

Für den Textildruck Shirt-Shop liegt folgende Saldenliste zum 31.12.01 vor.
Ermitteln Sie das Ergebnis auf zweifache Weise und vergleichen Sie.

Saldenliste der Bestandskonten zum 31.12.01
(abgestimmt mit den Inventurergebnissen)

Hinweis: Der Saldo im GuV-Konto wurde noch nicht im Konto Eigenkapital gegengebucht. Das Eigenkapital am 01.01.01 betrug 170 000 EUR (vgl. Aufg. 6.5)

Kontenbezeichnung	Soll/EUR	Haben/EUR
Maschinen	130 000	
Fuhrpark	85 000	
Betriebs- und Geschäftsausstattung	42 000	
Rohstoffe	18 000	
Hilfsstoffe	1 100	
Betriebsstoffe	1 500	
Forderungen aus LuL	23 600	
Kasse	1 300	
Bankguthaben	53 000	
Eigenkapital		170 000
Darlehen		120 000
Verbindlichkeiten aus LuL		19 400
Umsatzerlöse Erzeugnisse		690 500
Zinserträge		100

Kontenbezeichnung	Soll/EUR	Haben/EUR
Aufwendungen für Rohstoffe	92 000	
Aufwendungen für Hilfsstoffe	2 100	
Aufwendungen für Betriebsstoffe	1 200	
Löhne	280 000	
Gehälter	160 500	
Mietaufwendungen	66 000	
Büromaterialaufwendungen	3 700	
Werbeaufwendungen	12 500	
Telefonaufwendungen	10 800	
Kfz-Steuer	2 100	
Zinsaufwendungen	13 600	
Summe	1 000 000	1 000 000

6.7 Online-Lernkontrolle

Überprüfen Sie Ihre bisher erworbenen Buchführungskenntnisse anhand eines interaktiven Quiz zur Bilanz und GuV unter der Internetadresse:
http://www.softwarepaket.de Auswahl: Quiz, Bilanzquiz.

7 Organisation der Buchführung

7.1 Grundbuch (Journal) und Hauptbuch

HGB § 238 (1), § 239 (2)

Ein buchführungspflichtiges Unternehmen entspricht den gesetzlichen Vorschriften, wenn es die Geschäftsvorfälle in der Reihenfolge ihres **zeitlichen** Anfalls bucht. Die Aufzeichnung der Buchungen erfolgt im **Grundbuch (Journal)**. Im Grundbuch werden folgende Informationen festgehalten: Buchungsdatum, Buchungstext, Sollkonto, Habenkonto, Beträge.

Die Bedeutung des Grundbuchs besteht darin, durch eine genaue Dokumentation der Geschäftsvorfälle in der Reihenfolge ihres **zeitlichen** Anfalls jederzeit die Möglichkeit zu haben, eine Buchung bis zum **Beleg** zurück zu verfolgen.

Im Rahmen einer computergestützten Buchführung werden alle Buchungen nach der Erfassung in das Grundbuch übertragen. Gleichzeitig erfolgt die Buchung in den betroffenen **Sachkonten** (Bestandskonten, Ergebniskonten).

Buchung im Grund- und Hauptbuch

Die Bank schreibt der Shirt-Shop GmbH am 10.02... Zinsen in Höhe von 25,30 EUR gut. Die Gutschrift wird auf dem Kontoauszug Nr. 50 ausgewiesen.

Grundbuch (Journal)

Journal: Februar ...					
Tag	**Beleg**	**Buchungstext**	**Buchungssatz**	**Soll**	**Haben**
10.02...	KA 50	Zahlungseingang	**Bank** **Zinserträge**	**25,30**	 **25,30**

Buchung auf den **Sachkonten**

S	Bank	H
AB ...		
KA 50 25,30		

S	Zinserträge	H
		KA 50 25,30

Das **Grundbuch** wird auch als **Journal** bezeichnet. Alle Sachkonten zusammen bilden das **Hauptbuch**.

Zusammenfassende Übersicht zu Kap. 7.1: Grundbuch (Journal) und Hauptbuch

Beleg → Festlegung des Buchungssatzes (Kontierung)

Grundbuch (Journal)

Alle vorgenommenen Buchungen werden in ihrer **zeitlichen Reihenfolge** festgehalten.

Auflistung aller Buchungssätze

Hauptbuch

Alle Geschäftsvorfälle werden auf den einzelnen Konten gebucht.

Führen der T-Konten

7.2 Kontenrahmen und Kontenplan

Bedeutung eines Kontenrahmens

Damit sich ein Sachverständiger Dritter (z. B. Prüfer des Finanzamtes) in angemessener Zeit einen Einblick in die Vermögens- und Ertragslage eines Unternehmens verschaffen kann, werden **Kontenrahmen** verwendet, die für alle Unternehmen einzelner Wirtschaftszweige eine einheitliche Gliederung und Bezeichnung der Konten vorsehen. Die Einführung eines Kontenrahmens ist für ein Unternehmen aber nicht verbindlich.

Der **Schulkontenrahmen**[1] beachtet bei der Anordnung der Konten im Kontenrahmen die Reihenfolge, die der Gesetzgeber in den Gliederungsvorschriften für die Bilanz und die GuV vorschreibt **(Abschlussgliederungsprinzip)**. HGB § 266 HGB § 275

Aufbau eines Kontenrahmens

Unabhängig vom Wirtschaftszweig ist allen Kontenrahmen gemeinsam, dass sie nach dem gleichen Prinzip, dem **dekadischen System** (Zehnersystem), aufgebaut sind. Die zehn Konten**klassen** sind ihrerseits wieder in zehn Konten**gruppen** unterteilt. Die Kontengruppen bestehen aus bis zu zehn einzelnen Konten (Kontenarten).

Jedem Konto wird eine **drei- oder vierstellige Kontonummer** zugeordnet.

- 1. Ziffer: **Kontenklasse**
- 2. Ziffer: **Kontengruppe**
- 3. Ziffer: **Kontenart**
- 4. Ziffer: Kontenunterart

Kontenklasse 2	
Umlaufvermögen und aktive Rechnungsabgrenzung	
▪	
28	Flüssige Mittel
2800	Guthaben bei Kreditinstituten
2810	Postgiroguthaben
2820	Kasse
▪	

2 8 2 **Kasse**

→ Kontenklasse	2	Umlaufvermögen
→ Kontengruppe	28	Flüssige Mittel
→ Kontenart	2820	Kasse
Kontenunterarten	2820	Hauptkasse
	2821	Nebenkasse 1
	2822	Nebenkasse 2

1 Siehe ausklappbares Faltblatt am Ende des Buches.

Rechnungskreis I (Finanbuchhaltung)					Rechnungskreis II[1]
Bestandskonten		Ergebniskonten		Abschlusskonten	Kosten- und Leistungsrechnung
Aktive Bestandskonten	Passive Bestandskonten	Ertragskonten	Aufwandskonten		
Kontenklasse 0, 1, 2	Kontenklasse 3, 4	Kontenklasse 5	Kontenklasse 6, 7	Kontenklasse 8	Kontenklasse 9

Aufg. 7.1 S. 421

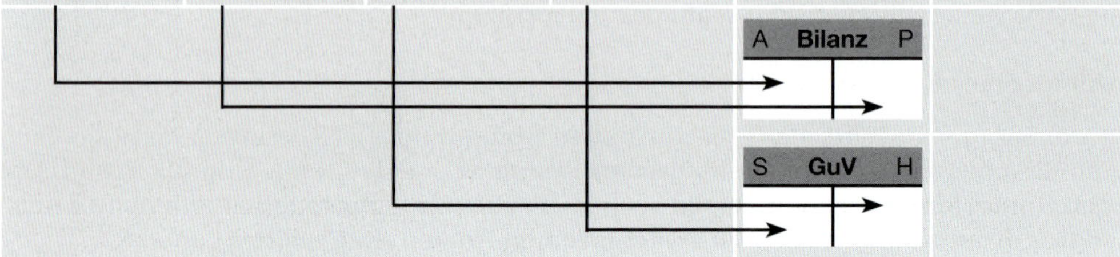

Vorteile eines Kontenrahmens

- Geordneter Überblick über alle in einem Unternehmen verwendeten Konten
- Numerische Bezeichnung von Konten ist eindeutig und ermöglicht ein schnelles Auffinden der Konten.
- Numerische Bezeichnung der Konten ermöglicht **computergestützte** Buchung.

Aufg. 7.2 S. 421

Buchen mit Angabe der Kontennummern

Geschäftsvorfall: Barabhebung vom Geschäftskonto für die Geschäftskasse 2 000,00 EUR

Konto	Soll/EUR	Haben/EUR
2820 Kasse	2 000,00	
an **2800** Bank		2 000,00

Sprechweise: *„**2820** Kasse 2 000,00 EUR an **2800** Bank 2 000,00 EUR“*

Kontenplan

Ein Kontenrahmen (z. B. der Kontenrahmen der Industrie) enthält alle Konten, die in dem betreffenden Wirtschaftszweig denkbar sind. Ein Unternehmen benötigt jedoch nicht alle Konten, die der Branchenkontenrahmen enthält. Es stellt sich aus dem vorgegebenen Kontenrahmen seinen **individuellen Kontenplan** zusammen. Dabei kann es vorkommen, dass ein Unternehmen die Tiefengliederung des Branchenkontenrahmens den eigenen Bedürfnissen entsprechend erweitert.

Aufg. 7.3 S. 421

Ein Kontenrahmen enthält alle möglichen Konten eines Wirtschaftszweiges. Ein Kontenplan ist die Zusammenstellung aller in einem bestimmten Unternehmen benötigten Konten.

1 Die Kosten- und Leistungsrechnung (RK II) gehört nicht zur Finanzbuchhaltung (Geschäftsbuchhaltung). In der Regel wird sie nicht auf Konten, sondern tabellarisch durchgeführt. Vgl. Bd. 2, Kap. A 4.2

Aufg. 7.4
S. 421

Kontenplan der Textildruckerei Shirt-Shop

Anlagevermögen

0270	EDV-Software
0500	Grundstücke und Bauten
0710	Maschinen
0830	Sonstige Transportmittel
0840	Fuhrpark
0850	Betriebsausstattung
0870	Büromöbel und sonstige Geschäftsausstattung
0880	Ladeneinrichtung
0890	Geringwertige Wirtschaftsgüter
0891	Sammelposten für GWG
0893	....
....	

Umlaufvermögen

2000	Rohstoffe (z. B. Flockfolie)
2010	Vorprodukte (unbehandelte T-Shirts)
2020	Hilfsstoffe (z. B. Druckerfarbe, Härter)
2030	Betriebsstoffe
2040	Verpackungsmaterial
2100	Unfertige Erzeugnisse
2200	Fertige Erzeugnisse
2210	Handelswaren
2400	Forderungen aus Lieferungen und Leistungen
2600	Abziehbare Vorsteuer 7 %
2601	Abziehbare Vorsteuer 19 %
2640	Sozialversicherungsvorauszahlung
2800	Mannheimer Bank Nr. 13579
2801	Dresdner Bank Nr. 765934
2820	Kasse

Eigenkapital

3000	Eigenkapital

Verbindlichkeiten

4200	Darlehen
4400	Verbindlichkeiten aus Lieferungen und Leistungen
4710	Verpackungsmaterial
4800	Umsatzsteuer 19 %
4830	Verbindlichkeiten aus Lohn- und Kirchensteuer
4840	Verbindlichkeiten im Rahmen der Sozialversicherung
4850	Verbindlichkeiten aus Lohn und Gehalt

Erträge

5000	Erlöse Erzeugnisse 19%
5010	Erlöse Handelswaren 19%
5040	Sonstige Erlöse 19%
5210	Bestandsveränderungen UFE
5220	Bestandsveränderungen FE
5400	Mieterträge
5430	Andere sonstige betriebliche Erträge
5461	Erlöse aus dem Abgang von Gegenständen des Sachanlagevermögens
5710	Zinsen

Aufwendungen

6000	Aufwendungen für Rohstoffe
6010	Aufwendungen für Vorprodukte
6020	Aufwendungen für Hilfsstoffe
6030	Aufwendungen für Betriebsstoffe
6040	Aufwendungen für Verpackungsmaterial
6050	Benzin (Aufw. für Treibstoff)
6051	Gas, Strom, Wasser
6080	Aufwendungen für Handelswaren
6130	Reparatur und Instandhaltung von techn. Anlagen
6140	Ausgangsfrachten
6150	Verkaufsprovisionen
6200	Löhne
6300	Gehälter
6400	Arbeitgeberanteil zur Sozialversicherung
6420	Beiträge zur Berufsgenossenschaft
6440	Aufwendungen für Altersversorgung
6500	Abschreibungen auf Sachanlagen
6510	Sofortabschreibung für geringwertige Wirtschaftsgüter
6520	Poolabschreibung Sammelposten GWG
6700	Mieten für Einrichtungen
6710	Mietleasing
6715	Raumkosten
6720	Wartungskosten für Hard- und Software
6725	Reinigung
6750	Nebenkosten des Geldverkehrs
6770	Rechts- und Beratungskosten
6771	Steuerberater
6800	Bürobedarf
6810	Zeitschriften, Bücher
6815	Fortbildungskosten
6820	Porto
6860	Bewirtungskosten
6870	Werbekosten
6880	Spenden
6890	Telefon
6900	Versicherungen
7020	Grundsteuer
7030	Kfz-Steuer
7510	Zinsen
7700	Gewerbesteuer
8010	SBK
8020	GuV-Konto

Zusammenfassende Übersicht zu Kap. 7.2: Kontenrahmen und Kontenplan

Kontenrahmen = Mittel zur Vereinheitlichung der Kontenbezeichnungen eines Wirtschaftszweiges (z. B. Industrie, Handel, Banken)

Kontenplan = Zusammenstellung aller in einem bestimmten Unternehmen benötigten Konten

Bestandskonten

Kontenklasse	Aktivkonten	Passivkonten	Kontenklasse
0	Immaterielle Vermögensgegenstände Sachanlagen	Eigenkapital Wertberichtigungen Rückstellungen	3
1	Finanzanlagen	Verbindlichkeiten	4
2	Umlaufvermögen Aktive Rechnungsabgrenzung	Passive Rechnungsabgrenzung	

Schlussbilanzkonto

Ergebniskonten

Kontenklasse	Aufwendungen	Erträge	Kontenklasse
6	Betriebliche Aufwendungen	Erträge	5
7	Weitere Aufwendungen		

Gewinn- und Verlustkonto

Aufbau eines Kontenrahmens: nach dem Zehnersystem **(dekadisches Prinzip).**

→ **10 Kontenklassen**

→ jede Kontenklasse besteht aus **10 Kontengruppen**

→ jede Kontengruppe besteht aus bis zu **10 Kontenarten**

Fragen zur Wiederholung

zu Kapitel 7 Organisation der Buchführung

7.1 Grundbuch (Journal) und Hauptbuch

1. Weshalb müssen die Unternehmen ein Grundbuch (Journal) führen?
2. Welche Informationen enthält ein Grundbuch (Journal)?

7.2 Kontenrahmen und Kontenplan

1. Welcher Unterschied besteht zwischen einem Kontenrahmen und einem Kontenplan?
2. Welche Bedeutung haben die drei ersten Ziffern bei dem Konto *2210 Handelswaren*?
3. Welche Vorteile bringt die Anwendung eines Kontenrahmens für ein Unternehmen?

Aufgaben und Probleme

zu Kapitel 7 Organisation der Buchführung

7.1 Zuordnung der Kontennummern

Erstellen Sie für die gegebenen Konten eine Übersicht nach dem nebenstehendem Muster: Fuhrpark, Telefon, Eigenkapital, Verbindlichkeiten aus LuL, Werbeaufwendungen, Zinsen (die wir bezahlen), Miete (die wir erhalten), Kontoführungsgebühren der Bank, Umsatzerlöse Fertigerzeugnisse.

Konten	Bestandskonten		Ergebniskonten	
	Aktiv	Passiv	Aufwand	Ertrag
Bank	2800	–	–	–
.				
.				

PDF

7.2 Bildung von Buchungssätzen mit Angabe der Kontennummern

Bilden Sie zu den nachfolgenden Geschäftsvorfällen die Buchungssätze mit Angabe der Kontennummern und Kontenbezeichnung.

PDF

(1) Barkauf eines Bürostuhles .... 840,00 EUR
(2) Eingangsrechnung für den Kauf von Rohstoffen .... 7 245,00 EUR
(3) Kauf eines Geschäftswagens auf Ziel .... 58 000,00 EUR
(4) Darlehensrückzahlung durch Überweisung (Tilgung) .... 6 000,00 EUR
(5) Zinsen für das Darlehen werden überwiesen .... 800,00 EUR
(6) Banküberweisung: Begleichung einer Liefererrechnung .... 2 960,00 EUR
(7) Barkauf: Büromaterialien .... 145,00 EUR
(8) Materialentnahmeschein: Verbrauch von Rohstoffen .... 580,00 EUR

7.3 Abgrenzung Kontenrahmen und Kontenplan

1. Der Kontenplan der Textildruckerei Shirt-Shop Ehret e. Kfm. auf Seite 419 unterscheidet sich von dem Schulkontenrahmen. Nennen Sie drei Unterschiede.
2. Welche Konten verwendet die Textildruckerei für die nachfolgenden Positionen: Siebdruckmaschine, Härter, Gabelstapler, Verpackungskartons, Wartung der Heizung, Strom, Personalcomputer, eingekaufte T-Shirts, Registrierkasse?

7.4 Bildung von Buchungssätzen mit Angabe der Kontennummern

PDF

Buchen Sie die Geschäftsvorfälle in Aufgabe 5.9 (siehe Seite 398) nochmals unter Angabe der jeweiligen Kontennummer.

8 Umsatzsteuer

8.1 Grundlagen des Umsatzsteuersystems

UStG § 1 (1)

Gesetzliche Vorschriften zur Umsatzsteuer

Lieferungen und sonstige Leistungen (z. B. Fertigerzeugnisse, Reparaturen), die ein Unternehmer im Inland gegen Entgelt im Rahmen seines Unternehmens ausführt, unterliegen der Umsatzsteuer. Als **Bemessungsgrundlage** für die Umsatzsteuerberechnung wird das **Entgelt** zugrunde gelegt.

Entgelt ist der Nettopreis (= Preis ohne Umsatzsteuer), den der Empfänger einer Lieferung oder Leistung zu entrichten hat. Die Summe aus dem Nettopreis und der Umsatzsteuer wird als Bruttopreis bezeichnet.

Umsatzsteuerpflichtige Geschäftsvorfälle

1. Die Bike GmbH aus Heidelberg verkauft dem Schüler Michael Scholz ein Rennrad für 600,00 EUR.

Der Vorgang **ist** ein **steuerpflichtiger Umsatz**, weil

- ein Unternehmen → Bike GmbH
- eine Lieferung → Rennrad
- gegen Entgelt → 600,00 EUR
- im Inland ausführt. → Heidelberg

Auszustellende Rechnung (Auszug):

	Rennrad	600,00 EUR	→ **netto:** ***ohne Umsatzsteuer***
+	19 % Umsatzsteuer	114,00 EUR	
=	Rechnungsbetrag	714,00 EUR	→ **brutto:** ***mit Umsatzsteuer***

2. Der Trikothersteller Harko GmbH Freiburg verkauft der Textildruckerei Shirt-Shop GmbH einen Satz Fußballtrikots für 1 000,00 EUR abzüglich 10 % Rabatt.

Auszustellende Rechnung (Auszug):

Aufg. 8.1 S. 428

	Fußballtrikots	1 000,00 EUR	
–	10 % Rabatt	100,00 EUR	Die Gewährung des Sofortrabatts führt zu einer Verringerung des Entgelts.
=	Nettobetrag	900,00 EUR	Somit verringert sich auch die Höhe
+	19 % Umsatzsteuer	171,00 EUR	→ der ***Umsatzsteuer***.
=	Rechnungsbetrag	1 071,00 EUR	

Im Umsatzsteuergesetz wird zwischen einem vollen **Steuersatz** (seit 01.01.2007: 19 %) und einem ermäßigten Steuersatz (seit 1983: 7 %) unterschieden. Dem ermäßigten Steuersatz unterliegen u. a.:

UStG § 12

- Lebensmittel (z. B. Fleisch, Gemüse, Früchte, Getreide, Mehl)
- kulturelle Gegenstände und Leistungen (z. B. Bücher, Zeitschriften, Theaterleistungen)

Nicht alle Umsätze unterliegen der Umsatzsteuer. So sind u. a. folgende Umsätze gemäß der Auflistung in § 4 UStG **steuerfrei**:

UStG § 4 Nr. 12a, Nr. 14

- Vermietung und Verpachtung von Grundstücken
- Umsätze aus der Tätigkeit als Arzt, Zahnarzt ... oder aus einer ähnlichen heilberuflichen Tätigkeit

Wertschöpfungsprozess

Bei der Herstellung von Erzeugnissen werden im Normalfall mehrere Fertigungsstufen durchlaufen, an denen mehrere Unternehmen beteiligt sind. Die dazu von anderen Unternehmen (z.B. Rohstofflieferer) bezogenen Sachgüter und Dienstleistungen werden als **Vorleistungen** bezeichnet.

Wertschöpfung ist der Wert, den ein Unternehmen im Rahmen des Produktionsprozesses den bezogenen Vorleistungen hinzufügt. Die Wertschöpfung wird auch als Mehrwert bezeichnet.

Auf jeder **Fertigungsstufe** erhöht sich der Wert des Erzeugnisses (Wertschöpfungsprozess).

Die nachfolgende Übersicht zeigt stark vereinfacht den **Prozess der Wertschöpfung** für die Herstellung und den Verkauf eines Fußballtrikots. Der Wertschöpfungsprozess beginnt auf Stufe 1 bei dem Hersteller für Trikotstoffe und endet nach der Stufe 3 beim Sportfachhandel, der die Fußballtrikots vor Ort an die Endverbraucher verkauft.

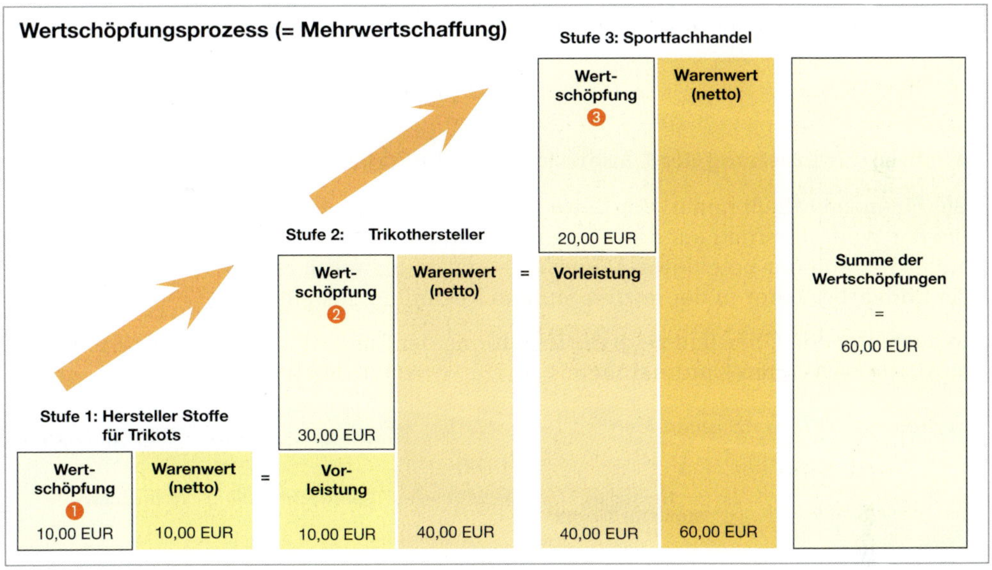

Vorsteuer und Zahllast

Die Unternehmen **erhalten** von ihren Kunden die in den Rechnungen ausgewiesene **Umsatzsteuer**. Umgekehrt **bezahlen** die Unternehmen ihren Lieferern die in deren Rechnungen ausgewiesene Umsatzsteuer. Diese an den Lieferer zu zahlende Umsatzsteuer wird als **Vorsteuer** bezeichnet. UStG § 15 (1)

Die in den Eingangsrechnungen ausgewiesene Umsatzsteuer wird als Vorsteuer bezeichnet.

Die Umsatzsteuer soll nach dem Willen des Gesetzgebers nicht die Unternehmen belasten, sondern allein vom Endverbraucher getragen werden. Jeder **Unternehmer** muss die Differenz aus der seinen **Kunden in Rechnung gestellten Umsatzsteuer** und der **an seine Lieferer zu zahlenden Umsatzsteuer (= Vorsteuer)** an das Finanzamt abführen **(Vorsteuerabzugsverfahren)**. Die Differenz zwischen Umsatzsteuer und Vorsteuer wird als **Zahllast** bezeichnet.

Zahllast = Umsatzsteuer – Vorsteuer

Voraussetzungen für den Vorsteuerabzug

UStG § 14 (4)

Um die in einer Eingangsrechnung ausgewiesen Vorsteuer abziehen zu können, muss die Rechnung u. a. folgende Angaben enthalten:

Notwendige Angaben in einer Rechnung

- Vollständiger Name und vollständige Anschrift des Lieferers und des Kunden
- Steuernummer oder Umsatzsteuer-Identifikationsnummer des Lieferers
- Ausstellungsdatum
- Rechnungsnummer zur eindeutigen Identifizierung der Rechnung
- Menge und Art der erbrachten Leistung
- Zeitpunkt der Lieferung
- Entgelt für die Lieferung (getrennt nach unterschiedlichen Steuersätzen)
- Steuersatz und Steuerbetrag

Für **Kleinbetragsrechnungen** bis zu 150,00 EUR sind folgende Angaben ausreichend:

- Name und Anschrift des Lieferers
- Menge und Art der Leistung
- Steuersatz
- Ausstellungsdatum
- Bruttoentgelt (einschl. USt)

Verfahren zur Erhebung der Umsatzsteuer: Mehrwertsteuer

Dem Finanzamt fließt genau der Betrag an Umsatzsteuer zu, der sich aus der Besteuerung der Wertschöpfung auf den einzelnen Produktions- und Handelsstufen ergibt. Die Zahllastbeträge der beteiligten Unternehmen sind identisch mit der Umsatzsteuer, die dem **Endverbraucher** in der letzten Stufe in Rechnung gestellt wird.

Die nachfolgende Übersicht zeigt die Ermittlung der Zahllast für alle an der Wertschöpfungskette beteiligten Unternehmen:

Erhebung der Umsatzsteuer: Mehrwertsteuerverfahren

(in EUR)

		Hersteller Stoffe für Trikots	Trikothersteller	Sportfachhandel	Verbraucher
Eingangsrechnung	Nettobetrag **+ 19 % Umsatzsteuer** = Bruttobetrag		10,00 + **1,90** = 11,90	40,00 + **7,60** = 47,60	60,00 + **11,40** = 71,40
Ausgangsrechnung	Nettobetrag **+ 19 % Umsatzsteuer** = Bruttobetrag	10,00 + **1,90** = 11,90	40,00 + **7,60** = 47,60	60,00 + **11,40** = 71,40	
❸	**Wertschöpfung (Mehrwert)**	**10,00**	**30,00**	**20,00**	❷
	Umsatzsteuer – Vorsteuer = Zahllast	1,90 – 0,00 = **1,90** (= 19 % von 10,00)	7,60 – 1,90 = **5,70** (= 19 % von 30,00)	11,40 – 7,60 = **3,80** (= 19 % von 20,00)	
	↓ **Finanzamt**	**1,90 + 5,70 + 3,80 = 11,40** **(= 19 % von 60,00)** ❶			←

❶ Die Unternehmen sind **Steuerschuldner**, da sie die vereinnahmte Umsatzsteuer abzüglich der gezahlten Vorsteuer (= Zahllast) an das Finanzamt abführen müssen. Hier: insgesamt 11,40 EUR.

❷ Die Endverbraucher sind **Steuerträger**, da sie die Umsatzsteuer beim Kauf in voller Höhe bezahlen und nicht vorsteuerabzugsberechtigt sind. Hier: 11,40 EUR.

❸ Wird der Umsatzsteuersatz auf den in einer Wirtschaftsstufe erzielten **Mehrwert** bezogen, ergibt sich die fällige **Zahllast** des Unternehmens.

Z. B.: Zahllast des Trikotherstellers: 30,00 EUR · $^{19}/_{100}$ = 5,70 EUR.

Aus diesem Grund wird häufig anstatt von **Umsatzsteuer** auch von der **Mehrwertsteuer** gesprochen. Der Begriff Mehrwertsteuer beschreibt, in welcher Form die Umsatzsteuer nach dem derzeit geltenden Rechtsvorschriften erhoben wird.

Zahlungszeitpunk der Umsatzsteuer

Die Umsatzsteuer ist eine Jahressteuer. Alle umsatzsteuerpflichtigen Unternehmen müssen mit dem Abschluss eines Geschäftsjahres eine **Umsatzsteuererklärung** gegenüber dem Finanzamt abgeben. Bereits während des Jahres sind aber schon Vorauszahlungen zu leisten. Dazu ist im Normalfall nach Ablauf eines Monats eine **Umsatzsteuervoranmeldung** zu erstellen und dem Finanzamt zu übermitteln. Die in der Umsatzsteuervoranmeldung festgestellte **Zahllast** muss an das Finanzamt innerhalb von 10 Tagen nach Ablauf eines Monates überwiesen werden (z. B. bis zum 10. Juni ist die Zahllast für den Monat Mai an das Finanzamt zu überweisen). Die Umsatzsteuer ist an das Finanzamt i. d. R. nach den auf den Rechnungen **vereinbarten Entgelten** (und nicht nach den tatsächlich schon vereinnahmten Entgelten) zu entrichten. Diese Regelung kann dazu führen, dass Unternehmen Umsatzsteuer bereits an das Finanzamt abführen müssen, obwohl ihre Kunden die Rechnungen noch nicht beglichen und sie demzufolge selbst noch keine Zahlungen erhalten haben.

Wenn ein Unternehmer in einem Monat viele Anschaffungen tätigt (z. B. Aufstockung der Vorräte, Kauf eines Lkw), kann es vorkommen, dass die Vorsteuer die Umsatzsteuer übersteigt **(= Vorsteuerüberhang)**. In diesem Fall erhält das Unternehmen den in der Umsatzsteuervoranmeldung ausgewiesenen Vorsteuerüberhang vom Finanzamt erstattet.

Umsatzsteuer als durchlaufender Posten

Aufg. 8.2 S. 429

Aus der Sicht des **Sportfachhandels** ergeben sich bezogen auf die Übersicht von Seite 424 für jedes verkaufte Trikot folgende **umsatzsteuerbedingten** Zahlungen:

Zahlungsausgänge:		**Zahlungseingänge:**	
Vorsteuer an den Trikothersteller	7,60 EUR	**Umsatzsteuer** vom Verbraucher	**11,40 EUR**
Zahllast an das Finanzamt	3,80 EUR		
Summe	**11,40 EUR** ←		

Die Zahlungsausgänge sind genau so hoch wie die Zahlungseingänge.

Die Umsatzsteuer wird zwar vom Unternehmen an das Finanzamt abgeführt. Sie beeinflusst aber nicht das Ergebnis (Gewinn/Verlust) des Unternehmens. Sie ist vielmehr ergebnisneutral (= durchlaufender Posten). Steuerträger sind die Endverbraucher.

8.2 Buchung der Umsatzsteuer

Buchung von Ausgangsrechnungen

Die in den Ausgangsrechnungen an die Kunden ausgewiesene Umsatzsteuer wird auf dem Konto *Umsatzsteuer* gebucht. Sie stellt eine Verbindlichkeit gegenüber dem Finanzamt dar. Daher handelt es sich bei dem Konto *4800 Umsatzsteuer* um ein passives Bestandskonto.

Buchung einer Ausgangsrechnung mit Umsatzsteuer

Die Textildruckerei Shirt-Shop schickt an den VfR Mannheim nachfolgende Rechnung:

	50 bedruckte T-Shirts Cool	1 000,00 EUR	⟵	***Netto***
+	19 % Umsatzsteuer	190,00 EUR	⟵	***Umsatzsteuer***
=	Rechnungsbetrag	1 190,00 EUR	⟵	***Brutto***

Die Rechnung wird aus Sicht der Textildruckerei Shirt-Shop wie folgt gebucht:

Konto	Soll/EUR	Haben/EUR
2400 Forderungen aus LuL	1 190,00	
an 5010 Umsatzerlöse Erzeugnisse		1 000,00
4800 Umsatzsteuer		**190,00**

Buchung von Eingangsrechnungen

Die in den Eingangsrechnungen der Lieferer ausgewiesene Umsatzsteuer wird auf dem Konto *Vorsteuer* gebucht. Sie stellt eine Forderung an das Finanzamt dar. Daher handelt es sich bei dem Konto *2600 Vorsteuer* um ein aktives Bestandskonto.

Buchung einer Eingangsrechnung mit Vorsteuer

Trikothersteller Jako schickt an die Textildruckerei Shirt-Shop nachfolgende Rechnung:

	50 T-Shirts Jako Cool	800,00 EUR	⟵	***Netto***
+	19 % Umsatzsteuer	152,00 EUR	⟵	***Umsatzsteuer***
=	Rechnungsbetrag	952,00 EUR	⟵	***Brutto***

Die Rechnung wird aus Sicht der Textildruckerei Shirt-Shop wie folgt gebucht:

Konto	Soll/EUR	Haben/EUR
2010 Vorprodukte (unbedruckte T-Shirts)	800,00	
2600 Vorsteuer	**152,00**	
an 4400 Verbindlichkeiten aus LuL		952,00

Abschluss der Konten: Ermittlung von Zahllast oder Vorsteuerüberhang

Aus der Gegenüberstellung der Salden in den Konten ***2600 Vorsteuer*** und ***4800 Umsatzsteuer*** wird ersichtlich, ob für das Unternehmen eine Zahlungsverpflichtung an das Finanzamt **(Zahllast)** entsteht oder ob mit einer Erstattung des Finanzamtes **(Vorsteuerüberhang)** zu rechnen ist.

Hinsichtlich der Differenz zwischen Umsatzsteuer und Vorsteuer lassen sich zwei Fälle unterscheiden.

1. Fall:
Summe Vorsteuer < Summe Umsatzsteuer

Summe der in den Eingangsrechnungen ausgewiesenen **Vorsteuer**	Summe der in den Ausgangsrechnungen ausgewiesenen **Umsatzsteuer**
Zahllast	

2. Fall:
Summe Vorsteuer > Summe Umsatzsteuer

Summe der in den Eingangsrechnungen ausgewiesenen **Vorsteuer**	Summe der in den Ausgangsrechnungen ausgewiesenen **Umsatzsteuer**
	Vorsteuerüberhang

Ist die Umsatzsteuer höher als die Vorsteuer, wird das Konto *Vorsteuer* über das Konto *Umsatzsteuer* abgeschlossen. Der Saldo auf dem Konto *Umsatzsteuer* entspricht der Zahllast (= Verbindlichkeit gegenüber FA).

Ist die Vorsteuer höher als die Umsatzsteuer, wird das Konto *Umsatzsteuer* über das Konto *Vorsteuer* abgeschlossen. Der Saldo auf dem Konto *Vorsteuer* entspricht dem Vorsteuerüberhang (= Forderung an FA).

Buchungssatz zum Abschluss der Konten *Umsatzsteuer* bzw. *Vorsteuer* in beiden Fällen:
4800 Umsatzsteuer an 2600 Vorsteuer

Buchungssatz zur Überweisung der Zahllast:
4800 Umsatzsteuer an 2800 Bank

Buchungssatz bei Erstattung des Vorsteuerüberhangs:
2800 Bank an 2600 Vorsteuer

Abschluss der Konten Vorsteuer und Umsatzsteuer *(Fortsetzung von S. 426)*

S	2600 Vorsteuer		H
ER	152,00	① *4800*	**152,00**
			(Saldo)

S	4800 Umsatzsteuer		H
① *2600*	**152,00**	AR	190,00
② *2800*	**38,00**		
	(Saldo)		
	190,00		**190,00**

S	2800 Bank		H
		② *4800*	**38,00**

① Abschluss Konto *2600 Vorsteuer* über das Konto *4800 Umsatzsteuer* nach Monatsabschluss (= vorbereitende Abschlussbuchung)
② Überweisung der Zahllast an das Finanzamt (bis spätestens 10. des Folgemonats)

Aufg. 8.3, 8.4, 8.5 und 8.6 S. 429 ff.

Konto	Soll/EUR	Haben/EUR
4800 Umsatzsteuer an 2600 Vorsteuer	152,00	 152,00
4800 Umsatzsteuer an 2800 Bank	38,00	 38,00

Aufg. 8.7 und 8.8 S. 432

Passivierung der Zahllast am Jahresende

Beim Jahresabschluss zum 31.12. stellt die Zahllast des Monats Dezember, die erst im Januar des nächsten Jahres an das Finanzamt abgeführt wird, eine Verbindlichkeit gegenüber dem Finanzamt dar. Das Konto Umsatzsteuer wird in diesem Fall über das Schlussbilanzkonto abgeschlossen. Die Zahllast des Monats Dezember wird daher auf der Passivseite der Bilanz in der Bilanzposition „sonstige Verbindlichkeiten" ausgewiesen (**Passivierung** der **Zahllast**).

Zusammenfassende Übersicht zu Kap. 8: Umsatzsteuer

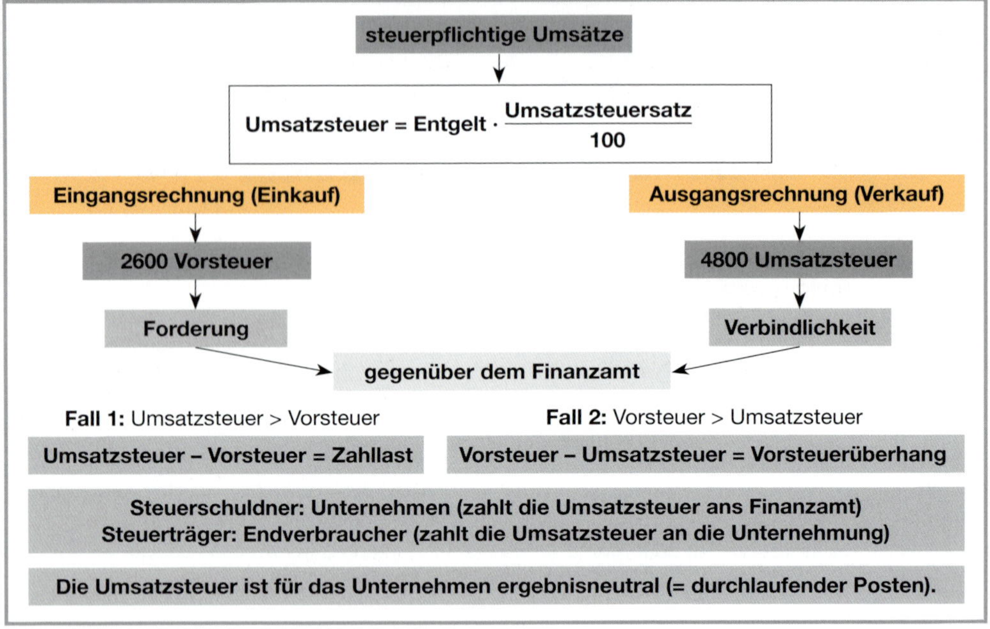

Fragen zur Wiederholung

zu Kapitel 8 Umsatzsteuer

8.1 Bedeutung der Umsatzsteuer

1. Welche vier Voraussetzungen müssen vorliegen, damit ein Verkauf umsatzsteuerpflichtig wird?
2. Wie wird die Zahllast ermittelt?
3. Was bedeutet Wertschöpfung?
4. Wie wirkt sich die Umsatzsteuer auf das Ergebnis (Gewinn/Verlust) eines Unternehmens aus?
5. Wer zahlt die Umsatzsteuer an das Finanzamt (Steuerschuldner)?
6. Wer trägt die Umsatzsteuer (Steuerträger)?
7. Was bedeutet Vorsteuerüberhang?

8.2 Buchung der Umsatzsteuer

1. In welchem Konto wird die von Kunden erhaltene Umsatzsteuer gebucht?
2. In welchem Konto wird die an Lieferanten gezahlte Umsatzsteuer gebucht?
3. Im Kontenrahmen befinden sich die beiden Konten Vorsteuer und Umsatzsteuer in unterschiedlichen Kontenklassen. Warum sind die beiden Konten nicht in der gleichen Kontenklasse direkt untereinander angeordnet?

Aufgaben und Probleme

zu Kapitel 8 Umsatzsteuer

8.1 Ausstellung einer Rechnung

Trikothersteller Harko GmbH aus Freiburg verkauft an eine Textildruckerei in Stuttgart einen Satz Polo-Shirts zu folgenden Konditionen:

- Stückzahl: 40
- Listenpreis: .... 35,00 EUR (netto)
- Rabatt: .... 8 %
- Frachtpauschale: .... 25,00 EUR (netto)
- Zahlbar in 10 Tagen mit 2 % Skonto oder innerhalb von 30 Tagen ohne Abzug
- zzgl. gesetzliche Umsatzsteuer

1. Welchen Rechnungsbetrag wird die Harko GmbH auf der Rechnung vom 12. Januar ausweisen?
2. Welchen Zahlungseingang kann die Harko GmbH am 20. Januar erwarten? Begründen Sie Ihre Antwort.

8.2 Umsatzsteuer als durchlaufender Posten

Die Schülerin Ute Berger kauft sich in einem Fachgeschäft ein Rennrad für 952 EUR (einschließlich 19 % Umsatzsteuer). Das Fachgeschäft hat für das Rennrad im Einkauf 500 EUR zuzüglich 95 EUR Umsatzsteuer beim Großhändler bezahlt. Weisen Sie an diesem Beispiel nach, dass die Umsatzsteuer für das Fachgeschäft ein durchlaufender Posten ist und ausschließlich die Schülerin Ute Berger dadurch belastet wird.

8.3 Buchen der Umsatz- und Vorsteuer/Abschluss der Konten

PDF

1. Bilden Sie die Buchungssätze zu den nachfolgenden Geschäftsvorfällen.
2. Führen Sie die *Konten 2600 Vorsteuer* und *4800 Umsatzsteuer*.
   Ermitteln Sie unter Angabe des Buchungssatzes die Zahllast.
3. Buchen Sie die Überweisung der Zahllast an das Finanzamt.

1. Eingangsrechnung Nr. 50:

	Rohstoffe	2 200,00 EUR
+	19 % Umsatzsteuer	418,00 EUR
=	Rechnungsbetrag	2 618,00 EUR

2. Ausgangsrechnung Nr. 200:

	Fertigerzeugnisse	16 000,00 EUR
+	19 % Umsatzsteuer	3 040,00 EUR
=	Rechnungsbetrag	19 040,00 EUR

3. Kontoauszug:

Lastschrift:	ER Nr. 50	2 618,00 EUR
Gutschrift:	AR Nr. 200	19 040,00 EUR

4. Ausgangsrechnung Nr. 201:

	Handelswaren	1 000,00 EUR
+	19 % Umsatzsteuer	190,00 EUR
=	Rechnungsbetrag	1 190,00 EUR

5. Eingangsrechnung Nr. 51:

	Farbkopierer XM	1 800,00 EUR
+	19 % Umsatzsteuer	342,00 EUR
=	Rechnungsbetrag	2 142,00 EUR

6. Kassenbeleg:
   Barverkauf von Handelswaren .... (inkl. 19 % USt) 47,60 EUR

7. Kontoauszug:

Lastschrift:	Miete	1 200,00 EUR
Gutschrift:	Zinsen	12,00 EUR
Lastschrift:	Leasingrate (Rechnung ist am gleichen Tag eingegangen) (inkl. 19 % USt)	666,40 EUR

8.4 Auswirkung von Geschäftsvorfällen auf Zahllast und Unternehmensergebnis

Erstellen Sie für die Geschäftsvorfälle aus Aufgabe 8.3 eine Übersicht nach folgendem Muster:

PDF

	Auswirkung auf die *Zahllast* des Unternehmens		Auswirkung auf das *Ergebnis* des Unternehmens	
	Betrag	**Begründung**	**Betrag**	**Begründung**
1	– 418 EUR	Vorsteuer ↑	Keine	kein Aufwands-/ Ertragskonto
2	....		....	
...	....		....	

8.5 Buchen von Geschäftsvorfällen mit Berücksichtigung der Umsatzsteuer

PDF

In einem Unternehmen wurden durch Inventur folgende Werte zum 01.01... ermittelt:

0710	Maschinen	80 000 EUR
0870	Geschäftsausstattung	60 000 EUR
2000	Rohstoffe	30 000 EUR
2400	Forderungen aus LuL	40 000 EUR
2600	Vorsteuer (19 %)	0 EUR
2800	Bank	20 000 EUR
3000	Eigenkapital	? EUR
4200	Darlehen	70 000 EUR
4400	Verbindlichkeiten aus LuL	23 000 EUR
4800	Umsatzsteuer (19 %)	0 EUR
4830	Verbindlichkeiten gg. Finanzbehörden	6 000 EUR

Außer den Bestandskonten, die sich aus den obigen Beständen ergeben, sind folgende Ergebniskonten zu führen:

Aufwendungen für Treibstoffe (Benzin), Gehälter, Leasing, Mietaufwendungen, Rohstoffaufwendungen, Telefonaufwendungen, Umsatzerlöse Fertigerzeugnisse, Zinsaufwendungen

Geschäftsvorfälle im Monat Februar:

1	Eingangsrechnung:	Lieferung von Rohstoffen	5 800 EUR	
		.... zzgl. 19 % USt	1 102 EUR	**6 902 EUR**
2	Kontoauszug – Lastschrift:	Zahllast Januar	6 000 EUR	
3	Materialentnahme:	Rohstoffverbrauch für die Fertigung	8 000 EUR	
4	Eingangsrechnung:	Lieferung einer Fräsmaschine	20 000 EUR	
		.... zzgl. 19 % USt	3 800 EUR	**23 800 EUR**
5	Kontoauszug – Lastschrift:	Rechnung (Rohstoffe)	6 902 EUR	
6	Kontoauszug – Lastschrift:	Tilgung Darlehen	1 000 EUR	
		Zinsen Darlehen	350 EUR	
7	Eingangsrechnung:	Lieferung Regalsystem	2 000 EUR	zzgl. 19 % USt
8	Kontoauszug – Lastschrift:	Leasingrate für gemietete Fahrzeuge (Rechnung ist am gleichen Tag eingegangen)	2 142 EUR	inkl. 19 % USt

9 Ausgangsrechnung:	Verkauf von Fertigerzeugnissen	42 000 EUR	zzgl. 19 % USt
10 Eingangsrechnung:	Monatliche Tankabrechnung der Tankstelle	900 EUR	zzgl. 19 % USt
11 Kontoauszug – Lastschrift:	Miete für Geschäftsräume	650 EUR	
12 Kontoauszug – Lastschrift:	Telefon (Rechnung ist am gleichen Tag eingegangen).............................	595 EUR	inkl. 19 % USt
13 Kontoauszug – Gutschrift:.	Rechnung (Erzeugnisse)	49 980 EUR	
14 Kontoauszug – Lastschrift:	Gehälter	8 400 EUR	

1. Erstellen Sie aus den obigen Angaben die Eröffnungsbilanz.
2. Richten Sie die Bestandskonten ein und übernehmen Sie die jeweiligen Anfangsbestände.
3. Bilden Sie die Buchungssätze für die Geschäftsvorfälle.
4. Buchen Sie die Geschäftsvorfälle auf den T-Konten.
5. Schließen Sie alle Ergebniskonten über das Gewinn- und Verlustkonto ab.
6. Schließen Sie das Gewinn- und Verlustkonto ab.
7. Schließen Sie alle Bestandskonten über das Schlussbilanzkonto ab.
8. Ermitteln Sie die Zahllast für den abgelaufenen Monat.

8.6 Buchen nach Belegen

In der Textildruckerei Shirt-Shop Ehret e. Kfm. sind die beiden nachfolgenden Belege zu bearbeiten.

1. Bilden Sie den Buchungssatz zu Beleg 1.
2. Bilden Sie die Buchungssätze zu Beleg 2.
3. Wie viel Umsatzsteuer hat der Handballverein Leutershausen an Shirt-Shop überwiesen? Buchungshinweis: Die Shirt-Shop GmbH hat dem Handballverein Leutershausen für alle Vereinsmannschaften Handballtrikots geliefert und am 15. Jan 1 487,50 EUR in Rechnung gestellt.

Beleg 1

Mericol Farben GmbH

Postfach 10 20 40
46215 Bottrop

Shirt-Shop Ehret e. Kfm.
Sporttextildruck
Lindenstraße 14
68309 Mannheim

Lieferung: 20.01...
Rechnung-Nr.: 55467
Kunden-Nr.: 3452
Rechnungsdatum: 18.01...

Rechnung

Pos.	Artikel/Arbeitsbeschreibung	Einheit	Menge	E-Preis	Gesamt
1	Texofaque Farbe Schwarz	5 Liter	2	75,00	150,00 EUR
2	Texofaque Farbe Hellrot	5 Liter	1	120,00	120,00 EUR
3	Texofaque Farbe Dunkelgrün	5 Liter	1	94,00	94,00 EUR

Lieferung frei Haus
Spedition Klemm

Netto-Rechnungsbetrag	364,00 EUR
+ 19 % Umsatzsteuer	69,16 EUR
Rechnungsbetrag	**433,16** EUR

zahlbar bis zum 10.02... ohne Abzug

....

Beleg 2

Kontoauszug **Mannheimer Bank**

			Alter Kontostand
Konto-Nr. 13579	Saldo vom 12.02...		**+ 26800,00 EUR**

Pos.		Lastschrift	Gutschrift
1	Mericol Farben GmbH; Re.-Nr. 55467	433,16	
2	Handballverein Leutershausen; Re.-Nr. 14502		1487,50
3	USt-Vorauszahlung Januar	3640,00	

Auszugsdatum: 12.02... Auszugs-Nr. 75

Shirt-Shop Ehret e. Kfm.
Lindenstraße 14
68309 Mannheim

Neuer Kontostand
+ 24214,34 EUR

8.7 Kontrolle der Umsatzsteuer/Ermittlung der Zahllast

1. Kontrollieren Sie auf der Grundlage der nachstehenden Saldenliste die Höhe der Umsatzsteuer.
2. Ermitteln Sie die Zahllast und erläutern Sie das Ergebnis.

Konto-Nr.	Kontobezeichnung	USt-Satz	Saldo
2600	Vorsteuer 19 %	–	24800,00
4800	Umsatzsteuer 19 %	–	16036,00
5000	Umsatzerlöse für Fertigerzeugnisse	19 %	80000,00
5010	Umsatzerlöse für Handelswaren	19 %	2800,00
5410	Provisionserträge	19 %	1600,00
5710	Zinserträge	0	2900,00

8.8 Zusammenfassende Aufgabe zur Umsatzsteuer

Die nachfolgenden Aufgaben sind aus der Sicht der Shirt-Shop Ehret e. Kfm. (Textildruck) zu bearbeiten.

1. Bilden Sie für die beiden Belege die Buchungssätze.
2. Welche Auswirkungen hat die Buchung der Belege auf die Zahllast?
   Begründen Sie Ihre Antwort.
3. Welche Auswirkungen hat die Buchung der Belege auf das Ergebnis?
   Begründen Sie Ihre Antwort.
4. Nennen Sie drei gesetzliche Bestandteile, die der Gesetzgeber bei der Rechnungsstellung vorschreibt.
5. Da die Shirt-Shop Ehret e. Kfm. der Stadt Weinheim nachträglich 5 % Rabatt und 2 % Skonto gewährt, ist eine neue Rechnung zu erstellen. Ermitteln Sie den neuen Rechnungsbetrag.
6. Welche Auswirkungen hat die Umsatzsteuer auf den Gewinn des Unternehmens?

Beleg 1

Harko GmbH Sportswear · Postfach 120 · 88086 Langenargen

Shirt-Shop Ehret e. Kfm.
Sporttextildruck
Lindenstraße 14
68309 Mannheim

Lieferung:	19.01...
Rechnung-Nr.:	6345
Kunden-Nr.:	214
Rechnungsdatum:	20.01...

Rechnung

Pos.	Artikel-/Arbeitsbeschreibung	Einheit	Menge	E-Preis EUR	Gesamt EUR
1	Polo-Shirt Ladies	Stk.	600	7,00	4200,00
2	Polo-Shirt Herren	Stk.	1400	5,50	7700,00

Lieferung frei Haus
UPS-Versand

Netto-Rechnungsbetrag	11900,00
+ 19 % Umsatzsteuer	2261,00
= Rechnungsbetrag	**14161,00**

zahlbar bis zum 03.02... ohne Abzug

...

Beleg 2

Shirt-Shop Ehret e. Kfm. · Sporttextildruck · Lindenstraße 14 · 68309 Mannheim

Stadt Weinheim
Abt. Öffentlichkeitsarbeit
Obertorstr. 9
69469 Weinheim

Lieferung:	28.01...
Rechnung-Nr.:	14589
Kunden-Nr.:	D128
Rechnungsdatum:	30.01...

Rechnung

Pos.	Artikel-/Arbeitsbeschreibung	Einheit	Menge	E-Preis EUR	Gesamt EUR
1	Polo-Shirt Ladies	Stk.	600	8,00	4800,00
2	Polo-Shirt Herren	Stk.	1400	7,00	9800,00
3	Druck auf Brust + Rücken Fb. Schwarz, Hellrot, Dunkelgrün Logo „Stadtlauf"		2000	3,80	7600,00

Netto-Rechnungsbetrag	22200,00
+ 19 % Umsatzsteuer	4218,00
= Rechnungsbetrag	**26418,00**

zahlbar bis zum 04.02... ohne Abzug

...

9 Einkauf und Verkauf von Handelswaren

Kap. C 2.1.1

Handelswaren sind Erzeugnisse, die ein Unternehmen von einem anderen Unternehmen zum **Einkaufspreis** beschafft und **unbearbeitet** zu einem höheren **Verkaufspreis** weiterveräußert. Werden zum Einkaufspreis die Nebenkosten (z. B. für Transport) hinzugerechnet und Preisminderungen (z. B. Rabatte) abgezogen, ergibt sich der **Einstandspreis**.

> **Der Einstandspreis (Bezugspreis) gibt die Kosten an, die für die Beschaffung einer Ware unter Berücksichtigung von Rabatten und Nebenkosten tatsächlich anfallen.**

Ermittlung des Warenrohgewinns

Das Textil-Sportgeschäft SHIRT-SHOP hat Fußbälle in das Sortiment als Handelsware aufgenommen. Der Einstandspreis beträgt 12,00 EUR je Fußball. Der Verkaufspreis beträgt 18,00 EUR. Somit wird ein Warenrohgewinn von 6,00 EUR je verkauftem Fußball erzielt.

16 Fußbälle werden eingekauft. Davon werden 10 an einen Fußballverein verkauft.

Laufende Buchungen beim Ein- und Verkauf von Handelswaren

Buchung beim Einkauf von Handelswaren

Einkauf von Fußbällen am 14.06...

	16 Fußbälle zu je 12,00	192,00 EUR
+	19 % Umsatzsteuer	36,48 EUR
=	Rechnungsbetrag	228,48 EUR

❶ Buchung des Einkaufs von Handelswaren auf Ziel

2210	**Handelswaren**	**192,00**	
2600	Vorsteuer	36,48	
an	4400 Verb. a. LuL		228,48

Buchung beim Verkauf von Handelswaren

Barverkauf von Fußbällen am 20.06...

	10 Fußbälle zu je 18,00	180,00 EUR
+	19 % Umsatzsteuer	34,20 EUR
=	Rechnungsbetrag	214,20 EUR

❷ Buchung des Barverkaufs von Handelswaren

2820	Kasse	214,20	
an	**5010 Umsatzerlöse für Handelswaren**		**180,00**
	4800 Umsatzsteuer		34,20

> **Einkäufe an Handelswaren werden zu Einstandspreisen bewertet und auf dem aktiven Bestandskonto *2210 Handelswaren* als Bestandserhöhung im Soll erfasst.**

> **Verkäufe von Handelswaren werden zu Verkaufspreisen bewertet und auf dem Ertragskonto *5010 Umsatzerlöse für Handelswaren* erfasst.**

Die sich durch den Verkauf von Waren ergebende Abnahme des Lagerbestands kann grundsätzlich auf zweierlei Arten ermittelt werden:

Inventurmethode (indirekte Verbrauchsermittlung)	**Fortschreibungsmethode (direkte Verbrauchsermittlung)**
Am Ende der Rechnungsperiode wird durch **Inventur** der Schlussbestand an Waren (Istbestand) ermittelt. Der Abgang an Waren ergibt sich wie folgt: **Anfangsbestand an Waren** + **Wareneinkäufe** – **Schlussbestand an Waren lt. Inventur** = **Warenabgang**	Bei jeder Warenentnahme aus dem Lager wird auf der Basis von **Materialentnahmescheinen** (MES) der Warenabgang erfasst. Die damit einhergehende Buchung „Warenaufwand an Waren" führt zur entsprechenden Verringerung des Buchbestandes. Diese Methode wird insbesondere beim Materialverbrauch für die industrielle Fertigung angewandt.

Kap. D 10.2

Bei **Handelswaren** kommt üblicherweise die **Inventurmethode** zur Anwendung. Der **Warenabgang** entspricht den mit ihren Einstandspreisen bewerteten Waren, die aus dem Lager für den Verkauf entnommen wurden **(= Warenverkauf zu Einstandspreisen)**. Dieser Wert wird auch als **Wareneinsatz** bezeichnet.

Der Wareneinsatz (= aus dem Lager für den Verkauf entnommene Waren bewertet zu Einstandspreisen) stellt Aufwand dar, der auf dem Konto *6080 Aufwendungen für Handelswaren* erfasst wird. Buchungssatz: *6080 Aufwendungen für Handelswaren an 2210 Handelswaren*.

Abschluss der Warenkonten

Buchung des Warenaufwands *(Fortsetzung Bsp. von S. 434)*

Die Inventur ergibt, dass noch 6 Bälle zum Einstandspreis von je 12,00 EUR (Gesamtwert: 72,00 EUR) am Lager sind. Demzufolge beträgt der Wareneinsatz 120,00 EUR (192,00 EUR Anfangsbestand und Zugänge – 72,00 EUR Schlussbestand).

④ Buchung des Warenschlussbestands lt. Inventur

8010	Schlussbilanzkonto	72,00	
an	**2210 Handelswaren**		**72,00**

③ Buchung des Warenabgangs als Aufwand

6080	Aufwendungen für Handelswaren	120,00	
an	**2210 Handelswaren**		**120,00**

Darstellung im Kontensystem (mit Abschluss der beiden Ergebniskonten)

S 2210 Handelswaren H

S		H	
① *4400*	192,00	③ *6080*	120,00
		④ *8010*	72,00 *SB*

S 2600 Vorsteuer H

S		H	
① *4400*	36,48		

S 4800 Umsatzsteuer H

S		H	
		② *2820*	34,20

S 6080 Aufwendungen für Handelswaren H

S		H	
③ *2210*	120,00	*8020*	120,00 *Saldo*

S 5010 Umsatzerlöse Handelswaren H

S		H	
8020	180,00 *Saldo*	② *2820*	180,00

S 8020 GuV-Konto H

S		H	
6080 Aufw. Handelswaren	120,00	*5010* Umsatzerl. Handelswaren	180,00
Warenrohgewinn	*60,00*		
	180,00		180,00

Warenrohgewinn = Umsatzerlöse Handelswaren – Aufwendungen Handelswaren
60,00 EUR = 180,00 EUR – 120,00 EUR

Abschluss der Ergebniskonten (Abschlussbuchung)

Aufg. 9.1, 9.2, 9.3 und 9.4 S. 436 ff.

Konto	Soll/EUR	Haben/EUR
8020 GuV-Konto	**120,00**	
an **6080 Aufwendungen Handelswaren**		**120,00**
5010 Umsatzerlöse Handelswaren	**180,00**	
an 8020 GuV-Konto		**180,00**

Nach Abschluss der beiden Ergebinskonten stehen sich auf dem **GuV-Konto** die **Aufwendungen für Handelswaren** und die **Umsatzerlöse aus Handelswaren** gegenüber. Der Saldo wird als **Warenrohgewinn** bezeichnet. Erst wenn auch alle sonstigen Aufwendungen (z. B. Personal, Strom) und Erträge (z. B. Zinserträge) berücksichtigt wurden, kann das tatsächliche Unternehmensergebnis festgestellt werden.

> Warenrohgewinn = Umsatzerlöse für Handelswaren – Aufwendungen für Handelwaren

Aufg. 9.5 und 9.6 S. 439

Zusammenfassende Übersicht zu Kap. 9: Ein- und Verkauf von Handelswaren

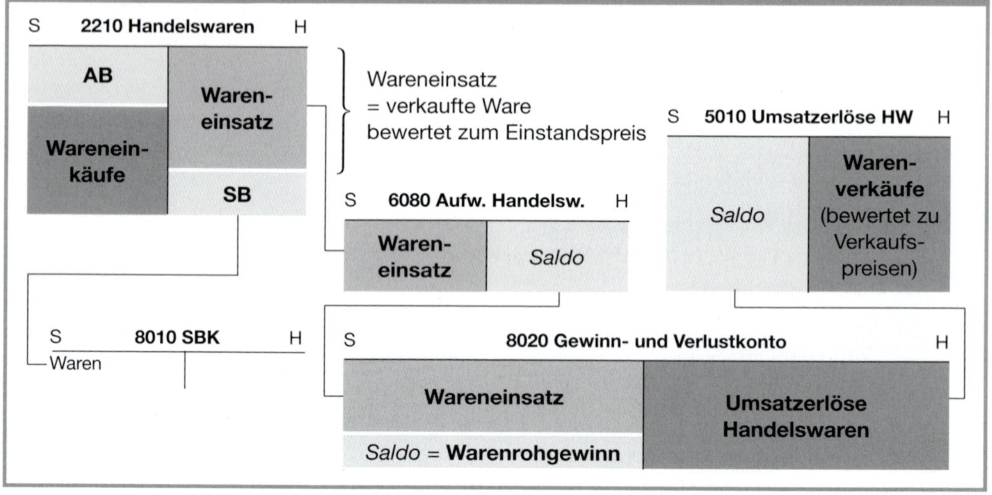

Fragen zur Wiederholung

zu Kapitel 9 Einkauf und Verkauf von Handelswaren

1. Wie wird der Warenrohgewinn ermittelt?
2. Auf welchen Konten werden Wareneinkäufe und Warenverkäufe gebucht?
3. Was ist unter dem Begriff Wareneinsatz zu verstehen?

Aufgaben und Probleme

zu Kapitel 9 Einkauf und Verkauf von Handelswaren

9.1 Wareneinsatz und Warenrohgewinn

Ein Fahrradhändler verkauft an Max Müller ein Mountainbike.

Verkaufspreis (netto) .... 1 200,00 EUR
Kundenrabatt .... 10 %

Dem Händler wurde das Rad zu folgenden Bedingungen geliefert:

Listeneinkaufspreis (netto)	800,00 EUR
Versandkosten je Fahrrad, vom Lieferer in Rechnung gestellt (netto)	10,00 EUR

1. Erläutern Sie an diesem Beispiel die Begriffe Wareneinsatz und Warenrohgewinn.
2. Weshalb ist der Waren**roh**gewinn nicht mit dem Gesamtgewinn identisch genannt?
3. Welchen Betrag muss Max Müller im Fahrradgeschäft bezahlen?
4. Bilden Sie den Buchungssatz für den Wareneinkauf. Hinweis: *Es wurden fünf Mountainbikes auf Rechnung geliefert.*
5. Bilden Sie den Buchungssatz für den Barverkauf an Max Müller.
6. Bilden Sie den Buchungssatz für den Wareneinsatz.

9.2 Buchung von Wareneinkäufen und Warenverkäufen

PDF

Ein Sanitärgroßhandel hat die Eckbadewanne COSIMA in das Sortiment aufgenommen. Bilden Sie für die beiden nachfolgenden Geschäftsvorfälle die Buchungssätze, führen Sie die Konten 2210, 6080 und 5010 und ermitteln Sie unter Angabe der Buchungssätze den Warenrohgewinn.

1. Eingangsrechnung Nr. 50 am 15. Juni:

	5 Eckbadewannen COSIMA zu je 400,00 EUR	2 000,00 EUR
+	19 % Umsatzsteuer	380,00 EUR
=	Rechnungsbetrag	2 380,00 EUR

2. Ausgangsrechnung Nr. 200 am 30. Juni:

	3 Eckbadewannen COSIMA zu je 700,00 EUR	2 100,00 EUR
+	19 % Umsatzsteuer	399,00 EUR
=	Rechnungsbetrag	2 499,00 EUR

9.3 Buchung von Wareneinkäufen und Warenverkäufen (mit Bestandsführung)

PDF

Im Monat Juli verkauft die SHIRT-SHOP GmbH 110 Fußbälle. Allerdings mussten die Verkaufspreise schrittweise von 17,00 EUR auf 13,00 EUR gesenkt werden.

	Datum	Geschäftsvorfall	Fußbälle	Stückpreis	Wert
	01.07.	Lagerbestand lt. Inventur	17	12,00 EUR	204,00 EUR
1	05.07.	Barverkauf	5	17,00 EUR	85,00 EUR zzgl. 19 % USt
2	07.07.	Verkauf auf Rechnung	10	16,00 EUR	160,00 EUR zzgl. 19 % USt
3	10.07.	Einkauf auf Rechnung	100	12,00 EUR	1 200,00 EUR zzgl. 19 % USt
4	20.07.	Barverkauf vom 11.–20.07.	60	15,00 EUR	900,00 EUR zzgl. 19 % USt
5	30.07.	Barverkauf vom 21.–30.07.	35	13,00 EUR	455,00 EUR zzgl. 19 % USt
	31.07.	Lagerbestand lt. Inventur	7	12,00 EUR	84,00 EUR

1. Ermitteln Sie für den Barverkauf am 5. Juli den Warenrohgewinn je Stück sowie den Warenrohgewinn für den gesamten Auftrag.
2. Bilden Sie zu den Geschäftsvorfällen die Buchungssätze. Buchen Sie zu jedem Verkauf auch den Warenaufwand bzw. Warenabgang.
3. Führen Sie die Konten 2210, 6080 und 5010. Schließen Sie diese Konten unter Angabe der Buchungssätze ab.
4. Welcher Warenrohgewinn wurde im Durchschnitt je Fußball erzielt?

9.4 Buchen von Belegen in einer Fahrradfabrik

PDF

Die Fahrradfabrik Herkules hat sich auf die Herstellung von Rennrädern und Mountainbike-Rädern spezialisiert. Als Handelswaren werden seit dem neuen Geschäftsjahr *Trinkflaschen* geführt. Die Farben der Trinkflaschen sind auf die Rahmenfarbe des jeweiligen Fahrrades abgestimmt. Neben den Trinkflaschen werden den Kunden keine weiteren Handelswaren angeboten.

1. Bilden Sie die Buchungssätze zu den beiden Belegen aus der Sicht der Fahrradfabrik.
2. Vervollständigen Sie die nachfolgende Tabelle:

	Auswirkung auf die *Zahllast* der Fahrradfabrik		Auswirkung auf das *Ergebnis* der Fahrradfabrik	
	Betrag	Begründung	Betrag	Begründung
Beleg 1	?	?	?	?
Beleg 2	?	?	?	?

3. Welchen Warenrohgewinn hat die Fahrradfabrik durch den Verkauf der Trinkflaschen an die Bike GmbH erzielt?
4. Buchen Sie die beiden Belege aus der Sicht des jeweiligen Geschäftspartners der Fahrradfabrik.

Beleg 1

Leible KG 50674 Köln
Aachenerstr. 8 Fahrradzubehör

Fahrradfabrik Herkules
Mörchenstr. 56
51645 Gummersbach

Re-Datum	31.01...
KD-Nr.	367
Re-Nr.	554480

Rechnung

Pos.	Bezeichnung	Menge	EK	Gesamt
1	Trinkflaschen	80 Stück	20,00 EUR	1 600,00 EUR

Nettobetrag	1 600,00 EUR
+ 19 % Umsatzsteuer	304,00 EUR
= Rechnungsbetrag	1 904,00 EUR

zahlbar bis zum 20.02... ohne Abzug

Beleg 2

Fahrradfabrik Herkules GmbH
51645 Gummersbach Mörchenstr. 56

Bike GmbH Schmidt
Rheinstraße 6
77652 Offenburg

Re-Datum	31.01...
KD-Nr.	890
Re-Nr.	AR 456

Rechnung

Pos.	Bezeichnung	Menge	EK	Gesamt
1	Rennrad 20 GX	10 Stück	580,00 EUR	5 800,00 EUR
2	Trinkflaschen	10 Stück	28,50 EUR	285,00 EUR

Nettobetrag	6 085,00 EUR
+ 19 % Umsatzsteuer	1 156,15 EUR
= Rechnungsbetrag	7 241,15 EUR

zahlbar bis zum 01.03... ohne Abzug

9.5 Zusammenfassende Aufgabe zur Buchung von Warenein- und Warenverkäufen

Die nachfolgenden Aufgaben sind aus der Sicht der Sport Kramer GmbH zu bearbeiten.

1. Bilden Sie für die beiden Belege die Buchungssätze.
2. Ermitteln und buchen Sie den Warenaufwand.
3. Welchen Warenrohgewinn hat Sport Kramer erzielt?

Beleg 1

Jako AG Team und Sportswear · Amtstraße 82 · 74673 Mulfingen-Hollenbach

Sport Kramer GmbH
Eschauerstraße 45
77749 Hohberg

Lieferung:	15.01...
Rechnung-Nr.:	1356783
Kunden-Nr.:	7234
Rechnungsdatum:	16.01...

Rechnung

Pos.	Artikel-/Arbeitsbeschreibung	Einheit	Menge	E-Preis EUR	Gesamt EUR
1	Fußball Benfica, weiß, Gr. 05	Stk.	40	44,00	1 760,00
2	Ballsack	Stk.	4	14,00	56,00
3	Ballpumpe	Stk.	4	3,00	12,00

Lieferung frei Haus	Netto-Rechnungsbetrag	1 828,00
Spedition Greiner	+ 19 % Umsatzsteuer	347,32
	= Rechnungsbetrag	2 175,32

zahlbar bis zum 04.02... ohne Abzug

...

Beleg 2

Sport Kramer GmbH · Eschauerstraße 45 · 77749 Hohberg

Fußballverein
SG Victoria Mauer e.V. 1919
Lilienstr. 6
69256 Mauer

Lieferung:	20.01...
ReNr:	15234
KNr:	D172
Datum:	25.01...

Rechnung

Pos.	Artikel-/Arbeitsbeschreibung	Einheit	Menge	E-Preis EUR	Gesamt EUR
1	Fußball Benfica, weiß, Gr. 05	Stk.	40	57,20	2 288,00
2	Ballsack	Stk.	4	16,80	67,20
3	Ballpumpe	Stk.	4	3,60	14,40

Abholer Herr Basler	Netto-Rechnungsbetrag	2 369,60
Vielen Dank für Ihren Auftrag!	+ 19 % Umsatzsteuer	450,22
	= Rechnungsbetrag	2 819,82

zahlbar bis zum 06.03... ohne Abzug

...

9.6 Zusammenfassender Beleggeschäftsgang

Die Materialien *befinden* sich auf der *Begleit-CD*.

10 Buchungen von Beschaffungs-, Leistungserstellungs- und Verkaufsvorgängen bei Industrieunternehmen

10.1 Einkauf von Materialien (Roh-, Hilfs- und Betriebsstoffe)

Anders als ein Handelsunternehmen hat ein Industrieunternehmen die Aufgabe, aus den bezogenen **Materialien**[1] Erzeugnisse (z. B. Büromöbel) herzustellen und abzusetzen. Der Einkauf von Materialien wird auf folgenden **aktiven Bestandskonten** gebucht:

Beschaffung von ...	Kt-Nr.	Kontenbezeichnung
▪ Rohstoffen	2000	Rohstoffe
▪ Vorprodukten	2010	Vorprodukte
▪ Hilfsstoffen	2020	Hilfsstoffe
▪ Betriebsstoffen	2030	Betriebsstoffe

Buchungen in einer Textildruckerei beim Einkauf von Roh-, Hilfs- und Betriebsstoffen

❶	Rechnung von einem Lieferer für die Anlieferung von Flockfolie	1 000,00 EUR zzgl. 19 % USt. =	1 190,00 EUR
❷	Barkauf von Härter	40,00 EUR zzgl. 19 % USt. =	47,60 EUR
❸	Barkauf von Maschinenfett	120,00 EUR zzgl. 19 % USt. =	142,80 EUR

zu ❶ *Flockfolie* stellt für eine Textildruckerei einen **Rohstoff** dar, da sie ein wesentlicher Bestandteil des Fertigerzeugnisses ist.

zu ❷ *Härter* zählt als unwesentlicher Bestandteil des Fertigerzeugnisses zu den **Hilfsstoffen**.

zu ❸ *Maschinenfett* wird kein Bestandteil des Fertigerzeugnisses. Da es jedoch bei der Produktion verbraucht wird, handelt es sich um einen **Betriebsstoff**.

	Konto	Soll/EUR	Haben/EUR
❶	**2000 Rohstoffe**	1 000,00	
	2600 Vorsteuer	190,00	
	an 4400 Verbindlichkeiten aus LuL		1 190,00
❷	**2020 Hilfsstoffe**	40,00	
	2600 Vorsteuer	7,60	
	an 2820 Kasse		47,60
❸	**2030 Betriebsstoffe**	120,00	
	2600 Vorsteuer	22,80	
	an 2820 Kasse		142,80

Aufg. 10.1
S. 447

1 Zuweilen werden Materialien auch als Werkstoffe bezeichnet.

Zusammenfassende Übersicht zu Kap. 10.1: Einkauf von Materialien

2000 Rohstoffe (oder anderes Materialbestandskonto)
2600 Vorsteuer an 4400 Verbindlichkeiten

Material**bestands**konto (z. B. 2000 Rohstoffe)

Soll	Haben
Anfangsbestand	
4400 Zugang	

4400 Verbindlichkeiten aus LuL

Soll	Haben
	Anfangsbestand
	2000/2600 Zugang

2600 Vorsteuer

Soll	Haben
Anfangsbestand	
4400 Zugang	

10.2 Verbrauch von Roh-, Hilfs- und Betriebsstoffen

Kap. D 9

Ein Industrieunternehmen **verbraucht** im Rahmen des Produktionsprozesses **Materialien** (Roh-, Hilfs- und Betriebsstoffe, Vorprodukte). Der Materialverbrauch wird häufig nach der **Fortschreibungsmethode** unmittelbar nach der Entnahme aus dem Lager erfasst und gebucht. Als Buchungsbelege dienen **Materialentnahmescheine (MES)**, die bei jedem Lagerabgang ausgestellt werden.

Buchung beim Einkauf der Materialien

Einkauf von Vorprodukten am 15.06... auf Ziel

100 T-Shirts zu je 5,00 EUR	500,00 EUR
+ 19 % Umsatzsteuer	95,00 EUR
= Rechnungsbetrag	595,00 EUR

❶ Buchung des Bareinkaufs von Vorprodukten

2010 Vorprodukte	**500,00**	
2600 Vorsteuer	95,00	
an 4400 Verb. a. LuL		595,00

Buchung beim Verbrauch der Materialien

Für einen Auftrag werden 20 T-Shirts benötigt.
Verbrauch an T-Shirts:
20 T-Shirts · **5,00 EUR/T-Shirt** = 100,00 EUR

❷ Buchung des Verbrauchs

6010 Aufwendungen für Vorprodukte	100,00	
an 2010 Vorprodukte		**100,00**

Die Beschaffung von Materialien wird auf der Basis der Eingangsrechnung auf dem entsprechenden Bestandskonto (hier: *2010 Vorprodukte*) im Soll (= Bestandsmehrung) gebucht.

Der Materialverbrauch wird bei Anwendung der Fortschreibungsmethode durch Materialentnahmescheine (MES) ermittelt.

Die Buchung des Materialverbrauchs erfolgt einerseits als Materialaufwand auf dem entsprechenden Aufwandskonto (hier: *6010 Aufwendungen für Vorprodukte*) im Soll und andererseits auf dem entsprechenden Bestandskonto (hier: *2010 Vorprodukte*) im Haben (= Bestandsminderung).

Darstellung im Kontensystem (mit Abschluss des Aufwandskontos)

S	2010 Vorprodukte		H
❶ *4400*	500,00	❷ *6010*	100,00
		SB	400,00
	500,00		500,00

S	4400 Verb. a. LuL		H
AB	...	❶ *2010*	595,00

S	2600 Vorsteuer		H
❶ *4400*	95,00		

S	6010 Aufwendungen für Vorprodukte		H
❷ *2010*	100,00	*8020*	100,00
			Saldo

S	8020 GuV-Konto		H
Aufwendungen Vorprodukte	100,00	...	
...			

Abschluss des Kontos 6010 Aufwendungen Vorprodukte

Konto	Soll/EUR	Haben/EUR
8020 GuV-Konto		100,00
an 6010 Aufwendungen Vorprodukte		100,00

Der allgemeine Buchungssatz für die Buchung des Materialverbrauchs lautet:

Materialaufwandskonto an Materialbestandskonto

Kontenklasse 6	Kontenklasse 2
6000 Aufwendungen für Rohstoffe	2000 Rohstoffe
6010 Aufwendungen für Vorprodukte	2010 Vorprodukte
6020 Aufwendungen für Hilfsstoffe	2020 Hilfsstoffe
6030 Aufwendungen für Betriebsstoffe	2030 Betriebsstoffe

Buchung von Inventurdifferenzen beim Materialverbrauch

Werden bei der Inventur der Materialien **Fehlmengen** festgestellt, so bedeutet dies eine nachträgliche Erhöhung des Materialverbrauchs und ist entsprechend zu buchen. Ist die aufgetretene Differenz ungewöhnlich hoch – zum Beispiel durch Brand oder Wasserschaden – so ist diese auf dem Konto *7600 außerordentliche Aufwendungen* zu erfassen.

Aufg. 10.2 und 10.3 S. 447

Behandlung von Inventurdifferenzen als Materialverbrauch

Bei der laufenden Inventur werden beim Hilfsstoff Härter Fehlbestände im Wert von 30,00 EUR festgestellt. Die Inventurdifferenz wird nachträglich als Aufwand für Hilfsstoffe gebucht.

Konto	Soll/EUR	Haben/EUR
6020 Aufwendungen für Hilfsstoffe	30,00	
an 2020 Hilfsstoffe		30,00

Bei Inventurdifferenzen (Buchbestand ≠ Istbestand lt. Inventur) muss eine Korrekturbuchung auf den entsprechenden Bestands- und Aufwandskonten erfolgen.

Zusammenfassende Übersicht zu Kap. 10.2: Verbrauch von Roh-, Hilfs- und Betriebsstoffen

Verbrauchs- und Bestandsermittlung
(Fortschreibungsmethode)

Anfangsbestand + Zugänge – Verbrauch lt. MES (Abgang) = Schlussbestand (Buchbestand)

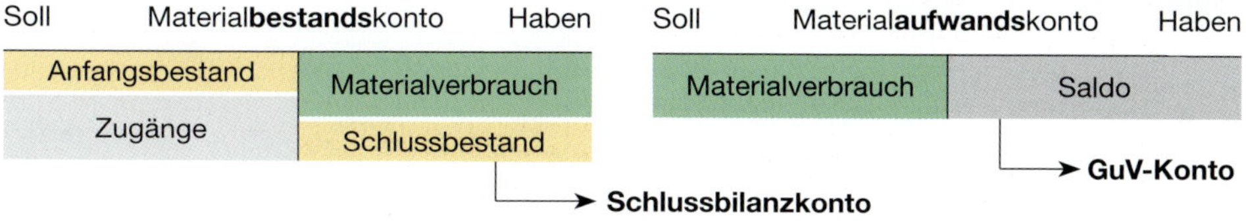

10.3 Verkauf von Erzeugnissen

Durch den **Verkauf** werden die im Rahmen des Leistungsprozesses (Produktion) hergestellten Erzeugnisse verwertet. Der Verkauf wird als Umsatzerlös (Ertrag) gebucht.

Beim Verkauf von Erzeugnissen wird der damit einhergehende Ertrag auf der Basis der Ausgangsrechnung auf dem Konto *5000 Umsatzerlöse für Erzeugnisse* gebucht.

Neben fertigen Erzeugnissen werden auch unfertige Erzeugnisse, Handelswaren und sonstige Nebenprodukte auf den Absatzmärkten verwertet. Aus Gründen der Übersichtlichkeit kann für jede Erlösart ein eigenes Konto geführt werden. Die Kontenbezeichnung **Umsatzerlöse** wird immer dann verwendet, wenn ein **umsatzsteuerpflichtiger** Vorgang vorliegt.

Erlöskonten	
5000	Umsatzerlöse für Erzeugnisse und Leistungen
5010	Umsatzerlöse für Handelswaren
5020	sonstige Umsatzerlöse

Buchungen in einer Textildruckerei beim Verkauf von Erzeugnissen

❶ Lieferung der bedruckten T-Shirts an den Tischtennisverein TV Leimen am 02.04...
Rechnung Nr. 110 an den Kunden am 04.04... .... 3000 EUR zzgl. USt
Zahlbar innerhalb von 10 Tagen ohne Abzug

❷ Kontoauszug – Gutschrift am 12.04...: Tischtennisverein TV Leimen AR 110 .... 3570 EUR

	Konto	Soll/EUR	Haben/EUR
❶	2400 Forderungen aus LuL an **5000 Umsatzerlöse Erzeugnisse** 4800 Umsatzsteuer	3570,00	 3000,00 570,00
❷	2800 Bank an 2400 Forderungen aus LuL	3570,00	 3570,00

Zusammenfassende Übersicht zu Kap. 10.3: Verkauf von Erzeugnissen

2400 Forderungen aus LuL
an 5000 Umsatzerlöse
4800 Umsatzsteuer

Soll	2400 Forderungen aus LuL	Haben
Anfangsbestand		
5000/4800 Zugang		

Soll	5000 Umsatzerlöse	Haben
		2400 Umsatzerlöse

Soll	4800 Umsatzsteuer	Haben
		Anfangsbestand
		2400 Zugang

10.4 Gesamtzusammenhang: Einkauf und Verbrauch von Materialien – Herstellung und Verkauf von Erzeugnissen

Aufg. 10.4 u. 10.5 S. 448

Geschäftsvorfälle: Einkauf und Verbrauch von Materialien – Herstellung und Verkauf von Erzeugnissen

1. Bareinkauf von 80 T-Shirts für den Auftrag des Tischtennisvereins TV Leimen .... 800,00 EUR zzgl. USt
2. Bareinkauf von 4 Liter Farbe für den Auftrag des Tischtennisvereins TV Leimen .... 20,00 EUR zzgl. USt
3. Die 80 T-Shirts werden mit Farbe bedruckt. Die eingekaufte Farbe wird vollständig verbraucht.
4. Für den Auftrag fallen Löhne an in Höhe von .... 600,00 EUR
Die Löhne werden am 28.03... überwiesen.
5. Lieferung der bedruckten T-Shirts an den Tischtennisverein TV Leimen am 02.04...
Rechnung Nr. 110 an den Kunden am 04.04... .... 3 000,00 EUR zzgl. USt
Zahlbar innerhalb von 10 Tagen ohne Abzug
6. Kontoauszug – Gutschrift am 12.04...: TV Leimen AR 110 .... 3 570,00 EUR

	Konto	Soll/EUR	Haben/EUR
1	2010 Vorprodukte	800,00	
	2600 Vorsteuer	152,00	
	an 2820 Kasse		952,00
2	2020 Hilfsstoffe	20,00	
	2600 Vorsteuer	3,80	
	an 2820 Kasse		23,80
3	**6010 Aufwendungen für Vorprodukte**	800,00	
	an 2010 Vorprodukte		800,00
	6020 Aufwendungen für Hilfsstoffe	20,00	
	an 2020 Hilfsstoffe		20,00
4	**6200 Löhne**	600,00	
	an 2800 Bank		600,00
5	2400 Forderungen aus LuL	3 570,00	
	an **5000 Umsatzerlöse Erzeugnisse**		3 000,00
	4800 Umsatzsteuer		570,00
6	2800 Bank	3 570,00	
	an 2400 Forderungen aus LuL		3 570,00

Darstellung im Kontensystem (mit Abschluss der Ergebniskonten)

S	2010 Vorprodukte		H
❶	800,00	❸	800,00

S	2800 Bank		H
AB	....	❹	600,00
❻	3570,00		

S	2020 Hilfsstoffe		H
❷	20,00	❸	20,00

S	2820 Kasse		H
AB	....	❶	952,00
		❷	23,80

S	2400 Forderungen aus LuL		H
AB	....	❻	3570,00
❺	3570,00		

S	2600 Vorsteuer		H
❶	152,00		
❷	3,80		

S	6010 Aufwendungen für Vorprodukte		H
❸	800,00	*8020*	**800,00**
			Saldo

S	4800 Umsatzsteuer		H
		❺	570,00

S	6020 Aufwendungen für Hilfsstoffe		H
❸	20,00	*8020*	**20,00**
			Saldo

S	6200 Löhne		H
❹	600,00	*8020*	**600,00**
			Saldo

S	5000 Umsatzerlöse Erzeugnisse		H
8020	**3000,00**	❺	3000,00
	Saldo		

S	8020 GuV-Konto		H
Aufwendungen Vorprodukte	800,00	UE Erzeugnisse	3000,00
Aufwendungen Hilfsstoffe	20,00	....	
Löhne	600,00	....	
....			

Zusammenfassende Übersicht zu Kap. 10.4: Gesamtzusammenhang: Einkauf und Verbrauch von Materialien – Herstellung und Verkauf von Erzeugnissen

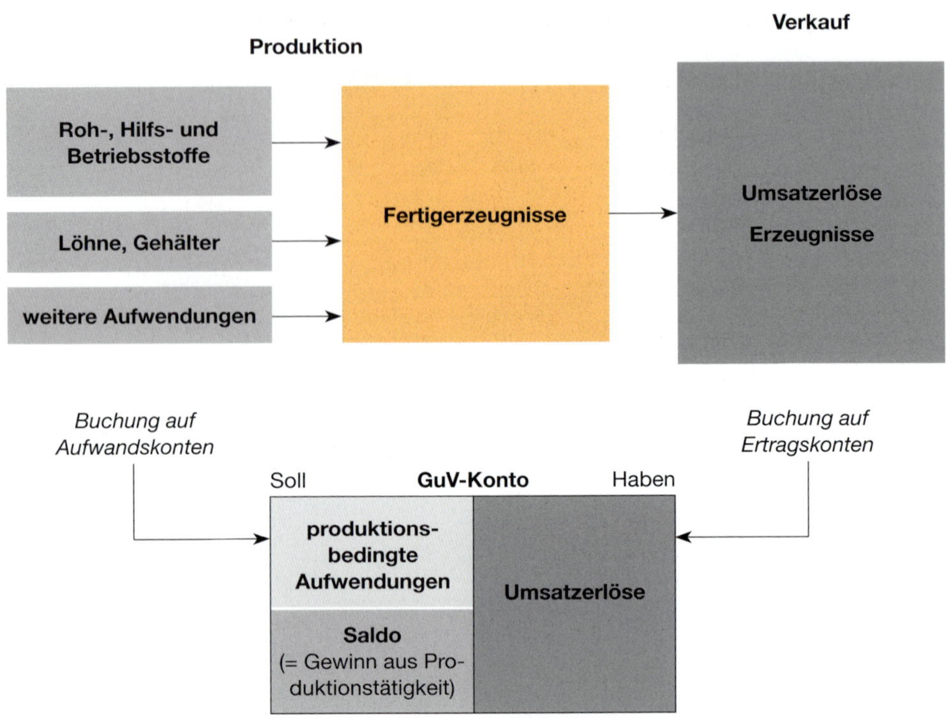

Fragen zur Wiederholung

zu Kapitel 10 Buchung von Beschaffungs-, Leistungserstellungs- und Verkaufsvorgängen bei Industrieunternehmen

10.1 Einkauf von Materialien (Roh-, Hilfs- und Betriebsstoffe)

1. Welche Gemeinsamkeit und welcher Unterschied bestehen zwischen Rohstoffen und Hilfsstoffen?
2. Auf welchem Konto wird der Zugang von Betriebsstoffen erfasst?

10.2 Verbrauch von Roh-, Hilfs- und Betriebsstoffen

1. Wie erfolgt die Verbrauchsermittlung bei der Fortschreibungsmethode?
2. Nennen Sie drei Vorgänge, die zu einer Veränderung des Lagerbestands führen.

10.3 Verkauf von Erzeugissen

1. Auf welchem Konto werden die Verkäufe von Erzeugnissen gebucht?

10.4 Gesamtzusammenhang: Einkauf und Verkauf von Materialien – Herstellung und Verkauf von Erzeugnissen

1. Weshalb entspricht der Umsatz aus dem Verkauf von Erzeugnissen nicht dem Gewinn?

Aufgaben und Probleme

zu Kapitel 10 Buchung von Beschaffungs-, Leistungserstellungs- und Verkaufsvorgängen bei Industrieunternehmen

10.1 Einkauf von Materialien (Roh-, Hilfs- und Betriebsstoffe)

PDF

Die nachfolgenden Geschäftsvorfälle ereignen sich in einer Jeansfabrik. Bilden Sie die Buchungssätze.

❶ Eingangsrechnung Nr. 52:

	Jeansstoff blau	1 800,00 EUR
+	Jeansstoff schwarz	400,00 EUR
=	Netto-Rechnungsbetrag	2 200,00 EUR
+	19 % Umsatzsteuer	418,00 EUR
=	Rechnungsbetrag	2 618,00 EUR

❷ Eingangsrechnung Nr. 54:

	Maschinenfett lt. Lieferschein	80,00 EUR
+	19 % Umsatzsteuer	15,20 EUR
=	Rechnungsbetrag	95,20 EUR

❸ Eingangsrechnung Nr. 53:

	Faden lt. Lieferschein	320,00 EUR
+	19 % Umsatzsteuer	60,80 EUR
=	Rechnungsbetrag	380,80 EUR

10.2 Buchungssätze zum Materialverbrauch in einer Jeansfabrik

PDF

In einer Jeansfabrik wurden für einen Großauftrag nachfolgende Materialien verbraucht. Bilden Sie jeweils die Buchungssätze. *Hinweis: lfm = laufende Meter*

❶ Verbrauch an 800 lfm Jeansstoff zu 40,00 EUR/lfm

❷ Verbrauch an Faden und sonstigen Nähmittel .... 1 200,00 EUR

❸ Verbrauch an Knöpfen und Reißverschlüssen .... 800,00 EUR

❹ Verbrauch an Bleichmittel .... 1 600,00 EUR

10.3 Fortschreibungsmethode

PDF

In einer Möbelfabrik wird der Materialverbrauch mithilfe von Materialentnahmescheinen (= MES) festgestellt. Der Bestand an Tischlerplatten hat sich im Februar wie folgt entwickelt:

Datum	Beleg Nr.	Text	Menge
31.01.01	AB	Inventur	190
04.02.01	MES 85	Verbrauch	40
10.02.01	LS 135	Lieferschein	120
12.02.01	MES 92	Verbrauch	50
17.02.01	MES 98	Verbrauch	20
25.02.01	MES 102	Verbrauch	30

Rechnung Nr. 20 zu LS 135

	120 Tischlerplatten	3 600,00 EUR
+	19 % Umsatzsteuer	684,00 EUR
=	Rechnungsbetrag	4 284,00 EUR

zahlbar in 30 Tagen ohne Abzug

1. Ermitteln Sie den Lagerbestand zum 28.02. sowie den Materialverbrauch im laufenden Monat.
2. Bilden Sie die Buchungssätze zu MES 85 sowie zur obigen Eingangsrechnung. Der Einstandspreis je Tischlerplatte betrug 30 EUR.
3. Führen Sie die beiden Konten *2000 Rohstoffe* sowie *6000 Aufwendungen* für Rohstoffe.
4. Schließen Sie die beiden Konten aus Teilaufgabe 3. unter Angabe der Buchungssätze ab. Berücksichtigen Sie dabei, dass laut Inventur 160 Tischlerplatten am 28.02. vorrätig sind.

10.4 Geschäftsvorfälle in einer Textildruckerei

PDF

1. Bilden Sie die Buchungssätze zu den nachfolgenden Geschäftsvorfällen. *Hinweis: Laufschuhe, Laufjacken und Minihandbälle werden als Handelswaren geführt.*
2. Welche Auswirkungen hat die Buchung der Ausgangsrechnung Nr. 567 auf die Zahllast der Textildruckerei? Begründen Sie Ihre Antwort.
3. Welche Auswirkungen hat die Buchung der Ausgangsrechnung Nr. 568 auf den Gewinn der Textildruckerei? Begründen Sie Ihre Antwort.

❶ Ausgangsrechnung Nr. 567:

	Beflockte T-Shirts	1 400,00 EUR
+	Grafikerstellung: 2 Stunden	100,00 EUR
=	Nettobetrag	1 500,00 EUR
+	19 % Umsatzsteuer	285,00 EUR
=	Rechnungsbetrag	1 785,00 EUR

❷ Barverkaufsbeleg Nr. 34512:

	Laufschuhe Nike; Gr. 43	167,23 EUR
+	19 % Umsatzsteuer	31,77 EUR
=	Barpreis	199,00 EUR

❸ Kontoauszug:

Gutschrift: AR Nr. 567 .... 1 785,00 EUR

❹ Eingangsrechnung Nr. 68679:

	40 Laufjacken Jako	4 000,00 EUR
+	19 % Umsatzsteuer	760,00 EUR
=	Rechnungsbetrag	4 760,00 EUR

❺ Ausgangsrechnung Nr. 568:

	40 Bedruckte Laufshirts	2 400,00 EUR
+	40 Laufjacken Jako	6 000,00 EUR
=	Netto-Rechnungsbetrag	8 400,00 EUR
+	19 % Umsatzsteuer	1 596,00 EUR
=	Rechnungsbetrag	9 996,00 EUR

❻ Barverkaufsbeleg Nr. 34513:

Minihandball .... 10,00 EUR
Hinweis auf dem Beleg: Der Betrag enthält 19 % Umsatzsteuer.

10.5 Buchen von Geschäftsvorfällen in einem Industrieunternehmen

PDF

1. Erstellen Sie aus den nachfolgenden Inventurangaben die Eröffnungsbilanz.
   In einem Unternehmen wurden durch Inventur folgende **Werte** zum 01.01... ermittelt:

0500	Bebaute Grundstücke	480 000 EUR
0710	Maschinen	230 000 EUR
0840	Fuhrpark	90 000 EUR
0870	Geschäftsausstattung	60 000 EUR
2000	Rohstoffe	80 000 EUR
2020	Hilfsstoffe	16 000 EUR
2400	Forderungen aus LuL	119 000 EUR
2600	Vorsteuer (19 %)	0 EUR
2800	Bank	50 000 EUR
3000	Eigenkapital	? EUR
4200	Darlehen	290 000 EUR
4400	Verbindlichkeiten aus LuL	83 300 EUR
4800	Umsatzsteuer (19 %)	17 000 EUR

2. Bilden Sie die Buchungssätze für nachfolgende Geschäftsvorfälle.

Geschäftsvorfälle im Monat Februar:

❶	Eingangsrechnung:	Lieferung von Rohstoffen	8 800 EUR	
		Lieferung von Hilfsstoffen	1 200 EUR	
		zzgl. 19 % USt	1 900 EUR	11 900 EUR
❷	Ausgangsrechnung:	Verkauf von Fertigerzeugnissen	24 000 EUR zzgl. 19 % USt	
❸	Kontoauszug – Lastschrift:	Zahllast Januar	17 000 EUR	
❹	Materialentnahme:	Rohstoffverbrauch für die Fertigung	8 000 EUR	
		Hilfsstoffverbrauch für die Fertigung	400 EUR	
❺	Eingangsrechnung:	Lieferung von Rohstoffen	2 000 EUR	
		zzgl. 19 % USt	380 EUR	2 380 EUR
❻	Kontoauszug – Lastschrift:	Rechnung (Rohstoffe)	11 900 EUR	
❼	Kontoauszug – Lastschrift:	Tilgung Darlehen	10 000 EUR	
		Zinsen Darlehen	1 200 EUR	
❽	Ausgangsrechnung:	Verkauf von Fertigerzeugnissen	38 000 EUR zzgl. 19 % USt	
❾	Kontoauszug – Lastschrift:	Telefon (Rechnungseingang am gleichen Tag).	1 071 EUR inkl. 19 % USt	
❿	Kontoauszug – Gutschrift:	Rechnung (Erzeugnisse)	28 560 EUR	
⓫	Kontoauszug – Lastschrift:	Löhne	14 000 EUR	
		Gehälter	8 200 EUR	
⓬	Materialentnahme:	Rohstoffverbrauch für die Fertigung	15 000 EUR	
		Hilfsstoffverbrauch für die Fertigung	1 100 EUR	
⓭	Kontoauszug – Lastschrift:	Strom (Rechnungseingang am gleichen Tag)	8 330 EUR inkl. 19 % USt	
		Grundsteuer	1 400 EUR	
		Kfz-Steuer	2 400 EUR	
⓮	Eingangsrechnung:	Büromaterialien laut Lieferschein	600 EUR	
		zzgl. 19 % USt	114 EUR	714 EUR

3. Buchen Sie alle Geschäftsvorfälle auf T-Konten.
4. Schließen Sie alle T-Konten ab.
5. Erstellen Sie das GuV-Konto sowie das Schlussbilanzkonto.

11 Bestandsveränderungen an unfertigen und fertigen Erzeugnissen

In den meisten Industrieunternehmen durchlaufen die Güter im Produktionsprozess mehrere Fertigungsstufen. Je nach Fertigungsfortschritt lassen sich fertige und unfertige Erzeugnisse unterscheiden:

Unfertige Erzeugnisse haben die letzte Fertigungsstufe noch nicht erreicht. Demgegenüber haben fertige Erzeugnisse alle Produktionsstufen durchlaufen.

Bisher wurde unterstellt, dass alle in einem Geschäftsjahr hergestellten Erzeugnisse im gleichen Jahr verkauft wurden. In diesem Fall liegen am Ende des Jahres keine Lagerbestände an fertigen und/oder unfertigen Erzeugnissen vor. Das **Ergebnis der betrieblichen Tätigkeit** eines solchen Industriebetriebs lässt sich ermitteln, indem für das Geschäftsjahr die Herstellungsaufwendungen den Umsatzerlösen gegenübergestellt werden.

Betriebsgewinn ohne Bestandsveränderungen

In einer Textilfabrik werden in einem Geschäftsjahr u. a. 3 000 T-Shirts produziert. Die Herstellungsaufwendungen betragen 6,00 EUR je T-Shirt. Alle T-Shirts werden bis zum Ende des Geschäftsjahres zum Stückpreis von 10,00 EUR verkauft.

S	Gewinn- und Verlustkonto (Auszug)		H
Herstellungsaufwand für *3 000 Stück*	18 000,00	**Umsatzerlöse** für *3 000 Stück*	30 000,00
Betriebsgewinn	12 000,00		

Stimmen in einem Geschäftsjahr die hergestellte und die verkaufte Menge überein, wird das Ergebnis der betrieblichen Tätigkeit durch Gegenüberstellung der Herstellungsaufwendungen und der Umsatzerlöse dieses Geschäftsjahres ermittelt.

Notwendigkeit der Berücksichtigung von Bestandsänderungen

In den meisten Fällen produziert ein Industrieunternehmen aber während eines Geschäftsjahres nicht genau die Menge an Erzeugnissen, die im selben Geschäftsjahr auch abgesetzt wird. Dies führt zu **Bestandsveränderungen**, die spätestens zum Geschäftsjahresende bei der Inventur berücksichtigt werden müssen. Es lassen sich zwei Grundfälle unterscheiden:

1. Fall: Bestandsmehrung	2. Fall: Bestandsminderung
Eine rückläufige Nachfrage führt im Allgemeinen nicht dazu, dass ein Unternehmen seine Produktion sofort einschränkt. Vielmehr wird es zunächst noch auf Lager produzieren.	Bei großer Nachfrage der Abnehmer reicht die laufende Produktion häufig nicht aus. Die gestiegene Nachfrage kann aber möglicherweise aus Lagervorräten des Vorjahres gedeckt werden.

1. Bestandsmehrung in einer Textilfabrik

	Lagerbestand zum 01.01.	100 Stück
+	Zugang aus Produktion	3 400 Stück
–	Abgang durch Verkauf	3 200 Stück
=	Lagerbestand zum 31.12.	300 Stück
→	**Lagerbestandsmehrung**	**200 Stück**

2. Bestandsminderung in einer Textilfabrik

	Lagerbestand zum 01.01.	400 Stück
+	Zugang aus Produktion	3 000 Stück
–	Abgang durch Verkauf	3 300 Stück
=	Lagerbestand zum 31.12.	100 Stück
→	**Lagerbestandsminderung**	**300 Stück**

Fehlerhafte (nicht periodengerechte) Ergebnisermittlung ohne Berücksichtigung von Bestandsveränderungen

In der Textilfabrik sind je T-Shirt 6,00 EUR Herstellungsaufwendungen angefallen. Bei einem Verkaufspreis je Stück von 10,00 EUR würden sich ohne die notwendige Berücksichtigung der Bestandsveränderung folgende GuV-Konten (Auszüge) ergeben:

***ohne** Berücksichtigung der Bestandsmehrung*

S	8020 Gewinn- und Verlustkonto	H
Aufwendungen 20400,00 EUR (3400 Stück · 6 EUR)	Umsatzerlöse 32000,00 EUR (3200 Stück · 10 EUR)	

***ohne** Berücksichtigung der Bestandsminderung*

S	8020 Gewinn- und Verlustkonto	H
Aufwendungen 18000,00 EUR (3000 Stück · 6 EUR)	Umsatzerlöse 33000,00 EUR (3300 Stück · 10 EUR)	

Es liegt eine **Bestandsmehrung** vor. Umsatzerlöse für 200 der in der laufenden Periode hergestellten und mit entsprechenden Aufwandsbuchungen verbundenen 3400 T-Shirts fallen erst in einer späteren Periode an.

Es liegt eine **Bestandsminderung** vor. Von den 33000 EUR Umsatzerlösen entfallen 3000 EUR auf die 300 bereits in früheren Perioden hergestellten und mit entsprechenden Aufwandsbuchungen verbundenen T-Shirts.

Problem: Im **Gewinn- und Verlustkonto** stehen Aufwendungen und Erträge gegenüber, die sich nicht auf die gleiche Stückzahl beziehen.

Damit das Jahresergebnis *periodengerecht* ermittelt werden kann, müssen zum Geschäftsjahresende im Rahmen der *vorbereitenden Abschlussbuchungen* Anpassungen hinsichtlich der Bestandsveränderungen bei fertigen und unfertigen Erzeugnissen vorgenommen werden.

Die **Bestände** und **Bestandsänderungen** an fertigen und unfertigen Erzeugnissen werden auf den **Bestandskonten**

2100 Unfertige Erzeugnisse / 2200 Fertige Erzeugnisse

erfasst. Die **Bestandsänderungen** müssen außerdem auf den Ergebniskonten

5210 Bestandsveränderungen an unfertigen Erzeugnissen /
5220 Bestandveränderungen an fertigen Erzeugnissen

erfasst werden. Auf diesen beiden Ergebniskonten wird bei einer Bestandsminderung in Soll und bis einer Bestandserhöhung in Haben gebucht.

1. Fall: Berücksichtigung von Bestandsmehrungen

Wenn im Laufe eines Geschäftsjahres ***mehr*** Erzeugnisse hergestellt als verkauft werden, ist der Lagerbestand am Ende des Geschäftsjahres ***höher*** als am Anfang des Jahres ***(= Mehrbestand).***

Bestandsmehrungen

Auswirkungen in der Bilanz:

Bei einem Mehrbestand hat sich der zu Beginn des laufenden Geschäftsjahres vorhandene Lagerbestand vermehrt.

→ **Buchung auf dem Bestandskonto im Soll**

Auswirkungen im GuV-Konto:

Bei einem Mehrbestand müssen neben den Umsatzerlösen auch die Leistungen für die auf Lager hergestellten Erzeugnisse (Lagerleistung) berücksichtigt werden.

→ **Buchung auf dem Ergebniskonto im Haben**

2200 Fertige Erzeugnisse	an	**5220 Bestandsveränderungen** fertige Erzeugnisse
2100 Unfertige Erzeugnisse	an	**5210 Bestandsveränderungen** unfertige Erzeugnisse

Buchung bei einem Mehrbestand (Fortsetzung des Beispiels von Seite 451)

Mehrbestand = 200 Stück
Herstellungsaufwand je Stück = 6,00 EUR

→ Wert = 6,00 EUR/Stück · 200 Stück = **1 200,00 EUR**

S 2200 Fertige Erzeugnisse H

S		H	
AB: *(100 Stück)*	600,00	SB: *(300 Stück)*	1 800,00
Mehrbestand: *(200 Stück)*	1 200,00		
	1 800,00		1 800,00

Übertrag

S 8010 Schlussbilanzkonto *(Auszug)* H

S		H	
....			
Fertige Erzeugnisse: *(300 Stück)*	1 800,00		
....			

5220 Bestandsveränderungen fertige Erzeugnisse

S		H	
Saldo *(200 Stück)*	1 200,00	Mehrbestand: *(200 Stück)*	1 200,00

S 8020 Gewinn- und Verlustkonto H

S		H	
Aufwendungen *(3 400 Stück)*	20 400,00	Umsatzerlöse *(3 200 Stück)*	32 000,00
Betriebsgewinn	12 800,00	Mehrbestand: *(200 Stück)*	1 200,00
	33 200,00		33 200,00

Vorbereitende Abschlussbuchung

Konto	Soll/EUR	Haben/EUR
2200 Fertige Erzeugnisse	1 200,00	
an 5220 Bestandsveränderungen fertige Erzeugnisse		1 200,00

Abschlussbuchung

Aufg. 11.1 S. 455

Konto	Soll/EUR	Haben/EUR
5220 Bestandsveränderungen fertige Erzeugnisse	1 200,00	
an 8020 GuV-Konto		1 200,00

Bei einer **Bestandserhöhung** an fertigen/unfertigen Erzeugnissen gilt:

Die Aufwendungen eines Geschäftsjahres umfassen auch den Herstellungsaufwand für die in dieser Periode hergestellten, aber noch nicht verkauften Erzeugnisse.

Die Umsatzerlöse (= Teil des Gesamtertrages) eines Geschäftsjahres umfassen dagegen nur die tatsächlich verkauften Erzeugnisse.

Der Mehrbestand an Erzeugnissen muss als weiterer Teil des betrieblichen Gesamtertrags berücksichtigt werden (Buchung im Haben auf den Ergebniskonten: ***5210 bzw. 5220 Bestandsveränderungen an ...***).

2. Fall: Berücksichtigung von Bestandsminderungen

Wenn im Laufe eines Geschäftsjahres ***weniger*** Erzeugnisse hergestellt als verkauft werden, ist der Lagerbestand am Ende des Geschäftsjahres geringer als am Anfang des Jahres ***(= Minderbestand).***

Bestandsminderungen

Auswirkungen im GuV-Konto:

Bei einem Minderbestand müssen in der **laufenden Periode** auch die Aufwendungen berücksichtigt werden, die in der **Vorperiode** für die Herstellung der im laufenden Geschäftsjahr verkauften **Lagervorräte** angefallen sind.

→ **Buchung im Ergebniskonto im Soll**

Auswirkungen in der Bilanz:

Bei einem Minderbestand hat sich der zu Beginn des laufenden Geschäftsjahres vorhandene Lagerbestand vermindert.

→ **Buchung auf dem Bestandskonto im Haben**

5220 Bestandsveränderungen fertige Erzeugnisse an **2200 Fertige Erzeugnisse**
5210 Bestandsveränderungen unfertige Erzeugnisse an **2100 Unfertige Erzeugnisse**

Buchung bei einem Minderbestand (Fortsetzung des Beispiels von Seite 451)

Minderbestand = 300 Stück
Herstellungsaufwand je Stück = 6,00 EUR

→ Wert = 6,00 EUR/Stück · 300 Stück = **1 800,00 EUR**

5220 Bestandsveränderungen fertige Erzeugnisse

S		H	
Minderbestand: *(300 Stück)*	1 800,00	Saldo *(300 Stück)*	1 800,00

8020 Gewinn- und Verlustkonto

S		H	
Aufwendungen *(3 000 Stück)*	18 000,00	Umsatzerlöse *(3 300 Stück)*	33 000,00
Minderbestand: *(300 Stück)*	1 800,00		
Saldo	13 200,00		
	33 000,00		33 000,00

2200 Fertige Erzeugnisse

S		H	
AB: *(400 Stück)*	2 400,00	Minderbestand: *(300 Stück)*	1 800,00
		SB: *(100 Stück)*	600,00
	2 400,00		2 400,00

Übertrag

8010 Schlussbilanzkonto *(Auszug)*

S		H	
....			
Fertige Erzeugnisse: *(100 Stück)*	600,00		
....			

Vorbereitende Abschlussbuchung

Konto	Soll/EUR	Haben/EUR
5220 Bestandsveränderungen fertige Erzeugnisse an 2200 Fertige Erzeugnisse	1 800,00	1 800,00

Abschlussbuchung

Konto	Soll/EUR	Haben/EUR
8020 GuV-Konto an 5220 Bestandsveränderungen fertige Erzeugnisse	1 800,00	1 800,00

Aufg. 11.2 S. 455

Bei einer **Bestandsminderung** an fertigen/unfertigen Erzeugnissen gilt:

Die Aufwendungen eines Geschäftsjahres umfassen nur den Herstellungsaufwand für die Erzeugnisse, die in diesem Geschäftsjahr hergestellt wurden.

Die Umsatzerlöse (= Teil des Gesamtertrages) eines Geschäftsjahres umfassen dagegen die insgesamt verkauften Erzeugnisse, auch wenn diese (teilweise) in früheren Perioden hergestellt wurden.

Der Minderbestand an Erzeugnissen muss als Aufwand berücksichtigt werden. Dadurch werden die Umsatzerlöse, die in dieser Periode durch den Verkauf von Erzeugnissen aus der Vorperiode entstanden sind, entsprechend korrigiert. (Buchung im Soll auf den Ergebniskonten *5210 bzw. 5220 Bestandsveränderungen ...*)

Zusammenfassende Übersicht zu Kap. 11:
Bestandsveränderungen an unfertigen und fertigen Erzeugnissen

Wenn produzierte und abgesetzte Menge in einem Geschäftsjahr nicht übereinstimmen, müssen für die periodengerechte Ermittlung des Ergebnisses die Bestandsveränderungen an unfertigen und fertigen Erzeugnissen berücksichtigt werden.

1. Fall: Bestandsmehrung (Mehrbestand)	**2. Fall: Bestandsminderung (Minderbestand)**
Produzierte Mengen > **Verkaufte Mengen**	**Produzierte Mengen** < **Verkaufte Mengen**
Folge: Lageraufbau	Folge: Lagerabbau

Vorbereitende Abschlussbuchungen

1. Fall	2. Fall
Erzeugniskonto (2100 Unfertige Erzeugnisse, 2200 Fertige Erzeugnisse) an **Konto Bestandsveränderungen** (5210 Bestandsveränderungen unfertige Erzeugnisse, 5220 Bestandsveränderungen fertige Erzeugnisse)	**Konto Bestandsveränderungen** (5210 Bestandsveränderungen unfertige Erzeugnisse, 5220 Bestandsveränderungen fertige Erzeugnisse) an **Erzeugniskonto** (2100 Unfertige Erzeugnisse, 2200 Fertige Erzeugnisse)

GuV-Konto nach vorbereitender Abschlussbuchung (Auszug)

1. Fall:

S 8020 Gewinn- und Verlustkonto	H
Aufwendungen für die Produktion von Erzeugnissen, die in der **laufenden** Periode ❶ verkauft wurden	**Umsatzerlöse** für Erzeugnisse, die in der laufenden Periode produziert und verkauft wurden
❷ nicht verkauft wurden (Lagerproduktion)	**Bestandsveränderungen:** Erzeugnisse, die in der laufenden Periode auf Lager produziert wurden **(Mehrbestand)**

2. Fall:

S 8020 Gewinn- und Verlustkonto	H
Aufwendungen für die Produktion von Erzeugnissen aus der **laufenden** Periode	**Umsatzerlöse** für verkaufte Erzeugnisse aus der Produktion der ❶ laufenden Periode
Bestandsveränderungen: **Aufwendungen** für die Produktion von Erzeugnissen aus der Vorperiode **(Minderbestand)**	❷ der Vorperiode

Fragen zur Wiederholung

zu Kapitel 11 Bestandsveränderungen an unfertigen und fertigen Erzeugnissen

1. Welche Arten von Bestandsveränderungen lassen sich unterscheiden?
2. Welche Auswirkung hat die Buchung einer Bestandsmehrung auf das Jahresergebnis?
3. Wie lautet der Buchungssatz bei Bestandsminderung an fertigen Erzeugnissen?
4. Wie lautet der Buchungssatz bei Bestandsmehrung an unfertigen Erzeugnissen?

Aufgaben und Probleme

zu Kapitel 11 Bestandsveränderungen an unfertigen und fertigen Erzeugnissen

11.1 Bestandsveränderungen an fertigen Erzeugnissen

PDF

Für die abgelaufene Periode liegen für eine Zuckerfabrik folgende Angaben vor:

Rohstoffaufwendungen	12 000 EUR
Fertigungslöhne	18 000 EUR
Gehälter	15 000 EUR
Sonstige Aufwendungen	33 000 EUR
Umsatzerlöse Zucker	110 000 EUR
Bestand Zucker zum 01.01.	7 000 EUR
Bestand Zucker zum 31.12.	11 000 EUR

1. Ermitteln Sie das vorläufige Jahresergebnis (ohne Berücksichtigung der Bestandsveränderungen).
2. Erläutern Sie, weshalb die obige Bestandsveränderung an Zucker eine Buchung erforderlich macht.
3. Bilden Sie für die Bestandsveränderung den Buchungssatz.
4. Welche Auswirkungen hat die Buchung in 3. auf nachfolgende Größen:
   Summe Aktiva, Jahresergebnis, Summe Anlagevermögen, Eigenkapital
5. Nennen Sie zwei mögliche Ursachen für die aufgetretene Bestandsveränderung

11.2 Bestandsveränderungen an unfertigen und fertigen Erzeugnissen

In einer Jeansfabrik werden bei der Inventur am Ende des Geschäftsjahres folgende Bestände ermittelt:

Jeansrohlinge Fertigungsstufe 1	300 Stück
Jeansrohlinge Fertigungsstufe 2	320 Stück
Jeans, versandfertig	260 Stück

Zu Beginn des Geschäftsjahres lagen folgende Anfangsbestände vor:

Jeansrohlinge Fertigungsstufe 1	280 Stück
Jeansrohlinge Fertigungsstufe 2	320 Stück
Jeans, versandfertig	290 Stück

Buchen Sie die Bestandsveränderungen am Ende des Geschäftsjahres, wenn die Bestände wie folgt bewertet werden:

Rohlinge Fertigungsstufe 1	10 EUR je Stück
Rohlinge Fertigungsstufe 2	16 EUR je Stück
Jeans, versandfertig	24 EUR je Stück

12 Buchungen in der Personalwirtschaft

12.1 Bestandteile von Lohn- und Gehaltsabrechnungen

Wird das **Bruttoentgelt**[1] um die **gesetzlichen Abzüge** gekürzt, ergibt sich das **Nettoentgelt**.

Bruttoentgelt		
Gesetzliche Abzüge		**Nettoentgelt**
Steuern ▪ Lohnsteuer ▪ Kirchensteuer ▪ Solidaritätszuschlag	**Sozialversicherungsbeiträge** ▪ Krankenversicherung ▪ Pflegeversicherung ▪ Rentenversicherung ▪ Arbeitslosenversicherung	

Abzug von Lohnsteuer, Kirchensteuer und Solidaritätszuschlag

Die Höhe der **Lohnsteuer** ist abhängig
- von der Höhe des Bruttoentgelts und
- von persönlichen Merkmalen des Steuerpflichtigen wie Familienstand und Anzahl der Kinder.

Gehört der Arbeitnehmer einer Steuer erhebenden Religionsgemeinschaft an, wird die **Kirchensteuer** auf der Basis der Lohnsteuer berechnet. Sie beträgt in Baden-Württemberg 8 %, in anderen Bundesländer teilweise 9 % von der Lohnsteuer. Der seit Januar 1995 erhobene **Solidaritätszuschlag** zur wirtschaftlichen Förderung der neuen Bundesländer beträgt zurzeit 5,5 % von der Lohnsteuer. Die Berechnung der Kirchensteuer und des Solidaritätszuschlags erfolgt unter Berücksichtigung von **Kinderfreibeträgen**.

Es lassen sich die nachfolgenden sechs Lohnsteuerklassen[2] unterscheiden:

Lohnsteuerklassen (StKl)	
Steuerklasse I	Sie gilt für Arbeitnehmer, die ▪ ledig oder geschieden sind *oder* ▪ verheiratet sind, deren Ehegatte aber im Ausland lebt *oder* ▪ verheiratet sind, aber dauernd getrennt leben *oder* ▪ verwitwet sind und deren Anspruch auf Klasse III erloschen ist.
Steuerklasse II	Wenn Sie die Bedingungen für Steuerklasse I erfüllt sind, aber mindestens ein minderjähriges Kind zu Ihrem Haushalt gehört und keine andere volljährige Person mit im Haushalt lebt.
Steuerklasse III	Sie gilt für verheiratete Arbeitnehmer, wenn beide Ehegatten in der Bundesrepublik wohnen, sie nicht dauernd getrennt leben und ▪ die Ehegattin/der Ehegatte des Arbeitnehmers/der Arbeitnehmerin keinen Arbeitslohn bezieht oder ▪ er/sie Arbeitslohn bezieht und die Ehefrau bzw. der Ehemann in die Steuerklasse V eingereiht ist.

1 Der Verdienst eines Arbeitnehmers (Monatsverdienst, Jahresverdienst) enthält im Normalfall neben dem Entgelt für die geleistete Arbeitszeit (Direktentgelt) auch verschiedene andere betriebliche Sozialleistungen. Dazu gehören die Entgeltfortzahlung während des Urlaubs, der Feiertage, der Krankheit sowie fest vereinbarte Sonderzahlungen wie Weihnachts- und Urlaubsgeld.

2 Die monatliche Lohnsteuer stellt aus Sicht des Arbeitnehmers eine Vorauszahlung dar. Auf den Grundlagen der Einkommenssteuererklärung zum Jahresende werden Abweichungen zwischen der Vorauszahlung (Lohnsteuer) und der tatsächlichen zu zahlenden Einkommenssteuer ausgeglichen.
Bis zum Jahr 2009 konnten Ehepaare nur die Steuerklassenkombinationen III/V oder IV/IV wählen. Seit 2010 können Ehepaaren eine weitere Kombination wählen, nämlich IV/**IV mit Faktor**. Diese kann eine Alternative zum meist recht hohen Lohnsteuerabzug bei der Steuerklasse V sein.

Lohnsteuerklassen (StKl)	
Steuerklasse IV	Verheiratete Arbeitnehmer werden in diese Klasse eingestuft, wenn beide Ehegatten Arbeitslohn beziehen, im Inland wohnen und nicht dauernd getrennt leben.
Steuerklasse V	Sie tritt für einen der Ehegatten an Stelle der Steuerklasse IV, wenn der andere Ehegatte in die Steuerklasse III eingereiht wird.
Steuerklasse VI	Wenn von mehreren Arbeitgebern gleichzeitig Arbeitslohn bezogen wird, wird diese Steuerklasse auf der zweiten oder jeder weiteren Lohnsteuerkarte eingetragen.

Auszug aus der Monatslohnsteuertabelle 2012

Steuerabzüge für Bernd Schmieder, ledig, keine Kinder, römisch-katholisch, Steuerklasse (StK) I, Bruttoentgelt 2500,00 EUR monatlich, Wohnort: Freiburg i. Brsg.

MONATSLOHNSTEUERTABELLE 2012

	Kinderfreibetrag		0.0		0.5		1		1.5		2	
für EUR	StK	**Steuer**	SolZ	KiStr	SolZ	KiStr	SolZ	KiStr	SolZ	KiStr	SolZ	KiStr
2495,00	I	**338,16**	18,59	27,05	14,04	20,42	9,74	14,17	4,55	8,30	–	3,10
	II	**306,75**	–	–	12,41	18,05	8,20	11,94	–	6,20	–	1,54
	III	**126,33**	–	10,10	–	5,40	–	1,44	–	–	–	–
	IV	**338,16**	18,59	27,05	16,28	23,69	14,04	20,42	11,86	17,25	9,74	14,17
	V	**603,83**	33,21	48,30	–	–	–	–	–	–	–	–
	VI	**639,16**	35,15	51,13	–	–	–	–	–	–	–	–
2500,00	I	**339,41**	18,66	27,15	14,11	20,52	9,80	14,26	4,75	8,38	–	3,17
	II	**308,00**	–	–	12,47	18,14	8,26	12,02	–	6,28	–	1,60
	III	**127,33**	–	10,18	–	5,46	–	1,49	–	–	–	–
	IV	**339,41**	18,66	27,15	16,35	23,79	14,11	20,52	11,92	17,34	9,80	14,26
	V	**605,66**	33,31	48,45	–	–	–	–	–	–	–	–
	VI	**640,83**	35,24	51,26	–	–	–	–	–	–	–	–
2505,00	I	**340,75**	18,74	27,26	14,17	20,62	9,86	14,35	4,96	8,46	–	3,24
	II	**309,16**	–	–	12,53	18,24	8,32	12,11	–	6,36	–	1,66
	III	**128,33**	–	10,26	–	5,53	–	1,56	–	–	–	–
	IV	**340,75**	18,74	27,26	16,42	23,89	14,17	20,62	11,99	17,44	9,86	14,35
	V	**607,33**	33,40	48,58	–	–	–	–	–	–	–	–
	VI	**624,83**	35,35	51,42	–	–	–	–	–	–	–	–

Abzug der Sozialversicherungsbeiträge

Die Sozialversicherung ist eine aus fünf Versicherungszweigen bestehende gesetzliche Versicherung. Die Beiträge zur **Renten-**, **Arbeitslosen-**, **Kranken-** und **Pflegeversicherung** werden gemeinsam durch den Arbeitnehmer sowie den Arbeitgeber getragen.[1]

1 Die Unfallversicherung wird ausschließlich durch den Arbeitgeber finanziert. Die Höhe des Beitrages richtet sich nach der Risikoeingruppierung des Unternehmens sowie der Anzahl der Mitarbeiter.

Bei der Ermittlung der Höhe der Beitragszahlungen sind die nachfolgenden gesetzlichen Regelungen zu beachten:

Versicherung	Beitragssatz (Jan. 2012)	Beitragszahlung	Arbeitgeberanteil	Arbeitnehmeranteil
Rentenversicherung	19,6 %	**Grundsätzlich:** Je zur Hälfte von Arbeitnehmer und Arbeitgeber *abweichende Regelungen bei Kranken[1]- und Pflegeversicherung[2]*	9,95 %	9,95 %
Arbeitslosenversicherung	3,0 %		1,5 %	1,5 %
Krankenversicherung	15,5 %		7,3 %	8,2 %[1]
Pflegeversicherung	1,95 %|2,20 %[2]		0,975 %	0,975 %|1,225 %[2]
Summe	**40,05 %|40,3 %**		**19,725 %**	**20,625 %|20,875 %**

Die Beitragssätze zur **Kranken-, Renten-, Arbeitslosen-** und **Pflegeversicherung** beziehen sich auf das monatliche Bruttoentgelt. Wenn aber das monatliche Bruttoentgelt über einer bestimmte Höchstgrenze **(= Beitragsbemessungsgrenze)** liegt, wird die jeweilige **Beitragsbemessungsgrenze** anstelle des Bruttoentgelts für die Berechnung der betroffenen Sozialversicherungsbeiträge zu Grunde gelegt.

Monatliche Beitragsbemessungsgrenzen für die alten Bundesländer im Jahr 2012	
Rentenversicherung Arbeitslosenversicherung	Krankenversicherung Pflegeversicherung
5 600,00 EUR	4 800,00 EUR

Beispiel: Karl Doll verdient mtl. 5 200,00 EUR. Der Beitragssatz der Kranken- und Pflegeversicherung wird auf 4 800,00 EUR und nicht auf 5 200,00 EUR bezogen.

Ermittlung der Abzüge für Sozialversicherungsbeiträge

Sozialversicherungsabzüge für Bernd Schmieder, 24 Jahre alt, keine Kinder. Das sozialversicherungspflichtige Bruttogehalt beträgt 2 500,00 EUR. (siehe Bsp. S. 457)

Stand: Januar 2011			Beitragssatz		Beitrag (EUR)	
	Bruttoentgelt (EUR)	Beitragssatz	Arbeitgeber	Arbeitnehmer	Arbeitgeber	Arbeitnehmer
Rentenversicherung	2 500,00	19,6 %	9,8%	9,8%	245,00	245,00
Arbeitslosenversicherung	2 500,00	3,0 %	1,50%	1,50%	37,50	37,50
Krankenversicherung	2 500,00	15,5 %	7,30%	8,20%	182,50	205,00
Pflegeversicherung für Kinderlose	2 500,00	2,20 %	0,975%	1,225%	24,38	30,63
Summe Sozialversicherungsbeiträge					**489,38**	**518,13**
Gesamtsozialversicherungsbeitrag					**1 007,51 EUR**	

1 Versicherte (nicht aber die Arbeitgeber) müssen bei der Krankenversicherung zur Finanzierung von Zahnersatz und Krankengeld einen um 0,9 Prozentpunkte *erhöhten Beitragssatz* zahlen.

2 Für kinderlose Arbeitnehmer erhöht sich nach Ablauf des Monats, in dem sie das 23. Lebensjahr vollendet haben, der Beitragssatz um 0,25 Beitragssatzpunkte. Siehe SGB XI, § 55 (3).

Der Arbeitgeberanteil zur Sozialversicherung (im Beispiel: 489,38 EUR) stellt für die Unternehmen zusätzliche Personalkosten dar. Genauso wie z. B. Urlaubs- und Weihnachtsgeld werden diese Personalkosten als **Lohnnebenkosten** bezeichnet.

Vom Bruttoentgelt zum Nettoentgelt

Der in Freiburg wohnende vierundzwanzigjährige Bernd Schmieder verdient monatlich 2 500 EUR. Lohnsteuermerkmale: Steuerklasse I (ledig, keine Kinder, römisch-katholisch).

Aus diesen Angaben erstellt der Arbeitgeber folgende monatliche Gehaltsabrechnung:

Bruttogehalt	**2 500,00 EUR**	
– Lohnsteuer (LSt)	339,41 EUR	**Steuern 385,22 EUR** *(vgl. S. 457)*
– Solidaritätszuschlag (SolZ)	18,66 EUR	
– Kirchensteuer (KiSt)	27,15 EUR	
– Rentenversicherung	245,00 EUR	**Arbeitnehmeranteil zur Sozialversicherung: 518,13 EUR** *(vgl. S. 458)*
– Arbeitslosenversicherung	37,50 EUR	
– Krankenversicherung	205,00 EUR	
– Pflegeversicherung	30,63 EUR	
= Nettogehalt	**1 596,65 EUR**	

Arbeitsgeberanteil zur Sozialversicherung: 489,38 EUR

Gesamtsozialversicherungsbeitrag: 518,13 EUR + 489,38 EUR = 1 007,51 EUR

Zusammenfassende Übersicht zu Kap. 12.1: Bestandteile von Lohn- und Gehaltsabrechnungen

Bruttoentgelt

Steuerabzüge

- Lohn- und Kirchensteuer
- Solidaritätszuschlag

Sozialversicherungsabzüge

- Krankenversicherung
- Pflegeversicherung
- Rentenversicherung
- Arbeitslosenversicherung

Nettoentgelt

12.2 Buchung von Lohn- und Gehaltsabrechnungen

1 Buchung am drittletzten Bankarbeitstag des laufenden Monats: Abführung des Gesamtsozialversicherungsbeitrags

Aufg. 12.1 S. 462

Die Arbeitnehmer- und die Arbeitgeberanteile zur Sozialversicherung sind spätestens **am drittletzten Bankarbeitstag** des jeweiligen Monats an die zuständigen Krankenkassen zu zahlen. Diese **Vorauszahlung** vor Monatsende ist eine **Forderung** des Unternehmens gegenüber den Sozialversicherungsträgern. Aus diesem Grund erfolgt die Buchung auf dem aktiven Bestandskonto *264 Sozialversicherungsvorauszahlung* im Soll.

Wenn der **voraussichtliche Gesamtsozialversicherungsbeitrag** nicht – *wie im nachfolgenden Beispiel unterstellt* – mit dem tatsächlich abzuführenden **Gesamtsozialversicherungsbeitrag** übereinstimmt, sind die Differenzen (Überzahlung bzw. Unterzahlung) am drittletzten Bankarbeitstag des Folgemonats entsprechend zu berücksichtigen.

❷ Buchung am Monatsende: Gehaltsabrechnung und Arbeitgeberanteil zur Sozialversicherung

SGB IV § 23 (1)

Bruttolöhne und **Bruttogehälter** werden auf den Aufwandskonten *6200 Löhne* bzw. *6300 Gehälter* im Soll gebucht.

Der **Arbeitgeberanteil zur Sozialversicherung** stellt für den Arbeitgeber einen zusätzlichen Aufwand dar und wird auf dem Konto *6400 Arbeitgeberanteil zur Sozialversicherung* im Soll erfasst.

Die Steuerabzüge behält der Arbeitgeber ein und führt sie an die Finanzbehörde ab. Bis zur Überweisung stellen diese Beträge eine **Verbindlichkeit** des Unternehmens dar. Deshalb sind die einbehaltenen Steuern auf dem passiven Bestandskonto *4830 Verbindlichkeiten gegenüber Finanzbehörden* im Haben zu erfassen.

Die voraussichtlichen Sozialversicherungsbeiträge wurden bereits vorher (vgl. ❶) an den Sozialversicherungsträger abgeführt. Die tatsächlich anfallenden **Arbeitgeber- und Arbeitnehmeranteile** zur **Sozialversicherung** werden im Konto *2640 Sozialversicherungsvorauszahlung* im Haben gebucht. Auf diese Weise kann auf diesem Konto durch Saldierung festgestellt werden, ob die bereits geleistete Vorauszahlung (vgl. ❶) mit dem **tatsächlichen Gesamtsozialversicherungsbeitrag** übereinstimmt.

❸ Buchung am 10. des folgenden Monats: Abführung der Lohnsteuer, Kirchensteuer und des Solidaritätszuschlags

Die vom Bruttoentgelt einbehaltene Steuer ist bis zum 10. des Folgemonats an die zuständige Finanzbehörde zu überweisen.

Buchungssätze zur Gehaltsabrechnung von Bernd Schmieder *(vgl. Bsp. S. 459)*

Nr.	Konto	Soll/ EUR	Haben/ EUR
❶ *am drittletzten Bankarbeitstag des laufenden Monats*	2640 Sozialversicherungsvorauszahlung an 2800 Bank	1 007,51	 1 007,51
❷ *am Ende des laufenden Monats*	6300 Gehälter 6400 AG-Anteil Sozialversicherungsbeitrag an 2800 Bank 4830 Sonstige Vbl. gg. Finanzbehörden **2640 Sozialversicherungsvorauszahlung**	2 500,00 489,38	 1 596,65 385,22 **1 007,51**
❸ *zum 10. des Folgemonats*	4830 Sonstige Vbl. gg. Finanzbehörden an 2800 Bank	385,22	 385,22

Darstellung im Kontensystem

Aufg. 12.2, 12.3 und 12.4 S. 462 f.

Aufwandskonten

S 6300 Gehälter H

S	H
❷ 2 500,00	

S 6400 AG-Anteil Sozialversicherung H

S	H
❷ 489,38	

Aktive Bestandskonten

S 2800 Bank H

S	H
	❶ 1 007,51
	❷ 1 596,65
	❸ 385,22

S 2640 Sozialvers. vorauszahlung H

S	H
❶ 1 007,51	❷ 1 007,51

Passive Bestandskonten

S 4830 Sonst. Vbl. gg. Finanzbehörden H

S	H
❸ 385,22	❷ 385,22

Im vorliegenden Fall ist das Konto *2640 Sozialversicherungsvorauszahlung* ausgeglichen. Dies bedeutet, dass der am drittletzten Bankarbeitstag **vorausbezahlte Gesamtsozialversicherungsbeitrag** und der **tatsächliche Gesamtsozialversicherungsbeitrag** übereinstimmen.

Die vom Bruttogehalt (Aufwandskonto *6800 Gehälter*) einbehaltenen Abzüge (LSt, KiSt, SolZ sowie SV-Beiträge des Arbeitnehmers) muss der Arbeitgeber an das Finanzamt bzw. die zuständige Krankenkasse (die die übrigen SV-Beiträge weiterleitet) abführen. Sie stellen für den Arbeitgeber einen durchlaufenden Posten dar.

Der Arbeitgeberanteil zur Sozialversicherung stellt einen zusätzlichen Personalaufwand dar (Aufwandskonto: *6400 AG-Anteil zur Sozialversicherung*). Der Arbeitgeber muss diesen Betrag zusammen mit dem Arbeitnehmerbeitrag zur Sozialversicherung an die zuständige Krankenkasse abführen.

Zusammenfassende Übersicht zu Kap. 12.2: Buchung von Lohn- und Gehaltsabrechnungen

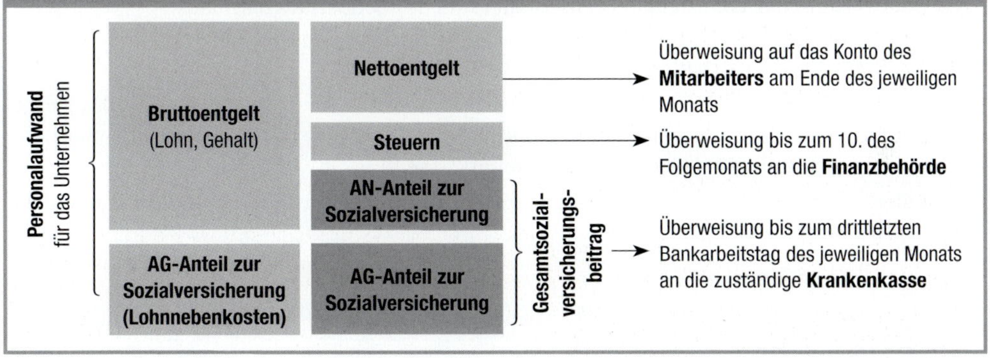

Aufg. 12.5, und 12.6 S. 436

Fragen zur Wiederholung

zu Kapitel 12 Buchungen in der Personalwirtschaft

12.1 Bestandteile von Lohn- und Gehaltsabrechnungen

1. Welcher Unterschied besteht zwischen dem Bruttoentgelt und dem Nettoentgelt?
2. Von welchen Größen hängt die Höhe der Lohnsteuer ab?
3. Wie werden Kirchensteuer und Solidaritätszuschlag berechnet?
4. Welche Bedeutung hat bei der Ermittlung der Sozialversicherungsbeiträge die Beitragsbemessungsgrenze?
5. Weshalb ist der Arbeitnehmeranteil zur Sozialversicherung im Normalfall etwas höher als der Arbeitgeberanteil?

12.2 Buchung von Lohn- und Gehaltsabrechnungen

1. Weshalb werden die abgeführten Sozialversicherungsbeiträge in einem Aktivkonto, die abzuführenden Steuerbeträge aber in einem Passivkonto gebucht?
2. An welche Stelle(n) werden die Sozialversicherungsbeiträge überwiesen?
3. Was sind Lohnnebenkosten?

Aufgaben und Probleme

zu Kapitel 12 Buchungen in der Personalwirtschaft

12.1 Erstellung und Buchung einer Gehaltsabrechnung

Bei Bernd Schmieder *(siehe Eingangsbeispiel Seite 459)* gibt es erfreuliche Veränderungen:

- Heirat mit Petra Maier: Wechsel in Lohnsteuerklasse III
- Neue Lohnsteuer: 197,66 EUR; SolZ: 0,00 EUR; KiSt: 5,61 EUR
- Noch im gleichen Jahr wird Sohn Hannes geboren.
- Gehaltserhöhung: 300,00 EUR

1. Erstellen Sie bei sonst unveränderten Angaben die neue Gehaltsabrechnung.
2. Buchen Sie die nachfolgenden Vorgänge:
   a) Vorauszahlung des Gesamtsozialversicherungsbeitrags per Banküberweisung.
   b) Abrechnung, einschließlich Überweisung an den Mitarbeiter bzw. Buchung des Arbeitgeberanteils zur Sozialversicherung.
   c) Überweisung der Lohnsteuer, Kirchensteuer und des Solidaritätszuschlags.

12.2 Erstellung und Buchung einer Lohnabrechnung – Lohnsteuerklassen

Martina Mai, verheiratet, 26 Jahre alt, keine Kinder, evangelisch, wohnhaft in Heidelberg. Sie verdient monatlich brutto 3 000,00 EUR. Lohnsteuerklasse III.

1. Erstellen Sie für 2012 mithilfe der nachfolgenden Monatslohnsteuertabelle die monatliche Lohnabrechnung.

MONATSLOHNSTEUERTABELLE 2011

	Kinderfreibetrag		0.0		0.5		1		1.5		2	
ab EUR	StK	**Steuer**	SolZ	KiStr	SolZ	KiStr	SolZ	KiStr	SolZ	KiStr	SolZ	KiStr
2 997,00	I	**470,66**	25,88	37,65	20,94	30,46	16,26	23,66	11,83	17,22	7,66	11,15
	II	**436,58**	–	–	19,16	27,88	14,58	21,21	10,25	14,91	6,17	8,98
	III	**236,50**	13,00	18,92	0,70	13,24	–	8,09	–	3,69	–	0,04
	IV	**470,66**	25,88	37,65	23,38	34,01	20,94	30,46	18,57	27,01	16,26	23,66
	V	**786,08**	43,23	62,88	–	–	–	–	–	–	–	–
	VI	**822,33**	45,22	65,78	–	–	–	–	–	–	–	–
3 000,00	I	**471,50**	25,93	37,72	20,99	30,53	16,30	23,71	11,87	17,27	7,70	11,20
	II	**437,41**	–	–	19,21	27,94	14,62	21,26	10,28	14,96	6,21	9,04
	III	**237,16**	13,04	18,97	0,83	13,29	–	8,13	–	3,73	–	0,06
	IV	**471,50**	25,93	37,72	23,43	34,08	20,99	30,53	18,61	27,08	16,30	23,71
	V	**787,16**	43,29	62,97	–	–	–	–	–	–	–	–
	VI	**823,50**	45,29	65,88	–	–	–	–	–	–	–	–

2. Führen Sie alle mit der Abrechnung zusammenhängenden Buchungen durch.
3. Angenommen, der Ehemann von Martina Mai verdient ebenfalls 3 000,00 EUR.
   Welche Lohnsteuerklassen-Kombination (III/V oder IV/V) sollte das Ehepaar wählen?
   Ermitteln Sie den Unterschied.

12.3 Buchung einer Gehaltsabrechnung

Für Karl Degen, 30 Jahre, verheiratet, 2 Kinder, Lohnsteuerklasse III, konfessionslos liegen folgende Angaben vor:

Bruttogehalt:	4 630,00 EUR
Lohnsteuer, Solidaritätszuschlag:	649,31 EUR
Arbeitnehmeranteil-Sozialversicherung:	954,93 EUR
Arbeitgeberanteil-Sozialversicherung:	913,26 EUR

1. Erstellen Sie die Abrechnung und ermitteln Sie den Überweisungsbetrag des Arbeitgebers.
2. Buchen Sie alle mit der Abrechnung anfallenden Vorgänge.
3. Welche Lohnnebenkosten fallen für den Arbeitgeber im vorliegenden Fall an?
4. Berechnen Sie die Lohnnebenkosten in Prozent des Bruttogehalts.

12.4 Buchung einer Gehaltsabrechnung

1. Wie hoch sind die Lohnnebenkosten, die im Zusammenhang mit der nachfolgenden Abrechnung insgesamt anfallen?
2. Führen Sie alle mit der Abrechnung anfallenden Buchungen durch.

PDF

Badenwerk GmbH – Gehaltsabrechnung Monat Aug 2012

Mitarbeiter	
Personalnummer	887645
Name, Vorname	Kühn, Larissa
Geburtsdatum	21.08.1985
Straße	Kaiserstraße 67
PLZ, Wohnort	77652 Offenburg
Telefon/Mobil	0781 67890
E-Mail	larti@gmx.de
Stelle	Einkäuferin

Bankverbindung	
Bank	Sparda-Bank
BLZ	600 908 00
Konto Nr.	9878765

Bezüge	
Grundgehalt	3 500,00 EUR
Sonstige Bezüge	200,00 EUR
Gesamtbrutto	3 700,00 EUR

Abzüge	
Lohnsteuer	671,75 EUR
Solidaritätssteuer	36,94 EUR
Kirchensteuer	53,74 EUR
Rentenversicherung	362,60 EUR
Arbeitslosenversicherung	55,50 EUR
Krankenversicherung	303,40 EUR
Pflegeversicherung	45,33 EUR
Gesamtabzüge	1 529,26 EUR

Bemerkung
Mit Urlaubsgeld 2012

Auszahlung	
Überweisung	2 170,74 EUR

12.5 Zusammenfassende Aufgabe zur Personalwirtschaft

Die 30-jährige Annette Jahn ist bei Holzspiele Maier in Friedrichshafen im Einkauf beschäftigt.

Abrechnung Annette Jahn Okt 2012

		verh. 30 Jahre	LSt.Kl. V	AG-Anteil
	Bruttogehalt		**3 225,00**	
–	Lohnsteuer (LSt)	867,83		
–	Solidaritätszuschlag (SolZ)	47,73		
–	Kirchensteuer (KiSt)	0,00		
=	**Steuerabzüge**		**915,56**	
–	Rentenversicherung	316,05		316,05
–	Arbeitslosenversicherung	48,38		48,38
–	Krankenversicherung	264,45		235,43
–	Pflegeversicherung	31,44		31,44
=	**Sozialversicherungsabzüge**		**660,32**	
=	**Nettogehalt**		**1 649,12**	

Arbeitnehmer-Anteil Soz.Vers.	660,32
Arbeitgeber-Anteil Soz.Vers.	631,13
Gesamtsozialversicherungsbeitrag (ArbN + ArbG)	1 291,62

1. Buchen Sie die Abführung des Gesamtsozialversicherungsbeitrags.
2. Erläutern Sie, auf welche Weise der Krankenversicherungsbeitrag des Arbeitnehmers ermittelt wurde.
3. Buchen Sie die Abrechnung (einschließlich Überweisung an die Mitarbeiterin).
4. Buchen Sie die Abführung der Lohnsteuer, Kirchensteuer und des Solidaritätszuschlags an das Finanzamt.
5. Wie hoch sind insgesamt die Personalaufwendungen von Holzspiele Maier?

12.6 Lohnnebenkosten

Michael Schaller ist in einer Werkzeugfabrik in Stuttgart beschäftigt. Sein Bruttolohn beträgt monatlich 2 500 EUR. Dies entspricht einem „Direktentgelt" in Höhe von ca. 2 000 EUR[1].

1. Wie viel Prozent des Direktentgelts betragen die Lohnnebenkosten in West- bzw. Ostdeutschland? Worauf lassen sich die Unterschiede zurückführen?
2. Wie hoch sind die Lohnneben-kosten, die für Michael Schaller anfallen, wenn die nebenstehende Grafik zugrunde gelegt wird?
3. Nennen Sie mindestens sechs Beispiele für Lohnnebenkosten.

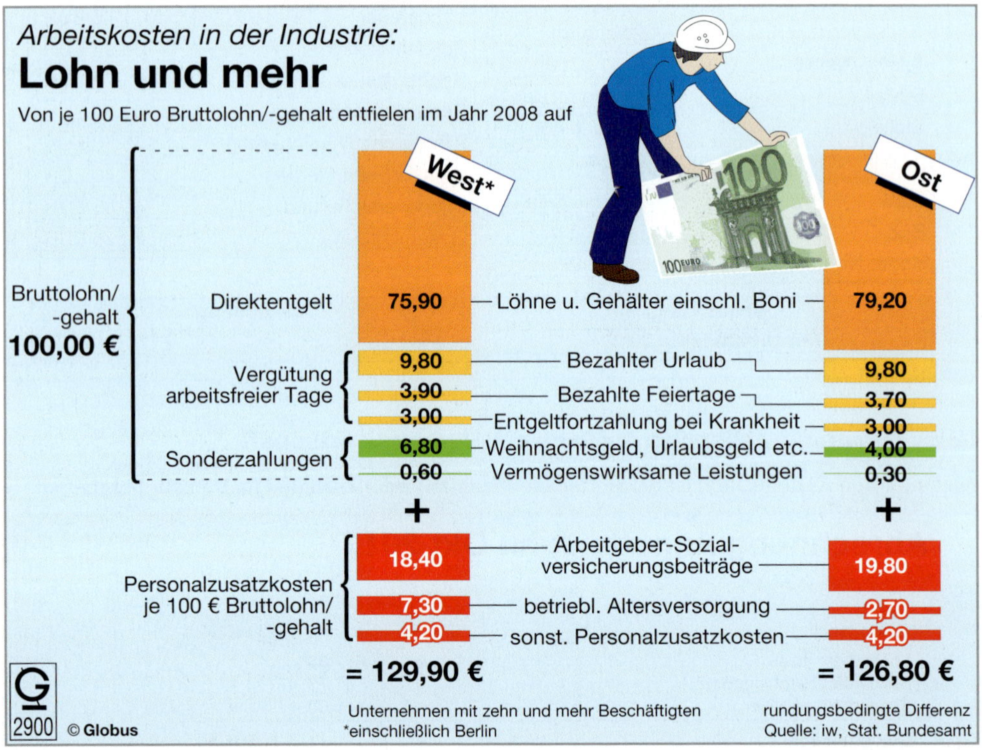

1 Der Bruttolohn wurde dabei um einen bestimmten Betrag für die bezahlten Urlaubs-, Feier- und durchschnittlichen Krankentage verringert.

13 Buchungen in der Anlagenwirtschaft

13.1 Zugänge von Sachanlagen

Zum Auflagevermögen gehören alle Vermögensgegenstände, die dazu bestimmt sind, dauerhaft dem Unternehmen zu dienen. Zum Zeitpunkt ihrer Anschaffung müssen alle Vermögensgegenstände zu ihrem **Anschaffungskosten** bewertet werden.

HGB
§ 253 (1)
§ 255 (1)

Zu den Anschaffungskosten gehören alle Ausgaben, die nötig sind, um einen Vermögensgegenstand zu erwerben und in einen betriebsbereiten Zustand zu versetzen.

Demnach sind neben dem eigentlichen Kaufpreis auch Nebenkosten **(Anschaffungsnebenkosten)** Bestandteil der Anschaffungskosten. Regelmäßig wiederkehrende Beträge, die mit der Nutzung des Vermögensgegenstandes zusammenhängen (z. B. Kfz-Steuern und Benzin bei einem Lkw) zählen nicht zu den Anschaffungskosten. **Anschaffungspreisminderungen** sind dagegen abzuziehen.

Anschaffungspreis	z. B. Listenpreis (ohne Umsatzsteuer)
+ Anschaffungsnebenkosten	z. B. Transport und Montagekosten
– Anschaffungspreisminderungen	z. B. Rabatte, Skonti, Boni
= Anschaffungskosten	

Die in der Rechnung ausgewiesene **Vorsteuer** ist im Normalfall als eigenständiger Vermögensgegenstand zu behandeln und kann somit nicht Bestandteil der Anschaffungskosten sein. Wäre das Unternehmen allerdings nicht zum Vorsteuerabzug berechtigt, so müsste auch die Vorsteuer als Bestandteil der Anschaffungskosten berücksichtigt werden.

EStG
§ 96

Der erworbene Vermögensgegenstand muss in Höhe der Anschaffungskosten auf der Sollseite des entsprechenden Anlagenkontos der Kontenklasse 0 erfasst werden.

Anschaffung einer Siebdruckmaschine

Der Textildruckerei Shirt-Shop GmbH wurde am 14. Januar eine Siebdruckmaschine angeliefert und montiert. In der darauf folgenden Woche schulte der Lieferer zwei Mitarbeiter.

Am 20. Januar erhält die Shirt-Shop GmbH nachstehende Rechnung:

	Siebdruckmaschine: Listenpreis	46 200,00 EUR
–	Messerabatt	5 000,00 EUR
+	Montage	800,00 EUR
+	Bedienungsschulung lt. Vereinbarung	1 000,00 EUR
=	Nettobetrag	43 000,00 EUR
+	19 % Umsatzsteuer	8 170,00 EUR
=	Rechnungsbetrag	51 170,00 EUR

zahlbar bis zum 20. Februar ohne weiteren Abzug

Die **Montagearbeiten** sind zwingend erforderlich, um die Maschine in einen **betriebsbereiten** Zustand zu versetzen. Damit sind sie Bestandteil der Anschaffungskosten der Maschine. Demgegenüber zählt die **Bedienungsschulung** nicht zu den Anschaffungskosten. Sie ist nicht erforderlich, um die Maschine in einen betriebsbereiten Zustand zu versetzen. Der dafür in der Rechnung ausgewiesene Betrag ist als Aufwand zu buchen.

Ermittlung der Anschaffungskosten für eine Siebdruckmaschine

	Listenpreis	46 200,00 EUR
–	Messerabatt	5 000,00 EUR
+	Montage	800,00 EUR
=	Anschaffungskosten	**42 000,00 EUR**

Buchung der Geschäftsvorfälle:

1. Eingangsrechnung: Kauf einer Siebdruckmaschine (siehe oben)
2. Kontoauszug – Lastschrift: Begleichung der Liefererrechnung

	Konto	Soll/EUR	Haben/EUR
1	**0710 Maschinen**	**42 000,00**	
	6170 Sonstige Aufwendungen für bezogene Leistungen	1 000,00	
	2600 Vorsteuer	8 170,00	
	an 4400 Verbindlichkeiten aus LuL		51 170,00
2	4400 Verbindlichkeiten aus LuL	51 170,00	
	an 2800 Bank		51 170,00

Aufg. 13.1 und 13.2 S. 475

Würde die Rechnung unter Ausnutzung von Skonto bezahlt, so läge eine nachträgliche Minderung der Anschaffungskosten vor. Die Anschaffungskostenminderung ist direkt im aktiven Bestandskonto *0710 Maschinen* zu erfassen. Keinen Einfluss auf die Höhe der Anschaffungskosten haben Zinsen, Kreditgebühren u. Ä. Diese Aufwendungen stehen im Zusammenhang mit der Finanzierung, nicht jedoch mit der Anschaffung eines Vermögensgegenstandes.

Zusammenfassende Übersicht zu Kap. 13.1: Zugänge von Sachanlagen

Erwerb von Vermögensgegenständen

↓

Buchung zu Anschaffungskosten

↓

Anschaffungspreis/Listenpreis
\+ Anschaffungsnebenkosten
– Anschaffungspreisminderungen
= **Anschaffungskosten**

↓

Nicht Bestandteil der Anschaffungskosten:

- Regelmäßig wiederkehrende Beträge, die mit dem Betrieb des Vermögensgegenstands zusammenhängen
- Kosten der Finanzierung

13.2 Abschreibungen auf Sachanlagen

HGB § 253 (1)

Abnutzbare Anlagegüter dürfen am Ende des Jahres nicht mit ihren Anschaffungskosten in die Schlussbilanz übernommen werden, da sonst das Vermögen des Unternehmens zu hoch ausgewiesen würde. Bei abnutzbaren Vermögensgegenständen sind daher die Anschaffungskosten **um planmäßige Abschreibungen** zu vermindern.

Die Wertminderung eines Wirtschaftsgutes wird durch Abschreibungen erfasst.

Ursachen für Wertminderungen bei Sachanlagen

Abschreibungsursachen für verschiedene Anlagegüter

	Vermögensgegenstand	Wertminderung durch ...
1	Siebdruckmaschine	Einsatz im Produktionsprozess
2	Gebäude	Witterungseinflüsse
3	Lastkraftwagen	Unfall
4	Textverarbeitungsprogramm	Nachfolgeversion
5	Spezialmaschine für Stick-Technik	Nachfrage nach bestickten T-Shirts sinkt
6	Telefonanlage	Preis fällt nach der Anschaffung um 50 %

Die Ursachen der **Wertminderungen** lassen sich wie folgt gliedern:
(siehe vorausgehende Beispiele)

Technische Ursachen
1. Gebrauchsverschleiß
2. Ruheverschleiß
3. Katastrophenverschleiß

Wirtschaftliche Ursachen
4. Werteverlust durch technischen Fortschritt
5. Werteverlust durch Bedarfsverschiebung
6. Werteverlust durch Preisverfall

Abschreibungen sind Aufwendungen

Die Wertminderung führt zu einer Verminderung des **Nettovermögens**. Damit handelt es sich bei der Abschreibung um einen Aufwand, der auf dem Konto *6500 Abschreibungen auf Sachanlagen* erfasst wird.

Abschreibungen sind Aufwendungen.

Durch die Abschreibung werden die Anschaffungskosten eines Anlagegutes auf die Jahre der Nutzungsdauer als Aufwand verteilt.

Der Buchungssatz für die Erfassung der Abschreibungen lautet in allgemeiner Form:
6500 Abschreibungen auf Sachanlagen an 0.. Anlagenkonto

Wertminderung einer Siebdruckmaschine buchen

Die Anschaffungskosten einer im Januar angeschafften Siebdruckmaschine betragen 42 000,00 EUR (*vgl. S. 466*). Die Wertminderung für das laufende Jahr wurde mit 7 000,00 EUR ermittelt. In dieser Höhe muss eine Abschreibung vorgenommen werden. Am Jahresende ist daher folgende vorbereitende Abschlussbuchung erforderlich:

Soll **6500 Abschreibung** Haben

Soll		Haben	
0710	7 000,00	...	
...			

Soll **0710 Maschinen** Haben

Soll		Haben	
ER	42 000,00	*6500*	7 000,00
		SB	35 000,00
	42 000,00		42 000,00

Die ***Sollbuchung*** erfasst die Wertminderung im Aufwandskonto *Abschreibungen*.

Die ***Habenbuchung*** erfasst die Wertminderung im Anlagenkonto.

Konto	Soll/EUR	Haben/EUR
6500 Abschreibung auf Sachanlagen	**7 000,00**	
an 0710 Maschinen		7 000,00

Aus den um die Abschreibungen verminderten Anschaffungskosten ergibt sich der **Buchwert** eines Anlagengutes. Der Buchwert wird auch **Restwert** genannt.

Buchwert (neu) = Buchwert (alt) – Abschreibungsbetrag

Planmäßige Abschreibung – AfA-Tabelle

Die **gesetzlichen Bewertungsvorschriften** verlangen, dass bei allen **abnutzbaren** Anlagegütern vor Erstellung der Jahresschlussbilanz ein bestimmter Betrag **planmäßig** als Wertminderung von den Anschaffungskosten bzw. vom aktuellen Buchwert abzuschreiben ist. Dagegen dürfen z. B. Grundstücke nicht **planmäßig** abgeschrieben werden, weil sie keiner Abnutzung unterliegen (**nichtabnutzbare** Anlagegüter). Bei abnutzbaren Anlagegütern hängt die **planmäßige** Abschreibung von der **betriebsgewöhnlichen Nutzungsdauer** ab. Die Finanzverwaltung erstellt entsprechende **AfA-Tabellen**[1], aus denen die betriebsgewöhnliche Nutzungsdauer hervorgeht:

Die Höhe der planmäßigen jährlichen Abschreibung hängt von der Nutzungsdauer ab. Am Ende der Nutzungsdauer muss das Anlagegut auf 0 EUR abgeschrieben sein. Die Anschaffungskosten sind dann in vollem Umfang als Aufwand auf die Nutzungsdauer verteilt worden.

Auszug aus der aktuellen AfA-Tabelle:

Anlagegüter	Nutzungsdauer	Anlagegüter	Nutzungsdauer	Anlagegüter	Nutzungsdauer
Personalcomputer	3 Jahre	Gabelstapler	8 Jahre	stationäre Säge	14 Jahre
Faxgeräte	6 Jahre	Büromaschinen	8 Jahre	stat. Fräsmaschine	15 Jahre
Personenwagen	6 Jahre	Lastkraftwagen	9 Jahre	Schuppen	16 Jahre
Siebdruckmaschine	6 Jahre	Büromöbel	13 Jahre	stat. Hobelmaschine	16 Jahre
Kopiergeräte	7 Jahre	Hallen (Leichtbau)	14 Jahre	Panzerschränke	23 Jahre

Die Berücksichtigung von Abschreibungen ist bei abnutzbaren Vermögensgegenständen wegen ihrer Wertminderung sowohl im Handels- als auch im Steuerrecht zwingend vorgeschrieben.

Abschreibungen mindern den Gewinn

Der buchführungs- und steuerpflichtige Kaufmann bevorzugt im laufenden Geschäftsjahr normalerweise möglichst **hohe Abschreibungsbeträge**. Durch den **höheren Aufwand** ergibt sich nämlich ein geringerer Gewinn, so dass **weniger gewinnabhängige Steuern** anfallen. Allerdings führt dies in den nachfolgenden Perioden wegen entsprechend geringerer Abschreibungsbeträge zu höheren Gewinnen und Steuern. Die Höhe der zulässigen Abschreibung ist gesetzlich genau geregelt.

Abschreibungen mindern als Aufwand den Gewinn und damit auch die gewinnabhängigen Steuern (z. B. Einkommensteuer eines Einzelunternehmers).

1 Im Steuerrecht wird die Abschreibung als „Absetzung für Abnutzung" **(AfA)** bezeichnet.

Zusammenfassende Übersicht zu Kap. 13.2: Bedeutung von Abschreibungen

Abschreibungen = buchhalterische Erfassung von Wertminderungen als Aufwand

Abschreibungen | Aufwand → Gewinnminderung → Minderung der gewinnabhängigen Steuern

Buchungssatz: **6500 Abschreibungen auf Sachanlagen an 0... Anlagenkonto**

13.3 Abschreibungsmethoden

13.3.1 Lineare Abschreibung

Berechnung und Buchung der Abschreibung

Bei der linearen Abschreibung werden die Anschaffungskosten in gleichen Jahresbeträgen auf die Nutzungsdauer des Anlagengutes verteilt.

Der jährliche Abschreibungsbetrag[1] und der Abschreibungsprozentsatz lassen sich wie folgt ermitteln:

Aufg. 13.3 S. 475

$$\text{linearer Abschreibungsbetrag pro Jahr} = \frac{\text{Anschaffungskosten}}{\text{Nutzungsdauer in Jahren}}$$

$$\text{linearer Abschreibungsprozentsatz pro Jahr} = \frac{100\,\%}{\text{Nutzungsdauer in Jahren}}$$

In der Anlagenbuchhaltung wird für jedes Anlagegut eine **Anlagenkarte** geführt. Darin werden alle für die Abschreibung wesentlichen Daten sowie der Abschreibungsverlauf festgehalten. Falls das Anlagegut über die geschätzte Nutzungsdauer hinaus im Betrieb genutzt wird, kann es in der Bilanz mit einem **Erinnerungswert** von 1,00 EUR ausgewiesen werden.

Lineare Abschreibung bei einer Siebdruckmaschine

Anschaffung einer Siebdruckmaschine	14. Januar 12
Anschaffungskosten (*vgl. S. 466*)	42 000 EUR
betriebsgewöhnliche Nutzungsdauer lt. AfA-Tabelle	6 Jahre

$$\text{linearer Abschreibungsbetrag pro Jahr} = \frac{42\,000\ €}{6\ \text{Jahre}} = \mathbf{7\,000\ €}$$

$$\text{linearer Abschreibungsprozentsatz pro Jahr} = \frac{100\ \%}{6\ \text{Jahre}} = 16{,}67\ \%$$

1 Centbeträge dürfen aus Vereinfachungsgründen auf den nächsten EURO-Betrag aufgerundet werden.

Anlagenkarte

Der lineare Abschreibungsverlauf wird auf der **Anlagenkarte** wie folgt dokumentiert:

Anlagenkarte Maschinen Nr. 56					
Bezeichnung:					Siebdruckmaschine X2T
Lieferer:					Maschinenfabrik Utz
Anschaffungskosten:					42 000,00 EUR
Zeitpunkt der Anschaffung:					14.01.12
Nutzungsdauer:					6 Jahre
Abschreibungsmethode:					linear
AfA- Satz in %:					16,67 %
Abschreibungsverlauf					
Datum	Text/BelegNr	Zugänge EUR	Abschreibung EUR	Abgänge EUR	Restwert EUR Ende des Jahres
14.01.12	Re-Nr. 7687	42 000			
31.12.12	Abschreibung		7 000		35 000
31.12.13	Abschreibung		7 000		28 000
31.12.14	Abschreibung		7 000		21 000
31.12.15	Abschreibung		7 000		14 000
31.12.16	Abschreibung		7 000		7 000
31.12.17	Abschreibung		6 999		1 ← Erinnerungswert

Buchung der Abschreibung zum 31.12.13 (Vorbereitende Abschlussbuchung 2. Jahr)

Konto	Soll/EUR	Haben/EUR
6500 Abschreibung auf Sachanlagen	7 000,00	
an 0710 Maschinen		7 000,00

Abschlussbuchungen zum 31.12.13 (2. Jahr)

Konto	Soll/EUR	Haben/EUR
8010 Schlussbilanzkonto	28 000,00	
an 0710 Maschinen		28 000,00
8020 GuV-Konto	7 000,00	
an 6500 Abschreibung auf Sachanlagen		7 000,00

Darstellung in Kontenform (im zweiten Jahr der Nutzung: 31.12.13)

Soll	**0710 Maschinen**		Haben
AB	35 000	Abschr.	7 000
		8010	28 000
	35 000		35 000

Soll	**6500 Abschreibung**		Haben
Abschr.	7 000	*8020*	7 000
...			

Soll	**8010 Schlussbilanzkonto**		Haben
0710	28 000	...	
...			

Soll	**8020 GuV-Konto**		Haben
6500	7 000	...	
...			

Beginn der Abschreibung im Jahr der Anschaffung

Nach den Vorschriften des Steuerrechts beginnt die **planmäßige** Abschreibung zu dem Zeitpunkt, zu dem das Anlagegut angeschafft wird bzw. betriebsbereit ist. Hieraus ergibt sich, dass im Jahr der Anschaffung **zeitanteilig** („pro rata temporis") abgeschrieben wird. Die Abschreibung erfolgt monatsgenau, wobei der Anschaffungsmonat mitzählt. Im letzten Jahr der Nutzung werden die noch fehlenden Restmonate abgeschrieben.

EStG § 7 (4)

Aufg. 13.4 S. 476

Monatsanteilige Abschreibung im Jahr der Anschaffung

Kauf eines Geschäftswagens	**25. April 2006**	
Anschaffungskosten laut Rechnung	36 000 EUR	
Betriebsgewöhnliche Nutzungsdauer	6 Jahre	
Berechnung der **vollen** linearen Jahresabschreibung:		36 000 EUR : 6 Jahre = 6 000 EUR pro Jahr
Berechnung der **anteiligen Abschreibung für 9 Monate 2006**:		6 000 EUR · $^9/_{12}$ = 4 500 EUR

Hieraus ergibt sich folgender Abschreibungsverlauf:

Datum	Text/ Belegnummer	Zugänge EUR	Abschreibungen EUR	Restwert/ Buchwert EUR	
25.04.06	Rechnung	36 000		36 000	
31.12.06	Abschreibung		4 500	31 500	$^9/_{12}$ der Jahresabschreibung
31.12.07	Abschreibung		6 000	25 500	
31.12.08	Abschreibung		6 000	19 500	**Volle Jahresabschreibung (5 Jahre)**
31.12.09	Abschreibung		6 000	13 500	
31.12.10	Abschreibung		6 000	7 500	
31.12.11	Abschreibung		6 000	1 500	
31.12.12	Abschreibung		1 499	1	$^3/_{12}$ der Jahresabschreibung

Zusammenfassende Übersicht zu Kap. 13.3.1: Lineare Abschreibung

Aufg. 13.5 S. 476

Lineare Abschreibungsmethode: Jährlich gleich bleibende Jahresbeträge

$$\textbf{Abschreibungsprozentsatz} = \frac{100}{\text{Nutzungsdauer in Jahren}}$$

Abschreibungsbetrag = Anschaffungskosten · Abschreibungsprozentsatz/100

Monatsanteilige Abschreibung im ersten Jahr der Nutzung **(„pro rata temporis")**

Buchungssatz: **6500 Abschreibungen auf Sachanlagen an 0... Anlagenkonto**

13.3.2 Degressive Abschreibung[1]

Die lineare Abschreibung unterstellt eine **gleichmäßige Abnutzung** des Vermögensgegenstandes. Bei vielen Gegenständen des Anlagevermögens liegt jedoch eine **ungleichmäßige Abnutzung** vor, weil die Wertminderung in den ersten Nutzungsjahren überdurchschnittlich hoch ist (z. B. Pkw). Die **degressive Abschreibung** wird dieser Wertminderung eher gerecht, weil sie mit einem höheren Abschreibungsbetrag beginnt, der dann in den Folgejahren geringer wird.

Bei der degressiven Abschreibung werden die Anschaffungskosten in fallenden Jahresbeträgen auf die Nutzungsdauer des Anlagengutes verteilt.

Der **Abschreibungsprozentsatz** der degressiven Abschreibung wird im Anschaffungsjahr auf die Anschaffungskosten und in den folgenden Jahren auf den Rest-/Buchwert bezogen.

degressiver Abschreibungsbetrag pro Jahr = Buchwert · Abschreibungsprozentsatz / 100

Degressive Abschreibung bei einem Gabelstapler

Anschaffung eines Gabelstaplers	30. Januar 2010	
Anschaffungskosten lt. Rechnung	10 000 EUR	
betriebsgewöhnliche Nutzungsdauer	8 Jahre	
degressiver Abschreibungsprozentsatz	25 %	
Abschreibungsbetrag zum 31.12.2010	25 % von 10 000 EUR = **2 500 EUR**	
Buchwert zum 31.12.2010	10 000 EUR – 2 500 EUR = **7 500 EUR**	
Abschreibungsbetrag zum 31.12.2011	25 % von **7 500 EUR** = 1 875 EUR	usw. ...

Gemischte Abschreibung: Übergang von degressiver zu linearer Abschreibung

Bei der degressiven Abschreibung ist am Ende der Nutzungsdauer buchmäßig noch ein relativ hoher Restwert vorhanden. Um dennoch bei dieser Abschreibungsmethode ein Anlagegut innerhalb der Nutzungsdauer vollständig abschreiben zu können, besteht die Möglichkeit einer **gemischten Abschreibung**. Dabei wird während der Nutzungsdauer zu einem beliebigen Zeitpunkt von der degressiven zur linearen Abschreibung gewechselt. Diese Vorgehensweise empfiehlt sich, damit das Anlagegut am Ende seiner Nutzungsdauer in voller Höhe abgeschrieben ist.

Ein günstiger Übergangszeitpunkt zum Wechsel von der degressiven zur linearen Abschreibung liegt in dem Jahr, von dem ab die lineare Abschreibung des Restbuchwertes höher ist als die fortgeführte degressive Abschreibung. Der lineare Restabschreibungsbetrag errechnet sich in diesem Fall wie folgt:

$$\text{Linearer Restabschreibungsbetrag} = \frac{\text{Restbuchwert}}{\text{Restnutzungsdauer}}$$

1 Seit 1. Januar 2011 ist im **Steuerrecht** die degressive Abschreibung für alle nach diesem Datum angeschaffene Vermögensgegenstände nicht mehr zulässig. Diese steuerrechtlichen Regelungen haben keine Auswirkungen für die **Handelsbilanz**. Dort darf grundsätzlich – ungeachtet bestehender Regelungen im Steuerrecht – auch degressiv abgeschrieben werden, weil auch diese Abschreibung in gleicher Weise wie die lineare Abschreibung als **planmäßig** gilt (HGB § 253 Abs. 3). Allerdings gibt es im Handelrecht für degressive Abschreibungsprozentsätze keine Höchstsätze. Neben der Planmäßigkeit muss die gewählte Abschreibung nach vernünftiger kaufmännischer Einschätzung vorgenommen werden und dem tatsächlichen Werteverlust des Vermögensgegenstandes möglichst nahe kommen.

Aufg. 13.6
S. 476

Datum	Anschaffungskosten	Degressive Abschreibung 25 %			gemischte Abschreibung		
		Abschreibung	Rest-/Buchwert		Abschreibung	Rest-/Buchwert	Methode
14.01.10	10 000 €						
31.12.10		2 500 €	7 500 €				degressiv
31.12.11		1 875 €	5 625 €				degressiv
31.12.12		1 406 €	4 219 €				degressiv
31.12.13		1 055 €	3 164 €	Übergang			degressiv
31.12.14		791 €	2 373 €	⟶	791 €	2 373 €	linear
31.12.15		593 €	1 780 €		791 €	1 582 €	linear
31.12.16		455 €	1 335 €		791 €	791 €	linear
31.12.17		1 335 €	0 €		791 €	0 €	linear

Im vorliegenden Fall liegt der Übergangszeitpunkt am Ende des fünften Nutzungsjahres. Durch einen Wechsel der Abschreibungsmethode ergeben sich im fünften, sechsten und siebten Jahr gleichlbleibend höhere Abschreibungsbeträge als bei Fortführung der degressiven Abschreibungsmethode.

Zusammenfassende Übersicht zu Kap. 13.3.2: Degressive Abschreibung

Abschreibung beweglicher Gegenstände des Anlagevermögens

Handelsrecht: HGB § 253 (3)	Steuerrecht: EStG § 7 (2)
planmäßig: linear oder degressiv	Anschaffung nach 01.01.2011: nur linear

Degressive Abschreibungsmethode: Jährlich fallende Jahresbeträge

$$\textbf{Abschreibungsbetrag} = \text{Buchwert} \cdot \frac{\text{Abschreibungsprozentsatz}}{100}$$

Gemischte Abschreibung: zuerst degressiv, dann Wechsel zur linearen Abschreibung

Zusammenfassende Übersicht zu Kap. 13: Buchungen in der Anlagenwirtschaft

Abschreibung = buchhalterische Erfassung von Wertminderungen = **Aufwand**

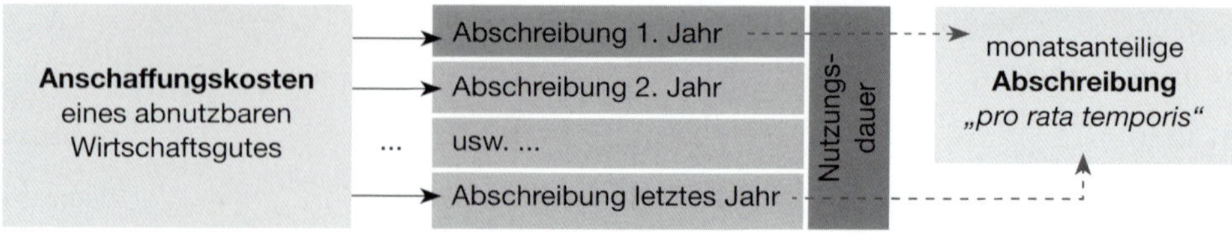

- **Lineare** Abschreibungsmethode: jährliche gleich bleibende Jahresbeträge
- **Degressive** Abschreibungsmethode: jährlich fallende Jahresbeträge

Abschreibungen stellen für das Unternehmen **Aufwand** dar und mindern den ausgewiesenen **Gewinn**.

Buchungssatz: **6500 Abschreibungen auf Sachanlagen an 0... Anlagenkonto**

Fragen zur Wiederholung

zu Kapitel 13 Buchungen in der Anlagenwirtschaft

13.1 Zugänge von Sachanlagen

1. Was sind Anlagegüter?
2. Erklären Sie, was unter dem Begriff Anschaffungskosten zu verstehen ist.
3. Nennen Sie Beispiele für Anschaffungsnebenkosten und für Anschaffungspreisminderungen.
4. Weshalb zählen Kosten der Finanzierung nicht zu den Anschaffungskosten?

13.2 Abschreibungen auf Sachanlagen

1. Welche Ursachen für Wertminderungen lassen sich unterscheiden?
2. Weshalb bevorzugt ein Unternehmen im Normalfall hohe Abschreibungsbeträge?
3. Welche Angaben enthält eine Anlagenkarte?
4. Welche Informationen enthält die AfA-Tabelle?

13.3 Abschreibungsmethoden

13.3.1 Lineare Abschreibung

1. Wie wird bei der linearen Abschreibung der jährliche Abschreibungsbetrag berechnet?
2. Was ist der Erinnerungswert?
3. Was bedeutet zeitanteilige Abschreibung?

13.3.2 Degressive Abschreibung

1. Wie wird bei der degressiven Abschreibung der jährliche Abschreibungsbetrag berechnet?
2. Was ist eine gemischte Abschreibung?

Aufgaben und Probleme

zu Kapitel 13 Buchungen in der Anlagenwirtschaft

13.1 Ermittlung und Buchung der Anschaffungskosten

Für den Kauf eines Geschäftswagens werden folgende Beträge in Rechnung gestellt:

- Listenpreis .... 34 000,00 EUR
- Autoradio (eingebaut) .... 450,00 EUR
- Kosten der Überführung .... 200,00 EUR
- Tankfüllung Benzin .... 35,00 EUR
- Kfz-Kennzeichen .... 30,00 EUR
- Anmeldgebühr .... 25,00 EUR

} jeweils zzgl. 19 % Umsatzsteuer

1. Ermitteln Sie die Anschaffungskosten des Geschäftswagens.
2. Bilden Sie den Buchungssatz für den Rechnungseingang.
3. Bilden Sie den Buchungssatz für die Überweisung ohne weiteren Abzug.

13.2 Anschaffungskosten zuordnen

Welche der nachfolgenden Positionen zählen bei dem jeweiligen Anlagegut nach § 255 HGB zu den Anschaffungskosten? – Begründen Sie Ihre Antwort.

PDF

Anlagegut	1. Stanzmaschine	2. Gebäude	3. Computer
Positionen	■ Listenpreis netto ■ Transportversicherung ■ Kranentladung ■ Zoll ■ „kleinere“ Ersatzteile ■ Rabatt ■ Errichtung eines Fundaments zur Montage der Maschine	■ Kaufpreis ■ Notariatskosten ■ Grunderwerbsteuer ■ Grundsteuer ■ Grundbuchgebühren für Eintragung des Eigentumsübergangs ■ Darlehenszinsen ■ Grundbuchgebühren für Eintragung einer Grundschuld zur Sicherung des Darlehens	■ Listenpreis netto ■ bezahlte Vorsteuer ■ Anlieferung ■ Vernetzung herstellen ■ 50 CD-Rohlinge ■ Skonto

13.3 Lineare Abschreibung

PDF

Anschaffungskosten für einen Pkw .... 34 650,00 EUR
Zeitpunkt der Anschaffung .... 16. Januar 12
Nutzungsdauer lt. AfA-Tabelle .... 6 Jahre

1. Bilden Sie den Buchungssatz und führen Sie die entsprechenden Konten für die Anschaffung des Pkw.
2. Erläutern Sie, welches Problem beim Abschluss des Kontos Fuhrpark am Jahresende auftritt.
3. Berechnen Sie den linearen Abschreibungsprozentsatz.
4. Bilden Sie den Buchungssatz für die lineare Abschreibung am 31.12.12.
5. Wie lautet der Buchungssatz, um das Konto *6500 Abschreibungen auf Sachanlagen* am Jahresende abzuschließen?
   Nehmen Sie die entsprechende Buchung vor.
6. Erstellen Sie eine Tabelle mit dem vollständigen Abschreibungsverlauf.
   Nehmen Sie die entsprechenden Buchungen vor.

13.4 Beginn der Abschreibung im ersten Jahr der Nutzung

Anschaffungskosten für einen Lkw .... 46 440,00 EUR
Nutzungsdauer lt. AfA-Tabelle .... 9 Jahre

Überprüfen Sie die beiden vorliegenden Abschreibungsbeträge und vervollständigen Sie die Tabelle.

Anschaffung am ...	Abschreibungsbetrag am 31.12.2009 bei Anwendung der ...	
	linearen Methode	degressiven Methode
20.01.2012	?	11 610,00 EUR
14.08.2012	2 150,00 EUR	?
20.12.2012	?	?

13.5 Lineare Abschreibung mit Kontenführung

PDF

Die Textildruckerei erhält von Büromarkt Sutter nachfolgende Rechnung.

	10 Bürostühle zu je 1 150,00 EUR	11 500,00 EUR
+	Transport	500,00 EUR
=	Nettobetrag	12 000,00 EUR
+	19 % Umsatzsteuer	2 280,00 EUR
=	Rechnungsbetrag	14 280,00 EUR

Zahlbar innerhalb 4 Wochen ohne Abzug

1. Führen Sie für die nachfolgenden Teilaufgaben alle betroffenen T-Konten.
2. Bilden Sie den Buchungssatz für den Rechnungseingang am 14.06.12
3. Bilden Sie den Buchungssatz für die Überweisung am 14.07.12
4. Bilden Sie den Buchungssatz für die lineare Abschreibung zum 31.12.12 Nutzungsdauer für Bürostühle lt. AfA-Tabelle: 13 Jahre
5. Ermitteln Sie für das erste und zweite Jahr den degressiven Abschreibungsbetrag.

13.6 Degressive Abschreibung – Gemischte Abschreibung

PDF

Anschaffungskosten für einen Pkw .... 34 650,00 EUR
Zeitpunkt der Anschaffung .... 10. Januar 12
Nutzungsdauer lt. AfA-Tabelle .... 6 Jahre
degressiver Abschreibungsprozentsatz .... 25 %

1. Erstellen Sie eine Tabelle mit dem vollständigen Abschreibungsverlauf. Nehmen Sie im letzten Jahr der Nutzung eine Restwertabschreibung vor.
2. Bilden Sie den Buchungssatz für die degressive Abschreibung am 31.12.012.
3. In welchem Jahr sollte von der degressiven zur linearen Abschreibung gewechselt werden? Erstellen Sie für die gemischte Abschreibung eine Tabelle mit dem vollständigen Abschreibungsverlauf.

14 Zeitliche Abgrenzung

14.1 Notwendigkeit und Formen zeitlicher Abgrenzung

Alle buchführungspflichtigen Unternehmen sind verpflichtet, für den Schluss eines Geschäftsjahres eine Gewinn- und Verlustrechnung zu erstellen. Dafür müssen die Aufwendungen und Erträge zugrunde gelegt werden, die dem **laufenden Geschäftsjahr** zuzurechnen sind. Schwierigkeiten treten auf, wenn Geschäftsvorfälle des laufenden Geschäftsjahres bereits zu einer Buchung als Aufwendungen oder Erträge geführt haben, die sich aber erst im kommenden Geschäftsjahr auf das Ergebnis auswirken dürfen. Für diesen Fall ist es erforderlich, entsprechende „Korrekturbuchungen" vorzunehmen, damit die GuV-Rechnung tatsächlich nur Aufwendungen bzw. Erträge enthält, die das laufende Geschäftsjahr betreffen **(periodengerechte Ergebnisermittlung)**.

HGB
§ 242 (2)

HGB § 252 Allgemeine Bewertungsgrundsätze

(1) Bei der Bewertung der im Jahresabschluss ausgewiesenen Vermögensgegenstände und Schulden gilt insbesondere …

… Aufwendungen und Erträge des Geschäftsjahrs sind unabhängig von den Zeitpunkten der entsprechenden Zahlungen im Jahresabschluss zu berücksichtigen.

Die in diesem Zusammenhang vorzunehmenden **vorbereitenden Abschlussbuchungen** werden als **zeitliche Jahresabgrenzung** bezeichnet.

Mithilfe der zeitlichen Abgrenzung wird sichergestellt, dass in der Gewinn- und Verlustrechnung eines Geschäftsjahres genau die Aufwendungen und Erträge verrechnet werden, die dieses Geschäftsjahr betreffen (= periodengerechte Ergebnisermittlung).

Periodengerechte Ergebnisermittlung

Der Buchhalter der Shirt-Shop GmbH stellt bei den Vorbereitungen für den Jahresabschluss fest, dass

(1) im vergangenen Geschäftsjahr einige angefallenen Ausgaben und Einnahmen schon als Aufwendungen und Erträge gebucht wurden, obwohl diese (teilweise) erst das nächste Geschäftsjahr betreffen	(2) einige Aufwendungen und Erträge, die (teilweise) das laufende Geschäftsjahr betreffen, noch nicht gebucht wurden, weil die Bezahlung (Ausgabe bzw. Einnahme) erst im nächsten Geschäftsjahr erfolgt.

Der Buchhalter stellt folgende Beispiele für solche Vorgänge, die zwei Geschäftsjahre betreffen, zusammen:

Ausgabe altes Jahr – Aufwand neues Jahr	**Aufwand altes Jahr – Ausgabe neues Jahr**
Lastschrift auf dem Bankkonto am 01. Juli: Versicherungsprämie für den Geschäftswagen für 1 Jahr im Voraus 900,00 EUR.	Die Dezembermiete für die gemieteten Geschäftsräume wird erst im Januar gezahlt: 2500,00 EUR.
Einnahme altes Jahr – Ertrag neues Jahr	**Ertrag altes Jahr – Einnahme neues Jahr**
Gutschrift auf dem Bankkonto am 01. November: Mietzahlung für ein vermietetes Außenlager für 3 Monate im Voraus 3000,00 EUR	Die Zinsen für ein aus Geschäftsmitteln gewährtes Darlehen für den Zeitraum 01. Nov. bis 31. Jan. werden erst im Febr. des nächsten Jahres gutgeschrieben: 600,00 EUR

Die Ergebniswirksamkeit (Aufwendungen und Erträge) der vier Vorgänge betrifft teilweise das alte und teilweise das neue Geschäftsjahr. Um für beide Jahre ein periodengerechtes Ergebnis ermitteln zu können, ist eine anteilige Zurechnung der Aufwendungen und Erträge auf die beiden Jahre nötig (= zeitliche Abgrenzung).

Die vier verschiedenen Fälle, die eine zeitliche Abgrenzung nötig machen, lassen sich wie folgt systematisieren.

Aufg. S. 4

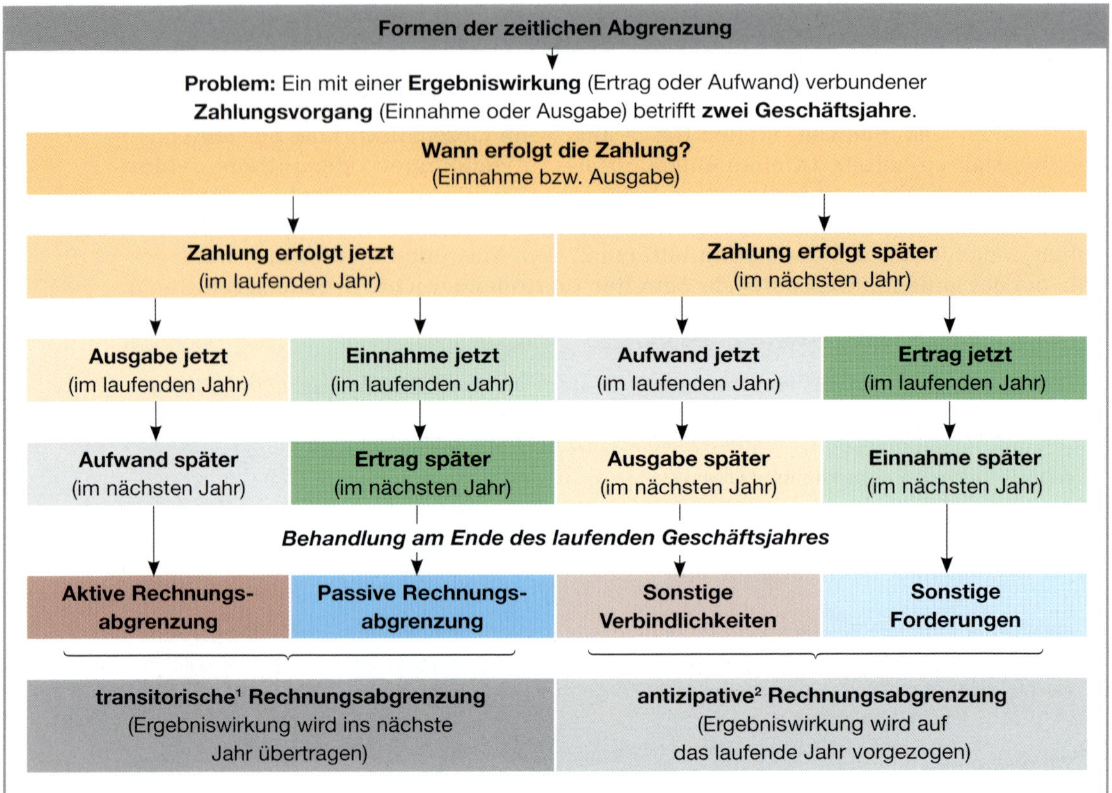

1 transire (lat.): hinübergehen 2 antizipieren (lat.): vorwegnehmen

HG § 25(u. (

14.2 Transitorische Rechnungsabgrenzung: Aktive und passive Rechnungsabgrenzungsposten

Aktive Rechnungsabgrenzung

Die im laufenden Geschäftsjahr anfallenden Buchungen werden ausschließlich nach Belegen vorgenommen. So wird z. B. die vom betrieblichen Bankkonto abgebuchte Kfz-Versicherung (Zahlungsvorgang) der Wertstellung auf dem Bankauszug entsprechend gebucht. Zu diesem Zeitpunkt wird normalerweise noch nicht geprüft, auf welche Geschäftsjahre sich der Versicherungsschutz und damit der zu buchende Versicherungsaufwand genau beziehen. Am Ende des Geschäftsjahres muss jedoch dafür gesorgt werden, dass in der Gewinn- und Verlustrechnung nur Beträge ausgewiesen werden, die das abzuschließende Geschäftsjahr betreffen.

HGB § 250 (1)

Wurden während des laufenden Geschäftsjahres Ausgaben getätigt, die Aufwendungen für das neue Geschäftsjahr darstellen, so ist eine aktive Rechnungsabgrenzung vorzunehmen.

Ein im alten Geschäftsjahr „zu hoch" gebuchter Aufwand wird durch die Buchung

2900 Aktive Rechnungsabgrenzung an Aufwandskonto

korrigiert (verringert).

Das Konto **2900 Aktive Rechnungsabgrenzung** ist ein Bestandskonto, das auf der Aktivseite der Bilanz ausgewiesen wird. Es enthält Leistungsforderungen des Unternehmens, z. B. an eine Versicherungsgesellschaft. Diese Leistungsforderungen eines Unternehmens haben eine andere Bedeutung als die im Umlaufvermögen ausgewiesenen Forderungen aus Lieferungen und Leistungen. Die aktiven Rechnungsabgrenzungsposten müssen daher in der Bilanz nach dem Anlage- und Umlaufvermögen gesondert ausgewiesen werden. HGB §§ 247 (1), 266 (1)

Gliederung der **Aktivseite** der Bilanz unter Berücksichtigung von Rechnungsabgrenzungsposten:
A. Anlagevermögen
B. Umlaufvermögen
C. Rechnungsabgrenzungsposten
...

Buchungen im Zusammenhang mit aktiver Rechnungsabgrenzung

Am 01. Juli des laufenden Geschäftsjahres wird die Kfz-Versicherungsprämie für das betriebliche Fahrzeug für ein Jahr im Voraus per Bankeinzug beglichen. Die Jahresprämie beträgt 900 EUR.

– Buchungen im alten Geschäftsjahr –

Buchung am 01.07. des laufenden Geschäftsjahres (laufende Buchung)

Konten	Soll/EUR	Haben/EUR
(1) 6900 Versicherungsbeiträge	900,00	
an 2800 Bank		900,00

Buchungen zum Bilanzstichtag 31.12. ..
a) **Vorbereitende Abschlussbuchung**

Konten	Soll/EUR	Haben/EUR
(2) 2900 Aktive Rechnungsabgrenzung	450,00	
an 6900 Versicherungsbeiträge		450,00

b) **Abschlussbuchungen**

Konten	Soll/EUR	Haben/EUR
(3) 8010 Schlussbilanzkonto	450,00	
an 2900 Aktive Rechnungsabgrenzung		450,00
(4) 8020 GuV-Konto	450,00	
an 6900 Versicherungsbeiträge		450,00

– Buchungen im neuem Geschäftsjahr –

Eröffnungsbuchungen
a) Eröffnung des Kontos „2900 Aktive Rechnungsabgrenzung"

Konten	Soll/EUR	Haben/EUR
(5) 2900 Aktive Rechnungsabgrenzung Vortrag des Anfangsbestands	450,00	

b) Übertragung des Aufwandes, der das neue Geschäftsjahr betrifft

Konten	Soll/EUR	Haben/EUR
(6) 6900 Versicherungsbeiträge	450,00	
an 2900 Aktive Rechnungsabgrenzung		450,00

Darstellung der Aktiven Rechnungsabgrenzung im Kontensystem

– altes Geschäftsjahr –

S	6900 Versicherungsbeiträge		H
(1) *2800*	900,00	(2) *2900*	450,00
		(4) *8020*	450,00
	900,00		900,00

S	2900 Aktive Rechnungsabgrenzung		H
(2) *6900*	450,00	(3) *8010*	450,00
...	...		

S	8020 GuV-Konto		H
(4) *6900*	450,00		
...	...		...

S	8010 Schlussbilanzkonto		H
(3) *2900*	450,00		
...	...		...

– neues Geschäftsjahr –

S	6900 Versicherungsbeiträge		H
(6) *2900*	450,00		
...	...	...	...

S	2900 Aktive Rechnungsabgrenzung		H
(5) AB	450,00	(6) *6900*	450,00
...	...		...

Passive Rechnungsabgrenzung

Erzielt ein Unternehmen im laufenden Geschäftsjahr Einnahmen, die Erträge des neuen Geschäftsjahres darstellen (z. B. Mieter eines Lagers zahlt die Januarmiete bereits im Dezember), so dürfen diese das ausgewiesene Ergebnis des alten Geschäftsjahres nicht beeinflussen. Ein periodengerechter Ergebnisausweis wird in diesem Falle durch die Bildung eines passiven Rechnungsabgrenzungspostens erreicht.

HGB § 266 (3)

Die passiven Rechnungsabgrenzungsposten werden auf der Passivseite einer Bilanz an letzter Stelle ausgewiesen.

Gliederung der **Passivseite** der Bilanz unter Berücksichtigung von Rechnungsabgrenzungsposten:

A. Eigenkapital
B. Rückstellungen
C. Verbindlichkeiten
D. Rechnungsabgrenzungsposten

HGB § 250 (2)

Wurden während des laufenden Geschäftsjahres Einnahmen erzielt, die Erträge für das neue Geschäftsjahr darstellen, so ist eine passive Rechnungsabgrenzung vorzunehmen.

Ein im alten Geschäftsjahr „zu hoch" gebuchter Ertrag wird durch die Buchung

Ertragskonto an 4900 Passive Rechnungsabgrenzung

korrigiert (verringert).

Buchungen im Zusammenhang mit passiver Rechnungsabgrenzung

Am 01. November des laufenden Geschäftsjahres hat der Mieter eines Lagerraumes die Miete für drei Monate im Voraus durch Banküberweisung beglichen. Die Miete beläuft sich auf 3 000 EUR.

– Buchungen im alten Geschäftsjahr –

Buchung am 01.11. des laufenden Geschäftsjahres (laufende Buchung)

Konten	Soll/EUR	Haben/EUR
(1) 2800 Bank	3 000,00	
an 5400 Erträge aus Vermietung und Verpachtung		3 000,00

Buchungen zum Bilanzstichtag 31.12. ..
a) **Vorbereitende Abschlussbuchung**

Konten	Soll/EUR	Haben/EUR
(2) 5400 Erträge aus Vermietung und Verpachtung	1 000,00	
an 4900 Passive Rechnungsabgrenzung		1 000,00

b) **Abschlussbuchungen**

Konten	Soll/EUR	Haben/EUR
(3) 4900 Passive Rechnungsabgrenzung	1 000,00	
an 8010 Schlussbilanzkonto		1 000,00

Konten	Soll/EUR	Haben/EUR
(4) 5400 Erträge aus Vermietung und Verpachtung	2 000,00	
an 8020 GuV-Konto		2 000,00

– Buchungen im neuem Geschäftsjahr –

Eröffnungsbuchungen
a) Eröffnung des Kontos „4900 Passive Rechnungsabgrenzung"

Konten	Soll/EUR	Haben/EUR
(5) Vortrag des Anfangsbestands		
4900 Passive Rechnungsabgrenzung		1 000,00

b) Übertragung des Ertrages, der das neue Geschäftsjahr betrifft

Konten	Soll/EUR	Haben/EUR
(6) 4900 Passive Rechnungsabgrenzung	1 000,00	
an 5400 Erträge aus Vermietung und Verpachtung		1 000,00

Darstellung der Passiven Rechnungsabgrenzung im Kontensystem

– altes Geschäftsjahr –

S	5400 Erträge a. Vermietung u. Verpachtung		H
(2) *4900*	1 000,00	(1) *2800*	3 000,00
(4) *8020*	2 000,00		
	3 000,00		3 000,00

S	4900 Passive Rechnungsabgrenzung		H
(3) *8010*	1 000,00	(2) *5400*	1 000,00
...	...		

S	8020 GuV-Konto		H
		(4) *5400*	2 000,00
...	...	...	...

S	8010 Schlussbilanzkonto		H
		(3) *4900*	1 000,00
...	...	...	...

– neues Geschäftsjahr –

S	5400 Erträge a. Vermietung u. Verpachtung		H
		(6) *4900*	1 000,00
...	...	...	...

S	4900 Passive Rechnungsabgrenzung		H
(6) *5400*	1 000,00	(5) AB	1 000,00
...	...		

Zusammenfassende Übersicht zu Kap. 14.2: Transitorische Rechnungsabgrenzung: Aktive und passive Rechnungsabgrenzung

Zeitliche Abgrenzung				
Art	**Vorgang**	**Bilanzstichtag** **altes Geschäftsjahr**	**Bilanzstichtag** **neues Geschäftsjahr**	**Buchung im alten Geschäftsjahr**
Transitorische Rechnungsabgrenzung	Ausgaben des **alten** Geschäftsjahres betreffen (teilweise) das Ergebnis des **neuen** Geschäftsjahres und müssen im neuen Geschäftsjahr als Aufwand erfasst werden.	**Ausgabe**	**Aufwand**	**2900 Aktive Rechnungsabgrenzung (ARA)** an Aufwandskonto
	Einnahmen des **alten** Geschäftsjahres betreffen (teilweise) das Ergebnis des **neuen** Geschäftsjahres und müssen im neuen Geschäftsjahr als Ertrag erfasst werden.	**Einnahme**	**Ertrag**	Ertragskonto an **4900 Passive Rechnungsabgrenzung (PRA)**

14.3 Antizipative Rechnungsabgrenzung: Sonstige Verbindlichkeiten und sonstige Forderungen

Sonstige Verbindlichkeiten

Liegen am Bilanzstichtag **Aufwendungen** vor, für die **noch keine Zahlungen** angefallen sind, so müssen diese in der Gewinn- und Verlustrechnung des laufenden Geschäftjahres berücksichtigt werden. Dafür ist die nachfolgende **vorbereitende Abschlussbuchung** zu bilden:

Aufwandskonto an 4890 Sonstige Verbindlichkeiten

Buchung im Zusammenhang mit sonstigen Verbindlichkeiten

Die Shirt-Shop GmbH überweist die Dezembermiete für die gemieteten Geschäfträume für einen Lagerplatz am 04. Januar des neuen Geschäftsjahres (2 500,00 EUR).

– Buchungen im alten Geschäftsjahr –

31.12. des laufenden Geschäftsjahres:

a) **vorbereitende Abschlussbuchung:**

Konten	Soll/EUR	Haben/EUR
(1) 6700 Miete, Pachten	2 500,00	
an 4890 sonstige Verbindlichkeiten		2 500,00

b) **Abschlussbuchungen:**

Konten	Soll/EUR	Haben/EUR
(2) 8020 GuV-Konto	2 500,00	
an 6700 Miete, Pachten		2 500,00

Konten	Soll/EUR	Haben/EUR
(3) 4890 sonstige Verbindlichkeiten	2 500,00	
an 8010 Schlussbilanzkonto		2 500,00

– Buchungen im neuem Geschäftsjahr –

a) **Eröffnungsbuchung am 02.01. ...:** (4) Vortrag des AB auf Konto 4890 sonst. Verb.
b) **Banküberweisung am 04.01. ...** (Laufende Buchung)

Konten	Soll/EUR	Haben/EUR
(5) 4890 sonstige Verbindlichkeiten	2 500,00	
an 2800 Bank		2 500,00

Darstellung der Buchungen zu den sonstigen Verbindlichkeiten

– altes Geschäftsjahr –

S	6700 Miete, Pacht		H
(1) *4890*	2 500,00	(2) *8020*	2 500,00
...	...	...	...

S	4890 sonstige Verbindlichkeiten		H
(3) *8010*	2 500,00	(1) *6700*	2 500,00
...	...	...	...

S	8020 GuV-Konto		H
(2) *6700*	2 500,00		
...	...	...	...

S	8010 Schlussbilanzkonto		H
		(3) *4890*	2 500,00
...	...	...	...

– neues Geschäftsjahr –

S	2800 Bank		H
		(5) *4890*	2 500,00
...	...	...	...

S	4890 sonstige Verbindlichkeiten		H
(5) *2800*	2 500,00	(4) AB	2 500,00
...	...	...	...

Sonstige Forderungen

Erträge, die dem laufenden Geschäftsjahr zuzurechnen sind, **aber bisher noch zu keinen Einnahmen** geführt haben, müssen in der Ergebnisrechnung des laufenden Geschäftsjahres berücksichtigt werden. Dafür ist die nachfolgende **vorbereitende Abschlussbuchung** zu bilden:

2690 Sonstige Forderungen an Ertragskonto

Buchung im Zusammenhang mit sonstigen Forderungen

Die Zinsen in Höhe von 600,00 EUR für die Zeit vom 01. Nov. bis 31. Jan. aus einem gewährten Darlehen werden auf dem betrieblichen Bankkonto am 03.02. des neuen Geschäftsjahres gutgeschrieben.

– Buchungen im alten Geschäftsjahr –

31.12. des laufenden Geschäftsjahres:
a) **vorbereitende Abschlussbuchung:**

Konten	Soll/EUR	Haben/EUR
(1) 2690 sonstige Forderungen	400,00	
an 5710 Zinserträge		400,00

b) **Abschlussbuchungen:**

Konten	Soll/EUR	Haben/EUR
(2) 8010 Schlussbilanzkonto	400,00	
an 2690 sonstige Forderungen		400,00

Konten	Soll/EUR	Haben/EUR
(3) 5710 Zinserträge	400,00	
an 8020 GuV-Konto		400,00

– Buchungen im neuem Geschäftsjahr –

a) **Eröffnungsbuchung am 02.01. ...** (4) Vortrag des AB (400,00 EUR) auf Konto 2690 sonst. Ford.
b) **Banküberweisung am 03.02. ...** (Laufende Buchung)

Konten	Soll/EUR	Haben/EUR
(5) 2800 Bank	600,00	
an 2690 sonstige Forderungen		400,00
5710 Zinserträge		200,00

Darstellung der Buchungen zu den sonstigen Forderungen

– altes Geschäftsjahr –

S	**2690 sonstige Forderungen**		H
(1) *5710*	400,00	(2) *8010*	400,00
...	...	...	...

S	**5710 Zinserträge**		H
(3) *8020*	400,00	(1) *2690*	400,00
...	...	...	...

S	**8010 Schlussbilanzkonto**		H
(2) *2690*	400,00		
...	...	...	...

S	**8020 GuV-Konto**		H
		(3) *5710*	400,00
...	...	...	...

– neues Geschäftsjahr –

S	**2800 Bank**		H
(5) *2690/5710*	600,00		

S	**2690 sonstige Forderungen**		H
(4)	400,00	(5) *2800*	400,00
		...	

S	**5710 Zinserträge**		H
		(5) *2800*	200,00

Aufg. 14.2, 14.3 S. 489

Zusammenfassende Übersicht zu Kap. 14.3: Antizipative Rechnungsabgrenzung: Sonstige Verbindlichkeiten und sonstige Forderungen

Zeitliche Abgrenzung				
Art	**Vorgang**	**Bilanzstichtag** **altes Geschäftsjahr**	 **neues Geschäftsjahr**	**Buchung im alten Geschäftsjahr**
Antizipative Rechnungsabgrenzung	Ausgaben des **neuen** Geschäftsjahres betreffen (teilweise) das Ergebnis des **alten** Geschäftsjahres und müssen im alten Geschäftsjahr als Aufwand erfasst werden.	**Aufwand**	**Ausgabe**	Aufwandskonto an **4890 Sonstige Verbindlichkeiten**
	Einnahmen des **neuen** Geschäftsjahres betreffen (teilweise) das Ergebnis des **alten** Geschäftsjahres und müssen im alten Geschäftsjahr als Ertrag erfasst werden.	**Ertrag**	**Einnahme**	**2690 Sonstige Forderungen** an Ertragskonto

14.4 Aktive Rechnungsabgrenzung: Beispiel Disagio[1]

Bei der Gewährung von Bankdarlehen vereinbaren die Banken mit dem Darlehensnehmer häufig einen einmaligen Vorauszins **(Disagio)**, der bereits bei der Auszahlung des Darlehens erhoben wird. Der Auszahlungsbetrag ist in diesem Fall geringer als der Darlehensbetrag.

> **Ein Disagio ist ein einmaliger Vorauszins und führt zu einer Differenz zwischen Auszahlungsbetrag und Darlehensbetrag.**

EStR 2.10

Steuerrechtlich muss das Disagio wegen der **periodengerechten Ergebnisermittlung** auf die gesamte Laufzeit des Darlehens bezogen werden. Somit darf es sich im Jahr der Darlehensaufnahme nicht in voller Höhe als Zinsaufwand in der GuV des laufenden Jahres niederschlagen. Das Disagio ist vielmehr bei der Bereitstellung des Darlehens als Rechnungsabgrenzung zu aktivieren und planmäßig über die Laufzeit des Darlehens zu verteilen **(= zeitliche Abgrenzung)**.

Buchungen im Zusammenhang mit einem Disagio

Ein Unternehmen nimmt zur Finanzierung einer Maschine am 10. Januar 2012 ein Darlehen auf:

Darlehensbetrag .... 100 000 EUR
Disagio .... 4 %
Auszahlungsbetrag: .... 100 000 EUR · 0,96 = 96 000 EUR
Zinsen p. a. .... 3 %
Tilgung p. a. .... 25 %
Laufzeit: .... 4 Jahre

Darlehensbetrag: 100 000 EUR (≙ 100 %)				
Auszahlungsbetrag: 96 000 EUR (≙ 96 %)	**Disagio: 4 000 EUR (≙ 4 %)**			
	Verteilung über die Laufzeit des Darlehens: 4 000 EUR : 4 Jahre = 1 000 EUR/Jahr			
	1 000 EUR Jahr 01	1 000 EUR Jahr 02	1 000 EUR Jahr 03	1 000 EUR Jahr 04

Im Zusammenhang mit dem Darlehen fallen im ersten Jahr folgende Buchungen an:

(1) Kontoauszug: Gutschrift am 10. Jan 2012:
Bereitstellung Darlehen Nr. 3455 .... 96 000,00 EUR
Hinweis: ***Disagio wird als Rechnungsabgrenzungsposten aktiviert .... 4 000,00 EUR***

Konto	Soll/EUR	Haben/EUR
2800 Bank	96 000,00	
2910 Disagio (Aktive Rechnungsabgrenzung)	**4 000,00**	
an 4200 Verbindlichkeiten gegenüber Kreditinstituten (Darlehen)		100 000,00

1 Buchungen im Zusammenhang mit einem Disagio sind im Lehrplan nicht ausdrücklich vorgesehen. Im Hinblick auf die spätere Behandlung des Disagios als Bilanzierungwahlrecht (Lehrplaneinheit 10) erweisen sich entsprechende Kenntnisse allerdings als sehr hilfreich.

(2) Kontoauszug: Lastschrift am 31. Dez 2012:

Zinsen Darlehen Nr. 3455: 100 000,00 EUR, 3 %, 350 Tage .... 2 916,67 EUR
Tilgung Darlehen Nr. 3455 .... 25 000,00 EUR

Konto	Soll/EUR	Haben/EUR
7510 Zinsaufwendungen	2 916,66	
4200 Darlehen	25 000,00	
an 2800 Bank		27 916,66

(3) **Vorbereitende Abschlussbuchung** am 31. Dez 2012:
Anteilige Auflösung des aktivierten Disagios für das Jahr 2012 **1 000,00 EUR**

Konto	Soll/EUR	Haben/EUR
7510 Zinsaufwendungen	1 000,00	
an **2910 Disagio**		**1 000,00**

- Die schrittweise Auflösung des Disagios wird auch in den drei Folgejahren durch die **vorbereitende Abschlussbuchung** zum 31.12...

  Zinsaufwendungen 1 000,00 EUR an Disagio 1 000,00 EUR erreicht.

- Wird das Darlehen nicht im Januar, sondern erst in einem der Folgemonate bereitgestellt, erfolgt im ersten Jahr eine monatsanteilige Verrechnung als Zinsaufwand. Beispiel: Mai → $^8/_{12}$ von 1 000,00 EUR = 666,67 EUR.

  Zinsaufwendungen 666,67 EUR an Disagio 666,67 EUR.

Aufg. 14.4, 14.5 u. 14.6 S. 490

Zusammenfassende Übersicht zu Kap. 14: Zeitliche Abgrenzung

Ziel: Periodengerechte Ergebnisermittlung

Problem: Geschäftsvorfälle, bei denen der **Zahlungsvorgang** und die **Ergebniszuordnung** nicht in die gleiche Periode fallen.

Lösung: Zeitliche Abgrenzung dieser Geschäftsvorfälle zum Bilanzstichtag („Korrekturbuchungen" mit Abgrenzungskonten)

Abgrenzungskonten	Altes Geschäftsjahr	Neues Geschäftsjahr	Formen der Jahresabgrenzung
2900 Aktive Rechnungsabgrenzung	Ausgabe	Aufwand	Transitorische Rechnungsabgrenzungsposten
4900 Passive Rechnungsabgrenzung	Einnahme	Ertrag	
4890 Sonstige Verbindlichkeiten	Aufwand	Ausgabe	Antizipative Rechnungsabgrenzungsposten
2690 Sonstige Forderungen	Ertrag	Einnahme	

Disagio
- Einmaliger Vorauszins bei Darlehensgewährung
- Periodengerechte Ergebnisermittlung: Verteilung des im Jahr der Darlehensaufnahme anfallenden Disagio auf die Darlehenslaufzeit
- *zuerst* Aktivieren im Konto **2910 Disagio** (→ Aktive Rechnungsabgrenzung)
  dann Planmäßige Auflösung über die Laufzeit des Darlehens

Fragen zur Wiederholung

zu Kapitel 14 Zeitliche Abgrenzung

14.1 Notwendigkeit zeitlicher Abgrenzung

1. Was bedeutet periodengerechte Ergebnisermittlung?
2. Nennen Sie Beispiele, bei denen eine zeitliche Jahresabgrenzung vorgenommen werden muss.

14.2 Transitorische Rechnungsabgrenzung: Aktive und passive Rechnungsabgrenzungsposten

1. Wann ist eine aktive Rechnungsabgrenzung erforderlich?
2. Wie lautet der Buchungssatz für die Bildung eines aktiven Rechnungsabgrenzungspostens?
3. Wie lautet der Buchungssatz für die Auflösung eines aktiven Rechnungsabgrenzungspostens?
4. An welcher Stelle der Schlussbilanz wird ein aktiver Rechnungsabgrenzungsposten ausgewiesen?
5. In welchem Fall ist eine passive Rechnungsabgrenzung erforderlich?
6. Wie lautet der Buchungssatz für die Bildung eines passiven Rechnungsabgrenzungspostens?
7. Wie lautet der Buchungssatz für die Auflösung eines passiven Rechnungsabgrenzungspostens?
8. An welcher Stelle der Schlussbilanz wird ein passiver Rechnungsabgrenzungsposten ausgewiesen?

14.3 Antizipative Rechnungsabgrenzung: Sonstige Verbindlichkeiten und sonstigen Forderungen

1. Unterscheiden Sie zwischen transitorischer und antizipativer Rechnungsabgrenzung.
2. In welchem Fall wird im Rahmen der vorbereitenden Abschlussbuchungen auf das Konto „Sonstige Verbindlichkeiten" gebucht?
3. Wie lautet der Buchungssatz für die Bildung „sonstiger Verbindlichkeiten"?
4. Wann wird im Rahmen der vorbereitenden Abschlussbuchungen auf das Konto „Sonstige Forderungen" gebucht?
5. Wie lautet der Buchungssatz für die Bildung „sonstiger Forderungen"?

14.4 Aktive Rechnungsabgrenzung: Beispiel Disagio

1. Was ist ein Disagio?
2. Wie ist ein Disagio bei der Bereitstellung des Darlehens zu buchen, um eine periodengerechte Ergebnisermittlung zu gewährleisten?
3. Welche Auswirkung hat die Aktivierung eines Disagios auf den Gewinn des Unternehmens?

Aufgaben und Probleme

zu Kapitel 14 Zeitliche Abgrenzung

14.1 Fälle der zeitlichen Abgrenzung

PDF

Kreuzen Sie in einer Tabelle nach folgendem Muster die am 31.12. vorzunehmende zeitliche Abgrenzung an. Wie lautet jeweils der allgemeine Buchungssatz zum 31.12.?

Fälle	ARA	PRA	sonst. Ford.	sonst. Vbl.	keine Abgrenzung
1. Die Miete für November bis Januar wird uns am 10.12. des laufenden Geschäftsjahres überwiesen.					
2. Für den Kopierer überweisen wir die Leasingrate für Dezember am 10.01. des neuen Geschäftsjahres.					

Fälle	ARA	PRA	sonst. Ford.	sonst. Vbl.	keine Abgrenzung
3. Die Müllgebühren für das laufende Geschäftsjahr werden am 28.02. des neuen Geschäftsjahres überwiesen.					
4. Die Bank belastet uns am 30.12. mit Zinsen für Dezember bis Februar.					
5. Der Mieter einer Werkswohnung befindet sich am 31.12. d. J. mit drei Monatsmieten im Rückstand.					
6. Ein Kunde hat für einen Sonderauftrag, der erst im neuen Jahr ausgeführt werden kann, bereits im Dezember eine Anzahlung in Höhe von 6 000 EUR geleistet.					

14.2 Buchungen im Rahmen der zeitlichen Jahresabgrenzung

Bei einem Industriebetrieb sind folgende Vorgänge zu buchen:

1. Überweisung der Lagermiete (800,00 EUR) für Januar des folgenden Geschäftsjahres am 21.12. d. J. Welche Buchungen sind vorzunehmen
   a) am 21.12. d. J., b) am 31.12. d. J., c) am 01.01. n. J.?
2. Ein Darlehensschuldner überweist Zinsen für das erste Vierteljahr des folgenden Geschäftsjahres am 12. Dezember d. J. auf unser Bankkonto (180,00 EUR). Welche Buchungen sind vorzunehmen
   a) am 12.12. d. J., b) am 31.12. d. J., c) am 01.01. n. J.?
3. Ein Werksangehöriger begleicht seine Dezembermiete für eine Werkswohnung erst am 04. Januar des nächsten Geschäftsjahres (480,00 EUR). Welche Buchungen sind vorzunehmen
   a) am 31.12. d. J., b) am 01.01. n. J., c) am 04.01. n. J.?
4. Die Zinsen für das Halbjahr vom 01.07. bis 31.12. d. J. werden erst am 06. Januar des neuen Geschäftsjahres von unserem Bankkonto abgebucht (360,00 EUR). Welche Buchungen sind vorzunehmen
   a) am 31.12. d. J., b) am 01.01. n. J., c) am 06.01. n. J.?

14.3 Kontoauszug auf zeitliche Abgrenzung prüfen

1. Prüfen Sie, ob der bereits gebuchte Kontoauszug eine zeitliche Abgrenzung erforderlich macht. Wie lautet gegebenenfalls die Abgrenzungsbuchung am 31.12.?

Kontoauszug **Mannheimer Bank**

			Alter Kontostand
Konto-Nr. 13579	Saldo vom 28.12.		**+ 8 000,00 EUR**
Pos.		Lastschrift	Gutschrift
1	Miete Außenlager für Jan.		1 200,00
2	Müllentsorgung für Jan.	300,00	
3	Aushilfe Inventur 26.12.	500,00	

Auszugsdatum: 28.12. Auszugs-Nr. 290

Shirt-Shop GmbH
Lindenstraße 14
68309 Mannheim

Neuer Kontostand **+ 8 400,00 EUR**

2. Die vorläufige GuV der Shirt-Shop GmbH weist einen Saldo von 24 000 EUR im Soll aus. Wie lautet das Ergebnis nach den Abgrenzungsbuchungen?

14.4 Bilanz mit Rechnungsabgrenzungsposten erstellen

Nachfolgend ist in alphabetischer Reihenfolge die Saldenliste der Möbelschreinerei Schneble e. Kfm. gegeben.

1. Welche Bedeutung haben die bei der aktiven und passiven Rechnungsabgrenzung ausgewiesenen Salden?
2. Ermitteln Sie das Eigenkapital.
3. Erstellen Sie die Bilanz der Möbelschreinerei.

Aktive Rechnungsabgrenzung	2000
BGA	18000
Darlehen	100000
Disagio	1000
Eigenkapital	?
Forderungen aus LuL	13000
Fuhrpark	37000
Guthaben bei Kreditinstituten	28000
Kasse	2500
Maschinen	170000
Passive Rechnungsabgrenzung	1400
Rohstoffe	22000
Sonstige Forderungen	2800
Sonstige Verbindlichkeiten	3100
Umsatzsteuer	8900
Verbindlichkeiten aus LuL	26600
Vorsteuer	3700

14.5 Disagio aktivieren und auflösen

Ein Unternehmen nimmt zur Finanzierung einer Hebebühne ein Darlehen zu folgenden Konditionen auf:

Darlehensbetrag .... 60000,00 EUR
Disagio .... 5 %
Laufzeit .... 10 Jahre

Bilden Sie die Buchungssätze.

1. Kontoauszug – Gutschrift: Bereitstellung des Auszahlungsbetrags am 10. März des lfd. Jahres.
2. Auflösung des Disagios am 31. Dez. des lfd. Jahres.
3. Auflösung des Disagios am 31. Dez. des Folgejahres.

14.6 Kontoauszug zum Disagio bearbeiten

Kontoauszug **Mannheimer Bank**

Konto-Nr. 13579 Saldo vom 01.10. Alter Kontostand **+ 10000,00 EUR**

Pos.		Lastschrift	Gutschrift
1	Darlehen Nr. 5678; 3 % Disagio		77600,00
2	Zinsen Konto Nr. 13579 01.07.–30.09.		450,00
3	Kontoführung 3. Quartal lt. Anlage	80,50	

Auszugsdatum: 01.10. Auszugs-Nr. 267

Shirt-Shop GmbH
Lindenstraße 14
68309 Mannheim

Neuer Kontostand **+ 87969,50 EUR**

1. Ermitteln Sie den Darlehensbetrag (Siehe Pos. 1 des Kontoauszugs).
2. Buchen Sie die drei Geschäftsvorfälle des Kontoauszugs.
3. Welche Auswirkung hat die Buchung der Geschäftsvorfälle auf den Gewinn des Unternehmens?
4. Buchen Sie die anteilige Auflösung des auf dieses Jahr entfallenden Disagios am 31. Dez des lfd. Jahres.
   Laufzeit des Darlehens: 8 Jahre
5. Welchen Saldo weist das Konto *2910 Disagio* nach der Buchung am 31. Dez des Folgejahres aus? Führen Sie als Nachweis das Konto *2910 Disagio*.

15 Rückstellungen

15.1 Ursachen und Arten von Rückstellungen

Bei manchen Aufwendungen, die dem laufenden Geschäftsjahr zuzurechnen sind, steht zwar zum Ende des Geschäftsjahres fest, dass im neuen Geschäftsjahr entsprechende Zahlungsverpflichtungen anfallen werden. Allerdings sind die Höhe des Aufwands bzw. der Zahlungsverpflichtung und/oder der Fälligkeitstermin der Zahlung noch nicht genau bekannt. Wenn solche Informationen bei der Erstellung des Jahresabschlusses nicht berücksichtigt werden, würde die Vermögens- und Ertragslage des Unternehmens für das laufende Jahr nicht zutreffend dargestellt. Die Höhe solcher Aufwendungen muss daher **geschätzt** und dem laufenden Geschäftsjahr zugerechnet werden.

Für Aufwendungen des laufenden Geschäftsjahres, deren Höhe und/oder Fälligkeitszeitpunkt am Bilanzstichtag nicht genau feststehen, sind Rückstellungen zu bilden.

Rückstellungen sind Verbindlichkeiten. Sie müssen auf der Passivseite der Bilanz als besondere Art von Fremdkapital ausgewiesen werden. HGB § 266 (3)

Das Handelsrecht schreibt die Bildung von Rückstellungen für folgende Fälle zwingend vor **(Passivierungspflicht)**. HGB § 249 (3)

Rückstellungen für Außenverpflichtungen = Rückstellungen aufgrund rechtlichen oder wirtschaftlichen Verpflichtung gegenüber Dritten[1]	Rückstellungen für Innenverpflichtungen = Rückstellungen für Aufwendungen, für die keine rechtliche Verpflichtung gegenüber Dritten besteht (Aufwandsrückstellungen)[2]
Rechtliche Verpflichtungen ▪ **ungewisse Verbindlichkeiten** Pensionszusagen, Zahlungsverpflichtungen aus noch nicht abgeschlossenen Gerichtsprozessen, Gewerbesteuernachzahlungen, gesetzliche Gewährleistungsverpflichtungen, ... ▪ **drohende Verluste aus schwebenden Geschäften (Drohverlustrückstellungen)** Die Materialkosten für noch herzustellende Erzeugnisse, für die aber mit dem Käufer bereits ein Festpreis vereinbart wurde, erhöhen sich unerwartet.	**Rechtliche Verpflichtungen** ▪ **Gewährleistungen ohne rechtliche Verpflichtungen (Kulanzrückstellungen)** Eine Maschinenfabrik repariert eine verkaufte Maschine kostenlos, obwohl die vereinbarte Garantiezeit bereits abgelaufen ist. Die Höhe der dadurch anfallenden Aufwendungen steht noch nicht genau fest. ▪ **unterlassene Aufwendungen für Instandsetzungen, die innerhalb der ersten drei Monate des neuen Geschäftsjahres nachgeholt werden** Das Dach eines Betriebsgebäudes, das durch einen Sturm im Dezember beschäftigt wurde, soll im Januar repariert werden. ▪ **unterlassene Abraumbeseitigung, die im nächsten Kalenderjahr nachgeholt werden soll** Gesteinsmaterial, das beim Abbau von Braunkohle im laufenden Jahr angefallen ist, wird erst im nächsten Jahr beseitigt.

1 Rückstellungen für Außenverpflichtungen werden auch als „Schuldrückstellungen" bezeichnet, weil eine Verpflichtung (Schuld) des Unternehmens gegenüber einem Dritten besteht.

2 Rückstellungen für Innenverpflichtungen werden auch als „Aufwandrückstellungen" bezeichnet, weil sie nicht auf einer Verbindlichkeit gegenüber einem Dritten, sondern nur auf einem Aufwand beruhen. Rückstellungen stellen also nicht immer gleichzeitig auch eine Verbindlichkeit im rechtlichen Sinne (z. B. Zahlungsverpflichtung aus einem Vertrag) dar.

Für alle anderen Zwecke ist die Bildung von Rückstellungen verboten **(Passivierungsverbot)**.

> **Rückstellungen dienen dem vollständigen Ausweis der Schulden und der periodengerechten Ergebnisermittlung.**

15.2 Bildung und Auflösung von Rückstellungen

Buchung bei der Bildung von Rückstellungen im alten Geschäftsjahr

> **Rückstellungen werden im Rahmen der vorbereitenden Abschlussbuchungen gebildet. Der dafür erforderliche Buchungssatz lautet immer:**
>
> ***Aufwandskonto an Konto Rückstellungen***

Je nach Art der Rückstellung sind im Kontenrahmen in **Kontenklasse 3** mehrere Rückstellungskonten *(z. B. 3800 Steuerrückstellungen)* vorgesehen. Die **Vorsteuer**, die bei umsatzsteuerpflichtigen Vorgängen anfällt, darf bei der Bildung der Rückstellung nicht berücksichtigt werden, da zu diesem Zeitpunkt noch keine Rechnung vorliegt.

Buchung bei der Bildung von Rückstellungen

Bei einem Rechtsstreit mit einem Kunden muss am Abschlussstichtag davon ausgegangen werden, dass Prozesskosten in Höhe von etwa 3 000 EUR anfallen werden. Da es sich um eine ungewisse Verbindlichkeit handelt, ist am 31.12 eine Rückstellung zu bilden **(= Passivierungspflicht)**.

Konto	Soll/EUR	Haben/EUR
6770 Rechts- und Beratungskosten	3 000,00	
an **3900 Sonstige Rückstellungen**		**3 000,00**

S	**6770 Rechts-/Beratungskosten**		H
3900	**3 000,00**	*8020*	3 000,00

S	**3900 Sonstige Rückstellungen**		H
8010	3 000,00	*6770*	3 000,00

S	**8020 GuV-Konto**		H
6770	**3 000,00**		
...		...	

Aktiva	**8010 Schlussbilanzkonto**		Passiva
...		...	
...		*3900*	3 000,00
		...	

Aufg. 15.1, 15.2 S. 495f.

Die Bildung von Rückstellungen führt auf der Passivseite der Bilanz zum Ausweis einer Verbindlichkeit. In gleicher Höhe wird in der **Gewinn- und Verlustrechnung** des laufenden Geschäftsjahres ein Aufwand ausgewiesen. Damit wird der Gewinn dieses Geschäftsjahres gemindert mit der Folge einer geringeren Belastung mit **gewinnabhängigen Steuern** (z. B. Gewerbesteuer).

> **Die Bildung von Rückstellungen mindert wegen der damit einhergehenden Aufwandsbuchung den Gewinn und damit auch die gewinnabhängigen Steuern.**

Buchungen bei der Auflösung von Rückstellungen im neuen Geschäftsjahr

Zu Beginn des neuen Geschäftsjahres werden die Rückstellungen aus dem vorangegangenen Geschäftsjahr in das neue Geschäftsjahr übernommen und bis zu ihrer Auflösung als Verbindlichkeiten geführt.

Rückstellungen sind aufzulösen, wenn der Grund für ihre Bildung nicht mehr besteht.

Es wäre reiner Zufall, wenn die tatsächlich anfallende Zahlungsverpflichtung dem zuvor geschätzten Wert genau entspricht. Die Schätzung kann dazu führen, dass die Rückstellung entweder zu hoch angesetzt ist **(= Überbewertung)** oder zu niedrig angesetzt ist **(= Unterbewertung)**. Je nach Höhe der Schätzung sind für die **Buchung der Auflösung** der Rückstellung **drei Fälle** mit folgenden Wirkungen für die GuV-Rechnung denkbar:

1. Fall Schätzung der Rückstellung = Zahlungsverpflichtung	**2. Fall** Schätzung der Rückstellung > Zahlungsverpflichtung	**3. Fall** Schätzung der Rückstellung < Zahlungsverpflichtung
Rückstellungen an Zahlungskonto (z. B. Bank)	**Rückstellungen** an Zahlungskonto (z. B. Bank) und **Erträge aus der Auflösung oder Herabsetzung von Rückstellungen**	**Rückstellungen** *und* **Aufwandskonto** (z. B. Rechtsberatungskosten) an Zahlungskonto (z. B. Bank)
Keine weitere Auswirkung in der GuV des neuen Geschäftsjahres **(ergebnisneutral).**	Wegen der **Ertragsbuchung** wird der Gewinn des neuen Geschäftsjahres **erhöht.**	Wegen der **Aufwandsbuchung** wird der Gewinn des neuen Geschäftsjahres **verringert.**

Wenn die Höhe der gebildeten Rückstellung von der tatsächlichen Zahlungsverpflichtung abweicht, führt die Auflösung von Rückstellungen zu ergebniswirksamen Berichtigungsbuchungen.

Buchung bei der Auflösung von Rückstellungen

Für einen drohenden Rechtsstreit wurden für Prozesskosten am 31.12. des Vorjahres Rückstellungen in Höhe von 3 000 EUR gebildet. Nach Beendigung des Rechtsstreits wird am 10. April des laufenden Jahres der fällige Betrag überwiesen.

1. Fall Überweisungsbetrag = **3 000 EUR**	**2. Fall** Überweisungsbetrag = **2 500 EUR**	**3. Fall** Überweisungsbetrag = **3 600 EUR**
Rückstellung **entspricht** der Zahlungsverpflichtung	Rückstellung ist **größer** als die Zahlungsverpflichtung	Rückstellung ist **kleiner** als die Zahlungsverpflichtung

Buchung bei der Überweisung an die Gerichtskasse am 10. April

	Konto	Soll/EUR	Haben/EUR
1. Fall	**3900 Sonstige Rückstellungen**	**3 000,00**	
	an 2800 Bank		3 000,00
2. Fall	**3900 Sonstige Rückstellungen**	**3 000,00**	
	an 2800 Bank		2 500,00
	5480 Erträge aus der Auflösung oder Herabsetzung von Rückstellungen		**500,00**
3. Fall	**3900 Sonstige Rückstellungen**	**3 000,00**	
	6770 Rechts- und Beratungskosten	**600,00**	
	an 2800 Bank		3 600,00

Darstellung der Auflösung von Rückstellungen im Kontensystem

Buchung am 10.04.

1. Fall: Rückstellung entspricht der Zahlungsverpflichtung

S	3900 Sonstige Rückstellungen		H
2800	**3 000,00**	AB	3 000,00

S	2800 Bank		H
		3900	**3 000,00**

2. Fall: Rückstellung ist größer als die Zahlungsverpflichtung

S	3900 Sonstige Rückstellungen		H
2800/3900	**3 000,00**	AB	3 000,00

S	2800 Bank		H
		3900	**2 500,00**

S	5480 Erträge aus der Herabsetzung von Rückstellungen		H
		3900	**500,00**

3. Fall: Rückstellung ist kleiner als die Zahlungsverpflichtung

Aufg. 15.3, 15.4 u. 15.5 S. 496

S	3900 Sonstige Rückstellungen		H
2800	**3 000,00**	AB	3 000,00

S	2800 Bank		H
		3900/6770	**3 600,00**

S	6770 Rechts-/Beratungskosten		H
2800	**600,00**		

Zusammenfassende Übersicht zu Kap. 15: Rückstellungen als Beispiel für periodengerechte Ergebnisermittlung

Ziel der zeitlichen Abgrenzung: **Periodengerechte Ergebnisermittlung**

Rückstellungen werden auf der Passivseite der Bilanz ausgewiesen.

Rückstellungen für Außenverpflichtungen			**Rückstellungen für Innenverpflichtungen**	
ungewisse Verbindlichkeiten	drohende Verluste aus schwebenden Geschäften	Gewährleistungen, die ohne rechtliche Verpflichtung erbracht werden	im Geschäftsjahr unterlassene Aufwendungen für Instandhaltung, die im folgenden Geschäftsjahr innerhalb von drei Monaten nachgeholt werden.	Abraumbeseitigung, die im folgenden Geschäftsjahr nachgeholt wird

Buchungssatz: Aufwandskonto an Konto Rückstellungen

Ergebniswirkungen bei der Auflösung von Rückstellungen		
① Schätzung der Rückstellung = Zahlungsverpflichtung	② Schätzung der Rückstellung > Zahlungsverpflichtung	③ Schätzung der Rückstellung < Zahlungsverpflichtung
↓	↓	↓
ergebnisneutral	gewinnerhöhend	gewinnmindernd

Buchung der **Vorsteuer** erst dann, wenn eine Rechnung mit ausgewiesener Umsatzsteuer vorliegt.

Fragen zur Wiederholung

zu Kapitel 15 Rückstellungen

15.1 Ursachen und Arten von Rückstellungen

1. Was ist unter Rückstellungen zu verstehen?
2. Weshalb müssen in bestimmten Fällen Rückstellungen gebildet werden?
3. Begründen Sie, ob im Falle einer unterlassenen Instandsetzung im neuen Geschäftsjahr eine Rückstellung gebildet werden muss.
4. Was bedeutet Passivierungspflicht?

15.2 Bildung und Aufösung von Rückstellungen

1. Wie lautet der Buchungssatz für die Bildung von Rückstellungen?
2. Wie lauten die Buchungssätze bei der Auflösung von Rückstellungen, wenn die Rückstellung
   - gleich groß wie die Zahlungsverpflichtung
   - kleiner als die Zahlungsverpflichtung
   - größer als die Zahlungsverpflichtung

   ist?

Aufgaben und Probleme

zu Kapitel 15 Rückstellungen

15.1 Berücksichtigung von Verbindlichkeiten beim Jahresabschluss – Bildung und Auflösung von Rückstellungen

In einer Schraubenfabrik sind im Rahmen des Jahresabschlusses noch folgende Vorgänge zu berücksichtigen.

❶ Am 15.12. wurden Rohstoffe im Wert von 20 000,00 EUR zzgl. 19 % USt mit einem Zahlungsziel von drei Monaten gekauft. Am 31.12. ist die Verbindlichkeit noch nicht bezahlt.

❷ Das Unternehmen wurde von einem Kunden wegen einer mangelhaften Lieferung auf Schadenersatz verklagt. Die genaue Höhe des Streitwertes, die Höhe der anfallenden Gerichts- und Anwaltskosten und der voraussichtliche Ausgang des Prozesses (gewonnen oder verloren) sind noch nicht abzusehen.

❸ In einem zurzeit wenig genutzten Außenlager wurde im Dezember durch einen Sturm das Dach erheblich beschädigt. Der Schaden soll im Januar des neuen Geschäftsjahres behoben werden. Der Kostenvoranschlag des Dachdeckers beläuft sich auf 25 000 EUR ohne USt. Unabhängig davon sollen im Mai weitere Reparatur- und Sanierungsarbeiten am Gebäude vorgenommen werden. Der dafür ausgearbeitete Kostenvoranschlag des Architekten beläuft sich auf 150 000 EUR.

1. Erläutern Sie, wodurch sich die drei Vorgänge hinsichtlich ihrer Berücksichtigung im Rahmen des Jahresabschlusses unterscheiden.
2. Bilden Sie für Vorgang ❶ die Buchungssätze zum 15.12. und 31.12.
3. Gehen Sie bei Vorgang ❷ von geschätzten Kosten in Höhe von 8 000,00 EUR aus und bilden Sie den Buchungssatz für die Buchung zum 31.12.
4. Begründen Sie für Vorgang ❸, welche Buchung zum 31.12. vorgenommen werden muss und bilden Sie den entsprechenden Buchungssatz.
5. Ende Februar liegt die Abschlussrechnung für die Dachreparatur (vgl. Vorgang ❸) vor. Bilden Sie für folgende Fälle die Buchungssätze für die Begleichung des Rechnungsbetrags per Überweisung:
   a) Rechnungsbetrag 34 000 EUR zzgl. 19 % USt
   b) Rechnungsbetrag 22 000 EUR zzgl. 19 % USt

15.2 Bildung von Rückstellungen für drohende Verluste aus schwebenden Geschäften

Ein Bauunternehmer hat mit einem Kunden für die Erstellung eines Gebäudes Mitte November einen Festpreis in Höhe von 200 000 EUR vereinbart. Mit dem Bau wurde jedoch noch nicht begonnen. Am Abschlussstichtag werden die Herstellungskosten mit 210 000 EUR kalkuliert.
1. Weshalb muss in diesem Fall eine Rückstellung gebildet werden?
2. Wie lautet der Buchungssatz für die Bildung der Rückstellung am 31.12.?
3. Welche Auswirkung hat die Buchung der Rückstellung auf die Bilanz sowie die GuV?

15.3 Rückstellungen und Bilanzgliederung

Die Passivseite der Bilanz ist wie nebenstehend gegliedert:
1. Weshalb werden Rückstellungen in der Bilanz nicht dem Gliederungspunkt „*C. Verbindlichkeiten*" zugeordnet?
2. Welchen Gliederungspunkten der Passivseite der Bilanz werden die nachfolgenden Vorfälle zugeordnet? Begründen Sie Ihre Antwort:
   a) Eine im Dezember eingegangene Lieferantenrechnung wird erst im Januar beglichen.
   b) Es wird damit gerechnet, dass im kommenden Jahr Gewerbesteuernachzahlungen bezahlt werden müssen.
   c) Die Dezembermiete wird erst im Januar überwiesen.
   d) Im August des kommenden Jahres wird eine Maschine generalüberholt.

§ 266 (3) HGB gliedert die Passivseite der Bilanz in

A. Eigenkapital
B. Rückstellungen
C. Verbindlichkeiten
D. Rechnungsabgrenzung
...

15.4 Bildung und Auflösung von Rückstellungen für Zahlungsverpflichtungen aufgrund schwebender Prozesse

Ein laufender Prozess, den eine Fahrradfabrik gegen einen Lieferanten führt, ist zum 31.12. noch nicht abgeschlossen. Es wird mit Prozesskosten in Höhe von 8 000 EUR gerechnet.
Nachdem mit dem Prozessgegner ein Vergleich geschlossen wurde, wird am 15.03. im neuen Geschäftsjahr durch eine Mitteilung des Gerichts bekannt, dass insgesamt 3 800 EUR an Prozesskosten anfallen. Am 25.03 wird der Betrag per Überweisung beglichen.
1. Bilden Sie den Buchungssatz für die Rückstellung am 31.12.
2. Bilden Sie den Buchungssatz für den Rechnungseingang am 15.03.
3. Bilden Sie den Buchungssatz für die Überweisung am 25.03.

15.5 Passivierungspflicht oder Passivierungsverbot?

Prüfen Sie, ob die nachfolgenden Vorfälle zur Bildung einer Rückstellung führen:
1. Eine Maschine wird regelmäßig im Dezember gewartet (Instandhaltung). Wegen eines unerwarteten Großauftrages ist die Maschine jedoch im Dezember voll ausgelastet und die Instandhaltung kann nicht durchgeführt werden. Die Instandhaltung soll im Februar des nächsten Jahres nachgeholt werden, wenn der Großauftrag abgeschlossen ist. Es liegt ein Kostenvoranschlag in Höhe von 4 800 EUR zzgl. Umsatzsteuer vor.
2. Eine Produktionsanlage wurde bereits über zehn Jahre vollständig abgeschrieben. Im neuen Geschäftsjahr soll die Produktionsanlage verschrottet werden. Die Kostenschätzung für die Demontage und Verschrottung beläuft sich auf 4 000 EUR.
3. Die Dezembermiete für einen Lagerraum in Höhe von 600 EUR wird am 30.12. bezahlt.
4. Aus den letzten Jahren ist bekannt, dass den Kunden freiwillige Garantieleistungen in Höhe von durchschnittlich 3 % bezogen auf die Umsatzerlöse des abgelaufenen Geschäftsjahres gewährt werden.

16 Beleggeschäftsgang

Hinweise für einen weiteren Beleggeschäftsgang (vgl. Aufg. 9.6) befinden sich auf der Begleit-CD.

Buchungsregeln in der doppelten Buchführung

Arten von Konten

Bestandskonten | **Ergebniskonten**

Soll = ***linke*** Seite eines Kontos
Haben = ***rechte*** Seite eines Kontos

Aktivkonten

z. B.

- Maschinen
- Fuhrpark
- Forderungen aus LuL
- Kasse
- Bank(-guthaben)

Passivkonten

z. B.

- Eigenkapital
- Darlehen
- Verbindlichkeiten aus LuL

Aufwandskonten

z. B.

- Warenaufwendungen
- Lohnaufwendungen
- Energieaufwendungen

Ertragskonten

z. B.

- Umsatzerlöse aus ...
- Zinserträge

Aktives Bestandskonto

Soll	Haben
AB	Abgang (–)
Zugang (+)	SB
Summe	Summe

Passives Bestandskonto

Soll	Haben
Abgang (–)	AB
SB	Zugang (+)
Summe	Summe

Aufwandskonto

Soll	Haben
(+)	(–)
	Saldo
Summe	Summe

Ertragskonto

Soll	Haben
(–)	(+)
Saldo	
Summe	Summe

Schlussbilanzkonto

Soll	Haben
Grundstücke Maschinen Fuhrpark BGA Rohstoffe Forderungen als LuL Bank	Eigenkapital Darlehen Verbindlichkeiten aus LuL

Eigenkapital

GuV-Konto

Soll	Haben
Rohstoffaufwendungen Lohnaufwendungen Zinsaufwendungen Mietaufwendungen Telefonaufwendungen Energieaufwendungen ...	Umsatzerlöse aus ... Zinserträge ...
Saldo = Gewinn	

- **Jeder Geschäftsvorfall betrifft (mindestens) zwei Konten.**
- **Es gibt bei jedem Geschäftsvorfall (mindestens) eine Sollbuchung und (mindestens) eine Habenbuchung.**
- **Die Summe der Beträge aus den Sollbuchungen ist betragsmäßig genauso groß wie die Summe der Beträge aus den Habenbuchungen.**
- **Buchungssatz (Buchungsanweisung): zuerst werden die Konten im Soll angegeben, dann die Konten im Haben.**

Sachwortverzeichnis

Abkürzungsverzeichnis

a.a.O.	am angegebenen Ort
Abb.	Abbildung
AfA	Absetzung fürAbnutzung
AG	Aktiengesellschaft
AGB	Allgemeine Geschäftsbedingungen
AHK	Anschaffungs- und Herstellungskosten
AktG	Aktiengesetz
AlV	Arbeitslosenversicherung
AO	Abgabenordnung
AR	Ausgangsrechnung
ArbPlSchG	Arbeitsplatzschutzgesetz
ArbStättV	Arbeitstättenverordnung
ArbZG	Arbeitszeitgesetz
Aufl.	Auflage
BEEG	Bundeselterngeld- und Elternteilzeitgesetz
BeschSchG	Beschäftigungsschutzgesetz
BetrVG	Betriebsverfassungsgesetz
BGB	Bürgerliches Gesetzbuch
BildschirmarbV	Bildschirmarbeitsverordnung
BIP	Bruttoinlandsprodukt
BRD	Bundesrepublik Deutschland
BUND	Bund für Umwelt und Naturschutz Deutschland
BUrlG	Bundesurlaubsgesetz
BverfG	Bundesverfassungsgericht
BWL	Betriebswirtschaftslehre
C	Konsumausgaben
ca.	circa (ungefähr)
CHF	Schweizer Franken
CO_2	Kohlendioxyd
DDR	Deutsche Demokratische Republik
div.	diverse (verschiedene)
DrittelbG	Drittelbeteiligungsgesetz
e.K., e Kfm., e Kffr.	eingetragener Kaufmann/ eingetragene Kauffrau
e.V.	eingetragener Verein
EK	Eigenkapital
EntgeltFZG	Entgeltfortzahlungsgesetz
ER	Eingangsrechnung
EStG	Einkommensteuergesetz
EStR	Einkommensteuerrichtlinien
ESZB	Europäisches System der Zentralbanken
EU	Europäische Union
EWWU	Europäische Wirtschafts- und Währungsunion
Ex	Exporte
EZB	Europäische Zentralbank
f., ff.	folgende
franz.	französisch
GbR	Gesellschaft des bürgerlichen Rechts
GE	Geldeinheiten
GewO	Gewerbeordnung
GG	Grundgesetz für die Bundesrepublik Deutschland
GKV	Gesetzliche Krankenversicherung
GmbH	Gesellschaft mit beschränkter Haftung
GmbHG	GmbH-Gesetz
GoB	Grundsätze ordnungsmäßiger Buchführung
gr.	griechisch
GRV	Gesetzliche Rentenversicherung
GUK	Gutschrift an Kunden
GUL	Gutschrift von Lieferanten
GUV	Gesetzliche Unfallversicherung
GuV	Gewinn und Verlust
GWB	Gesetz gegen Wettbewerbsbeschränkungen
GWG	Geringwertige Wirtschaftsgüter
ha	Hektar
HGB	Handelsgesetzbuch
Hrsg.	Herausgeber
I	Investitionen
IHK	Industrie- und Handelskammer
IHKG	IHK-Gesetz
Im	Importe
InsO	Insolvenzordnung
IWD	Institut der deutschen Wirtschaft
JArbSchG	Jugendarbeitsschutzgesetz
KA	Kontoauszüge
KB	Kassenbeleg
KG	Kommanditgesellschaft
KiSt	Kirchensteuer
kJ	Kilojoule
KschG	Kündigungsschutzgesetz
KStG	Körperschaftsteuergesetz
lat.	lateinisch
LSt	Lohnsteuer
m^3	Kubikmeter
m. a. W.	mit anderen Worten
mtl.	monatlich
MarkenG	Markengesetz
ME	Mengeneinheiten
MES	Materialentnahmeschein
Mio.	Millionen
MitbestG	Mitbestimmungsgesetz
Mrd.	Milliarden
mtl.	monatlich
MuSchG	Mutterschutzgesetz
MWSt	Mehrwertsteuer

NachwG	Nachweisgesetz
NO_x	Stickoxyde
o.J.	ohne Jahr
o.O.	ohne Ort
OHG	Offene Handelsgesellschaft
OP	offener Posten
p.a.	per annum bzw. pro anno (pro Jahr)
PartG	Partnerschaftsgesellschaft
PflgeZG	Pflegezeitgesetz
PflV	Pflegeversicherung
S.	Seite
s.u.	siehe unten
Schufa	Schutzgemeinschaft für allgemeine Kreditsicherung
SGB	Sozialgesetzbuch
sog.	so genannte
SolZ	Solidaritätszuschlag
SVR	Sachverständigenrat
t	Tonne
TAN	Transaktionsnummer
TVG	Tarifvertragsgesetz
TzBfG	Teilzeit- und Befristungsgesetz
u.a.	unter anderem
US-$, USD	amerikanischer Dollar
u.U.	unter Umständen
UStG	Umsatzsteuergesetz
UWG	Gesetz gegen den unlauteren Wettbewerb
VGR	Volkswirtschaftliche Gesamtrechnung
VVG	Versicherungsvertragsgesetz
VWL	Volkswirtschaftslehre
z.B.	zum Beispiel
ZPO	Zivilprozessordnung